民商法学家(第15卷)

人格权在民法典当中的独立地位

——人格权为何应当在我国民法典当中独立设编

张民安 林泰松 著

中山大学出版社
SUN YAT-SEN UNIVERSITY PRESS
·广州·

版权所有　翻印必究

图书在版编目（CIP）数据

人格权在民法典当中的独立地位：人格权为何应当在我国民法典当中独立设编/张民安，林泰松著. —广州：中山大学出版社，2019.11

（民商法学家·第15卷/张民安主编）

ISBN 978-7-306-06739-5

Ⅰ. ①人… Ⅱ. ①张… ②林… Ⅲ. ①人格—权利—法学—研究—中国 Ⅳ. ①D923.14

中国版本图书馆CIP数据核字（2019）第232196号

出 版 人：	王天琪
策划编辑：	蔡浩然
责任编辑：	蔡浩然
封面设计：	方楚涓
责任校对：	杨文泉
责任技编：	何雅涛
出版发行：	中山大学出版社
电　　话：	编辑部 020-84111996，84113349，84111997，84110779
	发行部 020-84111998，84111981，84111160
地　　址：	广州市新港西路135号
邮　　编：	510275　　传　真：020-84036565
网　　址：	http://www.zsup.com.cn　　E-mail：zdcbs@mail.sysu.edu.cn
印 刷 者：	佛山市浩文彩色印刷有限公司
规　　格：	787mm×1092mm　1/16　39.375印张　623千字
版次印次：	2019年11月第1版　2019年11月第1次印刷
定　　价：	98.00元

如发现本书因印装质量影响阅读，请与出版社发行部联系调换

特别声明

提出新观点，倡导新观念，援引新资料，解决新问题，推动中国民商法理论的创新和民商法学的进步，是《民商法学家》一贯的宗旨，也是《民商法学家》主编一直以来所追求的目标。

《民商法学家》主编张民安教授和林泰松律师凭借良好的专业素质、外语水平以及与国内外民商法理论界和民商法实务界的良好关系，从理论和实务、国内和国外两个角度诠释了当代民商法的最新理念，揭示了当代民商法案例中所蕴含的内涵，提升了我国民商法的理论水准，为我国立法机关科学地制定民商法提供了理论支撑，为我国司法机关科学妥当地解决纷繁复杂的民商事案件提供了理论指导。

尊敬的读者，如果您在《民商法学家》中读到所援引的任何案例、法官的判词、学者的精辟论述和提出的学术观点，并在撰写文章或出版著作时引用，请您遵守最基本的学术规范和尊重作者最基本的权利，加上"转引自张民安主编的《民商法学家》"等字样，以体现对作者和译者艰辛劳动的尊重。因为，学术虽然是开放的，但是，作者的劳动是应当得到保护的，只有这样，在学术上倡导新观念、提出新观点的学者才能真正体现其价值。

序

在制定1804年的《法国民法典》时,《法国民法典》的最主要、最重要的起草人之一Jean-Étienne-Marie Portalis对立法者起草民法典的原因做出了说明。他指出:"良好的民事法律(bonnes lois civiles)是人类所能够给予的和所能够获得的最伟大利益。民事法律是人类道德的源泉(la source des moeurs),是社会繁荣昌盛的守护神(le palladium de la prospérité),是所有公共和平尤其是私人和平的保障;它们维护和平,减缓权力的强度,并且让人们尊重和平,就像和平是同样的正义一样;民事法律涉及我们每一个人,介入我们每一个人在有生之年所采取的主要行为当中,它们尤其是会伴随着我们每一个人的始终;民事法律往往是民族的唯一道德,并且它们总是会成为这个民族自由的组成部分。"①

因为民法典的制定既关乎人类的道德、社会的繁荣昌盛,也关乎人类的和平、公平正义的实现,所以法国立法者和德国立法者分别在1804年和1896年制定了世界上最著名的两部民法典,即1804年的《法国民法典》和1896年的《德国民法典》。

1804年的《法国民法典》共2281条,除了序编"法律公布、效力和适用总则"由第1条至第6条所规定以外,《法国民法典》共分为三卷。②

第一卷为"人",共十一编,所规定的主要内容包括:民事权利的享有及剥夺,民事身份证书,公民的住所,公民的失踪和死亡宣告,结婚和离婚,父母子女之间的亲子关系,收养,父母对其未成年

---

① Jean-Étienne-Marie Portalis, Discours préliminaire du premier projet de Code civil (1801), Préface de Michel Massenet, Bordeaux: Éditions Confluences, 2004, p.13;张民安、丘志乔主编:《民法总论》(第五版),中山大学出版社2017年版,第10—11页。

② 张民安:《法国民法》,清华大学出版社2015年版,第26页;张民安:《法国人格权法(上)》,清华大学出版社2016年版,第76页;张民安:《法国民法总论(上)》,清华大学出版社2017年版,第283—284页。

子女享有的亲权，未成年人、未成年人的监护和监护的解除，成年人和成年人对其财产管理行为的禁止。

第二卷为"物和财产所有权的不同限制方式"，共四编，所规定的内容包括：物的区分，也就是物的不同类型；财产所有权人对其所有物享有的财产所有权；用益权人对别人的所有物所享有的用益权、使用权和居住权；地役权人对别人的不动产所享有的地役权。

第三卷为"物和人们取得财产所有权的不同方式"，也就是广义的债权法，共二十编，所规定的内容包括：继承、赠与及遗嘱；契约债总论；契约之外的原因产生的债，诸如准契约债、侵权和准侵权债；婚姻契约及夫妻各自享有的权利，诸如买卖契约、租赁契约、借用及借贷契约等各种有名契约；质押、优先权及抵押，以及时效等。

1896年的《德国民法典》共2385条，采取了我国民法学者普遍熟知的五编制。①

第一编为总则，所规定的内容包括：人，物，法律行为，期间和期日，时效，权利行使，正当防卫，自我救助以及担保的提供。

第二编为债法，所规定的内容包括：债的内容，因为契约所产生的债，债的消灭，债权转让，债务转让，共同债务人和共同债权人，以及各种各样的具体契约，诸如买卖契约，赠与契约，租赁契约，劳动契约，委托契约，等等。

第三编为物权法，所规定的内容包括：占有，有关不动产物权的一般规则，财产所有权，地表的永久使用权，地役权，优先权，物上的负担，不动产抵押，动产质押和权利质押。

第四编为家庭法，所规定的内容包括：民事婚姻，父母子女之间的亲子关系，监护。

第五编为继承法，所规定的内容包括：继承顺序，继承人的法律状况，遗嘱继承，契约安排，特留份，继承的剥夺，继承的放弃，继承权的转让。

在今时今日，《法国民法典》的编制体例和编章结构已经发生了重大的改变，除了法律条款的数量从最初的2281条嬗变为现在

---

① 张民安：《法国民法总论（上）》，清华大学出版社2017年版，第408—410页。

的 2534 条以外，它的编制体例也已经从最初的三卷制嬗变为五卷制：第一卷为"人"，第二卷为"物和财产所有权的不同限制方式"，第三卷为"人们取得财产所有权的不同方式"，第四卷为"担保"，第五卷为"适用于马约特岛的规定"。① 而《德国民法典》的编制体例和编章结构并没有发生重大的变化，除了法律条款数量仍然维持着最初的 2385 条以外，它仍然采取著名的五编制：第一编为总则，第二编为债法，第三编为物权法，第四编为家庭法，第五编为继承法。②

在 20 世纪 30 年代，中华民国政府首次引入大陆法系国家的民法制度，并在 1929 年到 1930 年制定了《中华民国民法》。该法共计 1225 条，分为总则编、债编、物权编、亲属编以及继承编，共五编。该法以 1896 年《德国民法典》为蓝本，除了采纳 1896 年《德国民法典》的编制体例以外，还大面积移植了 1896 年《德国民法典》当中的具体条款并且达到了 60%。

1949 年 2 月，中共中央颁布指令，明确废除包括《中华民国民法》在内的国民党的《六法全书》，使我国大陆地区成为没有民法的地区。根据当时中共中央的指令，在废除国民党的《六法全书》之后，人民的司法工作以人民的新的法律为依据，在人民的新的法律还没有系统地发布以前，则应该以共产党的政策以及人民政府与人民解放军已发布的各种纲领、法律、命令、条例、决议为依据。③

我国政府在 1954 年、1962 年、1979 年曾进行过民法典的起草工作，但都因各种原因导致民法典没有成功制定。1998 年，我国政府又开始了民法典的起草工作。此种起草工作所采取的方式是，先将要编入《中华人民共和国民法典》当中的各编内容以民事单行法的方式制定出来，之后再进行统一的编纂，力争在 2020 年之前正式编纂

---

① Code civil, Dernière modification：1 mars 2019, Version en vigueur au 21 mars 2019, https://www.legifrance.gouv.fr/affichCode.do?cidTexte=LEGITEXT000006070721.

② Bürgerliches Gesetzbuch（BGB）（geändert durch das Gesetz vom 20. Juli 2017）, https://wipolex.wipo.int/fr/text/468855.

③ 张民安、丘志乔主编：《民法总论》（第五版），中山大学出版社 2017 年版，第 78—79 页。

完成。根据人们的普遍预期,《中华人民共和国民法典》将在2020年获得通过。

在制定《中华人民共和国民法典》时,我国立法者和民法学者所困扰已久的一个问题是:人格权法是否应当在民法典当中做出独立的一编加以规定?所谓人格权法,是指对民事主体尤其是自然人享有的人格权加以规范和调整的民法。所谓人格权,是指民事主体对其自身或者对其自身的特性、自身的人格特征享有的主观权利。所谓民事主体的自身,是指民事主体本身。民事主体本身包含多种多样的构成要素或者构成因素,例如他们的身体、姓名、私人生活和名誉,等等。当民事主体对其自身享有满足主观权利时,也就是,当民事主体对其自身的特性、自身的人格特征享有某种主观权利时,他们享有的此种主观权利就是人格权。[①]

在当今大陆法系国家中,民法均承认和保护民事主体享有的人格权,因为立法者均会通过这样或者那样的方式将人格权规定在他们制定的民法典中,至少民法学者是这样认为的。虽然如此,但除了2004年的《乌克兰民法典》明确将人格权独立设编外,没有任何国家的民法典将人格权独立设编。例如,《法国民法典》没有将人格权独立设卷,因为它仅仅在第一卷"人"第一编"民事权利"中对自然人享有的人格权做出了规定;《德国民法典》也没有将人格权独立设编,因为除了在第一编"总则"中对姓名权(第12条)做出了规定以外,它也在第二编"债法"中对生命权、身体权、健康权、自由权做出了规定[第823(1)条],等等。

在我国,情况则不同,在制定《中华人民共和国民法典》时,我国立法者不仅希望在民法典的总则编中对人格权做出规定,而且还希望将人格权作为独立的一编规定在民法典中,并因此让人格权法在民法典中处于与物权法、合同法、侵权责任法、家庭法和继承法平起平坐的独立地位。

一方面,在制定民法典时,我国立法者希望在民法典的总则编中对人格权做出规定。此种意图体现在2017年通过的《中华人民

[①] 张民安:《法国人格权法(上)》,清华大学出版社2016年版,第28页;张民安、丘志乔主编:《民法总论》(第五版),中山大学出版社2017年版,第301—302页。

共和国民法总则》(以下简称《民法总则》)中,因为在《民法总则》第五章民事权利当中,立法者除了对其他民事权利做出了列举以外,也对人格权做出了列举,这就是第109条至第111条的规定。当《民法总则》作为第一编被编入未来民法典时,未来民法典总则编的第五章就会对人格权做出规定。另一方面,在制定民法典时,我国立法者也希望将人格权作为独立的一编规定在未来民法典中。

我国立法者的此种意图通过三个方面得以体现:

其一,在2002年12月23日的《中华人民共和国民法(草案)》[以下简称《民法(草案)》]中,除了将物权法、合同法、婚姻法和收养法等作为独立的几编规定在民法典草案中以外①,我国立法者首次将人格权法作为独立的一编规定在民法典草案中,这就是《民法(草案)》中的第四编,该编包括七章:一般规定,生命健康权,姓名权、名称权,肖像权,名誉权,荣誉权,信用权,以及隐私权。②

其二,在2017年11月15日的《中华人民共和国民法人格权编(草案)》[以下简称《民法人格权编(草案)》](2017年11月15日民法室室内稿)中,我国立法者意图将人格权作为独立的一编规定在民法典中。《民法人格权编(草案)》(室内稿)共七章,包括:一般规定,生命权、身体权和健康权,姓名权和名称权,肖像权,名誉权和荣誉权,隐私权和个人信息,以及人格权的保护。③

其三,在2018年9月5日公布的《民法典各分编(草案)》公开征求意见中,除了将物权法、侵权责任法和合同法等内容作为独立的几编规定在民法典的分则编中以外,我国立法者也将人格权法作为独立的一编规定在民法典的分则编中,即第三编人格权编,该编共六章,其中包括:一般规定,生命权、身体权和健康权,姓名权和名称

---

① 何勤华、李秀清、陈颐:《新中国民法典草案总览》(增订本,下卷),北京大学出版社2017年版,第1483—1542页。

② 何勤华、李秀清、陈颐:《新中国民法典草案总览》(增订本,下卷),北京大学出版社2017年版,第1525—1527页。

③ 《中华人民共和国民法人格权编(草案)》(2017年11月15日民法室室内稿),第1—12页。

权,肖像权,名誉权和荣誉权,隐私权和个人信息。①

在我国,虽然立法者铁了心要将人格权法作为独立的一编规定在未来民法典中,但是,他们的此种做法并没有获得所有民法学者的认同。因为,虽然众多的民法学者赞成立法者将人格权独立设编的做法,但是,也有相当一部分的民法学者尤其是重量级的民法学者毅然决然地反对立法者将人格权独立设编的做法。无论是赞成者还是反对者,在赞同或者反对人格权独立设编的同时,均提出了各种各样的理由,除了借此强化自己的主张和抑制对方的主张外,他们也希望通过这些理由影响立法者的行为,最终做出理性的选择:或者将人格权作为独立的一编规定在民法典中,或者不将人格权作为独立的一编规定在民法典中。

在今时今日,虽然主张人格权独立设编的民法学者和反对人格权独立设编的民法学者之间在学术上意见不一,但是,在20年之前,他们之间并不存在这样大的差异。因为,一方面,今天反对人格权独立设编的民法学者在20年之前并不反对人格权的独立设编;另一方面,今天主张人格权独立设编的民法学者在20年之前则明确反对人格权的独立设编。

在2000年前后,因为各种各样的原因,这些民法学者开始向相反的方向转变:曾经不反对人格权独立设编的某些民法学者开始逐渐反对,随着立法者所发起的一次又一次将人格权独立设编的尝试,他们也一次又一次地强调自己的反对立场,并且最终成为最坚定的反对者,因为在今时今日,通过各种各样的方式,他们提出了各种各样的反对人格权独立设编的理由,其中最著名的民法学者不外乎梁慧星教授;曾经反对人格权独立设编的某些民法学者则开始逐渐主张人格权的独立设编,随着立法者所发起的一次又一次将人格权独立设编的尝试,他们也三番五次地强调自己的赞成立场,并且最终成为最坚定的赞成者,因为在今时今日,通过各种各样的方式,他们也提出了各种各样的主张人格权独立设编的理由,其中最著名的民法学者不外乎王利明教授。

问题在于,在反对人格权独立设编时,我国民法学者所提出的各

---

① 全国人大常委会2018年9月5日公布的《民法典各分编(草案)》。

种各样的反对理由是否成立、是否具有说服力、能否站得住脚？同样，在主张人格权独立设编时，我国民法学者所提出的各种各样的主张人格权独立设编的理由是否成立、是否具有说服力、能否站得住脚？在我国，立法者究竟是否应当在民法典当中将人格权独立设编？如果应当将人格权独立设编，他们的理由究竟有哪些？

在作为《民商法学家》（第15卷）的《人格权在民法典当中的独立地位——人格权为何应当在我国民法典当中独立设编》中，笔者对这些问题做出了详细的讨论。笔者认为，在我国，虽然反对和赞成人格权独立设编的民法学者均提出了各自的理由，但是，他们提出的绝大多数理由均是不成立的、没有说服力的、站不住脚的。因为，一方面，他们提出的形形色色的反对理由均无法证明人格权不应当独立设编的主张；另一方面，他们提出的林林总总的赞成理由几乎均无法证明人格权应当独立设编的主张。

笔者认为，就像我国立法者应当将物权、债权、家庭权和继承权等传统民事权利独立设编一样，将人格权也应当独立设编。不过，人格权独立设编的理由并不是包括王利明教授在内的赞成者所提出的理由，而是立法者在制定民法典时决定民法的内容是否独立设编的一般理由：民法的内容是否达到了极端重要的地步、是否达到了十分丰富的程度，并因此形成了由一般理论、一般制度和具体理论、具体制度相结合所形成的能够确保得到统一适用的有机整体；民法的内容是否具有足够的独立性，能够并且应当与民法中的其他内容分离、分立；有关民法方面的理论是否能够获得更进一步的发展。

《人格权在民法典当中的独立地位——人格权为何应当在我国民法典当中独立设编》共13章，分别对人格权独立设编当中所涉及的问题做出了详尽的阐述。在第一章中，笔者对我国民法学者关于人格权是否应当独立设编的不同意见做了详细的介绍；在第二章中，笔者对人格、法人格与人格权的独立性的问题做出了阐述，认为我国民法学者之所以否定人格权的独立设编，一个最主要的原因是，他们将人格权当中的人格等同于一般意义上的人格。

在第三章至第五章中，笔者对法人享有的人格权、法人人格权的性质、法人人格权的特征以及侵犯法人人格权所产生的财产损害和非财产损害赔偿责任做出了阐述，认为人们不能够借口法人没有人格权而否定人格权的独立设编,因为法人不仅像自然人一样享有人格权,而且它们享有的人格权与自然人享有的人格权一样类型繁多。

在第六章中,笔者对人格权与其他主观权利之间的关系问题做出了说明,认为人格权与其他主观权利之间并不存在足以影响人格权独立设编的障碍;在第七章中,笔者对民法典总则编关于法律行为、代理以及时效的规定与人格权之间的关系做出了说明,认为除了能够适用于权利主体享有的其他权利外,民法典总则编的这些规定也能够适用于人格权,人们不能够借口总则编的规定无法适用于人格权而否定其独立设编;在第八章中,笔者对人格权的性质做出了说明,认为除了是一种能够积极加以行使的、实在法化的自然权利外,人格权也是一种能够加以定义和加以言说的权利,人们不能够借口人格权的性质而否定其独立设编性。

在第九章中,笔者对法律条款的性质、法律规范的双重适用与人格权的独立性之间的关系做出了说明,认为立法者关于人格权的规定在性质上与立法者关于物权、债权等其他权利的规定没有实质性的差异,它们均是一种行为规范和裁判规范;在处理侵犯人格权的侵权案件时,即便人格权不独立设编,法官均会面临法律的双重适用、法律的多重适用问题。在第十章中,笔者对《乌克兰民法典》所规定的人格权编做出了解读,认为我国民法学者对该法典关于人格权的规定所做出的解读均存在不合理的地方,无论他们是反对人格权的独立设编还是赞成人格权的独立设编。

在第十一章中,笔者对我国主张人格权独立设编的民法学者所提出的独立设编的理由做出了评论,认为他们主张独立设编的理由是没有说服力的,不足以证明人格权的独立设编。在第十二章和第十三章中,笔者对人格权应当独立设编的四个真正理由做出了阐述:人格权在今时今日的极端重要性和一支独大的地位,要求我国立法者将人格权独立设编;人格权法理论和制度的丰富性、系统性和统一适用性,要求我国立法者将人格权独立设编;人格权法与侵权责任法的独立性,要求我国立法者将人格权独立设编;人格权法理论的进一步发展和进步,要求我国立法者将人格权独立设编。

《民商法学家》(第 15 卷)之所以能够顺利出版,除了笔者自身的努力外,还得益于中山大学出版社和蔡浩然编审的鼎力支持,在

《民商法学家》(第15卷)即将出版之际,作者真诚地对他们表示由衷的感谢!

张民安教授
2019 年 5 月 22 日
于广州中山大学法学院

目 录

第一章 我国民法学者关于人格权是否应当独立设编的不同意见 ………………………………………………… (1)
- 一、我国民法学者对人格权是否应当独立设编的两种截然相反的态度 ………………………………… (1)
- 二、梁慧星教授是如何反对人格权独立成编的 ………… (10)
- 三、除了梁慧星教授之外,还有哪些民法学者基于哪些理由反对人格权独立设编 ……………………… (32)
- 四、我国哪些民法学者基于哪些理由主张人格权独立设编 ……………………………………………………… (40)
- 五、我国立法者应当将人格权独立设编的主要原因 ……… (50)

第二章 人格、法人格与人格权的独立性 ………………… (56)
- 一、人格的不同法律含义 …………………………………… (57)
- 二、一般意义上的人格、法人格与权利能力之间的关系 ……………………………………………………… (63)
- 三、"人格"是一个"公法上的概念"而非"私法上的概念"的理论为何是完全错误的 …………………… (75)
- 四、"人格权是自然人作为民事主体资格的题中应有之义"的反对理由为何没有说服力 ……………… (91)
- 五、"人格权与人格有本质联系"的反对理由为何没有说服力 ……………………………………………… (106)
- 六、"人格权的宪法性质"的反对理由为何没有说服力 ……………………………………………………… (124)

第三章 法人的人格权与人格权的独立性(上) ………… (134)
- 一、我国民法学者关于法人是否享有人格权的争议 …… (135)
- 二、法人为何享有人格权 …………………………………… (144)
- 三、确定法人人格权范围的独立方法 …………………… (181)
- 四、法人享有的第一类人格权:各种各样的自由权 …… (197)

五、法人享有的第二类人格权：以满足法人个体化
　　　　为目的的人格权 …………………………………………（203）
　　六、法人享有的第三类人格权：生命权和身体权 ………（208）
　　七、法人享有的第四类人格权：名誉权和回应权
　　　　…………………………………………………………（211）
　　八、法人享有的第五类人格权：隐私权和无罪推定
　　　　受尊重权 …………………………………………………（213）
　　九、法人享有的其他人格权 ……………………………………（218）
第四章　法人的人格权与人格权的独立性（中） ……………（237）
　　一、我国民法学者关于人格权性质与人格权独立设编
　　　　之间的关系的说明 ……………………………………（237）
　　二、自然人人格权的性质：非财产性和财产性 …………（242）
　　三、法人人格权的性质：非财产性和财产性 ……………（255）
　　四、法人人格权性质的具体确定 …………………………（261）
　　五、法人人格权的特征 ……………………………………（268）
第五章　法人的人格权与人格权的独立性（下） ……………（273）
　　一、大陆法系国家的法官所采取的法人会遭受非财产
　　　　损害的肯定理论 ………………………………………（277）
　　二、法人不会遭受可予赔偿的非财产损害理论：法国民法
　　　　学者的反对意见 ………………………………………（282）
　　三、法人会遭受可予赔偿的非财产损害理论：法国民法
　　　　学者的肯定意见 ………………………………………（289）
　　四、法人为何能够遭受可予赔偿的非财产损害：笔者的
　　　　观点 ………………………………………………………（295）
　　五、法人人格权遭受侵犯时所产生的财产损害和非财产
　　　　损害的赔偿 ………………………………………………（302）
第六章　主观权利之间的差异与人格权的独立性 ……………（310）
　　一、为何"人格权与其他民事权利有本质区别"不是人
　　　　格权不能够独立设编的理由 …………………………（310）
　　二、"人格权与其他民事权利有本质区别"仅仅是人们建立
　　　　主观权利类型化的目的 ………………………………（311）
　　三、人格权在我国一定是一种人与人之间的法律关系 …（314）

四、物权在具有人格权特性的情况下为何能够独立设编 …………………………………………………………… (324)

第七章 民法典总则编关于法律行为和代理的一般规定与人格权的独立性 ……………………………………… (329)

一、"人格权不能适用民法总则编关于法律行为、代理、时效、期日、期间等的规定"的反对理由为何没有说服力 ………………………………………………… (329)

二、德式民法典对法律行为、代理和时效等内容做出的规定 …………………………………………………… (330)

三、民法典总则编的时效规定能够适用于人格权 ……… (332)

四、民法典总则编中有关法律行为和代理的一般规定能够适用于人格权 ……………………………………… (343)

五、梁慧星教授的此种反对意见所具有的认知意义：总则编与分则编的编制体例所存在的固有问题 ………… (362)

第八章 人格权的性质与人格权的独立性 ………………… (365)

一、"人格权的防御性、人格权的先在性、人格权的不可定义性和人格权的不可言说性"的反对理由为何没有说服力 ………………………………………… (365)

二、人格权不仅仅是一种防御性的权利 ………………… (366)

三、人格权在本质上是一种实在法化的自然权利 ……… (370)

四、人格权像所有其他民事权利一样是可以定义的一种民事权利 ……………………………………………… (377)

五、人格权像所有其他民事权利一样具有"可言说性" ……………………………………………………… (387)

第九章 法律条款的性质、法律规范的双重适用与人格权的独立性 …………………………………………… (398)

一、梁慧星教授对"不完全法条和双重适用"理论的阐述 ………………………………………………………… (398)

二、人格权的独立设编与人格权的独立设节 …………… (401)

三、人格权法与侵权救济法的独立性 …………………… (403)

四、立法者关于人格权的规定在性质上既是行为规范也是裁判规范 …………………………………………… (404)

五、"不完全法条"和"法律的双重适用"在民法当中
　　属于再正常不过的现象 …………………………… (421)
第十章 《乌克兰民法典》与人格权的独立性 ………… (432)
一、2003年的《乌克兰民法典》第二编关于人格权
　　的规定 ……………………………………………… (432)
二、梁慧星教授对"为什么不学发达国家,而非要学
　　乌克兰不可"的反对理由所做出的具体阐述 …… (434)
三、王利明教授和杨立新教授对梁慧星教授上述理论所
　　做出的反驳 ………………………………………… (440)
四、梁慧星教授的上述反对理由所存在的问题 ………… (451)
五、《乌克兰民法典》第二编说明德式民法典并不排斥
　　人格权的独立设编 ………………………………… (462)
第十一章 我国民法学者主张人格权独立设编的理由为何
　　　　　没有说服力 …………………………………… (464)
一、"人格权制度不能为主体制度所涵盖"的理由为何
　　没有说服力 ………………………………………… (464)
二、"侵权责任编无法解决人格权保护问题"的理由为何
　　没有说服力 ………………………………………… (475)
三、"人格权制度独立成编是丰富与完善民法典体系的
　　需要"的理由为何没有说服力 …………………… (488)
四、"人格权独立成编是直接回应审判实践的需要"的
　　理由为何没有说服力 ……………………………… (503)
第十二章 人格权为何应当在我国未来民法典当中独立设编
　　　　　(上) ………………………………………… (506)
一、民法内容是否在民法典当中独立设编的核心判断标准:
　　重要性标准 ………………………………………… (506)
二、法国立法者根据民法内容的重要性决定民法内容的
　　独立设卷性 ………………………………………… (515)
三、德国立法者根据民法内容的重要性决定民法内容的
　　独立设编性 ………………………………………… (521)

四、逻辑性的判断标准并不是 1804 年的《法国民法典》和 1896 年的《德国民法典》没有将人格权独立设编的原因 …………………………………………………… (528)

五、从地位卑微的人格权到作为首要权利的人格权 …… (536)

六、人格权在今时今日的极其重要性决定了我国民法典应当将其独立设编 ………………………………… (555)

第十三章 人格权为何应当在我国未来民法典当中独立设编（下） ……………………………………………………… (560)

一、人格权内容的丰富性、有机联系性和集中统一适用性要求人格权独立设编 ……………………………… (560)

二、人格权法与侵权责任法之间的独立性要求我国立法者将人格权独立设编 ………………………………… (583)

三、人格权理论的进步和发展要求我国立法者将人格权独立设编 ……………………………………………… (603)

第一章　我国民法学者关于人格权是否应当独立设编的不同意见

一、我国民法学者对人格权是否应当独立设编的两种截然相反的态度

在我国，虽然中华民国政府在1929年和1930年以1896年的《德国民法典》作为范本制定了1929年的《中华民国民法典》①但是，随着1949年中华人民共和国成立，《中华民国民法典》和国民政府制定的其他法律均被明令废除。根据当时的指令，在废除《中华民国民法典》之后，人民司法工作以人民的新的法律为依据，在人民的新的法律还没有系统地发布以前，则应该以中国共产党的政策以及人民政府与中国人民解放军已发布的各种纲领、法律、命令、条例、决议为依据。②为了适应社会生活的需要，1954年、1962年和1979年，我国立法者虽然先后进行了三次民法典的起草工作，但他们的尝试均因为各种各样的原因而中断。从1998年开始一直到今时今日，我国立法者又开始了民法典的起草活动，这就是民法典的第四次起草工作。③

这次民法典的第四次起草活动计划于2020年前后结束，我国立法者也言之凿凿地保证力争在2020年前后完成民法典的第四次起草工作。④

---

① Vallindas P. G, Considérations de science législative sur la codification, spécialement en droit privé, (1956) Revue internationale de droit comparé, Vol. 8 N°1 p. 32；张民安：《法国民法总论（上）》，清华大学出版社2017年版，第411页。
② 梁慧星：《民法总论》（第五版），法律出版社2017年版，第18页；张民安、丘志乔主编：《民法总论》（第五版），中山大学出版社2017年版，第78—79页。
③ 梁慧星：《民法总论》（第五版），法律出版社2017年版，第18—24页；张民安、丘志乔主编：《民法总论》（第五版），中山大学出版社2017年版，第79—80页。
④ 《民法典最快将于2020年编纂完成》，http://news.youth.cn/jsxw/201703/t20170310_9260845.htm。

然而，就在我国民法典即将进入收官之作的 2017 年和 2018 年，我国民法学者之间就民法典中是否应当规定独立的人格权编展开了迄今为止最激烈、充满浓烈火药味的争议。正如中国社会科学院民法典工作项目组所指出的那样："人格权立法已算得上我国近四十年来民事立法中争议最大的法律问题，自 2002 年《民法》（草案）公布以来，该立法问题已持续不断地争执了近二十年。2017 年 12 月悄然推出的民法典人格权编草案，如火上浇油，极大地激化了这一争议，使之完全公开化、白热化，并使民法典编纂引起国外同行的关注。人格权立法争议已使我国民法学学术生态环境遭受前所未有的挑战。"①

（一）我国民法学者在《中华人民共和国民法（草案）》公布之后对待人格权独立设编的不同态度

2002 年 12 月 23 日，全国人大常委会审议了《中华人民共和国民法（草案）》[以下简称《民法》（草案）]。《民法》（草案）共九编，除了总则编、物权编、合同编、婚姻编、收养编、继承编、侵权责任编和涉外民事关系的法律适用编外，还包括人格权编，这就是《民法》（草案）的第四编。② 该编的标题为"人格权法"，共七章 29 条，其中的第一章为"一般规定"，第二章为"生命健康权"，第三章为"姓名权、名称权"，第四章为"肖像权"，第五章为"名誉权、荣誉权"，第六章为"信用权"，第七章为"隐私权"。③

在《民法》（草案）进行第一次审议之后，全国人大常委会将其对社会公布，以便寻求社会公众的意见，这就是《民法典草案（征求意见稿）》。《民法典草案（征求意见稿）》共九编：第一编为总则，第二编为物权法，第三编为合同法，第四编为人格权法，第五编

---

① 中国社会科学院民法典工作项目组：《人格权编是对现行人格权法律体系的严重破坏》，https://mp.weixin.qq.com/s? src = 11&timestamp = 1529055014&ver = 940&signature = 7tLDa8X * -gWf1S21vbPMlx6d3Y * yuKQTAuUoMkDiPR-wlarKsCynsK-1jxWNRNaHqcw4SL8NOZznsomC3XfFy3tmS799r4XiscMFdFnVjW4z9KMf8IbFKcrL * q6K8Tza&new = 1.

② 何勤华、李秀清、陈颐：《新中国民法典草案总览》（增订本，下卷），北京大学出版社 2017 年版，第 1483—1542 页。

③ 何勤华、李秀清、陈颐：《新中国民法典草案总览》（增订本，下卷），北京大学出版社 2017 年版，第 1525—1527 页。

第一章 我国民法学者关于人格权是否应当独立设编的不同意见

为婚姻法,第六编为收养法,第七编为继承法,第八编为侵权责任法,第九编为涉外民事关系的法律适用。① 作为《民法典草案(征求意见稿)》的第四编,人格权法共七章29条,包括:第一章一般规定;第二章生命健康权;第三章姓名权、名称权;第四章肖像权;第五章名誉权、荣誉权;第六章信用权;第七章隐私权。②

在《民法》(草案)公布之后,针对全国人大常委会法工委将人格权独立设编的做法,我国民法学者纷纷拿出自己的不同态度:大多数民法学者对全国人大常委会的此种做法表示充分肯定,他们认为"人格权独立成编将是我国民法面向21世纪所作的创新",将使中国民法典具有自己的"特色";是对《民法通则》第五章第四节规定人格权经验的总结,因为此种做法既是一个"前所未有的""重大的体系突破","也是其他国家民法典难以比拟的立法成果,是先进的立法经验"。③

而少数民法学者则不同,他们明确反对全国人大常委会法工委的此种做法。他们或者认为,人格权独立设编的做法不仅没有任何特色、创新,而且还是一种不"谨慎"的、不"负责任"的、"草率"的、"任意性"的做法,是"故意标新立异",在"法理"上说不通,没有"起码的合理性和说服力";④ 他们甚至认为,将人格权独立设编的做法是一种"错误决策",美其名曰"大胆创新","实为历史倒退",是在"逆历史潮流而动";将人格权独立设编的做法表面

---

① 梁慧星:《中国民法典编纂的几个问题》,《山西大学学报(哲学社会科学版)》2003年第5期,第14—15页。
② 梁慧星:《中国民法典编纂的几个问题》,《山西大学学报(哲学社会科学版)》2003年第5期,第15页。
③ 王利明:《人格权制度在中国民法典中的地位》,《法学研究》2003年第2期,第35—36页;王利明:《人格权与民法典》,《求索》2002年第5期,第34—36页;参见梁慧星:《中国民法典编纂的几个问题》,《山西大学学报(哲学社会科学版)》2003年第5期,第18—19页;梁慧星:《民法典不应单独设立人格权编》,《法制日报》2002年8月4日;尹田:《论人格权的本质——兼评我国民法草案关于人格权的规定》,《法学研究》2003年第4期,第3页。
④ 梁慧星:《中国民法典编纂的几个问题》,《山西大学学报(哲学社会科学版)》2003年第5期,第18—19页;梁慧星:《民法典不应单独设立人格权编》,《法制日报》2002年8月4日。

上突出了人格权的保护,实质上则让人格权"降格减等"。① 他们或者认为,虽然《民法通则》第五章第四节对人格权作出了独立规定,但是,此种做法并不是"理性的决定,而是出于不得已,绝不意味着将来制定民法典就一定要单独设立人格权编。"因为,"民法通则既不是民法典也不是民法典的总则,为了使人民了解自己享有哪些民事权利,而将各种民事权利集中规定,可以说是出于不得已"。②

(二)《人格权编(室内稿)》和《人格权编(征求意见稿)》公开之后所引起的关于人格权法是否应当独立成编的最激烈的争议

2002年至2017年,我国大多数民法学者暂时搁置了此种问题的讨论,他们均将注意力集中在《中华人民共和国物权法》(以下简称《物权法》)、《中华人民共和国侵权责任法》(以下简称《侵权责任法》)和《中华人民共和国民法总则》(以下简称《民法总则》)上,在这段时期,虽然他们无暇顾及人格权法是否应当在民法典中独立成编的问题,但是,少数民法学者仍然会讨论这一问题。

随着《民法总则》在2017年3月15日的通过,我国民法学者再一次将注意力集中到他们在2002年前后所讨论的问题上:在即将编纂完成的民法典当中,人格权法是否应当作为民法分则的独立一编加以规定。虽然所争议的问题仍然是同一问题,但是,与以往有所不同的是,这一次的争议似乎更像是一场决定彼此终极命运的、不是你死就是我亡的"战争"。因为,当一些民法学者在殚精竭虑地寻找他们认为人格权应当独立成编的各种理由时,另外一些民法学者则在苦心孤诣地找寻他们认为的人格权不能独立成编的各种理由,并且在各自寻找支持或者反对人格权独立成编的不同理由时,他们之间完全达到了"你来我往""有来有往""无缝对接"的地步:每当你提出一个关于人格权法应当独立成编的新理由时,我就会马上对你的主张加以

---

① 尹田:《论人格权的本质——兼评我国民法草案关于人格权的规定》,《法学研究》2003年第4期,第13页。
② 梁慧星:《中国民法典编纂的几个问题》,《山西大学学报(哲学社会科学版)》2003年第5期,第19页;梁慧星:《民法典不应单独设立人格权编》,《法制日报》2002年8月4日。

反对，以便证明人格权法不应当独立成编；反之，每当我提出一个人格权法不应当独立成编的新理由时，你就会马上对我提出的此种新理由加以反对，以便证明人格权法应当独立成编。

那么，我国民法学者之间为何会发生如此激烈的争议？原因在于2017年11月，全国人大常委会法工委在小范围内公开的《中华人民共和国民法人格权编（草案）》（2017年11月15日民法室室内稿）[以下简称《人格权编（室内稿）》]；于2018年3月15日，全国人大常委会法工委在更大的范围内公开的《民法典人格权编（草案）》（征求意见稿）[以下简称《人格权编（征求意见稿）》]。① 《人格权编（室内稿）》共七章54条，所规定的内容包括：一般规定，生命权、身体权和健康权，姓名权和名称权，肖像权，名誉权和荣誉权，隐私权和个人信息，以及人格权的保护。② 《人格权编（征求意见稿）》共六章49条，所规定的内容包括：一般规定，生命权、身体权和健康权，姓名权和名称权，肖像权，名誉权和荣誉权，隐私权和个人信息权。③

除了法律条款的数量从54条减少到49条外，除了将"个人信息"改为"个人信息权"外，《人格权编（征求意见稿）》还删除了《人格权编（室内稿）》中的最后一章即"人格权的保护"。全国人大常委会法工委的此种做法似乎意味着，如果没有意外情况的发生，人格权法将会在未来的民法典当中独立成编。而如果人格权法真的作为独立一编被规定在最终通过的民法典当中，则意味着自2002年以来一直主张人格权法独立成编的民法学者胜利了，也就意味着自2002年以来一直反对人格权法独立成编的民法学者失败了。

因为全国人大常委会法工委的上述做法对于不同的民法学者具有不同的含义，因此，在《人格权编（室内稿）》和《人格权编（征求意见稿）》公开之后，我国民法学者对待全国人大常委会法工委上述做法的态度可谓"冰火两重天"。

---

① 参见梁慧星：《民法典编纂中的重大争论——兼评全国人大常委会法工委两个民法典人格权编草案》，《甘肃政法学院学报》2018年第3期，第2—3页。
② 《中华人民共和国民法人格权编（草案）》（2017年11月15日民法室室内稿）。
③ 《民法典人格权编（草案）》（征求意见稿）。

对于主张人格权法独立成编的民法学者而言，他们对全国人大常委会法工委的上述做法感到极端兴奋、异常激动并且给予了高度赞赏，他们认为，人格权法独立成编既"是落实党的十九大报告精神的具体体现"，① 也"是实现人民群众美好幸福生活的重要举措"，② 除了能够体现"我国民法典的重大创新"外，③ 还能够使我国在民法典领域"从跟跑者、并跑者变为领跑者，为解决21世纪人类共同面临的人格权保护问题提供中国智慧、中国方案"④。总之，全国人大常委会法工委的上述做法可谓"功在当下，利在千秋"。⑤

对于反对人格权法独立成编的民法学者而言，他们对全国人大常委会法工委的此种做法感到极度失望、异常愤怒并且给予了严厉谴责，他们认为，"人格权独立成编是对现行人格权法律体系的严重破坏"⑥，不仅"严重违背了人格权的根本特性"⑦，而且"设置人格权

---

① 王利明：《功在当下，利在千秋——〈中华人民共和国民法人格权编（草案）〉之我见》，https://mp.weixin.qq.com/s? src = 11&timestamp = 1529127467&ver = 941&signature = s7Aq1VRz8QSKojuzQGQIfabDJmjRWoN68W04PHddHwlfBhcO5CkWnIYeKD1 ∗ yzPCKPNTDJJKJKj24ZYCpkOpXOEL05GUSs2pO418cEz9-2YbRHu4ab73gwp90Rqumb7Q&new = 1。

② 王利明：《功在当下，利在千秋——〈中华人民共和国民法人格权编（草案）〉之我见》，https://mp.weixin.qq.com/s? src = 11&timestamp = 1529127467&ver = 941&signature = s7Aq1VRz8QSKojuzQGQIfabDJmjRWoN68W04PHddHwlfBhcO5CkWnIYeKD1 ∗ yzPCKPNTDJJKJKj24ZYCpkOpXOEL05GUSs2pO418cEz9-2YbRHu4ab73gwp90Rqumb7Q&new = 1。

③ 王利明：《使人格权在民法典中独立成编》，《光明日报》2017年11月15日第11版。

④ 王利明：《使人格权在民法典中独立成编》，《光明日报》2017年11月15日第11版。

⑤ 王利明：《功在当下，利在千秋——〈中华人民共和国民法人格权编（草案）〉之我见》，https://mp.weixin.qq.com/s? src = 11&timestamp = 1529127467&ver = 941&signature = s7Aq1VRz8QSKojuzQGQIfabDJmjRWoN68W04PHddHwlfBhcO5CkWnIYeKD1 ∗ yzPCKPNTDJJKJKj24ZYCpkOpXOEL05GUSs2pO418cEz9-2YbRHu4ab73gwp90Rqumb7Q&new = 1。

⑥ 中国社会科学院民法典工作项目组：《人格权编是对现行人格权法律体系的严重破坏》，https://mp.weixin.qq.com/s? src = 11&timestamp = 1529138004&ver = 941&signature = gemj8mUgs-fSbKKtA ∗ xyLo6D2r1JaGWzKAsVa5geg9YDVjpYXGnpMAFTUVpog4k1wFcrs8Je83wXWewB7MuUdhXqBZTryJyxgfF5BqYsMDcUjCF4fLF0N9rK8MgraTOp&new = 1。

⑦ 中国社会科学院民法典工作项目组：《人格权编是对现行人格权法律体系的严重破坏》，https://mp.weixin.qq.com/s? src = 11&timestamp = 1529138004&ver = 941&signature = gemj8mUgs-fSbKKtA ∗ xyLo6D2r1JaGWzKAsVa5geg9YDVjpYXGnpMAFTUVpog4k1wFcrs8Je83wXWewB7MuUdhXqBZTryJyxgfF5Bq YsMDcUjCF4fLF0N9rK8MgraTOp&new = 1。

编的动机与目的，必将成为被历史拷问的一个基本问题"①；人格权的独立成编不仅"破坏了民法典在逻辑、结构和体系上的科学性"，而且"为将来民法典的解释和适用的便利化制造无穷尽的障碍"②；事实上，人格权独立成编"有点像没有消化的食物"③，将人格权作为独立一编规定的民法典属于"太多烟火式亮点"④，如果立法者制定的民法典要构成"成熟民法典"⑤，他们就不应当"牵强"地将人格权法作为独立的一编加以规定。⑥

最让反对人格权独立成编的民法学者无法忍受的是，全国人大常委会法工委的上述做法不仅是一种"玩小动作"的行为、"蒙混过去"的行为，而且还是对党中央决定的"阳奉阴违"的行为,⑦ 因为，在党中央已经做出了具有"远见和英明"的决定即"民法典的编纂要采取两步走"的指导方针之后，全国人大常委会法工委竟然在未预先请示党中央"同意设人格权编"的情况下就擅自改变党中

---

① 中国社会科学院民法典工作项目组：《人格权编是对现行人格权法律体系的严重破坏》，https://mp.weixin.qq.com/s? src = 11&timestamp = 1529138004&ver = 941&signature = gemj8mUgs-fSbKKtA ∗ xyLo6D2r1JaGWzKAsVa5geg9YDVjpYXGnpMAFTUVpog4k1wFcrs8Je83wXWewB7MuUdhXqBZTryJyxgfF5BqYsMDcUjCF4fLF0N9rK8MgraTOp&new = 1。

② 邹海林：《人格权为何不能在民法典中独立成编》，http://www.cssn.cn/fx/201804/t20180425_4212610.shtml。

③ 苏永钦：《成熟民法典不在于太多烟火式亮点》，https://mp.weixin.qq.com/s? src = 11&timestamp = 1529139360&ver = 941&signature = gemj8mUgs-fSbKKtA ∗ xyLo6D2r1Ja GWz-KAsVa5geg9a-13N860aRLBNuZIgvuytx0SnQ-6a5c6NVIAGa ∗ A ∗ vp ∗ nofwGPPxmrPWR1 eX-lP7X3 ∗ LSOXwhWLMDOCFFyh5Hu3&new = 1。

④ 苏永钦：《成熟民法典不在于太多烟火式亮点》，https://mp.weixin.qq.com/s? src = 11&timestamp = 1529139360&ver = 941&signature = gemj8mUgs-fSbKKtA ∗ xyLo6D2r1Ja GWz-KAsVa5geg9a-13N860aRLBNuZIgvuytx0SnQ-6a5c6NVIAGa ∗ A ∗ vp ∗ nofwGPPxmrPWR1 eX-lP7X3 ∗ LSOXwhWLMDOCFFyh5Hu3&new = 1。

⑤ 苏永钦：《成熟民法典不在于太多烟火式亮点》，https://mp.weixin.qq.com/s? src = 11&timestamp = 1529139360&ver = 941&signature = gemj8mUgs-fSbKKtA ∗ xyLo6D2r1Ja GWz-KAsVa5geg9a-13N860aRLBNuZIgvuytx0SnQ-6a5c6NVIAGa ∗ A ∗ vp ∗ nofwGPPxmrPWR1 eX-lP7X3 ∗ LSOXwhWLMDOCFFyh5Hu3&new = 1。

⑥ 苏永钦：《中国民法典编纂的理由、最佳模式与基本功能》，《北京航空航天大学学报（社会科学版）》2018年第1期，第3页。

⑦ 梁慧星：《民法典编纂中的重大争论——兼评全国人大常委会法工委两个民法典人格权编草案》，http://www.iolaw.org.cn/showArticle.aspx? id = 5570。

央的远见卓识和英明决定,并且利用"母亲饭碗里的苍蝇"①和"人事交接的空隙"②,在全国或小或大的范围内公开他们起草的《人格权编(室内稿)》和《人格权编(征求意见稿)》,试图"借口分则编的编纂,把封堵在前门外的人格权立法,又从后门塞进来作为民法典的分则编,"③除了借此"迫使"十三届全国人大常委会接受"既成事实"外,"也逼迫党中央改变决定"。④

因为全国人大常委会法工委"利用编纂民法典分则的机会,将已经被党中央明确否定了的人格权立法,再以分则编(人格权编)的名义纳入民法典"⑤,因为全国人大常委会法工委的此种做法完全背离了"党中央为此次民法典编纂预先确定的'基本遵循'和不可

---

① "母亲饭碗里的苍蝇是一个比喻。因为有一首歌的歌词是'我把党来比母亲',这里用'母亲饭碗里的苍蝇'比喻党的十九大报告中一处不符合民法常理常规的概念使用,即把人格权概念与人身权、财产权概念相提并论。"梁慧星:《民法典编纂中的重大争论——兼评全国人大常委会法工委两个民法典人格权编草案》,http://www.iolaw.org.cn/showArticle.aspx? id = 5570。

② "法工委发出《人格权编草案(征求意见稿)》的日期是3月15日。3月4日之后直到3月16日是一个(不存在常委会的)空档期:十二届全国人大常委会已经解散,而十三届全国人大常委会还没有成立。特别是,3月15日不仅处在这一空档期,而且这一天还是大会休会的日子。法工委选择在这个时间点发布《人格权编草案(征求意见稿)》,是不是意味深长呢?……按照规程及立法惯例,作为常委会内设办事机构的法工委,应当等到3月18日大会选举产生十三届全国人大常委会,至少是17日选出国家主席,全国人大常委会委员长、副委员长、秘书长之后,向委员长汇报请示之后,才能够发出《人格权编草案(征求意见稿)》! 有什么十万火急的事情不能再等几天,等到十三届全国人大常委会选举产生、至少委员长、副委员长选举产生之后?!"梁慧星:《民法典编纂中的重大争论——兼评全国人大常委会法工委两个民法典人格权编(草案)》,http://www.iolaw.org.cn/showArticle.aspx? id = 5370。

③ 梁慧星:《民法典编纂中的重大争论——兼评全国人大常委会法工委两个民法典人格权编草案》,http://www.iolaw.org.cn/showArticle.aspx? id = 5570。

④ 梁慧星:《民法典编纂中的重大争论——兼评全国人大常委会法工委两个民法典人格权编草案》,http://www.iolaw.org.cn/showArticle.aspx? id = 5570。

⑤ 梁慧星:《民法典编纂中的重大争论——兼评全国人大常委会法工委两个民法典人格权编草案》,https://mp.weixin.qq.com/s? src = 11&timestamp = 1529660879&ver = 954&signature = WPUwN3zohliv4oIgOhXKskjdsTCcfwG7Lc4BGTKJxBQFuLX-VtS8hK * 5JgmYs6DWg * 8eVyKgsK2BTzNH9K7TAaIkn3szAlHqMYDBAYQ2kno7Q7GHK8toMWIYMxgdNglg&new = 1。

逾越的'红线'。"① 因此，我们应当坚决反对全国人大常委会法工委的做法，应当坚定不移地贯彻"中国民法典中不能设置人格权编"②、"人格权在我国民法典中绝对不能独立成编"③的民法典编纂思路。

（三）我国民法学者为何在《人格权编（室内稿）》和《人格权编（征求意见稿）》公开之后就人格权是否应当独立设编展开最激烈的争议

在2002年前后，虽然主张或者反对人格权法独立成编的民法学者是针锋相对的，但是，他们在主张自己的理论或者反对对方的理论时，态度温和、理性，而这一次，他们的态度却异常激烈、感性十足，主要表现在两个方面。一方面，在2002年前后，无论是支持者还是反对者，他们均将彼此之间的争议限定在单纯的学术领域，论战双方均满足于提出人格权是否应当独立设编的学术理由，不会提出政治方面的理由，而在今时今日，情况则发生了变化，他们除了提出学术方面的理由外，还提出了各种政治方面的理由；另一方面，在2002年前后，在提出人格权是否应当独立设编的学术理论时，他们对学术理由的阐述仅仅是只言片语式、蜻蜓点水式的，而在今时今日，他们对学术理由的阐述则是详尽丰满的，甚至是浓墨重彩的。

同样是主张或者反对人格权的独立设编，为何我国民法学者这一次的态度如此激烈、感性？这是因为，对于论战双方而言，这是千载难逢的最后一次机会，双方必须孤注一掷，否则将会后悔终生：对于从2002年开始一直到今时今日均在主张人格权法独立者而言，如果他们这一次不强烈地甚至感性地主张人格权法的独立成编性，则人格

---

① 梁慧星：《民法典编纂中的重大争论——兼评法工委两个人格权编草案》，https://mp.weixin.qq.com/s?src=11&timestamp=1529660879&ver=954&signature=WPUwN3zohliv4oIgOhXKskjdsTCcfwG7Lc4BGTKJxBQFuLX-VtS8hK*5JgmYs6DWg*8eVyKgsK2BTzNH9K7TAaIkn3szAlHqMYDBAYQ2kno7Q7GHK8toMWIYMxgdNglg&new=1。

② 梁慧星：《中国民法典中不能设置人格权编》，https://mp.weixin.qq.com/s?src=11&timestamp=1529140119&ver=942&signature=tQ4leSG*vLg-doIS0rL0WQjuZLtqzMOeGLM5-aTRgQugTOuyD8CSgc1iuyniwFUZwjgJQ1bfgOM2SgFpVomyNIVHzhvqyqH9Xo6Bt71dsp5I2uoyi8tjFrRY*lY0i1o6&new=1。

③ 邹海林：《人格权为何不能在民法典中独立成编》，http://www.cssn.cn/fx/201804/t20180425_4212610.shtml。

权法将会与民法典失之交臂，处于"永世不得翻身"的附属地位；对于从2002年开始一直到今时今日均在反对人格权法独立成编的民法学者而言，如果他们这一次不强烈反对则人格权法将会与民法典亲密接触，并且在民法典中取得恒久的独立地位。

我国立法者，除了从宏观方面对上述做法分别表示完全肯定或者完全否定的态度外，从微观方面也提出了人格权是否应当独立成编的各种各样的理由，在证明自己的主张成立的同时，他们也试图证明对方的主张是站不住脚的。问题在于，他们所提出的这些证明自己主张成立、证明对方主张不成立的理由是否具有说服力、是否站得住脚呢？笔者认为，无论是主张者还是反对者，他们所提出的人格权法应当或者不应当独立成编的众多理由均是没有说服力的、站不住脚的。也因为他们所提出的理由没有说服力、站不住脚，所以，迄今为止，他们谁也无法说服谁，谁也不能够让对方信服自己的主张。

二、梁慧星教授是如何反对人格权独立成编的

在当今中国，反对人格权独立设编的最著名民法学者当然是梁慧星教授了，因为从2002年开始一直到今时今日，他不仅极力反对人格权的独立设编，而且他的反对声音所引起的反响也是最热烈的。[1]

（一）梁慧星教授在2004年之前对于人格权是否独立成编的态度

在1990年之前，我国民法学者很少关注中国民法典的制定问题，[2] 即便在1990年之前，我国立法者已经分别在1956年、1964年

---

[1] 梁慧星：《中国民法典中不能设置人格权编》，《中州学刊》2016年第2期，第48—54页；梁慧星：《民法典编纂中的重大争论——兼评全国人大常委会法工委两个民法典人格权编草案》，《甘肃政法学院学报》2018年第3期，第1—19页；梁慧星：《人格权保护已形成中国经验》，《法治周末》2018年5月16日第21版。

[2] 中央政法干部学校民法教研室编：《中华人民共和国民法基本问题》，法律出版社1958年版；佟柔、赵中孚、郑立主编：《民法概论》，中国人民大学出版社1982年版；佟柔主编：《民法原理》，法律出版社1983年版；王作堂、魏振瀛、李志敏、朱启超等：《民法教程》，北京大学出版社1983年版；王忠、苏惠祥、龙斯荣、王建明：《民法概论》，黑龙江人民出版社1984年版；李由义主编：《民法学》，北京大学出版社1988年版；佟柔主编：《中国民法》，法律出版社1990年版。

第一章　我国民法学者关于人格权是否应当独立设编的不同意见

和 1980 年起草了民法典草案并且对民法典草案的编制体例做出了明确规定。从 1990 年开始一直到 1992 年，我国民法学者开始关注民法典的制定问题，除了少数民法学者认为我国还不具备制定民法典的各种条件外，大多数民法学者均认为，鉴于我国已经具备了民法典制定的各种条件，因此，制定独立的民法典已经迫在眉睫。① 在这段时期，虽然我国民法学者普遍主张我国立法者要制定独立的民法典，但是，他们很少对我国民法典应当采取的编制体例问题做出具体说明，因此，人格权法是否应当在民法典中独立成编，大多数民法学者均没有涉及。②

不过，从 1992 年开始，在对民法典的编制体例做出明确说明的同时，我国少数民法学者也开始对人格权法是否应当独立成编的问题做出了明确说明。在 1992 年 7 月的《中国民法·立法史·现状·民法典的制定》③ 中，梁慧星教授就对这样的问题做出了说明。在该文中，梁慧星教授一方面认为，我国现有民法理论还很薄弱，"还不足以为制定民法典提供坚实的理论基础"④；另一方面又认为，如果我国要制定民法典，则我国"应坚持德国式法典编制体例"⑤。这就是，将民法典分为五编："第一编总则；第二编债权；第三编物权；第四

---

① 《中国法学会民法学经济法学研究会年会综述》，《中国法学》1991 年第 1 期，第 119 页；刘景涛：《改革为民法学开辟了广阔的天地——〈民法通则〉颁布五周年理论研讨会综述》，《法学杂志》1991 年第 3 期，第 7 页；梁慧星：《中国民法·立法史·现状·民法典的制定》，见梁慧星《民法学说判例与立法研究》，中国政法大学出版社 1993 年版，第 61 页；孙宪忠：《中国法学会民法学经济法学研究会 1992 年年会综述》，载《中国法学》1992 年第 5 期，第 118 页。

② 《中国法学会民法学经济法学研究会年会综述》，《中国法学》1991 年第 1 期，第 119 页；刘景涛：《改革为民法学开辟了广阔的天地——〈民法通则〉颁布五周年理论研讨会综述》，《法学杂志》1991 年第 3 期，第 7 页；孙宪忠：《中国法学会民法学经济法学研究会 1992 年年会综述》，载《中国法学》1992 年第 5 期，第 118 页。

③ 在《民法学说判例与立法研究》当中，梁慧星教授明确指出，《中国民法·立法史·现状·民法典的制定》写于 1992 年 7 月。见梁慧星《民法学说判例与立法研究》，中国政法大学出版社 1993 年版，第 61 页。

④ 梁慧星：《中国民法·立法史·现状·民法典的制定》，见《民法学说判例与立法研究》，中国政法大学出版社 1993 年版，第 70 页。

⑤ 梁慧星：《中国民法·立法史·现状·民法典的制定》，见《民法学说判例与立法研究》，中国政法大学出版社 1993 年版，第 72 页。

编亲属;第五编继承。"① 因此,梁慧星教授似乎是不赞成将人格权法作为民法典中的独立一编加以规定的,并且梁慧星教授此时的态度与他在今时今日的态度也是完全一致的。

然而,真实情况并非如此。因为梁慧星教授并不是完全反对人格权法在我国民法典中的独立成编的,虽然在该文中,他建议将人格权法规定在民法典第一编即总则编的自然人一章中,但是,他建议做出此种安排的原因是人格权法的条文较少、与民法典中的其他编之间不成比例。他指出:"应予说明的是,现行民法通则关于人身权的规定本应独立作为民法典的一编,但考虑到条文较少与其他编不成比例,故可归入总则编内,安排在自然人一章。"②

在这里,梁慧星教授虽然没有使用"人格权"这一术语,而仅仅使用了"人身权",但是,在该文中使用的"人身权"一词,仅指"人身权"中的"人格权",并不包括"人身权"中的"身份权"。首先,无论是在1992年之前③还是在今时今日④,"人身权"包括身份权和人格权。其次,在该文中,梁慧星教授明确指出,"亲属"作为民法典的第四编,而"亲属"实际上就是指我国民法学者普遍承

---

① 梁慧星:《中国民法·立法史·现状·民法典的制定》,见《民法学说判例与立法研究》,中国政法大学出版社1993年版,第72页。
② 梁慧星:《中国民法·立法史·现状·民法典的制定》,见《民法学说判例与立法研究》,中国政法大学出版社1993年版,第73页。
③ 佟柔、赵中孚、郑立主编:《民法概论》,中国人民大学出版社1982年版,第26页;佟柔主编:《民法原理》,法律出版社1983年版,第34页;王忠、苏惠祥、龙斯荣、王建明:《民法概论》,黑龙江人民出版社1984年版,第48页;梁慧星:《中国人身权制度》,载《中国法学》1989年第5期,第90—91页;佟柔主编:《中国民法》,法律出版社1990年版,第38—39页、第477—495页。
④ 江平主编:《民法学》,中国政法大学出版社2007年版,第38页;魏振瀛主编:《民法》(第四版),北京大学出版社2010年版,第36页;梁慧星:《民法总论》(第五版),法律出版社2017年版,第72页;王利明:《民法总则》,中国人民大学出版社2017年版,第240页。

第一章　我国民法学者关于人格权是否应当独立设编的不同意见

认的"身份权"。① 最后，在1989年的《中国人身权制度》一文中，梁慧星教授明确指出，我国《民法通则》所规定的人身权"实际上只是人格权"②。

在1996年的著名民法教科书即第一版《民法总论》中，梁慧星教授完全采用了他在1992年的《中国民法·立法史·现状·民法典的制定》中的态度，认为在制定民法典时除了应当参照"德国式编制体例"并且采用五编制外，还应作为独立编加以规定，但是，因为其法律条款较少可以规定在总则编的自然人中。他指出："大陆法系民法典之两种编制体例，学者通说认为以德意志式为优。我国制定民法，从清末以来，自大清民律草案至民国时期公布的民法典，均采德意志式。……我认为制定民法典应当参照德意志式为好，即分五编：总则、债权、物权、亲属、继承。应特别说明的是，现行民法通则关于人身权的规定，本应作为民法典独立一编，但考虑到条文较少，与其他编不成比例，故可归入总则编内，安排在自然人一章。"③

到了2001年，梁慧星教授的态度发生了180度的转变，除了在民法典的编制体例方面不再坚持德意志式的五编制外，他也不再坚持上述观点，不再认为，仅仅因为法律条款数量有限，原本应当独立设编的人格权编不应当独立设编。在2001年的《制定民法典的设想》中，梁慧星教授正式吹响了制定中国民法典的号角，认为"制定民法典是当前面临的重大立法任务"④，因为"制定民法典的条件已经具备"⑤。

问题在于，我国立法者制定的民法典应当采取几编制？人格权法

---

① 佟柔、赵中孚、郑立主编：《民法概论》，中国人民大学出版社1982年版，第26页；佟柔主编：《民法原理》，法律出版社1983年版，第34页；王忠、苏惠祥、龙斯荣、王建明：《民法概论》，黑龙江人民出版社1984年版，第48页；佟柔主编：《中国民法》，法律出版社1990年版，第38—39页、第477—495页；江平主编：《民法学》，中国政法大学出版社，2007年版，第38页；魏振瀛主编：《民法》（第四版），北京大学出版社2010年版，第36页；梁慧星：《民法总论》（第五版），法律出版社2017年版，第72页；王利明：《民法总则》，中国人民大学出版社2017年版，第240页。

② 梁慧星：《中国人身权制度》，载《中国法学》1989年第5期，第91页。

③ 梁慧星：《民法总论》（第一版），法律出版社1996年版，第14—15页。

④ 梁慧星：《制定民法典的设想》，载《现代法学》2001年第2期，第4页。

⑤ 梁慧星：《制定民法典的设想》，载《现代法学》2001年第2期，第4—5页。

是否应当在民法典中独立成编?在《制定民法典的设想》和2001年的第二版民法教科书《民法总论》中,梁慧星教授做出的回答与他之前的回答不完全相同或者根本不同。在民法典的编制体例方面,他不再主张之前的五编制而是主张七编制,认为制定中国民法典应以德国式五编制为基础,在此基础上做适当变化。所谓"作适当变化"就是将德国民法典中的第二编即债权分为三编:债权总则、合同编和侵权行为编。因此,我国民法典应当包含的七编分别是:第一编总则,第二编物权,第三编债权总则,第四编合同,第五编侵权行为,第六编亲属,第七编继承。①

在人格权法是否独立成编的问题上,梁慧星教授完成了从人格权"不宜独立成编"到人格权"不独立成编"的转变。在2001年的第二版民法教科书《民法总论》中,梁慧星教授提出"人格权不宜单独设编",那么人格权为何"不宜"独立成编呢?他认为,原因有二:其一,人格权法的条文较少,与其他编不成比例;其二,人格权为民事权利主体资格应有内容,具有与民事主体不可分离的性质。他对这两种理由做出了明确说明,他指出:"考虑到人格权为民事权利主体资格应有内容,具有与民事主体不可分离的性质,且单独设编条文畸少而与其他各编不成比例,因此人格权不宜单独设编。"②

在2001年的文章《制定民法典的设想》中,梁慧星教授放弃了人格权"不宜独立成编"的理论,而主张"人格权不设专编"的理论。那么,人格权法为何"不设专编"呢?梁慧星教授认为,原因有二:人格权是民事主体的资格,没有人格权就没有主体资格;其二,人格权与自然人自身不能分离。他对这两种理由做出了明确说明,他指出:"人格权不设专编的理由在于:其一,所谓人格权,是自然人作为民事主体资格的题中应有之义,没有人格权,就不是民事主体。其二,人格以及人格权与自然人本身不可分离。请注意五十年代从苏联引进的民法理论中将人格权表述为'与人身不可分离的非

---

① 梁慧星:《制定民法典的设想》,载《现代法学》2001年第2期,第5页;梁慧星:《民法总论》(第二版),法律出版社2001年版,第15—16页。
② 梁慧星:《民法总论》(第二版),法律出版社2001年版,第17页。

第一章　我国民法学者关于人格权是否应当独立设编的不同意见

财产权',其中所说的'不可分离'是有合理性的。"①

如果人格权不宜或不独立设编,那么,人格权的内容应当放在民法典中的哪个位置上呢?对此问题,梁慧星教授做出的回答与之前的回答一致:在人格权法不独立成编的情况下,人格权法的内容不仅应当规定在民法典第一编即总则中,而且也仅仅规定在总则编的自然人一章中。②

对于梁慧星教授而言,在人格权法是否应当独立成编的问题上,于2001年发表的《制定民法典的设想》一文,便构成一个具有分水岭式的标志,该文意味着梁慧星教授彻底与之前的观点告别:无论是在该文当中还是在之前的文章和民法教科书当中,他虽然均建议将人格权法的内容规定在民法典的总则编当中,但是,在该文之前,他完全不反对人格权法独立成编,因为他明确指出,人格权原本应当独立设编,仅仅因为一个技术性的而非实质性的原因而没有让其独立成编:法律条款较少、与民法典的其他编不成比例,如果人格权的法律条款较多并且能够与其他编成比例,则人格权法就会独立成编了;而在该文当中,他则完全反对人格权法独立成编,因为在该文当中,他不再认为人格权法原本应当独立成编,仅仅因为一种技术性的理由而没有让其独立成编,而是基于两个实质性的理由否定了人格权的独立成编性。

自此之后,梁慧星教授一直坚持认为人格权法不应当在民法典中独立成编,人格权的内容应当规定在总则编的自然人一章中,即便是在2017年的《中华人民共和国民法总则》(以下简称《民法总则》)将人格权的内容规定在第五章即民事权利中之后,亦如此。在2003年的《中国民法典编纂的几个问题》中,梁慧星教授明确指出:"反对人格权单独成编,应将人格权置于总则中的自然人一章。"③ 在2016年的《中国民法典中不能设置人格权编》中,梁慧星教授也明确指出:"在此,笔者郑重表态,不赞成中国民法典设立人格权编,

---

① 梁慧星:《制定民法典的设想》,载《现代法学》2001年第2期,第5页。
② 梁慧星:《民法总论》(第二版),法律出版社2001年版,第16页;梁慧星:《制定民法典的设想》,载《现代法学》2001年第2期,第5页。
③ 梁慧星:《中国民法典编纂的几个问题》,载《山西大学学报(哲学社会科学版)》2003年第5期,第13页。

而主张在民法总则编的自然人一章规定人格权。"①

在《民法总则》通过之后所出版的第五版的《民法总论》中,梁慧星教授的态度亦如此。虽然梁慧星教授多年以来声嘶力竭地主张人格权应规定在总则编的自然人一章中,但是,他的此种主张完全被立法者所忽视,因为在2017年通过的《民法总则》中,立法者没有将人格权规定在总则的自然人一章中,而是将其规定在第五章"民事权利"中,即《民法总则》中的第109条至第111条。② 在第五版的《民法总论》中,梁慧星教授完全忽视了《民法总则》第五章的存在,没有设专章对包括人格权在内的民事权利做出讨论,而是在自然人一章中讨论人格权,这就是他的《民法总论》第三章"民事主体——自然人"中的第二节即"人格权"。③

在2002年的《民法典不应单独设立人格权编》中,在明确宣告"民法典不应单独设立人格权编"时,梁慧星教授首次直面主张人格权独立成编的民法学者,专门对他们主张人格权独立成编的三种主要理由做出了反驳。

其一,某些民法学者认为,鉴于人格权"非常重要",因此"有必要单独设编",梁慧星教授对此种理由做出反驳,认为"人格权"是否独立设编的标准并不是重要性、进步性,而是逻辑性、科学性,将人格权独立设编违反了民法典的逻辑性和科学性。

其二,某些民法学者认为,"人格权单独设编,使中国民法典具有自己的特色,有了创新",梁慧星教授针对此种理由做出批驳,认为"创新"不应是"标新立异",因为人格权独立成编"在法理上说不通,缺乏起码的合理性和说服力"。

其三,某些民法学者认为,"将人格权单独规定,是民法通则的成功经验",梁慧星教授认为,此种理由是站不住脚的,因为,虽然民法通则专设第五章对包括人格权在内的民事权利做出规定,但是,

---

① 梁慧星:《中国民法典中不能设置人格权编》,载《中州学刊》2016年第2期,第48页。

② 《中华人民共和国民法总则》,http://www.npc.gov.cn/npc/xinwen/2017-03/15/content_2018907.htm。

③ 梁慧星:《民法总论》(第五版),法律出版社2017年版,第90—102页。

这样做"并不是出于理性的决定"而是"不得已"。①

除了对主张人格权独立成编的三种主要理由一一做出了反驳外，梁慧星教授还对他反对人格权独立成编的理由做出了说明。他认为，人格权之所以不应当独立成编，除了他在 2001 年的《制定民法典的设想》一文中所主张的两个理由外，还包括其他理由：人格权单独设编，全世界没有先例，因为"世界各国民法典，均将人格权安排在自然人一章（编）"；人格权与其他民事权利之间存在区别：其他民事权利均存在于人与人之间的关系上，属于一种民事权利义务关系，而人格权则不是一种人与人之间的关系，也不是一种民事权利义务关系，而仅仅是权利主体对其自身享有的权利。②

在 2003 年的《中国民法典编纂的几个问题》一文中，梁慧星教授基本上原封不动地重复了他在 2002 年的《民法典不应单独设立人格权编》一文中所阐述的上述内容：在表明了"不赞成人格权单独设编"的态度之后，他首先对主张人格权独立成编的上述三种理由分别做出了反驳，③ 之后再简单地说明了人格权为何不能独立成编的理由，并将其简单概括为一个理由，这就是"人格权的特殊本质"。在对"人格权的特殊本质"做出说明时，除了重复他之前主张的几个理由外，他还强化了其中的一个理由，这就是人格权与其他民事权利之间的差异。④

具体来说，在 2002 年的《民法典不应单独设立人格权编》一文中，梁慧星教授在主张此种理由时仅仅强调人格权与其他民事权利之间的一个差异，这就是人格权不是一种法律关系而其他民事权利则是一种法律关系，而在 2003 年的《中国民法典编纂的几个问题》一文中，梁慧星教授在主张此种理由时，除了强调人格权与其他民事权利之间所存在的此种差异外，还增加了一种新的差异：虽然民法总则中的法律行为、代理、时效、期间、期日等制度能够适用于其他民事权

---

① 梁慧星：《民法典不应单独设立人格权编》，载《法制日报》2002 年 8 月 4 日。
② 梁慧星：《民法典不应单独设立人格权编》，载《法制日报》2002 年 8 月 4 日。
③ 梁慧星：《中国民法典编纂的几个问题》，载《山西大学学报（哲学社会科学版）》2003 年第 5 期，第 18—19 页。
④ 梁慧星：《中国民法典编纂的几个问题》，载《山西大学学报（哲学社会科学版）》2003 年第 5 期，第 19 页。

利,但是不适用于人格权。因为这样的原因,债权、物权、亲属等能够在民法典中独立成编,而人格权则不能够在民法典中独立成编,否则"人格权单独设编,混淆了人格权与其他民事权利的区别,破坏了民法典内部的逻辑关系。"①

在2004年的《我国民法典制定中的几个问题》一文中,梁慧星教授对人格权是否独立成编的争议问题做出了简要说明,认为"人格权是否单独设编"是"关于制定民法典的重大分歧和争论"之一,其中"以王利明教授为首的专家主张把人格权单设一编",他们主张人格权独立成编的主要理由有二:其一,人格权很重要,它关系到人权与人的尊严,将它单设一编,就可以强调人格的观念与人权的观念;其二,人格权的规定是《民法通则》的成功经验。② 而反对者则以梁慧星教授为代表,除了对王利明教授所主张的两个主要理由做出了针锋相对的批评外,梁慧星教授也对人格权不应独立设编的两个原因做出了阐述:其一,人格权与主体(自然人)不可分离;其二,人格权不适用法律行为制度,不适用诉讼时效制度和代理制度,即不适用总则的规定,与民法典的总则编不构成总则与分则的逻辑关系。③

从2004年开始一直到2015年年末之前,梁慧星教授在长达10年的时间内不再关注人格权的立法问题,尤其是关于人格权是否独立成编的问题,就像在这一时期我国大多数民法学者都不关心这一问题一样。而在2015年年末至2017年8月之间,梁慧星教授第二次关注人格权是否独立成编的问题发生以他在2016年2月的《中州学刊》上发表的文章即《中国民法典中不能设置人格权编》和2017年8月出版的第五版的《民法总论》作为标志。关于这一点,笔者将在下面的内容中做出详细的讨论,此处从略。

在长达10年的时间内,梁慧星教授之所以不再关注人格权的独

---

① 梁慧星:《中国民法典编纂的几个问题》,载《山西大学学报(哲学社会科学版)》2003年第5期,第19页。
② 梁慧星:《我国民法典制定中的几个问题》,载《法制现代化研究》2004年第9卷,第353页。
③ 梁慧星:《我国民法典制定中的几个问题》,载《法制现代化研究》2004年第9卷,第353页。

立设编问题,其主要原因有二:其一,在这10年内,包括梁慧星教授在内,我国大多数民法学者均跟随立法者的立法步伐,将关注和研究的重点放在物权法、侵权责任法和民法总则方面。其二,梁慧星教授相信自己的反对意见已经深入人心,除了民法学者基于自己的主张不再主张人格权独立设编外,立法者基于自己的主张也不会再尝试将人格权独立设编。此种自信在《我国民法典制定中的几个问题》一文中表露无遗。①

(二)梁慧星教授在2017年上半年正式宣告"中国民法典编纂未采纳人格权单独设编的主张"

2015年10月,由王利明教授领导的中国民法学研究会在海口召开年会,其间公开了以中国民法学研究会名义起草的《中华人民共和国民法典·人格权法编专家建议稿(征求意见稿)》(以下简称《人格权法编专家建议稿》)。《人格权法编专家建议稿》共九章105条,所包含的主要内容有:一般规定,生命权、健康权、身体权,姓名权、名称权、肖像权,名誉权、荣誉权、信用权,隐私权、个人信息权,人身自由权、婚姻自由权,人格权益的许可、使用、限制,以及人格权益的保护。②

为了反对中国民法学研究会的此种做法并最终将大多数民法学者脑海中所抱有的人格权独立成编的想法一劳永逸地清除掉,梁慧星教授专门在2016年的《中州学刊》上发表了义正词严、旗帜鲜明的文章,即《中国民法典中不能设置人格权编》。③ 在该文中,除了"郑

---

① 梁慧星:《我国民法典制定中的几个问题》,载《法制现代化研究》2004年第9卷,第356—358页。

② 中国民法学研究会:《中华人民共和国民法典·人格权法编专家建议稿(征求意见稿)》,http://www.docin.com/p-2054410905.html。

③ "中国民法典对人格权如何规定,是单独设编,还是在民法总则编的自然人一章加以规定,学界对此一直存在争论。主张人格权单独设编的学者主要是王利明教授,反对人格权单独设编的学者以笔者为代表。中国法学会民法学研究会在2015年年会上,以研究会的名义提出了《民法典·人格权法编专家建议稿(征求意见稿)》。这表明,人格权是否单独设编,已不仅是笔者与王利明教授之间的分歧,还是笔者与中国法学会民法学研究会之间的分歧。"梁慧星:《中国民法典中不能设置人格权编》,载《中州学刊》2016年第2期,第48页。

重声明"他在 10 年前已多次表明的"不赞成中国民法典设立人格权编"的主张外,① 梁慧星教授还在两个方面升级了他在 10 年前与主张人格权独立成编的民法学者之间的论战。

其一,从与王利明教授的个人论战升级到与包括王利明教授在内的中国民法学研究会的论战。

10 年前,在人格权是否独立成编的问题上,梁慧星教授虽然持反对意见,但是,他仅仅将王利明教授作为批判对象,而未将其他人作为批判对象,至少在梁慧星教授看来如此。而在此文中,梁慧星教授不仅将王利明教授作为批判对象,而且还将中国民法学研究会作为批判对象。梁慧星教授对此种升级做出了明确说明,他指出:"中国民法典对人格权如何规定,是单独设编,还是在民法总则编的自然人一章加以规定,学界对此一直存在争论。主张人格权单独设编的学者主要是王利明教授,反对人格权单独设编的学者以笔者为代表。中国法学会民法学研究会在 2015 年年会上,以研究会的名义提出了《民法典·人格权法编专家建议稿(征求意见稿)》。这表明,人格权是否单独设编,已不仅是笔者与王利明教授之间的分歧,还是笔者与中国法学会民法学研究会之间的分歧。"②

其二,从单纯的学术论战上升为包括学术和政治在内的论战。

10 年前,在人格权是否独立成编的问题上,梁慧星教授虽然与王利明教授展开论战,但是,他们之间的论战仅仅限于学术层面,并未上升为政治层面。因为在反对人格权独立成编时,梁慧星教授或者从学术方面阐述人格权不能够独立成编的理由,或者从学术方面批评王利明教授的理由,认为他提出的人格权应当独立成编的理由站不住脚。无论是在阐述自己的理由还是在批评对手的理由时,梁慧星教授均将其讨论限定在严格的学术范围内。而在该文中,除了在学术方面与包括王利明教授在内的中国民法学研究会展开论战外,梁慧星教授还从政治方面与包括王利明教授在内的中国民法学研究会展开论战。

---

① 梁慧星:《中国民法典中不能设置人格权编》,载《中州学刊》2016 年第 2 期,第 48 页。

② 梁慧星:《中国民法典中不能设置人格权编》,载《中州学刊》2016 年第 2 期,第 48 页。

所谓学术方面的论战，是指在 2016 年的《中国民法典中不能设置人格权编》一文中，梁慧星教授第一次从学术方面完整地、系统性地阐述了人格权不能够独立成编的理由，希望主张者能够基于自己所阐述的这些理由而放弃让人格权独立成编的尝试。10 年之前，梁慧星教授虽然对人格权不应当独立成编的理由做出了说明，但是，他的这些说明零零散散，分散在不同的文章当中，既欠缺完整性也没有系统性，已如前述。

为了反击中国民法学研究会的上述做法，梁慧星教授在该文当中对之前所提出的零零碎碎的理由进行了完整性的和系统性的整理，认为我国民法典不应设置人格权编的主要理由有四个：其一，人格权与人格有本质联系；其二，人格权与其他民事权利有本质区别；其三，人格权不能适用民法总则编关于法律行为、代理、时效、期日、期间等的规定；其四，人格权单独设编没有成功的立法例。①

所谓政治上的论战，是指在 2016 年的《中国民法典中不能设置人格权编》一文中，在反击中国民法学研究会的上述做法时，尤其是在反击王利明教授所谓的"民法典要把人权保护提到前所未有的高度"时，梁慧星教授首次采取了非学术性的论战方法，这就是，除了从学术方面证明人格权不能够独立成编外，他也从政治方面证明人格权不能够独立成编，表现在两个方面。

一方面，在反驳王利明教授提出的人格权应当独立成编的一个理由即"民法典要把人权保护提到前所未有的高度"时，除了采取学术论战方法外②，梁慧星教授也采取了政治论战方法。具体表现为当王利明教授将人格权应当独立成编的理由建立在"民法典要把人权保护提到前所未有的高度"上时，梁慧星教授认定王利明教授的此种提法是"非常轻率、不合时宜"的，它是在含沙射影地批评中国的人权状况"很糟糕"，说明王利明教授不仅"没有正确评估中国人权保护现状"、忽视了中国在人权保护方面所取得的"长足进步"，

---

① 梁慧星：《中国民法典中不能设置人格权编》，载《中州学刊》2016 年第 2 期，第 48—49 页。

② 梁慧星：《中国民法典中不能设置人格权编》，载《中州学刊》2016 年第 2 期，第 49—50 页。

而且还对中国人权状况存在"偏见"。因为,虽然中国在人权保护方面存在不尽如人意的地方,但是"绝对不能认为保护水平很低、保护状况很糟糕"!此种提法暗含着巨大的政治风险,因为它"容易为别有用心的人或势力所利用"。① 因为这样的原因,"认为只要民法典单独设置人格权编,就可以将人权保护提到前所未有的高度,这种观点是不正确的"②。

另一方面,在论证我国不应当学习《乌克兰民法典》将人格权独立成编的做法时,梁慧星教授完全采用了政治论战方法,因为他指出,虽然当今世界上仅有《乌克兰民法典》将人格权单独设编,但是,由于《乌克兰民法典》的此种做法同乌克兰发生的"颜色革命""社会动乱"之间存在一种千丝万缕的联系,因此,为了避免人格权法的独立成编引发中国的"颜色革命",为了避免人格权法的独立成编引发中国的"社会动荡、经济崩溃、秩序混乱、民族分裂",我们应当"吸取乌克兰的前车之鉴","人格权不能单独设编"。③

梁慧星教授指出:"不难看出,乌克兰两次发生颜色革命、长期陷于社会动乱,与《乌克兰民法典》人格权编之间有某种因果关系存在。按照民法原理,民法典不仅是法院的裁判规则,还是人们的行为规则。《乌克兰民法典》是否起到了正确规范、正确引导人们行为的作用呢?没有。乌克兰陷于动乱,是因为整个社会毫无限制地自由放任,而《乌克兰民法典》为整个社会毫无限制地自由放任提供了法律条件。虽然不能说《乌克兰民法典》是使乌克兰陷于长期动乱的主要原因,但起码是重要原因之一。乌克兰人口约4800万,经登记注册的政党就有198个。这就是笔者不赞成中国民法典编纂模仿乌克兰、学习乌克兰的立法政策上的理由!"④

---

① 梁慧星:《中国民法典中不能设置人格权编》,载《中州学刊》2016年第2期,第50页。
② 梁慧星:《中国民法典中不能设置人格权编》,载《中州学刊》2016年第2期,第51页。
③ 梁慧星:《中国民法典中不能设置人格权编》,载《中州学刊》2016年第2期,第51—52页。
④ 梁慧星:《中国民法典中不能设置人格权编》,载《中州学刊》2016年第2期,第52页。

第一章　我国民法学者关于人格权是否应当独立设编的不同意见

在2016年的《中国民法典中不能设置人格权编》一文中，梁慧星教授虽然同时采用了两种论战方法，即学术性的论战方法和政治性的论战方法，但是，在这两种论战方法中，他最倚重的论战方法并不是第一种方法而是第二种方法。一方面，虽然他在该文中对人格权不能够独立设编的学术原因做出了阐述，但是，他所阐述的四种理由均不是新的，均是他在10年前的文章中做过的阐述。在该文中，他所做的工作是对之前所阐述的这些理由的系统化，已如前述。另一方面，在该文中，在讨论人格权不应当独立成编的学术理由和政治理由时，虽然梁慧星教授在这两个方面使用的篇幅和文字不相上下，甚至花在学术理由方面的篇幅和文字要多于花在政治理由方面，但是，梁慧星教授知道，学术理由在过去的岁月里没有让王利明教授心悦诚服，在今时今日也不会让中国民法学研究会幡然悔悟，要真正终结将人格权独立成编的种种尝试并且最终让人格权独立成编的梦想破灭，必须提出人格权不能够独立成编的政治理由，这就是梁慧星教授在该文中采用上述两种政治论战方法的原因，已如前述。

这就是梁慧星教授写作该文的目的：虽然同时从学术方面和政治方面论证人格权不能够独立成编的主张，但是，学术方面的理由仅仅起到扬汤止沸的作用，而政治方面的理由则能够起到釜底抽薪的作用。在论证人格权不能独立成编的上述两个政治原因时，真正被梁慧星教授认为能够起到釜底抽薪作用的并不是人权方面的政治原因，而是"乌克兰式颜色革命"的真正原因，这从该文的摘要和结语之间的相互映衬可窥一斑。在该文的"摘要"中，梁慧星教授指出："世界上有一百多个国家制定了民法典，其中仅有《乌克兰民法典》对人格权单独设编。该法典过度强调结社自由权和集会自由权，一定程度上导致国内多次发生政治变革，因而不具有借鉴意义。"① 在该文的结语中，梁慧星教授指出："最后，笔者再次郑重表态：不赞成中国模仿乌克兰、步乌克兰后尘！……不赞成中国民法典设置人格

---

① 梁慧星：《中国民法典中不能设置人格权编》，载《中州学刊》2016年第2期，第48页。

权编!"①

在《中国民法典中不能设置人格权编》一文发表后一直到 2017 年 11 月,基于对自己在该文中所阐述的学术方面的理由尤其是政治方面的理由的信赖,基于对中央在 2016 年决定的采取"两步走"的民法典编纂思路的信赖,梁慧星教授可谓信心满满,认为全国人大常委会法工委一定会并且也的确采纳了他的意见,断了将人格权独立设编的念头,不会或者不再会将人格权独立设编。在《民法总则》通过之后,所出版的最新版民法教科书即第五版的《民法总论》中,梁慧星教授的此种自信表露无遗。因为,在讨论"人格权法在民法典上的位置"②时,梁慧星教授明确宣告"中国民法典编纂没有采纳人格权单独设编的主张"③。

在明确宣告"中国民法典编纂没有采纳人格权单独设编的主张"时,梁慧星教授实际上是在告诉世人,中国民法典编纂之所以没有将人格权独立设编,是因为在民法典的编制体例方面,全国人大常委会法工委最终采纳了他从 2001 年以来所一直提出的人格权不应当独立成编的主张。笔者之所以如此确信这一点,是因为在宣告"中国民法典编纂未采纳人格权单独设编的主张"时,梁慧星教授提出的三个基本理由就是他在《中国民法典中不能设置人格权编》文中所提出的四个学术理由的其中三个:其一,基于人格权与人格的本质联系;其二,基于人格权与其他民事权利的本质区别;其三,基于人格权不能依权利人的意思、行为而取得或者处分,不适用总则编关于法律行为、代理、时效和期日期间的规定。④

梁慧星教授反对人格权独立设编的这些理由是否具有说服力、能否站得住脚?笔者认为,这些反对理由是没有说服力的、站不住脚的,因为人格权不同于人格,人格权与其他民事权利之间的本质区别并不是人格权是否应当独立设编的判断标准,民法总则所规定的诸如法律行为、代理等内容也能够适用于人格权;人格权单独设编已经具

---

① 梁慧星:《中国民法典中不能设置人格权编》,载《中州学刊》2016 年第 2 期,第 54 页。
② 梁慧星:《民法总论》(第五版),法律出版社 2017 年版,第 101 页。
③ 梁慧星:《民法总论》(第五版),法律出版社 2017 年版,第 102 页。
④ 梁慧星:《民法总论》(第五版),法律出版社 2017 年版,第 102 页。

有成功的先例。关于这些反对理由和这些反对理由为何没有说服力、为何站不住脚的问题,笔者将在下面的内容中做出详细的讨论,此处从略。

(三)梁慧星教授在 2017 年 11 月之后对全国人大常委会法工委和主张人格权独立成编的民法学者的严厉指责

从 2017 年年末开始,中国民法典的官方编纂活动似乎完全超出了梁慧星教授的预料,似乎走上了一条与立法者之前反复强调的、梁慧星教授对其所深信不疑的道路的不同之道路。在 2017 年之前,我国官方反复强调,中国民法典的编纂活动遵循"两步走"的指导方针①:第一步制定《民法总则》,第二步将之前已经通过的包括《民法总则》在内的、除了 1995 年的《中华人民共和国担保法》② 以外的所有民事单行法进行科学整理,并因此形成包括总则和分则在内的民法典,其中,分则包括"物权编、合同编、侵权责任编、婚姻家庭编和继承编等"③。然而,到了 2017 年年末,我国立法者似乎正在背离他们在此之前所言之凿凿的"两步走"的指导方针,转而采取了让梁慧星感到非常意外的"三步走"的民法典编纂思路:第一步制定《民法总则》,第二步制定《人格权法》,第三步编纂民法典。④

2017 年年末之后,民法典"三步走"的编纂思路非常清晰地通过立法者的所作所为展现在包括梁慧星教授在内的中国民法学者面前。

其一,2017 年 11 月,全国人大常委会法工委不仅在小范围内公开了他们起草的《人格权编(室内稿)》,而且在同年 11 月召开的一个学术会议上,全国人大常委会法工委还透露自己已经起草了人格权

---

① 梁慧星:《民法典编纂中的重大争论——兼评全国人大常委会法工委两个民法典人格权编草案》,http://www.iolaw.org.cn/showArticle.aspx?id=5570。

② 张民安:《论〈担保法〉在我国未来〈民法典〉当中的独立地位》,载《学术论坛》2018 年第 3 期,第 23—46 页。

③ 李建国:《关于〈中华人民共和国民法总则(草案)〉的说明》,2017 年 3 月 8 日在第十二届全国人民代表大会第五次会议上做出的报告,http://www.npc.gov.cn/npc/xinwen/2017-03/09/content_2013899.htm。

④ 梁慧星:《民法典编纂中的重大争论——兼评全国人大常委会法工委两个民法典人格权编草案》,http://www.iolaw.org.cn/showArticle.aspx?id=5570。

法草案的消息。对于梁慧星教授而言,这些所见所闻是"非常令人吃惊"的,它表明在民法典的编纂思路方面,"情况已经发生了变化",这就是,立法者已经背离了"两步走"的指导方针而开始了"三步走"的编纂方法。梁慧星教授对他听到此种信息的反应做出了生动描述:"出人意料的是,从 2017 年 11 月开始,形势发生了变化,全国人大常委会法工委起草了一个《民法人格权编(草案)》(室内稿)。同年 11 月 18 日,在北京航空航天大学法学院主办的第六届'两岸民商法前沿论坛'上,透露出法工委已经起草了人格权编草案的消息。这个变化非常令人吃惊——民法典编纂工作的立法进程怎么突然就转为了'三步走'?"①

其二,2018 年 3 月 15 日,全国人大常委会法工委在更大范围内公开了《人格权编(草案)》(征求意见稿)。如果说 2017 年 11 月的《人格权编(室内稿)》已经让梁慧星教授"吃惊"的话,那么,2018 年 3 月 15 日公开的《人格权编(草案)》(征求意见稿)更是让梁慧星教授"震惊",因为,如果说《人格权编(室内稿)》的公开仅仅表明立法者有采取"三步走"编纂思路的想法的话,那么,《人格权编(草案)》(征求意见稿)的公开,则表明立法者已经开始采取正式的立法措施,将其"三步走"的想法付诸实施。

梁慧星教授对《人格权编(草案)》(征求意见稿)的公开所具有的此种含义做出了说明,他指出:"更令人意外的是,今年 3 月 15 日,法工委向更大范围的单位和个人发出了《民法典人格权编(草案)》(征求意见稿)。请注意'征求意见稿'与'室内稿'的区别,'室内稿'是法工委内部的草案,不代表法工委的意见,是法工委内部尚在酝酿阶段的初步草案;而'征求意见稿'则是以法工委名义向社会征求修改意见的正式的法律草案。虽然征求意见稿还只是向部分单位和个人、不是向全国人民征求意见,但就如同 2016 年 2 月以法工委名义发出的《民法总则(草案)》(征求意见稿)那样,它是

---

① 梁慧星:《民法典编纂中的重大争论——兼评全国人大常委会法工委两个民法典人格权编草案》,http://www.iolaw.org.cn/showArticle.aspx?id=5570。

第一章　我国民法学者关于人格权是否应当
　　　　独立设编的不同意见　　　　　　　　27

一个正式的立法文件。"①

因为《人格权编（草案）》（征求意见稿）已经表明了立法者在采取立法措施，他们将人格权作为独立的一编规定在未来民法典中，因此，如果不对全国人大常委会法工委的此种做法进行彻底的、毫无保留的批判，并最终让人格权独立设编的立法企图流产，那么梁慧星教授将会被视为一个失败者，在与包括王利明教授在内的大多数民法学者进行长达17年（从2001年开始一直到2018年）的战斗中，梁慧星教授最终还是败下阵来，立法者没有采纳他的主张而是采纳了一直被其批判的学者的主张，将人格权作为独立的一编规定在民法典中。如果真是这样的话，他在2017年8月的《民法总论》中所做出的宣告即"中国民法典编纂未采纳人格权单独设编的主张"就要改为"中国民法典编纂未采纳人格权不单独设编的主张"。

因为人格权是否独立成编对于梁慧星教授个人而言，其意义重大、影响深远，所以，在全国人大常委会公开了《人格权编（征求意见稿）》之后，梁慧星教授展开了他人生中的第三次、相信也是最后一次的批判，这就是他在2018年4月26日的微信公众号"与民法典同行"中发表的文章《民法典编纂中的重大争论——兼评法工委两个人格权编草案》②。在2018年第3期的《甘肃政法学院学报》上，该文以删减本的形式发表。③ 在该文中，虽然梁慧星教授延续了他在2016年的《中国民法典中不能设置人格权编》一文中的作风，同时从政治和学术两个方面证明人格权不能够独立设编，但是，无论是在采取政治方法还是学术方式时，他均表现出了不同于以往的地方。

具体来说，在从政治方面论证人格权不能够独立成编时，梁慧星

---

① 梁慧星：《民法典编纂中的重大争论——兼评全国人大常委会法工委两个民法典人格权编草案》，http://www.iolaw.org.cn/showArticle.aspx?id=5570。

② 梁慧星：《民法典编纂中的重大争论——兼评全国人大常委会法工委两个人格权编草案》，https://mp.weixin.qq.com/s?src=11&timestamp=1529828803&ver=957&signature=maNvPUA7U5Qsas8Ts60DUhKMcx4IBQQ08UR646Nh5oBAcfGhZNeGd6jhAfgyh10bBQE7QY2hqMHhfR1msMy1yOk3aNfhHO5QZoHiHTdQBVErIqruDROqFqJCbuqflbZ8&new=1。

③ 梁慧星：《民法典编纂中的重大争论——兼评全国人大常委会法工委两个民法典人格权编草案》，载《甘肃政法学院学报》2018年第3期，第1—19页。

教授采用了三种过去不曾采用的方法。

其一，对全国人大常委会法工委进行上纲上线式的批判，认为它公开《人格权编（室内稿）》和《人格权编（征求意见稿）》是"玩小动作""蒙混过关""阳奉阴违"的行为，是"企图逼迫党中央改变决定"的行为，是违反了党中央已经定下的"不可逾越的红线"的行为，已如前述。梁慧星教授最著名的言论是："法工委绝不是对中央决定的理解、解释错误，而是对党中央的阳奉阴违，有意挑战党中央否定人格权立法建议、民法典不设人格权编的'基本遵循和红线'。"①

其二，对主张人格权独立成编的民法学者进行最严厉的批判，认为他们均是立法者的"忽悠者"，当他们主张人格权独立设编时，他们均是在"忽悠国家和人民"，在乌克兰如此，在我国亦如此。

在乌克兰，立法者为何要将人格权作为独立的一编规定在《乌克兰民法典》中？梁慧星教授做出的回答是，基于乌克兰民法学者的"忽悠"："乌克兰1996年起草了民法典，其中人格权独立设编，在2003年民法典通过，紧接着乌克兰社会就发生了动乱，乌克兰国家和人民就是上了那些'忽悠者'的当。那些支持《乌克兰民法典》人格权单独设编的人当时说，只要民法典中单独设人格权编，把宪法中的相关规定（诸如迁徙自由、结社自由、集会自由等）规定在人格权编，就可以把乌克兰的人权保护水平提高到欧盟的水平，欧盟就会对乌克兰敞开大门，乌克兰人民就可以享受欧盟的高福利。他们还说，通过把人格权单独设编，乌克兰就可以引领民法法典化的世界潮流，其他国家就会来模仿乌克兰，因为人格权独立成编前无古人，是最大的创新。"②

---

① 梁慧星：《民法典编纂中的重大争论——兼评全国人大常委会法工委两个人格权编草案》，https://mp.weixin.qq.com/s?src=11&timestamp=1529828803&ver=957&signature=maNvPUA7U5Qsas8Ts60DUhKMcx4IBQQ08UR646Nh5oBAcfGhZNeGd6jhAfgyh10bBQE7QY2hqMHhfR1msMy1yOk3aNfhHO5QZoHiHTdQBVErIqruDROqFqJCbuqflbZ8&new=1。

② 梁慧星：《民法典编纂中的重大争论——兼评全国人大常委会法工委两个人格权编草案》，https://mp.weixin.qq.com/s?src=11&timestamp=1529828803&ver=957&signature=maNvPUA7U5Qsas8Ts60DUhKMcx4IBQQ08UR646Nh5oBAcfGhZNeGd6jhAfgyh10bBQE7QY2hqMHhfR1msMy1yOk3aNfhHO5QZoHiHTdQBVErIqruDROqFqJCbuqflbZ8&new=1。

第一章 我国民法学者关于人格权是否应当独立设编的不同意见

在我国,全国人大常委会法工委为何在2017年年末和2018年年初先后公开了《人格权编(室内稿)》和《人格权编(征求意见稿)》?梁慧星教授做出的回答是,基于我国那些主张人格权独立成编的民法学者的"忽悠":"在乌克兰的现实①面前"和"在乌克兰这样的失败孤例"② 面前,我国的一些"忽悠者"仍然在"忽悠我们的党、我们的国家,非模仿乌克兰不可"③,将人格权独立设编,他们对全国人大常委会法工委的"忽悠"说:"民法典设人格权编,可以把我国的人权保护水平提高到前所未有的高度!"④

因为这样的原因,梁慧星教授对全国人大常委会法工委先后公开《人格权编(室内稿)》和《人格权编(征求意见稿)》的行为异常不理解,他质问全国人大常委会法工委:"为什么不学发达国家,而非要学乌克兰不可?"⑤ "法工委为什么非要学乌克兰不可?"⑥

其三,在反对人格权独立成编时,梁慧星教授不仅援引了我国台湾地区民法学者苏永钦的看法,而且还有意突出了苏永钦教授与被我

---

① 梁慧星:《民法典编纂中的重大争论——兼评全国人大常委会法工委两个人格权编草案》,https://mp.weixin.qq.com/s?src=11&timestamp=1529828803&ver=957&signature=maNvPUA7U5Qsas8Ts60DUhKMcx4IBQQ08UR646Nh5oBAcfGhZNeGd6jhAfgyh10bBQE7QY2hqMHhfR1msMy1yOk3aNfhHO5QZoHiHTdQBVErIqruDROqFqJCbuqflbZ8&new=1。

② 梁慧星:《民法典编纂中的重大争论——兼评全国人大常委会法工委两个人格权编草案》,https://mp.weixin.qq.com/s?src=11&timestamp=1529828803&ver=957&signature=maNvPUA7U5Qsas8Ts60DUhKMcx4IBQQ08UR646Nh5oBAcfGhZNeGd6jhAfgyh10bBQE7QY2hqMHhfR1msMy1yOk3aNfhHO5QZoHiHTdQBVErIqruDROqFqJCbuqflbZ8&new=1。

③ 梁慧星:《民法典编纂中的重大争论——兼评全国人大常委会法工委两个人格权编草案》,https://mp.weixin.qq.com/s?src=11&timestamp=1529828803&ver=957&signature=maNvPUA7U5Qsas8Ts60DUhKMcx4IBQQ08UR646Nh5oBAcfGhZNeGd6jhAfgyh10bBQE7QY2hqMHhfR1msMy1yOk3aNfhHO5QZoHiHTdQBVErIqruDROqFqJCbuqflbZ8&new=1。

④ 梁慧星:《民法典编纂中的重大争论——兼评全国人大常委会法工委两个人格权编草案》,https://mp.weixin.qq.com/s?src=11&timestamp=1529828803&ver=957&signature=maNvPUA7U5Qsas8Ts60DUhKMcx4IBQQ08UR646Nh5oBAcfGhZNeGd6jhAfgyh10bBQE7QY2hqMHhfR1msMy1yOk3aNfhHO5QZoHiHTdQBVErIqruDROqFqJCbuqflbZ8&new=1。

⑤ 梁慧星:《民法典编纂中的重大争论——兼评全国人大常委会法工委两个民法典人格权编草案》,载《甘肃政法学院学报》2018年第3期,第18页。

⑥ 梁慧星:《民法典编纂中的重大争论——兼评全国人大常委会法工委两个人格权编草案》,https://mp.weixin.qq.com/s?src=11&timestamp=1529828803&ver=957&signature=maNvPUA7U5Qsas8Ts60DUhKMcx4IBQQ08UR646Nh5oBAcfGhZNeGd6jhAfgyh10bBQE7QY2hqMHhfR1msMy1yOk3aNfhHO5QZoHiHTdQBVErIqruDROqFqJCbuqflbZ8&new=1。

国新华社①反复批判的"民进党""政见不合",希望通过苏永钦反民进党的政治身份和不同"政见"加重其反对人格权独立成编的分量,以便全国人大常委会法工委能够即时刹车,不再在人格权独立成编的政治错误道路上越走越远并因此引起无法收拾的后果。

在大陆,除了王泽鉴教授是"两岸学界公认的民法权威学者"②外,近些年来获得了包括梁慧星教授在内的大陆民法学者广泛承认的"我国台湾地区著名民法学者"③ 和"最受人尊敬的民法学家"④ 当属苏永钦教授了。在梁慧星教授和王利明教授就人格权是否应当独立成编的问题展开激烈辩论时,王泽鉴教授态度暧昧,没有在能够左右他在大陆地区名誉和地位的两位大牌教授之间选边站队,因为迄今为止,他既没有明确说人格权应当独立成编,也没有明确说人格权不应当独立成编。

而苏永钦教授则不同,在人格权是否应当独立成编的问题上,他不仅选择站在梁慧星教授这一边,而且还毅然地选择站到梁慧星教授这一队,因为他不仅明确反对人格权独立设编的做法,而且还提出了一种反对人格权独立设编的新理论,即"不完全法条"理论。⑤ 在反击人格权独立成编的战斗中,苏永钦教授的此种新理论给了梁慧星教

---

① 新华社:"民进党在台重新执政让两岸关系面临挑战",http://www.guancha.cn/politics/2016_01_17_348296.shtml;新华社:"民进党为何'择恶固执'",http://www.xinhuanet.com/tw/2018-01/22/c_129795839.htm;新华社:"'去中国化',民进党又盯上了华侨",http://www.xinhuanet.com/tw/2018-05/23/c_129878483.htm;新华社:"阻两岸交流民进党开历史倒车",http://www.xinhuanet.com/tw/2018-05/30/c_129882921.htm。

② 梁慧星:《民法典编纂中的重大争论——兼评全国人大常委会法工委两个民法典人格权编草案》,载《甘肃政法学院学报》2018年第3期,第15页。

③ 梁慧星:《民法典编纂中的重大争论——兼评全国人大常委会法工委两个民法典人格权编草案》,载《甘肃政法学院学报》2018年第3期,第16页。

④ 梁慧星:《民法典编纂中的重大争论——兼评全国人大常委会法工委两个人格权编草案》,https://mp.weixin.qq.com/s?src=11&timestamp=1529975998&ver=961&signature=TrGwaj2L5s2VcKzsoYnrmsx37N52C08gfO8hMnOyugU3z0L8dukKmPNo85Wc3NLKj9M3ufZkWHrNlfu*uwu9MxW6Weyy8F2yp7rYpVljJe6OMR1AY9-KnPJOy*WMybW-&new=1。

⑤ 苏永钦:《成熟民法典不在于太多烟火式亮点》,https://mp.weixin.qq.com/s?src=11&timestamp=1530000607&ver=961&signature=SLMeNA6dt6-aH1k*WTgrDRhM7fImQ03vO7D563cwRoFOzB8gVpWhZe3EjC6zV9ioc7-oOVBB4zkGJ19UizoeDAsKI1MvX05E0FQFSfKkpuwcyR-786O6dUaocLyEjFhO&new=1;苏永钦:《中国民法典编纂的理由、最佳模式与基本功能》,载《北京航空航天大学学报(社会科学版)》2018年第1期,第2—3页。

授新的底气,因为在《民法典编纂中的重大争论——兼评法工委两个人格权编草案》中,梁慧星教授拿起苏永钦教授的这种新理论,并将其作为打击主张人格权独立设编的民法学者的武器,以便从学术方面论证人格权不能够独立成编。关于这一点,笔者将在下面的内容中做出详细的讨论,此处从略。

因为梁慧星教授相信苏永钦教授的影响是巨大的,尤其是由于其政治身份敏感,因此,除了从学术方面援引他的理论反击人格权独立成编的做法外,梁慧星教授还有意从政治上提及苏永钦教授的敏感身份和政治立场,就是因为与民进党"政见不合",苏永钦教授毅然辞去了"司法院"副院长和大法官的职位。他指出:"再看苏永钦教授对人格权编的批评。苏永钦教授是我国台湾地区的著名民法学者,是一位最受人尊敬的民法学家,他曾经担任我国台湾地区'司法院'副院长、'司法院'大法官,由于与民进党政见不合,断然辞去副院长和大法官职位。其人品学识令人钦佩。"①

在《民法典编纂中的重大争论——兼评法工委两个人格权编草案》一文中,除了从政治方面全面打击全国人大常委会法工委的上述做法外,梁慧星教授也从学术方面证明,人格权独立成编是完全站不住脚的。这一点同他在2016年的文章《中国民法典中不能设置人格权编》的做法是完全相同的。不过,在该文中,梁慧星教授不再满足于他在2016年的文章中所提出的人格权不能够独立设编的四个学术理由,依据我国台湾地区两位大牌教授王泽鉴和苏永钦理论,他提出了人格权不能够独立设编的三个新理由:其一,"人格权的不可定义性";其二,"人格权的不可言说性";其三,从苏永钦教授那里借用的并且加以发扬光大的理论:"人格权编立法的死穴:不完全法

---

① 梁慧星:《民法典编纂中的重大争论——兼评全国人大常委会法工委两个人格权编草案》,https://mp.weixin.qq.com/s? src=11&timestamp=1529975998&ver=961&signature=TrGwaj2L5s2VcKzsoYnrmsx37N52C08gfO8hMnOyugU3z0L8dukKmPNo85Wc3NLKj9M3ufZkWHrNlfu*uwu9MxW6Weyy8F2yp7rYpVljJe6OMR1AY9-KnPJOy*WMybW-&new=1。

条和双重适用。"①

梁慧星教授反对人格权独立设编的这些理由是否具有说服力、能否站得住脚？笔者认为，这些反对理由是没有说服力的、站不住脚的，包括政治方面的理由和学术方面的理由。政治方面的理由之所以没有说服力、站不住脚，是因为我国立法者在将人格权独立设编时完全没有受《乌克兰民法典》的影响。学术方面的理由之所以没有说服力、站不住脚，是因为人格权就像其他民事权利一样是完全能够被定义的，人格权也像其他民事权利一样是可以言说的，不完全法条和双重适用在整个民法领域均是一种普遍性的现象，无论立法者是否将人格权独立设编，均如此。关于梁慧星教授反对人格权独立设编的这些新理由和这些新理由为何没有说服力、为何站不住脚的问题，笔者将在下面的内容当中做出详细的讨论，此处从略。

三、除了梁慧星教授之外，还有哪些民法学者基于哪些理由反对人格权独立设编

在我国，除了梁慧星教授以外，还有少数民法学者也反对人格权的独立设编，他们也像梁慧星教授一样认为，我国立法者不应当将人格权作为独立的一编规定在民法典中，诸如：尹田教授、李永军教授、邹海林教授、孙宪忠教授、柳经纬教授，以及以梁慧星和孙宪忠为首席专家的中国社会科学院民法典工作项目组等。

（一）尹田教授对人格权独立设编的反对

在我国，除了梁慧星教授以外，反对人格权独立设编的最著名民法学者恐怕就是尹田教授了。从 2003 年开始一直到 2016 年，他先后发表了多篇文章，在反对立法者将人格权独立设编时，他提出了人格权不应当独立设编的众多理由。

在 2003 年的《论人格权的本质——兼评我国民法草案关于人格

---

① 梁慧星：《民法典编纂中的重大争论——兼评全国人大常委会法工委两个人格权编草案》，https://mp.weixin.qq.com/s? src=11&timestamp=1529828803&ver=957&signature=maNvPUA7U5Qsas8Ts60DUhKMcx4IBQQ08UR646Nh5oBAcfGhZNeGd6jhAfgyh10bBQE7QY2hqMHhfR1msMy1yOk3aNfhHO5QZoHiHTdQBVErIqruDROqFqJCbuqflbZ8&new=1。

第一章 我国民法学者关于人格权是否应当独立设编的不同意见

权的规定》中，尹田教授提出了反对人格权独立设编的两种理由：人格权是宪法上的概念而不是民法上的概念；法人不享有人格权。① 在2004年的《论法人人格权》一文中，尹田教授通过详尽论证法人无人格权的方式证明人格权不应当独立设编，因为他认为，仅自然人有人格权，团体是不可能有人格权的。②

在2007年的《论人格权独立成编的理论漏洞》一文中，尹田教授提出了人格权独立设编的一个新理由：民法总则所规定的内容无法适用于人格权，尤其是，民法总则有关民事权利的得丧变更和民事权利的行使规则无法适用于人格权。③ 在2015年的《人格权独立成编的再批评》一文中，尹田教授提出了反对人格权独立设编的两个新理由：人格权之独立成编，限缩了人格权的民法保护范围；人格权编的内容不具有行为规范性质，不能成为司法裁判的依据。④ 在2016年的《论人格权独立成编的技术障碍》一文中，尹田教授提出了人格权不能够独立设编的两个理由：人格权保护无法及于民事领域之外的人格权；应有规范的空泛及无用。⑤

因此，迄今为止，尹田教授反对人格权独立设编的理由可以概括为六个：其一，人格权在性质上是公法性的、宪法性的，不是私法性的、民法性的民事权利；其二，除了自然人享有人格权外，法人是不享有人格权的；其三，民法总则的规定无法适用于独立设编的人格权；其四，人格权的独立设编会限缩人格权的民法保护范围；其五，人格权不是行为规范或者裁判规范，换言之，立法者所规定的人格权编欠缺法律规范的内容，即便规定了也没有实际价值；其六，人格权保护无法适用于民事领域之外的人格权。

问题在于，尹田教授反对人格权独立设编的这些理由是否具有说

---

① 尹田：《论人格权的本质——兼评我国民法草案关于人格权的规定》，载《法学研究》2003年第4期，第3—14页。
② 尹田：《论法人人格权》，载《法学研究》2004年第4期，第51—57页。
③ 尹田：《论人格权独立成编的理论漏洞》，载《法学杂志》2007年第5期，第7—11页。
④ 尹田：《人格权独立成编的再批评》，载《比较法研究》2015年第6期，第1—7页。
⑤ 尹田：《论人格权独立成编的技术障碍》，载《政法论丛》2016年第1期，第53—58页。

服力、能否站得住脚？笔者认为，这些反对理由是没有说服力的、是站不住脚的，因为人格权在性质上属于地地道道的民事权利，法人也像自然人一样享有人格权，除了民法总则所规定的内容能够适用于独立设编的人格权外，人格权的独立设编完全不会限缩人格权的民法保护范围；人格权的规定既是行为规范也是裁判规范，人格权的法律保护仅仅适用于民事领域的人格权。关于这些反对理由和反对理由为何没有说服力、为何站不住脚的问题，笔者将在下面的内容中做出详细的讨论，此处从略。

（二）李永军教授对人格权独立设编的反对

在 2005 年的《论我国人格权的立法模式》一文中，李永军教授明确指出，未来中国的民法典不应将人格权作为独立的一编加以规定，更不能从赋权的角度加以规定，而应从保护的角度将人格权规定在侵权责任法中，也就是规定在民法典的侵权责任编中。为何人格权不能够在民法典中独立设编而只能够规定在侵权责任编中呢？李永军教授认为，答案有二：其一，人格权在性质上属于一种自然权利而不属于一种实在法上的权利，不以民法的规定作为存在的前提，因此，无须通过独立设编的人格权编对其做出具体规定；其二，人格权在性质上属于一种宪法性的权利，不是一种民事权利，因此，无须通过独立设编的人格权编对其赋权，而仅需通过侵权责任法对其提供保护。[①]

问题在于，李永军教授反对人格权独立设编的这些理由是否具有说服力、能否站得住脚？笔者认为，这些反对理由是没有说服力的、是站不住脚的，因为一方面，人格权独立于侵权责任法，不能够为侵权责任法所包含；另一方面，人格权在性质上是一种单纯的、实在法上的民事权利，它既不是一种自然权利也不是一种宪法性的权利。关于这些反对理由和反对理由为何没有说服力、为何站不住脚的问题，笔者将在下面的内容中做出详细的讨论，此处从略。

[①] 李永军：《论我国人格权的立法模式》，载《当代法学》2005 年第 6 期，第 126—132 页。

（三）邹海林教授对人格权独立设编的反对

在 2018 年的《人格权为何不能在民法典中独立成编》一文中，邹海林教授明确指出，我国尚不具备人格权在民法典中独立成编的各项条件，尤其是立法技术不能协调好人格权编与民法总则、其他民法典分编以及其他特别法的关系。匆忙草拟"民法人格权编草案"是对我国以民法总则为基础的民法典在逻辑、结构和体系上的科学性的破坏。①

问题在于，邹海林教授反对人格权独立设编的此种理由是否具有说服力、能否站得住脚？笔者认为，此种反对理由是没有说服力的、是站不住脚的，因为在决定民法的内容是否应当独立设编时，最根本的判断标准并不是逻辑性标准，而是重要性标准。关于此种反对理由和反对理由为何没有说服力、为何站不住脚的问题，笔者将在下面的内容中做出详细的讨论，此处从略。

（四）孙宪忠教授对人格权独立设编的反对

在我国，孙宪忠教授明确反对人格权的独立设编，虽然他很少发表这一方面的文章，但是，作为全国人大代表，通过访谈和提案的方式，他充分表达了自己在这一方面的意见。在 2018 年 3 月 5 日的《人格权保护不必在民法典中独立成编》一文中，孙宪忠教授明确指出，保护公民人格权不受侵害，在我国 2009 年颁布的侵权责任法中已有较为系统的规定。因此，人格权不必独立成编。他建议吸纳近年来出台的与人格权相关的司法解释和司法实践经验，修改并完善现行侵权责任法，使之成为民法典侵权责任编。②

为了将此种意见上升为立法层面，他向全国人大常委会提交了《关于在民法典侵权责任编中加强人格权保护条文的议案》。在该议案中，孙宪忠教授认为，鉴于《中华人民共和国侵权责任法》（以下

---

① 邹海林：《人格权为何不能在民法典中独立成编》，http://www.cssn.cn/fx/201804/t20180425_4212610.shtml。

② 孙宪忠：《人格权保护不必在民法典中独立成编》，https://news.sina.cn/gn/2018-03-05/detail-ifyrztfz8034578.d.html?pos=3&vt=4。

简称《侵权责任法》）通过第 2 条和其他众多法律条款对人格权提供了保护，也就是，鉴于"包括人格权在内的民事权利侵害及其救济的立法基本问题在我国早已解决"，因此，"目前部分学者提出的将人格权作为民法典的独立分则的观点是无法成立的"。如果立法者按照这些民法学者的观点将人格权独立设编，则他们所独立设编的人格权法实际上仍然是一种侵权法，这就是"人格权侵权法"，因为"目前出台的人格权独立成编的全部文稿，都存在着和侵权责任法高度重合、简单重复的严重问题"。①

孙宪忠教授认为，虽然在人格权的法律保护问题上，我国《侵权责任法》还存在不少问题，但是，这些问题不应通过在民法典中将人格权独立设编的方式加以解决，因为人格权的独立设编"损害了人身权、一般人格权的立法价值"，而应通过"完善《侵权责任法》"的方式加以解决，因为"加强人格权保护的正确立法方式，是继续坚持《侵权责任法》关于权利保护与救济的基本规则，吸收我国司法实践的经验，积极应对现实生活的需要"。②

问题在于，孙宪忠教授反对人格权独立设编的此种理由是否具有说服力、能否站得住脚？笔者认为，此种反对理由是没有说服力的、是站不住脚的，因为在民法上，除了受到侵权责任法的保护外，人格权法还具有自身的独立内容，这就是人格权法独立于侵权责任法的理论。关于这一点，笔者将在下面的内容中做出详细的讨论，此处从略。

(五) 柳经纬教授对人格权独立设编的反对

在 2018 年的《民法典编纂中的人格权立法问题》一文中，柳经纬教授也明确反对人格权的独立设编。他认为，在民法上，人格权是否独立设编的问题属于一个纯粹的立法技术问题，同人格权是否重要没有丝毫的关系。人格权之所以不应当独立设编，一方面是因为，

---

① 孙宪忠：《关于在民法典侵权责任编中加强人格权保护条文的议案》，http://www.sohu.com/a/247162585_658337。

② 孙宪忠：《关于在民法典侵权责任编中加强人格权保护条文的议案》，http://www.sohu.com/a/247162585_658337。

"人格权不具备独立成编的要素",这就是,物权、债权、家庭权和继承权中存在法律关系的产生、变更和消灭的法律行为、法律事件,而人格权中则不存在这些内容;另一方面是因为,"人格权是不可定义的",除了用几个法律条款对人格权做出宣示或者确认外,人格权法没有实质性的内容。因此,建议立法者放弃在民法典中设人格权编,维持人格权确认和人格权保护的"二分"法律格局:通过民法典的总则编确认人格权的类型,通过在民法典的侵权责任编当中设立"人格侵权责任"章的方式加强人格权的保护。①

实际上,柳经纬教授反对人格权独立设编的这些理由仅仅是梁慧星教授反对人格权独立设编的理由的另外一种说法而已,因此,也是没有说服力的、站不住脚的。

（六）以梁慧星和孙宪忠为首席专家的中国社会科学院民法典工作项目组对人格权独立设编的反对

在我国,除了梁慧星教授和孙宪忠教授本人反对人格权独立设编外,以他们两位教授作为首席专家的中国社会科学院民法典工作项目组（以下简称"项目组"）也强烈反对人格权的独立设编。为了阻止全国人大常委会将人格权作为独立的一编规定在民法典中,该"项目组"先后发表了一系列反对人格权独立设编的文章,对人格权不应当独立设编的各种各样的理由做出了阐明。

在2018年2月11日的《为何应当坚决反对人格权独立设编》的文章中,"项目组"提出了反对人格权独立设编的三种理由:其一,人格权的独特性即防御性权利决定了人格权不能够像物权和债权那样独立设编;其二,鉴于人格权保护的重心是确立权利救济规则,也就是,鉴于人格权与侵权责任法之间"天然地具有亲和性",因此,人格权法应当仅仅规定在民法典的侵权责任编中,无须在侵权责任编之外设立独立的人格权编;其三,现行人格权的保护立法模式是完全行

---

① 柳经纬:《民法典编纂中的人格权立法问题》,载《中国政法大学学报》2018年第6期,第112—122页。

之有效的，根本不需要通过独立设编的人格权法对人格权提供保护。①

在 2018 年 2 月 11 日的《民法总则的规定不能作为人格权独立成编的依据》和 2018 年 5 月 22 日的《民法典分则编纂中的人格权立法争议问题》中，"项目组"提出了人格权不能够独立设编的一个理由，虽然《民法总则》第 109 条至第 111 条对人格权做出了规定，但是，这些法律条款并不是人格权独立设编的理由，因为《民法总则》只是民法典的总则编，它与各分编之间是同一法律之内一般规定与具体规定之间的关系，而不是上位法与下位法之间的关系；《民法总则》关于人格权的确权性规定与其关于物权、债权、知识产权等权利的确权性规定存在重大结构性差异；人格权之本质不在于使用、收益或处分人格利益，而在于防御、补救对人格尊严的侵害；法律规范的重心不在于确认权利，而是在于救济权利。②

在 2018 年 2 月 26 日的《民法典编纂与人格权保护》的文章中，除了明确反对人格权独立设编外，"项目组"还对人格权不应当独立设编的三个理由做出了明确说明。它认为，人格权之所以不应当在民法典当中独立设编，其主要原因是：其一，人格权是否单独成编只是法典编纂技术问题，人格权是否独立设编，同虚无缥缈的人文关怀没有直接的关系，当民法学者以彰显人文关怀作为人格权单独成编的理由时，他们的此种说法是十分牵强的；其二，单独成编并不是人格权保护的必要条件和充分条件，因为人格权当然很重要，人格权当然应该受到充分保护，但人格权保护与人格权单独成编是两个不同的问题；其三，我国的"民总+侵权编"模式足可为人格权保护提供完

---

① 中国社会科学院民法典工作项目组：《为何应当坚决反对人格权独立成编》，https://mp.weixin.qq.com/s? src = 11&timestamp = 1530066218&ver = 963&signature = TvIeKUh5YiVVkFdUaQkAlxUyqvTSQdp3xHMuLtDCyOuY8lKIjwfDw * QgYSG4igpkdVwrDAVgjjjOuk1gk1V-wDYeTdZU0HTfgGDpX2h2PHxKSxSZ63pIvAwGEDB8hxLL&new = 1。

② 中国社会科学院民法典工作项目组：《民法总则的规定不能作为人格权独立成编的依据》，https://mp.weixin.qq.com/s? src = 11&timestamp = 1530066076&ver = 963&signature = ooiDKT13eqZW56 * 4FwVEGjxmSldIvKFtHKkHbEnJppRMXH8aqzovwZRYsXOuOxOSWC8WWwZipj6IplsjLa9BzvJu-5Le9M23qDGWOx * 4brQ47lIZE5Mow1oIpWGwmW * L&new = 1；中国社会科学院民法典工作项目组：《民法典分则编纂中的人格权立法争议问题》，载《法治研究》2018 年第 3 期，第 20—30 页。

第一章　我国民法学者关于人格权是否应当独立设编的不同意见

善框架，因为通过《民法总则》加上《侵权责任法》《中华人民共和国合同法》（以下简称《合同法》）的相关规定，现行法并不存在人格权保护的体系性缺陷，并不需要人格权单独设编来加以完善。①

在 2018 年 6 月 12 日的《人格权编是对现行人格权法律体系的严重破坏》的文章中，"项目组"明确反对人格权的独立设编，它指出，"依其本性及功能，人格权完全不具备自立门户的能力"，如果人们一意孤行，"不顾甚至无视我国行之有效的人格权保护立法模式和法律体系，制定所谓的人格权编，理论上根本站不住脚，立法技术上显得千疮百孔"。"项目组"认为，人格权之所以不应当独立设编，其主要原因有三个。②

其一，人格权的独立设编是没有必要的，因为通过"基本法和特别法相结合""实体法和程序法相配合"以及"私法和公法相配合"的方式，我国现行法已形成完整的多层次、全方位的人格权保护模式。

其二，人格权独立设编没有可行性，因为我国现行法人格权保护模式和法律体系是先进的、行之有效的，表现在：我国《民法总则》和《侵权责任法》对人格权的类型做出了全面规定；我国《侵权责任法》对人格权侵害救济措施做出了详细规定；我国《侵权责任法》和其他特别法对各种特殊的侵权责任制度做出了规定，它们在内容上皆较为先进；我国《网络安全法》对新型人格利益保护问题也做出了及时回应。

其三，人格权的独立设编会造成严重的后果，这就是，民法典中的"人格权编严重破坏了我国趋于成熟的人格权保护模式和法律体系"，因为，人格权编对人格权在权利体系上并无真正的制度创新；

---

① 中国社会科学院民法典工作项目组：《民法典编纂与人格权保护》，https://mp.weixin.qq.com/s? src = 11&timestamp = 1530065772&ver = 963&signature = WqGpR ∗ AD3Rth NjdWvMqmO5yJGgFqFI ∗ Eu3brp4n58KtDE5QQoXiHCuYd8AfJjCdE-BLkozcisUlxEy7K62VLO7Loc J4pee0XxwwuvV6jArUDOMPV5dWii82YnAzJzlAp&new = 1。

② 中国社会科学院民法典工作项目组：《人格权编是对现行人格权法律体系的严重破坏》，https://mp.weixin.qq.com/s? src = 11&timestamp = 1529121866&ver = 941&signature = gemj8mUgs-fSbKKtA ∗ xyLo6D2rlJaGWzKAsVa5geg9ZhGzBgrQS4qNpZvCt6u879TpyN50h80ndzm 08GoAq01e8SfB-zReFlhKs6dhVD9KAnKMTYw68rvDoKSnHjpJ7t&new = 1。

人格权独立成编割裂、肢解了特别法的综合性、系统性规定；人格权编草案混淆了实体法和程序法的关系；人格权编草案混淆了私法和公法的关系；将物权法定思维套用于人格权不仅完全违背人格权的本质而且根本不可行；规定人格权的客体及支配规则不仅存在理论错误而且存在现实危害；姓名、名称、肖像许可使用属于合同法问题，无须制定特殊规则；人格权编在规定人格权保护方法上不仅毫无新意而且制造混乱。

问题在于，"项目组"反对人格权独立设编的这些理由是否具有说服力、能否站得住脚？笔者认为，这些反对理由均是没有说服力的、为何站不住脚，因为决定包括人格权在内的民法内容是否能够独立设编的最根本的判断标准是重要性标准，而不是逻辑性标准，人格权法独立于侵权责任法，具有自身的内容。关于这些反对理由和反对理由为何没有说服力、站不住脚的问题，笔者将在下面的内容中做出详细的讨论，此处从略。

四、我国哪些民法学者基于哪些理由主张人格权独立设编

（一）我国民法学者掀起的第一次捍卫人格权独立设编的高潮

大约在1992年，我国少数民法学者开始主张人格权的独立设编性，他们认为，我国立法者应当将人格权作为独立的一编规定在民法典中，已如前述。经过10年，大约在2002年，我国民法学者第一次掀起了捍卫人格权独立设编的高潮。民法学者之所以在此时掀起了此种高潮，一方面是因为，从这一刻开始，梁慧星教授开始改变了自己的态度，不再坚持人格权原本应当独立设编，但是因为这样或者那样的原因而不适宜独立设编的主张，而是明确反对人格权的独立设编，梁慧星教授的此种反对态度引发其他民法学者对其群起而攻之；另一方面是因为，在2002年12月23日审议的《中华人民共和国民法（草案）》中，全国人大常委会法工委将人格权作为独立的一编加以规定，这些民法学者为全国人大常委会法工委的做法提供理论上的根据，以便证明立法者将人格权独立设编尝试的正当性。

在 2002 年的《人格权法与中国民法典的制定》一文中，曹险峰、田园教授指出："从人格权的全面保护角度而言，人格权法应独立成编。"① 在 2003 年的《守成与创新——对制定我国民法典的几点看法》中，马俊驹教授指出："对于人格权而言，笔者主张人格权应独立成编。"② 在 2003 年的《关于中国民法典的人格权立法》的文章中，李文教授指出："我认为人格权法应独立成编。"③ 在 2004 年的《人格权的两种基本理论模式与中国的人格权立法》的文章中，薛军教授指出："关于人格权的规定在结构上设立为民法典的单独一编是一个合理的选择。"④ 在 2005 年的《人格权法专论》的文章中，杨立新教授指出："在制定民法典时……民法典分则中将单独设立人格权法一编。"⑤ 在 2006 年的《论人格权的法定化——人格权法独立成编之前提性论证》的文章中，曹险峰教授指出："人格权法独立成编是应予坚持的。"⑥

（二）我国民法学者掀起的第二次捍卫人格权独立设编的高潮

随着全国人大常委会法工委将立法重心先后转移到 2007 年的《中华人民共和国物权法》和 2009 年的《中华人民共和国侵权责任法》的制定时，我国民法学者对人格权独立设编的积极性开始冷却，他们大都将关注的重点放在物权法和侵权责任法的制定方面。不过，在这一时期，少数民法学者仍然关注人格权的地位问题，他们仍然一如既往地主张人格权的独立设编性。在 2009 年的《中国人格权法独立成编及其基本内容的立法建议》一文中，谢哲胜教授指出："民法

---

① 曹险峰、田园：《人格权法与中国民法典的制定》，载《法制与社会发展》2002 年第 3 期，第 123 页。
② 马俊驹、曹治国：《守成与创新———对制定我国民法典的几点看法》，载《法律科学》2003 年第 5 期，第 44 页。
③ 李文：《关于中国民法典的人格权立法》，载《探索》2003 年第 3 期，第 130 页。
④ 薛军：《人格权的两种基本理论模式与中国的人格权立法》，载《法商研究》2004 年第 4 期，第 73 页。
⑤ 杨立新：《人格权法专论》，高等教育出版社 2005 年版，第 9 页。
⑥ 曹险峰：《论人格权的法定化——人格权法独立成编之前提性论证》，载《吉林大学社会科学学报》2006 年第 2 期，第 67 页。

典应将人格权法独立一编加以规范。"① 在 2011 年的《论人格权的认定》的文章中,周友军教授指出:"人格权法独立成编的观点更值得赞同。"② 在 2013 年的《人格权法独立成编的体系效应之辨识》的文章中,黄忠教授指出:"未来我国的民法典理应采取人格权独立成编的立法体例。"③

从 2015 年开始一直到今时今日,我国民法学者第二次并且极有可能是最后一次掀起捍卫人格权独立设编的高潮。他们之所以在此时掀起捍卫人格权独立设编的高潮,一方面是因为,中国民法研究会和全国人大常委会法工委分别于 2015 年、2017 年和 2018 年公开其起草的《民法典·人格权法编专家建议稿(征求意见稿)》《人格权编(室内稿)》《人格权编(征求意见稿)》,他们是从学术的角度对这些建议稿、草案表达支持的;另一方面是因为,他们要对包括梁慧星教授在内的反对人格权独立设编的民法学者展开严厉批评,在提出人格权独立设编的各种理由时,他们也从各个方面反驳梁慧星教授等人的批评意见,已如前述。

在 2016 年的《对民法典规定人格权法重大争论的理性思考》的文章中,杨立新教授指出:"编纂民法典制定人格权法,最佳方案仍然是在分则中专门规定人格权法编。"④ 在 2017 年的《人格权独立成编是中国民法典的不二选择》的文章中,孟勤国教授指出:"人格权独立成编是中国民法典的不二选择。"⑤ 在 2018 年的《民法分则设置人格权编的法理基础——对人格权编不能在民法分则独立规定四个理由的分析》的文章中,杨立新教授指出:"民法典须设置人格权

---

① 谢哲胜:《中国人格权法独立成编及其基本内容的立法建议》,载《人大法律评论》2009 年卷,第 114 页。
② 周友军:《论人格权的认定》,载《私法研究》2011 年第 1 期,第 168 页。
③ 黄忠:《人格权法独立成编的体系效应之辨识》,载《现代法学》2013 年第 1 期,第 55 页。
④ 杨立新:《对民法典规定人格权法重大争论的理性思考》,载《中国法律评论》2016 年第 1 期,第 105 页。
⑤ 孟勤国:《人格权独立成编是中国民法典的不二选择》,载《东方法学》2017 年第 6 期,第 84 页。

编。"① 在2018年的《人格权立法与民法典编纂体例》的文章中,江平教授指出:"通过人格权在民法分则中独立成编的方式来解决人格权保护的相关问题。"②

(三) 作为主张人格权独立设编"领头羊"的王利明教授

在我国,如果说梁慧星教授是反对人格权独立设编队伍中的领军人物的话,那么,王利明教授就是主张人格权独立设编队伍中的"领头羊"。因为在反对人格权独立设编时,梁慧星教授将王利明教授作为"射击的靶子",以王利明教授主张人格权独立设编的各种理由作为批判对象,希望通过反驳王利明教授的主张而实现人格权不独立设编的最终目的;而在主张人格权独立设编时,王利明教授则主要将梁慧星教授作为"假想敌",将梁慧星教授反对人格权独立设编的各种理由作为批判对象,希望通过反击梁慧星教授的主张而实现人格权独立设编的最终意图。③

就像梁慧星教授在人格权是否应当独立设编的问题上,其态度先后不一致一样,王利明教授的态度也存在极大的反复,即从不主张独立设编到最终强烈主张独立设编。在1996年的《人格权若干问题探讨——纪念〈民法通则〉颁布10周年》的文章中,王利明教授虽然明确指出"人格权制度在民法中是一项极其重要的制度"④,但是,他并没有要求立法者将人格权作为独立一编规定在民法典当中。

---

① 杨立新:《民法分则设置人格权编的法理基础——对人格权编不能在民法分则独立规定四个理由的分析》,载《中国政法大学学报》2018年第4期,第139页。

② 江平:《人格权立法与民法典编纂体例》,载《北京航空航天大学学报(社会科学版)》2018年第1期,第1页。

③ "中国民法典对人格权如何规定,是单独设编,还是在民法总则编的自然人一章加以规定,学界对此一直存在争论。主张人格权单独设编的学者主要是王利明教授,反对人格权单独设编的学者以笔者为代表。中国法学会民法学研究会在2015年年会上,以研究会的名义提出了《民法典·人格权法编专家建议稿(征求意见稿)》。这表明,人格权是否单独设编,已不仅是笔者与王利明教授之间的分歧,还是笔者与中国法学会民法学研究会之间的分歧。"梁慧星:《中国民法典中不能设置人格权编》,载《中州学刊》2016年第2期,第48页。

④ 王利明:《人格权若干问题探讨——纪念〈民法通则〉颁布10周年》,载《法学》1996年第4期,第14页。

在1998年的《时代呼唤一部具有中国特色的民法典》的文章中，王利明教授不仅没有主张人格权的独立设编，而且还像今天的梁慧星教授一样主张将人格权放在民法典的总则编中，他指出："但值得注意的是，自《德国民法典》问世以来，大陆法系许多国家民法典在总则部分对人格权法的重视是很不够的，给人一种'重财产，轻人格'的印象。我们认为，人格权作为与财产权利相对应的另一类权利，在总则篇中应居于相当重要的地位。保护人格权，也是维护公民、法人基本人权，实现其独立人格的重要组成部分，建议在我国民法典总则篇中应加重人格权部分的规定。"①

不过，到了1998年的年末，王利明教授开始改变了自己的看法，不再认为人格权应当规定在民法典的总则编中，而应当在民法典中单独规定，因为，在1998年的《论中国民法典的制订》一文中，他明确指出："人格权必须通过专设一项制度来加以确定。"② 在2001的《中国民法典的体系》的文章中，王利明教授再一次重申了此种主张，他指出："我历来主张将人格权单独规定。将人格权独立规定符合保护人权的要求。民法是权利法，体现对人的权利的保护；民法又是人法，以对人的终极关怀为使命。"③ 所谓"单独规定"实际上就是指将人格权作为民法典中的独立一编加以规定，因为他认为，不应当将人格权放在总则编的主体制度或者侵权责任制度中规定，虽然在这两篇文章中，他还没有使用人格权的"独立设编"或者"独立成编"这样的术语。

在2002年的《人格权与民法典》的文章中，王利明教授首次使用了"独立设编"或者"独立成编"这样的术语。他指出："我们认为人格权应当独立成编。"④ 从这一刻开始一直到现在，王利明教授均抱定了"咬定青山不放松"的精神，不仅不再认为人格权应当规定在民法典的总则编中，而且强烈反对梁慧星教授所主张的此种观点，认为立法者应当将人格权独立设编。

---

① 王利明：《时代呼唤一部具有中国特色的民法典》，载《法律科学》1998年第3期，第9页。
② 王利明：《论中国民法典的制订》，载《政法论坛》1998年第5期，第51页。
③ 王利明：《中国民法典的体系》，载《现代法学》2001年第4期，第49页。
④ 王利明：《人格权与民法典》，载《求索》2002年第5期，第34页。

第一章　我国民法学者关于人格权是否应当
　　　　独立设编的不同意见　　　　　　　　　　45

在我国民法学者掀起的捍卫人格权独立设编的第一次高潮中，王利明教授属于当之无愧的领军人物，因为单单在2003年这一年，他就一口气发表了四篇主张人格权独立设编的文章。在2003年1月发表的《关于我国民法典体系构建的几个问题》的文章中，王利明教授指出："我认为，人格权在民法典中独立成编，是适应丰富和发展民法典体系的需要，也是符合民法典体系发展的科学规律的。"① 在2003年2月发表的《试论我国民法典体系》的文章中，王利明教授指出："我认为，人格权在民法典中独立成编，是适应丰富和发展民法典体系的需要，也是符合民法典体系发展的科学规律的。"② 在2003年3月发表的《人格权制度在中国民法典中的地位》的文章中，王利明教授指出："在未来的中国民法典中，人格权应独立成编。"③ 在2003年8月发表的《我国民法典中的人格权制度的构建》的文章中，王利明教授指出："人格权应当在民法典中独立成编。"④ 在这些文章的基础上，王利明教授于2005年出版了自己的专著即《人格权法研究》。在该著作中，王利明教授指出："人格权法在民法典中独立成编，是丰富和发展民法典体系的需要，也是符合民法典体系发展的科学规律的。"⑤

在我国民法学者掀起的捍卫人格权独立设编的第二次高潮中，王利明教授同样属于当之无愧的领军人物，因为从2015年开始一直到现在，他先后发表了大量的主张人格权独立设编的论文。于2015年发表的《论民法总则不宜全面规定人格权制度——兼论人格权独立成编》一文中，王利明教授指出："人格权的独立成编不仅具有足够的理论支持和重大的实践意义，而且从民法典的体系结构来看，也完

---

① 王利明：《关于我国民法典体系构建的几个问题》，载《法学》2003年第1期，第36页。
② 王利明：《试论我国民法典体系》，载《政法论坛》2003年第1期，第22页。
③ 王利明：《人格权制度在中国民法典中的地位》，载《法学研究》2003年第2期，第32页。
④ 王利明：《我国民法典中的人格权制度的构建》，载《法学家》2003年第4期，第13页。
⑤ 王利明：《人格权法研究》，中国人民大学出版社2005年版，第116页。

全符合民法典体系的发展规律,并将有利助推民法典体系的发展与完善。"① 在 2016 年发表的《人文关怀与人格权独立成编》的文章中,王利明教授指出:"有必要将人格权在民法典中独立成编。"②

在 2017 年的《论我国〈民法总则〉的颁行与民法典人格权编的设立》的文章中,王利明教授指出:"在我国民法典中设立独立的人格权编,有利于强化对人格权的保护,也可以彰显我国民法典的中国特色和时代特征。"③ 在 2017 年的《论人格权独立成编的理由》的文章中,王利明教授指出:"我国正在制定的民法典应当将人格权独立成编。"④ 在 2018 年的《使人格权在民法典中独立成编》的文章中,王利明教授指出:"应使人格权在民法典中独立成编。"⑤

(四)我国民法学者主张人格权独立设编的理由有哪些

在我国,人格权为何要独立设编?对此,我国民法学者做出了不同的回答。曹险峰和田园教授认为,人格权独立设编的原因只有一个,即"对人格权提供全面保护"的需要。⑥ 薛军教授也认为,人格权独立设编的理由只有一个,就是通过人格权的独立设编来"建立一个相对完整的权利体系,要通过人格利益保护之具体的、细致的规定来凸现民法典所张扬的尊重人格和保护人格的时代精神"⑦。黄忠教授认为,人格权独立设编的原因也只有一个,即"体系效应"的

---

① 王利明:《论民法总则不宜全面规定人格权制度——兼论人格权独立成编》,载《现代法学》2015 年第 3 期,第 82 页。
② 王利明:《人文关怀与人格权独立成编》,载《重庆大学学报(社会科学版)》2016 年第 1 期,第 176 页。
③ 王利明:《论我国〈民法总则〉的颁行与民法典人格权编的设立》,载《政治与法律》2017 年第 8 期,第 11 页。
④ 王利明:《论人格权独立成编的理由》,载《法学评论》2017 年第 6 期,第 1 页。
⑤ 王利明:《使人格权在民法典中独立成编》,载《当代法学》第 2018 年第 3 期,第 3 页。
⑥ 曹险峰、田园:《人格权法与中国民法典的制定》,载《法制与社会发展》2002 年第 3 期,第 123—129 页。
⑦ 薛军:《人格权的两种基本理论模式与中国的人格权立法》,载《法商研究》2004 年第 4 期,第 73 页。

需要。① 江平教授则认为，人格权独立设编的原因有二个：独立设编既符合立法者的"主干起草想法"，"还符合现阶段国家政治上积极倡导加强人格权保障的趋向"；"现实中大量、丰富的人格权问题已使得人格权独立成编的议题呼之欲出"。②

在人格权独立设编的原因方面，虽然这些民法学者均做出了说明，但是，他们的说明仅仅是蜻蜓点水式的。在我国民法学界，真正对人格权独立设编的理由做出详细阐述的民法学者是王利明教授。因为从1998年开始一直到今时今日，他均不厌其烦地阐述了人格权独立成编的各种理由。在1998年的《论中国民法典的制订》一文中，王利明教授首次对人格权独立设编的理由做出了说明，他认为，人格权独立设编的理由有三个：其一，既然作为民法基本权利的财产权即物权和债权均独立设编了，为何同样作为基本权利的人格权就不能够独立设编？③ 其二，总则编中的主体制度无法涵盖人格权。其三，人格权不能够完全被侵权责任法所包含。④ 在2001的《中国民法典的体系》一文中，王利明教授将人格权独立设编的理由从三个增加到五个，这就是，除了《论中国民法典的制订》中所讲的三个理由外，人格权的独立设编还存在另外两个理由：⑤ 其一，《民法通则》第五章将人格权独立设节的先进立法经验。⑥ 其二，不断扩大人格权保障范围的需要。⑦

在《论中国民法典的制订》和《中国民法典的体系》中，王利明教授虽然对人格权独立设编的理由做出了阐述，但是，他的阐述仅仅是初步的、简略的、零碎的。在2002年的《人格权与民法典》中，他首次对自己在这两篇文章中的观点和论据进行了系统化的整理，除了正式使用"独立成编"这一术语外，他还正式将人格权独

---

① 黄忠：《人格权法独立成编的体系效应之辨识》，载《现代法学》2013年第1期，第44页。

② 江平：《人格权立法与民法典编纂体例》，载《北京航空航天大学学报（社会科学版）》2018年第1期，第1—2页。

③ 王利明：《论中国民法典的制订》，载《政法论坛》1998年第5期，第50—51页。

④ 王利明：《论中国民法典的制订》，载《政法论坛》1998年第5期，第51页。

⑤ 王利明：《中国民法典的体系》，载《现代法学》2001年第4期，第49—50页。

⑥ 王利明：《中国民法典的体系》，载《现代法学》2001年第4期，第49页。

⑦ 王利明：《中国民法典的体系》，载《现代法学》2001年第4期，第49页。

立成编的理由系统化的分为六个方面：其一，从民法权利体系来看人格权应当独立成编。其二，从我国《民法通则》的立法经验看人格权应当独立成编。其三，人格权制度的发展需要独立成编。其四，民法典的价值理念要求人格权独立成编。其五，人格权放在主体制度中不合适。其六，通过技术立法将人格权编与侵权责任编分离。①

在2003年的《人格权制度在中国民法典中的地位》一文中，王利明教授再一次对人格权独立设编的理由做出了系统化、体系化的阐述，因为在该文中，他唯一的目的就是讨论人格权独立设编的各种理由。他认为，人格权之所以应当独立设编，其理由有四个：其一，人格权制度独立成编是丰富与完善民法典体系的需要；其二，人格权制度不能为主体制度所涵盖；其三，人格权制度不能为侵权行为法所替代；其四，人格权独立成编是人格权制度发展的需要。② 在2005年的《人格权法研究》一文中，王利明教授完全重复了他在此文中提出的四个理由，认为基于这四个理由，人格权应当独立设编。③

自此之后，在讨论人格权独立设编时，王利明教授所阐述的理由与他在《人格权制度在中国民法典中的地位》一文中，所阐述的理由几乎是一致的，无论他此后将人格权独立设编的理由分为几类，他所阐述的要么是这些理由的更进一步拓展，要么是这些理由的更加详尽化，要么是这些理由的新提法，要么是这些理由的新组合，无论是在《民法总则》通过之前还是之后，均如此。④

不过，在《民法总则》通过之后，在讨论人格权独立成编的理由时，他的做法也存在不同于《民法总则》通过之前的地方。主要表现在两个方面：一方面，在《民法总则》通过之前，他仅仅将其

---

① 王利明：《人格权与民法典》，载《求索》2002年第5期，第34—36页。
② 王利明：《人格权制度在中国民法典中的地位》，载《法学研究》2003年第2期，第32—44页。
③ 王利明：《人格权法研究》，中国人民大学出版社2005年版，第114—134页。
④ 王利明：《论民法总则不宜全面规定人格权制度——兼论人格权独立成编》，载《现代法学》2015年第3期，第82—92页；王利明：《人文关怀与人格权独立成编》，载《重庆大学学报（社会科学版）》2016年第1期，第176—183页；王利明：《论我国〈民法总则〉的颁行与民法典人格权编的设立》，载《政治与法律》2017年第8期，第2—11页；王利明：《论人格权独立成编的理由》，载《法学评论》2017年第6期，第1—11页；王利明：《使人格权在民法典中独立成编》，载《当代法学》2018年第3期，第3—11页。

主张建立在《民法通则》规定的基础上,而在《民法总则》通过之后,他很少将其主张建立在《民法通则》的基础上,而是将其主张建立在《民法总则》的基础上。① 另一方面,除了继续坚持上述理由外,他还提出了人格权独立设编的一些新理由②,包括:其一,人格权独立成编是有效应对科技进步和社会发展的需要;其二,人格权独立成编是维护人格尊严、全面保护人格权的需要;其三,人格权独立成编是直接回应审判实践的需要。

在主张人格权独立设编时,王利明教授对独立设编理由的说明是否不同于江平、曹险峰和黄忠等其他民法学者?表面上看,他们之间的说明的确存在差异,因为其他民法学者仅仅提出一个或者两个理由,而王利明教授则不同,他提出的理由多种多样。不过,他们之间的差异仅仅是形式上的,而他们主张人格权独立设编的理由实质上是完全相同的,因为,无论是以"对人格权提供全面保护"作为理由,还是以"建立一个相对完整的权利体系"作为理由,还是以其他理由主张人格权的独立设编,他们实际上均认为,人格权既不应当被规定在主体制度中,也不应当被规定在侵权责任法中。③

在我国民法学者所主张的这些理由中,有些理由的确具有一定的说服力,能够在一定程度上证明人格权的独立设编性,尤其是他们在最近一段时期内所提出的某些理由,而某些理由则没有任何说服力,是完全站不住脚的,根本无法证明人格权的独立设编性。

在下面的内容中,笔者仅仅讨论民法学者所提出的没有说服力的

---

① 王利明:《论我国〈民法总则〉的颁行与民法典人格权编的设立》,载《政治与法律》2017年第8期,第2—11页;王利明:《论人格权独立成编的理由》,载《法学评论》2017年第6期,第1—11页;王利明:《使人格权在民法典中独立成编》,载《当代法学》2018年第3期,第3—11页。

② 王利明:《论人格权独立成编的理由》,载《法学评论》2017年第6期,第1—10页;王利明:《使人格权在民法典中独立成编》,载《当代法学》2018年第3期,第10—11页。

③ 曹险峰、田园:《人格权法与中国民法典的制定》,载《法制与社会发展》2002年第3期,第123—129页;薛军:《人格权的两种基本理论模式与中国的人格权立法》,载《法商研究》2004年第4期,第63—75页;黄忠:《人格权法独立成编的体系效应之辨识》,载《现代法学》2013年第1期,第44—57页;江平:《人格权立法与民法典编纂体例》,载《北京航空航天大学学报(社会科学版)》2018年第1期,第1—2页。

理由，以此说明这些理由为何不能够证明人格权的独立设编性。

五、我国立法者应当将人格权独立设编的主要原因

从2002年开始一直到今时今日，在人格权法是否应当独立设编的问题上，我国民法学者之间展开了迄今为止持续时间最长、参与人数众多、两大阵营尖锐对立甚至充满了浓烈火药味的争议。可以预料，此种争议在全国人大最终通过《中华人民共和国民法典》之前是不会停止的，因为不到民法典通过之前的最后一刻，我国民法学者绝对不会放弃自己的努力，这就是，主张人格权独立设编的民法学者仍然会一如既往地主张人格权的独立设编性，而反对人格权独立设编的民法学者仍然会风雨无阻地全力反对人格权的独立设编性。

（一）主观权利是否独立设编的判断标准

不过，迄今为止，主张人格权独立设编的民法学者所提出的支持人格权独立设编的大多数理由均是没有说服力的、站不住脚的，就像迄今为止，反对人格权独立设编的民法学者所提出的反对人格权独立设编的几乎所有理由均是没有说服力的、站不住脚的一样。这就是支持人格权独立设编和反对人格权独立设编的民法学者在将近20年的时间内彼此之间无法说服对方的原因，也是他们在将近20年的时间内逐渐升级他们之间的争议的原因。

在我国，立法者准备将物权法、合同法、侵权责任法、婚姻家庭法和继承法作为独立的分编规定在未来民法典中，并且他们的此种做法也获得了民法学者的普遍赞成，已如前述。然而，在我国，立法者既不准备将担保法作为独立的一编规定在未来民法典中，也不准备将债法总则作为独立的一编规定在未来的民法典中，因为在所公布的《民法典各分编（草案）》[①]中，担保法或者债法总则没有作为分编出现。不过，无论是担保法还是债法总则均应当在我国未来民法典中独立设编，在今时今日，欠缺独立设编的担保法和独立设编的债法总则的民法典是残缺不全的。

---

① 《民法典各分编（草案）》，http://www.xfsrd.gov.cn/lzzd/lfgz/fgcazqyj/201809/P020180907558380218392.pdf.

担保法为何应当在我国民法典中独立设编？在《论〈担保法〉在我国未来〈民法典〉当中的独立地位》一文中，笔者对担保法应当独立设编的几种主要原因做出了详尽的阐述，认为担保法独立设编的主要原因包括：担保法在今时今日的极端重要性要求担保法独立设编；人的担保理论的发展要求担保法独立设编；担保权的独立性要求担保法独立设编；担保法既有自己的一般理论、一般制度，也有自己的具体理论、具体制度，这些理论和制度之间形成了一个有机整体，它们之间所存在的有机联系和集中统一适用要求担保法独立设编；担保法地位的提升要求担保法独立设编；担保法理论的进步和发展要求担保法独立设编。①

（二）主观权利独立设编的必要条件和充分条件

应当注意的是，决定主观权利独立设编的这些理由仅仅是主观权利独立设编的必要条件而不是充分条件。所谓必要条件是指，如果不具备这些理由，尤其是，如果不具备上述第一个和第二个理由，则立法者一定不会将其独立设编，仅仅在具备这些理由的情况下，立法者才有可能将其独立设编。不过，即便已经具备了这些条件，立法者也未必一定会将其独立设编。那么，在某种主观权利完全具备了这些条件的情况下，立法者为何不将其独立设编？答案在于，是否将某种主观权利独立设编的问题上，立法者还会考虑其他因素，基于其他因素，他们可能不会将该种主观权利独立设编。所谓其他因素，主要是指两个方面：

其一，民法典的编制体例。即便某种主观权利已经达到了极端重要的程度，即便该种主观权利已经形成了由一般理论、一般制度与具体理论、具体制度组成的内容丰富的有机整体，立法者可能基于所采用的民法典编制体例而不会将该种主观权利独立设编，而是将其规定在独立设编的其他主观权利中，最典型的体现是《法国民法典》，它基于此种理由没有将家庭权和继承权独立设卷。

在制定1804年的《法国民法典》时，除了物权和债权已经达到

---

① 张民安：《论〈担保法〉在我国未来〈民法典〉当中的独立地位》，载《学术论坛》2018年第3期，第23—46页。

了极端重要的程度,并且已经形成了由一般理论、一般制度和具体理论、具体制度组成的有机整体外,家庭权和继承权也已经达到了极端重要的程度,并且也形成了由一般理论、一般制度和具体理论、具体制度组成的有机整体,因为早在17世纪和18世纪,被誉为《法国民法典》之祖父和之父的Domat和Pothier就已经建立起系统化的、体系化的家庭权和继承权制度。①

在物权、债权、家庭权和继承权均已经达到了极端重要程度的时候,法国立法者仅仅将物权和债权独立设卷,没有将家庭权和继承权独立设卷,因为在决定《法国民法典》的编制体例时,他们采用了古罗马时代盖尤斯在其《法学阶梯》中的编制体例,将民法的所有内容分为人、物权和债权三卷。在所采取的三卷制中,家庭权和继承权分别被规定在第一卷和第三卷中。②

其二,历史传统的影响。在民法上,即便某种主观权利已经达到了极端重要的程度,即便该种主观权利已经形成了由一般理论、一般制度和具体理论、具体制度组成的内容丰富的有机整体,基于历史传统的考虑,在制定本国的民法典时,一个国家的立法者也可能不会将其独立设编,因为他们会将该种主观权利从民法典中排除,并且以民事单行法或者法典的方式对其做出明确规定。

例如,在今时今日,家庭权不仅已经达到了极端重要的程度了,而且家庭法也形成了由一般理论、一般制度和具体理论、具体制度所组成的内容丰富的有机整体,但是,基于历史传统的影响,乌克兰立法者没有将其作为独立的一编规定在2004年的《乌克兰民法典》中,而是在《乌克兰民法典》之外制定了作为民事单行法的《乌克兰婚姻家庭法》。乌克兰立法者之所以将家庭权从《乌克兰民法典》中排除,是因为从1921年开始一直到今时今日,基于前面立法者所采取的明确区分民法典和婚姻家庭法的做法,乌克兰立法者一直固守此种做法,在制定民法时,他们分别制定一部民法典和一部民事单

---

① 张民安:《法国民法总论(上)》,清华大学出版社2017年版,第126—129页、第180—183页。

② 张民安:《法国民法总论(上)》,清华大学出版社2017年版,第301—302页。

行法。①

　　同样，在今时今日，虽然知识产权已经达到了极端重要的程度，并且也已经形成了由一般理论、一般制度和具体理论、具体制度结合在一起所形成的内容丰富的有机整体，但是，除了《乌克兰民法典》将其独立设编外，②大陆法系国家的民法典普遍没有将其作为独立的一编规定在民法典中，包括法式民法典和德式民法典。在法国，立法者之所以没有将知识产权作为独立的一卷规定在《法国民法典》中，是因为基于历史传统的影响，他们在《法国民法典》之外制定了独立的《知识产权法典》，将权利主体享有的知识产权规定在该法典中。③

　　在我国，虽然全国人大常委会的某些委员在审议民法典各分编草案时，要求立法者将知识产权作为独立的一编规定在民法典中，④但是，基于历史传统和其他因素的考虑，立法者不准备将知识产权作为独立的一编规定在未来民法典中，⑤而是让知识产权法以分散的民事单行法的方式继续发挥作用。不过，笔者认为，如果我国立法者不将知识产权作为独立一编规定在未来民法典中，他们至少应当采取措施，将目前分散规定和单独存在的几种民事单行法整合在一起并因此形成与未来民法典并行的一部私法典，即《中华人民共和国知识产权法典》。

　　我国立法者之所以应当制定知识产权法典，是因为知识产权法不仅仅具有自己的具体理论和具体制度，而且还具有自身的一般理论和一般制度。无论是现在的《中华人民共和国商标法》《中华人民共和

---

①　张民安：《我国民法学者对待〈乌克兰民法典〉第二编的错误态度（上）》，http://www.360doc.com/content/18/1115/19/39194308_795117449.shtml。

②　张民安：《我国民法学者对待〈乌克兰民法典〉第二编的错误态度（上）》，http://www.360doc.com/content/18/1115/19/39194308_795117449.shtml。

③　Code de la propriété intellectuelle, Dernière modification：, 23 décembre 2018, Version en vigueur au 1 mars 2019, https://www.legifrance.gouv.fr/affichCode.do?cidTexte=LEGITEXT000006069414&dateTexte=20190301。

④　《全国人大常委会委员建议知识产权法独立成编纳入民法典》，https://news.sina.cn/gn/2018-08-31/detail-ihinpmnq9780559.d.html?pos=3&vt=4。

⑤　《释疑：民法典各分编为何未设"知识产权编"？》，http://www.bjnews.com.cn/news/2018/08/27/501475.html。

国专利法》，还是《中华人民共和国著作权法》，都仅仅对知识产权法中的三种具体理论、具体制度做出了规定，即商标权的具体理论和具体制度、专利权的具体理论和具体制度、著作权的具体理论和具体制度，它们均没有对这三种具体理论、具体制度所共同适用的一般理论、一般制度做出规定。通过知识产权法典的制定，立法者可以对适用于这三种具体理论、具体制度的一般理论、一般制度做出规定，以便让知识产权的所有内容之间能够形成协调一致的有机整体。

（三）人格权应当独立设编的四个主要理由

在我国，人格权法究竟是否应当在民法典中独立设编？笔者认为，答案是完全肯定的，人格权法应当在我国民法典中独立设编，就像担保法①、物权法、债法总则②、合同法、侵权责任法、婚姻家庭法和继承法应当在我国民法典中独立设编一样。问题不在于人格权法是否应当独立设编，而问题在于人格权为何要独立设编？笔者认为，笔者关于担保法独立设编的大多数理由均适用于包括人格权在内的主观权利，因为它们是所有立法者在判断主观权利、民法内容是否应当独立设编的标准。换言之，除了决定物权、债权、家庭权和继承权在民法典当中的独立设编外，这些理由也决定了债法总则和人格权应当在民法典中独立设编。

具体来说，在我国，人格权之所以应当独立设编，其原因在于：其一，人格权在今时今日的极端重要性要求我国立法者将人格权独立设编；其二，人格权丰富内容之间的有机联系和集中统一适用要求我国立法者将人格权独立设编；其三，人格权的独立性要求我国立法者将人格权独立设编；其四，人格权理论的进步和发展要求我国立法者将人格权独立设编。关于这些理由的详尽阐述，笔者将在下面的内容中做出详细的讨论，此处从略。

在民法上，人格权独立设编的这四个理由并不是孤立存在的，而

---

① 张民安：《论〈担保法〉在我国未来〈民法典〉当中的独立地位》，载《学术论坛》2018年第3期，第23—46页。

② 张民安、铁木尔高力套：《债法法》（第五版），中山大学出版社2017年版，第37—41页；张民安教授：《中华人民共和国民法典合同编（草案）》讲座（二），http://www.360doc.com/content/18/1222/16/39194308_803605474.shtml。

第一章　我国民法学者关于人格权是否应当独立设编的不同意见

是相辅相成的，它们结合在一起共同决定了人格权应当在我国民法典中独立设编。

首先，人格权独立设编的第一个原因和第二个原因之间存在密切联系。在民法上，人格权的地位高低直接与其内容的丰富有关系：人格权的地位越低，则人格权的内容越单薄，人格权的地位越高，则人格权的内容越丰富；反之亦然，人格权的内容越单薄，人格权的地位越低，人格权的内容越丰富，则人格权的地位越高。因此，人格权的地位高低与人格权内容的丰富程度是成正比的。

其次，人格权独立设编的第三个理由也和第一个和第二个理由之间存在密切关系。在民法上，因为人格权的内容丰富和地位重要，因此，立法者既不应当将其规定在民法典的总则编中，也不应当将其规定在侵权责任编中并因此让侵权责任编成为侵犯人格权的侵权责任编。一方面，如果立法者按照梁慧星教授和尹田教授等人的意见将内容丰富的人格权规定在民法典总则编的自然人一章中或者规定在对人格权提供保护的侵权责任编中，则除了民法典总则编的自然人一章所规定的内容繁多外，民法典侵权责任编的内容也会极端臃肿。另一方面，如果立法者按照反对人格权独立设编的民法学者的主张将人格权规定在民法典总则编或者侵权责任编中，则除了否定了人格权的独立性外，也让人格权作为一种民事权利在其他民事权利面前抬不起头，甚至感到无地自容。可见，第一个理由和第二个理由决定了第三个理由的存在，它们之间环环相扣。

最后，人格权独立设编的第四个理由也同前面三个理由之间存在密切关系。一方面，人格权的极端重要性和内容的丰富性要求民法学者对其进行研究和教学；另一方面，民法学者对人格权的研究和教学能够更进一步丰富和发展人格权的内容并因此让人格权的地位进一步提升。

当然，在人格权独立设编的上述四个理由中，第一个和第二个理由是最重要的，而第三个和第四个理由则是次要的。因为，最终决定人格权是否独立设编的标准是人格权的地位和人格权的内容：如果人格权的地位低下，并且如果人格权的内容稀薄，则立法者不会将其独立设编；反之，如果人格权的地位极端重要，并且如果人格权的内容极其丰富，则立法者应当将其独立设编。

第二章　人格、法人格与人格权的独立性

在民法上,"人格权"中的"人格"是否等同于一般意义上的人格?如果等同,人们能否将"人格权"视为一般意义上的人格?如果不等同,"人格权"中的"人格"与一般意义上的"人格"之间是否存在差异、共同点,而如果存在差异、共同点,它们之间的差异、共同点是什么?对于这些问题,我国民法学者普遍没有做出说明,因为在我国,除了在"人格权"中使用"人格"一词外,我国民法学者很少在民法的其他领域使用"人格"这一术语。即便个别民法学者偶尔在"人格权"之外使用这一术语,他们也很少对"人格"一词的含义做出说明,更没有将"人格权"中的"人格"与"人格权"之外使用的"人格"做出比较研究,来说明它们之间的关系。[①]

在讨论人格权是否应当在我国民法典中作为独立的一编加以规定时,我国少数民法学者提出了反对人格权独立设编的理由,这就是,鉴于"人格权是自然人作为民事主体资格的题中应有之义",鉴于"人格权与人格有本质联系",因此,人格权应当规定在民法典总则编的自然人一章中,而不应当像物权或者合同那样作为独立的一编规定在民法典中。反对人格权独立设编的这些理由显然是没有说服力、站不住脚的,因为它们混淆了"人格权"中的"人格"与一般意义上的"人格"即"法人格",将作为人格权基础和前提的"法人格"等同于作为结果的"人格权"。

[①] 佟柔、赵中孚、郑立主编:《民法概论》,中国人民大学出版社1982年版,第29页;佟柔主编:《中国民法》,法律出版社1990年版,第61页。

一、人格的不同法律含义

(一)"人格"一词含义的不确定性

在民法上,"人格"(personnalité)一词源自拉丁文"personnalitas""personalis",在拉丁文中,这两个术语的含义是指"个人的、私人的、与人有关系的"(personnel)。① 在今时今日,"人格"一词的含义多种多样,因为一方面,除了在法律领域使用这一术语外,人们也在其他领域使用这一术语,诸如哲学领域和心理学领域。② 另一方面,在对"人格"这一术语做出界定时,人们采取经验主义的态度,他们会根据所遭遇的事实或者事件的不同而分别对"人格"做出不同的界定。③

法国著名的法语词典 *LE PETIT LAROUSSE ILLUSTRÉ*,对"人格"一词的不同含义做出了说明,根据此种说明,"人格"的含义包括:其一,人格是指每一个人的行为和态度结合在一起之后所形成的具有统一性和恒久性的个性、独特性。其二,人格是指那些具有独创性、精力充沛、充满活力的人所具有的活力、充沛的精力、创造性以及性格、气质。其三,人格是指人物,知名人物、有影响力的人物,公众人物,例如,一个受人尊敬的人。④

除了这些含义外,人们还经常使用这些术语:基本人格(personnalité de base),是指人的与其所在社会或者社会群体的具体教育有关的行为整体;税收人格(personnalité de l'impôt),是指根据每一个纳税人的不同情况对其征税的人;法人格(personnalité juridique),是指法律人的资格,包括自然人和法人的资格;病态人格(personnalité pathologique),是指人的性格所发生的各种变异;人格

---

① Gérard Cornu, Vocabulaire juridique, 10e édition, puf, 2014, p. 758.
② Jean-Michel Bruguière, Bérengère Gleize, Droits de la Personnalité, ellipses, 2015, p. 25.
③ Frédéric Zenati-Castaing, Thierry Revet, Manuel de droit des personnes, 1eédition, puf, 2006, p. 214;Jean-Michel Bruguière, Bérengère Gleize, Droits de la Personnalité, ellipses, 2015, p. 25.
④ LE PETIT LAROUSSE ILLUSTRÉ 2018, Editions Larousse, 2017, p. 862.

检测（test de la personnalité），是指对人的性格进行的一种投射检测。

（二）法律领域"人格"一词含义的多样性

在法律领域，"人格"一词的含义同样多种多样。法国著名的法律词典 Vocabulaire Juridique 对"人格"一词的各种法律含义做出了说明，根据该种说明，在法律领域，"人格"一词至少包括以下五个方面的不同含义。

其一，人格是指成为权利主体和义务主体的资格（aptitude）。该种资格属于所有的自然人，在符合所要求的不同条件的情况下，该种资格也属于法人。人们普遍将自然人和法人所具有的此种资格称为"法律人格"，也就是"法人格"（personnalité juridique）。例如，"道德人格"（personnalité morale）中的"人格"就是指此种意义上的人格。所谓道德人格，是指人们对具有法人格的法人的一种称谓，也就是指公司、社会团体和辛迪加等群体、组织，它们本身被视为一种权利主体，独立于自己的成员。①

其二，人格是指自然人自身的特性和构成要素。例如，"人格权"中的"人格"就是此种意义上的人格。所谓人格权，是指自然人所固有的权利，该种权利属于所有自然人享有，是所有自然人享有的内在的、不得转让的权利，其目的在于保护自然人的最重要利益。例如，生命权、身体完整权和私人生活受尊重权等就属于人格权。②

其三，人格特别是指个人所具有的性格、特征、个性，他们或者它们所具有的习性、性情。人们在各种意义上使用这一术语。人格档案（dossier de personnalité），是指基于法官的命令所进行的人格调查、医疗检测和医疗心理检测的所有结果［《法国刑事诉讼法典》第 81（6）条］。法官之所以通过命令建立个性档案，其目的在于能够对犯罪分子进行最深入的了解并因此对其实施最恰当的刑事制裁。"人格调查"（L'enquête de personnalité）等同于"人格检测"（examen de la personnalité）。所谓人格调查，也就是人格检测，是指为了让法官能够根据犯罪分子的具体情况对其判处适当的刑罚，基于法官

---

① Gérard Cornu, Vocabulaire juridique, 10e édition, puf, p. 758.
② Gérard Cornu, Vocabulaire juridique, 10e édition, puf, p. 758.

的命令而对犯罪分子的性格、习性、性情所做出的检测。《法国刑事诉讼法典》第 81 (6) 条对此做出了明确规定。①

其四,专属于某一个具体人或者强加在该人身上的东西。"责任人格"(personnalité de la responsabilité)就是此种意义上的"人格"。所谓责任人格,是指责任的个人特征,也就是指个人仅仅就其自身的行为承担责任的原则,例如,法人的刑事责任,法人就自身的行为承担的责任。②

其五,依赖于人的东西、涉人的东西。"积极人格"(personnalité active)和"消极人格"(personnalité passive)中的"人格"就是此种意义上的"人格"。所谓"积极人格",是指当犯罪分子实施的犯罪行为发生在法国司法管辖范围时,法国根据犯罪行为发生地确定犯罪的国际管辖法院的原则(《法国刑法典》第 113 – 6 条)。所谓"消极人格",则是指当犯罪行为的受害人属于法国司法管辖范围时,法国根据受害人所在地确定犯罪的国际管辖法院的原则(《法国刑法典》第 113 – 7 条)。③

(三) 一般意义上的人格并不是人格权中的人格而是法人格

虽然"人格"的含义多种多样,但是,民法中仍然存在一般意义上的"人格"。所谓一般意义上的人格,是指人们最经常使用、最普遍使用的人格。那么,在人格的各种各样的含义中,哪一种"人格"属于一般意义上的"人格"?在我国,答案似乎是"人格权"中的"人格",因为,除了广泛使用人格权意义上的人格外,我国民法学者很少在其他意义上使用人格,已如前述。④ 不过,在民法上,一般意义的人格并不是我国民法学者普遍在人格权当中使用的人格,而是我国民法学者较少使用的"法人格"即"法律人格"(la personnalité juridique),因为,"法人格就是一般意义上的人格"⑤。

---

① Gérard Cornu, Vocabulaire juridique, 10e édition, puf, p. 758.
② Gérard Cornu, Vocabulaire juridique, 10e édition, puf, p. 758.
③ Gérard Cornu, Vocabulaire juridique, 10e édition, puf, pp. 758 – 759.
④ 梁慧星:《民法总论》(第五版),法律出版社 2017 年版,第 90—91 页。
⑤ 张民安:《法国人格权法(上)》,清华大学出版社 2016 年版,第 45 页。

在民法上，法人格之所以是一般意义上的人格，是因为从古罗马时代开始一直到今时今日，在讨论权利主体的资格时，民法学者一直使用"法人格"这一术语。① 而人们在法人格使用很久之后才开始在人格权领域使用"人格"：在19世纪初期人格权理论出现之前，人们没有也不可能在人格权领域使用"人格"一词，仅仅在人格权于19世纪初期出现之后，人们才开始在人格权领域使用"人格"一词。②

在我国，虽然"法人格"这一术语早在古罗马法中就已经被普遍使用，并且在中世纪、近现代一直被民法学者使用，但是，由于受苏联、德国和我国台湾地区民法理论的影响，我国民法学者普遍使用"权利能力"这一术语，几乎没有人使用"法人格"，使得民法领域历史最悠久、生命力最强盛的一个核心术语即"法人格"与我国民法无缘，这一点与法国民法完全不同。作为纯正罗马法的继受者，法国民法学者在使用"人格"一词时，普遍将其限定在"法人格"的范围内，除非另有所指，否则，在使用"人格"一词时，他们所使用的这一术语仅仅是指一般意义上的"人格""法人格"③。

因为一般意义上的"人格"就是"法人格""法律人格"，所以，在讨论自然人和法人所具有的权利主体资格时，民法学者普遍对"法人格""人格"做出了界定。所不同的是，我国民法学者对法人格做出的界定与大陆法系国家民法学者做出的界定不同。在第五版的《民法总论》中，梁慧星教授认为，法律人格并不是指权利主体所具有的权利能力或者享有权利的资格，而是指权利主体本身。他指出："人格的第一种含义，是指私法上的权利义务所归属之主体，亦称法律人格，与'权利能力'一词有别：法律人格，乃权利义务之主体，

---

① 张民安：《法国民法》，清华大学出版社2015年版，第136—137页。
② 张民安：《法国人格权法（上）》，清华大学出版社2016年版，第60—111页。
③ Henri et Léon Mazeaud, Jean Mazeaud, Francois Chabas, Lecons de DROIT CIVIL, Tome I/Deuxième Volume, Les Personnes, 8e édition, Montchrestien, pp. 5 – 14; David Bakouche, Droit civil les personnes la famille, HACHETTE, pp. 24 – 32; Gérard Cornu, Droit civil, Les personnes, 13e édition, Montchrestien, pp. 26 – 28; Bernard Teyssié, Droit civil, Les personnes, 12e, édition, Litec, pp. 13 – 25; Francois Terré Dominique Fenouillet, Droit civil les personnes, 8e édition, Dalloz, pp. 17 – 40.

权利能力,乃能够作为权利义务主体之资格的可能性。"①

梁慧星教授对法人格做出的界定是不准确的,既与法人格在罗马法时代的原本含义不同,也与今时今日的民法学者做出的界定不同,因为无论是在古罗马时代还是在今时今日,一般意义上的人格、法人格均是指权利主体所具有的享有权利、承担义务或者成为权利主体的资格,而不是指具有权利主体资格的人、权利主体自身。

一方面,梁慧星教授关于法人格的界定与古罗马法时期人们对法人格的界定是不同的,因为在最古老的罗马法中,法人格也仅仅是指成为权利主体的资格,不是指具有该种资格的权利主体。Paul Frédéric Girard 对罗马法时代法人格所具有的此种含义做出了说明,他指出:"无论是在通过'persona'一词所体现的最近的语言中,还是在通过'caput'一词所体现的最远古的、最技术性的语言中,人格均是指成为权利主体和法定义务主体的资格,以便权利主体能够在法律生活中发挥某种作用。"②

另一方面,梁慧星教授关于法人格的界定与今时今日的民法学者做出的界定是不同的,因为在今时今日,在界定法人格时,民法学者均采取古罗马法时代民法学者的界定,认为法人格是指权利主体所具有的成为权利主体、义务主体的资格,也就是,所谓法人格,是指权利主体所具有的享有权利、承担义务的资格,而不是指权利主体本身。③

在《民法总论:自然人和法人的身份》一文中,Gabriel Marty 和

---

① 梁慧星:《民法总论》(第五版),法律出版社 2017 年版,第 90 页。
② Paul Frédéric Girard, Manuel élémentaire de droit romain, Dalloz, 2003, p. 101.
③ Henri Roland Laurent Boyer, Introuduction au droit, Litec, 2002, pp. 385 – 387; Francois Terré, Introuduction générale au droit, 10e édition, Dalloz, pp. 181 – 182; Philippe Malinvaud, Introuduction à l'étude du droit, 15e édition, LexisNexis, 2015, pp. 243 – 246; Henri et Léon Mazeaud Jean Mazeaud Francois Chabas, Lecons de DROIT CIVIL, Tome I/ Deuxième Volume, Les Personnes, 8e édition, Montchrestien, p. 5; David Bakouche, Droit civil les personnes la famille, HACHETTE, p. 24; Gérard Cornu, Droit civil, Les personnes, 13e édition, Montchrestien, p. 26; Bernard Teyssié, Droit civil, Les personnes, 12e édition, Litec, p. 13; Francois Terré Dominique Fenouillet, Droit civil les personnes, 8e édition, Dalloz, p. 17; 张民安:《法国民法》,清华大学出版社 2015 年版,第 134—135 页;张民安:《法国人格权法(上)》,清华大学出版社 2016 年版,第 47—49 页。

Pierre Raynaud 采取此种界定方式，他们指出："所谓法人格，是指权利主体所具有的取得权利、行使权利或者承担义务的资格。"① 在著名的民法教科书《人法》中，Jean Mazeaud 和 Francois Chabas 等人也采取此种界定方式，他们指出："在法律语言当中，人（la personne）是权利主体和义务主体，他们有自己的法律生活。人格是指成为权利主体和义务主体的资格。"②

在《民法总论》中，Francois Terré 也采取了此种界定方式，他指出："准确地说，所谓法人格，是指成为主观权利的积极主体或者消极主体的资格。"③ 在《人法》中，Gérard Cornu 同样采取了此种界定方式，他指出："所有主观权利均以主体即权利主体的存在作为前提，权利主体是人们确定主观权利的根据。总的说来，所谓法人格，是指成为权利主体的资格。"④

因为这样的原因，在界定一般意义上的人格、法人格时，笔者采取自古罗马时代以来一直到现在民法学者普遍采取的界定方法：所谓法人格，是指民事主体所具有的从事法律活动、参与法律生活并因此成为权利主体、义务主体的资格。⑤ 站在权利的角度，法人格是指人所具有的享有民事权利、主观权利的资格；站在义务的角度，法人格是指人所具有的承担民事义务、民事责任的资格。站在权利主体的角度，法人格是指人所具有的成为权利主体的资格；站在义务主体的角度，法人格则是指人所具有的成为义务主体的资格。

因此，一般意义上的人格、法人格仅仅是一种享有权利、承担义务的资格，它既不等同于享有权利和承担义务的民事主体，也不等同于民事主体享有的权利和承担的义务。

---

① Gabriel Marty, Pierre Raynaud, Introduction générale à l'étude du droit et des institutions judiciaires, les personnes, Sirey, 1961, p. 479.

② Henri et Léon, Mazeaud Jean, Mazeaud Francois Chabas, Lecons de DROIT CIVIL, Tome I/Deuxième Volume, Les Personnes, 8e édition, Montchrestien, p. 5.

③ Francois Terré, Introuduction générale au droit, 10e édition, Dalloz, p. 182.

④ Gérard Cornu, Droit civil, Les personnes, 13e édition, Montchrestien, p. 26.

⑤ 张民安、丘志乔主编：《民法总论》（第五版），中山大学出版社 2017 年版，第 153—154 页。

二、一般意义上的人格、法人格与权利能力之间的关系

(一) 法人格、权利能力能够同时存在于民法中

在我国,民法学者普遍对一般意义上的人格、法人格的概念陌生,因为在讨论人所具有的权利主体资格时,他们基本上不使用"法人格"这一术语,而是使用"权利能力"或者"民事权利能力"。根据他们的说明,所谓民事权利能力,是指人所具有的充当民事主体、享有民事权利和承担民事义务的法律地位或者法律资格。在今时今日,在说明我国民法为何使用"民事权利能力"这一术语时,民法学者普遍将其原因归结为大陆法系国家民法的影响力,认为这一术语为《德国民法典》所使用并因此被我国立法者在《民法通则》和《民法总则》中所引入。①

在民事权利能力的问题上,我国民法学者之所以将《德国民法典》视为该术语的渊源,其目的在于有意回避一个真实的、让人尴尬的事实:在我国,在讨论人的法律地位、法律资格时,我国民法学者和立法者之所以引入"权利能力"这一概念,是因为在人的民事法律地位、民事法律资格的问题上,我国民法学者和立法者仅仅受苏联民法学者的影响,完全没有受《德国民法典》的直接影响。

在苏联,民法学者在讨论民事主体的法律地位、法律资格时均使用了"权利能力"这一术语。② 由于受苏联民法学者的影响,在

---

① 江平主编:《民法学》,中国政法大学出版社2007年版,第56—61页;王卫国主编:《民法》,中国政法大学出版社2007年版,第53页;魏振瀛主编:《民法》(第四版),北京大学出版社2010年版,第51—53页;王利明:《民法总则》,中国人民大学出版社2017年版,第100—103页;梁慧星:《民法总论》(第五版),法律出版社2017年版,第65—66页。

② [苏]斯·恩·布拉都西等编著:《苏维埃民法》(上),中国人民大学民法教研室译,中国人民大学出版社1954年版,第67—75页;[苏]B. II. 格里巴诺夫、[苏] C. M. 科尔涅耶夫主编:《苏联民法》(上册),中国社会科学院法学研究所民法经济室译,法律出版社1984年版,第97—98页;[苏]B. T. 斯米尔诺夫等:《苏联民法》(上卷),黄良平、丁文琪译,中国人民大学出版社1987年版,第90—96页。

1986年之前，除了我国民法学者普遍使用这一术语外，① 我国立法者也在其起草的民法典草案中使用这一术语。例如，在1955年10月5日的《中华人民共和国民法总则（草案）》中，我国立法者就使用了"权利能力"这一术语，该草案第八条明确规定，所有中华人民共和国的公民"都有享有民事权利和负担相应义务的能力"②。再例如，在1980年8月15日的《中华人民共和国民法草案（征求意见稿）》中，我国立法者也使用了"权利能力"这一术语，该草案（征求意见稿）第十二条规定，从出生时起到死亡时止，公民均有权利能力，可以享受民事权利和承担民事义务。③

基于民法学者和立法者对"权利能力"这一术语的广泛接受，在1986年的《民法通则》和2017年的《民法总则》中，我国立法者毫无保留地使用了这一术语。《民法通则》第九条规定：公民从出生时起到死亡时止，具有民事权利能力，依法享有民事权利，承担民事义务。《民法总则》第十三条规定：自然人从出生时起到死亡时止，具有民事权利能力，依法享有民事权利，承担民事义务。

在法律领域，民事权利能力仅仅是权利能力的一种，因为，除了民事权利能力外，法律中也存在政治权利能力。所谓民事权利能力，是指人所具有的成为民事权利主体并因此享有民事权利的资格。所谓政治权利能力，是指人所具有的成为政治权利主体并因此享有政治权利的资格。这就是民事权利能力区分于、独立于政治权利能力的理论。虽然我国《民法通则》《民法总则》没有对此种区分理论做出规定，我国民法学者也没有对此种区分理论做出明确说明，但是，除了《法国民法典》对此种区分理论做出了规定外，法国民法学者也对此

---

① 中央政法干部学校民法教研室编：《中华人民共和国民法基本问题》，法律出版社1958年版，第60—61页；佟柔、赵中孚、郑立主编：《民法概论》，中国人民大学出版社1982年版，第29—34页；佟柔主编：《民法原理》，法律出版社1983年版，第38—41页；王作堂、魏振瀛、李志敏、朱启超等：《民法教程》，北京大学出版社1983年版，第52—55页；王忠、苏惠祥、龙斯荣、王建明：《民法概论》，黑龙江人民出版社1984年版，第53—54页。

② 何勤华、李秀清、陈颐编：《新中国民法典草案总览》（增订本，上卷），北京大学出版社2017年版，第4页。

③ 何勤华、李秀清、陈颐编：《新中国民法典草案总览》（增订本，中卷），北京大学出版社2017年版，第1152页。

种区分理论做出了说明。关于这一点,笔者将在下面的内容中做出详细的讨论,此处从略。

问题在于,在我国,民法学者和立法者在广泛使用"权利能力"这一术语的情况下,我国民法中是否还能够容纳法人格的存在?如果我国民法仍然能够容纳法人格的存在,那么,我国民法为何能够同时容纳法人格和权利能力的存在呢?在这两个概念均存在的情况下,法人格与权利能力之间的关系又如何协调呢?笔者认为,在我国立法者和民法学者在广泛使用"权利能力"的情况下,我国民法仍然能够容纳法人格的存在。因为一方面,在民法上,民事权利能力无法解决所面临的所有问题,如果要有效地解决所面临的所有问题,我们必须引入"法人格"这一术语;另一方面,在民法上,法人格是一个上位概念,而权利能力则是一个下位概念,它包含在法人格当中,构成法人格的有机组成部分。

(二) 自然人的权利能力:有权利能力和无权利能力

在民法上,医师当然能够与其病患者签订诊疗契约,问题在于,在诊疗病人期间,医师是否能够与病人签订赠与契约、买卖契约并因此根据他们之间的这些契约取得病人赠与或者出卖的财产?在民法上,正在处理当事人之间的民事纠纷或者其他法律纠纷的法官是否能够与其诉讼的一方当事人结婚?当医师与其病人签订赠与契约、买卖契约时,他们之间的契约究竟有效还是无效?当法官与其当事人一方结婚时,他们之间的婚姻究竟是有效还是无效?

在这些契约均符合我国《民法总论》和《合同法》所规定的法律行为和合同有效条件的情况下,人们似乎很难认定当事人之间所签订的这些契约无效,因为在签订这些契约时,契约的双方当事人不仅具有完全的行为能力,而且他们的意思表示是完全真实、自愿的,不存在任何欺诈、胁迫或者误解的地方。然而,当事人之间所签订的这些契约应当是无效的,因为虽然当事人在签订这些契约时具有完全的行为能力,但是,他们不具有签订这些契约的权利能力。换言之,在当事人签订这些契约时,这些契约的效力问题并不是建立在当事人的行为能力的基础上,而是建立在当事人的权利能力的基础上。

在这些情况下,当事人之所以不具有签订这些契约的权利能力,是因为如果他们具有签订这些契约的权利能力,则他们签订的这些契约除了会产生损害一方当事人利益的重大嫌疑外,也会导致另外一方当事人滥用自己支配地位的可能,除了违反医师、法官所承担的其利益不得与其承担的义务相冲突的原则外,也会导致人们对医师和法官的普遍性的不信任感并因此危及医师和法官职业的可信度、存在感。①

在我国,虽然民法学者普遍将权利能力等同于法人格,并因此宣称自然人权利能力的普遍平等性、不可剥夺性、不得放弃性等特征,②但实际上,并非所有自然人均具有我国民法学者所宣称的具有平等性、不可剥夺性的权利能力。事实上,为了对某些自然人提供保护,立法者可能会通过自己制定的法律,明确剥夺自然人在某一个方面所具有的权利能力,并因此让他们在制定法所规定的范围内成为无权利能力人,即便他们在行为时具有完全的行为能力,他们实施的法律行为尤其是签订的契约也因为欠缺权利能力而无效,这就是自然人的无权利能力的理论。

根据此种理论,就像自然人在民法中同时存在有行为能力和无行为能力的区分一样,自然人在民法中也存在有权利能力和无权利能力的区分。③ 这就是,如果自然人在行为时有权利能力,在完全符合行为能力要求的情况下,他们实施的法律行为有效,如果自然人在行为时没有权利能力,即便他们有完全的行为能力,他们实施的法律行为仍然无效;在自然人欠缺权利能力的情况下,除了他们自身不能够实施被禁止的法律行为外,他们的监护人或者代理人也不能够代理他们实施被禁止的法律行为,否则,他们的监护人或者代理人实施的代理行为无效。

不过,虽然自然人在民法中存在有权利能力和无权利能力之别,

---

① 张民安:《法国民法》,清华大学出版社2015年版,第138—139页;张民安、丘志乔主编:《民法总论》(第五版),中山大学出版社2017年版,第449—450页。
② 江平主编:《民法学》,中国政法大学出版社2007年版,第56—59页;王卫国主编:《民法》,中国政法大学出版社2007年版,第57—58页;王利明:《民法总则》,中国人民大学出版社2017年版,第100—101页。
③ 张民安:《法国民法》,清华大学出版社2015年版,第138—139页;张民安、丘志乔主编:《民法总论》(第五版),中山大学出版社2017年版,第449—450页。

但是，总的说来，自然人的有权利能力是原则，而他们的无权利能力则是例外。因为一方面，在现代民法中，随着奴隶和民事死亡制度的废除，所有自然人均平等地获得了成为权利主体并享有民事权利的法人格、法律资格；另一方面，在现代民法中，自然人不享有权利能力的情况极为罕见，它以立法者明确剥夺自然人在某些情况下的权利能力作为必要条件。① 这就是民法所实行的"有能力是原则、无能力是例外"的法律格言，除了在行为能力中适用外，这一格言也在权利能力中适用。②

在《法国民法典》中，法国立法者对自然人不享有权利能力的特殊情形做出了具体规定。例如，《法国民法典》第904条明确规定，未满16周岁的未成年人没有立遗嘱的权利能力。再如，《法国民法典》第903条规定，任何年龄阶段的未成年人均不具有实施捐赠的权利能力。③ 同样，《法国民法典》第909条明确规定，在医患关系存续期间，医师没有接受病人捐赠的权利能力。④ 除了立法者的明确规定外，法国民法学者也普遍承认，在某些特殊情况下，自然人

---

① Jean Carbonnier, Droit civil, Volume I, Introduction Les personnes la famille, l'enfant, le couple, puf, 2004, p. 543.

② Henri et Léon, Mazeaud Jean Mazeaud, Francois Chabas, Lecons de DROIT CIVIL, Tome I/Deuxième Volume, Les Personnes, 8e édition, Montchrestien, 1997, p. 161.

③ Henri Roland, Laurent Boyer, Introuduction au droit, Litec, 2002, p. 405; Jean Carbonnier, Droit civil, Volume I, Introduction Les personnes la famille, l'enfant, le couple, puf, 2004, p. 543; Christian Larroumet, Augustin Aynès, Introduction à l'étude du droit, 6e édition, Economica, 2013, p. 239.

④ Francois Terré, Dominique Fenouillet, Droit civil les personnes, 8e édition, Dalloz, 2012, p. 280.

是不享有权利能力的,他们无权实施法律禁止其实施的法律行为。①

在我国,立法者是否在他们制定的法律中对自然人的无权利能力做出了规定?答案是肯定的,在我国,立法者在其制定的某些法律中对自然人的无权利能力做出了规定。最典型的体现是,他们在《中华人民共和国婚姻法》(以下简称《婚姻法》)中对自然人的无权利能力做出了规定。《婚姻法》第7条规定,直系血亲和三代以内的旁系血亲禁止结婚。《婚姻法》第7条关于亲属之间的结婚禁止究竟是关于权利能力的禁止还是关于行为能力的禁止?答案是,该条的禁止是关于权利能力的禁止,而不是关于行为能力的禁止。换言之,《婚姻法》第7条认定,直系血亲和三代以内的旁系血亲没有结婚的权利能力,他们不得结婚,否则,他们之间的婚姻无效,即便他们在结婚时完全符合《婚姻法》所规定的其他条件,完全满足完全行为能力的要求,亦如此。

在我国,虽然立法者没有在《民法总则》或者其他法律中明确规定,我国民法也应当承认《法国民法典》第903条、第904条、第909条和其他法律条款所规定的无权利能力的情形:未成年人没有立遗嘱或者签订赠与契约的权利能力,即便他们的父母或者其他监护人也不得代理他们立遗嘱、签订赠与契约并因此处分自己的财产;医师在医患关系存续期间不享有签订除了医疗契约以外的其他契约的权利能力;法官或者其他政府官员在履行职责期间不得与所涉及的当事人签订任何契约;父母或者其他监护人在监护关系存续期间不享有处分其未成年子女或者其他被监护人财产的权利能力,既不能够代理被监护人与自己签订将被监护人的财产赠与自己的赠与契约,也不能

---

① Henri Roland, Laurent Boyer, Introduction au droit, Litec, 2002, pp. 405 – 406; Jean Carbonnier, Droit civil, Volume I, Introduction Les personnes la famille, l'enfant, le couple, puf, 2004, pp. 542 – 543; Christian Larroumet, Augustin Aynès, Introduction à l'étude du droit, 6e édition, Economica, 2013, pp. 238 – 241; Philippe Malinvaud, Introduction à l'étude du droit, 15e édition, LexisNexis, 2015, pp. 253 – 254; Henri et Léon Mazeaud, Jean Mazeaud, Francois Chabas, Lecons de DROIT CIVIL, Tome I/Deuxième Volume, Les Personnes, 8e édition, Montchrestien, 1997, pp. 160 – 161; Gérard Cornu, Droit civil, Les personnes, 13e édition, Montchrestien, 2007, pp. 27 – 28; Francois Terré, Dominique Fenouillet, Droit civil les personnes, 8e édition, Dalloz, 2012, pp. 279 – 281;张民安:《法国民法》,清华大学出版社2015年版,第138—139页。

够代理被监护人订立处分被监护人遗产的遗嘱；等等。

（三）法人的权利能力：有权利能力和无权利能力

除了自然人的权利能力存在有权利能力和无权利能力的差异外，法人（和非法人组织）的权利能力也存在有权利能力和无权利能力的差异。

最典型的体现是，传统民法认为，虽然公司享有权利能力，但是，它们仅仅在制定法和自己的章程所规定的目的范围内享有权利能力，如果它们实施的法律行为超越了制定法或者自己章程所规定的目的范围，则公司就没有权利能力，它们实施的任何法律行为均因为欠缺权利能力而无效，这就是传统民法所坚持的公司越权行为无效的规则。①

为了规避公司越权行为无效规则所产生的不利影响，公司往往在其章程中对自己的经营目的、经营范围做出广泛性的甚至一般性的规定，以便让自己享有的权利能力的范围广泛甚至无所不包，这就是公司章程中的多目的性条款和一般性目的条款。② 除了以这种方式规避自己的权利能力所受到的限制外，立法者也采取措施拓展公司的权利能力范围，防止公司越权行为无效规则过分束缚公司的手脚。一方面，某些国家的公司法明确规定，除非公司章程对自己的权利能力施加限制，否则，公司享有从事一切商事活动的权利能力，例如，美国的《标准商事公司法》；另一方面，某些国家的公司法明确规定，即便公司实施了越权行为，它们也不能够以越权行为无效规则对抗善意

---

① 张民安：《论公司法上的越权行为原则》，载《法律科学》1995 年第 2 期，第 68—75 页；张民安：《公司的目的性条款研究》，载《中山大学学报（社会科学版）》1998 年第 3 期，第 117—124 页；张民安：《公司法上的利益平衡》，北京大学出版社 2003 年版，第 165—175 页；张民安：《公司法的现代化》，中山大学出版社 2006 年版，第 87—97 页；张民安：《现代英美董事法律地位研究》，法律出版社 2007 年版，第 292—310 页。

② 张民安：《论公司法上的越权行为原则》，载《法律科学》1995 年第 2 期，第 68—75 页；张民安：《公司的目的性条款研究》，载《中山大学学报（社会科学版）》1998 年第 3 期，第 117—124 页；张民安：《公司法上的利益平衡》，北京大学出版社 2003 年版，第 165—175 页；张民安：《公司法的现代化》，中山大学出版社 2006 年版，第 228—238 页；张民安：《现代英美董事法律地位研究》，法律出版社 2007 年版，第 248—267 页。

第三人。①

在今时今日，民法学者仍然坚持传统民法的理论，仍然承认包括公司在内的所有法人均存在有权利能力和无权利能力的问题，因为他们仍然认为，法人的权利能力范围受自身目的的限制，仅仅在自身目的的范围内，法人才具有权利能力，超越了自身目的的范围，法人则没有权利能力。民法学者将此种理论称为法人的特殊原则（principe de la spécialité des personnes morales）或者法人的特殊规则（règle de la spécialité des personnes morales）。②

除了在公司等营利法人中适用外，法人的特殊原则、特殊规则也在政党等非营利法人中适用，换言之，法人的特殊原则、特殊规则是所有法人的共同原则、共同规则。这种共同原则、共同规则让法人在权利能力方面与自然人存在重大差异，因为自然人原则上具有完全的权利能力、一般权利能力，仅在极端例外情况下才丧失权利能力，已如前述。因为法人的权利能力范围取决于它们自身的目的范围，所以，为了拓展自己的权利能力范围，法人往往会像公司法人一样在自己的章程中对自己的目的做出非常广泛的规定，以防止自己实施的某

---

① 张民安：《论公司法上的越权行为原则》，载《法律科学》1995年第2期，第68—75页；张民安：《公司法上的利益平衡》，北京大学出版社2003年版，第165—175页；张民安：《公司法的现代化》，中山大学出版社2006年版，第87—97页；张民安：《现代英美董事法律地位研究》，法律出版社2007年版，第311—331页。

② Henri Roland, Laurent Boyer, Introuduction au droit, Litec, 2002, pp. 423 - 425; Jean Carbonnier, Droit civil, Volume I, Introduction Les personnes la famille, l'enfant, le couple, puf, 2004, pp. 724 - 725; Christian Larroumet, Augustin Aynès, Introuduction à l'étude du droit, 6e édition, Economica, 2013, pp. 296 - 297; Philippe Malinvaud, Introuduction à l'étude du droit, 15e édition, LexisNexis, 2015, p. 272; Henri et Léon Mazeaud, Jean Mazeaud, Francois Chabas, Lecons de DROIT CIVIL, Tome I/Deuxième Volume, Les Personnes, 8e édition, Montchrestien, 1997, pp. 352 - 353; Francois Terré, Dominique Fenouillet, Droit civil les personnes, 8e édition, Dalloz, 2012, pp. 259 - 261.

种法律行为被视为在没有权利能力的情况下实施的行为。①

（四）权利能力和法人格同时存在于民法当中

总之，在民法上，无论是自然人、法人还是我国的非法人组织均具有能够实施某种法律行为的权利能力，也均具有不能够实施某种法律行为的权利能力，因此，无论是哪一种人均存在有权利能力和无权利能力之分，包括自然人、法人和我国民法中的非法人组织，均如此。他们之间的差异在于，如果人是自然人，则他们的权利能力原则上是完全权利能力、一般权利能力（capacité de jouissance généraux），在例外情况下，他们的权利能力则是特殊的权利能力。

传统民法认为，包括公司等营利法人在内，所有法人的权利能力均是一种特殊权利能力，没有任何法人的权利能力在性质上是一种一般权利能力，因为它们的权利能力均受到制定法和自身章程所规定的目的的限制，已如前述。不过，此种理论已经受到极大的挑战，因为一方面，除了公司等营利法人外，所有法人均有可能在自己的章程当中规定广泛的目的范围，另一方面，为了保护善意第三人，法官认定法人实施的越权行为仍然有效。因为这样的原因，包括营利法人和非营利法人在内，所有法人均像自然人一样既具有一般权利能力也具有特殊权利能力，已如前述。

在权利能力分为有权利能力和无权利能力的情况下，人们能否仍然像我国民法学者所宣称的那样，权利能力具有普遍平等性、不可剥夺性、不得放弃性等特征吗？当然不能够再这样宣称了，因为，在权利能力方面，自然人和法人之间均存在差异，并不存在我国民法学者所宣称的权利能力一律平等享有的事实；除了自然人在某些方面的权

---

① Henri Roland, Laurent Boyer, Introduction au droit, Litec, 2002, pp. 423 – 425; Jean Carbonnier, Droit civil, Volume I, Introduction Les personnes la famille, l'enfant, le couple, puf, 2004, pp. 724 – 725; Christian Larroumet Augustin Aynès, Introduction à l'étude du droit, 6e édition, Economica, 2013, pp. 296 – 297; Philippe Malinvaud, Introduction à l'étude du droit, 15e édition, LexisNexis, 2015, p. 272; Henri et Léon Mazeaud, Jean Mazeaud, Francois Chabas, Lecons de DROIT CIVIL, Tome I/Deuxième Volume, Les Personnes, 8e édition, Montchrestien, 1997, pp. 352 – 353; Francois Terré, Dominique Fenouillet, Droit civil les personnes, 8e édition, Dalloz, 2012, pp. 259 – 261.

利能力是可以被剥夺的外，法人在某些方面的权利能力同样是可以被剥夺的。

在权利主体不存在具有平等性、不可剥夺性、不得放弃性的权利能力时，我们当然应当放弃我国民法学者所主张的此种理论了，并且应当采取新的理论处理权利主体所面临的有权利能力和无权利能力的问题，这就是，除了应当承认权利能力外，我们也应当承认一般意义上的人格、法人格。因为虽然在大多数情况下，我们能够通过权利能力理论解决人是否能够成为权利主体的问题，但是，在少数情况下，我们仍然无法通过权利能力理论解决人是否能够成为权利主体的所有问题。而通过一般意义上的人格、法人格，我们则能够解决权利能力理论无法解决的这些问题，因为根据一般意义上的人格、法人格理论，无论是自然人还是法人，他们均具有成为权利主体并因此享有这样或者那样民事权利的资格，人所具有的此种法人格具有普遍的平等性、不可剥夺性和不得放弃性，否则，他们就丧失了人的资格，不能够成为权利主体。对于自然人而言，无论他们是不是医师、法官、未成年人、直系血亲、三代以内的旁系血亲，所有自然人均具有法人格，均能够成为权利主体并因此享有各种各样的民事权利。对于法人而言，无论它们是公司还是非公司，是政党还是其他社会团体，均具有法人格，均能够成为权利主体并因此享有形形色色的民事权利。

总之，在成为权利主体方面，所有的人均是平等的，因为他们均具有一般意义上的人格、法人格。他们之间的差异表现在：除了行为能力方面存在差异外，他们在权利能力方面也存在差异。在行为能力方面，所有人均存在有行为能力和无行为能力之分，在权利能力方面，所有人均存在有权利能力和无权利能力之别，已如前述。因此，我国民法学者不应当宣称权利主体享有的权利能力是平等的、不可剥夺的、不得放弃的，而应当宣称权利主体享有的法人格是平等的、不可剥夺的、不得放弃的。①

（五）法人格与权利能力之间的关系

如果民法中同时存在一般意义上的人格、法人格和权利能力，那

---

① Gérard Cornu, Droit civil, Les personnes, 13e édition, Montchrestien, 2007, pp. 26－27.

第二章　人格、法人格与人格权的独立性

么，我们必须清楚地说明这两个术语之间的关系。

在法国，在同时承认法人格和权利能力的同时，民法学者普遍对法人格和权利能力之间的关系做出了说明。所不同的是，民法学者之间做出的说明存在差异。在法国，在讨论权利主体的法人格与他们的权利能力之间的关系时，某些民法学者认为，权利主体的法人格不仅关乎他们的权利能力，而且也关乎他们的行为能力，因为无论是权利能力还是行为能力均是法人格的体现，当权利主体没有权利能力或者行为能力时，他们所具有的这些无能力均是对其法人格所施加的限制。①

在法国，在讨论权利主体的法人格与他们的权利能力之间的关系时，某些民法学者认为，权利主体的法人格仅仅关于权利主体的权利能力，同权利主体的行为能力没有关系。根据此种理论，权利主体的权利能力分为一般权利能力和特殊权利能力。所谓一般权利能力，是指权利主体在通常情况下、一般情况所具有的成为权利主体并因此享有民事权利的资格。所谓特殊权利能力，则是指权利主体在特殊情况下所具有的成为权利主体并因此享有民事权利的资格。

这些民法学者认为，法人格仅仅是指权利能力中的一般权利能力，而不包括权利能力中的特殊权利能力。换言之，法人格是一般权利能力的同义词，两者能够等同。他们认为，在民法上，尤其是在自然人中，人们不能够说自然人不具有一般权利能力，而只能够说他们不具有特殊权利能力。因为如果他们认为自然人不具有一般权利能力，则他们实际上就否定了自然人所具有的法人格，而如果承认自然人不具有特殊权利能力，则他们没有否定自然人的法人格。②

在这两种不同的理论中，第二种理论所存在的问题是，虽然此种理论能够对自然人的法人格和自然人的权利能力之间的关系做出解

---

① Christian Larroumet, Augustin Aynès, Introuduction à l'étude du droit, 6e édition, Economica, 2013, p. 238; Philippe Malinvaud, Introuduction à l'étude du droit, 15e édition, LexisNexis, 2015, p. 253.

② Henri Roland, Laurent Boyer, Introuduction au droit, Litec, 2002, p. 405; Jean Carbonnier, Droit civil, Volume I, Introduction Les personnes la famille, l'enfant, le couple, puf, 2004, pp. 542–543; Gérard Cornu, Droit civil, Les personnes, 13e édition, Montchrestien, 2007, p. 28.

释，但是它无法对法人的法人格和法人的权利能力之间的关系做出解释。因为根据法国民法学者的意见，虽然自然人和法人均具有权利能力，但是自然人的权利能力可以是一般权利能力和特殊权利能力，而法人的权利能力仅仅是一种特殊的权利能力，因为所有法人均受到法人的特殊原则或者特殊规则的限制，已如前述。

在我国，在一般意义上的人格、法人格与权利能力的问题上，民法学者之间有两种截然不同的意见。

其一，认为法人格和权利能力之间存在性质上的差异。在将人格权当中的人格等同于一般意义上的人格、法人格时，尹田教授对法人格与权利能力之间的关系做出了说明。他认为，法人格的性质不同于权利能力的性质，因为法人格属于公法、宪法上的概念，关于这一点，笔者将在下面的内容中做出详细的讨论，此处从略，而权利能力则是私法的概念、民法上的概念，其中的权利能力仅仅是指"民事法律关系主体资格或者私法上之主体资格"①。

其二，认为法人格等同于权利能力。在我国，虽然大多数民法学者没有讨论法人格的问题，但是，在对权利能力做出界定时，他们普遍认为，权利能力和法人格是同义词，能够相互替换，因为他们认为，权利能力就是法人格。②

在上述两种理论中，第一种理论是完全错误的，因为无论是一般意义上的人格、法人格还是权利能力均是民法性质、私法性质的，均属于权利主体在民事领域的资格，不存在法人格属于公法性质、宪法性质而权利能力则属于民法性质、私法性质的问题。关于这一点，笔者将在下面的内容中做出详细的讨论，此处从略。第二种理论也存在问题，因为它完全否定了法人格与民事权利能力之间的差异，将民事权利能力等同于法人格，反之，则将法人格等同于民事权利能力，而事实上，法人格与民事权利能力之间是存在差异的。

---

① 尹田：《论人格权的本质——兼评我国民法草案关于人格权的规定》，载《法学研究》2003年第4期，第6页。

② 王卫国主编：《民法》，中国政法大学出版社2007年版，第40—43页；魏振瀛主编：《民法》（第四版），北京大学出版社2010年版，第52页；王利明：《民法总则》，中国人民大学出版社2017年版，第100页；梁慧星：《民法总论》（第五版），法律出版社2017年版，第65页。

笔者认为，在民事主体的法人格和权利能力的关系问题上，我们应当采取的理论是类似于法国民法学者的上述第一种理论，这就是，法人格是权利能力和行为能力的上位概念，而权利能力和行为能力则是法人格的下位概念，它们之间存在包含和被包含的关系：法人格同时包含了权利能力和行为能力，权利能力和行为能力是法人格的具体体现。①

一方面，法人格是权利能力和行为能力的基础和前提，如果人没有法人格，则他们既不会有权利能力也不会有行为能力，除了不能够享有民事权利外，他们也无法通过自身或者其他人实施任何行为，就像历史上的奴隶和民事死亡者一样。另一方面，权利能力和行为能力是法人格的具体体现。作为一种抽象的概念，人的法人格既要通过人的权利能力加以体现，也要通过人的行为能力加以体现，因为仅仅将人的权利能力作为其法人格的具体体现还是不完全的，只有同时通过两种能力加以体现，人的法人格才是完整的。

在民法上，虽然人的法人格与其权利能力之间关系密切，但是人的法人格与其权利能力之间仍然存在差异，最主要的差异是，法人格具有平等性，而权利能力则具有差异性。在民法上，所有人均具有法人格，包括自然人、法人和我国民法当中的非法人组织，民法当中不存在没有法人格的人。而在民法上，并非所有人均具有权利能力。虽然在大多数情况下，所有人均具有权利能力，但是，在某些特殊情况下，人也不具有实施某种行为的权利能力。这就是一般权利能力和特殊权利能力的区分理论，已如前述。

三、"人格"是一个"公法上的概念"而非"私法上的概念"的理论为何是完全错误的

（一）尹田教授关于"人格"性质的学说：人格是"公法上的概念"而非"私法上的概念"

在法律上，一般意义上的人格、法人格究竟是一种什么性质的人

---

① 张民安、丘志乔主编：《民法总论》（第五版），中山大学出版社2017年版，第153—155页。

格、法人格？对此问题，我国几乎所有的民法学者均没有做出任何说明，因为在讨论权利主体、民事主体的资格时，他们几乎均不使用一般意义上的"人格""法人格"这些术语，而仅仅使用"权利能力"这一术语，已如前述。在反对人格权独立设编时，尹田教授一反常态，在将人格权中的人格等同于一般意义上的人格、法人格的同时，也对一般意义上的人格、法人格的性质做出了明确说明。他认为，一般意义上的人格、法人格并不属于民法性质、私法性质的人格、法人格，而属于一种宪法性质、公法性质的人格、法人格。[1]

在2003年的《论人格权的本质——兼评我国民法草案关于人格权的规定》的文章中，尹田教授讨论的一个焦点问题是，一般意义上的人格、法人格在性质上究竟是"私法上的概念抑或公法上的概念"[2]。因为他认为，如果人们要对人格权是否应当独立设编的问题做出回答，他们就必须首先讨论人格权与人格之间的关系。而要讨论人格权与人格之间的关系，则人们"须从论证人格的本质开始"[3]。尹田教授认为，无论是在罗马法时代，还是在1804年的《法国民法典》时代，人格不仅在本质是一种法律主体资格，而且在性质上还是一种公法性质的、宪法性质的人格：在罗马法时代，人格是一种公法性质的法律资格[4]，而在1804年的《法国民法典》时代，人格则是一种宪法性质的法律资格。[5] 因为这样的原因，尹田教授认为"作为自然人一般法律地位的法律人格是由宪法加以确认的"[6]。

问题在于，尹田教授的此种理论是否具有说服力、是否能够站得

---

[1] 尹田：《论人格权的本质——兼评我国民法草案关于人格权的规定》，载《法学研究》2003年第4期，第3—6页。
[2] 尹田：《论人格权的本质——兼评我国民法草案关于人格权的规定》，载《法学研究》2003年第4期，第3页。
[3] 尹田：《论人格权的本质——兼评我国民法草案关于人格权的规定》，载《法学研究》2003年第4期，第4页。
[4] 尹田：《论人格权的本质——兼评我国民法草案关于人格权的规定》，载《法学研究》2003年第4期，第4页。
[5] 尹田：《论人格权的本质——兼评我国民法草案关于人格权的规定》，载《法学研究》2003年第4期，第4—5页。
[6] 尹田：《论人格权的本质——兼评我国民法草案关于人格权的规定》，载《法学研究》2003年第4期，第6页。

住脚？笔者认为，他的此种理论不仅没有说服力、完全站不住脚，而且是完全错误的。

（二）一般意义上的人格、法人格在性质上是一种民事人格

在我国，尹田教授的上述理论之所以完全错误，第一个主要原因是，它的上述理论与法人格的真实性质不符。因为在民法上，一般意义上的人格、法人格在性质上不可能是宪法性质的、公法性质的，它仅仅是一种民法性质的、私法性质的。换言之，它仅仅是一种民事人格（personnalité civile）、民事资格（l'aptitude civiles）。

所谓一般意义上的人格、法人格仅仅是指一种民事人格、民事资格，是指在民法上，一般意义上的人格、法人格仅仅是指自然人、自然人设立的组织所具有的成为民事主体、享有民事权利和承担民事义务的人格、资格，既不是指他们或者它们所具有的成为宪法主体、享有宪法权利、承担宪法义务的人格、资格，也不是指他们或者它们所具有的成为其他公法主体、享有其他公法所规定的权利、承担其他公法所规定的义务的人格、资格。

首先，在罗马法中，一般意义上的人格、法人格仅仅是指民法性质的人格、法人格。因为在罗马法中，人们之所以区分自由人和奴隶、罗马公民和外国人、家长和其他家庭成员，其目的不在于确定这些自然人所具有的宪法身份、公法身份，而是为了确定他们的民法身份：虽然均是自然人，某些自然人具有法人格、能够成为权利主体，这就是自由人，而另外一些自然人则不同，他们没有法人格、不能够成立权利主体，而仅仅是一种权利客体，这就是奴隶；虽然均具有法人格、均能够成为权利主体，但是，某些自然人享有的民事权利要大于另外一些自然人享有的民事权利。

在罗马法中，这些内容既不是由宪法加以规定的，也不是由行政法或者其他公法所规定的，而是由民法中的人法所规定的。既然自然人在罗马法中的民事身份、法人格是由民法中的人法所规定的，人们就能够像尹田教授那样认为，在罗马法中，一般意义上的人格、法人格在性质上是宪法性质的、公法性质的吗？当然不能了。因为这样的原因，在讨论罗马法中的自然人身份时，民法学者普遍将人的人格、

法人格视为他们享有民事权利、承担民事义务的资格，没有任何民法学者像尹田教授这样将其视为宪法上的、公法上的人格。① 当然，在罗马法时期，自然人所具有的法人格只能够让他们享有包括物权、债权、家庭权和继承权在内的民事权利，无法让他们享有人格权，因为在那时民法中还不存在人格权。

其次，在近代社会，在讨论自然人的法人格时，民法学者仅仅将自然人所具有的法人格视为他们参与民事生活的资格，并没有将他们的法人格视为宪法性质的、公法性质的资格。

在 17 世纪，被誉为《法国民法典》之祖父的著名民法学家 Jean Domat 就采取此种做法，在其著名的民法著作即《自然秩序当中的民法》中，他虽然按照罗马法的传统对自然人所具有的各种不同身份、法人格做出了说明，但是，他所说明的自然人身份、自然人的法人格在性质上仅仅是民事身份、民事资格，不是宪法或者公法上的身份。②

在 18 世纪，被誉为《法国民法典》之父的 Robert-Josehp Pothier 虽然对自然人的法人格做出了说明，但是，他仅仅认为自然人的法人格是他们享有民事生活的人格，并没有认为他们的法人格是他们享有宪法生活或者其他公法生活的人格。在其著名的民法著作《奥尔良习惯》和《人与物专论》中，他对自然人的法人格做出了说明，这就是他所谓的"民事生活"。所谓民事生活，也被他称为"人的民事身份"，是指人的民事地位，也就是指自然人所具有的参与民事生活并因此获得享有民事权利的一种资格。③ 当然，在 17 世纪至 19 世纪

---

① Paul Frédéric Girard, Manuel élémentaire de droit romain, Dalloz, 2003, pp. 101 - 102; Jean Bart, Histoiren du droit privé, 2e edition, Montchrestien, 2009, pp. 21 - 31; Jean Gaudemet Emmanuelle Chevreau, Droit privé romain, 3e édition, Montchrestien, 2009, pp. 25 - 35; Patrick Vassart, Manuel de droit romain, bruylant, 2015, pp. 73 - 97.

② Joseph Rémy, Œuvres complètes de J. Domat, Nouvelle édition, Tome 1, Paris, Firmin Didot Père et fils, 1828, pp. 94 - 108; 张民安：《法国民法总论（上）》，清华大学出版社 2017 年版，第 149—153 页。

③ M. Dupin, Œuvres de R. J. Pothier, contenant les traités du droit français, Nouvelle édition, Tome VII, Bruxelles, chez les éditeurs, Jonker, Ode et Wodon, H. Tarlier, Amsterdam, Chez Les Fréres Diederichs, 1823, pp. 5 - 7; 张民安：《法国民法总论（上）》，清华大学出版社 2017 年版，第 215—216 页。

初期，自然人所具有的法人格只能够让他们享有包括物权、债权、家庭权和继承权在内的民事权利，无法让他们享有人格权，因为在那时民法中同样也不承认人格权。

最后，在今时今日，民法学者在讨论自然人的法人格时仅仅将他们所具有的法人格视为他们享有民事权利的资格，并没有将他们的法人格视为享有宪法权利、其他公法权利的宪法资格、公法资格，已如前述。为了更进一步证明这一观点，笔者再举一个典型的例子对此加以说明。在《民法》中，Guy Raymond 不仅明确指出，自然人所具有的法人格在性质上属于民事人格，而且还明确指出，自然人的法人格能够让他们享有民事权利和实施民事法律行为。

一方面，Guy Raymond 明确指出，自然人所具有的法人格在性质上是一种民事人格、民事资格，而不是尹田教授所谓的宪法人格、宪法资格或者其他公法人格、其他公法资格，因为该种民事人格仅仅是自然人成为民事权利主体的资格，他指出："民事人格仅仅是法人格的一种构成。《法国民法典》第 7 条规定：所有法国人均享有民事权利。从这一法律条款当中，人们能够推论出所有自然人均是权利主体并且均具有民事人格的结论。其结果就是，所有具有民事人格的自然人均能够成为主观权利的主体。"[①]

另一方面，Guy Raymond 明确指出，作为一种民事资格，自然人的法人格除了能够让他们享有民事权利外，还能够让他们实施民事法律行为，虽然在实施民事法律行为时，他们应当年满 18 周岁，他指出："虽然所有法国人均享有民事权利并且均具有民事人格，但是，仅仅从 18 周岁开始，他们才有实施民事生活中的所有行为的资格。因此，法国法也建立了权利能力和行为能力之间的区分，并且仅仅在同时具有这两种能力时，自然人才具有完全的民事资格。"[②]

在民法上，除了自然人的法人格在性质上仅仅是一种让他们成为权利主体，并因此享有包括人格权在内的各种民事权利的民事人格、民事资格外，法人的法人格在性质上同样仅仅是一种民事人格、民事资格，而不是尹田教授所谓的宪法人格、公法人格。因为，凭借它们

---

① Guy Raymond, Droit Civil, 2e édition, Litec, 1993, p. 107.
② Guy Raymond, Droit Civil, 2e édition, Litec, 1993, p. 109.

的法人格，法人既能够享有包括人格权在内的所有民事权利，也能够实施包括取得财产在内的所有民事法律行为。

Jean Carbonnier 对法人的法人格所具有的民事人格性质做出了说明，他指出："在法律领域，既非仅仅存在生物人、个人也就是自然人，也并非仅仅存在个人利益或者个人目的，法律领域既存在公司、社会团体等个人设立的组织甚至财团组织，也存在集体利益、集体目的，这些组织也像自然人一样富有活力、过着自身的生活。……这些组织就是道德人，也就是法人。除了认为它们具有道德人格、民事人格外，人们还认为它们能够作为人、有智识性的人、道德人行为。因此，除了自然人外，道德人既能够取得财产所有权，也能够签订合同，还能够成为权利主体和义务主体。一言以蔽之，它们能够成为权利主体。"[1]

总之，从古罗马时代开始一直到今时今日，一般意义上的人格、法人格均是地地道道的民法理论，根本不存在该种理论在性质上是公法、宪法性质的问题。不仅如此，虽然当今公法领域也存在一般意义上的人格、法人格的问题，但是，当今公法领域的法人格理论并不是公法所固有的，它是从民法领域引入的，因为在 19 世纪末期至 20 世纪初期，为了打造系统化的、体系化的公法理论，公法学家将民法学家在民法领域所建立的法人格理论从民法领域引入公法领域并因此成为公法的重要理论。

（三）一般意义上的人格、法人格从民法领域游走到公法领域，并因此成为公法领域的法人格

在我国，尹田教授的上述理论之所以完全错误，第二个主要原因是，一般意义上的人格、法人格是公法学家、公法立法者从民法中移植到公法中的，仅仅在被移植到公法中之后，一般意义上的人格、法人格才成为公法性质的、宪法性质的法人格。

在 19 世纪末期至 20 世纪初期，公法学家之所以将民法学家在民法领域所建立的法人格理论从民法中引入公法，是因为在 19 世纪末

---

[1] Jean Carbonnier, Droit civil, Volume I, Introduction Les personnes la famille, l'enfant, le couple, puf, 2004, p. 693.

期至 20 世纪初期，虽然民法学家、公法学家均将所有的法律分为私法和公法两大法律部门，但是，这两大法律部门之间的差距可谓十万八千里，完全无法放在同一层面上。

一方面，私法往往通过立法者制定的民法典和商法典得以表现，而公法尤其是其中的行政法则没有通过立法者颁布的法典得以体现。另一方面，除了立法者在其制定的民法典和商法典中对形形色色的法律条款做出了规定外，通过民法学者一年又一年、一代又一代的打磨，私法尤其是其中的民法已经建立起最完善的法律体系，形成了最精密的法律概念、法律秩序和法律制度；而公法则不同，除了立法者规定的法律条款数量稀少外，公法仍然处于支离破碎、残缺不全的状态。

为了满足 19 世纪末期至 20 世纪初期社会发展和变迁的需要，立法者、公法法官和公法学家共同努力，试图建立系统化、体系化的公法理论和公法制度，在这样做时，他们除了将民法中的大量理论引入公法外，也将民法中的法人格理论引入公法。

1. 私法和公法区分理论的坚持和发展

在罗马法时期，私法和公法的区分理论仅仅处于萌芽状态。[①] 在中世纪，私法和公法的区分理论没有得到民法学者的坚持，因为在对《民法大全》所规定的内容做出注释、评论甚至试图将其内容系统化、体系化时，民法学家仅仅关注了罗马法中的私法内容，而完全忽略了罗马法中的公法内容。[②]

在 17 世纪，被誉为《法国民法典》之祖父的 Jean Domat 正式建立了民法领域的私法和公法的区分理论。一方面，在研究罗马法时，除了将罗马法与习惯法、自然法和实在法进行对比研究外，他也将私法和公法进行了对比研究；另一方面，为了贯彻将私法和公法进行对比研究的方法，除了出版了私法领域的著名著作即《自然秩序中的民法》外，他还出版了公法领域的著名著作即《公法》。[③]

[①] 张民安：《法国民法》，清华大学出版社 2015 年版，第 13 页。

[②] M. Troper, Pour une théorie juridique de l'État, PUF, 1994, pp. 193 – 194；张民安：《法国民法总论（上）》，清华大学出版社 2017 年版，第 65—80 页。

[③] 张民安：《法国民法》，清华大学出版社 2015 年版，第 20 页；张民安：《法国民法总论（上）》，清华大学出版社 2017 年版，第 117—118 页。

不过，在 19 世纪之前，私法和公法的区分理论并没有得到民法学者的重视，因为在 17 世纪至 19 世纪末期之前，大多数学者均忽视罗马法的存在，除了少数民法学者仍然执着于罗马法的研究外，大多数学者均将精力花在自然法的研究上并因此让 17 世纪和 18 世纪成为自然法的世纪。① 从 19 世纪初期开始一直到 20 世纪初期，私法和公法之间的区分理论再一次被民法学者所重视。因为除了在 1804 年制定了著名的《法国民法典》外，法国立法者在 19 世纪初期也制定了其他方面的法典，诸如《法国刑法典》《法国商法典》《法国刑事诉讼法典》《法国民事诉讼法典》等。在对《法国民法典》所规定的法律条款做出注释时，这些民法学者也普遍对法律的一般理论做出讨论，其中就包括讨论不同的法律部门。根据这些民法学者的说明，所有法律在性质上要么是私法要么是公法，其中的私法包括民法和商法，而其中的公法则包括宪法、刑法和行政法等。②

在法律部门的划分问题上，19 世纪末期至 20 世纪初期是一个分水岭。因为一方面，从此时开始一直到今时今日，民法学者不仅承认私法和公法的区分理论，而且还对此种理论进行系统化、体系化的整理，让该种理论最终成为民法学家和公法学家均认可的一种理论。另一方面，在坚持私法和公法区分理论的基础上，民法学者也创造性地发展了该种理论。这就是，除了承认私法和公法的存在外，当今民法学者又承认了第三种法律部门，这就是混合法。所谓混合法，是指既具有私法内容也具有公法内容的法律。换言之，所谓混合法，是指既规范和调整私人之间的关系也规范和调整公家之间的关系、既维护私

---

① 张民安:《法国民法总论（上）》，清华大学出版社 2017 年版，第 80—83 页。
② M. A. Duranton, Cours de Droit civil français, suivant le Code civil, Tome I, 3e édition, Brussels Libraire De Jurisprudence De H. Tarlier, 1835, pp. 7 – 8; Charles Demolombe, Cours de Code Napoléon, Tome I, 3e édition, 1865, Paris Auguste Durand Libraire L. Hachette et Cie Libraire, pp. 14 – 18.

人利益也维护公共利益的法律。例如，刑法、劳动法和产品质量法等。①

2. 私法理论和私法制度被大规模引入公法领域，并因此成为公法理论和公法制度

虽然民法学者长久以来均将宪法、行政法等公法与民法和商法等私法对立起来并因此建立了公法和私法的区分理论，但是，在法典化、法律条款数量、法律渊源、一般理论和一般制度、具体理论和具体制度等方面，公法均无法与私法匹敌、同日而语。就法典化、法律条款数量和法律渊源而言，私法的法律渊源主要表现为立法者制定的民法典和商法典，除了包括形形色色的、数不胜数的法律条款外，私法也已经形成了非常发达和精细的一般理论和一般制度、具体理论和具体制度。而公法则不同，无论是宪法还是行政法，立法者均没有制定法典，即便他们制定了某些法律、行政法规、行政规章，公法的法律条款数量远远没有私法的法律条款数量多，导致公法领域的主要法律渊源并不是制定法，而是法官通过案件所建立的司法判例。② 此外，即便公法中也存在一般理论、一般制度和具体理论、具体制度，这些理论和制度也是零零散散的，其系统化、体系化的水平远远没有达到民法的高度。

因为公法理论和公法制度是残缺不全的，所以在处理公法纠纷时，公法法官往往面临的是民事法官在处理民事纠纷时所无法面对的难题：在处理当事人之间的公法纠纷时，如果没有可供适用的公法规定，那么，法官能否适用私法尤其是其中的民法规定或者民法的理论来做出判决吗？对此，法国负责处理行政管辖和民事管辖之间冲突的冲突法院（le Tribunal des conflits）在1873年2月8日的著名案件即

---

① Henri Roland, Laurent Boyer, Introduction au droit, Litec, 2002, pp. 104 – 105; Jean-Luc AUBERT Eric SAVAUX, Introduction au droit et thèmes fondamentaux du droit civil, 14e édition, Dalloz, 2012, pp. 40 – 46; Philippe Malaurie Patrick Morvan, Introduction au droit, 4e édition, DEFRÉNOIS, pp. 61 – 62; Christian Larroumet, Augustin Aynès, Introduction à l'étude du droit, 6e édition, Economica, 2013, pp. 55 – 56; 张民安：《法国民法》，清华大学出版社2015年版，第15页；张民安、丘志乔主编：《民法总论》（第五版），中山大学出版社2017年版，第60—65页。

② René Chapus, Droit administratif général, Tome1, Montchrestien, 15e éd., 2001, pp. 6 – 8.

L'arrêt Blanco 一案①中做出了否定性的回答。

　　法国冲突法院认为，即便欠缺可供适用的制定法规定，行政法官在处理行政纠纷时也不得适用《法国民法典》的规定，它指出："作为一种公权力机关，行政机关的行政活动不受《法国民法典》所确立的原则的规范和调整，因为《法国民法典》仅仅规范和调整私人与私人之间的关系。"②"行政机关的行政活动应当受到特殊规范的规范和调整，这些特殊规范多种多样：私人对行政机关所提供的行政服务的需要不同，国家权利与私人权利之间协调的必要性不同，则对行政机关行政活动进行规范和调整的特殊规范也不同。"③

　　不过，冲突法院的此种规则并没有得到法国行政法院的始终如一的贯彻。一方面，20世纪以来，在处理行政纠纷时，如果法国行政法院无法找到可供适用的制定法条款，他们就会以"法律的一般原则"的方式从私法尤其是《法国民法典》中找寻解决行政纠纷的灵感；另一方面，在建立系统化、体系化的公法理论时，公法学家也不得不从私法尤其是民法中找寻理论并因此将其移植到公法中，其中就包括将一般意义上的人格、法人格从民法中引入公法中并因此让其成为公法的概念。

　　具体来说，鉴于行政法的制定法渊源不充分、不充足，无论是在处理当事人之间的行政纠纷时，还是在建立行政法的一般理论时，法国行政法官和行政法学家均将作为民法渊源的"法律的一般原则"从民法中引入行政法中，除了让"法律的一般原则"从民法的一般原则嬗变为行政法的一般原则外，此种做法也让"法律的一般理论"成为行政法官做出行政判决的行政法渊源。

　　在民法上，1811年的《奥地利民法典》第7条明确规定，在处理当事人之间的民事纠纷时，如果法官无法从民法典中找到可供适用的具体法律条款，则他们可以适用法律的一般原则做出民事判决。

---

① TC, 8 février 1873, Blanco, p. 61; René Chapus, Droit administratif général, Tome1, Montchrestien, 15e éd., 2001, p. 2.

② TC, 8 février 1873, Blanco, p. 61; René Chapus, Droit administratif général, Tome1, Montchrestien, 15e éd., 2001, p. 2.

③ TC, 8 février 1873, Blanco, p. 61; René Chapus, Droit administratif général, Tome1, Montchrestien, 15e éd., 2001, p. 2.

1865 年的《意大利民法典》第 3 条也规定，在没有可供适用的法律条款时，法官能够根据法律的一般原则做出判决。① 这些立法者之所以将法律的一般原则视为民法的渊源，是因为在民法渊源的问题上，他们受到《法国民法典》的重要起草人 Jean-Étienne-Marie Portalis（1746—1807）的影响。

在制定 1804 年的《法国民法典》时，Portalis 认为，虽然立法者会制定民法典，但是，他们制定的民法典并不是万能的，在制定法无法为法官处理民事纠纷提供法律根据时，法官应当适用包括法律的一般原则在内的其他民法渊源，他指出："在制定法已经做出规定的情况下，如果人们不允许法官发表意见，则法官无法从事民事诉讼的审判活动。在处理当事人之间的民事纠纷时，法官很少能够根据立法者规定的准确法律文本做出判决。对于当事人之间的大多数民事纠纷而言，法官总是根据法律的一般原则、学说、法律科学做出判决。《法国民法典》不会废除这些知识，相反，它以这些知识的存在作为前提。"②

因为行政法没有对作为行政法渊源的法律的一般原则做出明确规定，为了处理行政纠纷，法国法官在 1873 年的案件当中首次将法律的一般原则从民法领域引入行政法领域并因此将其作为行政法的渊源。③ 在 1945 年，法国行政法院最终通过自己的司法判例承认了法律的一般原则属于法国行政法的渊源。④ 在今时今日，除了法国行政法院承认外，法国所有的行政法学家均承认，法律的一般原则属于行

---

① 张民安：《〈民法总则〉第 10 条的成功与不足——我国民法渊源五分法理论的确立》，载《法治研究》2017 年第 3 期，第 25—26 页；张民安、丘志乔主编：《民法总论》（第五版），中山大学出版社 2017 年版，第 46 页。

② Portalis, Discours préliminaire, Pierre-Antoine Fenet, Recueil complet des travaux préparatoires du code civil, Tome VI, p. 20; Jacques Ghestin et Gilles Goubeaux, Traité de droit civil, Introduction générale, Librairie générale de droit et de jurisprudence, p. 317.

③ Pierre de Montalivet, Principes généraux du droit, JurisClasseur Administratif, Fasc. 38, p. 4.

④ Pierre de Montalivet, Principes généraux du droit, JurisClasseur Administratif, Fasc. 38, p. 5.

政法的渊源之一。①

在处理行政纠纷时，如果行政法院的法官无法找到可供适用的制定法规定，他们往往就会适用"法律的一般原则"做出行政判决。在适用"法律的一般原则"时，除了从其他制定法当中找寻该原则的灵感源泉外，他们也会从《法国民法典》当中找寻灵感源泉。因为他们认为，虽然行政法没有对他们要处理的行政纠纷做出规定，但是，鉴于《法国民法典》已经对有关内容做出了规定，因此，在将《法国民法典》的有关规定上升为"法律的一般原则"之后，他们就可以根据该原则做出行政判决。例如，在 2005 年 7 月 8 日的判决中，法官行政法院就从《法国民法典》第 2262 条所规定的 30 年时效中找到了灵感，在将该条规定升华为"法律的一般原则"之后，它根据该原则做出了行政判决。②

除了借助于"法律的一般原则"将私法尤其是民法典中的有关规定移植到行政法中外，为了打造出系统化、体系化的公法理论和公法制度，公法学家也将私法尤其是民法当中的概念、理论移植到公法中，使公法与私法之间的差异大范围缩减，并因此让私法和公法之间逐渐产生了趋同的现象，为最终建立统一的法律部门提供了可能。最典型的体现是，在 20 世纪初期，为了建造公法和宪法这两座宏伟大厦，法国著名的公法学家、宪法学家 Léon Duguit 就采取了民法学者在 19 世纪末期至 20 世纪初期所采取的做法，除了根据民法学家的理论构造公法理论和宪法理论外，他还将包括法人格在内的众多民法理论引入公法和宪法中。

19 世纪末期至 20 世纪初期，民法学者在将民法理论一般化和体系化时建立了民法总论的两个支柱概念、理论，这就是客观法律和主

---

① Pierre de Montalivet, Principes généraux du droit, JurisClasseur Administratif, Fasc. 38, p. 5; R. Chapus, Droit administratif général, Tome1, Montchrestien, 15e éd., 2001, pp. 94 – 111; Pierre-Laurent Frier, Jacques Petit, Droit administratif, 11e éd., LGDJ, 2017, pp. 116 – 124; Gilles Lebreton, Droit administratif général, 9e éd., Dalloz, 2017, pp. 56 – 68.

② CE, ass., 8 juill. 2005, n° 247976, Sté Alusuisse-Lonza-France: Juris-Data n° 2005 – 068616; Rec. CE 2005, p. 311, concl. M. Guyomar; AJDA 2005, p. 1829, chron. C. Landais et F. Lenica; Pierre de Montalivet, Principes généraux du droit, JurisClasseur Administratif, Fasc. 38, p. 10, p. 12.

观权利理论,其中的客观法律是指由一系列法律规范结合在一起之后所形成的法律制度、法律秩序,而其中的主观权利则是指权利主体享有的民事权利。以这两个核心概念为基础,民法学者在20世纪初期建立了民法总论,其中包括的核心概念有法律规范、客观法律、法律秩序、主观权利、权利主体、法律行为等。①

在1926年的著名公法著作即《公法总论》中,Léon Duguit(1859—1928)根据民法学者打造民法总论的方式打造了公法的一般理论即公法总论。在该著作中,他不仅将民法总论当中的各种典型理论诸如客观法律、法律状况、法律秩序、主观权利、法律行为和权利主体等引入公法中,而且还用这些理论来分析国家所面临的一系列问题。② 在1921年的著名公法著作即《宪法专论》中,Léon Duguit采取了同样的方法,除了将民法总论中的一系列理论诸如法律规范、法律状况、主观权利、法律行为和权利主体等理论引入宪法中外,他还用这些理论分析国家所面临的问题。③

当然,在民法学家的眼中,Léon Duguit的理论似乎存在离经叛道的地方,因为他明确否定主观权利的独立性,认为权利主体享有的主观权利仅仅构成客观法律的组成部分。尤其是,他明确反对人格权的存在。也就是这一点,让他在20世纪初期至20世纪50年代招致民法学家群起攻之。因为一方面,民法学家普遍承认主观权利的独立性,认为主观权利不应当被视为客观法律的组成部分;另一方面,民法学家普遍承认人格权的存在。④

3. 民法领域的法人格游走到人权法、宪法和行政法等公法领域,并因此产生了公法性质的法人格

除了"法律的一般原则""客观法律""主观权利""权利主体"等概念、理论被公法学家、立法者从私法尤其是民法中移植到公法尤其是行政法中外,一般意义上的人格、法人格也被他们从私法尤其是

---

① 张民安:《法国民法总论(上)》,清华大学出版社2017年版,第463—496页。

② Léon Duguit, Leçons de droit public general, Paris, E. de BOCCARD, Éditeur, 1926, pp. 38 – 334.

③ Léon Duguit, Traité de droit constitutionnel, t. I, 2e édition, Paris, E. de BOCCARD, Successeur, 1921, pp. 1 – 565.

④ 张民安:《法国民法总论(上)》,清华大学出版社2017年版,第466—469页。

民法中移植到公法中,并因此让这些概念成为包括私法和公法在内的所有法律均使用的概念。① 因为这样的原因,一般意义上的人格、法人格已经成为整个法律部门均使用的概念、理论,并因此让私法和公法之间的"楚河汉界"逐渐消灭,为所有法律部门的最终统一提供了重要的力量。

一方面,一般意义上的人格、法人格从民法中走向了人权法,并因此让人权法中的所有人均具有享有人权、基本权利的法人格、法律资格。不仅如此,人权法要比私法尤其是民法走得更远,因为,除了像民法一样承认所有的自然人和法人均具有法人格外,它还将此种法人格视为权利主体享有的一种基本权利、人权,这就是权利主体享有的其法人格在任何地方均得到承认的权利,笔者将人享有的此种权利称为"法人格权"(Le droit à la personnalité juridique)或者"法人格承认权"(le droit à la reconnaissance personnalité juridique)。②《世界人权宣言》对人享有的法人格权做出了明确列举,其第 6 条规定:任何人均享有其法人格在任何地方均得到承认的权利。③《公民权利和政治权利国际公约》也对人享有的此种权利做出了列举,其第 16 条也规定:任何人均享有其法人格在任何地方均得到承认的权利。④

在人权法当中,享有法人格权的人既包括自然人也包括法人,因为《世界人权宣言》第 6 条和《公民权利和政治权利国际公约》第 16 条所使用的"任何人"(Chacun)既包括自然人也包括法人。之所以如此理解,是因为除了自然人在人权法中具有法人格并因此能够

---

① Xavier Bioy, Le droit à la personnalité juridique, LA PERSONNALITÉ JURIDIQUE, Xavier Bioy (dir.), Presses de l'Université Toulouse 1 Capitole, LGDJ-Lextenso Editions, pp. 97 – 113.

② Xavier Bioy, Le droit à la personnalité juridique, LA PERSONNALITÉ JURIDIQUE, Xavier Bioy (dir.), Presses de l'Université Toulouse 1 Capitole, LGDJ-Lextenso Editions, pp. 97 – 113.

③ Article 6 Chacun a le droit à la reconnaissance en tous lieux de sa personnalité juridique. La Déclaration universelle des droits de l'homme, http://www.un.org/fr/universal-declaration-human-rights/.

④ Article 16 Chacun a droit à la reconnaissance en tous lieux de sa personnalité juridique. Pacte international relatif aux droits civils et politiques, https://www.humanium.org/fr/normes/pactes-internationaux-1966/texte-integral-pacte-international-droits-civils-politiques/.

第二章　人格、法人格与人格权的独立性

享有人权、基本权利外，法人也具有法人格并因此能够享有人权、基本权利。①

Xavier Dupré de Boulois 对此做出了明确说明，他认为，法人享有的基本权利可以分为三类，其中的第一类基本权利是指"与其法律人的资格有关系的基本权利"，也就是与法人的法人格有关系的基本权利，他指出："人的法人格将权利主体的资格赋予了集体组织。法人的法人格既让法人具有了从事法律活动的资格，也让法人具有成为权利主体和义务主体的资格。凭借此种资格，法人既能够享有财产权，也能够享有诉权。就像自然人能够凭借其法人格享有基本权利一样，法人也能够凭借自己的法人格享有基本权利。"②

另一方面，除了从民法走向人权法外，一般意义上的人格、法人格也从民法走向诸如宪法和行政法等其他公法中，并因此让宪法和行政法中的人也能够像民法中的人一样具有享有公法权利和承担公法义务的法人格、法律资格。具体来说，在宪法领域，人们引入民法当中的法人格理论，其中的一个重要体现是，在根据宪法的规定设立某种公共机构时，人们应当赋予该种公共机构以法人格，以便让该公共机构凭借自己的法人格开展活动、享有权利和承担义务。③另外一个重要体现是，在1958年的法国宪法中，居于核心地位的、作为主权存在的国家被视为一个具有法人格的法人。④

---

① Xavier Dupré de Boulois, Les droits fondamentaux des personnes morales, LA PERSONNALITÉ JURIDIQUE, Xavier Bioy (dir.), Presses de l'Université Toulouse 1 Capitole, LGDJ-Lextenso Editions, pp. 203 – 219; Xavier Bioy, Le droit à la personnalité juridique, LA PERSONNALITÉ JURIDIQUE, Xavier Bioy (dir.), Presses de l'Université Toulouse 1 Capitole, LGDJ-Lextenso Editions, pp. 97 – 113.

② Xavier Dupré de Boulois, Les droits fondamentaux des personnes morales, LA PERSONNALITÉ JURIDIQUE, Xavier Bioy (dir.), Presses de l'Université Toulouse 1 Capitole, LGDJ-Lextenso Editions, no28.

③ CC, 67 – 47 L, 12 décembre 1967, Journal officiel du 24 décembre 1967, cons. 2 à 5, Rec. p. 34; du syndicat des transports parisiens; Xavier Bioy, Le droit à la personnalité juridique, LA PERSONNALITÉ JURIDIQUE, Xavier Bioy (dir.), Presses de l'Université Toulouse 1 Capitole, LGDJ-Lextenso Editions, no64.

④ J. Combacau, La souveraineté internationale de l'Etat dans la jurisprudence du Conseil constitutionnel français, Cahiers du Conseil constitutionnel, 2000, n°9, p. 113; F. Luchaire, Le Conseil constitutionnel et la souveraineté nationale, RDP, 1991, 4 – 6, pp. 151 – 152.

在行政法领域，人们同样引入民法中的法人格，包括引入自然人和法人的法人格，即便行政法中的法人在性质上属于公法人，而民法中的法人在性质上属于私法人。因为，凭借自然人和法人在行政法中所具有的法人格，人们尤其能够确定行政法中的人尤其是其中的公共机构享有的公法权利和所承担的公法义务范围。①

4. 民法领域的法人格被引入公法领域的主要原因

在当今法律领域，人们之所以将民法中的法人格从私法中引入公法中，其主要原因有两个。

其一，建立体系化、系统化公法理论和公法制度的必要。因为迄今为止，虽然公法与私法的区分理论得到了包括民法学家和公法学家在内的几乎所有学者的广泛承认，但是，私法理论和私法制度早已成熟、稳定、发达，而公法理论和公法制度则不同，它们仍然不成熟、不稳定、不发达。通过借入民法当中的法人格理论和其他相关理论，人们能够建立起系统化、体系化的公法理论和公法制度，至少能够在某些公法中实现这样的目标，已如前述。

其二，所有的法律均将法人格视为它们所面临的共同问题和解决共同问题的方案。虽然法律部门分为私法、公法等不同的法律部门，虽然这些不同的法律部门之间存在这样或者那样的差异，但实际上，所有的法律部门所面临的问题均是共同的，既包括民法和商法等私法部门，也包括宪法和行政法等公法部门：在法律中，哪些人具有法人格，凭借所具有的法人格，人能够享有哪些权利、能够承担哪些义务，在人享有的权利被侵犯时，他们能够寻求哪些法律救济，反之，在人不履行所承担的义务时，他们能够遭受哪些法律制裁、承担什么样的法律责任，或者他们具有哪些拒绝承担法律责任的正当理由，等等。

除了私法和公法所面临的问题是共同的外，解决这些问题的法律途径也是共同的：在所有的法律中，具有法人格的人是自然人、法人，在我国还包括非法人组织；在所有的法律中，所有人均能够凭借

---

① R. Chapus, Droit administratif général, Tome1, Montchrestien, 15e éd., 2001, pp. 169 – 177; Pierre-Laurent Frier Jacques Petit, Droit administratif, 11e éd., LGDJ, 2017, pp. 23 – 26.

自己的法人格享有权利和承担义务,并因此成为权利主体、义务主体,包括自然人、法人和我国民法当中的非法人组织;除了能够凭借自己的法人格享有财产权和承担财产义务外,所有人也均能凭借自己的法人格享有非财产权和承担非财产义务;如果权利主体享有的权利遭受侵犯,他们均有权向法院起诉,要求法官采取措施保护自己的利益,反之,如果义务主体不履行所承担的义务,则权利主体也均有权向法院起诉,要求法官责令不履行义务的人对自己承担法律责任,除非义务主体具有拒绝承担法律责任的某种正当理由。

它们之间的差异仅仅表现在,法人格的性质不同以及基于性质的不同所引起的权利和义务性质的不同:在民法中,人所具有的法人格属于民事人格,具有法人格的人属于民事主体,他们享有的权利、承担的义务在性质上属于民事权利、民事义务;在宪法中,人所具有的法人格属于宪法人格,具有法人格的人属于宪法主体,他们享有的权利、承担的义务在性质上属于基本权利、基本义务;在行政法中,人所具有的法人格属于行政法人格,具有法人格的人属于行政法主体,他们享有的权利、承担的义务在性质上属于行政权利、行政义务。

四、"人格权是自然人作为民事主体资格的题中应有之义"的反对理由为何没有说服力

(一)梁慧星教授和尹田教授对"人格权是自然人作为民事主体资格的题中应有之义"所做出的具体阐述

在我国,在反对人格权独立设编时,某些民法学者提出了一个反对理由,这就是,鉴于"人格权是自然人作为民事主体资格的题中应有之义",因此,就像《法国民法典》和《德国民法典》均将人格权规定在自然人一章中一样,我国立法者也应当将人格权规定在民法典总则编的自然人一章中,不应当将其作为独立的一编规定在民法典中。在我国,以此种理由反对人格权独立设编的民法学者主要是梁慧星教授和尹田教授。

早在2001年的《当前关于民法典编纂的三条思路》一文中,梁慧星教授就以此种理由反对人格权独立设编,他指出:"人格权不设专编的理由在于:其一,所谓人格权,是自然人作为民事主体资格的

题中应有之义，没有人格权，就不是民事主体。其二，人格以及人格权与自然人本身不可分离。"① 在2001年的《制定民法典的设想》一文中，在主张人格权不设专编时，梁慧星教授一字不差地重复了这些理由，已如前述。②

由于受梁慧星教授所提出的此种反对理由的影响，尹田教授在2003年的《论人格权的本质——兼评我国民法草案关于人格权的规定》一文中，除了明确援引梁慧星教授的上述反对理由即"人格权是自然人作为民事主体资格的题中应有之义"外，比梁慧星教授走得更远，因为他认为，人格权就是人格，人格就是人格权，他指出："如果将人格权理解为'人之成其为人'所获得的法律基本保障，则人格权之'人格'，当然指的是人的一般法律地位而非'权利能力'……故整体意义上的人格权不过是从权利角度对人格的另一表达。有人格，即有人格权，无人格，即无人格权。在此，有关'人格权为人格题中应有之意'的观察，一定程度上正确地揭示了人格权与人格的内在联系。"③

问题在于，梁慧星教授和尹田教授反对人格权独立设编的此种理由是否具有说服力、能否站得住脚？笔者认为，他们反对人格权独立设编的此种理由是没有说服力的、是站不住脚的。因为，它混淆了人格权中的人格与一般意义上的人格即法人格，并因此将作为法人格结果的人格权等同于作为人格权基础和前提的法人格。

在民法上，在讨论权利主体对其自身的人格特征、构成要素享有的权利时，虽然民法学者普遍使用"人格权"这一术语，但是，他们也普遍对这一术语表示不满。因为他们担忧，当他们使用"人格权"这一术语时，人们容易将"人格权"中的"人格"与一般意义上的"人格""法人格"混淆，误以为人格权中的人格就是一般意义上的人格、法人格，反之，则误以为一般意义上的人格、法人格就是

---

① 梁慧星：《当前关于民法典编纂的三条思路》，载《中外法学》2001年第1期，第114页。
② 梁慧星：《制定民法典的设想》，载《现代法学》2001年第2期，第5页。
③ 尹田：《论人格权的本质——兼评我国民法草案关于人格权的规定》，载《法学研究》2003年第4期，第6页。

人格权中的人格。① 因为这样的原因，从 19 世纪初期开始一直到今时今日，民法学者在放弃"人格权"这一术语时以各种各样的术语替代它，诸如自然权利、天赋权利、人权、原始权利、首要权利、基本权利、道德权利等。②

民法学者的此种担忧不无道理，因为，除了大陆法系国家的某些民法学者混淆了人格权中的人格和一般意义上的人格、法人格外③，我国少数民法学者也混淆了这两个不同的概念，将一般意义上的人格等同于人格权中的人格，并借此反对人格权独立设编，其中尤其包括梁慧星教授和尹田教授。具体来说，当梁慧星教授宣称"人格权是自然人作为民事主体资格的题中应有之义"时，他的此种论断混淆了"人格权"中的"人格"和一般意义上的"人格""法人格"，将人格权中的人格等同于一般意义上的人格、法人格，因为，"人格权是自然人作为民事主体资格的题中应有之义"中的"民事主体资格"实际上就是一般意义上的"人格""法人格。"

同样，当尹田教授宣称"人格权之'人格'当然指的是人的一般法律地位"时，当尹田教授宣称"整体意义上的人格权不过是从权利角度对'人格'的另一表达"时，他的此种论断同样混淆了"人格权"中的"人格"与一般意义上的"人格""法人格"，将人格权当中的人格等同于一般意义上的人格、法人格，因为，"人的一般法律地位"也罢，"是从权利角度对'人格'的另一表达"也罢，均是指一般意义上的人格、法人格。

在民法上，虽然人格权与一般意义上的人格、法人格之间存在非常密切的联系，但是，人格权与一般意义上的人格、法人格之间存在

---

① Roger Nerson, Les droits extrapatrimoniaux, Paris, LGDJ, 1939, p. 6; Christian Larroumet, Augustin Aynès, Introuduction à l'étude du droit, 6e édition, Economica, p. 312; Irma Arnoux, Les Droits De L'Être Humain Sur Son Corps, Presses Universitaires De Bordeaux, p. 166; Jeremy Antippas, Les Droits de la Personnalité, Presses Universitaires D'Aix-Marseille, pp. 34 - 35; Frédéric Sudre, La Vie Privée, Socle Européen des Droits de la personnalité, V. Jean-Louis Renchon, Les droits de la personnalité, BRUYLANT, p. 3; 张民安:《法国人格权法（上）》, 清华大学出版社 2016 年版, 第 44—45 页。

② 张民安:《法国人格权法（上）》, 清华大学出版社 2016 年版, 第 29—44 页。

③ 所谓经典罗马法时期，是指公元前 3 世纪至公元 3 世纪之间的罗马法时期。Jean Gaudemet Emmanuelle Chevreau, Droit privé romain, 3e édition, Montchrestien, p. 25;

本质上的差异，它们是两个不同的民法理论和民法制度，因此不应当被混淆。

（二）一般意义上的人格、法人格早在人格权产生之前就已经存在

将人格权中的人格等同于一般意义上的人格、法人格之所以存在问题，第一个主要原因是，从历史发展来看，一般意义上的人格、法人格的产生要远远早于人格权的产生。

具体来说，在民法上，一般意义上的人格、法人格早在罗马法时期就已经存在，至少在经典罗马法时期就已经存在。因为在罗马法中，人们明确区分自由人和奴隶，其中的自由人具有法人格，能够成为权利主体，而其中的奴隶则没有法人格，不能够成为权利主体，他们仅仅是一种物、财产。换言之，在罗马法当中，虽然同为自然人，并非所有自然人均享有法人格并因此成为权利主体。[1]

在罗马法中，即便自然人具有法人格并因此成为权利主体，他们之间的法人格也存在差异，因为人们的身份不同，他们享有的权利也不同，这就是罗马法中所存在的法人格之间的不平等性、权利主体之间的不平等性。换言之，在罗马法中，至少在经典罗马法中，自然人的法人格存在完全法人格和不完全法人格之间的差异。如果一个自然人要获得完全的法人格，他应当同时具备三个条件：其一，他是自由人而不是奴隶；其二，他是罗马公民而不是外国人；其三，他是家长而不是家长之外的家庭成员。[2]

从中世纪开始一直到 1854 年，虽然法国 1789 年的《公民与人权宣言》明确宣称所有自然人均生而自由、生而平等[3]，虽然法国立法者在 1804 年的《法国民法典》中确立了自由、平等、意思自治和契

---

[1] Paul Frédéric Girard, Manuel élémentaire de droit romain, Dalloz, pp. 101 – 114; Jean Bart, Histoiren du droit privé, 2e édition, Montchrestien, pp. 21 – 25; Jean-Christophe Saint-Pau et, Droits de la Personnalité, LexisNexis, 2013, p. 59.

[2] Paul Frédéric Girard, Manuel élémentaire de droit romain, Dalloz, pp. 101 – 102; Jean Gaudemet, Emmanuelle Chevreau, Droit privé romain, 3e édition, Montchrestien, pp. 25 – 29; Patrick Vassart, Manuel de droit romain, bruylant, 2015, pp. 75 – 85.

[3] 张民安：《法国民法总论（上）》，清华大学出版社 2017 年版，第 572—573 页。

约自由原则①,但是,在这一历史时期内,民法仍然坚守罗马法中的上述两个制度。

其一,民法仍然维持罗马法所建立的某些自然人有法人格而另外一些自然人则没有法人格的制度。换言之,在这一历史时期内,自然人之间仍然存在罗马法中的自由人和奴隶。

一方面,在1848年之前,奴隶制度仍然在法国的海外殖民地得到维持,奴隶仍然属于不具有法人格的人,仍然不是权利主体而仅仅是权利客体即物。到了1848年,法国最终废除了其海外殖民地上的奴隶制度,奴隶才最终从法国民法中消除。②

另一方面,在1854年之前,法国的刑法仍然承认民事死亡制度。③ 根据民事死亡制度,即便自然人具有完全的法人格,如果他们实施了某种严重的犯罪行为,则在判处他们以严重的刑罚的同时,法官也能够剥夺他们原本具有的法人格,让他们成为像奴隶一样的"活生生的死人",既不能够从事各种各样的民事活动,也不能够享有各种各样的民事权利,这就是民事死亡者。当然,就像奴隶能够通过自己的主人予以解放而获得法人格一样,民事死亡者也能够通过一定的方式恢复其原本具有的法人格并因此成为享有民事权利的主体。法国立法者通过所制定的1854年5月31日的法律废除了民事死亡制度,民事死亡者最终从民法中消失。④

其二,民法仍然维持罗马法所建立的完全法人格和不完全法人格

---

① 张民安:《法国民法》,清华大学出版社2015年版,第27—30页;张民安:《法国民法总论(上)》,清华大学出版社2017年版,第574—578页。

② Jean Bart, Histoiren du droit privé, 2e édition, Montchrestien, pp. 402 - 404; Henri et Léon Mazeaud, Jean Mazeaud, Francois Chabas, Lecons de DROIT CIVIL, Tome I/Deuxième Volume, Les Personnes, 8 édition, Montchrestien, 1997, p. 8; Jean-Christophe Saint-Pau et, Droits de la Personnalité, LexisNexis, 2013, p. 59.

③ Henri et Léon Mazeaud, Jean Mazeaud, Francois Chabas, Lecons de DROIT CIVIL, Tome I/Deuxième Volume, Les Personnes, 8 édition, Montchrestien, 1997, p. 8; Francois Terré, Dominique Fenouillet, Droit civil les personnes, 8e édition, Dalloz, 2012, p. 14; Jean-Christophe Saint-Pau et, Droits de la Personnalité, LexisNexis, 2013, p. 59.

④ M. Dupin, Œuvres de R. J. Pothier, contenant les traités du droit français, Nouvelle édition, Tome V, Bruxelles, chez les éditeurs, Jonker, Ode et Wodon, H. Tarlier, Amsterdam, Chez Les Fréres Diederichs, 1823, pp. 176 - 177;张民安:《法国民法总论(上)》,清华大学出版社2017年版,第246—249页。

的制度，换言之，在这一历史时期，虽然自然人具有法人格，但是他们的法人格仍然存在差异，因为虽然同为具有法人格的自然人，某些自然人享有的权利要远远大于另外一些自然人享有的权利。例如，在法国旧法时期，虽然贵族和平民均具有享有民事权利和承担民事义务的法人格，但是，贵族的法人格要比平民的法人格更加完全，因为贵族享有平民所不能够享有的众多权利。① 再如，在法国旧法时期，虽然农奴和领主均具有法人格，但是，领主的法人格要比农奴的法人格完全得多、健全得多，因为农奴要对领主承担各种各样的沉重劳役、义务。②

（三）自然人在罗马法中所具有的法人格无法让他们享有人格权

将人格权当中的人格等同于一般意义上的人格、法人格之所以存在问题，第二个主要原因是，即便自然人在相当长的历史时期内具有享有民事权利的法人格，他们的法人格也完全无法让他们享有人格权。

在古罗马、中世纪和近代社会，除了奴隶、民事死亡者没有享有民事权利的法人格之外，所有自然人均具有享有民事权利、成为权利主体的法人格，已如前述。问题在于，从古罗马时期一直到近代，自然人凭借其法人格能够享有哪些民事权利？他们能够凭借其法人格享有梁慧星教授和尹田教授所谓的人格权吗？换言之，在近代之前，自然人能够享有梁慧星教授和尹田教授所谓的人格权吗？答案是，在人格权于19世纪初期产生之前，自然人虽然具有享有民事权利的法人格，但是，他们的法人格无法让他们享有人格权，而只能够让他们享有财产权和家庭权。

---

① M. Dupin, Œuvres de R. J. Pothier, contenant les traités du droit français, Nouvelle édition, Tome V, Bruxelles, chez les éditeurs, Jonker, Ode et Wodon, H. Tarlier, Amsterdam, Chez Les Fréres Diederichs, 1823, pp. 158 – 159；张民安：《法国民法总论（上）》，清华大学出版社2017年版，第227—228页。

② M. Bugnet, Œuvres de Pothier, annotées et mises en corrélation avec le Code civil et la legislation actuelle, Tome IX, Paris Henzri Plon Gosse et Marchal, 1861, p. 17；张民安：《法国民法总论（上）》，清华大学出版社2017年版，第231—233页。

第二章　人格、法人格与人格权的独立性

在罗马法时代，具有法人格的自然人是否享有人格权？对此问题，民法学者之间存在不同的看法。少数民法学者认为，罗马法中存在人格权，因此具有法人格的自然人能够凭借其法人格享有人格权。例如，Karl Gareis、M. Herrmann 和 Patrick Vassart 采取此种理论。他们之所以承认罗马法当中存在人格权，是因为他们认为，罗马法对自然人的生命、身体和名誉等提供保护，当行为人剥夺他们的生命、伤害他们的身体或者毁损他们的名誉时，罗马法会责令行为人赔偿他们遭受的损害。① Patrick Vassart 认为，罗马法中的人格权包括生命权、自由权、名誉权以及父母的亲权，他指出："在罗马法中，生命权、自由权和名誉权等权利构成具有公民资格的个人的特权。"②

而大多数民法学者则认为，罗马法中是不存在人格权的，因为他们认为，人格权是在 19 世纪之后才开始产生的，在 19 世纪之前的任何阶段，人格权均是无法产生的。③ 例如，Agnès Lucas-Schloetter 就采取此种观点，他指出："道德权利和人格权的真正历史从 19 世纪开始。"④ 再如，Bernard Teyssié 也采取此种观点，他指出："《法国民法典》的起草者没有对人格权做出规定，因为人格权以个人脱离组织作为其存在的基础。法国立法者之所以对人格权漠不关心，是因为他们受到罗马法和法国旧法时期民法学者观念的影响。"⑤ 同样，Hélène Martron 也采取此种观点，他指出："1804 年的《法国民法典》是不知道人格权观念的，人格权的观念是由德国民法学者在 19 世纪末期共同发现的，通过 Perreau 在 1909 年的《法国民法季刊》中所

---

①　V. George Appert, Nouvelle revue historique de droit français et étranger, Vingt-Huitième Année Paris, I. Larose, Directeur de la Librairie 1904, p. 105; M. Herrmann, Der Schutz der Persönlichkeit in der Rechtslehre des 16. bis 18. Jahrhunderts, Stuttgart et al, 1968, ed Kohlhammer, p. 9; Agnès Lucas-Schloetter, Droit moral et droits de la personnalité: étude de droit comparé français et allemande, tome I, Presses Universitaires D'Aix-Marseille, Paris, 2002, p. 31; Patrick Vassart, Manuel de droit romain, bruylant, 2015, pp. 97 – 99; 张民安:《法国人格权法（上）》，清华大学出版社 2016 年版，第 64 页。

②　Patrick Vassart, Manuel de droit romain, bruylant, 2015, p. 97.

③　张民安:《法国人格权法（上）》，清华大学出版社 2016 年版，第 64—65 页。

④　Agnès Lucas-Schloetter, Droit moral et droits de la personnalité: étude de droit comparé français et allemande, Tome I, Presses Universitaires D'Aix-Marseille, Paris, 2002, p. 31.

⑤　Bernard Teyssié, Droit civil, Les personnes, 12e, édition, Litec, p. 26.

发表的著名文章，人格权的观念被引入法国。"①

笔者认为，虽然 Patrick Vassart 在其《罗马法教程》中主张罗马法中存在人格权，但是，他的此种讲法显然经不起推敲。他之所以认定自然人在罗马法时代享有人格权、非财产权，是因为他按照现代民法思维去理解罗马法，而不是按照罗马法时代的民法思维去理解罗马法。实际上，在罗马法时代，人格权是根本不存在的，无论是作为一种理念、理论的人格权，还是作为一种法律制度的人格权，均如此。

首先，罗马法中并不存在人格权。在经典罗马法时期和后经典罗马法时期，盖尤斯和查士丁尼皇帝是否在其《法学阶梯》中承认人享有的各种权利呢？如果承认，他们所承认的权利有哪些？虽然在这些民法教科书中，盖尤斯和查士丁尼皇帝的确没有像现在民法学者那样对民事权利做出分类或者说明，但是，在对盖尤斯和查士丁尼皇帝的《法学阶梯》做出解释时，后世民法学者普遍承认，他们在这两部民法著作中对民事权利做出了说明。不过，即便他们真的对民事权利做出了说明，他们也仅仅承认物权、债权、继承权、家庭权和诉权，没有承认其他民事权利，包括人格权或者知识产权。②

其次，在罗马法时期，民法学者既没有也没有可能将民事权利分为绝对权和相对权，财产权和非财产权，物权、债权和人格权三类。因为，在民法上，将民事权利分为绝对权和相对权、财产权和非财产权的做法源自 19 世纪中后期尤其是 20 世纪初期。在 19 世纪初期，尤其是在 19 世纪中后期和 20 世纪初期，为了在分崩离析、各自为政的民法具体理论和具体制度的基础上打造出一般性的民法理论和民法

---

① Hélène Martron, Les droits de la personnalité des personnes morales de droit privé, 2011, LGDJ, p. 15.
② 张民安：《法国民法总论（上）》，清华大学出版社 2017 年版，第 57—60 页。

制度，在建立法律关系的一般理论①或者主观权利的一般理论②时，大陆法系国家的民法学者试图对权利主体享有的各种各样的民事权利进行分类，以便建立起科学的、体系化的主观权利类型。在这样做时，他们提出了绝对权和相对权③、财产权和非财产权④的区分理论，认为权利主体享有的所有民事权利，或者是绝对权或者是相对权，或者是财产权或者是非财产权。

再次，人格权不可能源自罗马法。虽然现代民法中的大多数民事权利均源自罗马法，包括物权、债权、继承权和家庭权等，但是，现代民法中的两种民事权利则不是源自罗马法，这就是知识产权和人格权，因为古罗马时期不具备产生这两种民事权利的条件：相对发达的社会条件和相对精深的法哲学观念。⑤除了不能在古罗马时期产生外，这两种民事权利也无法在中世纪、近代产生。事实上，仅仅到了现代社会即19世纪初期，这两种民事权利才开始产生，经过一个世纪的发展，这两种民事权利最终修成正果，成为像物权和债权一样的民事权利。关于人格权的产生和发展，笔者将在下面的内容中做出详细的讨论，此处从略。

最后，在行为人侵犯他人的生命、身体、健康、自由和名誉时，虽然罗马法会责令行为人就其侵犯行为对他人承担侵权责任，但是，

---

① 张民安：《法国民法总论（上）》，清华大学出版社2017年版，第449—460页；张民安、丘志乔主编：《民法总论》（第五版），中山大学出版社2017年版，第16—18页；张民安：《法律关系的一般理论抑或是主观权利的一般理论（上）》，载《澳门法学》2018年第1期，第33—56页；张民安：《法律关系的一般理论抑或是主观权利的一般理论（下）》，载《澳门法学》2018年第2期，第1—27页。

② 张民安：《法国民法总论（上）》，清华大学出版社2017年版，第463—475页；张民安、丘志乔主编：《民法总论》（第五版），中山大学出版社2017年版，第127—152页；张民安：《法律关系的一般理论抑或是主观权利的一般理论（下）》，载《澳门法学》2018年第2期，第1—27页。

③ 张民安：《绝对权和相对权区分理论的批判（上）》，http://www.360doc.com/content/18/0103/21/39194308_718810625.shtml；张民安：《绝对权和相对权区分理论的批判（下）》，http://www.360doc.com/content/18/0103/21/39194308_718812010.shtml。

④ Roger Nerson, Les droits extrapatrimoniaux, Paris, LGDJ, 1939, pp. 3 - 5; Hélène Martron, Les droits de la personnalité des personnes morales de droit privé, 2011, LGDJ, pp. 33 - 34；张民安：《法国人格权法（上）》，清华大学出版社2016年版，第375—379页。

⑤ 张民安：《法国人格权法（上）》，清华大学出版社2016年版，第81—83页。

人们不能够因此认定，他人在罗马法时期就享有作为人格权组成部分的生命权、身体权、健康权、自由权和名誉权。

一方面，虽然罗马法对自然人的生命、身体、名誉和自由提供法律保护，但是，它仅仅将该种法律保护视为侵权责任制度的组成部分，没有将侵权责任制度所保护的这些利益视为侵权责任制度之外的独立权利。换言之，在罗马法中，仅仅存在侵权责任制度，不存在人格权，其中的侵权责任制度在性质上属于债权。① 关于这一点，笔者将在下面的内容中做出详细的讨论，此处从略。

另一方面，人格权具有平等性的特征，这就是，所有自然人均不加区分地、不受歧视地享有人格权，不存在某些自然人享有人格权而另外一些自然人不享有人格权的问题，这就是人格权的普适性。② 而在罗马法当中，根本就不存在人格权的普适性问题，因为在罗马法当中，仅某些自然人的生命、身体、自由、名誉受到法律保护，而另外一些自然人的生命、身体、自由、名誉则不受法律保护，已如前述。

可见，在历史上，从古罗马开始一直到人格权产生之前的 19 世纪初期，法人格与人格权是完全分离的，虽然民法中存在自然人的法人格，但是，民法中并不存在自然人的人格权，自然人虽然能够凭借其法人格享有诸如物权、债权和家庭权等民事权利，但是，他们无法凭借其法人格享有人格权。因此，除了梁慧星教授和尹田教授关于"人格权是自然人作为民事主体资格的题中应有之义"的论断在 19 世纪初期之前的民法中是完全不存在的、绝对不成立的以外，尹田教授关于"有人格，即有人格权"的论断在 19 世纪初期之前的民法中同样是完全不存在的、绝对不成立的。

---

① 张民安：《法国人格权法（上）》，清华大学出版社 2016 年版，第 66 页。
② Jean Carbonnier, Droit civil, Volume I, Introduction Les personnes la famille, l'enfant, le couple, puf, 2004, p. 310; Bernard Teyssié, Droit civil, Les personnes, 12e, édition, Litec, p. 97; 张民安：《法国民法》，清华大学出版社 2015 年版，第 78 页；张民安：《法国人格权法（上）》，清华大学出版社 2016 年版，第 66 页；张民安、丘志乔主编：《民法总论》（第五版），中山大学出版社 2017 年版，第 305—306 页。

（四）在自然人既具有法人格也具有人格权的今时今日，法人格中的人格并不等同于人格权中的人格。

在今时今日，自然人既具有享有民事权利的法人格，也能够凭借其法人格享有包括人格权和知识产权在内的所有民事权利。这一点让自然人在今时今日的法律地位区别于19世纪初期之前自然人的法律地位，因为在19世纪初期之前，自然人虽然具有法人格，但是，他们无法凭借自己的法人格享有人格权，已如前述。

一方面，在今时今日，不仅所有自然人均具有法人格，而且他们所具有的法人格也是完全平等的，既不存在罗马法时代一个自然人有法人格而另外一个自然人没有法人格的情况，也不存在罗马法时代一个自然人的法人格要比另外一个自然人的法人格完全、健全的情况。当然，自然人取得法人格也是有条件的，如果不具备所要求的条件，他们也没有法人格，无法享有包括人格权在内的民事权利。原则上，自然人从活体出生时起即开始获得法人格，在例外情况下，胎儿也具有一定的法人格。① 另一方面，在今时今日，不仅所有自然人均享有人格权，而且所有自然人享有的人格权均是相同的，既不存在不享有人格权的自然人，也不存在比另外一个自然人享有更多或者更少人格权

---

① Henri et Léon Mazeaud, Jean Mazeaud, Francois Chabas, Lecons de DROIT CIVIL, Tome I/Deuxième Volume, Les Personnes, 8 édition, Montchrestien, 1997, pp. 8 – 14; David Bakouche, Droit civil les personnes la famille, HACHETTE, 2005, pp. 24 – 31; Gérard Cornu, Droit civil, Les personnes, 13 e édition, Montchrestien, 2007, pp. 13 – 20; Bernard Teyssié, Droit civil, Les personnes, 12e, édition, Litec, 2010, pp. 13 – 17; Philippe Malaurie, les Personnes, 6e édition, DEFRÉNOIS, 2012, pp. 11 – 18; Francois Terré, Dominique Fenouillet, Droit civil les personnes, 8e édition, Dalloz, 2012, pp. 13 – 35; 张民安：《法国民法》，清华大学出版社2015年版，第136—141页；张民安、丘志乔主编：《民法总论》（第五版），中山大学出版社2017年版，第153—155页。

的自然人。①

在自然人同时具有法人格和人格权的情况下,我们是否能够像梁慧星教授和尹田教授那样宣称"人格权是自然人作为民事主体资格的题中应有之义"并借此反对人格权的独立设编呢?答案仍然是否定的,在今时今日,即便法人格和人格权同时为自然人所拥有,自然人所拥有的法人格也不同于他们同时拥有的人格权。因为,虽然自然人的法人格与自然人的人格权关系非常密切,但是自然人的法人格在性质上不同于他们的人格权,当梁慧星教授和尹田教授宣称"人格权是自然人作为民事主体资格的题中应有之义"时,尤其是,当尹田教授宣称"人格权之'人格'当然指的是人的一般法律地位"时,他们实际上将两种不同的法律制度混为一谈。

在民法领域,自然人的"法人格"与他们享有的"人格权"之间当然存在密切联系,认为这两种人格之间不存在任何联系的想法是不切实际的、虚幻的。② 它们之间的密切联系表现在两个方面:其一,法人格是人格权的基础和前提,如果他人不具有法人格,则他人当然不享有人格权。③ 其二,人格权是法人格的具体体现和反映。在今时今日,人格权不仅是法人格的具体体现和反映,而且还是法人格最重要的体现和反映。在今时今日,虽然自然人的法人格可以通过他们享有的物权、债权和人格权等民事权利加以体现,但是,鉴于人格权是自然人享有的所有民事权利中最重要的民事权利,因此,自然人

---

① Henri et Léon Mazeaud, Jean Mazeaud, Francois Chabas, Lecons de DROIT CIVIL, Tome I/Deuxième Volume, Les Personnes, 8 édition, Montchrestien, 1997, pp. 375 – 405; Jean Carbonnier, Droit civil, Volume I, Introduction Les personnes la famille, l'enfant, le couple, puf, 2004, pp. 375 – 380, pp. 509 – 525; David Bakouche, Droit civil les personnes la famille, HACHETTE, 2005, pp. 32 – 50; Gérard Cornu, Droit civil, Les personnes, 13 e édition, Montchrestien, 2007, pp. 29 – 80; Bernard Teyssié, Droit civil, Les personnes, 12e, édition, Litec, 2010, pp. 26 – 106; Philippe Malaurie, les Personnes, 6e édition, DEFRÉNOIS, 2012, pp. 97 – 172; Francois Terré, Dominique Fenouillet, Droit civil les personnes, 8e édition, Dalloz, 2012, pp. 57 – 136.

② Hélène Martron, Les droits de la personnalité des personnes morales de droit privé, 2011, LGDJ, p. 85; Jean-Christophe Saint-Pau et, Droits de la Personnalité, LexisNexis, p. 57; 张民安:《法国人格权法(上)》,清华大学出版社2016年版,第55页。

③ 张民安:《法国人格权法(上)》,清华大学出版社2016年版,第55—57页。

的人格权就是他们的法人格最重要的体现。①

不过,虽然自然人的人格权与他们的法人格之间存在非常紧密的联系,但是我们也不能够像梁慧星教授或者尹田教授这样将自然人享有的人格权等同于他们享有的法人格,反之,将他们享有的法人格等同于他们享有的人格权。因为,虽然自然人同时享有两种意义上的人格,但是,他们享有的这两种人格是性质完全不同的,彼此之间存在重大的、实质性的差异。

首先,自然人的人格权与他们的法人格之间所存在的上述两个密切联系既非人格权所独有,也非自然人本身所专有。

一方面,除了自然人享有的人格权与他们的法人格之间存在这两个密切联系外,法人(和非法人组织)享有的人格权与它们的法人格之间存在这两个方面的联系:法人的法人格是它们享有人格权的基础和前提,没有法人格,法人无法享有人格权;法人的人格权是其法人格的具体体现和反映。②

另一方面,除了自然人享有的人格权与他们的法人格之间存在这两个密切联系外,自然人和法人享有的其他民事权利也同他们或者它们的法人格之间存在这两个密切联系,包括他们和它们享有的物权、债权等,因为,除了法人格是自然人和法人享有的物权和债权等其他权利的基础和前提外,自然人和法人享有的物权和债权等其他民事权利也是他们或者它们的法人格的体现和反映。

自然人和法人的法人格之所以是他们和它们享有的物权和债权的基础和前提,是因为法人格是权利主体享有所有民事权利的资格,没有此种资格,除了无法享有人格权外,他们或者它们也无法享有物权、债权等其他民事权利。自然人和法人的物权和债权等其他民事权

---

① 张民安:《法国人格权法(上)》,清华大学出版社 2016 年版,第 57—59 页。
② Jean Carbonnier, Droit civil, Volume I, Introduction Les personnes la famille, l'enfant, le couple, puf, 2004, pp. 724 – 730; David Bakouche, Droit civil les personnes la famille, HACHETTE, 2005, pp. 76 – 78; Gérard Cornu, Droit civil, Les personnes, 13e édition, Montchrestien, 2007, pp. 215 – 221; Bernard Teyssié, Droit civil, Les personnes, 12e, édition, Litec, 2010, pp. 26 – 106; Philippe Malaurie, les Personnes, 6e édition, DEFRÉNOIS, 2012, pp. 212 – 223; Francois Terré, Dominique Fenouillet, Droit civil les personnes, 8e édition, Dalloz, 2012, pp. 262 – 264; 张民安:《法国民法》,清华大学出版社 2015 年版,第 189—196 页。

利之所以是他们或者它们法人格的具体体现和反映，是因为除了通过人格权的享有和行使加以表现外，他们和它们的法人格也通过物权和债权等其他权利予以表现。

因为这样的原因，当梁慧星教授和尹田教授宣称"人格权是自然人作为民事主体资格的题中应有之义"时，他们的此种论断能够适用于所有权利主体享有的所有民事权利："物权是自然人和法人作为民事主体资格的题中应有之义"，"债权是自然人和法人作为民事主体资格的题中应有之义"，"知识产权是自然人和法人作为民事主体资格的题中应有之义"，"家庭权和继承权是自然人作为民事主体资格的题中应有之义"。

在1984年的《私法导论》中，Christian Larroumet 针对"人格权"这一术语所存在的将人格权等同于法人格的可能发表了这样的看法，他指出："'人格权'这一术语并不是一个能够让人满意的术语，因为，除了人格权是从他人的法人格当中产生的结果外，他人的所有权利均是从他人的法人格当中产生的结果。"① 在2013年出版的《民法总论》一书中，Christian Larroumet 和 Augustin Aynès 也发表了同样的见解，他们指出："'人格权'这一术语并不是一个能够让人满意的术语，因为，除了人格权是从他人的法人格中产生的结果外，他人的所有权利均是从他人的法人格中产生的结果。"②

如果"人格权是自然人作为民事主体资格的题中应有之义"是人格权不应当独立设编的理由，那么，我们能否借口"物权法是自然人作为民事主体资格的题中应有之义"而否定物权法的独立设编？我们能否借口"合同法是自然人作为民事主体资格的题中应有之义"而否定合同法独立设编？以此类推，我们能否借此种理由反对婚姻家庭法、继承法的独立设编？在我国，虽然梁慧星教授和尹田教授借此种理由反对人格权独立设编，但是，他们从来就没有借此种理由反对物权、合同性债权、婚姻家庭权和继承权的独立设编，已如前述。如

---

① Christian Larroumet, Droit Civil, Introduction à l'étude du droit prive, tome I, Economica, pp. 259 – 260.

② Christian Larroumet, Augustin Aynès, Introduction à l'étude du droit, 6e édition, Economica, p. 312.

果此种理由会导致人格权不应当独立设编,那么,为何此种理由不能够导致其他民事权利不应当独立设编呢?

首先,人格权中的人格与法人格中的人格含义不同。在民法上,虽然人们在人格权中使用"人格"一词,在法人格中使用"人格"一词,但是,人格权中的人格与法人格中的人格并不是同一含义的人格,而是含义完全不同的两种人格。具体来说,在人格权中,人格是指民事主体自身,也就是指权利主体自身的各种各样的构成要素、各种各样的特性,诸如:生命,身体完整性,健康,自由,名誉,姓名、隐私和名誉,等等。而法人格中的人格则仅仅是指一种资格,也就是成为民事主体、权利主体、享有民事权利、承担民事义务的资格等,已如前述。[①]

其次,人格权的目的与法人格的目的不同。民法之所以规定人格权,其目的在于保护人,尤其是自然人的各种人格构成要素,防止行为人侵犯人、人的构成要素。民法之所以保护人、人的构成因素,是因为人、人的构成因素不仅仅是民法所保护的重要价值,而且还是民法所保护的基本价值。[②] 而民法之所以规定法人格,其目的在于提升人的地位,让所有的自然人均成为权利主体,使所有的自然人均有资格从事法律活动、参与法律生活,避免不同的自然人在法律上的地位迥异的状况出现,并以此将人与物区别开来,防止人们将人当作物来对待。[③]

由于人格权与法人格之间存在这些重大差异,因此,民法学者普

[①] 张民安:《法国人格权法(上)》,清华大学出版社 2016 年版,第 52 页;张民安、丘志乔主编:《民法总论》(第五版),中山大学出版社 2017 年版,第 155 页。

[②] Jean Dabin, Le droit subjectif, Dalloz, p. 169; Jean-Christophe Saint-Pau et, Droits de la Personnalité, LexisNexis, p. 41;张民安:《法国人格权法(上)》,清华大学出版社 2016 年版,第 52—53 页。

[③] Michel de JUGLART Alain PIEDEEVRE Stephane PIEDEEVRE, Cours de droit civil, introduction, personnes, famille, Seizième éditionMontchrestien, p. 86; Irma Arnoux, Les Droits De L'Être Humain Sur Son Corps, Presses Universitaires De Bordeaux, p. 35; David Bakouche, Droit civil les personnes la famille, HACHETTE, pp. 11 – 12; Jean-Luc AUBERT, Eric SAVAUX, Introduction au droit, 14e édition, Dalloz, p. 202; Philippe Malaurie, les Personnes, 6e édition, DEFRÉNOIS, p. 1; Jeremy Antippas, Les Droits de la Personnalité, Presses Universitaires D'Aix-Marseille, p. 34;张民安:《法国人格权法(上)》,清华大学出版社 2016 年版,第 52—53 页。

遍认为，在民法领域，我们应当将人格权与法人格区分开来，不应当将两者混同。Hélène Martron 对此做出了说明，他指出，虽然民法学者之间在"人格"一词的界定方面存在分歧，但是，"在各种各样的著作中，他们在一个问题上达成了共识，这就是，作为人格权客体的人格区别于法人格：法人格意义上的人格是指享有权利和承担义务的资格、能力，而作为人格权客体的人格则被理解为一种非财产含义，或者使用众多学者使用的一个术语，人格权意义上的人格，被理解为一种'心理和社会含义'"[1]。

而在反对人格权独立设编时，梁慧星教授和尹田教授则违反了民法学界之间所达成的此种共识，将自然人享有的人格权等同于他们所具有的法人格，除了导致其结论即人格权不应当独立设编明显欠缺说服力外，也导致其理由站不住脚、没有说服力。

五、"人格权与人格有本质联系"的反对理由为何没有说服力

在我国，在反对人格权独立设编时，某些民法学者提出了一个反对理由，这就是，鉴于"人格权与人格有本质联系"，因此，我国立法者应当将人格权规定在民法典总则编的自然人一章中，不应当将其作为独立的一编规定在民法典中。在我国，以此种理由反对人格权独立设编的民法学者主要是梁慧星教授。在 2002 年之前，梁慧星教授虽然反对人格权的独立设编，但是，他将其反对理由表述为"人格权是自然人作为民事主体资格的题中应有之义"，已如前述。从 2002 年开始一直到今时今日，在反对人格权独立设编时，梁慧星教授不再使用此种术语，而是以一个新的术语即"人格权与人格有本质联系"取而代之。

在 2002 年的《民法典不应单独设立人格权编》的文章中，梁慧星教授首次对此种反对理由做出了说明，他指出："我不赞同人格权单独设编的基本理由如下：人格权与人格两个概念确有不同，但作为人格权客体的人的生命、身体、自由、姓名、肖像等，是人格的载

---

[1] Hélène Martron, Les droits de la personnalité des personnes morales de droit privé, 2011, LGDJ, p. 85.

体。因此，人格权与人格相终始，不可须臾分离，人格不消灭，人格权不消灭。"①

在 2003 年的《中国民法典编纂的几个问题》的文章中，梁慧星教授第二次重复了此种反对理由，他指出："人格权不应单独设编的基本理由，在于人格权的特殊本质。首先是人格权与人格的本质联系。作为人格权客体的人的生命、身体、健康、自由、姓名、肖像、名誉、隐私等，是人格的载体。因此，人格权与人格相始终，不可须臾分离，人格不消灭，人格权不消灭。"② 自此之后一直到今时今日，梁慧星教授均坚持此种反对理由，因为在 2004 年的《我国民法典制定中的几个问题》③、2016 年的《中国民法典中不能设置人格权编》④和 2017 年第五版的《民法总论》⑤ 中，梁慧星教授均重复了他在 2003 年的文章中所做出的论断。

问题在于，当梁慧星教授宣称"人格权与人格有本质联系"时，他所说的"与人格有本质联系"中的"人格"究竟是指什么意义上的人格呢？对此问题，梁慧星教授几乎没有做出任何具体的说明。虽然如此，从他的上述论断中我们可以断定，"与人格有本质联系"中的"人格"既不是指一般意义上的人格、法人格，也不是指人格权中的人格，而仅仅是指一种享有人格权和其他民事权利的权利主体即自然人。

一方面，在《我国民法典制定中的几个问题》的文章中，梁慧星教授明确指出"人格权与主体（自然人）不可分离"，说明他将"与人格有本质联系"中的"人格"限定在自然人方面，已如前述。另一方面，从 1996 年开始一直到今时今日，梁慧星教授均在其不同

---

① 梁慧星：《民法典不应单独设立人格权编》，载《法制日报》2002 年 8 月 4 日。
② 梁慧星：《中国民法典编纂的几个问题》，载《山西大学学报（哲学社会科学版）》2003 年第 5 期，第 19 页。
③ 梁慧星：《我国民法典制定中的几个问题》，载《法制现代化研究》2004 年第 9 卷，第 353 页。
④ 梁慧星：《中国民法典中不能设置人格权编》，载《中州学刊》2016 年第 2 期，第 48 页。
⑤ 梁慧星：《民法总论》（第五版），法律出版社 2017 年版，第 102 页。

版本的《民法总论》中认定,人格的第一种含义是指权利主体。①

因为梁慧星教授将"人格权与人格有本质联系"中的"人格"限定在自然人这一权利主体方面,所以,从2002年开始一直到今时今日,他均认为,人格权应当被规定在民法典的总则编自然人一章中,不应当像我国立法者那样将其作为独立的一编规定在民法典中,已如前述。在反对人格权独立设编时,梁慧星教授提出的此种反对理由有两个灵感源泉。

其一,苏联民法学者的影响。在对民事权利做出分类时,苏联民法学者区分财产权和非财产权,认为人格权在性质上属于一种非财产权,该种非财产权与自然人不可分离。在2004年的《我国民法典制定中的几个问题》一文中,梁慧星教授对此种灵感源泉做出了明确说明,他指出:"反对人格权设编是以我为代表的,基本的理由是:人格权与主体(自然人)不可分离。苏联的民法著作把人格权叫作与人身不可分离的非财产权,这是强调它不可以用财产价值来计算,也强调它与人身不可分离。苏联的著作指出了人格权的特征,因此,我们认为应将人格权规定在总则的自然人一章。"②

其二,日本民法学者的影响。2002年8月27日至28日,中日民法典问题研讨会在日本早稻田大学召开,除了对其他问题做出了讨论外,与会的中日民法学者也对人格权是否应当独立设编的问题做出了讨论。在研讨会上,日本学者、北海道大学獭川信久教授"分析了各国在这一问题上的立法体例,认为没有单独设立人格权编的。他认为不单独设编乃在于人格权的本质。其中的一个本质是,人格权不能够处分"。③

在我国,当梁慧星教授基于"人格权与人格有本质联系"的理由反对人格权独立设编时,他反对人格权独立设编的此种理由可以用

---

① 梁慧星:《民法总论》(第一版),法律出版社1996年版,第103页;梁慧星:《民法总论》(第二版),法律出版社2001年版,第112页;梁慧星:《民法总论》(第五版),法律出版社2017年版,第90页。

② 梁慧星:《我国民法典制定中的几个问题》,载《法制现代化研究》2004年第9卷,第353页。

③ 梁慧星:《我国民法典制定中的几个问题》,载《法制现代化研究》2004年第9卷,第358页。

另外两种反对理由替换，这就是"人格权的不得处分性"（indisponibilité des droits de la personnalité）和"人格权的专属性"。因为，当梁慧星教授宣称"人格权与人格相始终，不可须臾分离，人格不消灭，人格权不消灭"时，他要么是指自然人的人格权所具有的专属性，要么是指自然人的人格权所具有的不得处分性。

在这两种替代术语中，第一种术语主要为法国民法学者所普遍使用[1]，而第二种术语则主要为我国民法学者所使用[2]。

虽然法国少数民法学者也使用这二种术语[3]，不过，这两种术语之间并没有任何差异，它们属于同义词，能够相互取代、替换。因为它们均强调，自然人享有的人格权无法与自然人分离：自然人生前不能够转让自己的人格权，这就是人格权的不得转让性；一旦自然人死亡，他们生前享有的人格权就消灭，无法作为遗产转移给自己的继承人继承，这就是人格权的不得转移性。人格权的不得转让性和人格权的不得转移性结合在一起就形成了人格权的专属性、人格权的不得处

---

[1] Pascal Ancel, L'indisponibilité des droits de la personnalité: une approche critique de la théorie des droits de la personnalité » (1978), thèse Dijon, pp. 1 – 293; Jean Carbonnier, Droit civil, Volume I, Introduction Les personnes la famille, l'enfant, le couple, puf, 2004, p. 310; Michel de JUGLART, Alain PIEDEEVRE, Stéphane PIEDEEVRE, Cours de droit civil, introduction, personnes, famille, Seizième édition, Montchrestien, pp. 117 – 118; Henri et Léon Mazeaud, Jean Mazeaud, Francois Chabas, Lecons de DROIT CIVIL, Tome I/Deuxième Volume, Les Personnes, 8 édition, Montchrestien, p. 400; Bernard Teyssié, Droit civil, Les personnes, 12e, édition, Litec, pp. 97 – 98; 张民安：《法国民法》，清华大学出版社 2015 年版，第 78 页。

[2] 江平主编：《民法学》，中国政法大学出版社，2007 年版，第 39 页；王卫国主编：《民法》，中国政法大学出版社 2007 年版，第 40 页；魏振瀛主编：《民法》（第四版），北京大学出版社 2010 年版，第 38 页；陈华彬：《民法总则》，中国政法大学出版社 2017 年版，第 256 页；梁慧星：《民法总论》（第五版），法律出版社 2017 年版，第 76 页；张民安、丘志乔主编：《民法总论》（第五版），中山大学出版社 2017 年版，第 306 页。

[3] Henri et Léon Mazeaud, Jean Mazeaud, Francois Chabas, Lecons de DROIT CIVIL, Tome I/Deuxième Volume, Les Personnes, 8 édition, Montchrestien, p. 375.

分性。①

在民法上，人格权的专属性、人格权的不得处分性与财产权的非专属性和财产权的可处分性形成最强烈的对比，并因此构成了传统民法所主张的财产权和非财产权区分理论的基础。因为传统民法认为，自然人享有的财产权能够与他们分离：生前，自然人能够转让自己的财产权，这就是财产权的可转让性；在自然人死亡时，他们生前的财产权能够作为遗产转移给自己的继承人继承，这就是财产权的可转移性，它们结合在一起就形成了财产权的可处分性。②

问题在于，梁慧星教授反对人格权独立设编的此种理由是否具有说服力、能否站得住脚呢？笔者认为，他反对人格权独立设编的此种理由是没有说服力的、是站不住脚的。

（一）梁慧星教授将"人格"等同于权利主体的做法与主流理论不符

在我国，"人格权与人格有本质联系"之所以不是人格权不应当独立设编的理由，第一个主要原因是，梁慧星教授将人格等同于权利主体的做法与主流的意见不符，因为，迄今为止，虽然人格的含义多种多样，但是，没有一种含义是指权利主体，已如前述。

从1996年开始一直到今时今日，虽然梁慧星教授在界定"人格"时均将"权利主体"本身视为人格的第一种含义，但是，在不同时期，他对等同于"人格"的权利主体所做出的说明存在重大差

---

① Henri et Léon Mazeaud, Jean Mazeaud, Francois Chabas, Lecons de DROIT CIVIL, Tome I/Deuxième Volume, Les Personnes, 8 édition, Montchrestien, 1997, p. 400；David Bakouche, Droit civil les personnes la famille, HACHETTE, 2005, p. 33；Gérard Cornu, Droit civil, Introuduction au droit, 13 e édition, Montchrestien, 2007, p. 41；Bernard Teyssié, Droit civil, Les personnes, 12e, édition, Litec, 2010, pp. 97；Francois Terré, Dominique Fenouillet, Droit civil les personnes, 8e édition, Dalloz, 2012, p. 59；张民安：《法国民法》，清华大学出版社2015年版，第78页；张民安、丘志乔主编：《民法总论》（第五版），中山大学出版社2017年版，第291页。

② David Bakouche, Droit civil les personnes la famille, HACHETTE, 2005, p. 32；Gérard Cornu, Droit civil, Introuduction au droit, 13 e édition, Montchrestien, 2007, p. 39；Francois Terré, Dominique Fenouillet, Droit civil les personnes, 8e édition, Dalloz, 2012, p. 59；张民安：《法国民法》，清华大学出版社2015年版，第60—61页；张民安、丘志乔主编：《民法总论》（第五版），中山大学出版社2017年版，第288—289页。

异。在第一版和第二版的《民法总论》中，梁慧星教授认为，等同于"人格"的权利主体既包括自然人也包括法人。他指出："人格的第一种含义是指具有独立法律地位的权利主体，包括自然人和法人。在这一意义上的人格概念，经常与主体、权利主体、法律主体、民事主体等民法概念相互替代。"①

不过，似乎是为了专门与其主张的人格权不应当独立设编相呼应，在第五版的《民法总论》中，梁慧星教授将这些内容删除了，虽然他仍然将权利主体等同于人格的第一种含义，但是，他没有再对等同于人格第一种含义的权利主体的范围做出说明，已如前述。② 不过，在第五版的《民法总论》中，他虽然没有对等同于人格的权利主体范围做出说明，但是，通过一系列的反对人格权独立设编的文章，他实际上将"与人格有本质联系"中的"人格"限定在最狭小的权利主体即自然人范围内，即将"法人""非法人组织"从"人格"中排除了。因为他仅仅承认自然人享有人格权，不承认法人享有人格权，已如前述。

梁慧星教授的此种理论之所以存在问题，是因为他的此种做法与主流的意见不符，混淆了人格和权利主体，将权利主体直接等同于人格，反之，将人格直接等同于权利主体。因为在法律上，虽然"人格"一词的含义众多，但是，迄今为止，没有一种含义是指权利主体、人。虽然法国著名的法律词典 *Vocabulaire Juridique* 将人格的法律含义分为五种，但是，没有一种含义是指权利主体本身，已如前述。虽然法国著名的法文词典 *LE PETIT LAROUSSE ILLUSTRÉ* 在界定"人格"一词时认为其中的一种含义是指"人"，但是，它所谓的人仅仅是指"名人、人物"，而不是指作为权利主体的自然人和法人，已如前述。

在民法上，同权利主体关系最密切的人格仅仅是指一般意义上的人格、法人格，也就是指人所具有的成为权利主体的资格，已如前述。不过，即便权利主体与此种意义上的人格关系最密切，民法学者

---

① 梁慧星：《民法总论》，法律出版社1996年版，第103页；梁慧星：《民法总论》（第二版），法律出版社2001年版，第125页。

② 梁慧星：《民法总论》（第五版），法律出版社2017年版，第90页。

也没有将权利主体等同于一般意义上的人格、法人格,认为一般意义上的人格、法人格就是权利主体,反之,认为权利主体就是一般意义上的人格、法人格,而是非常明确、清晰地区分此种意义上的人格和权利主体。

在其《民法总论》中,Christian Larroumet 和 Augustin Aynès 非常明确、清晰地区分权利主体和权利主体的人格,他们指出:"……法人格,是指成为权利主体的资格。人们首先承认了自然人享有的法人格,也就是由血肉之躯组成的人。然而,如果自然人构成第一类权利主体的话,则他们并非唯一的一种权利主体,除了第一类权利主体外,人们也承认了财团组织和人的组织所具有的法人格,这些财团组织和人的组织被称为法人。"①

在其《民法总论》中,Philippe Malinvaud 也非常明确、清晰地区分权利主体和权利主体的人格,他指出:"人、权利主体和主观权利的享有者均是同义词:人是权利主体,也就是说,他们是主观权利的享有者。根据 Vocabulaire juridique 的界定,所谓人是指那些享有法人格的人;所谓法人格,则是指成为权利主体和义务主体的资格,该种资格属于所有自然人,在符合所要求的不同条件的情况下,该资格也属于法人。……因此,自然人和法人均具有法人格。"②

在民法上,民法学者之所以区分人格与具有人格的权利主体,换言之,在民法上,民法学者之所以普遍不会像梁慧星教授这样将人格等同于权利主体,或者反之,将权利主体等同于人格。其主要原因在于,在民法上,即便是人,他们或者它们未必一定就是权利主体,要成为权利主体,他们或者它们必须获得立法者的明确承认:如果立法者赋予他们或者它们以一般意义上的人格、法人格,则他们或者它们就能够成为权利主体;反之,如果立法者拒绝赋予他们或者它们以一般意义上的人格、法人格,则即便他们或者它们是人,他们或者它们

---

① Christian Larroumet, Augustin Aynès, Introduction à l'étude du droit, 6e édition, Economica, 2013, pp. 227 – 228.

② Philippe Malinvaud, Introduction à l'étude du droit, 15e édition, LexisNexis, 2015, p. 243.

也无法成为权利主体。① 对于自然人而言是如此，对于组织而言亦如此。

对于自然人而言，虽然奴隶像主人一样是由血肉之躯所组成的人，但是，奴隶不能够成为权利主体，而他们的主人则能够成为权利主体，因为他们没有法人格，而他们的主人则有法人格。作为自然人，如果奴隶要成为权利主体，他们就必须获得成为权利主体的资格。如果他们要获得此种资格，或者通过自己的主人将其奴隶的身份予以解除，并因此成为像自己主人一样的自由人，或者通过立法者制定的法律明确废除奴隶制度，并因此让他们成为具有法人格的人，已如前述。

对于组织而言，19世纪中后期之前的民法认为，如果股东擅自签订契约并因此设立公司，则他们设立的所谓公司并不是人、法人，但是，如果他们是根据国王颁发的特许令或者国会颁布的特别法所设立的，则他们设立的公司就是人、法人。因为，如果他们不是根据特许令或者特别法设立公司，则他们自行设立的公司就没有法人格、无法成为权利主体，而如果他们是根据特许令或者特别法设立公司，则他们设立的公司就获得了法人格，并因此成为权利主体。②

在今时今日，虽然奴隶制度已不复存在，虽然公司设立的特许令制度和特别法制度已经退出了历史舞台，虽然民法认为，所有的自然人均平等地享有法人格并因此成为权利主体，但是，民法仍然坚持了从古罗马时期一直到近代以来所贯彻的权利主体与其法人格区分开来的做法，不会直接将人格等同于权利主体，反之，不会直接将权利主体等同于人格，已如前述。民法之所以仍然坚持此种做法，一方面是因为，在今时今日，民法仍然坚持权利主体与权利客体区分的理论，其中权利主体是人，他们或者它们具有法人格，而其中权利客体是

---

① Henri Roland, Laurent Boyer, Introduction au droit, Litec, 2002, pp. 385–388; Christian Larroumet, Augustin Aynès, Introduction à l'étude du droit, 6e édition, Economica, 2013, pp. 227–228; Philippe Malinvaud, Introduction à l'étude du droit, 15e édition, LexisNexis, 2015, pp. 247–249.

② 张民安：《公司法的现代化》，中山大学出版社2006年版，第18—22页。

物，则他们或它们没有法人格。① 另一方面是因为，在今时今日，权利主体和权利客体之间的关系仍然像古罗马时期和近代社会一样扑朔迷离，难以进行楚河汉界般的划分。例如，在今时今日，胎儿究竟是权利主体还是权利客体，动物是权利主体还是权利客体，机器人是权利主体还是权利客体，等等。为了解决这些复杂疑难的问题，人们仍然需要像传统民法那样借助于法人格这一媒介来确定他们或者它们是不是权利主体：如果他们或者它们具有法人格，则他们或者它们就是权利主体，否则，如果他们或者它们没有法人格，则他们或者它们就是权利客体。②

（二）"与人格有本质联系"中的"人格"为何不包括法人和非法人组织

在我国，"人格权与人格有本质联系"之所以不是人格权不应当独立设编的理由，第二个主要原因是，如果"与人格有本质联系"当中的"人格"仅仅是指权利主体，为何该种权利主体仅仅指自然人，而不同时包括法人、非法人组织？

在任何国家，民法均承认具有法人格并因此享有民事权利的人即权利主体，所不同的是，不同国家的民法所承认的权利主体存在差异。总的说来，在大陆法系国家，民法仅仅承认两种权利主体即自然人和法人，在自然人和法人之外不存在第三种权利主体，这就是权利

---

① Irma Arnoux, Les droits de l'être humain sur son corps, Presses Universitaires De Bordeaux, 2003, p. 35; Christian Larroumet, Augustin Aynès, Introduction à l'étude du droit, 6e édition, Economica, 2013, pp. 225 – 226; 张民安：《法国民法》，清华大学出版社 2015 年版，第 132—134 页。

② Henri Roland, Laurent Boyer, Introduction au droit, Litec, 2002, pp. 385 – 388; Christian Larroumet, Augustin Aynès, Introduction à l'étude du droit, 6e édition, Economica, 2013, pp. 227 – 228; Philippe Malinvaud, Introduction à l'étude du droit, 15e édition, LexisNexis, 2015, pp. 247 – 249; 张民安：《法国民法》，清华大学出版社 2015 年版，第 132—134 页。

主体的二分法理论。① 而在我国，情况则不同，《民法总则》明确规定三种类型的权利主体：自然人、法人和非法人组织，其中，自然人为《民法总则》第二章的规定，法人和非法人组织则分别为《民法总则》第三章和第四章所规定，这就是我国民法所采取的权利主体的三分法理论。

在民法上，如果人格真的像梁慧星教授所言的那样等同于权利主体，则在大陆法系国家，人格既应当等同于自然人也应当等同于法人，而在我国，人格则既应当等同于自然人，也应当等同于法人和非法人组织。这一点毫无疑问，因为在第一版和第二版的《民法总论》中，梁慧星教授虽然没有说第一种意义上的人格包括非法人组织，但是，他明确指出，第一种含义上的人格同时包括自然人和法人，已如前述。而在第五版的《民法总论》中，他没有对等同于人格的权利主体的范围做出说明，已如前述。

虽然如此，在第五版的《民法总论》中，他所谓的等同于权利主体的人格也仅仅是指自然人，既不包括法人也不包括非法人组织，因为在反对人格权独立设编时，他反复强调的一个观点是，鉴于法人不享有人格权，鉴于仅自然人享有人格权，所以，人格权应当规定在民法典总则编的自然人一章中，已如前述。因为他明确主张法人不享有人格权，所以，即便他没有做出明确说明，他当然也同意非法人组织是不享有人格权的。因为在民法上，法人组织和非法人组织所面临的情况是完全一样的，在认定法人不享有人格权时，民法学者不可能同时承认非法人组织享有人格权。

在权利主体多样化的情况下，自然人仅仅是权利主体中的一种，如果人格的一种含义是指权利主体，则此种含义上的人格应当同时指所有类型的权利主体。在讨论人格权的独立设编时，梁慧星教授为何单单将等同于权利主体的人格限定在自然人的狭小范围内？同样是权利主体，为何自然人能够被视为一种人格，而法人或者非法人组织则

---

① Henri Roland, Laurent Boyer, Introduction au droit, Litec, 2002, pp. 385 – 387; Jean Carbonnier, Droit civil, Volume I, Introduction Les personnes la famille, l'enfant, le couple, puf, 2004, p. 373; Philippe Malinvaud, Introduction à l'étude du droit, 15e édition, LexisNexis, 2015, pp. 243 – 244; 张民安：《法国民法》，清华大学出版社 2015 年版，第 129—131 页。

不能够被视为一种像自然人一样的人格？仅仅是因为自然人的人格权具有梁慧星教授所言的"人格的产生或者消灭，必然导致人格权的产生或者消灭"的特性吗？我们不得而知，梁慧星教授没有做出任何具体的说明。

（三）人格权的专属性、不得处分性与身份权的专属性、不得处分性

在我国，"人格权与人格有本质联系"之所以不是人格权不应当独立设编的理由，第三个主要原因是，如果"人格权与人格有本质联系"是人格权不能够独立设编的理由，则婚姻家庭法也不应当在民法典中独立设编。因为包括梁慧星教授在内，我国几乎民法学者均承认，除了人格权具有专属性、不得处分性外，家庭成员享有的身份权也具有专属性、不得处分性，除了人格权是一种专属权、不得处分权外，家庭成员享有的身份权也是一种专属权、不得处分权。① 换言之，除了自然人的"人格权与人格有本质联系"外，自然人的"身份权也与人格有本质联系"。既然"人格权与人格有本质联系"是人格权不能够独立设编的理由，为何在"身份权与人格有本质联系"的情况下，梁慧星教授仍然主张婚姻家庭法要在我国民法典中独立设编？

所谓"身份权与人格有本质联系"，是指作为一种专属权，身份权具有不得处分性，权利主体生前不能够通过契约或者其他法律行为将其享有的身份权转让给受让人，在其死后，权利主体生前享有的身份权不得作为遗产转移给自己的继承人继承。虽然身份权也能够在婚姻家庭之外的领域存在，但是，身份权主要在家庭成员之间存在，例如，夫妻之间的配偶权、父母子女之间的亲权，以及监护人与被监护人之间的监护权等。

因此，梁慧星教授针对人格权的上述讲法完全能够自动适用于家

---

① 江平主编：《民法学》，中国政法大学出版社2007年版，第39页；王卫国主编：《民法》，中国政法大学出版社2007年版，第40页；魏振瀛主编：《民法》（第四版），北京大学出版社2010年版，第38页；陈华彬：《民法总则》，中国政法大学出版社2017年版，第256页；梁慧星：《民法总论》（第五版），法律出版社2017年版，第76页；张民安、丘志乔主编：《民法总论》（第五版），中山大学出版社2017年版，第306页。

庭成员之间享有的身份权,这就是:"身份权与人格相始终,不可须臾分离:人格不消灭,身份权就不消灭;人格消灭,身份权就消灭。"例如,在男女双方结婚之后,夫妻任何一方均不得将其享有的配偶权转让给第三人,在一方死亡之后,其生前的配偶权自动消灭,不能够作为遗产转移给自己的继承人继承。再如,在父子关系持续期间,父亲不能够将其享有的亲权、监护权转让给第三人,在父亲死亡之后,其生前享有的亲权、监护权消灭,不能够作为遗产转移给继承权人继承。

如果"人格权与人格有本质联系"是人格权不应当独立设编的原因,"身份权与人格有本质联系"是否意味着婚姻家庭法不应当在民法典中独立设编?答案是完全否定的,包括梁慧星教授本人在内,没有任何人借口身份权与人格有本质联系而否定婚姻家庭法的独立设编性。

在大陆法系国家,虽然"身份权与人格有本质联系",身份权具有不得处分性、专属性,但是,大陆法系国家的立法者从来就没有因为此种原因而拒绝将婚姻家庭法独立设编。在法式民法典的国家,虽然《法国民法典》没有将身份权即家庭法独立设编(卷),① 但是,《瑞士民法典》则将身份权即家庭法作为独立的一编,这就是其第二编(卷)。② 在德式民法典的国家,所有的民法典均将家庭法作为独立的一编。例如,《德国民法典》就将家庭法作为第四编加以规定。③

在我国,立法者没有因为身份权具有专属性、不得处分性而拒绝将其独立设编,因为在未来民法典中,他们会明确将婚姻家庭法作为独立的一编加以规定。在我国,虽然梁慧星教授以"人格权与人格有本质联系"的理由反对人格权独立设编,但是,他从来就没有以"身份权与人格有本质联系"的理由反对婚姻家庭法独立设编,从来没有借口"身份权与人格有本质联系"的理由主张婚姻家庭法应当规定在民法典总则编的自然人一章中。事实上,至少从 1992 年开始一直到今时今日,梁慧星教授均主张婚姻家庭法应当作为独立的一编

---

① 张民安:《法国民法总论(上)》,清华大学出版社 2017 年版,第 284 页。
② 张民安:《法国民法总论(上)》,清华大学出版社 2017 年版,第 287 页。
③ 张民安:《法国民法总论(上)》,清华大学出版社 2017 年版,第 409 页。

规定在我国民法典中，已如前述。

在人格权和身份权均属于专属权的情况下，在人格权和身份权均具有不得处分性的情况下，换言之，在人格权和身份权均"与人格有本质联系"的情况下，梁慧星教授为何单单基于这一理由反对人格权独立设编，他为何不基于同一理由反对婚姻家庭法独立设编？难道他反对人格权独立设编的这一理由不适用于具有同一性质、同一特征的婚姻家庭法？

（四）人格权在今时今日所具有的可处分性

在我国，"人格权与人格有本质联系"之所以不是人格权不应当独立设编的理由，第四个主要原因是，在今时今日，人格权也具有传统民法中财产权所具有的可处分性。

在当今民法领域，"人格权与人格有本质联系"的传统理论已经丧失了足够的说服力，因为除了权利主体生前能够通过自己的法律行为处分享有的人格权外，权利主体的死亡并不会引起其人格权的消灭，这就是死者的人格权，并不存在梁慧星教授所说的"人格消灭，人格权就消灭"的现象。关于人格权的可转让性，笔者将在涉人格权的法律行为中做出详细的讨论，此处从略。笔者仅在此处讨论自然人的人格权在他们死亡时是否可以作为遗产为其继承人所继承的问题，也就是讨论人格权的可转移性的问题。

传统民法认为，一旦自然人死亡，则他们生前享有的人格权就会消灭，不会作为遗产转移给自己的继承人继承，这就是梁慧星教授所说的"人格消灭，人格权就消灭"的理论。人格权的这一特性与财产权形成鲜明对比，传统民法认为，当权利主体死亡时，他们生前享有的财产权并不会因此而消灭。因为当他们死亡时，其生前的财产会作为遗产转移给自己的继承人继承。这就是财产权能够继承而人格权则不能够继承的理论。

在今时今日，此种传统的观念已经不复存在，因为除了财产权能够作为遗产继承外，人格权也能够作为遗产继承。在今时今日，人格权之所以能够作为遗产继承，一方面是因为，人格权与财产权之间的界限日渐模糊，在财产权非财产化的同时，人格权也财产化了；另一方面是因为，即便某些人格权没有财产化，立法者制定的法律也明确规定其具有可继承性、可转移性。所以，人格权在权利主体死亡之后仍然存在的现象已经不再是一个例外的现象，而是一个普遍的现象，主要表现在三个方面。

1. 影视明星、体育明星享有的公开权具有可转移性

当今民法认为，影视明星、体育明星生前享有的公开权具有可转移性，他们生前享有的公开权并不会因为自己的死亡而消灭，在他们死亡之后，他们生前享有的公开权可以作为遗产转移给自己的继承人继承。

在两大法系国家和我国，作为一种自然人，影视明星和体育明星当然像普通社会公众一样享有姓名权、肖像权、声音权等民事权利。在20世纪60年代之前，他们享有的这些民事权利被视为传统的人格权，既不会被视为一种财产权，也不会同时被视为人格权和财产权，因为人们认为他们享有的这些民事权利同普通的社会公众享有的姓名权、肖像权和声音权一样仅仅是一种精神性质的、情感性质的权利。

从20世纪60年代开始，美国学者、立法者和法官开始改变自己的态度，不再将影视明星、体育明星享有的这些权利视为一种人格权，而逐渐将他们享有的这些民事权利视为一种财产权，这就是所谓的公开权。关于这一点，笔者将在下面的内容中做出详细的讨论，此处从略。在20世纪80年代和90年代，由于受美国公开权理论的影响，法国民法学者、法国法官和我国民法学者开始改变传统人格权的观念，逐渐承认了人格权的双重性，至少承认了影视明星、体育明星的姓名权、肖像权和声音权的双重性，认为这些民事权利既是一种财产性质的人格权也是一种精神性质的人格权。关于这一点，笔者将在下面的内容中做出详细的讨论，此处从略。

在两大法系国家和我国，民法学者在公开权的性质问题上存在不同意见。某些学者认为，公开权仅仅是一种财产权；而某些民法学者则认为，公开权仍然是一种非财产权；还有某些民法学者认为，公开权具有双重性，属于一种复合权，因为它们既是一种非财产权也是一种财产权。无论如何，在今时今日，两大法系国家的民法学者普遍认为，公开权是具有财产价值的权利，就像物权和债权是具有财产价值的权利一样。因为这样的原因，当享有公开权的影视明星、体育明星死亡时，他们生前享有的公开权并不会因此消灭，它们会作为一种遗产转移给自己的继承人继承。①

2. 著作权人享有的著作权具有可转移性

当今民法认为，知识产权人尤其是著作权人生前享有的知识产权，尤其是其中的著作权具有可转移性，他们生前享有的知识产权尤其是著作权并不会因为自己的死亡而消灭，在他们死亡之后，他们生前享有的知识产权尤其是著作权可以作为遗产转移给自己的继承人继承。

除了享有人格权和其他民事权利之外，自然人也享有知识产权，尤其是享有知识产权中的著作权。问题在于，知识产权是否具有专属性、不得处分性？答案是，知识产权尤其是其中的著作权并不具有专属性、不得处分性，其中的一个表现是，在知识产权人死亡时，他们生前享有的知识产权并不会因此消灭，而是作为一种遗产转移给自己的继承人继承。

在当今民法学界，虽然人们对知识产权的性质存在不同的看法，但是，主流观点认为，知识产权具有双重性：它们一方面具有财产性，是一种财产权；另一方面则具有非财产性，是一种人格权。因为知识产权同时具有财产权和人格权的双重内容，所以知识产权被视为一种复合权。②无论是作为知识产权中的财产权还是作为知识产权中的人格权，在知识产权人死亡之后，他们生前享有的知识产权并不会消失，因为包括人格权在内的整个知识产权均作为遗产转移给自己的

---

① Jean Carbonnier, Droit civil, Volume I, Introduction Les personnes la famille, l'enfant, le couple, puf, p. 510；Philippe Malaurie, les Personnes, 6e édition, DEFRÉNOIS, p. 149；Emmanuel Gaillard, La double nature du droit a l'image et ses consequences en droit positif francaisD. 1984, Chron. 161；Théo Hassler, Le droit à l'image des personnes: Entre droit de la personnalité et propriété intellectuelle, LexisNexis, 2014, pp. 15 - 34；张民安：《公开权侵权责任制度研究》，见张民安主编《公开权侵权责任研究》，中山大学出版社 2010 年版，第 28—32 页；张民安：《无形人格侵权责任研究》，北京大学出版社 2012 年版，第 15—29 页；张民安、丘志乔主编：《民法总论》（第五版），中山大学出版社 2017 年版，第 299—300 页。

② Henri et Léon Mazeaud, Jean Mazeaud, Francois Chabas, Lecons de DROIT CIVIL, Tome I/Deuxième Volume, Les Personnes, 8e édition, Montchrestien, pp. 424 - 434；Nicolas Binctin, Droit de la propriété intellectuelle, Droit d'auteur, brevet, droits voisins, marque, dessins et modèles, 2e édition, LGDJ, 2012, pp. 113 - 114；张民安、丘志乔主编：《民法总论》（第五版），中山大学出版社 2017 年版，第 298 页，第 330—331 页。

继承人继承。

在法国，现行《法国知识产权法典》Code de la propriété intellectuelle 明确承认这一点。它认为，著作权人享有的人格权即道德权利（Droits moraux）并不会因为著作权人的死亡而消灭，在其死亡之后，其生前享有的人格权将作为遗产转移给自己的继承人继承。《法国知识产权法典》第 L121-1 条对著作权人享有的受尊重权（le droit au respect）做出了明确规定，认为他们享有的姓名、身份和作品受尊重权并不会因为其死亡而消灭，而是会作为一种遗产转移给自己的继承人继承。该条规定：作者享有姓名、身份和作品的受尊重权；此种受尊重权专属于著作权人，它是恒久的、不得转让的、不适用时效的；在著作权人死亡时，此种受尊重权转移给著作权人的继承人继承；此种权利的行使也可以根据遗嘱的规定赋予第三人。①

在我国，《中华人民共和国著作权法》也承认这一点，这就是第 20 条和第 21 条。第 20 条规定，作者的署名权、修改权、保护作品完整权的保护期不受限制，因此，著作权人享有的这三种人格权具有恒久性、不适用时效性，即便著作权人死亡，其生前享有的署名权、修改权、保护作品完整权仍然受到世世代代的保护。第 21 条规定，作者生前享有的发表权、复制权、发行权等人格权在死后五十年内仍然受到保护。② 所谓"受到保护"，也应当像《法国知识产权法典》一样被理解为著作权的可转移性、可继承性，这就是，在著作权人死亡之后，他们生前享有的这些著作人格权作为遗产转移给自己的继承人继承。

3. 普通社会公众的人格权具有可转移性

当今民法认为，即便自然人既不是影视明星、体育明星也不是知

---

① Nicolas Binctin, Droit de la propriété intellectuelle, Droit d'auteur, brevet, droits voisins, marque, dessins et modèles, 2e édition, LGDJ, 2012, pp. 114 – 126；张民安、丘志乔主编：《民法总论》（第五版），中山大学出版社 2017 年版，第 298、331 页；Article L121 – 1 Code de la propriété intellectuelle, Dernière modification：7 septembre 2018, Version en vigueur au 8 octobre 2018，http：//www. legifrance. gouv. fr/affichCode. do; jsessionid = 23561417014A279921A0924C28BF2505. tplgfr41s_2？ idSectionTA = LEGISCTA000006161636 &cidTexte = LEGITEXT000006069414&dateTexte = 20181008。

② 《中华人民共和国著作权法》，http：//www. npc. gov. cn/npc/xinwen/2010-02/26/content_1544852. htm。

识产权人,他们生前享有的人格权并不会因为其死亡而消灭。

在今时今日,除了影视明星、体育明星和著作权人的人格权在其死亡之后仍然存在、能够作为遗产转移给继承人继承外,普通社会公众享有的人格权也不会因为其死亡而消灭,因为当他们死亡时,其生前享有的姓名权、名誉权、隐私权、肖像权、声音权甚至身体权(尸体权)仍然存在,别人仍然应当尊重他们生前享有的这些人格权,否则,他们的继承人或者家庭成员有权要求法官责令行为人承担侵权责任。

在法国,自然人在生前享有人格权,在死亡之后仍然享有人格权即人格尊严受尊重权,行为人既不得毁损死者的名誉,也不得公开死者生前的肖像或者私人生活。如果行为人实施这些行为,则他们应当对死者的家属或者继承人承担过错侵权责任,要赔偿他们遭受的非财产损害和财产损害。①

《法国民法典》第 16-1-1 条和第 16-2 条对死者的人格尊严受尊重权做出了明确说明。第 16-1-1 条规定:人的身体的受尊重并不会因为人的死亡而终止。死者的遗骸,包括死者因为火葬而剩下的骨灰在内,应当以受尊重、有尊严和体面的方式处理。第 16-2 条规定:法官有权采取一切适当措施,阻止或者终止行为人对他人的身体、身体器官或者身体产物实施的非法行为,即便他人已经死亡,亦如此。②

在我国,情况同样如此。一个自然人的死亡并不意味着其生前享有的人格权就消灭了,他们生前享有的人格权在其死亡之后仍然受到法律的保护,如果行为人侵犯死者的人格权,则他们应当对死者的家庭成员或者继承人承担侵权责任。我国《民法总则》第 185 条对此规则做出了明确说明,该条规定:侵害英雄烈士等的姓名、肖像、名

---

① 张民安:《法国民法》,清华大学出版社 2015 年版,第 144 页。
② 张民安:《法国民法总论(上)》,清华大学出版社 2017 年版,第 611—612 页;Code civil, Dernière modification: 1 octobre 2018, Version en vigueur au 8 octobre 2018, https://www.legifrance.gouv.fr/affichCode.do;jsessionid = 657680A105AF6203D6933FE8924DD4CB.tplgfr41s_2? idSectionTA = LEGISCTA000006136059&cidTexte = LEGITEXT000006070721&dateTexte = 20181008。

誉、荣誉，损害社会公共利益的，应当承担民事责任。①

在我国，《民法总则》第 185 条如何理解？笔者在《民法总则》通过之后做出了解释。

首先，除了重点保护"英雄烈士"的人格权免受侵犯外，该条也保护普通社会公众死后的人格权免受侵犯，因为该条用了"英雄烈士等"术语，其中的"等"表明，立法者没有将该条的适用范围限定在"英雄烈士"的狭小范围内的意图，而是希望通过该条的规定保护普通社会公众死亡之后的人格权免受侵犯。

其次，虽然该条使用了"损害社会公共利益"的用语，但是该条的规定并没有任何实质上的意义，即便是对侵犯"英雄烈士"人格权的行为而言亦如此。在责令行为人就其侵犯死者人格权的行为对死者的家庭成员或者继承人承担侵权责任时，法官仅仅考虑死者的家庭成员或者继承人的利益，并不考虑"社会公共利益"。因此，只要符合一般过错侵权责任的构成要件，法官就应当责令行为人对他人承担侵权责任，除非行为人具备拒绝承担过错侵权责任的某种抗辩事由。

再次，"英雄烈士"也罢，普通社会公众也罢，他们生前享有的人格权并不会因为其死亡而消灭，他们生前享有的人格权作为遗产转移给自己的家庭成员或者继承人继承，当行为人侵犯死者的人格权时，他们的家庭成员或者继承人有权以自己的名义向法院起诉，要求法官责令行为人对自己承担侵权责任。这就是死者人格权的可转移性、可继承性。相对于我国民法学者做出的其他解释，此种解释是最恰当的，其最大的好处是，它突破了死者没有人格权的理论，将人格权作为一种像财产权一样能够继承的权利。

最后，虽然《民法总则》第 185 条明确限定死者人格权的保护范围，认为死者人格权仅仅保护死者享有的四种人格权即"姓名、肖像、名誉、荣誉"，但是此种保护范围显然是不充分的、狭窄的，没有涵盖原本应当纳入死者人格权保护范围的一些人格权，例如，死者的隐私权、死者的声音权、死者的表演权，以及死者的人格尊严权

---

① 《中华人民共和国民法总则》，http://www.npc.gov.cn/npc/xinwen/2017-03/15/content_2018907.htm。

等。为了对死者享有的这些人格权提供保护，我们应当对该条的规定进行扩张性解释，让其保护范围涵盖这些人格权。因为，当行为人侵犯死者享有的这些人格权时，他们实施的行为同样会给死者的家庭成员或者继承人带来非财产性的甚至财产性的损害。

可见，在今时今日，"人格权与人格有本质联系"的传统理论已经被抛弃，因此，再以此种传统的、过时的理论为由主张将人格权规定在民法典总则编的自然人一章中，其主张的说服力显然大打折扣。

六、"人格权的宪法性质"的反对理由为何没有说服力

（一）尹田教授关于人格权宪法性的学说

在我国民法学界，尹田教授反对人格权独立设编的一个重要理由是，人格权原本不是私法性质的、民法性质的权利，而是公法性质的、宪法性质的权利，因为他明确指出："人格权分明是宪法赋予一切人的基本权利，怎么不容分说地变成由民法确认的私权之一种？"[①]根据此种理论，虽然人格权被普遍视为一种民事权利，但实际上，人格权并不是一种像物权和债权一样的真正的民事权利，它仅仅是宪法所规定的一种公法性的、宪法性的权利。这就是尹田教授所谓的"人格权的宪法性质"[②]。因为宪法所规定的这些基本权利无法作为裁判规范，所以人们将其私法化、民事化，并因此让其成为民事权利当中的一种权利即人格权，这就是尹田教授所谓的"人格权在观念上之私权化"[③]。

尹田教授认为，虽然公法、宪法所规定的基本权利能够通过"人格权观念的私权化"方式进入民法领域，并因此成为像物权和债权一样的民事权利，但通过"私权化"的方式进入民法领域的人格权是不能够与物权和债权平起平坐的，这就是，物权和债权等真正的

[①] 尹田：《论人格权的本质——兼评我国民法草案关于人格权的规定》，载《法学研究》2003年第4期，第10页。

[②] 尹田：《论人格权的本质——兼评我国民法草案关于人格权的规定》，载《法学研究》2003年第4期，第9页。

[③] 尹田：《论人格权的本质——兼评我国民法草案关于人格权的规定》，载《法学研究》2003年第4期，第10页。

民事权利能够在民法典中独立设编,而作为公权、宪法权利私权化的人格权则不能够在民法典当中独立设编。因为人格权独立设编面临两个无法逾越的障碍,一个是技术障碍,另外一个则是常识性的障碍。所谓技术障碍是指,人格权等同于法人格,仅自然人享有人格权,法人不享有人格权,将人格权独立设编如何与总则编当中的民事主体衔接?所谓常识性的障碍是指,生命权和自由权涉及人的"全面社会生存之根本",不能够由民法加以规定。①

总之,因为人格权的性质不是民事权利而仅仅是公法上的权利、宪法上的基本权利,虽然通过"私权化"的方式从公法、宪法中引入民法领域并因此成为一种民事权利,但是人格权无法在民法典中独立设编,这就是尹田教授在《论人格权的本质——兼评我国民法草案关于人格权的规定》一文中反对人格权独立设编的理由。他对此种反对理由做出了最终的说明,他指出:"归根结底,可以断言,正是人格权固有的宪法性质,阻却了各国民法典编纂者对人格权做出正面的赋权性规定并将之独立成编的任何企图。"②

在我国,尹田教授反对人格权独立设编的此种理由是否有说服力、能否站得住脚?答案是,他反对人格权独立设编的此种理由是没有说服力的、是站不住脚的,一个最简单的理由是,他反对人格权独立设编的此种理由是虚假的、不真实的。真实情况是,人格权从产生那一刻开始在性质上就是私法性质的、民法性质的,它同公法、宪法没有一丝一毫的关系,它不是也不可能是一种公法性质的、宪法性质的基本权利;当尹田教授将人格权视为一种公法性的、宪法性的权利时,他仅仅是在重复德国 20 世纪 50 年代的境况,而德国 20 世纪 50 年代的境况仅仅发生在德国,它以《德国民法典》完全忽视人格权作为前提;因为包括我国在内的其他国家根本不存在《德国民法典》所存在的特殊问题,所以在保护人格权免受侵犯时,他们很少会采取德国联邦最高法院所采取的此种万不得已的方法。

---

① 尹田:《论人格权的本质——兼评我国民法草案关于人格权的规定》,载《法学研究》2003 年第 4 期,第 12 页。
② 尹田:《论人格权的本质——兼评我国民法草案关于人格权的规定》,载《法学研究》2003 年第 4 期,第 12 页。

（二）人格权从其产生和发展的那一刻起在性质上就是民事权利

在我国，尹田教授的上述理论之所以是错误的，第一个主要原因是，他的上述理论与人格权产生和发展的历史相悖。这就是，在人格权的产生和发展过程中，人格权在性质上就是一种单纯的民事权利，不存在人格权在性质上是一种公法性的、宪法性的权利问题。

在民法史上，物权、债权、家庭权和继承权产生的历史要比人格权产生的历史早很多，因为在古罗马时期，这些民事权利就已经存在，至少后世民法学界普遍这样认为。① 而仅仅到了19世纪初期，人格权从开始出现在民法中。不过，从人格权出现在民法中的那一刻开始一直到20世纪50年代，人格权均同公法、宪法没有丝毫关系，因为在产生、发展和完善的过程中，人格权均被封闭在民法中，它们既没有溢出民法的范围之外而同宪法产生关系，更不存在人格权是从宪法中引入民法中的可能。

1832年，德国民法学者Puchta首次提出了现代意义上的一般人格权理论。在提出此种理论时，他完全将其理论建立在法律关系的一般理论和民事权利的一般理论的基础上，认为人格权是民事权利有机整体中的一个不可或缺的组成部分，它们与物权、债权、家庭权和继承权一样属于一种真正的民事权利。② 在首次提出人格权的理论时，Puchta将人格权视为一种宪法性的、公法性的权利了吗？没有，他仅仅将人格权视为一种正常的、真正的民事权利，既没有将其视为一种公法性的、宪法性的权利，也没有认为应当通过"私权化"的方式将其嬗变为民事权利。在Puchta提出了人格权是一种真正的民事权利的理论之后，虽然德国19世纪的著名民法学者萨维尼全盘否定Puchta的理论，但是在反对将人格权视为一种真正的民事权利时，他也仅仅在民法的范围内加以反对，没有从宪法、公法的角度反对人格权是一种真正的民事权利。③

---

① 张民安：《法国人格权法（上）》，清华大学出版社2016年版，第3页。
② 张民安：《法国人格权法（上）》，清华大学出版社2016年版，第131—142页。
③ 张民安：《法国人格权法（上）》，清华大学出版社2016年版，第142—152页。

在人格权的发展和确立过程中，民法学者也仅仅将人格权视为民事主体在民法中享有的一种真正的民事权利，没有将其同公法、宪法联系在一起，更没有将其视为通过"私权化"的方式成为民事权利的一种公法性的、宪法性的基本权利。例如，虽然德国19世纪中后期的著名民法学者Karl Gareis明确承认人格权的存在，但是他仅仅将人格权视为一种民事权利，因为他认为，根据权利客体的不同，民事权利可以分为物权、债权、家庭权和人格权。Karl Gareis认为，作为一种民事权利，人格权包括的类型众多，如人身完整权、人身自由权、生命权、肖像权、姓名权、名誉权等。[①] 在承认人格权是一种民事权利时，Karl Gareis完全没有像尹田教授这样认为，这些人格权在性质上属于公法、宪法性的权利，只有通过"私权化"的方式，这些公法性的、宪法性的基本权利才能够嬗变为民事权利。

（三）立法者明确承认人格权在性质上是一种民事权利

在我国，尹田教授的上述理论之所以是错误的，第二个主要原因是，他的上述理论明显违反了制定法的明确规定。这就是，无论是大陆法系国家的民法典还是我国的《民法通则》和《民法总则》均明确规定，人格权在性质上是一种民事权利，它们从来就没有将人格权规定为一种公法性的、宪法性的权利。

一方面，法式民法典普遍规定，人格权在性质上是一种民事权利，它们既没有像尹田教授所说的那样区分对待人格权和财产权，也没有像尹田教授那样将人格权视为一种公法性、宪法性的权利。例如，《法国民法典》就明确规定，人格权在性质上属于一种民事权利，因为除了明确将"民事权利"作为第一卷\第一编的标题外，《法国民法典》还在第一卷第一编中对自然人享有的诸如私人生活受尊重权、无罪推定受尊重权、身体完整权和人格尊严权等人格权做出了规定：《法国民法典》第9条对自然人享有的私人生活受尊重权做出了规定，第9-1条对自然人享有的无罪推定受尊重权做出了规定，第16条对自然人享有的人格尊严权做出了规定，第16-1条对自然

[①] 张民安：《法国人格权法（上）》，清华大学出版社2016年版，第162—175页。

人享有的身体完整权做出了规定，等等。① 再例如，《魁北克民法典》也明确规定，人格权在性质上是一种像财产权一样的民事权利，不存在尹田教授所谓的物权和债权等财产权在性质上是民事权利而人格权在性质上则不是民事权利的问题。因为除了第一卷第一编使用了"民事权利的享有和行使"（DE LA JOUISSANCE ET DE L'EXERCICE DES DROITS CIVILS）的标题外，《魁北克民法典》还在该编中对财产权和人格权做出了规定，认为它们均属于自然人享有的法人格的体现。《魁北克民法典》第1条规定：所有自然人均享有法人格，他们均能够充分享有民事权利。《魁北克民法典》第2（1）条规定：所有人均能够成为某种财产权的主体。《魁北克民法典》第3条规定：所有人均能够成为人格权的主体，诸如生命权，人身的不可侵犯权和人身的完整权，姓名的受尊重权、名誉的受尊重权和私人生活的受尊重权。②

另一方面，我国《民法通则》和《民法总则》均明确规定，人格权在性质上属于一种民事权利，它们既没有像尹田教授那样认定，物权和债权等财产权属于民事权利而人格权则不属于民事权利，也没有像他那样认定，人格权在性质上属于一种公法性、宪法性的权利。

在我国，除了使用"民事权利"的标题外，《民法通则》第五章还分别用了四节对不同类型的民事权利做出了规定：第一节为"财产所有权和与财产所有权有关的财产权"，对民事权利中的物权做出了规定；第二节为"债权"，对民事权利中的债权做出了规定；第三节为"知识产权"，对民事权利中的知识产权做出了规定；第四节则为"人身权"，除了对民事权利中的身份权做出了规定外，该节还对民事权利中的"人格权"做出了规定。③

《民法通则》对待民事权利的此种态度完全被《民法总则》所采纳，因为《民法总则》除了明确规定物权、债权、知识产权是民事

---

① Code civil, Dernière modification: 6 août 2018, Version en vigueur au 24 septembre 2018, https://www.legifrance.gouv.fr/affichCode.do?cidTexte=LEGITEXT000006070721.

② CCQ-1991-Code civil du Québec, https://www.legifrance.gouv.fr/affichCode.do?cidTexte=LEGITEXT000006070721.

③ 《中华人民共和国民法通则》，http://www.npc.gov.cn/wxzl/wxzl/2000-12/06/content_4470.htm。

权利外，也明确规定人格权是民事权利。具体来说，除了同样使用了"民事权利"的标题外，《民法总则》第五章也明确规定，人格权、身份权、物权、债权、继承权和知识产权在性质上均为民事权利。《民法总则》第 109 条至第 111 条对人格权做出了规定，第 112 条对身份权做出了规定，第 114 条至第 117 条对物权做出了规定，第 118 条至第 122 条对债权做出了规定，第 123 条和第 124 条分别对知识产权和继承权做出了规定。①

在人格权的性质方面，《民法通则》和《民法总则》存在共同点，这就是，它们均明确了人格权的民事权利性质，认为人格权同物权和债权一样均属于民事权利主体享有的一种民事权利，没有认定人格权是一种公法性的、宪法性的基本权利。它们之间的差异有四个，其中的三个差异属于形式上的，另外一个差异则属于实质性的：其一，形式上的差异之一，《民法通则》将人格权置于其他民事权利之后，也就是置于财产权之后，而《民法总则》则不同，它将人格权放在其他民事权利之前，也就是放在财产权之前；其二，形式上的差异之二，《民法通则》在对民事权利分类时使用了不同的"节"，而《民法总则》则不同，在对民事权利分类时，它没有使用"节"；其三，形式上的差异之三，《民法通则》将人格权和身份权合二为一并因此形成了"人身权"这一概念，而《民法总则》则不同，它明确区分人格权和身份权，没有将它们规定在"人身权"当中；其四，实质上的差异，《民法通则》没有对某些重要的人格权做出规定，而《民法总则》则对这些重要的人格权做出了规定，例如身体权、隐私权、人格尊严权和人身自由权。

（四）民法学者普遍承认人格权是一种民事权利

在我国，尹田教授的上述理论之所以是错误的，第三个主要原因是，他的上述理论与当今主流的民法理论背道而驰。这就是，在今时今日，除了尹田教授外，没有任何民法学者将人格权视为一种公法性的、宪法性的基本权利，因为所有民法学者均将人格权视为

---

① 《中华人民共和国民法总则》，http://www.npc.gov.cn/npc/xinwen/2017-03/15/content_2018907.htm。

一种民事权利。

在大陆法系国家，民法学者普遍将人格权视为一种民事权利、主观权利，就像他们将物权、债权视为民事权利、主观权利一样，他们从来没有像尹田教授那样认定人格权在性质上是一种公法性的、宪法性的权利，从来没有像尹田教授那样认定人格权是通过"私权化"的方式进入民法领域的。因为他们认为，无论是人格权还是物权、债权，它们在性质上均属于真正的主观权利、民事权利。它们之间的差异不在于它们是不是真正的主观权利、民事权利，而在于它们之间的性质：人格权是一种非财产权，而物权和债权则是一种财产权。例如，在《民法总论》中，Henri Roland、Laurent Boyer、Jean-Luc AUBERT、Eric SAVAUX 、Christian Larroumet 和 Augustin Aynès 均采取此种理论。[①]

在我国，无论是在《民法通则》通过之前还是通过之后，几乎所有的民法学者均将人格权视为一种民事权利，就像他们将物权和债权等其他权利视为民事权利一样，没有任何民法学者像尹田教授那样认为，人格权是公法性质的、宪法性质的权利，是经过"私权化"的方式进入私法、民法当中的。在《民法通则》之前，我国民法学者普遍将人格权视为一种真正的民事权利。[②] 在《民法通则》和《民法总则》通过之后，我国民法学者仍然将人格权视为一种真正的民

[①] Henri Roland, Laurent Boyer, Introduction au droit, Litec, 2002, pp. 429 – 440; Jean-Luc AUBERT, Eric SAVAUX, Introduction au droit et thèmes fondamentaux du droit civil, 14ᵉ édition, Dalloz, 2012, pp. 217 – 218; Christian Larroumet, Augustin Aynès, Introduction à l'étude du droit, 6ᵉ édition, Economica, 2013, pp. 302 – 313; 张民安：《法国人格权法（上）》，清华大学出版社 2016 年版，第 472—480 页。

[②] 佟柔、赵中孚、郑立主编：《民法概论》，中国人民大学出版社 1982 年版，第 25—26 页；王忠、苏惠祥、龙斯荣、王建明：《民法概论》，黑龙江人民出版社 1984 年版，第 47—48 页。

事权利。①

(五) 尹田教授的理论混淆了私法和公法

在我国,尹田教授的上述理论之所以是错误的,第四个主要原因是,他的上述理论完全混淆了私法与公法、民法与宪法,将作为公法性质的、宪法性质的基本权利与作为民事权利的人格权混同。自罗马法以来一直到今时今日,民法学者均普遍区分私法和公法,认为私法独立于公法,因为私法的目的是保护私人利益、维护私人秩序,而公法的目的则是保护公共利益、维护公共秩序。虽然民法学者在私法和公法的范围方面存在不同的意见,但是他们普遍认为,民法在性质上属于私法,而宪法在性质上则属于公法。②

至少在20世纪50年代之前,人们是严格区分宪法与民法的。因为他们认为,宪法在性质上属于公法,而民法在性质上则属于私法,所以即便宪法规定了人权、基本权利,但它所规定的基本权利在性质上也仅仅是一种公法性质的权利,其目的是保护人权、基本权利免受国家、公权力机关的侵犯,而民法则不同,它规定的人格权在性质上属于一种私法性质的权利,其目的保护一个民事主体的民事权利免受另外一个民事主体的侵犯。

因此,在今时今日,即便宪法和民法均规定了生命权、人格尊严权和隐私权,但是宪法规定的这三类权利在性质上不同于民法所规定

---

① 江平主编:《民法学》,中国政法大学出版社2007年版,第38页;王卫国主编:《民法》,中国政法大学出版社2007年版,第34—38页;魏振瀛主编:《民法》(第四版),北京大学出版社2010年版,第36页;张民安、王荣珍主编:《民法总论》(第四版),中山大学出版社2013年版,第256—258页;梁慧星:《民法总论》(第五版),法律出版社2017年版,第71—72页;张民安、丘志乔主编:《民法总论》(第五版),中山大学出版社2017年版,第287—333页;陈华彬:《民法总则》,中国政法大学出版社2017年版,第244—248页;王利明:《民法总则》,中国人民大学出版社2017年版,第252—273页。

② Michel de JUGLART Alain PIEDEEVRE Stephane PIEDEEVRE, Cours de droit civil, introduction, personnes, famille, Seizième édition, Montchrestien, pp. 28 – 31; Henri Roland, Laurent Boyer, Introudcution au droit, Litec, pp. 92 – 100; FrancoisTerré, Introuduction générale au droit, 9e édition, Dalloz, pp. 88 – 91; Christian Larroum, Augustin Aynès, Introuduction à l'étude du droit, 6e edition, Economica, pp. 39 – 48; Philippe Malaurie, Patrick Morvan, Introuduction au droit, 4e édition, DEFRÉNOIS, pp. 56 – 57; Jean-Luc AUBERT, Eric SAVAUX, Introuduction au droit, 14e édition, Dalloz, pp. 33 – 38.

的这三类权利：宪法中的生命权、人格尊严权和隐私权在性质上属于基本权利、人权，其目的是要对公民进行保护，防止国家、政府或者公权力机关非法剥夺公民的生命、非法侵犯公民的人格尊严和非法收集、泄露、使用公民的个人信息，而民法中的生命权、人格尊严权和隐私权则不同，它们在性质上属于一种民事权利，其目的是要对民事主体尤其是自然人提供保护，防止其他民事主体非法剥夺其生命、非法侵犯其人格尊严或者非法收集、泄露、使用其私人信息。

《法国民法典》对宪法权利与民事权利的区分理论做出了明确规定。在1804年的《法国民法典》中，虽然立法者没有对"人格权"做出规定，但是除了在第一卷第一编即"民事权利的享有和剥夺"中明确使用了"民事权利"（droits civils）一词外，他们还明确区分"民事权利"与公民的宪法权利，认为民事权利的行使独立于政治权利的行使，这就是《法国民法典》的第7条。该条规定：民事权利的行使独立于公民资格，公民资格是根据宪法取得和保有的。①

《法国民法典》第7条一直从1804年适用到现在。不过，鉴于该条的规定无法完全满足今时今日的需要，因此法国立法者在1994年7月29日颁布了第94-653号法律即《有关尊重人身的法律》②，除了对自然人享有的诸如身体完整权、人格尊严权等人格权做出了规定外，该法也对第7条做出了修改，修改之后的第7条更加清晰地区分民事权利和宪法权利。它规定：民事权利的行使独立于政治权利的行使，其中的政治权利根据宪法和选举法的规定而取得和保有。③

既然人格权在性质上就是一种民事权利，在其文章中，尹田教授

---

① Article 7 Code civil des Français, édition originale et seule officielle, A Paris, de l'Imprimerie de la République, An XII 1804（1804年5月18日），http://www.assemblee-nationale.fr/evenements/code-civil/cc1804-lpt01.pdf.

② Loi n° 94-653 du 29 juillet 1994 relative au respect du corps humain, https://www.legifrance.gouv.fr/affichTexteArticle.do;jsessionid = 719266D2EB0B05DBD7F27AD27A9F363F.tplgfr26s_3? cidTexte = JORFTEXT000000549619&idArticle = LEGIARTI000006284445&dateTexte = 19940731.

③ Article 7, Code civil, Dernière modification: 6 août 2018, Version en vigueur au 1 octobre 2018, https://www.legifrance.gouv.fr/affichCode.do;jsessionid = 719266D2EB0B05DBD7F27AD27A9F363F. tplgfr26s_3? idSectionTA = LEGISCTA000006117610&cidTexte = LEGITEXT000006070721&dateTexte = 20181001.

为何置此种事实于不顾而认为人格权在性质上属于一种公法性的、宪法性的权利？答案在于，在解读德国联邦最高法院在20世纪50年代至60年代的做法时，尹田教授犯下了致命错误。在德国，鉴于1896年的《德国民法典》没有规定人格权的现实，为了满足第二次世界大战之后德国人对人格权的迫切需要，德国联邦最高法院在20世纪50年代中后期和60年代初期做出了一种影响深远的改变，这就是，将1949年的德国新宪法即德国基本法所规定的基本权利、人权引入民法当中，通过对《德国民法典》第823（1）条做出创造性的解读，它最终在德国民法当中成功确立了一般人格权和具体人格权的理论。关于这一点，笔者将在下面的内容中做出详细的讨论，此处从略。

在今时今日，受德国联邦最高法院的此种做法影响，除了德国联邦最高法院和欧洲人权法院的法官不再过分区分民法领域的人格权和宪法中的人权、基本权利外，民法学者也不再严格固守它们之间的楚河汉界，导致了人格权与人权、基本权利之间的逐渐混同。不过，此种现象并不是尹田教授所谓的宪法性权利、公法性质的权利通过"私权化"的方式嬗变为民法中的人格权，而是法官不得已所采取的一种法律漏洞填补方式：在民法典对人格权欠缺规定的情况下，如果宪法、人权法对人享有的某种人权、基本权利做出了规定，则法官可能将宪法、人权法中的人权、基本权利引入民法中；反之，在宪法、人权法对某种人权、基本权利欠缺规定的情况下，如果民法典对人享有的人格权做出了规定，则法官可能将民法典规定的人格权引入宪法、人权法中。此外，此种现象仅仅在20世纪50年代之后才存在，在20世纪50年代之前，此种现象极端罕见。关于这一点，笔者将在下面的内容中做出详细的讨论，此处从略。

第三章　法人的人格权与人格权的独立性（上）

　　作为法律关系一般理论或者主观权利一般理论的重要组成部分，民事主体是指具有法人格、能够享有民事权利和承担民事义务的人，因为民法的核心是确认和保护民事主体享有的民事权利，所以民事主体往往也被称为权利主体。传统民法认为，仅"人"才能够成为民事主体，人之外的物不能够成为民事主体，它们只能够成为权利客体，即便是有生命、有情感的物，亦如此。① 这就是自古罗马时代起一直到今天民法所贯彻的一个主旨：人与物的区分理论。该种理论认为，民事主体只能够是人，物不能够成为人。②

　　虽然大陆法系国家和我国的民法均承认民事主体的存在，但是它们所承认的民事主体是不同的。在大陆法系国家，民法学者采取民事主体的二分法理论，认为除了自然人能够成为民事主体外法人也能够成为民事主体，在自然人和法人外不存在任何第三种民事主体，这就是大陆法系国家民法所采取的自然人和法人的区分理论（La distinction des personnes physiques et personnes morales）。③ 而在我国，立法者则采取了民事主体的三分法理论，认为民事主体除了自然人和法人外还包括非法人组织，因为在《民法总则》第二章、第三章和第四章中，立法者分别对自然人、法人和非法人组织做出了规定。

---

　　① 张民安、丘志乔主编：《民法总论》（第五版），中山大学出版社2017年版，第132页。

　　② 张民安：《法国民法》，清华大学出版社2015年版，第132—134页。

　　③ Guy Raymond, Droit Civil, 2e edition, Litec, p. 105; Henri Roland, Laurent Boyer, Introuduction au droit, Litec, p. 387; David Bakouche, Droit civil les personnes la famille, HACHETTE, p. 13; Christian Larroumet, Augustin Aynès, Introduction à l'étude du droit, 6e édition, Economica, pp. 227–228; Jean-Luc AUBERT, Eric SAVAUX, Introduction au droit, 14e édition, Dalloz, p. 202; Philippe Malaurie, les Personnes, 6e édition, DEFRÉNOIS, p. 3; GERARD CORNU, Droit civil, Les personnes, 13e édition, Montchrestien, p. 7; 张民安：《法国民法》，清华大学出版社2015年版，第130—131页。

我国民法在民事主体问题上之所以采取不同于大陆法系国家民法的态度，是因为我国民法对法人采取狭义的界定方法即将法人组织成员的有限责任作为区分法人和非法人组织的判断标准，它明确区分公司和合伙，而大陆法系国家的民法则对法人采取了广义的界定方法即将组织拥有的相对独立的财产作为判断组织是不是法人的标准，它将合伙视为公司的组成部分。① 因此，笔者关于法人人格权的论述也同样适用于非法人组织。

在民法领域，人们为何要将民事主体分为不同类型？其中的一个原因是，虽然我们能够抽象地说所有民事主体均能够享有民事权利，但是不同类型的民事主体享有的民事权利是存在差异的。总的说来，自然人享有的民事权利是最全面的、最完整的，他们能够享有所有的民事权利，包括物权、债权、担保权、身份权、继承权、知识产权、以及人格权。而自然人之外的法人、非法人组织享有的民事权利则不是全面的、完整的，而是局部的、有限的，它们不能够像自然人一样享有所有类型的民事权利。总的说来，法人、非法人组织能够享有物权、债权、担保权和知识产权，这一点同自然人相同，但是，它们不能够享有身份权和继承权，这一点同自然人不同。关于这些内容，民法学界是一致的、没有争议的。

一、我国民法学者关于法人是否享有人格权的争议

（一）尹田教授、李永军教授和梁慧星教授所主张的"法人无人格权"的理论

问题在于，法人、非法人组织是否能够像自然人一样享有人格权？对于此种问题，法国民法学者和我国民法学者均存在不同意见。在法国，某些民法学者持完全的否定态度，认为法人不享有任何人格权；而某些民法学者则持完全肯定的意见，认为法人像自然人一样享有人格权；还有某些民法学者采取折中的意见，认为法人仅仅享有最

---

① 张民安、丘志乔主编：《民法总论》（第五版），中山大学出版社2017年版，第192页。

低限度的人格权,不会像自然人一样享有形形色色的人格权。①

在我国,大多数民法学者均没有对这些问题做出说明,虽然他们在其民法著作中对民事权利和民事主体做出了说明。不过,在就人格权是否应当独立设编的问题展开争议时,我国民法学者一反常态,对此种问题做出了说明。在反对人格权独立设编时,我国某些民法学者提出了"法人无人格权"的反对理由。他们认为,因为自然人享有人格权而法人则不享有人格权,所以人格权不应当作为独立的一编规定在民法典中,而应当作为民法总则中的内容被规定在自然人一章中。在我国,以此种理由反对人格权独立设编的民法学者主要是尹田教授、李永军教授和梁慧星教授。

在 2003 年的《论人格权的本质——兼评我国民法草案关于人格权的规定》的文章中,尹田教授虽然以法人格的公法性质、宪法性质作为反对人格权独立设编主要原因,但是,他也以"法人无人格权"作为反对人格权独立设编的附带理由,因为在该文中,他明确指出:"法人根本不可能享有与自然人人格权性质相同的所谓'人格权'。基于法人之主体资格而产生的名称权、名誉权等,本质上只能是财产权。"②

在 2004 年的《论法人人格权》的文章中,他将"法人无人格权"作为反对人格权独立设编的唯一理由加以详尽地讨论。

首先,在该文中,尹田教授批评将团体人格等同于自然人人格的现象,认为人们应当明确区分这两种不同的法人格,因为自然人的人格是一种伦理性的人格,而团体人格则不同,它是一种无伦理性的人格。③

其次,尹田教授论证了"法人无人格权"的主题,认为法人不可能像自然人一样享有人格权。一方面,自然人当然享有人格权,因

---

① Hélène Martron, Les droits de la personnalité des personnes morales de droit privé, 2011, LGDJ, pp. 75–115; Jean-Michel Bruguière, Bérengère Gleize, Droits de la Personnalité, ellipses, 2015, pp. 48–52; Jean-Christophe Saint-Pau et, Droits de la Personnalité, LexisNexis, 2013, pp. 87–92.

② 尹田:《论人格权的本质——兼评我国民法草案关于人格权的规定》,载《法学研究》2003 年第 4 期,第 14 页。

③ 尹田:《论法人人格权》,载《法学研究》2004 年第 4 期,第 51—54 页。

为"人格权所保护或者表现的,仅仅是那些与财产无直接关系的体现人类尊严和自由并决定人成其为人的人格要素。这些人格要素因其伦理性仅能为个人(自然人)人格所具有"①;另一方面,法人则不具有人格权,因为"经法律拟制方成的无伦理性的团体人格,完全不包含人的自由、安全及人类尊严等属性,故其不可能被专为保障自然人人格中具有伦理性的人格要素而设的人格权所保护或者表现"②。

再次,尹田教授对人们普遍承认的法人人格权的本质做出了说明。他指出,虽然法人并没有人格权,但是人们普遍承认法人有人格权。如果法人真的享有人们所宣称的人格权,法人的人格权也不是自然人意义上的人格权,因为自然人享有的人格权是一种非财产权,具有精神内容,而人们所谓的法人人格权实质上是一种财产权,没有精神内容,仅具有财产内容。③

最后,尹田教授得出了人格权不应当独立设编而仅仅需要规定在民法典总则编自然人一章中的结论,因为他明确指出:"将团体人格混同于自然人人格,进而推导出法人人格权,并试图将法人人格权与自然人人格权并合于我国民法典中独立成编予以规定,于法理无凭,于实践则有百害而无一利。"④

由于受到尹田教授的上述理论影响,李永军教授和梁慧星教授也以"法人无人格权"的理由反对人格权独立设编,认为人格权应当规定在民法典总则编的自然人一章中。在2005年的《论我国人格权的立法模式》的文章中,李永军教授以此种理由反对人格权的独立设编,他指出:"我个人认为:法人无人格权,现在学者所谓的法人'人格权'应当属于知识产权的范畴。如果认为法人有人格权,就是'给死人化了活人妆'。"⑤他之所以否定法人人格权的存在,是因为受到尹田教授的影响,他认为人格权在性质上是一种自然权利、公法

---

① 尹田:《论法人人格权》,载《法学研究》2004年第4期,第55页。
② 尹田:《论法人人格权》,载《法学研究》2004年第4期,第55页。
③ 尹田:《论法人人格权》,载《法学研究》2004年第4期,第55—57页。
④ 尹田:《论法人人格权》,载《法学研究》2004年第4期,第57页。
⑤ 李永军:《论我国人格权的立法模式》,载《当代法学》2005年第6期,第132页。

上的、宪法上的权利。①

在我国，梁慧星教授虽然从 2002 年开始一直反对人格权独立设编，但是在 2016 年之前，他很少以"法人无人格权"作为反对理由。仅仅到了 2016 年，他才以此种理由反对人格权独立设编，因为在 2016 年的《中国民法典中不能设置人格权编》的文章中，他在阐述"人格权与人格有本质联系"的反对理由时简要地提出了此种理由。他指出："法人是不可能有人格权的。法人有名称权或商号权。法人的名称权与自然人的姓名权类似，法人的名誉权类似于自然人的名誉权。因此，可以采取准用的立法技术，在民法总则编的自然人一章规定人格权，然后在法人一章增加准用条款。"②

在我国，虽然尹田教授、李永军教授和梁慧星教授仅仅论及"法人无人格权"的问题，没有论及"非法人组织"是否有人格权的问题，但是他们关于"法人无人格权"的论断显然同样适用于作为民事主体的"非法人组织"。因为除了自然人和法人属于享有法人格的民事主体外，非法人组织也属于享有法人格的民事主体。我国民法对待民事主体的态度不同于大陆法系国家。

（二）薛军教授和王利明教授对尹田教授的主张提出的反驳理由为何没有说服力

在尹田等教授的"法人无人格权"的主张提出来之后，他们提出的此种主张遭遇到了某些民法学者的批判，尤其是遭遇到了主张人格权独立设编的民法学者的批判，例如薛军教授和王利明教授，③ 他们基于各种各样的理由认为，就像自然人一样，法人也享有人格权，虽然自然人享有的人格权与法人享有的人格权存在一定的差异，但是，它们作为民事主体均享有人格权。问题在于，他们反驳"法人

---

① 李永军：《论我国人格权的立法模式》，载《当代法学》2005 年第 6 期，第 131—132 页。

② 梁慧星：《中国民法典中不能设置人格权编》，载《中州学刊》2016 年第 2 期，第 48 页。

③ 薛军：《法人人格权的基本理论问题探析》，载《法律科学》2004 年第 1 期，第 50—55 页；王利明：《人格权法研究》，中国人民大学出版社 2005 年版，第 38—42 页；薛军：《法人人格权理论的展开》，载《上海财经大学学报》2011 年第 6 期，第 26—33 页。

无人格权"的这些理由是否具有说服力、能否站得住脚呢？笔者认为，他们这些反驳理由也均没有说服力、站不住脚。

为了批判尹田教授所提出的"法人无人格权"的主张，在2004年的《法人人格权的基本理论问题探析》当中，薛军教授试图反驳尹田教授的主张，认为法人是享有人格权的。为了证明法人享有人格权的观点，他分别提出了两个理由。

其一，基于"立法政策上的衡量"，法人是享有人格权的。根据此种理论，法人是作为个体的自然人实现其目的的一种手段，其中的一种目的就是，借助于法人活动的参与，作为个体的自然人能够"丰富、发展和完善自己的人格"。为了保护法人中的作为个体的自然人享有的人格权，立法者也应当通过立法的方式赋予法人以人格权。[1]

其二，基于"法理上的分析"，法人也是享有人格权的。根据此种理论，虽然法人是由自然人组成的，但是法人也享有独立于自然人的人格性利益。为了保护法人自身享有的这些人格性利益，人们能够通过法律上的拟制，使法人成为这种利益的形式上的承载者和有效的保护者，例如，名誉利益、名称利益，这些人格利益就是法人自身享有的人格权。[2]

问题在于，薛军教授的这两个理由是否具有说服力、能否站得住脚？笔者认为，他的上述两种理由是没有说服力的、是站不住脚的，因为他提出的这两种理由均不能够证明法人享有人格权。就第一种理由而言，它所存在的问题是，混淆了法人所具有的集体人格和法人成员所具有的个人人格，将法人享有的集体人格权与法人成员享有的个人人格权混淆，并最终否定了法人的独立性。在民法上，除了捐助法人外，所有法人均是由一定的成员所组成的，主要是由自然人所组成的，因为法人是其成员尤其是自然人为了一定的目的而设立的。然而，一旦自然人发起设立了法人，则法人就获得了独立的法人格，它

---

[1] 薛军：《法人人格权的基本理论问题探析》，载《法律科学》2004年第1期，第52—53页。

[2] 薛军：《法人人格权的基本理论问题探析》，载《法律科学》2004年第1期，第53—54页。

们的此种法人格既独立于法人的成员,也独立于法人的管理者,这就是法人的人格独立理论。①

作为法人人格独立理论的反映,虽然法人能够凭借其独立人格享有物权、债权和人格权,但是它们自身享有的这些民事权利独立于法人的成员享有的民事权利,法人成员既不可能享有法人自身的物权、债权,也不可能享有法人自身的人格权。反之亦然,法人既不能够享有法人成员的物权、债权,也不能够享有法人成员的人格权,虽然他们能够以诸如公司股东、公司董事、公司雇员的身份参与法人组织的活动,但是他们不可能因此获得人格权。因此,法人的姓名权独立于法人成员个人的姓名权,法人的名誉权独立于法人成员个人的名誉权。②

就上述第二种理由而言,它所存在的问题是,当民法学者对法人采取拟制理论时,他们所采取的此种理论不仅不能够证明法人享有人格权,反而能够证明法人不享有人格权。事实上,除了法国民法学者基于法人拟制理论否定法人享有人格权外③,王利明教授也明确指出,如果人们在法人的性质问题上主张法人拟制理论,则他们也会认为,法人是没有人格权的。④ 为了证明法人享有人格权,薛军教授完全置民法学界普遍的共识于不顾,认为通过立法者采取的拟制措施,让法人享有自然人享有的人格权。

为了反驳法人无人格权的主张并因此强化人格权独立设编的主张,在2004年的《人格权法研究》的文章中,王利明教授除了明确承认法人享有人格权外,也对法人享有人格权的原因做出了说明。⑤他认为,法人之所以享有人格权,其主要原因有四个。

其一,"法人作为独立的主体,应该享有表彰其主体资格的人格

---

① 张民安、丘志乔主编:《民法总论》(第五版),中山大学出版社2017年版,第195—196页。

② Jean Carbonnier, Droit civil, Volume I, Introduction Les personnes la famille, l'enfant, le couple, puf, 2004, p. 729.

③ Jean-Michel Bruguière, Bérengère Gleize, Droits de la Personnalité, ellipses, 2015, pp. 49–51.

④ 王利明:《人格权法研究》,中国人民大学出版社2005年版,第40页。

⑤ 王利明:《人格权法研究》,中国人民大学出版社2005年版,第38—42页。

权"。这就是，法人作为独立的民事主体，也应当具有名誉、信用等人格利益。①

其二，"财产权的保护较之于人格权的保护是不足够的"。这就是，法人既然具有独立人格，就应具有独立的人格权，仅仅将法人的人格权理解为一种财产权，对法人权益的保护是不利的，只有承认法人的人格权，才能够更加有力地保护法人的权益：一方面，法人人格权尽管有财产性，但是以人格权的行使来保护，对其保护将会更为周密；另一方面，如果不承认法人名称权的人格权性，仅仅用财产权的方法保护法人的名称是不够的。②

其三，"即使法人的名称、名誉等人格权受到财产权法的保护，也不能排除其所具有的人格属性"。这就是，一方面，财产权法的保护不能赋予人格权所应当具有的标志主体特征的性质；另一方面，财产权法的保护不能够使法人人格权具有人格权请求权的效力。③

其四，"我国现行立法和司法实践也已经承认了法人可以享有人格权"。这就是，除了《民法通则》已经规定了法人享有名称权、名誉权、荣誉权外，在《关于确定民事侵权精神损害赔偿责任若干问题的解释》第5条中，最高法院至少承认了法人享有人格权，虽然它否认了法人享有的精神损害赔偿请求权。④

问题在于，王利明教授主张法人有人格权的这四个理由是否具有说服力、能否站得住脚？笔者认为，这四个理由均是没有说服力、站不住脚的。在上述四个理由中，第一个理由之所以没有说服力、站不住脚，是因为它将法人的人格权等同于法人的主体资格即法人格，混淆了民事权利与享有民事权利的资格即法人格。在民法上，虽然民事主体享有法人格，但是他们享有的法人格未必能够让他们享有所有类型的民事权利。因此，认为法人享有法人格就应当享有人格权的观念显然是没有说服力的。例如，法人虽然享有法人格，但是它们不能够因此享有身份权或者继承权。

---

① 王利明：《人格权法研究》，中国人民大学出版社2005年版，第40页。
② 王利明：《人格权法研究》，中国人民大学出版社2005年版，第40—41页。
③ 王利明：《人格权法研究》，中国人民大学出版社2005年版，第41页。
④ 王利明：《人格权法研究》，中国人民大学出版社2005年版，第41页。

在上述四个理由当中，第二个理由之所以没有说服力、站不住脚，是因为即便仅仅认为法人的人格权在性质上是一种财产权，通过财产权保护的方法也足以保护法人享有的人格权，无须借助于王利明教授所主张的人格权的保护方法。因为除了在人格权被侵犯时权利主体能够主张排除妨害请求权、妨害预防请求权外，在财产权遭受侵犯时，权利主体同样能够主张排除妨害请求权、妨害预防请求权。

我国《物权法》第 35 条明确规定，在物权遭受侵犯时，物权人就能够通过这两种方式寻求法律保护。不过，最明显的表现是我国《侵权责任法》第 21 条的规定：侵权行为危及他人人身、财产安全的，被侵权人可以请求侵权人承担停止侵害、排除妨碍、消除危险等侵权责任。根据该条的规定，无论是侵犯他人的人格权还是侵犯他人的财产权，基于他人的主张，法官均能够采取王利明教授所主张的排除妨害请求权、妨害预防请求权，不存在这两种请求权只能够适用于人格权的侵犯而不适用于财产权侵犯的情况。

在上述四个理由当中，第三个理由根本就不构成一个独立的理由，而仅仅是对上述第一个理由和第二个理由的另外一种形式的重述，其中的"一方面"是对上述第一个理由的重述，而"另一方面"则是对上述第二个理由的重述。因为上述第一个理由和第二个理由均不具有说服力、站不住脚，所以上述第三个理由也没有说服力、站不住脚。

在上述四个理由中，第四个理由是完全站不住脚的。因为当我们对《关于确定民事侵权精神损害赔偿责任若干问题的解释》第 5 条的规定做出解读时，我们应当得出与王利明教授完全相反的结论：法人不享有人格权。《关于确定民事侵权精神损害赔偿责任若干问题的解释》第 5 条规定：法人或者其他组织以人格权利遭受侵害为由，向人民法院起诉请求赔偿精神损害的，人民法院不予受理。在民法上，民法学者之所以普遍否定法人享有人格权，就是因为他们认为，人格权在性质上并不是一种财产权，而是一种非财产权，当行为人侵犯他人的人格权时，他们应当赔偿他人遭受的非财产损害、精神损害。关于这一点，笔者将在下面的内容当中做出详细的讨论，此处从略。因为该条明确否定法人、非法人组织会遭遇精神损害，所以按照通常的解释方法，人们应当认定该条否定了法人、非法人组织享有的

第三章 法人的人格权与人格权的独立性（上）

人格权。

（三）尹田等教授关于"法人无人格权"的理由为何没有说服力、站不住脚

在我国，当尹田等教授以"法人无人格权"的理由反对人格权独立设编时，他们所提出的此种反对理由是否具有说服力、能否站得住脚？笔者认为，此种反对理由是没有说服力的、是站不住脚的。因为除了他们主张"法人无人格权"的几种原因站不住脚、没有说服力外，法人并非像他们所言的那样没有人格权，事实上，在大陆法系国家和我国，法人就像自然人一样是权利主体，除了享有物权和债权等民事权利外，它们也享有人格权，换言之，法人既是物权和债权的权利主体，也是人格权的权利主体。

在主张"法人无人格权"的理论时，尹田等教授的上述理论之所以是没有说服力的、是站不住脚的，第一个原因在于，它混淆了法人的法人格与法人的人格权，将法人享有包括人格权在内的所有民事权利的资格等同于人格权。在我国，在反对人格权独立设编时，尹田教授所犯下的最严重的错误是，将人格权当中的人格等同于一般意义上的人格即法人格、法律人格，包括将自然人享有的人格权等同于自然人的法人格和将法人、团体组织享有的人格权等同于法人、团体组织的法人格。因为法人格仅仅是包括自然人、法人、非法人组织在内的民事主体享有各种各样的民事权利的资格，它既不等同于这些民事主体享有的人格权，也不等同于他们享有的其他民事权利，已如前述。

在主张"法人无人格权"的理论时，尹田等教授的上述理论之所以是没有说服力的、是站不住脚的，第二个原因是，他们的理论同立法者的明确规定直接冲突。因为无论是在大陆法系国家还是在我国，立法者均在其制定法中明确规定，法人像自然人一样享有人格权。关于这一点，笔者将在下面的内容中做出详细的讨论，此处从略。

在主张"法人无人格权"的理论时，尹田等教授的上述理论之所以是没有说服力的、站不住脚的，第三个原因是，他们错误解读人格权的性质，将人格权视为一种自然权利、公法上的权利，否认人格

权在性质上是一种实在法上的、单纯民法性的权利。因为人格权既不是一种自然权利,也不是一种公法性的、宪法性的权利,而是一种地地道道的实在法上的权利、纯洁单纯的民事权利,是实在法化的自然权利、私法性质的权利。关于人格权所具有的这两种性质,笔者将在下面的内容中做出详细的讨论,此处从略。

在我国立法者对法人、非法人组织享有的人格权做出明确规定的情况下,仅仅出于阻止人格权独立设编的目的,尹田教授、李永军教授和梁慧星教授完全置这些明确规定于不顾,要么通过曲意解释否定这些制定法所规定的人格权的性质,要么对这些立法者的明确规定视而不见。此种做法显然违反了立法者所具有的承认法人、非法人组织享有人格权的明示意图,直接违反了制定法的明确规定。

二、法人为何享有人格权

虽然上述理由能够从消极方面反驳尹田等教授关于法人无人格权的主张,但是上述理由无法从积极方面证明法人为何能够像自然人一样享有人格权。事实上,此种问题是新近才引起民法学者关注的。在人格权提出的19世纪初期一直到20世纪初期,人们很少对此种问题做出阐述,因为在那时,民法学者关注的主要问题并不是什么人享有人格权的问题,而是人格权是否存在、如果存在人格权有哪些表现形式以及人格权与其他民事权利之间的关系等问题。①

20世纪以来,随着人格权观念被普遍接受,人格权最终在民法领域落地生根,并因此成为像物权和债权等传统民事权利一样的民事权利。此时,人们才开始逐渐关注人格权的享有者的问题。人们普遍承认,自然人当然享有人格权,这一点毫无疑问。有疑问的是,作为民事主体的法人是否享有人格权?对此问题,反对法人享有人格权的民法学者提出了四个主要的理由:道德理论、人格尊严权理论、法律拟制理论、非财产损害赔偿理论。

为了反对这些理论,并因此证明法人享有人格权的主张,某些民法学者也提出了自己的理论,诸如新人格权理论、基本权利理论、法人行为手段理论,以及拟制理论。笔者认为,这些理论均存在不足的

---

① 张民安:《法国人格权法(上)》,清华大学出版社2016年版,第153—190页。

地方,如果要解决反对者所提出的四个反对理由,我们必须采取旧瓶装新酒的方式,通过拓展传统的法人实在法理论功能的方式,除了因此为法人人格权奠定最坚实的基础外,也能够解决民法学者在讨论法人人格权时所面临的各种问题。

(一)民法学者反对法人享有人格权的理由为何没有说服力

在大陆法系国家,虽然民法学者反对法人享有人格权的观念,但是,他们提出的反对理由不同于尹田等教授的理由。具体来说,民法学者反对法人享有人格权的主要理由有四个。[①]

其一,人格权的基础(fondement)决定了法人无法享有人格权。某些民法学者认为,法人之所以没有人格权,是因为法人在性质上是一种物(chose)而不是人,仅自然人才是人,这就是自然人独立于物的理论。根据此种理论,只有自然人才有需要获得尊重的尊严,物是没有需要加以尊重的尊严的。人们仅仅是基于自然人的人文精神而赋予他们以人格权的,作为物,法人没有人文精神,因此并不享有人格权。

其二,人格权的道德性决定了法人无法享有人格权。某些民法学者认为,自然人之所以具有人格权,是因为自然人具有精神、道德、情感、心理,人格权仅仅是针对自然人的这些内容加以保护的,而法人则没有自然人所具有的精神、道德、情感、心理,因此它们不需要人格权的保护。

其三,法人的法律性质(nature juridique)决定了法人不能够享有人格权。某些民法学者认为,法人之所以没有人格权,是因为法人在性质上是一种拟制人,根据该种拟制人,民法领域的权利主体原本只是自然人,法人原本并不是权利主体,仅仅是为了实践的目的即让

---

① Agnès Lucas-Schloetter, Droit moral et droits de la personnalité: étude de droit comparé français et allemande, Tome I, Presses Universitaires D'Aix-Marseille, Paris, 2002, pp. 231 – 237; Hélène Martron, *Les droits de la personnalité des personnes morales de droit privé*, 2011, LGDJ, pp. 75 – 115; Jean-Michel Bruguière, Bérengère Gleize, Droits de la Personnalité, ellipses, 2015, pp. 48 – 52; Jean-Christophe Saint-Pau et, Droits de la Personnalité, LexisNexis, 2013, pp. 87 – 92.

法人能够从事取得和保有财产权的活动，立法者才承认法人是一种权利主体。因此，基于理性的考虑，法人即便享有权利，它们也仅仅享有财产权，不会享有人格权。

其四，人格权引起的非财产损害后果决定了法人不能够享有人格权。某些民法学者认为，法人之所以没有人格权，是因为人格权在性质上属于一种非财产权，当行为人侵犯民事主体享有的人格权时，权利主体只能够要求法官责令行为人赔偿自己遭受的非财产损害。在行为人侵犯法人享有的权利时，即便法人有权要求法官责令行为人赔偿其损害，它们也只能够要求法官责令行为人赔偿其财产损害，不能够要求法官责令行为人赔偿其非财产损害。因此，法人是不可能享有人格权的。

问题在于，反对法人享有人格权的这四个理由是否具有说服力？笔者认为，这四个理由均不足以否定法人享有的人格权。上述第三个理由之所以没有说服力，是因为法人既不是一种法律拟制体，也不是一种实在体，而是一种像自然人一样的真正的权利主体、人，除了有自身的大脑、灵魂、意志外，它们还有自身的身体、躯体。关于这一点，笔者将在下面的内容中做出详细的讨论，此处从略。上述第二个理由和第四个理由之所以没有说服力，是因为法人也像自然人一样具有内心的精神、道德、情感和心理，在法人的人格权遭受侵犯时，法人也会像自然人一样遭受非财产损害，法官也会责令行为人赔偿法人遭受的非财产损害。关于这一点，笔者将在下面的内容中做出详细的讨论，此处从略。笔者仅在此处对上述第一个理由没有说服力的原因做出简要的说明。

上述第一个理由之所以没有说服力，是因为在今时今日，虽然法人能够在一定范围内被视为一种物、权利客体，但是在绝大多数情况下，法人均被视为一种权利主体，就像自然人被视为一种权利主体一样。事实上，就像自然人是一种真正的人、权利主体一样，法人也是一种真正的人、权利主体。关于这一点，笔者将在下面的内容中做出详细的讨论，此处从略。所谓法人能够在一定范围内被视为一种物、权利客体，是指法人有时被视为一种财产即无形财产，法人的成员能够将其出卖、抵押或者出租。例如，在商法中，公司被视为商事营业资产，公司的股东能够做出决定，将其出卖、抵押或者租赁，这就是商事营业资产的出卖、抵押和租赁。①

在民法领域，自然人当然具有应当受到尊重的尊严，这就是自然人的尊严（dignité humaine）。问题不在于自然人是否有尊严，问题在于自然人的尊严究竟是什么？对此问题，人们分别在不同的含义上使用"人的尊严"这一术语：有时人们在自然人的名誉和敬重方面使用"尊严"这一术语，有时他们在自然人的资格方面使用"尊严"这一术语，有时他们在权利方面使用"尊严"这一术语，有时他们在法律原则的基础上使用"尊严"这一术语，有时他们又在人文主义和人格权根据的基础上使用这一术语，有时他们还在卓越的价值等方面使用这一术语，等等。②

不过，虽然尊严的含义多种多样，但是尊严的最主要含义是指对自然人的尊重，对具有卓越价值的自然人的尊重。③ 换言之，鉴于自然人具有卓越价值，鉴于自然人属于人，因此人们应当以人道主义的方式对待人，不能够折磨、殴打、侮辱自然人，不能够对自然人施加酷刑等。实际上，此种意义上的尊严等同于一种主观权利即人格尊严权。

在民法上，法人是否具有尊严？如果从折磨、殴打、侮辱或者施加酷刑的角度来看，则法人没有尊严，因为这些侵犯自然人的方式均是不人道的，人们无法对法人施加这些不人道的侵犯。但是，如果从受尊重的角度来看，法人当然也有自己的尊严。因为就像自然人享有受尊重权一样，法人当然也享有受尊重权，它们有权要求行为人尊重自己的名称、名誉、私人生活和从商自由，也有权要求行为人不对自己实施各种各样的不当行为，等等。

因此，如果将尊严理解为受尊重，则除了自然人有尊严外，法人也有尊严。因为作为权利主体，自然人和法人均享有受尊重权，均有权要求行为人对其承担不侵犯自身利益的义务：法人的名誉应当受行

---

① 张民安：《商法总则制度研究》，法律出版社2007年版，第317—402页。

② Marie-Luce Pavia Thierry Revet et, La dignité de la personne humaine, Economica, 1999, pp. 3 – 23; Jean-Christophe Saint-Pau et, Droits de la Personnalité, LexisNexis, 2013, pp. 97 – 134.

③ Gérard Cornu, Vocabulaire juridique, 10 e édition, puf, p. 346; Le Petit Larousse Illustré 2018, Larousse, p. 382.

为人的尊重，行为人不应当侵犯法人的名誉权；法人的名称应当受到尊重，行为人不应当侵犯法人的名称；法人的场所应当受尊重，行为人不应当侵入法人的场所。否则，他们实施的行为就侵犯了法人的受尊重权，法人有权要求法官责令行为人对其承担民事责任，等等。

法人与自然人在尊严方面所存在的差异是：行为人侵犯法人尊严的方式不同于他们侵犯自然人尊严的方式。造成此种差异的主要原因是，自然人和法人的构成要素存在差异：虽然法人和自然人均有身体、躯体，但自然人的身体、躯体是由血肉之躯组成的，而法人的身体、躯体则是由法人机关组成的。仅仅在侵犯血肉之躯时，行为人才可能采取不人道的方式，如果身体、躯体不是由血肉之躯构成的，则行为人无法采取不人道的方式。关于这一点，笔者将在下面的内容中做出详细的讨论，此处从略。

（二）民法学者主张法人享有人格权的理由为何没有说服力

在同否定法人人格权的民法学者展开论战时，主张法人享有人格权的民法学者提出了一些有针对性的理论，包括新人格权理论、基本权利理论和法人的行为手段理论。

其一，新人格权理论（le nouveaux droits de la personnalité）。为了反驳上述理论和证明法人享有人格权的主张，某些民法学者提出了新人格权理论。他们认为，人格权的发展经历着从道德性、伦理性、情感性和人格尊严性的人格权向非道德性、非伦理性、非情感性和非人格尊严性的人格权发展的趋向。换言之，人格权的发展经历着从自然人的人格权向法人的人格权发展的趋向。根据此种理论，传统上的人格权属于自然人享有，因为它们是建立在自然人的道德性、伦理性、情感性和人格尊严性的基础上，以对自然人提供保护。而现在，除了对自然人享有的这些性质的人格权提供保护外，民法也承认法人享有一些经济性的、商事性的人格权。①

---

① Pierre Tercier, le nouveaux droits de la personnalité, Zurich: Schulthess, 1984, p. 18; Hélène Martron, Les droits de la personnalité des personnes morales de droit privé, 2011, LGDJ, pp. 103 – 104.

在民法上，采取新人格权理论反驳上述主张并因此证明法人享有人格权的民法学者是瑞士学者 P. Tercier。1983 年，瑞士立法者决定对《瑞士民法典》进行修改并因此成立了以 P. Tercier 为组长的民法典改革小组。在对《瑞士民法典》第 28 条做出修改建议时，P. Tercier 提出了新人格权理论。他认为，为了让法人像自然人一样受到第 28 条所规定的人格权保护，人们应当对作为人格权客体的人格做出广义界定，这就是，"所谓人格，是指每一个人享有的固有利益的有机整体，它们既属于自然人也属于法人，为他们或者它们在出生、成立之后至死亡、解散之前享有"[1]。

其二，基本权利理论（les droits fondamentaux）。为了反驳上述理论并因此证明法人享有人格权的主张，某些民法学者提出了法人的基本权利理论，认为人格权属于法人享有的一种基本权利。根据该种理论，既然公法明确规定法人享有某些基本权利，民法当然也应当承认法人享有某些基本权利，这些基本权利就是人格权，它们属于法人自身享有的权利，同自然人的道德性、伦理性、情感性、人格尊严性没有丝毫的关系。

此种理论的灵感有二：其一，《德国基本法》即德国 1949 年新宪法第 19（3）条规定，在基本法的性质所允许的范围内，法人也享有基本权利。其二，欧洲人权法院在其判决中认定，当法人的名誉权遭受侵犯时，它们被侵犯的名誉权与人格尊严权没有任何关系。在法国，X. Dupré de Boulois 采取此种理论。他认为，法人也像自然人一样享有人格权，这就是法人的集体人格权（droit à la personnalité juridique des collectivités）。[2]

其三，法人的行为手段理论（moyens de l'action des personne morale）。为了反驳上述理论并因此证明法人享有人格权的主张，某些民法学者从法人基本权利理论中获得了灵感，并因此提出了法人的行

---

[1] Pierre Tercier, le nouveaux droits de la personnalité, Zurich: Schulthess, 1984, p. 18; Hélène Martron, Les droits de la personnalité des personnes morales de droit privé, 2011, LGDJ, pp. 103 – 104.

[2] X. Dupré de Boulois, Les droits fondamentaux des personnes morales, https://books.openedition.org/putc/3041 # authors; Jean-Michel Bruguière, Bérengère Gleize, Droits de la Personnalité, ellipses, 2015, pp. 54 – 55.

为手段理论。根据该种理论，法人享有的人格权并不涉及法人的资格而仅仅涉及法人的组织。人们之所以赋予法人以人格权，其目的不在于承认法人享有的财产受尊重的权利，不在于让法人享有签订契约的权力。换言之，其目的不在于让法人能够实施商事法律行为。相反，人们之所以赋予法人以人格权，其目的是让法人将享有的人格权作为一种行动的手段：凭借该种手段，也就是，凭借享有的人格权，法人既能够确保自身的独立，也能够捍卫自身的身份。在法国，Jean-Michel Bruguière 和 Bérengère Gleize 采取此种理论。①

在主张法人享有人格权时，民法学者的上述三个理由是否具有足够的说服力？笔者认为，在主张法人享有人格权的上述三个理由中，第一个理由和第二个理由显然欠缺说服力，而第三个理由则具有一定的合理性。第三种理由之所以具有一定的合理性，是因为如果法人不享有人格权，则它们无法凭借享有的此种权利保障自己的人格利益免受侵犯。事实上，包括人格权在内，民事主体享有任何民事权利的目的均在于通过享有的民事权利保护自己的利益免受侵犯。关于这一点，笔者将在下面的内容中做出详细的讨论，此处从略。

主张法人享有人格权的上述第一种理论为何没有说服力？答案在于，如果法人的人格权没有道德性、伦理性、情感性，在行为人侵犯法人享有的某些人格权时，法官如何责令行为人赔偿法人遭受的非财产损害？在民法上，人格权的道德性、伦理性、情感性是法官责令行为人赔偿他人遭受的非财产损害的原因，如果人格权没有道德性、伦理性、情感性，则在他人的人格权遭受侵犯时，法官无法责令行为人赔偿他人遭受的损害，因为非财产损害的赔偿是为了补偿他人遭受的道德损害、情感损害、心理损害。②

传统民法认为，自然人享有的所有人格权均被视为具有道德性、伦理性、情感性的人格权，因此在自然人的人格权遭受任何侵犯的情况下，法官均会责令行为人赔偿他人遭受的非财产损害。不过，此种

---

① Jean-Michel Bruguière, Bérengère Gleize, Droits de la Personnalité, ellipses, 2015, pp. 55 – 56.

② 张民安、铁木尔高力套：《债权法》（第五版），中山大学出版社2017年版，第220页。

理论在今时今日已经逐渐丧失了其说服力。因为随着人格权的财产化、商事化现象的加剧,尤其是,随着涉人格权的法律行为的大量承认,自然人享有的某些人格权已经完全没有了道德性、伦理性、情感性,而仅仅具有财产性、商事性、市场性,而他们享有的某些人格权则既有道德性、伦理性、情感性也具有财产性、商事性、市场性。

在今时今日,法人的人格权所面临的情形与自然人的人格权几乎是一样的,这就是,法人享有的某些人格权具有道德性、伦理性、情感性,而它们享有的另外一些人格权则欠缺道德性、伦理性、情感性,还有某些人格权则同时具有道德性、伦理性、情感性和财产性、商事性、市场性。关于这一点,笔者将在下面的内容中做出详细的讨论,此处从略。因为法人的人格权也像自然人的人格权一样具有不同的性质,所以当行为人侵犯法人的人格权时,他们有时也需要对法人遭受的非财产损害承担赔偿责任。关于这一点,笔者将在下面的内容中做出详细的讨论,此处从略。

主张法人享有人格权的上述第二种理论为何没有说服力?笔者认为,该种理论混淆了民事权利与人权、基本权利,将民事主体在民法中享有的人格权等同于人在公法、宪法、人权法中享有的人权、基本权利,导致了民法、私法与宪法、人权法、公法不分的局面。作为法律科学的重要组成部分,人们自古罗马时代以来一直到现在均坚持私法和公法的区分理论,认为该种区分理论构成法律科学的基础和核心内容,即便到了今日,人们在私法和公法的二分法之外提出了法律部门的三分法理论,认为法律部门分为私法、公法和混合法,亦如此。[①] 如果在法人的人格权领域引入宪法、人权法的因素,虽然此种做法解决了法人是否享有人格权的问题,但是,此种做法存在将基本权利等同于人格权的风险。在能够通过其他方式确认法人享有人格权

---

① Henri Roland, Laurent Boyer, Introduction au droit, Litec, 2002, pp. 91 – 108; Gérard Cornu, Droit civil, Introduction au droit, 13e édition, Montchrestien, 2007, pp. 26 – 31; Philippe Malaurie, Patrick Morvan, Introduction au droit, 4e édition, DEFRÉNOIS, pp. 55 – 62; Francois Terré, Introduction générale au droit, 10e édition, Dalloz, pp. 85 – 99; Christian Larroumet, Augustin Aynès, Introduction à l'étude du droit, 6e édition, Economica, 2013, pp. 37 – 56;张民安:《法国民法》,清华大学出版社 2015 年版,第 13—16 页;张民安、丘志乔主编:《民法总论》(第五版),中山大学出版社 2017 年版,第 61—65 页。

的情况下，人们最好避免使用此种方法。

(三) 法人拟制说为何没有说服力

在解读法人为何没有人格权时，民法学者普遍采取法人拟制说。他们认为，在民法上，仅自然人依照其性质能够成为权利主体，享有包括财产权和人格权在内的所有民事权利，而自然人基于这样或者那样的目的结合在一起所形成的组织依照其性质原本不是权利主体、原本不能够享有自然人享有的民事权利。仅仅是为了让组织能够开展活动并因此享有财产权，立法者才明确赋予组织以像自然人一样的法人格，并因此让它们成为像自然人一样的权利主体。换言之，组织之所以享有法人格，完全是基于立法者的恩赐，除了因此获得享有财产权的法人格、权利主体资格外，组织不能够获得享有人格权的法人格、权利主体资格。①

民法学者之所以在法人格、权利主体的问题上区分自然人和法人，是因为他们认为，自然人在性质上不同于法人：自然人有灵魂、大脑、会思维、有意志，有躯体、有机组织，而法人则不同，它们既没有灵魂、大脑，也没有躯体、组织体，既无法思考，也无法做出行为。② 不过，否定法人享有人格权的此种理论并没有说服力，不足以证明法人没有人格权的主张。

首先，至少在19世纪中期奴隶被最终废除之前，虽然奴隶在性质上也属于自然人，也像其主人一样有意志和躯体，但是法律完全没有赋予他们以权利主体的资格，除了不能够享有财产权外，他们也不能够享有人格权。在奴隶和其主人均有意志和身体的情况下，法律为何让奴隶的主人成为享有人格权的主体，而让奴隶成为会说话的、不

---

① Jean Carbonnier, Droit civil, Volume I, Introduction Les personnes la famille, l'enfant, le couple, puf, p. 740; Hélène Martron, Les droits de la personnalité des personnes morales de droit privé, 2011, LGDJ, pp. 16 – 17.

② Michel de JUGLART Alain PIEDEEVRE Stephane PIEDEEVRE, Cours de droit civil, introduction, personnes, famille, Seizième édition, Montchrestien, p. 97; ean Carbonnier, Droit civil, Volume I, Introduction Les personnes la famille, l'enfant, le couple, puf, pp. 738 – 739; Bernard Teyssié, Droit civil, Les personnes, 12e, édition, Litec, pp. 399 – 400; FrancoisTerré Dominique Fenouillet, Droit civil les personnes, 8e édition, Dalloz, pp. 241 – 242.

享有人格权的物、客体？可见，如果说法人的权利主体资格、法人格是法律拟制的，则自然人的权利主体资格、法人格同样也是法律拟制的。在权利主体资格、法人格均源自法律拟制的情况下，自然人为何享有人格权而法人不享有人格权？①

其次，法人拟制说同历史事实完全不符。在民法上，无论民法学者怎样主张法人拟制说，认为组织的法人格、权利主体资格是立法者基于实际目的通过制定法赋予的，法人拟制说是完全不符合历史事实的。因为真实的历史事实是，从中世纪开始一直到19世纪中后期，在立法者通过制定法赋予它们以法人格、权利主体资格之前，自然人所建立的组织尤其是其中的商事组织、商事公司就已经开始了这样或者那样的活动。换言之，它们大都游离于立法者的制定法之外：在立法者忽视它们的存在时，它们并没有因为立法者的忽视而没有以独立组织的身份开展商事经营活动，即便立法者没有通过制定法赋予它们以权利主体、法人格，它们仍然以自身的名义独立从事各种各样的商事活动。②

在19世纪中后期之前，虽然像英国和法国这样的西方国家加大了对商事公司设立和运营活动的控制，并因此建立起历史上著名的特许公司制度、制定法上的公司制度，但是大量的商人置西方国家的强制性、禁止性的法律规定于不顾，除了自由设立上市公司、自由发行股份外，他们也自由开展商事经营活动。虽然他们当中的许多人遭到国家的严厉制裁，某些商人甚至因此被送上了断头台，但是在19世纪中后期，他们最终取得了决定性的胜利。因为基于他们的强烈反对，西方国家最终放弃了公司设立方面的核准制，转而采取了公司设立的准则制，让所有的商人均能够自由设立公司并因此自由从事商事活动。③

最后，法人也像自然人一样有享有人格权的意志和身体。在今时

---

① Jean-Michel Bruguière, Bérengère Gleize, Droits de la Personnalité, ellipses, 2015, pp. 50 – 55.

② 张民安：《公司法上的利益平衡》，北京大学出版社2003年版，第19—25页；张民安：《公司法的现代化》，中山大学出版社2006年版，第18—30页。

③ 张民安：《公司法上的利益平衡》，北京大学出版社2003年版，第21—25页；张民安：《公司法的现代化》，中山大学出版社2006年版，第18—30页。

今日，法人并不是一种法律拟制人，也不是一种实在体，而是自然人为了这样或者那样的目的而设立的一个集体组织、一个像自然人一样的真正权利主体。虽然法人是由自然人为了实现某种的目的而设立的，但是法人一经设立则独立于自己的成员：法人的财产独立于其成员的财产，法人的权利义务独立于其成员的权利义务，法人的责任独立于其成员的责任，法人的名称和场所也独立于其成员的姓名和住所，这就是法人人格独立理论。①

在民法领域，自然人当然享有人格权，这一点毋庸置疑。因为在今时今日，在承认人格权时，几乎所有的民法学者均认为，自然人是享有人格权的最主要、最重要的权利主体，某些民法学者甚至认为，自然人是享有人格权的唯一权利主体，法人不享有人格权，已如前述。问题在于，作为一种权利主体，自然人为何能够享有人格权？在人格权理论提出的19世纪初期，像Puchta这样的民法学者虽然主张人格权像物权和债权一样属于一种民事权利，但是，他们并没有解释自然人为何享有人格权。② 在1870年的《自然法基础教程》（即《法哲学基础教程》）中，法国著名民法学者、法哲学家、自然法学派的代表人物 Alphonse Boistel 从法哲学的高度、自然法的角度对此种问题做出了回答。③

Alphonse Boistel 认为，除了能够对外在客体享有权利外，自然人也能够对其内在客体享有权利。所谓外在客体，是指自然人之外的其他自然人。所谓内在客体，则是指自然人自身。当自然人对其外在客体享有权利时，他们享有的权利在性质上是债权，而当自然人对其内在客体享有权利时，他们享有的权利在性质上是人格权。因此，所谓人格权，是指自然人对其自身享有的权利。④

---

① 张民安：《公司法的现代化》，中山大学出版社2006年版，第283—318；张民安、丘志乔主编：《民法总论》（第五版），中山大学出版社2017年版，第195—196页。

② 张民安：《法国人格权法（上）》，清华大学出版社2016年版，第131—142页。

③ Alphonse Boistel, Cours Élémentaire De Droit Naturel, Ou De Philosophie Du Droit, Paris, Ernest Thorin, Éditeur, 1870, pp. 141 - 194；张民安：《法国人格权法（上）》，清华大学出版社2016年版，第267—280页。

④ Alphonse Boistel, Cours Élémentaire De Droit Naturel, Ou De Philosophie Du Droit, Paris, Ernest Thorin, Éditeur, 1870, p. 152；张民安：《法国人格权法（上）》，清华大学出版社2016年版，第266—267页。

第三章 法人的人格权与人格权的独立性（上）

Alphonse Boistel 指出，自然人的本性、属性、性质决定了他们能够享有人格权。所谓自然人的本性、属性、性质是指自然人所具有的权力，凭借该种权力，自然人除了能够对外在客体施加权力之外也能够对其内在客体施加权力。而自然人之所以能够享有这些权力，则是因为自然人是有灵魂和身体的人。换言之，自然人之所以能够对其自身享有人格权，是因为自然人既有灵魂也有身体。一方面，自然人有大脑、灵魂、意志（âme volonté），会思考，能够做出深思熟虑的、理性的判断、决定；另一方面，自然人有身体、躯体（corps），能够将其做出的深思熟虑的、理性判断、决定付诸实施。[①]

如果自然人的大脑、灵魂、意志和身体、躯体是他们享有人格权的原因，我们能否基于同样的原因认为法人也享有人格权？对此问题，某些民法学者持反对的态度。他们认为，鉴于法人没有大脑、灵魂、意志、身体、躯体，它们不可能像自然人一样享有人格权。除了前述的法人拟制理论基于此种理由反对法人的人格权外，主张法人否定说的民法学者也基于这一理由反对法人的人格权。根据这一学说，法人在性质上根本就不是人，它们既没有自然人所具有的大脑、灵魂、意志，也没有自然人所具有的身体、躯体，因为它们在性质上要么是一种被隐藏的集体财产，要么是一种由不同法律规范结合在一起所形成的法律制度。因为法人在性质上不是权利主体，所以它们当然无法享有人格权了。[②]

在民法上，自然人当然既有大脑、灵魂、意志，也有身体、躯体，这一点不言自明、无须论证。问题在于，法人是否有自己的大脑、灵魂、意志、身体、躯体？真实的答案是完全肯定的：作为一种

[①] Alphonse Boistel, Cours Élémentaire De Droit Naturel, Ou De Philosophie Du Droit, Paris, Ernest Thorin, Éditeur, 1870, pp. 141 – 194；张民安：《法国人格权法（上）》，清华大学出版社2016年版，第267—280页。

[②] Michel de JUGLART Alain PIEDEEVRE Stephane PIEDEEVRE, Cours de droit civil, introduction, personnes, famille, Seizième édition, Montchrestien, pp. 97 – 98；Jean Carbonnier, Droit civil, Volume I, Introduction Les personnes la famille, l'enfant, le couple, puf, p. 741；Bernard Teyssié, Droit civil, Les personnes, 12e, édition, Litec, pp. 400 – 401；FrancoisTerré Dominique Fenouillet, Droit civil les personnes, 8e édition, Dalloz, p. 243；张民安：《法国民法》，清华大学出版社2015年版，第181—182页；张民安、丘志乔主编：《民法总论》（第五版），中山大学出版社2017年版，第194页。

独立的民事主体，法人既像自然人一样具有自己的大脑、灵魂、意志，也像自然人一样具有自己的身体、躯体，就像自然人是由自己的大脑、灵魂、意志和身体、躯体结合在一起所形成的一个有机整体一样，作为一种民事主体，法人也是由自己的大脑、灵魂、意志和身体、躯体结合在一起所形成的一个有机整体。关于这一点，笔者将在下面的内容中做出详细的讨论，此处从略。

如果自然人的大脑、灵魂、意志和身体、躯体是他们享有人格权的原因的话，则在法人也具有自然人所具有的大脑、灵魂、意志和身体、躯体时，法人当然也应当享有自然人享有的人格权了，即便它们无法享有某些专属于自然人的人格权，但是它们至少享有那些非专属于自然人的人格权。

（四）法人在性质上属于一种真正的人和权利主体

笔者认为，在民法上，法人之所以享有人格权，第一个主要原因是，在今时今日，法人在性质上不仅是一种权利主体，而且还是一种真真正正的、切切实实的权利主体，就像自然人是一种真真正正的、切切实实的权利主体一样。法人既不是一种法律拟制体，也不是一种法律实在体，更不是一种财产、物、权利客体，它们不仅像自然人一样具有享有民事权利的法人格、法律资格，而且也像自然人一样能够现实地享有包括财产权和人格权在内的各种各样的民事权利。事实上，在今时今日，除了立法者明确承认法人是一种权利主体、人以外，民法学者也普遍承认法人是一种权利主体、人。

在今时今日，虽然《法国民法典》第一卷的标题为"人"，但是，它所规定的人仅仅是指自然人（les personne physique），并不包括法人（les personne morale），甚至连"法人"这一术语都没有出现在《法国民法典》中，直到1968年1月3日的法律通过，法人的概念才第一次出现在《法国民法典》中，这一点同德国民法典或者瑞士民法典形成鲜明的对比，因为《德国民法典》和《瑞士民法典》

均明确规定,法人是一种权利主体。① 不过,虽然《法国民法典》没有对法人这一民事主体做出明确规定,但是,法国民法学者普遍承认,除了自然人属于"人"、民事主体外②,法人也是"人""民事主体"③,因为他们认为,法人和自然人一样均具有法人格,均能够享有民事权利和承担民事义务。

虽然《法国民法典》没有明确将法人规定为"人""民事主体",但是,其他国家的民法典则普遍规定,法人在性质上是一种像自然人一样的"人""民事主体"。例如,《瑞士民法典》就采取此种态度,因为在第一卷即人法(Droit des personnes)中,《瑞士民法典》第一编和第二编分别对自然人(Des personnes physiques)和法人(Des personnes morales)做出了规定。④ 再例如,《魁北克民法典》也采取此种态度,因为在第一卷人中,除了在第一编至第四编中对自然人做出了规定外,它也在第五编中对法人做出了规定。⑤

---

① Guy Raymond, Droit Civil, 2e edition, Litec, p. 175; David Bakouche, Droit civil les personnes la famille, HACHETTE, pp. 63 – 64; GERARD CORNU, Droit civil, Les personnes, 13 e édition, Montchrestien, p. 192; 张民安:《法国民法》,清华大学出版社 2015 年版,第 178—179 页。

② Henri Roland, Laurent Boyer, Introduction au droit, Litec, 2002, pp. 387 – 407; Christian Larroumet, Augustin Aynès, Introduction à l'étude du droit, 6e édition, Economica, 2013, pp. 225 – 257; Philippe Malinvaud, Introduction à l'étude du droit, 15e édition, LexisNexis, 2015, pp. 247 – 255; Henri et Léon Mazeaud, Jean Mazeaud, Francois Chabas, Lecons de DROIT CIVIL, Tome I/Deuxième Volume, Les Personnes, 8 édition, Montchrestien, pp. 7 – 308; Bernard Teyssié, Droit civil, Les personnes, 12e, édition, Litec, pp. 9 – 512; Francois Terré, Dominique Fenouillet, Droit civil les personnes, 8e édition, Dalloz, pp. 9 – 238.

③ Henri Roland, Laurent Boyer, Introduction au droit, Litec, 2002, pp. 407 – 426; Christian Larroumet, Augustin Aynès, Introduction à l'étude du droit, 6e édition, Economica, 2013, pp. 261 – 298; Philippe Malinvaud, Introduction à l'étude du droit, 15e édition, LexisNexis, 2015, pp. 257 – 273; Henri et Léon Mazeaud, Jean Mazeaud, Francois Chabas, Lecons de DROIT CIVIL, Tome I/Deuxième Volume, Les Personnes, 8 édition, Montchrestien, pp. 314 – 325; Bernard Teyssié, Droit civil, Les personnes, 12e, édition, Litec, pp. 513 – 569; Francois Terré, Dominique Fenouillet, Droit civil les personnes, 8e édition, Dalloz, pp. 239 – 266.

④ Code civil suisse du 10 décembre 1907, Etat le 1er janvier 2018, https://www.admin.ch/opc/fr/classified-compilation/19070042/index.html.

⑤ Code civil du Québec, À jour au 30 juin 2018, http://legisquebec.gouv.qc.ca/fr/showdoc/cs/CCQ-1991.

在我国，除了《民法通则》明确将法人规定为像自然人一样的民事主体外，我国《民法总则》也明确规定，法人是像自然人一样的民事主体。除了在第二章中对自然人做出了规定外，《民法通则》还在第三章中对法人做出了明确规定。《民法通则》的此种态度被《民法总则》所采取，除了在第二章和第四章中分别对自然人和非法人组织做出了规定外，《民法总则》还在第三章中对法人做出了规定。在《民法总则》被作为总则编规定在未来民法典当中时，我国未来民法典当然也像大陆法系国家的民法典一样明确承认法人的民事主体地位。

虽然立法者明确将法人规定为一种"人""民事主体"，但是，我们不能够因此认定，被立法者规定在民法典当中的法人在性质上或者是传统民法理论中的"法律实在体"，或者是传统民法理论中的"法律拟制体"。一方面，立法者在其民法典中所规定的法人不是传统民法理论当中的法律实在体，因为，根据法律实在体理论，法人游离于制定法之外，是在制定法之外独立生长和发展的，而在今时今日，所有法人均是制定法规定的，它们只能够在制定法中存在，而无法在制定法之外存在。另一方面，立法者在其民法典中所规定的法人不是传统民法理论中的法律拟制体。因为在将法人规定为一种"人""民事主体"时，立法者既没有像法律拟制理论所说的那样，仅自然人是"人""民事主体"，仅仅是为了实际目的才赋予法人以享有财产权的法人格。事实上，在赋予法人以法人格时，除了明确规定法人能够凭借其法人格享有财产权外，立法者也明确规定，法人也能够凭借其法人格享有人格权。关于这一点，笔者将在下面的内容中做出详细的讨论，此处从略。

总之，在今时今日，法人既不是传统民法中的法律拟制体，也不是传统民法中的法律实在体，即便它们是根据制定法的规定产生的，它们是一种像自然人一样的"人""民事主体"，它们既像自然人一样有自己的独立意志，也像自然人一样有自己的独立利益，还像自然人一样有自己的独立身体、躯体。除了能够像自然人一样享受自己的民事生活外，它们也能够像自然人一样从事各种各样的民事活动，包括签订合同、取得财产、转让财产和从事发明创造等。这就是法人的人格独立。作为一种具有独立法人格的"人""民事主体"，法人当然能够像自然人那样享有各种各样的财产权,诸如物权、债权、知识产权,它们也能够像自然人那样享有各种各样的人格权,诸如名誉权、隐私权、名称权等。

(五) 法人就像自然人一样具有自身的意志和身体

笔者认为,在民法上,法人之所以享有人格权,第二个主要原因是,作为一种真正的民事主体,法人就像自然人一样具有自身的意志和身体。换言之,就像自然人是由灵魂和身体这两个因素构成的一样,法人也是由两个既相对独立又相互依存的因素构成的,它们结合在一起共同形成法人组织:凭借法人的大脑、灵魂和意志,法人也能够像自然人一样思考、做出深思熟虑的、理性的判断、决定;而凭借其身体、躯体,法人也能够像自然人一样将其做出的深思熟虑的、理性的判断、决定付诸行动。

一方面,所有法人均具有自己的大脑、灵魂和意志,能够代表法人做出深思熟虑的、理性的判断和决定。[①] 所谓大脑、灵魂和意志,是指人的意识(conscience)、内心、愿望、知识性活动,是指人在面对某种客观事物时的反应、体验、感觉、主观意志。[②] 任何人,只要在面对某种客观事物时会表现出不同的反应、体验、感觉、主观意志,则具有自己的大脑、灵魂和意志。

在民法领域,自然人当然具有自己的大脑、灵魂和意志,因为,在面对外部世界的某种客观事物时,自然人均能够做出不同的反应、体验、感觉、主观意志,无论这些反映、体验、感觉、主观意志是理性的还是非理性的,是合理的还是不合理的,是自发的还是自觉的。即便刚刚出生,在面对外部世界时,自然人也能够做出反应、体验、感觉,只不过他们的反应、体验、感觉在此时仍然是无意识的、不加

[①] Henri et Léon Mazeaud, Jean Mazeaud, Francois Chabas, Lecons de DROIT CIVIL, Tome I/Deuxième Volume, Les Personnes, 8 édition, Montchrestien, p. 317; Jean Carbonnier, Droit civil, Volume I, Introduction Les personnes la famille, l'enfant, le couple, puf, p. 742; Bernard Teyssié, Droit civil, Les personnes, 12e, édition, Litec, p. 401.

[②] V. Gérard Cornu, Vocabulaire juridique, 10 e édition, puf, p. 60, p. 1081; Le Petit Larousse Illustré 2018, Larousse, p. 70, p. 1219.

思考的，还没有发展到主观意志、理性的程度。①

在民法领域，问题不在于自然人是否具有自己的大脑、灵魂和意志，问题在于，法人是否具有自己的大脑、灵魂和意志？笔者认为，在民法领域，法人当然具有自己的大脑、灵魂和意志。法人之所以具有自己的大脑、灵魂和意志，是因为在面对外部世界尤其是与其活动有关系的外部世界时，法人同样具有自然人所具有的不同反应、体验、感觉、主观意志，并且它们的反应、体验、感觉、主观意志既可能是理性的也可能是非理性的，这一点与自然人的反应、体验、感觉、主观意志惊人一致。

作为两种民事主体，法人与自然人之间的差异仅仅是形式上的而不是实质上的：自然人的大脑、灵魂和意志通过自身的脑细胞体现。而法人的大脑、灵魂和意志则不同，它们通过法人机关来体现：法人机关的大脑、灵魂和意志是法人的大脑、灵魂和意志。根据国情、法人性质和规模大小的不同，法人的机关当然存在差异，不同国家甚至同一个国家的不同法人的机关是不同的。总的说来，一个健全的、典型的法人往往同时包含三个机关即代表机关、管理机关和监督机关，因此，法人代表机关的大脑、灵魂和意志，法人管理机关的大脑、灵魂和意志，以及法人监督机关的大脑、灵魂和意志均是法人的大脑、灵魂和意志。②《瑞士民法典》第55C条对法人的意志做出了明确说明：法人的意志通过自己的机关表示。③

此外，即便是此种形式上的差异也不应当过分强调，因为虽然法人的大脑、灵魂和意志是法人机关的大脑、灵魂和意志，但法人的机关仍然是由自然人构成的，所以法人的大脑、灵魂和意志实质上仍然是自然人的大脑、灵魂和意志：一方面，在法人代表机关中，代表法人大脑、灵魂和意志的自然人是占有51%有表决权的股东或者其他

---

① Alphonse Boistel, Cours Élémentaire De Droit Naturel, Ou De Philosophie Du Droit, Paris, Ernest Thorin, Éditeur, 1870, p. 155；张民安：《法国人格权法（上）》，清华大学出版社2016年版，第268页。

② 张民安：《法国民法》，清华大学出版社2015年版，第193—194页；张民安、丘志乔主编：《民法总论》（第五版），中山大学出版社2017年版，第213—214页。

③ Code civil suiss du 10 décembre 1907, Etat le 1er janvier 2018, https://www.admin.ch/opc/fr/classified-compilation/19070042/index.html.

成员；在法人管理机关中，代表法人大脑、灵魂和意志的自然人是法人的董事或者其他自然人；在法人监督机关中，代表法人大脑、灵魂和意志的自然人是法人的监事或者其他监督者。所不同的是，他们在此时的大脑、灵魂和意志并不是其个人的大脑、灵魂和意志，而仅仅是法人的大脑、灵魂和意志。①

另一方面，所有法人均具有自己的身体、躯体，能够代表法人将法人机关做出的各种判断、决定付诸实施。② 所谓身体、躯体（corps），是指作为人的有机组成部分、用来支撑人并且按照人的大脑、灵魂和意志做出某种行为或者不做出某种行为、从事某种活动或者不从事某种活动的肉体、实体、物质体、组织体。③ 任何人，只要具备作为人的有机组成部分、用来支撑人并且能够按照人的大脑、灵魂和意志做出各种各样的反应、体验、感觉、主观意志的肉体、实体、物质体、组织体，则均具有自己的身体、躯体。

在民法领域，自然人当然具有自己的身体、躯体，因为所有自然人均具有人所具有的肉体、实体、物质体、组织体，这就是自然人的血肉之躯，它们构成自然人的有机组成部分。除了支撑自然人的存在外，在面对外部世界时，它们也能够按照自然人的大脑、灵魂和意志做出各种各样的反应、体验、感觉、主观意志。在历史上，当人们论及人的身体、躯体时，他们所谓的身体、躯体要么是指自然人的身体、躯体，要么是指动物的身体、躯体，因为除了人以外，动物也具有自己的血肉之躯。在今时今日，在使用这一术语时，人们仍然首先将其含义限定在自然人和动物方面，认为身体、躯体主要是指自然人

---

① David Bakouche, Droit civil les personnes la famille, HACHETTE, pp. 75; Bernard Teyssié, Droit civil, Les personnes, 12e, édition, Litec, p. 441; GERARD CORNU, Droit civil, Les personnes, 13 e édition, Montchrestien, pp. 214 – 215; 张民安：《法国民法》，清华大学出版社 2015 年版，第 193 页。

② Guy Raymond, Droit Civil, 2e edition, Litec, p. 179; Jean Carbonnier, Droit civil, Volume I, Introduction Les personnes la famille, l'enfant, le couple, puf, pp. 741 – 742; Bernard Teyssié, Droit civil, Les personnes, 12e, édition, Litec, p. 401; GERARD CORNU, Droit civil, Les personnes, 13 e édition, Montchrestien, p. 206.

③ V. Gérard Cornu, Vocabulaire juridique, 10 e édition, puf, p. 60, p. 275; Le Petit Larousse Illustré 2018, Larousse, p. 70, pp. 306 – 307.

和动物的血肉之躯。①

　　问题不在于自然人是否具有自己的身体、躯体，问题在于，法人是否具有自己的身体、躯体？笔者认为，在民法领域，法人当然具有自己的身体、躯体。法人之所以具有自己的身体、躯体，是因为作为一个民事主体，法人也具有自己的肉体、实体、物质体、组织体，这就是法人的机关，包括代表机关、管理机关和监督机关。作为法人的有机组成部分，除了支撑法人的存在外，在面对外部世界时，法人的机关也按照法人的大脑、灵魂和意志做出各种各样的反应、体验、感觉、主观意志。例如，代表法人签订合同，管理法人事务，在法人的利益遭受侵犯时采取措施捍卫法人的利益，等等。

　　《瑞士民法典》第55C条对法人的身体、躯体所具有的这些功能做出了说明：法人机关实施的法律行为或者所有其他法律事件均对法人产生约束力。②《魁北克民法典》第311条也对法人的身体、躯体所具有的功能做出了说明，它规定：法人通过自己的机关行为，例如董事会和股东会等。③

　　因此，作为两种民事主体，法人与自然人之间的差异仅仅是形式上的而非实质上的。自然人的身体、躯体通过自己的血肉之躯得以体现，而法人的身体、躯体则不同，它们是通过自己的机关体现，这些机关分别代表法人做出决定、管理法人事务、代表法人行为和监督管理者：如果法人的身体、躯体在性质上是代表机关，则它们代表法人做出重大决定、决议；如果法人的身体、躯体在性质上是管理机关，则除了代表法人对内管理法人事务外，它们也对外代表法人与第三人从事各种各样的活动；如果法人的身体、躯体在性质上是监督机关，则它们代表法人监督管理机关的行为，防止它们实施损害法人利益的违法行为。

---

　　① V. Gérard Cornu, Vocabulaire juridique, 10 e édition, puf, p. 60, p. 275; Le Petit Larousse Illustré 2018, Larousse, p. 70, p. 306.

　　② Code civil suiss du 10 décembre 1907, Etat le 1er janvier 2018, https://www.admin.ch/opc/fr/classified-compilation/19070042/index.html.

　　③ Code civil du Québec, À jour au 12 juin 2018, http://legisquebec.gouv.qc.ca/fr/showdoc/cs/CCQ-1991#se: 302.

(六) 法人对人格权具有合理、正当的需要

笔者认为,在民法上,法人之所以享有人格权,第三个主要原因是,法人对人格权具有合理、正当的需要。

在民法上,法人享有人格权的原因同自然人享有人格权的理由是完全一样的,这就是,法人对人格权的需要是法人享有人格权的原因,就像自然人对人格权的需要是自然人享有人格权的原因一样。因为如果不享有人格权,则法人无法凭借享有的此种权利保护自己的人格利益、人格特征,在行为人侵犯自己的人格利益、人格特征时,法人无法保护自己的人格利益、人格特征免受侵犯。

在民法上,自然人为何享有物权、债权、家庭权等民事权利?自然人为何享有人格权?对于前一个问题,民法学者很少加以讨论,因为此种问题似乎完全没有讨论的必要:从古罗马时代开始一直到今时今日,物权、债权和家庭权已经深入人们的骨髓,渗透到他们日常生活的方方面面、时时刻刻,人们无法似乎也没有必要分清他们生活中的哪些内容是法律,哪些内容不是法律。[①] 而对于后一个问题,民法学者则进行了广泛的讨论,并因此提出了各种各样的理论,至少在19世纪末期和20世纪初期之前是如此,诸如:自然权利、天赋权利理论,人性、理性理论,人的尊严理论,以及民事平等理论。[②]

笔者认为,在讨论民事权利的一般理论时,尤其是,在讨论人格权的一般理论时,我们应当对民事主体享有包括人格权在内的所有民事权利的原因做出分析并因此建立起普遍的、共同适用的一般理论,这就是人的合理、正当需要理论。[③]

所谓人的合理、正当需要,是指作为一种人、民事主体,自然人

[①] Jean-Christophe Saint-Pau et, Droits de la Personnalité, LexisNexis, 2013, pp. 57-224; Jean-Michel Bruguière, Bérengère Gleize, Droits de la Personnalité, ellipses, 2015, p. 49; 张民安:《法国人格权法(上)》,清华大学出版社2016年版,第3—4页;张民安:《法国民法总论(上)》,清华大学出版社2017年版,第600页。

[②] 张民安:《法国人格权法(上)》,清华大学出版社2016年版,第60—64页;张民安:《法国民法总论(上)》,清华大学出版社2017年版,第602—609页。

[③] Jean Carbonnier, Droit civil, Volume I, Introduction Les personnes la famille, l'enfant, le couple, puf, p. 312; 张民安:《法国民法总论(上)》,清华大学出版社2017年版,第595—597页。

或者法人需要法律对自己的某种利益提供保护，防止行为人通过各种各样的方式加以侵犯。当人、民事主体的某种利益面临需要法律保护的问题时，如果法律认为人、民事主体对法律保护的需要是合理的、正当的，则它们就会采取措施保护人、民事主体的此种利益，如果行为人侵犯人、民事主体的此种利益，则法律会责令行为人对他人承担民事责任。反之，如果法律认为人、民事主体对法律保护的需要是不合理的、不正当的，则它们会拒绝采取措施保护他人的利益免受侵犯。

当他人对法律保护的需要合理、正当时，法律对他人利益的保护最初可能仅仅表现为司法层面，这就是，基于他人的起诉，法官会责令行为人对他人承担法律责任，在司法保护成熟、稳定之后，立法者可能采取措施，将司法保护方式规定在其制定的民法典或者民事单行法当中，使司法保护上升到立法保护层面。不过，即便司法保护已经成熟、稳定，立法者也未必一定会采取措施，将司法保护措施制定法化。此种理论既适用于物权、债权、家庭权和知识产权等其他民事权利，当然也适用于人格权，尤其是法人的人格权，因为人格权的法律保护典型地经历着从司法保护到立法保护的发展路径。①

在 19 世纪初期之前，虽然自然人和法人均享有法人格，但是鉴于他们或者它们仅仅需要法律对其物权、债权和家庭权等民事权利提供保护，他们或者它们的法人格仅仅让他们或者它们享有财产权和家庭权，不会也没有让他们或者它们享有知识产权、人格权。但是，到了 19 世纪初期，随着社会变更的加快，尤其是随着新闻自由、新闻出版时代的降临，人们开始感受到对著作权和人格权的法律保护的需要，并且他们的这些需要逐渐被社会公众认为是合理的、正当的。基于民法学者的呼吁，从 19 世纪初期开始，法官开始通过自己的裁判保护他人的著作权和人格权，因此让著作权和人格权进入民事权利领域。② 到了 20 世纪初期，随着民法学者的不断主张和司法判例的不

---

① 张民安：《法国人格权法（上）》，清华大学出版社 2016 年版，第 513—558 页；张民安：《法国民法总论（上）》，清华大学出版社 2017 年版，第 595—597 页。

② Agnès Lucas-Schloetter, Droit moral et droits de la personnalité: étude de droit comparé français et allemande, Tome I, Presses Universitaires D'Aix-Marseille, Paris, 2002, pp. 45 - 71.

断确认，人格权不仅得到了法律的正式承认，而且立法者还通过自己的法律承认人格权的存在。① 在今天，立法者仍然采取此种态度，明确承认法人享有的人格权。

在民法上，自然人之所以享有人格权，是因为自然人需要通过享有的人格权来保护自身的生命、身体、健康、姓名、名誉、隐私、肖像等有形人格和无形人格，要求行为人尊重其有形人格、无形人格利益，防止行为人通过各种各样的行为侵犯这些人格利益。例如，自然人之所以享有身体权，是因为他们需要通过身体权来保障自己的身体完整性免受侵犯，要求行为人尊重自己身体的完整性，防止他们袭击或者威胁袭击、殴打或者威胁殴打或者以其他方式伤害他人。如果行为人采取这些非法行为，则自然人能够凭借享有的身体权要求法官采取一切可能的手段，保护自己的身体免受伤害。

如果欠缺身体权，则自然人无法保护自己的身体免受伤害，他们无法要求行为人尊重自己身体的完整性，在行为人伤害或者试图伤害自己时，他们将无法捍卫自己的身体完整性，无法要求法官采取措施保护自己。《法国民法典》就是基于此种目的赋予自然人以身体权的。《法国民法典》第 16-1 条规定：任何人均享有身体受尊重权，人的身体是不可侵犯的。②《法国民法典》第 16-2 条规定：在行为人即将或者正在非法侵犯他人的身体或者对他人的器官或者身体产物实施非法行为时，包括在他人死亡之后，法官能够采取一切适当的措施，阻止行为人实施非法侵犯行为，或者让行为人停止实施其非法行为。③

---

① Agnès Lucas-Schloetter, Droit moral et droits de la personnalité: étude de droit comparé français et allemande, Tome I, Presses Universitaires D'Aix-Marseille, Paris, 2002, pp. 125 – 149；张民安：《法国人格权法（上）》，清华大学出版社 2016 年版，第 83—111 页。

② Code civil, Dernière modification: 1 octobre 2018, Version en vigueur au 1 novembre 2018, https://www.legifrance.gouv.fr/affichCode.do;jsessionid=1BF531CF00CBCDC2C2CBD4A553CA5E42.tplgfr27s_2?idSectionTA=LEGISCTA000006136059&cidTexte=LEGITEXT000006070721&dateTexte=20181101.

③ Code civil, Dernière modification: 1 octobre 2018, Version en vigueur au 1 novembre 2018, https://www.legifrance.gouv.fr/affichCode.do;jsessionid=1BF531CF00CBCDC2C2CBD4A553CA5E42.tplgfr27s_2?idSectionTA=LEGISCTA000006136059&cidTexte=LEGITEXT000006070721&dateTexte=20181101.

再如，自然人之所以享有隐私权，是因为他们需要通过隐私权来保护自己的私人生活免受侵扰、侵入、公开，防止行为人侵扰自己的安宁生活、侵入自己的私人场所或者公开自己的私人信息。换言之，自然人之所以享有隐私权，是因为凭借享有的隐私权，他们有权要求行为人尊重自己的私人生活、私人信息、私人场所。如果行为人采取这些非法行为，则自然人能够凭借享有的隐私权要求法官采取一切可能的手段，保护自己的私人生活免受侵犯。如果自然人不享有隐私权，则他们无法保护自己的私人生活免受侵犯，无法要求行为人尊重自己的私人生活、私人信息、私人场所，在行为人侵犯自己的私人生活时，他们无法要求法官采取一切合理措施保护自己的隐私权免受侵犯。

《法国民法典》就是基于此种目的将隐私权赋予自然人的。《法国民法典》第 16 条规定：任何人均享有私人生活受尊重权。在他人的私人生活受尊重权遭受侵犯时，除了责令行为人赔偿他人遭受的损害外，法官能够采取一切适当措施，阻止行为人实施侵犯他人亲密私人生活的行为，或者让他们停止实施侵犯他人亲密私人生活的行为，诸如查封、扣押或者其他措施，在情况紧急时，法官可以适用简易程序采取这些措施。①

在民法上，法人是否也面临着自然人所面临的这些需要呢？答案是完全肯定的，除了像自然人一样需要各种各样的财产权保护其财产利益外，法人也像自然人一样需要人格权保护自己的人格利益、人格特征。人们不能够认为，法人仅仅需要财产权来保护自己的财产利益，它们实际上也需要人格权来保护自己的人格利益。换言之，法人之所以享有人格权，同样是因为法人需要通过享有的人格权来保护自己的名称、场所、名誉、私人生活以及其他人格利益、人格特征，同样是因为法人需要通过人格权来确保包括行为人在内的所有人均尊重自己的人格利益、人格特征，防止行为人通过各种各样的方式侵犯自

---

① Code civil, Dernière modification：1 octobre 2018, Version en vigueur au 1 novembre 2018, https://www.legifrance.gouv.fr/affichCode.do;jsessionid=1BF531CF00CBCDC2C2CBD4A553CA5E42.tplgfr27s_2?idSectionTA=LEGISCTA000006117610&cidTexte=LEGITEXT000006070721&dateTexte=20181101.

己的人格利益、人格特征。如果法人不享有人格权,则在行为人侵犯自己的名称、场所、名誉、私人生活以及其他人格利益、人格特征时,它们无法通过享有的人格权保护自己,这一点同自然人是完全一样的。

例如,法人之所以享有名称权,除了众所周知的一个原因即让法人个体化并因此获得独立人格外,另外一个重要的原因是,法人需要通过其名称权来获得包括行为人在内的所有人的尊重,防止行为人假冒自己的名称或者使用与其名称相同或者相似的名称,以便欺诈或者误导社会公众。当行为人冒用法人的名称时,或者当行为人使用与法人的名称相同或者相似时,法人能够凭借享有的名称权向法院起诉,要求法官责令行为人承担民事责任。如果没有名称权,在行为人假冒其名称、使用与其名称相同或者相似时,法人如何维护自己的利益?因此,在这一方面,法人的名称与自然人的姓名是一样的,因为法人的名称也像自然人的姓名一样存在被行为人盗用、假冒的可能。[①]

再如,法人之所以享有隐私权,是因为法人需要凭借享有的隐私权保护自己的私人场所、私人活动、私人信息,要求行为人尊重自己的私人场所、私人活动、私人信息,防止行为人侵入这些场所,窥视这些私人活动,或者窃取这些私人信息。当行为人实施这些非法行为时,法人能够凭借享有的隐私权要求法官采取措施保护自己的隐私利益。如果没有隐私权,法人的私人场所、私人活动、私人信息将无法获得包括行为人在内的所有人的尊重,因为在行为人侵犯这些利益时,法人无法向法院起诉,要求法官责令行为人承担法律责任。[②]

[①] Henri et Léon Mazeaud, Jean Mazeaud, Francois Chabas, Lecons de DROIT CIVIL, Tome I/Deuxième Volume, Les Personnes, 8e édition, Montchrestien, p. 354; Hélène Martron, Les droits de la personnalité des personnes morales de droit privé, 2011, LGDJ, pp. 167 – 168; 张民安:《法国民法》,清华大学出版社 2015 年版,第 192—193 页。

[②] Hélène Martron, Les droits de la personnalité des personnes morales de droit privé, 2011, LGDJ, pp. 217 – 237; 张民安:《法国民法》,清华大学出版社 2015 年版,第 195 页; 艾伦. F. 威斯汀著《现代民主国家的隐私》,魏凌译,见张民安主编《隐私权的性质和功能》,中山大学出版社 2018 年版,第 386—407 页。

（七）立法者、民法学者和法官普遍承认法人享有的人格权

笔者认为，在民法上，法人之所以享有人格权，第四个主要原因是，在当今大陆法系国家，立法者、民法学者和法官普遍承认法人享有的人格权。

虽然法人对人格利益、人格特征保护的需要是合理的、正当的，但是，长久以来，囿于根深蒂固的传统民法理论的影响，尤其是囿于人格权仅仅保护自然人的精神、道德、情感、心理和人格尊严免受侵犯的传统民法理论的影响，无论是立法者、民法学者还是法官几乎均无视法人对其人格利益、人格特征保护需要的存在，仅仅将享有人格权的人、权利主体限定在自然人方面，不承认法人享有的人格权。不过，由于受到《世界人权宣言》和《欧洲人权公约》关于法人享有基本权利规定的影响，从 20 世纪 60 年代开始，人们开始逐渐承认法人享有的人格权。而在今时今日，除了立法者明确承认法人享有人格权之外，民法学者和法官也普遍承认法人享有的人格权。

1948 年，联合国在其通过的《世界人权宣言》当中对基本权利和基本自由做出了规定，除了明确规定自然人享有人权宣言所规定的基本权利和基本自由外，还规定法人也像自然人一样享有某些基本权利和某些基本自由。1950 年，欧洲理事会在其通过的《欧洲人权和基本自由保护公约》（简称《欧洲人权公约》）中对基本权利和基本自由做出了规定，并且它所规定的基本权利和基本自由既为自然人享有也为法人享有，至少某些基本权利、基本自由是如此。

例如，《世界人权宣言》第 18 条规定：所有人均享有思想自由权、信仰自由权和宗教自由权。[①] 《欧洲人权公约》第 9 条也规定：所有人均享有思想自由权、信仰自由权和宗教自由权。[②] 在这两个法律条款中，"所有人"（Toute personne）既包括自然人也包括法人。

[①] La Déclaration universelle des droits de l'homme, http://www.un.org/fr/universal-declaration-human-rights/.

[②] Convention européenne des droits de l'homme, https://www.echr.coe.int/Documents/Convention_FRA.pdf.

因此，除了自然人享有思想自由权、信仰自由权和宗教自由权外，法人也享有思想自由权、信仰自由权和宗教自由权。① 再如，《世界人权宣言》第 20 条规定：所有人均享有和平集会自由和结社自由。② 《欧洲人权公约》第 11 条也规定：所有人均享有和平集会自由和结社自由。③ 在这两个法律条款中，"所有人"既包括自然人也包括法人。因此，除了自然人享有和平集会权和结社权外，法人也享有和平集会权和结社权。④

由于《世界人权宣言》和《欧洲人权公约》对法人享有的基本权利的承认，因此，在 20 世纪 60 年代末期和 20 世纪 70 年代初期，瑞士联邦法院的法官开始在民法领域采取人权宣言和人权公约的做法，承认法人在民法领域享有人格权。在 1964 年 11 月 26 日的案件当中，瑞士联邦法院的法官明确指出，社会团体享有所有法人所具有的一般人格保护。⑤ 在 1969 年 3 月 21 日的案件中，瑞士联邦法院的法官非常清晰地指出，除了自然人享有人格权外，法人也享有人格权，他们指出："即便法人仅仅追求经济利益，它们也享有人格权的一般保护，尤其是，它们的商事名誉受到保护。"⑥ 在 1971 年 6 月 3 日的案件中，瑞士联邦法院的法官认定，当行为人侵犯法人的私人生活时，法人有权向法院起诉，要求法官责令行为人对其承担侵权责任。⑦

瑞士联邦法院的法官所采取的此种做法不仅没有引起瑞士民法学者的批评，反而获得了他们的拥护和支持。在 20 世纪 70 年代末期和

---

① Kouamé Hubert Koki, Les droits fondamentaux des personnes morales dans la convention européenne des droits de l'homme, Thèse de doctorat en Droit, Université de La Rochelle, 2011, pp. 243 – 292.

② La Déclaration universelle des droits de l'homme, http://www.un.org/fr/universal-declaration-human-rights/.

③ Convention européenne des droits de l'homme, https://www.echr.coe.int/Documents/Convention_FRA.pdf.

④ Kouamé Hubert Koki, Les droits fondamentaux des personnes morales dans la convention européenne des droits de l'homme, Thèse de doctorat en Droit, Université de La Rochelle, 2011, pp. 77 – 124.

⑤ Tribunal fédéral suisse 26 novembre 1964, ATF 90, II, p. 461.

⑥ Tribunal fédéral suisse 21 mars 1969, ARF95/1969, II, p. 481.

⑦ Tribunal fédéral suisse 3 juin 1971, AFT97, II, p. 97.

80年代初期，Pierre Tercier 领导的瑞士民法典改革小组不仅采取了瑞士联邦法院法官的做法，而且还将这些法官在其司法判例中采取的上述理论称为"新人格权理论"。Pierre Tercier 明确指出，瑞士民法典中应当规定新人格权理论，除了让有血有肉的自然人享有人格权外，该种新理论也让具有人格的组织享有人格权。

到了20世纪80年代，除了法官普遍在其司法判例中承认法人也像自然人一样享有人格权外，瑞士民法学者也一致承认，除了专属于自然人的人格权不能为法人享有外，法人能够享有自然人享有的所有人格权。① 基于 Pierre Tercier 领导的瑞士民法典改革小组的建议，考虑到瑞士法官和民法学者的普遍支持和拥护，瑞士立法者在1983年12月16日颁布法律，除了对其他法律条款做出修改外，该法也决定对《瑞士民法典》第28条做出修改，建立起同时对自然人和法人的人格权提供一般保护的人格权一般保护制度。②

在《世界人权宣言》和《欧洲人权公约》对法人享有的人格权做出规定之后，欧洲人权法院在众多的司法判例中适用《欧洲人权公约》的规定，确认了法人享有的众多基本权利。③ 例如，在1979年5月5日的案件中，欧洲人权法院认定，法人享有宗教自由权。④ 再如，在1990年5月22日的案件当中，欧洲人权法院认定，法人享有表达自由权。⑤

在《世界人权宣言》和《欧洲人权公约》对法人享有的人格权

---

① Pierre Tercier, le nouveaux droits de la personnalité, Zurich: Schulthess, 1984, p. 75; Hélène Martron, Les droits de la personnalité des personnes morales de droit privé, 2011, LGDJ, pp. 103 – 104.

② la LF du 16 déc. 1983, en vigueur depuis le 1er juil. 1985（RO 1984 778; FF 1982 II 661）, Code civil suisse du 10 décembre 1907, Etat le 1er janvier 2018, https://www.admin.ch/opc/fr/classified-compilation/19070042/index.html.

③ Xavier Dupré de Boulois, Les droits fondamentaux des personnes morales, LA PERSONNALITÉ JURIDIQUE, Xavier Bioy (dir.), Presses de l'Université Toulouse 1 Capitole, LGDJ, Lextenso Editions, 2013, pp. 203 – 219; Joël Andriantsimbazovina, Les personnes morales devant la Cour Européenne des droits de l'Homme, LA PERSONNALITÉ JURIDIQUE, Xavier Bioy (dir.), Presses de l'Université Toulouse 1 Capitole, LGDJ, Lextenso Editions, 2013, pp. 221 – 232.

④ Com. EDH, déc., 5 mai 1979, Church of Scientology / Suède, D. R. 16, p. 75.

⑤ Cour EDH 22 mai 1990, Autronic AG, série A, n°178.

做出规定之后,尤其是,在欧洲人权法院通过司法判例确认了法人享有的众多基本权利之后,民法学者对待法人享有基本权利的态度可谓冰火两重天。某些民法学者赞成欧洲人权法院的做法,认为应当借鉴欧洲人权法院的做法,在民法领域承认法人享有的人格权,[1] 而某些民法学者则对欧洲人权法院的做法怀有敌意,认为不应当将其做法引入民法领域并因此确认法人享有人格权,例如,Véronique Wester-Ouisse、Bernard Edelman 和 Grégoire Loiseau 等人。[2]

Véronique Wester-Ouisse 认为,让法人享有基本权利、人格权的做法实际上是"法律技术上的、功能主义的失控"(dérive technicienne et utilitariste du droit)。[3] Bernard Edelman 认为,让法人享有基本权利、人格权的做法不仅仅是一种"人权的商事化"(marchandisation des droits de l'homme),而且还是"人性的商事化"(marchandisation de la nature humaine),是"经济上的人化"(Un anthropomorphisme économique),因为在自然人之外,此种做法承认了一种"新人"(Le nouvel homme),这就是企业人。[4] Grégoire Loiseau 认为,让法人享有基本权利、人格权的做法是对"自然人人权的抛弃"(une déculturation des droits humains)。[5]

在今时今日,基于《世界人权宣言》《欧洲人权公约》,尤其是欧洲人权法院关于法人享有基本权利的判决的影响,为了满足法人对其人格权法律保护的合理、正当需要,除了立法者明确承认法人享有的人格权外,民法学者和司法判例也普遍承认法人享有的人格权。

---

[1] Jean-Michel Bruguière, Bérengère Gleize, Droits de la Personnalité, ellipses, 2015, pp. 55 – 54.

[2] Xavier Dupré de Boulois, Les droits fondamentaux des personnes morales, LA PERSONNALITÉ JURIDIQUE, Xavier Bioy (dir.), Presses de l'Université Toulouse 1 Capitole, LGDJ, Lextenso Editions, 2013, https://books.openedition.org/putc/3041#authors.

[3] V. Wester-Ouisse, dérives anthropomorphiques de la personnalité morale: ascendances et influences, JCP 2009, I, p. 137.

[4] B. Edelman, La Cour européenne des droits de l'homme et l'homme du marché, D. 2011, p. 897.

[5] G. Loiseau, Des droits humains pour personnes non humaines, D. 2011, p. 2558.

1. 基于法人对人格权需要的合理性、正当性，立法者明确规定法人像自然人一样享有人格权

在今时今日，立法者除了明确规定法人和自然人享有的法人格外，他们也明确规定，法人和自然人的法人格均能够让它们和他们享有财产权和人格权，这就是法人不能够被视为传统民法理论中的法律拟制理论的原因，已如前述。

因此，根据制定法的规定，在享有民事权利方面，法人的法人格与自然人的法人格是相同的：法人的法人格既是它们享有财产权的资格，也是它们享有人格权的资格，就像自然人的法人格是他们享有财产权和人格权的资格一样。当然，在享有人格权方面，法人的法人格与自然人的法人格之间仍然存在一个微小的差异：自然人的法人格能够让他们享有专属于自然人的人格权，而法人的法人格则无法让它们享有专属于自然人的人格权。

在法国，自 1804 年开始一直到今时今日，《法国民法典》仅仅在第一卷中对自然人做出了规定，虽然它没有明确使用"法人格"这一术语，但是它显然规定了自然人享有的法人格，因为其第 8 条明确规定：所有法国人均享有民事权利。[①] 虽然法国立法者没有使用自然人的"法人格"这一术语，但是，法国所有的民法学者在讨论自然人的存在时均使用了自然人的"法人格"这一术语，并且均承认自然人是有法人格的。[②]

因为《法国民法典》第一卷没有规定法人，所以它既没有明确规定法人享有的法人格，也没有明确规定法人享有的人格权。不过，

---

① Code civil, Dernière modification：1 octobre 2018，Version en vigueur au 4 novembre 2018，https://www.legifrance.gouv.fr/affichCode.do;jsessionid = 774FFA735F006D0DBBF66F63721E9EA9.tplgfr23s_1？idSectionTA = LEGISCTA000006117610&cidTexte = LEGITEXT000006070721&dateTexte = 20181104.

② Henri et Léon Mazeaud, Jean Mazeaud, Francois Chabas, Lecons de DROIT CIVIL, Tome I/Deuxième Volume, Les Personnes, 8 édition, Montchrestien, p. 8; Henri Roland, Laurent Boyer, Introduction au droit, Litec, p. 385; FrancoisTerré, Introduction générale au droit, 10 e édition, Dalloz, pp. 181 - 182; FrancoisTerré Dominique Fenouillet, Droit civil les personnes, 8e édition, Dalloz, p. 13; GERARD CORNU, Droit civil, Les personnes, 13 e édition, Montchrestien, p. 14; 张民安:《法国民法》，清华大学出版社 2015 年版，第 136—137 页。

第三章　法人的人格权与人格权的独立性（上）　173

法国民法学者普遍承认，法人也像自然人一样是有法人格的。① 凭借其具有的法人格，除了能够享有财产权外，法人也能够享有人格权。因为，在某些特别法中，法国立法者明确规定，法人享有某些人格权。换言之，在法国，立法者明确规定，法人的法人格并不仅仅是它们享有财产权的法人格，而且还是它们享有人格权的法人格。

例如，法国1881年7月29日的《新闻自由法》第29条就明确规定，法人和自然人均享有名誉权，当行为人诽谤他们或者它们的名誉时，他们或者它们有权向法院起诉，要求法官责令行为人对其承担名誉侵权责任。② 再如，法国1982年7月29日的《视听传播法》第6条对法人享有的一种人格权即回应权（droit de réponse）做出了明确规定，它认为，当行为人公布的视听材料可能会毁谤法人和自然人的名誉时，法人和自然人均有权要求在视听材料公开之前做出回应。③

在其他大陆法系国家，立法者则采取了不同于法国立法者的态度，因为在其制定的民法典中，他们不仅对法人的法人格做出了明确规定，而且还对法人根据此种法人格享有的人格权做出了规定。例如，瑞士的立法者就采取此种做法。除了第11条对自然人具有的一般人格（De la personnalité en général）做出了规定外，④《瑞士民法典》第52A条也对法人的法人格做出了说明，该条规定：根据公司法的规定设立的公司在商事登记机关登记注册之后获得法人格，具有

---

① Henri et Léon Mazeaud, Jean Mazeaud, Francois Chabas, Lecons de DROIT CIVIL, Tome I/Deuxième Volume, Les Personnes, 8 édition, Montchrestien, pp. 314 – 316; Henri Roland, Laurent Boyer, Introduction au droit, Litec, pp. 407 – 408; FrancoisTerré, Introduction générale au droit, 10e édition, Dalloz, pp. 181 – 182; FrancoisTerré Dominique Fenouillet, Droit civil les personnes, 8e édition, Dalloz, pp. 239 – 240; GERARD CORNU, Droit civil, Les personnes, 13 e édition, Montchrestien, p. 215.

② Article 29, Loi du 29 juillet 1881 sur la liberté de la presse, Version consolidée au 10 octobre 2018, https：//www. legifrance. gouv. fr/affichTexte. do? cidTexte = LEGITEXT000006070722.

③ Article 6, Loi n° 82 – 652 du 29 juillet 1982 sur la communication audiovisuelle, Version consolidée au 10 octobre 2018, https：//www. legifrance. gouv. fr/affichTexte. do? cidTexte = JORFTEXT000000880222.

④ Code civil suiss du 10 décembre 1907, Etat le 1er janvier 2018, https：//www. admin. ch/opc/fr/classified-compilation/19070042/index. html.

某种特殊目的和自身存在的组织同样获得法人格。[1]

在瑞士，无论是自然人的法人格还是法人的法人格均能够让他们或者它们同时享有财产权和人格权。《瑞士民法典》第 11 条规定，所有自然人均能够成为权利主体并因此享有民事权利。根据其他法律条款的规定，自然人享有的民事权利当然包括他们享有的人格权。《瑞士民法典》第 53B 条规定：凡是能够与自然人的诸如性别、年龄和亲子关系分离的所有权利和义务，法人均能够取得和承担。[2] 瑞士法官在对第 53B 条做出解释时明确指出，除了专属于自然人的人格权不能够为法人享有外，法人能够根据第 53B 条的规定享有自然人享有的所有人格权。关于这一点，笔者将在下面的内容中做出详细的讨论，此处从略。

再如，加拿大魁北克的立法者也采取此种做法。除了在第 1 条中明确规定了自然人所具有的法人格外，[3]《魁北克民法典》也在第 298 条中规定了法人所具有的法人格，该条规定：法人具有法人格。[4] 无论是自然人的法人格还是法人的法人格均能够同时让他们和它们享有财产权和人格权。《魁北克民法典》第 2（1）条规定：所有人均是某种财产权的主体。《魁北克民法典》第 3（1）条规定：所有人均是人格权的主体，诸如生命权、人身的不可侵犯权和完整权、姓名或者名称的受尊重权、名誉和私人生活的受尊重权。在这里，魁北克立法者使用的"所有人"既包括自然人也包括法人，因此，作为两种民事主体，法人和自然人均具有享有财产权和人格权的法人格。

不过，法人虽然像自然人一样享有财产权和人格权，但是，它们享有的财产权和人格权与自然人享有的财产权和人格权存在一定的差异。因为这样的原因，除了在第 2 条和第 3 条当中对法人和自然人享

---

[1] Code civil suisse du 10 décembre 1907, Etat le 1er janvier 2018, https://www.admin.ch/opc/fr/classified-compilation/19070042/index.html.

[2] Code civil suisse du 10 décembre 1907, Etat le 1er janvier 2018, https://www.admin.ch/opc/fr/classified-compilation/19070042/index.html.

[3] Code civil du Québec, À jour au 30 juin 2018, http://legisquebec.gouv.qc.ca/fr/showdoc/cs/CCQ-1991.

[4] Code civil du Québec, À jour au 30 juin 2018, http://legisquebec.gouv.qc.ca/fr/showdoc/cs/CCQ-1991.

有的财产权和人格权做出一般规定外,《魁北克民法典》还在第 302 条中对法人享有的财产权和人格权做出了限缩,该条规定:法人是某种财产权的主体,法人只能够在制定法所规定的范围内分割或者使用其财产;法人同样享有与其性质有关的非财产权、承担与其性质有关的义务。所谓法人享有与其性质相关的非财产权,就是指法人享有的人格权。

在我国,立法者几乎不使用"人格"或者"法人格"这些术语,他们习惯于使用"权利能力"这一术语,认为民事主体凭借其权利能力能够享有民事权利。在权利能力能够让法人享有的民事权利范围方面,我国立法者承认法人的权利能力既包括它们享有财产权的能力也包括它们享有人格权的能力。除了在第 13 条中对自然人的权利能力做出了规定外,我国《民法总则》也在第 57 条中对法人的权利能力做出了规定,该条规定:法人是具有民事权利能力和民事行为能力,依法独立享有民事权利和承担民事义务的组织。

在我国,立法者明确规定,法人的权利能力和自然人的权利能力一样能够让法人享有人格权。《民法总则》第 110 条规定:自然人享有生命权、身体权、健康权、姓名权、肖像权、名誉权、荣誉权、隐私权、婚姻自主权等权利。法人、非法人组织享有名称权、名誉权、荣誉权等权利。此外,我国《著作权法》第 9 条和第 10 条也规定,除了自然人外,法人也享有著作人格权,诸如发表权、署名权、修改权和保护作品完整权等。

除了《民法总则》和《著作权法》承认法人的人格权外,在 2018 年 9 月 5 日发布的《民法典各分编(草案)征求意见》中,我国立法者也在民法典人格权编中承认法人享有某些人格权,包括名称权、名誉权和荣誉权,其第 792 条规定:自然人享有姓名权,有权依法决定、使用、变更或者许可他人使用自己的姓名。法人、非法人组织享有名称权,有权依法使用、变更、转让或者许可他人使用自己的名称。① 其第 804 条规定:民事主体享有名誉权。任何组织或者个人不得以侮辱、诽谤等方式侵害他人的名誉权。本法所称名誉是他人对

---

① 全国人大常委会:《民法典各分编(草案)征求意见》,2018 年 9 月 5 日,https://www.pkulaw.cn/fulltext_form.aspx? Gid = 1090530635&Db = protocol。

民事主体的品德、声望、才能、信誉、信用等的社会评价。① 其第810条规定：民事主体享有荣誉权。任何组织或者个人不得非法剥夺他人的荣誉称号或者诋毁、贬损他人的荣誉。获得的荣誉称号应当记载而没有记载或者记载错误的，民事主体可以要求记载或者更正。② 在这里，"民事主体"除了指自然人外，还指法人和非法人组织。

在法人人格权的问题上，我国制定法与大陆法系国家制定法的主要差异在于，大陆法系国家的民法典所承认的法人人格权种类要比我国制定法所规定的法人人格权种类多。因为大陆法系国家的民法典明确规定，除了专属于自然人的人格权外，法人能够享有自然人享有的所有其他人格权。换言之，在大陆法系国家，法人究竟能够享有哪些人格权，立法者并没有做出清晰的规定，法人在具体生活当中究竟能够享有哪些人格权，由法官和民法学者在其司法判例和民法学说当中做出说明。而在我国，立法者则明确列举了法人能够享有的人格权，认为法人享有的人格权主要是三种：名称权、名誉权和荣誉权。不过，在列举了这三种人格权之后，立法者还承认法人享有的其他人格权，因为在《民法总则》第110（2）条中，立法者除了列明三种具体的人格权外，他们还使用了"等权利"，说明法人还可能享有其他人格权。

2. 基于法人对人格权需要的合理性、正当性，民法学者普遍承认法人像自然人一样享有人格权

在今时今日，虽然大陆法系国家的少数民法学者否认法人享有的人格权，但是大多数民法学者均承认法人享有的人格权，就像他们普遍承认自然人享有人格权一样。V. Simonart 对此做出了说明，他指出："在今时今日，大多数民法学者……均承认法人……享有的人格

---

① 全国人大常委会：《民法典各分编（草案）征求意见》，2018年9月5日，https://www.pkulaw.cn/fulltext_form.aspx? Gid = 1090530635&Db = protocol。
② 全国人大常委会：《民法典各分编（草案）征求意见》，2018年9月5日，https://www.pkulaw.cn/fulltext_form.aspx? Gid = 1090530635&Db = protocol。

权,虽然他们也认为,法人不能够享有同自然人有密切联系的人格权。"① Francois Rousseau 教授也对此做出了明确说明,他指出:"在法国,相当一部分的民法学者认为,法人并非不可能被赋予人格权。当然,他们也认为,同自然人的身份相关的人格权是不能够被授予法人的。"②

在法国,大多数民法学者均承认法人像自然人一样享有人格权。例如,David Bakouche 就采取此种态度,他指出:"法人既享有财产权也享有非财产权。……虽然在一定时期内,人们对法人是否享有非财产权的问题表示怀疑并且加以讨论,但是在今时今日,人们不再对法人享有非财产权的问题表示怀疑。因此,法人有自己的名称并且对其名称享有保护权。法人同样有场所,并且它们同样对其场所享有要求受尊重权……此外,法人也享有名誉受尊重权,以便凭借此种权利反对行为人对其名誉做出的毁谤。"③

再如,Philippe Malaurie 也承认法人享有的人格权,他指出:"通过人格化的方式,法人享有非专属于自然人的人格权。例如,法人享有名誉权,它们有权要求别人予以尊重,否则,将会对行为人提起名誉侵权诉讼。"④ 同样,Francois Terré 和 Dominique Fenouillet 也承认法人享有的人格权,他们指出:"就像自然人具有自己的身份和地位一样,法人在社会中也具有自己的身份和地位。这一方面意味着它们享有公共权利(诸如设立权、运营权、口头表达权、结社权等),另一方面则意味着它们也享有非财产权和财产权。"⑤

除了 V. Simonart、Francois Rousseau、David Bakouche、Francois Terré 和 Dominique Fenouillet 外,法国还有大量的民法学者承认法人

---

① Valérie Simonart, La personnalité morale en droit privé comparé, L'unité du concept et ses applications pratiques, Allemagne, Angleterre, Belgique, Etats-Unis, France, Italie, Pays-Bas et Suisse, Bruylant Bruxelles, 1985, p. 218; Hélène Martron, Les droits de la personnalité des personnes morales de droit privé, 2011, LGDJ, p. 102.

② Jean-Christophe Saint-Pau et, Droits de la Personnalité, LexisNexis, 2013, pp. 89 - 90.

③ David Bakouche, Droit civil les personnes la famille, HACHETTE, p. 76.

④ Philippe Malaurie, les Personnes, 6e édition, DEFRÉNOIS, p. 217.

⑤ Francois Terré, Dominique Fenouillet, Droit civil les personnes, 8e édition, Dalloz, p. 263.

的人格权，包括但是不限于以下学者：P. Kayser①，Hélène Martron②，Jean-Michel Bruguière 和 Bérengère Gleize③，G. Cornu，④，L. Dumoulin⑤，Y. Guyon⑥，N. Baruchel,⑦，P. Petit⑧，以及 Bernard Teyssié。⑨

除了法国民法学者普遍主张法人享有人格权外，其他大陆法系国家的民法学者也普遍承认法人人格权的存在。在意大利，M. Galvano 明确指出，自然人和法人均享有人格权。⑩ 在比利时，著名民法学者 J. Dabin 和 H. DE Page 均承认法人的人格权，认为法人和自然人一些能够享有人格权。Dabin 指出："人格权既能够为自然人享有，也能够为法人享有。"⑪ "人们没有必要排除法人的人格权，无论是私法人还是公法人、国内法人还是国际法人，它们均享有人格权。"⑫ H. DE Page 也指出，人们没有必要区分自然人和法人的人格权，因为，

---

① P. Kayser, Les droits de la personnalité, aspects théoriques et pratiques, RTD civ. 1971, p. 445.
② Hélène Martron, Les droits de la personnalité des personnes morales de droit privé, 2011, LGDJ, pp15 - 255.
③ Jean-Michel Bruguière, Bérengère Gleize, Droits de la Personnalité, ellipses, 2015, pp. 48 - 56.
④ GERARD CORNU, Droit civil, Les personnes, 13 e édition, Montchrestien, pp. 219 - 221.
⑤ L. Dumoulin, Les droits de la personnalité des personnes morales, Rev. sociétés 2006, p. 1.
⑥ Y. Guyon, Droits fondamentaux et personnes morales de droit privé, AJDA 1998, p. 136.
⑦ Nathalie Baruchel, La personnalité morale en droit privé: éléments pour une théorie, LGDJ, 2004, n°198.
⑧ P. Petit, Les droits de la personnalité confrontés au particularisme des personnes morales, Dalloz affaires, 1998, pp. 826 - 831.
⑨ Bernard Teyssié, Droit civil, Les personnes, 12e, édition, Litec, pp. 435 - 436.
⑩ Hélène Martron, Les droits de la personnalité des personnes morales de droit privé, 2011, LGDJ, pp. 106 - 107.
⑪ Jean Dabin, Le droits subjecfif, Dalloz, 1952, p. 169; Hélène Martron, Les droits de la personnalité des personnes morales de droit privé, 2011, LGDJ, p. 107.
⑫ Jean Dabin, Le droits subjecfif, Dalloz, 1952, p. 175; Hélène Martron, Les droits de la personnalité des personnes morales de droit privé, 2011, LGDJ, p. 107.

"人格权为所有人享有,包括自然人和法人"①。

3. 基于法人对人格权需要的合理性、正当性,大陆法系国家的法官也普遍承认,法人像自然人一样享有人格权

大陆法系国家除了立法者和民法学者普遍承认法人的人格权外,法官尤其采取积极态度,他们在自己做出的大量司法判例中承认和保护法人享有的大量人格权。

在法国,法官普遍在其司法判例中承认,法人像自然人一样享有回应权,当行为人实施的行为可能危及法人的名誉时,法人有权像自然人一样做出回应。例如,在1956年的案件当中,法国最高法院就明确承认和保护法人享有的回应权,此种回应权当然属于一种类型的人格权。② 在法国,法官普遍在其司法判例中承认,法人像自然人一样享有名誉权,当行为人毁谤法人的名誉时,法官会责令行为人对法人承担民事责任。例如,在1966年的案件中,法国最高法院认为,法人享有名誉权,当行为人侵犯其名誉权时,它们有权提起名誉侵权诉讼。③

除了法国法官普遍在其司法判例当中承认法人的人格权之外,瑞士法官也普遍在其司法判例中承认法人享有的人格权。在大陆法系国家,《瑞士民法典》在人格权的法律保护方面可谓独树一帜,因为,除了明确规定包括自然人和法人在内的所有人均享有人格权外,它还建立了人格权的一般法律保护制度。根据该种保护制度,当行为人非法侵犯他人享有的人格权时,基于他人的诉讼主张,法官能够采取各种各样的措施保护他人的人格权,这就是《瑞士民法典》第28条的规定,包括第28B条的规定和第28aB条的规定。④

《瑞士民法典》第28B规定:一旦行为人非法侵犯他人的人格,他人有权向法院起诉,要求法官保护自己的人格免受所有行为人的侵犯。至少在没有取得他人同意的情况下,如果行为人在侵犯他人人格

---

① H. DE Page, Traité élémentaire de droit civil belge, t2, vol. 1, 4e edition, par J. -P. Masson, Bruxelles Bruylant 1997, pp. 29 – 30; Hélène Martron, Les droits de la personnalité des personnes morales de droit privé, 2011, LGDJ, p. 107.

② Cass. crim., 6 nov. 1956: JCP G. 1957, II, 9723.

③ Cass. crim., 22 mars 1966, Bull. crim, n°108.

④ 张民安:《法国人格权法(上)》,清华大学出版社2016年版,第482—485页。

时没有国家重要的私人或者公共利益的话,或者如果制定法规定他们侵犯他人人格的行为是非法的话,则他们实施的侵犯行为就构成非法侵犯。①

《瑞士民法典》第28aB条规定:①在他人的人格被侵犯的情况下,他人有权要求法官:一是禁止行为人实施非法侵犯行为,如果行为人的非法侵犯行为是急迫的话;二是责令行为人停止其非法侵犯行为,如果行为人实施的侵犯行为仍然在持续中的话;三是要求法官确认行为人实施的侵犯行为的非法性,如果行为人的侵犯行为所引起的纷争还在继续的话。②他人尤其有权要求法官责令行为人对其陈述做出矫正,或者要求法官将其针对行为人做出的判决对第三人或者公众公开。③除了有权提起损害赔偿之诉并且要求行为人赔偿自己遭受的道德损害之外,他人也有权要求行为人根据无因管理的规定将其因此获得的利益返还自己。②

在瑞士,法官所面临的一个问题是,《瑞士民法典》第28条所规定的人格权的一般法律保护是否适用于第53条所规定的法人享有的人格权?在众多的司法判例中,瑞士法官做出了肯定的回答。他们认为,除了自然人享有的人格权受到第28条的保护外,法人依据第53条的规定享有的人格权也受到第28条的保护,在行为人侵犯法人根据第53条享有的人格权时,法人也有权根据第28条的规定提起非法侵犯人格之诉,并因此要求法官根据该条的规定采取各种各样的法律保护措施。

例如,在1969年的案件中,瑞士的一个联邦法院判决认定,法人享有受第28条保护的人格权:"即便法人执着于经济利益的追求,法人也能够享有人格权的一般保护,尤其是,法人的商事名誉会受到人格权的一般保护。"③再如,在1971年的案件中,瑞士的一个联邦法院认定,法人享有私人生活受尊重权,如果行为人侵犯法人的私人

---

① Code civil suisse du 10 décembre 1907, Etat le 1er janvier 2018, https://www.admin.ch/opc/fr/classified-compilation/19070042/index.html.

② Code civil suisse du 10 décembre 1907, Etat le 1er janvier 2018, https://www.admin.ch/opc/fr/classified-compilation/19070042/index.html.

③ Trib. fédéral suisse21 mars1969, ATF95/1969, II, 481.

生活受尊重权，则他们应当对法人承担法律责任。① 总之，《瑞士民法典》第 28 条关于人格权的一般法律保护既保护自然人的人格权免受侵犯，也保护法人的人格权免受侵犯。②

三、确定法人人格权范围的独立方法

在今时今日，法人当然也像自然人一样享有人格权，这一点毋庸置疑，因为立法者、民法学者和法官均予以承认，已如前述。问题在于，如果法人享有人格权，它们究竟享有哪些类型的人格权？它们享有的人格权是否等同于自然人享有的人格权？对于这些问题，立法者并没有做出明确的、清晰的回答。在《法国民法典》中，立法者既没有对法人做出规定，更没有对法人的人格权做出规定，因此，他们完全没有对这些问题做出回答，已如前述。

在《瑞士民法典》和《魁北克民法典》中，立法者仅仅做出了模糊的回答。虽然《瑞士民法典》第 53B 条规定法人享有人格权，但是该条仅仅规定法人能够享有与自然人的自然条件相分离的所有权利，至于说法人享有的哪些人格权是与自然人的自然条件相分离的权利，立法者没有做出规定，已如前述。虽然《魁北克民法典》第 302 条规定法人享有人格权，但是该条仅仅规定法人能够享有与其性质相关的非财产权，至于说法人享有的哪些权利是与其性质相关的非财产权，该条则没有做出规定，已如前述。

在我国，立法者采取的做法与大陆法系国家立法者的做法存在差异。一方面，在《民法总则》第 110（2）条中，立法者至少具体列举了法人享有的三种人格权：名称权、名誉权和荣誉权；另一方面，在该条中，立法者又明确承认，除了所列举的这三种人格权外，法人还享有其他人格权，因为在该条中，他们使用了"等权利"，说明法人享有的人格权并不限于该条所列举的这三种人格权，至于说还有哪些人格权，立法者则没有做出回答。

在立法者不对法人享有的人格权类型做出明确规定的情况下，法

---

① Trib. fédéral Suisse 3 juin 1971, AFT97, II, 97.

② Hélène Martron, Les droits de la personnalité des personnes morales de droit privé, 2011, LGDJ, p. 103.

人究竟享有哪些人格权的问题应当由民法学者和法官做出回答。因为无论是作为人格权一般理论的组成部分，还是作为侵犯人格权的侵权责任的组成部分，法人享有哪些人格权的问题均是民法学者和法官不应当忽略的问题。因为这样的原因，除了法官在众多的司法判例中对法人享有的人格权做出了具体确认外，民法学者也普遍对法人享有的人格权问题做出了回答，所不同的是，民法学者做出的回答存在差异，主要包括类推方法（démarche analogique la méthode analogique）和独立方法（démarche autonome L'approche autonome）。[①]

（一）法人人格权的类推确认方法

所谓类推方法，是指在确定法人享有哪些人格权时，民法学者首先讨论自然人享有的人格权有哪些，之后再确定自然人享有的哪些人格权能够为法人享有。换言之，所谓类推方法，是指在确定法人享有哪些人格权时，人们将法人与自然人进行对比，看一看自然人享有的哪些人格权是法人不能够享有的和哪些人格权是法人能够享有的。根据此种方法，除了不能够享有专属于自然人的人格权外，法人能够享有自然人享有的所有其他人格权。在民法上，除了前述的《瑞士民法典》第53条和《魁北克民法典》第302采取此种方法，以及法官普遍采取此种方法外，大多数民法学者也均采取此种方法，[②]包括但是不限于P. Durand、P. Kayser、F. Petit 和 Hélène Martron 等人。[③]

P. Durand对此种方法做出了说明，他指出："仅仅在自然人的

[①] Hélène Martron, Les droits de la personnalité des personnes morales de droit privé, 2011, LGDJ, pp. 153 – 156.

[②] Hélène Martron, Les droits de la personnalité des personnes morales de droit privé, 2011, LGDJ, pp. 153 – 154.

[③] P. Durand, La personnalité morale et ses limites, D. 1949 chron. XXXIV, p. 141; Kayser P., Les droits de la personnalité, aspects théoriques et pratiques, RTD civ. 1971, p. 490; F. Petit, Les droits de la personnalité confrontés au particularisme des personnes morales, D. aff. 1998, p. 826; Hélène Martron, Les droits de la personnalité des personnes morales de droit privé, 2011, LGDJ, pp. 156 – 161; v. Olivier GRAF, La personne morale: un non-professionnel? Thèse, Université d'Aix-Marseille, 2015, pp. 181 – 185.

特性适合赋予法人的情况下，法人才享有自然人的特性。"① P. Kayser 也对此种方法做出了说明，他指出："法人获得了与自然人享有的人格权相似的权利。法人仅仅被剥夺了自然人享有的某些与其人身有必要联系的人格权。"② Hélène Martron 也对此种方法做出了说明，他指出："为了确定法人的人格权，我们应当采取 G. LEVASSEUR 在讨论自然人的人格权保护时所采取的分类方法，这就是，将自然人的人格分为身体人格、心理人格和社会人格三种③。根据此种方法，为了确定法人享有哪些人格权，我们应当首先确定法人是否具有自然人的三种人格。"④

在采取类推方法分析法人的人格权时，Hélène Martron 认定，除了不具有自然人所具有的身体人格（personnalité physique）外⑤，法人具有自然人所具有的心理人格（personnalité psychologique）和社会人格（personnalité sociale），其中的心理人格被称为"内在人格"（personnalité intérne）⑥。因为法人也具有自然人的心理人格和社会人格，所以它们也享有自然人享有的心理人格权和社会人格权。法人享有的社会人格权包括法人的名称权和法人的名誉权等⑦；而法人享有的内在人格权则是指法人的私人生活受尊重权等。⑧

在民法上，虽然大多数民法学者和法官在确定法人的人格权范围

---

① P. Durand, La personnalité morale et ses limites, D. 1949 chron. XXXIV, p. 141; v. Olivier GRAF, La personne morale: un non-professionnel? Thèse, Université d'Aix-Marseille, 2015, p. 181.

② Kayser P., Les droits de la personnalité, aspects théoriques et pratiques, RTD civ. 1971, p. 445.

③ G. LEVASSEUR, la protection de la personnalité en droit pénal français, Journées de Madrid – Travaux de l'Association H. Capitant, t. XIII, p. 187.

④ Hélène Martron, Les droits de la personnalité des personnes morales de droit privé, 2011, LGDJ, p. 156.

⑤ Hélène Martron, Les droits de la personnalité des personnes morales de droit privé, 2011, LGDJ, pp. 157 – 161.

⑥ Hélène Martron, Les droits de la personnalité des personnes morales de droit privé, 2011, LGDJ, p. 165.

⑦ Hélène Martron, Les droits de la personnalité des personnes morales de droit privé, 2011, LGDJ, pp. 167 – 213.

⑧ Hélène Martron, Les droits de la personnalité des personnes morales de droit privé, 2011, LGDJ, pp. 215 – 255.

时采取类推方法①,但是并非所有民法学者均采取此种方法。例如,Lisa Dumoulin 和 Olivier GRAF 就认为,类推方法是不合适的。Lisa Dumoulin 认为,在确定法人的人格权范围时,人们之所以不应当采取类推方法,是因为在确定法人的人格权范围时,人们无法将法人与自然人进行类比:所有自然人的人格权均是相同的,而不同法人的人格权则是不同的。法人享有的人格权之所以不同于自然人,是因为自然人虽然形形色色,但是所有自然人的人格特征均是相同的,而法人则不同,不仅它们的类型非常多,诸如私法人和公法人、社会团体法人和财团法人,而且每一种类型的法人均具有自己的不同法律制度、不同目标和不同的权利能力,导致法人的人格权也不可能相同。②

Olivier GRAF 也认为,在确定法人的人格权范围时,类推方法应当被抛弃③,因为此种方法问题众多。例如,虽然法人和自然人一样是一个权利主体,但是法人与自然人之间存在基本区别:除了法人的人格取得和消灭与自然人的不同之外,法人的功能也与自然人的功能不同。因为此种原因,在认定法人享有名誉权时,人们就不适宜采取类推方法④。再如,如果人们采取类推方法,则他们一定会认定法人也像自然人一样享有私人生活受尊重权。而事实上,法人不会享有自然人享有的私人生活受尊重权,即便采取类推方法承认法人享有私人生活受尊重权,他们所承认的此种人格权也被在性质上不同于法人享有的私人生活受尊重权。⑤

(二) 法人人格权的独立确认方法

所谓独立方法,是指在确定自然人享有的人格权时民法学者没有

---

① Hélène Martron, Les droits de la personnalité des personnes morales de droit privé, 2011, LGDJ, pp. 153 – 154.

② L. Dumoulin, Les droits de la personnalité des personnes morales, Rev. sociétés 2006,. n° 27.

③ Olivier GRAF, La personne morale: un non-professionnel? Thèse, Université d'Aix-Marseille, 2015, pp. 208 – 209.

④ Olivier GRAF, La personne morale: un non-professionnel? Thèse, Université d'Aix-Marseille, 2015, pp. 196 – 197.

⑤ Olivier GRAF, La personne morale: un non-professionnel? Thèse, Université d'Aix-Marseille, 2015, pp. 199 – 208.

将其与自然人联系在一起,而是直接确定法人享有的人格权范围。换言之,在确定法人享有的人格权时,民法学者不必首先确定自然人享有的某种人格权,之后再确定自然人享有的该种人格权是否适合由法人享有。在民法上,采取此种方法的民法学者是 Lisa Dumoulin、Olivier GRAF、Jean-Michel Bruguière 和 Bérengère Gleize。在 2006 年的《法人的人格权》中,Lisa Dumoulin 首次主张此种理论。① 在 2015 年的《非职业性的法人》中,Olivier GRAF 采取了修正版的独立方法理论。② 而在 2015 年的《人格权》中,Michel Bruguière 和 Bérengère Gleize 直接主张采取独立方法确定法人的人格权范围。③

在批判确定法人人格权范围的类推方法时,Lisa Dumoulin 提出了独立的、不依赖自然人人格权的方法(ex nihilo)。根据此种方法,在确定法人享有的人格权时,我们应当摆脱人们在自然人的人格权方面所采取的途径的束缚,将法人享有的人格权问题建立在法人自身本质的基础上,也就是建立在法人自身的组织人格(personnalité organisationnelle)和功能人格(personnalité fonctionnelle)的基础上。当法人对其组织人格享有权利时,他们享有的权利就是法人的组织人格权;当法人对其功能人格享有权利时,他们享有的权利就是功能人格权。例如,法人的名称权、住所权和国籍权等属于其组织人格权,而法人的商标注册权、专利权、获得同意权、授权以及法人所从事的各种各样的活动均属于其功能人格权。④

Lisa Dumoulin 还认为,在法人人格权的问题上,人们应当区分两种人格权:其一,自然人和法人均具有的共同人格权(droits communs)。例如,住所权或者场所权属于自然人和法人均享有的共同人格权。其二,自然人和法人基于自身特性所分别具有的特殊人格权

---

① L. Dumoulin, Les droits de la personnalité des personnes morales, Rev. sociétés 2006, pp. 1 -30.

② Olivier GRAF, La personne morale: un non-professionnel? Thèse, Université d'Aix-Marseille, 2015, pp. 212 -215.

③ Jean-Michel Bruguière, Bérengère Gleize, Droits de la Personnalité, ellipses, 2015, pp. 54 -44.

④ L. Dumoulin, Les droits de la personnalité des personnes morales, Rev. sociétés 2006, pp. 1 -30.

(droits spéciale)。例如，隐私权属于自然人享有的特殊人格权，而获得同意权、授权等人格权则属于法人享有的特殊人格权。①

在《私法人的人格权》和《非职业性的法人》中，Hélène Martron 和 Olivier GRAF 均对 Lisa Dumoulin 的上述理论提出了批判，并且均认为他提出的独立方法理论存在不确定的问题。② 不过，在对独立方法提出了批评之后，Hélène Martron 选择了上述第一种方法确定法人的人格权范围问题，已如前述。③ 而 Olivier GRAF 则不同，他虽然批评 Lisa Dumoulin 的上述理论，但是他仍然认为 Lisa Dumoulin 的上述理论存在可取之处，在进行修正之后，Lisa Dumoulin 的上述理论仍然是确定法人人格权的唯一理论，这就是他主张的修正性的独立方法（Une démarche autonome modifiée）。④

Olivier GRAF 认为，鉴于 Lisa Dumoulin 所提出的独立方法存在不确定的地方，我们应当对其方法进行修正，此种修正表现在：法人的人格权不应当建立在法人的功能人格的基础上，而应当仅仅建立在法人的非功能人格（la personnalité non-fonctionnelle）的基础上，在论及法人的人格权时，人们无须提及法人功能人格的保护问题。我们之所以应当对独立方法做出此种修正，是因为法人虽然会从事各种各样的活动，但是法人享有的人格权同法人所从事的各种各样的活动没有直接关系，甚至没有间接关系。⑤

在其《人格权》中，Michel Bruguière 和 Bérengère Gleize 首先对民法学者和法官在确定法人人格权的范围问题上所采取的两种方法做出了简要说明，认为在确定法人享有的人格权范围方面，民法学者和

---

① L. Dumoulin, Les droits de la personnalité des personnes morales, Rev. sociétés 2006, pp. 19 – 24.

② Hélène Martron, Les droits de la personnalité des personnes morales de droit privé, 2011, LGDJ, pp. 155 – 156；Olivier GRAF, La personne morale：un non-professionnel? Thèse, Université d'Aix-Marseille, 2015, pp. 212 – 215.

③ Hélène Martron, Les droits de la personnalité des personnes morales de droit privé, 2011, LGDJ, pp. 156 – 161.

④ Olivier GRAF, La personne morale：un non-professionnel? Thèse, Université d'Aix-Marseille, 2015, pp. 212 – 215.

⑤ Olivier GRAF, La personne morale：un non-professionnel? Thèse, Université d'Aix-Marseille, 2015, pp. 215 – 216.

法官采取了两种不同的方法：其一，类推适用基本法关于法人享有基本权利的规定，认为在法人的性质允许法人享有基本权利的范围内，法人享有人格权；其二，独立考虑法人对人格权的需要，因为法人的人格权是法人实现其目的的必要手段。[①]

在对这两种不同的方法做出了简要说明之后，Michel Bruguière 和 Bérengère Gleize 直接提出了采用第二种方法的意见。他们指出："在确定法人享有的人格权范围时，我们愿意采取第二种方法。根据此种方法，我们认为，法人的人格权是法人实现其社会目的的必要手段。此种方法会采取双重效果：其一，在确定法人享有的人格权时，我们不再求助于自然人的模式，而是直接从法人的利益出发；其二，我们承认法人享有自身的人格权。"[②]

（三）采用法人人格权独立确认方法的原因

笔者认为，在讨论法人的人格权范围时，我们应当放弃类推方法而采取独立方法理论，虽然在采取独立方法时，我们可以将法人的人格权与自然人的人格权进行对比。我们之所以应当放弃类推方法而采取独立方法，其主要原因有两个：

其一，类推方法存在重视自然人而轻视法人的趋向，与法人在社会中所占有的重要地位不相称，而独立方法则不同，它不存在这样的问题，而且能够与法人在民法中的地位相称。

在历史上，由于社会经济的不发达，虽然民法同时将自然人和法人视为权利主体，但是民法显然更加重视自然人，认为自然人是民法的中心，而法人则是民法的附属物，民法的所有制度或者主要制度围绕着自然人展开。因为此种原因，在 18 世纪的民法著作中，虽然《法国民法典》之父 Pothier 对作为权利主体的人做出了详尽的阐述，但是他讨论的绝大多数人在性质上均属于自然人，[③] 仅少数人即团体

[①] Jean-Michel Bruguière, Bérengère Gleize, Droits de la Personnalité, ellipses, 2015, pp. 54 – 55.

[②] Jean-Michel Bruguière, Bérengère Gleize, Droits de la Personnalité, ellipses, 2015, p. 55.

[③] 张民安：《法国民法总论（上）》，清华大学出版社2017年版，第218—258页、第262—267页。

组织在性质上属于法人。① 也因为这样的原因，虽然 1804 年的《法国民法典》在第一卷中对人做出了规定，但是它在该卷中所规定的人也仅仅是自然人，并不包括法人。②

自 19 世纪中后期尤其是末期以来，随着市场经济的不断发展和繁荣，法人的地位开始迅速提升，并且逐渐取得了能够与自然人分庭抗礼的地位。因为这样的原因，除了将自然人规定为一种权利主体外，1896 年的《德国民法典》③ 和 1907 年的《瑞士民法典》④ 也均将法人规定为一种像自然人一样的权利主体。在今时今日，自然人在民法中的地位当然非常重要，没有任何民法学者会对此加以否认。不过，法人在民法中的地位丝毫不亚于自然人在民法中的地位。事实上，它们是两种具有同等重要地位的权利主体。人们既不能够说自然人是一种比法人更重要的权利主体，也不能够说法人是一种比自然人更重要的权利主体。

因为这样的原因，在今时今日，除了《法国民法典》没有明确将法人规定为一种权利主体外，《德国民法典》《瑞士民法典》和我国《民法总则》不仅均将法人规定为一种权利主体，而且它们均不存在区分对待这两种权利主体的地方。

在法人地位低于自然人的时代，民法的中心当然是自然人和自然人享有的人格权，即便法人享有人格权，法人或者法人的人格权也仅仅处于民法的边缘地带，在讨论法人的人格权范围时，人们当然能够采取以自然人的人格权为基础的类推方法。而在法人地位等同于自然人的今天，民法的中心不再仅仅是自然人和自然人享有的人格权，法人和法人享有的人格权也从民法的边缘地带嬗变为民法的中心，在讨论法人的人格权范围时，人们当然不能够再执着于传统的类推方法，而应当采取与法人地位相适应的独立方法：从法人自身特性的角度界

---

① 张民安：《法国民法总论（上）》，清华大学出版社 2017 年版，第 258—262 页。

② 张民安：《法国民法》，清华大学出版社 2015 年版，第 178—179 页；张民安：《法国民法总论（上）》，清华大学出版社 2017 年版，第 283 页。

③ Raoule De La Grasserie, Code Civil Allemande, 2e édition, PARIS A. PEDONE, Éditeur, 1901, pp. 6 – 19.

④ Virgile Rossel, Code Civil Suisse y Compris le Code Fédéral des Obligations, I, Code Civil Suisse, 3e édition, Librairie Payot & Cie, 1921, pp. 14 – 22.

定法人的人格权范围，从法人对人格利益需要的角度界定其享有的人格权范围。

其二，在今时今日，在厘定法人的人格权范围时，虽然立法者、法官和民法学者普遍采取类推方法，但是此种方法不仅存在程序烦琐的问题，而且还存在不确定的问题，甚至还存在不能够适用的问题，而采取独立方法，则程序烦琐、不确定的问题甚至不能够适用的问题均不存在。

根据民法学者主张的上述类推方法，在确定法人是否享有某种人格权时，人们实际上采取了先后衔接的两步走分析方法：第一步，确定自然人是否享有该种人格权。根据类推方法，在确定法人是否享有某种人格权时，人们首先要确定自然人是否享有该种人格权。如果确定了自然人享有该种人格权，则他们继续进入第二步。第二步，在确定了自然人享有该种人格权之后，人们再具体考量自然人享有的该种人格权在性质上是不是适宜于法人：如果认定自然人享有的该种人格权适宜于法人，则认定法人享有该种人格权；如果认定自然人享有的该种人格权不适宜于法人，则认定法人不享有该种人格权。

因此，根据类推方法，在确定法人是否享有隐私权时，人们第一步要看自然人是否享有隐私权，通过第一步认定自然人享有了隐私权之后，人们接着看自然人享有的隐私权是否适宜于法人享有，如果认定自然人享有的隐私权适宜于法人享有，则最终认定法人也享有隐私权，而如果认定自然人享有的隐私权不适宜于法人享有，则最终认定法人不享有隐私权。同样，在认定法人是否享有声音权时，人们第一步认定自然人是否享有声音权。如果认定了自然人享有声音权，接着采取第二步，看一看自然人享有的声音权是否适宜于法人享有：如果认定自然人的声音权适宜于法人享有，则最终认定法人享有，否则，认定法人不享有声音权。

类推方法所存在的第一个主要问题是，它的适用程序烦琐。因为在确定法人是否享有某种人格权时，人们要采取两步走，不能够采取一步到位的方法，已如前述。类推方法所存在的第二个主要问题是，它有时无法解决法人是否享有某种人格权的问题。按照类推方法的两步走的分析方法，在分析法人是否享有某种人格权时，人们应当首先确定与法人无关的自然人是否享有该种人格权。在制定法或者法官已经明确规定或者确认自然人享有该种人格权时，人们可以轻易完成第一步分析并顺利进入第二步分析。

然而，在制定法或者法官没有明确规定或者确认自然人享有该种人格权时，人们是要采取措施确认自然人是否享有该种人格权，还是要终止其分析进程？如果他们要采取措施确认自然人是否享有该种人格权，他们采取什么样的措施确认自然人享有的该种人格权？如果他们要终止其分析进程，则除了第一步分析方法无法完成外，第二步分析当然也无法进行，事实上也没有必要进行，此时法人是否享有人格权的问题仍然处于悬而未决的状态。

类推方法所存在的第三个主要问题是，它的适用处于不确定的状态。这表现在两个方面。如果立法者没有规定自然人享有某种人格权，或者如果法官没有确认自然人享有某种人格权，在采取第一步分析方法时，人们是直接认定自然人不享有该种人格权，还是要通过自己的努力首先确定自然人是否享有该种人格权，这些问题处于不确定的状态。

即便人们成功越过了第一步，在采取第二步分析方法时，他们的分析结果仍然处于不确定状态：当自然人享有某种人格权时，他们享有的该种人格权在什么情况下适宜于法人，在什么情况下不适宜于法人。换言之，自然人享有的人格权是否适宜于法人的标准是什么，人们没有做出明确肯定的回答。因为这样的原因，在采取类推方法确定法人是否享有隐私权时，民法学者做出的回答完全相反：某些民法学者认为，法人不享有隐私权，而另外一些民法学者则认为，法人享有隐私权，即便他们均承认自然人享有隐私权，已如前述。

在民法上，如果人们要克服类推方法所存在的这些问题，他们就应当放弃类推方法而采取独立方法，这就是，采取一步走、一步到位的分析方法，直接确定法人是否享有某种人格权，不需要借助自然人作为媒介。此种分析方法的好处是程序简便和明确肯定。

一方面，独立方法的适用简便、直截了当，不存在类推方法适用时所存在的转弯抹角、缘木求鱼的问题。在分析法人是否享有某种人格权时，独立方法所具有的一个好处是，该种方法适用起来简单方便、直截了当。因为在分析这一问题时，人们无须像类推方法那样转弯抹角、缘木求鱼，即首先确定自然人是否享有该种人格权之后再确定自然人享有的该种人格权是否适宜于法人，而是采取一步到位、直截了当的方法，直接分析法人为什么应当享有或者不应当享有该种人格权。

另一方面，独立方法的适用具有确定性，不存在类推方法适用时所存在的不确定状态问题。在分析法人是否享有某种人格权时，独立方法所具有的另外一个好处是，该种适用方法的适用具有确定性，不存在类推方法适用时所存在的两个不确定问题。因为在分析法人是否享有该种人格权时，他们既不需要确定自然人是否享有该种人格权，也不需要确定自然人享有的该种人格权是否适宜于法人。

在民法上，在分析法人是否享有某种人格权时，人们采取的分析方法应当与他们在分析自然人是否享有某种人格权时采取的分析方法完全一样，这就是直接分析法人为何享有该种人格权、为何不享有该种人格权，就像他们直接分析自然人为何享有某种人格权、为何不享有某种人格权一样：如果法人需要某种人格权来保护自身的人格特征、人格特性免受侵犯，并且如果法人的此种需要是合理的、正当的，则法人就享有该种人格权。反之，如果法人不需要某种人格权来保护自身的人格特征、人格特性免受侵犯，或者如果法人有此种需要，但是其需要是不合理的、不正当的，则法人不享有该种人格权。这就是法人享有人格权的原因，已如前述。

（四）法人人格权与自然人人格权之间的关系

在采取独立方法分析法人是否享有人格权时，虽然我们无须借助自然人这一媒介，但是在分析法人是否享有该种人格权时，我们仍然会涉及自然人。因为通过比较分析方法，我们能够将法人的人格权与自然人的人格权进行对比研究，此种对比研究并不是回归传统的类推方法，而是为了突出和强调法人的人格权与自然人的人格权之间所存在的共同点和差异。

在民法上，作为两个独立的权利主体，法人和自然人均有法人格，均能够凭借其法人格享有包括物权、债权和人格权在内的民事权利。问题在于，法人享有的人格权与自然人享有的人格权在哪些方面是相同的，在哪些方面是存在差异的。对此问题，民法学者几乎没有做出任何说明。笔者认为，法人的人格权与自然人的人格权之间当然存在共同点，主要表现在三个方面。

其一，法人的人格权与自然人的人格权性质相同。传统民法认为，自然人的人格权在性质上不同于法人的人格权，这就是，自然人的人格权在性质上是一种非财产权，而法人的人格权在性质上则是一种财产权。在今时今日，此种理论已经丧失说服力。因为自然人的人格权与法人的人格权在性质上是相同的：他们和它们享有的某些人格权在性质上是非财产权，他们和它们享有的另外一些人格权在性质上则是财产权，他们和它们享有的某些人格权既是一种非财产权也是一种财产权。关于这一点，笔者将在下面的内容中做出详细的讨论，此处从略。

其二，法人的人格权和自然人的人格权目的相同。传统民法认为，法律之所以赋予自然人以人格权，其目的是保护自然人的道德、情感、心理等因素免受侵犯。传统民法还认为，因为法人没有自然人的道德、情感、心理，所以法人并不享有人格权，已如前述。在今时今日，此种理论显然没有说服力。因为法人也像自然人一样有自身的道德、情感、心理，已如前述。事实上，在今时今日，法律赋予法人和自然人以人格权的目的是相同的：保护法人和自然人的道德、情感和心理免受行为人的侵犯。

其三，法人享有的某些人格权与自然人享有的某些人格权雷同。所谓法人享有的某些人格权与自然人享有的某些人格权雷同，是指除了法人享有的这些人格权与自然人享有的人格权名称相同之外，法人享有的这些人格权与自然人享有的人格权内容相同。例如，法人享有的名誉权与自然人享有的名誉权名称相同、内容相同。再如，法人享有的姓名权（名称权）和自然人享有的姓名权名称相同、内容相同。再例如，法人享有的隐私权与自然人享有的隐私权名称相同、内容相同。

不过，法人的人格权与自然人的人格权之间也存在差异，主要表现在两个方面：

其一，法人不能够享有某些专属于自然人的人格权。在民法上，自然人享有的某些人格权是专属于自然人自身的人格权，这些人格权是自然人所固有的权利，它们以自然人特有的人格特征作为前提，因为法人不具有这些特有的人格特征，所以它们无法享有这些人格权。

虽然《瑞士民法典》和《魁北克民法典》均对此做出了明确规定，但是它们均没有清楚地列明自然人享有的哪些人格权是专属于自然人的人格权，已如前述。因此，这样的问题主要由民法学者做出回答。但遗憾的是，民法学者在这一问题上做出的回答并不相同。

某些民法学者认为，专属于自然人的人格权主要是指建立在自然人血肉之躯基础上的人格权，也就是自然人的生命权、身体权和健康权。因为这些权利在性质上是专属于自然人的人格权，所以法人不能够享有生命权、身体权和健康权。① 某些民法学者认为，除了自然人的生命权、身体权和健康权是专属于自然人的人格权外，建立在自然人感情基础上的人格权也是专属于自然人的人格权，包括自然人的声音权、自然人的肖像权。因为这些权利专属于自然人，所以除了不享有生命权、身体权、健康权外，法人也不享有声音权、肖像权。②

笔者认为，无论是生命权、身体权，还是声音权、肖像权均不是专属于自然人的人格权，因为除了自然人能够享有这些人格权外，法人也能够享有这些人格权。关于这一点，笔者将在下面的内容中做出详细的讨论，此处从略。笔者认为，在民法上，专属于自然人的人格权较少，主要是结婚自由权、离婚自由权、配偶权、亲权、监护权以及人格尊严权等。在民法上，结婚自由权、离婚自由权以及配偶权等身份权在性质上当然是专属于自然人的人格权，因为除了自然人能够结婚、离婚并因此取得、丧失配偶外，法人或者非法人组织均不能以结婚、离婚并因此取得或者丧失配偶身份。

在民法上，自然人当然享有人格尊严权，当行为人侵犯自然人的人格尊严权时，他们当然应当对自然人承担侵权责任，这一点毋庸置疑。因为除了《法国民法典》第 16 条、③《世界人权宣言》第 5 条④

---

① Hélène Martron, Les droits de la personnalité des personnes morales de droit privé, 2011, LGDJ, pp. 157–161.

② Jean-Michel Bruguière, Bérengère Gleize, Droits de la Personnalité, ellipses, 2015, p. 55.

③ Article 16 Code civil, Dernière modification: 1 octobre 2018, https://www.legifrance.gouv.fr/affichCode.do;jsessionid=B6961D9B95D26940F59D857BCDE841B6.tplgfr31s_3?idSectionTA=LEGISCTA000006136059&cidTexte=LEGITEXT000006070721&dateTexte=20181124.

④ Article 5 La Déclaration universelle des droits de l'homme, http://www.un.org/fr/universal-declaration-human-rights/.

和《欧洲人权公约》第 3 条①对自然人享有的此种人格权做出了规定外，民法学者也普遍承认自然人享有的此种人格权。② 自然人享有的人格尊严权在性质上是专属于自然人的人格权，因为人格尊严权源自自然人所具有的人性，它的目的是保护自然人的身心免受折磨、酷刑、残忍或者不人道的对待。因为行为人无法对法人的身心实施折磨、酷刑、残忍或者不人道的对待，所以自然人享有的此种权利不能够为法人享有。

其二，自然人也不能够享有某些专属于法人的人格权。在民法上，除了自然人享有少数专属于自己的人格权外，法人也享有少数专属于自己的人格权。就像法人不能够享有专属于自然人的人格权一样，自然人也不能够享有专属于法人的人格权。所谓专属于法人的人格权，是指法人对自身的某些独一无二的特性、人格特性享有的人格权。

在民法上，虽然法人和自然人具有某些共同的特性、人格特征，但是法人也具有某些独一无二的特性、人格特征。至于说它们有哪些独特特性、人格特征，民法学者很少做出说明。笔者认为，法人的这些独特特性、人格特征主要是指法人享有的某些方面的自由权。

在民法上，作为两种独立的权利主体，自然人和法人均享有各种各样的自由权，其中某些自由权属于法人和自然人共同享有的。例如，言论自由权、集会自由权和结社自由权就属于法人和自然人共同享有的自由权。而另外一些自由权则不同，它们要么专属于自然人享有，要么专属于法人享有。例如，结婚自由权和离婚自由权是专属于自然人享有的人格权，而法人的自由运行权、自由变更权和自由解散权是专属于法人享有的人格权。关于这一点，笔者将在下面的内容中

---

① Article 3 Convention européenne des droits de l'homme, https://www.echr.coe.int/Documents/Convention_FRA.pdf, p. 7.

② Jean Carbonnier, Droit civil, Volume I, Introduction Les personnes la famille, l'enfant, le couple, puf, pp. 511 – 512; Henri Roland, Laurent Boyer, Introuduction au droit, Litec, pp. 435 – 436; Henri et Léon Mazeaud, Jean Mazeaud, Francois Chabas, Lecons de DROIT CIVIL, Tome I/Deuxième Volume, Les Personnes, 8e édition, Montchrestien, pp. 393 – 394; Philippe Malaurie, les Personnes, 6e édition, DEFRÉNOIS, p. 153; 张民安：《法国民法总论（上）》，清华大学出版社 2017 年版，第 93—94 页；张民安、丘志乔主编：《民法总论》（第五版），中山大学出版社 2017 年版，第 317—318 页。

做出详细的讨论,此处从略。

(五) 法人享有哪些人格权

在采取独立方法分析法人的人格权时,我们应当解决的问题是:法人享有哪些人格权?对此问题,大陆法系国家的立法者并没有做出明确回答,因为除了规定法人能够享有非专属于自然人的人格权外,他们没有明确列举法人享有的人格权范围,已如前述。在大陆法系国家,民法学者做出的回答可谓大相径庭:某些民法学者采取四分法的理论,认为法人享有四种人格权;某些民法学者采取五分法的理论,认为法人享有五种人格权;而某些民法学者则采取了六分法理论,认为法人享有六种人格权。

在《私法人的人格权》一文中,Hélène Martron 对法人的人格权类型做出了说明。他认为,法人享有的人格权可以分为两类:其一,旨在保护法人社会人格的人格权,笔者将其简称为"法人的社会人格权"。其二,旨在保护法人内在人格(personnalité interne)的人格权,笔者将其简称为"法人的内在人格权"[1]。所谓社会人格(personnalité sociale),也称为外在人格(personnalité externe)、人格的外在方面(aspect extérieure de la personnalité),是指权利主体所具有的让行为人和其他社会公众了解其存在的人格。所谓内在人格,也称为人格的内在方面(aspect intérieure de la personnalité),是指权利主体所具有的心理人格。

Hélène Martron 认为,法人的社会人格权包括两种,这就是法人的名称权和法人的名誉权。[2] 而法人的内在人格权也包括两种,这就是法人的著作人格权和私人生活受尊重权。[3] 不过,鉴于法人的著作人格权具有自身的特殊性,应当将其放在著作权法中讨论,故 Hélène Martron 没有对法人的此种人格权做出讨论。换言之,Hélène Martron

---

[1] Hélène Martron, Les droits de la personnalité des personnes morales de droit privé, 2011, LGDJ, p. 161.

[2] Hélène Martron, Les droits de la personnalité des personnes morales de droit privé, 2011, LGDJ, pp. 163 – 213.

[3] Hélène Martron, Les droits de la personnalité des personnes morales de droit privé, 2011, LGDJ, pp. 215 – 255.

在法人人格权的范围方面采取了四分法理论,认为法人享有的人格权包括四种:法人的名称权、法人的名誉权、法人的私人生活受尊重权以及法人的著作人格权。

在《人法》一文中,Gérard Cornu 认为,法人主要享有三种非财产权即人格权,这就是法人的名称权、法人的场所权和法人的国籍权。Gérard Cornu 指出:"从自然的角度来说,实在法赋予自然人的所有非财产特性是不可能移动到法人身上的。不过,实际情况则完全相反,经过某些改变之后,自然人的各种特性能够在没有遭遇重大障碍的情况下适用到法人身上。能够适用到法人身上的主要特性是让自然人个体化的特性,也就是用来确定自然人和将自然人场所化的特性。自然人的这些民事确定因素能够确保法人的价值,也就是,能够让法人个体化。这些能够让法人个体化的特性包括三种:法人的名称、法人的场所,以及法人的国籍。"①

不过,在将名称权、场所权和国籍权视为法人享有的三种主要人格权时,Gérard Cornu 也明确承认,法人还享有另外两种人格权即名誉权和私人生活受尊重权,因为他也认为,就像自然人有名誉和私人生活一样,法人也有名誉和私人生活②。换言之,Gérard Cornu 在法人人格权的范围方面采取了五分法的理论,认为法人享有五种人格权:法人的名称权、法人的场所权、法人的国籍权、法人的名誉权和法人的私人生活受尊重权。

在《人格权》一文中,Jean-Michel Bruguière 和 Bérengère Gleize 将法人的人格权分为两类:其一,确保法人获得一定独立的人格权,此类人格权又分为三种,这就是法人的场所受尊重权、法人的私人生活受尊重权以及法人的保密权:商事秘密权和通讯秘密权。其二,维护法人自身身份的人格权,也就是,旨在保护法人社会身份的人格权,该类人格权又可以分为三种:法人的名称权、法人的名誉权和法人的著作权③。换言之,在法人人格权的范围方面,Michel Bruguière

---

① Gérard Cornu, Droit civil, Les personnes, 13e édition, Montchrestien, p. 219.
② Gérard Cornu, Droit civil, Les personnes, 13e édition, Montchrestien, p. 219.
③ Jean-Michel Bruguière, Bérengère Gleize, Droits de la Personnalité, ellipses, 2015, pp. 55 – 56.

和 Bérengère Gleize 采取了六分法的理论,认为法人享有六种人格权:法人的场所权、法人的私人生活受尊重权、法人的秘密权、法人的名称权、法人的名誉权和法人的著作权。

在我国,《民法通则》和《民法总则》仅仅列举了法人享有的三种人格权即名称权、名誉权和荣誉权,至于法人是否还享有其他人格权,它们没有做出明确规定。在我国,即便民法学者承认法人享有人格权,除了重复《民法通则》和《民法总则》所规定的这几种人格权外,它们没有对法人是否还享有其他人格权做出任何说明,已如前述。[1]

笔者认为,法人当然享有《民法通则》和《民法总则》所规定的三种人格权,这一点毫无疑问。不过,除了这三种人格权外,法人还享有大量的其他人格权,诸如隐私权、无罪推定受尊重权和设立自由权等。笔者将法人享有的人格权分为六类:法人享有的各种自由权,法人享有的以满足其个体化为目的的人格权,法人享有的生命权、身体权,法人享有的名誉权、回应权,法人享有的隐私权和无罪推定受尊重权,法人享有的其他人格权。

四、法人享有的第一类人格权:各种各样的自由权

在民法上,法人享有的第一类人格权是各种各样的自由权,包括法人的设立自由权、法人的运行自由权、法人的变更自由权、法人的终止自由权、法人的惩戒自由权、法人的开除自由权、法人的拒绝加入自由权、法人的言论自由权、法人的结社自由权、法人的和平集会自由权,以及法人的信仰自由权等。

在民法上,自然人当然享有各种各样的自由权,诸如人身自由权、言论自由权、出版自由权、信仰自由权、结社自由权以及集会自由权等。在自由是不是一种人格权的问题上,虽然民法学者之间存在争议[2],但是在人身自由权、言论自由权、出版自由权、信仰自由

---

[1] 王利明:《人格权法研究》,中国人民大学出版社2005年版,第47页;魏振瀛主编:《民法》(第四版),北京大学出版社2010年版,第36页;梁慧星:《民法总论》(第五版),法律出版社2017年版,第128页;王利明:《民法总则》,中国人民大学出版社2017年版,第158页。

[2] 张民安:《法国民法》,清华大学出版社2015年版,第74—77页。

权、结社自由权以及集会自由权是不是人格权的问题上，民法学者之间则没有争议，因为他们均将这些自由权视为人格权。这些自由权之所以被视为人格权，是因为它们的内涵清晰外延确定，而自由的内涵和外延则不清晰、不确定。自然人享有的这些自由权当然应当受到行为人的尊重和法律的保护，如果行为人侵犯他人享有的这些人格权，基于他人的起诉，法官当然会责令行为人对他人承担侵权责任。①

问题在于，法人是否能够享有自然人享有的这些自由权？答案是，作为一种民事主体，法人当然也能够享有自然人享有的这些自由权，至少能够享有自然人享有的大多数自由权。此外，法人还享有自然人无法享有的某些自由权，因为这些自由权在性质上是专属于法人的自由权。②

（一）法人享有的设立自由权、运行自由权、变更自由权和终止自由权

在民法上，法人享有的第一类自由权是法人的设立自由权、法人的运行自由权、法人的变更自由权和法人的终止自由权。③ 此类自由权被视为法人自身性质所固有的人格权，它们专属于法人享有，自然人并不享有这些权利。在民法上，法人享有的这些自由权受到法律的

---

① Alphonse Boistel, Cours Élémentaire De Droit Naturel, Ou De Philosophie Du Droit, Paris, Ernest Thorin, Éditeur, 1870, pp. 166 – 170; Guy Raymond, Droit Civil, 2e edition, Litec, p. 83; Jean Carbonnier, Droit civil, Volume I, Introduction Les personnes la famille, l'enfant, le couple, puf, pp. 513 – 516; Philippe Malaurie, les Personnes, 6e édition, DEFRÉNOIS, pp. 103 – 109；张民安：《法国民法》，清华大学出版社 2015 年版，第 74—77 页。

② David Bakouche, Droit civil les personnes la famille, HACHETTE, p. 76; Bernard Teyssié, Droit civil, Les personnes, 12e, édition, Litec, p. 435; Francois Terré, Dominique Fenouillet, Droit civil les personnes, 8e édition, Dalloz, p. 263.

③ Robert PATRY, Précis de droit suisse des sociétés, vol. I, Berne, Staempfli & Cie, 1976, p. 131; Hélène Martron, Les droits de la personnalité des personnes morales de droit privé, 2011, LGDJ, pp. 104 – 105; Gérard Cornu, Droit civil, Les personnes, 13 e édition, Montchrestien, p. 198; Bernard Teyssié, Droit civil, Les personnes, 12e, édition, Litec, pp. 553 – 554; Philippe Malaurie, les Personnes, 6e édition, DEFRÉNOIS, p. 210；张民安：《公司契约理论研究》，载《现代法学》2003 年第 2 期，第 45—50 页；张民安：《公司法的现代化》，中山大学出版社 2006 年版，第 66—86 页；张民安：《法国民法》，清华大学出版社 2015 年版，第 189—191 页。

保护，所有行为人均应当尊重法人享有的这些自由权，不得侵犯或者干预行为人享有的这些自由权，否则，应当对法人承担民事责任。

所谓法人的设立自由权，是指法人享有是否设立法人组织、设立何种性质的法人组织以及采取何种法人治理结构的自由权。因此，如果法人希望设立某种法人组织，则它们享有按照自己的意愿设立该种法人组织的权利，行为人不得阻止其设立；相反，如果法人不希望设立该种法人组织，则它们享有按照自己的意愿不设立该种组织的权利，行为人不得强制其设立。这就是法人组织设立的自由权，包括设立法人和不设立法人的自由权。除了享有法人组织的设立自由权外，法人还享有选择法人性质和安排法人治理结构的权利，除非制定法对其法人性质和治理结构做出了强制性的规定，否则，它们有权自由选择法人性质和法人的治理结构。

所谓法人的运行自由权，是指法人享有的按照自己章程的规定开展活动的权利。在民法上，法人的性质不同，它们的目的不同。为了实现自己的目的，法人有权按照自己章程的规定开展活动，以便实现自己的目的。当然，法人活动的开展也应当受到一定的限制，这就是，在从事自己的活动时，法人既不得违反法律的强制性、禁止性规定，也不得违反公共秩序和良好道德。在一定情况下，法人还应当承担社会责任。①

所谓法人的变更自由权，是指法人享有的改变自己性质、章程或者其他重大事项的权利。例如，法人有权将其公司从有限责任公司变更为股份公司，反之，有权将其股份公司变更为有限责任公司，以便适用经济和社会的发展和变化的需要，这就是法人性质的变更。再如，公司有权变更自己的经营范围，或者延长自己的经营期限，等等，这就是公司享有的变更其章程的权利。

所谓法人的终止自由权，是指法人享有的决定解散和清算法人的权利。即便法人章程规定的持续期限还没有届满，如果法人的机关通过特定多数决议提前解散和清算法人，则法人仍然有权按照法人机关的决议予以解散和清算。

---

① 张民安：《公司法上的利益平衡》，北京大学出版社2003年版，第2—10页。

(二) 法人享有的惩戒自由权、开除自由权和加入或者拒绝加入自由权

除了设立自由权、运行自由权、变更自由权和终止自由权在性质上是专属于法人的人格权外，法人还享有另外三种专属于自身的人格权，这就是法人成员的惩戒自由权、法人成员的开除自由权和法人成员的加入或者拒绝加入自由权。[1]

所谓法人成员的惩戒自由权，是指法人享有的依照自己章程规定的条件和程序对自己的成员、机关成员实施某种纪律处分的权利。在民法中，法人的成员、法人机关的成员在行为时既要遵守法人章程的规定，也应当遵守制定法的强制性、禁止性规定。如果他们在行为时违反了法人的章程或者制定法的强制性、禁止性规定，法人有权对他们实施某种纪律处分。除非法人滥用自己享有的此种惩戒自由权，否则，法人的此种惩戒自由权应当受到尊重。

所谓法人成员的开除自由权，是指法人享有的依照其章程规定的条件和程序决定解除其成员、机关成员的权利。所谓法人成员的加入或者拒绝加入自由权，是指法人享有的按照其章程规定的条件和程序吸收或者拒绝吸收法人成员之外的人加入法人组织并因此成为其成员的权利。

在对法人的成员、机关成员采取纪律处分或者开除时，法人应当遵循两个重要的原则，这就是尊重法人成员、机关成员享有的抗辩权的原则（droits de défense）和辩论原则（principe du contradictoire）。根据这两个原则，当法人准备对其成员、机关成员采取纪律处分或者开除措施时，法人应当允许其成员、机关成员提出反对法人采取纪律处分或者开除措施的意见，应当召开听证会，允许他们与法人就是否应当采取纪律处分、开除措施以及采取纪律处分、开除的措施是否恰当等问题展开辩论。

---

[1] Jean Carbonnier, Droit civil, Volume I, Introduction Les personnes la famille, l'enfant, le couple, puf, pp. 729 – 730; Philippe Malaurie, les Personnes, 6e édition, DEFRÉNOIS, p. 223.

(三) 法人享有的言论自由权

就像自然人享有言论自由权一样①,法人也享有言论自由权。② 所谓法人的言论自由权,是指作为一种民事主体,法人在不担心受到审查或者惩罚的情况下享有的在境内外自由发表其观点、看法和在境内外自由传播或者接受任何信息、观点的权利。就像自然人的言论自由权以形形色色的方式表现出来一样,法人的言论自由权也通过多种多样的方式表现出来,诸如编辑自由权、印刷自由权、出版自由权、评论自由权、批评自由权等。

就像言论自由权为所有自然人享有一样,言论自由权也为所有法人享有,包括公司、社会团体和其他性质的法人。不过,言论自由权尤其为某些法人享有和必要,因为这些法人的天职就是针对诸如政治、经济、社会、道德、哲学、宗教等问题发表观点、看法和做出评论、批评,这些法人就是杂志社、报社、电台、电视台、电影公司以及网站等。在民法上,法人享有的言论自由权受到法律的保护,所有行为人均应当尊重法人享有的言论自由权,否则,如果他们侵犯法人享有的言论自由权,则他们应当对法人承担民事责任。

所谓法人的编辑自由权,是指法人享有的对其自身或者别人的文字、图画、照片、声音或者其他书面或者口头作品进行整理、加工以

---

① Alphonse Boistel, Cours Élémentaire De Droit Naturel, Ou De Philosophie Du Droit, Paris, Ernest Thorin, Éditeur, 1870, pp. 166–167; Émile Beaussire, Les principles du droit, Paris, éd, Félix Alcan, 1888, pp. 391–394; M. E. H. PERREAU, Des droits de la personnalite, RTD civ., 1909, p.507; Roger Nerson, Les droits extrapatrimoniaux, Paris, LGDJ, 1939, pp. 288–290; 张民安:《法国人格权法(上)》,清华大学出版社 2016 年版,第 273—277 页、第 290—292 页、第 322 页、第 384 页。

② Bernard Teyssié, Droit civil, Les personnes, 12e, édition, Litec, p. 435; Francois Terré, Dominique Fenouillet, Droit civil les personnes, 8e édition, Dalloz, p. 263; Xavier Dupré de Boulois, Les droits fondamentaux des personnes morales, LA PERSONNALITÉ JURIDIQUE, Xavier Bioy (dir.), Presses de l'Université Toulouse 1 Capitole, LGDJ-Lentenso Editions, pp. 203–219; Joël Andriantsimbazovina, Les personnes morales devant la Cour Européenne des droits de l'Homme, LA PERSONNALITÉ JURIDIQUE, Xavier Bioy (dir.), Presses de l'Université Toulouse 1 Capitole, LGDJ-Lextenso Editions, pp. 221–232; Kouamé Hubert Koki, Les droits fondamentaux des personnes morales dans la convention européenne des droits de l'homme, Thèse de doctorat en Droit, Université de La Rochelle, 2011, pp. 183–242.

便公开出版发行的权利。所谓法人的印刷自由权,是指法人享有的将其自身或者别人的文字、图画、照片、声音或者其他书面或者口头作品予以制版、施墨、加压并因此让它们转移到纸张、织品、皮革等材料表面上的权利。所谓法人的出版自由权,是指法人享有的将其自身或者别人的文字、图画、照片、声音或者其他书面或者口头作品以书面或者电子等方式予以公开和发行的权利。所谓评论自由权,是指法人享有的就某种具有公共性质的事务或者事件发表自己观点、看法的权利。所谓法人的批评自由权,是指法人享有的就某种具有公共性质的事务或者事件做出批判的权利。

(四)法人享有的结社自由权、和平集会自由权和信仰自由权

就像自然人享有结社自由权、和平集会自由权和信仰自由权一样,[①]法人也享有结社自由权、和平集会自由权和信仰自由权。[②]

所谓法人的结社自由权,是指法人享有的设立某种社会团体组织、加入或者拒绝加入某种社会团体组织的权利。就像自然人基于这样或者那样的目的而建立、加入或者拒绝加入某种社会团体组织一样,法人同样会基于这样或者那样的目的而建立、加入或者拒绝加入

[①] Alphonse Boistel, Cours Élémentaire De Droit Naturel, Ou De Philosophie Du Droit, Paris, Ernest Thorin, Éditeur, 1870, pp. 167 – 170; Émile Beaussire, Les principles du droit, Paris, éd, Félix Alcan, 1888, pp. 391 – 394; M. E. H. PERREAU, Des droits de la personnalite, RTD civ., 1909, p. 507; Roger Nerson, Les droits extrapatrimoniaux, Paris, LGDJ, 1939, pp. 288 – 290; 张民安:《法国人格权法(上)》,清华大学出版社 2016 年版,第 273—277 页、第 290—292 页、第 384 页。

[②] Francois Terré, Dominique Fenouillet, Droit civil les personnes, 8e édition, Dalloz, p. 263; Philippe Malaurie, les Personnes, 6e édition, DEFRÉNOIS, pp. 219 – 230; Xavier Dupré de Boulois, Les droits fondamentaux des personnes morales, LA PERSONNALITÉ JURIDIQUE, Xavier Bioy (dir.), Presses de l'Université Toulouse 1 Capitole, LGDJ-Lextenso Editions, pp. 203 – 219; Joël Andriantsimbazovina, Les personnes morales devant la Cour Européenne des droits de l'Homme, LA PERSONNALITÉ JURIDIQUE, Xavier Bioy (dir.), Presses de l'Université Toulouse 1 Capitole, LGDJ-Lextenso Editions, pp. 221 – 232; Kouamé Hubert Koki, Les droits fondamentaux des personnes morales dans la convention européenne des droits de l'homme, Thèse de doctorat en Droit, Université de La Rochelle, 2011, pp. 77 – 124, pp. 243 – 289.

某种社会团体组织。法人享有的结社自由权受法律的保护,所有行为人均应当尊重法人享有的此种自由权,否则,应当就其侵犯法人结社自由权的行为对法人承担民事责任。

所谓法人的和平集会自由权,是指法人享有的为了某种合法目的而临时地、和平地集聚在某一个场所的权利。法人享有的和平集会自由权受到法律的保护,所有行为人均应当尊重法人享有的此种自由权,否则,应当就其侵犯法人和平集会自由权的行为对法人承担民事责任。

所谓法人的信仰自由权,是指法人所具有的是否信仰、参加以及信仰、参加何种宗教活动的权利。在法人不信仰某种宗教时,行为人不得强制法人信仰该种宗教,反之,在法人信仰某种宗教时,行为人不得禁止法人信仰该种宗教。法人享有的宗教自由权受到法律的保护,所有行为人均应当尊重法人享有的此种自由权,否则,应当就其侵犯法人宗教自由权的行为对法人承担民事责任。

五、法人享有的第二类人格权:以满足法人个体化为目的的人格权

在民法上,法人享有的第二类人格权是以满足法人个体化为目的的人格权,包括法人的名称权、法人的场所权和法人的国籍权。

在民法上,自然人当然享有以满足其个体化为目的的人格权,这就是自然人的姓名权、住所权(或者居所权)和国籍权。自然人享有的这些人格权之所以被称为以满足其个体化为目的的人格权,是因为自然人享有这些人格权的一个主要目的是让一个自然人与另外一个自然人区分开来,确保每一个自然人均是独一无二的,确保利害关系人在与自然人打交道时不至于将一个自然人与另外一个自然人混淆,

确保他们之间的交易或者其他民事活动确定无疑、明确无误。①

问题不在于，自然人是否享有以满足其个体化为目的的人格权，而问题在于，法人是像自然人一样享有以满足其个体化为目的的人格权？笔者认为，就像自然人享有以满足其个体化为目的的人格权一样，法人也享有以满足其个体化为目的的人格权。② 所谓法人的个体化，是指标明法人的身份并因此将一个法人与另外一个法人区分开来以便确保法人的独立性、唯一性的因素。

法人个体化的因素有三个：法人的名称、法人的场所，以及法人的国籍。当法人对其名称享有权利时，它们享有的此种人格权就是法人的名称权。当法人对其场所享有权利时，它们享有的此种人格权就是法人的场所权。当法人对其国籍享有权利时，它们享有的人格权就是国籍权。法人享有的这三种人格权均受到法律的保护，所有行为人均应当尊重法人享有的这三种人格权，否则，他们应当就其侵犯法人这些人格权的行为对法人承担侵权责任。这就是法人享有的三种以满足其个体化为目的的人格权：名称权、场所权和国籍权。

法人之所以享有自然人享有的这三种人格权，是因为法人也面临与自然人一样所面临的问题：在民事生活中，同一性质、同一内容的法人多种多样，尤其是，同一性质、同一内容的公司多如牛毛，它们

---

① Guy Raymond, Droit Civil, 2e edition, Litec, p. 83; Jean Carbonnier, Droit civil, Volume I, Introduction Les personnes la famille, l'enfant, le couple, puf, pp. 514 – 515; GERARD CORNU, Droit civil, Les personnes, 13e édition, 2007, Montchrestien, p. 219; Bernard Teyssié, Droit civil, Les personnes, 12e, édition, Litec, p. 436; Philippe Malaurie, les Personnes, 6e édition, DEFRÉNOIS, p. 215; Francois Terré, Dominique Fenouillet, Droit civil les personnes, 8e édition, Dalloz, p. 264; Jean-Christophe Saint-Pau et, Droits de la Personnalité, LexisNexis, 2013, p. 87; 张民安：《法国民法》，清华大学出版社 2015 年版，第 148—157 页。

② Jean Carbonnier, Droit civil, Volume I, Introduction Les personnes la famille, l'enfant, le couple, puf, pp. 728 – 729; David Bakouche, Droit civil les personnes la famille, HACHETTE, p. 76; GERARD CORNU, Droit civil, Les personnes, 13 e édition, 2007, Montchrestien, pp. 219 – 221; Bernard Teyssié, Droit civil, Les personnes, 12e, édition, Litec, pp. 436 – 439; Philippe Malaurie, les Personnes, 6e édition, DEFRÉNOIS, pp. 215 – 217; Francois Terré, Dominique Fenouillet, Droit civil les personnes, 8e édition, Dalloz, pp. 264 – 266; Jean-Christophe Saint-Pau et, Droits de la Personnalité, LexisNexis, 2013, pp. 87 – 88; 张民安：《公司法的现代化》，中山大学出版社 2006 年版，第 295—307 页；张民安：《法国民法》，清华大学出版社 2015 年版，第 195 页。

第三章　法人的人格权与人格权的独立性（上）

均在各自的领域从事着自己的活动，为了让利害关系人将与自己打交道的法人与没有与自己打交道的法人区分开来并确保他们之间民事活动的确定性，民法也必须采取个体化的方式，将不同性质、不同内容的法人区分开来，防止利害关系人将不同的法人予以混淆。

首先，法人享有名称权。就像所有自然人均具有自己的姓名一样①，所有法人也均具有自己的姓名，这就是法人的名称。在民法上，法人的名称具有重要的意义。因为一方面，法人的名称构成法人人格独立的重要构成要素，属于法人个体化的重要方式；另一方面，法人的名称也构成法人名称权的客体，而法人的名称权则构成法人人格权的组成部分，无论法人的性质是什么，均如此。②

作为一种人格权，法人名称权既表现为法人对其名称享有自由选择权，也表现为法人对其名称享有自由使用权、自由变更权，还表现为法人对其名称享有自由转让权，无论是有偿转让还是无偿转让。无论是哪一种形式的名称权均受到法律的保护，如果行为人侵犯法人的名称权，尤其是，如果行为人假冒、盗用法人的名称，则他们应当对法人承担民事责任。此外，在行为人使用的名称与自己的名称相同或者相似并因此可能造成混淆的情况下，法人有权向法院起诉，要求法官禁止行为人使用其名称。

---

① GERARD CORNU, Droit civil, Les personnes, 13e édition, 2007, Montchrestien, pp. 108 - 160；Bernard Teyssié, Droit civil, Les personnes, 12e, édition, Litec, pp. 143 - 189；Philippe Malaurie, les Personnes, 6e édition, DEFRÉNOIS, pp. 31 - 68；Francois Terré, Dominique Fenouillet, Droit civil les personnes, 8e édition, Dalloz, pp. 164 - 198；张民安：《法国民法》，清华大学出版社 2015 年版，第 148—150 页。

② GERARD CORNU, Droit civil, Les personnes, 13e édition, 2007, Montchrestien, pp. 219 - 220；Bernard Teyssié, Droit civil, Les personnes, 12e, édition, Litec, pp. 436 - 438；Philippe Malaurie, les Personnes, 6e édition, DEFRÉNOIS, pp. 215 - 216；Francois Terré, Dominique Fenouillet, Droit civil les personnes, 8e édition, Dalloz, p. 264；Hélène Martron, Les droits de la personnalité des personnes morales de droit privé, 2011, LGDJ, pp. 167 - 168；Jean-Christophe Saint-Pau et, Droits de la Personnalité, LexisNexis, 2013, pp. 87 - 88；张民安：《公司法的现代化》，中山大学出版社 2006 年版，第 295—298 页；张民安：《法国民法》，清华大学出版社 2015 年版，第 192—193 页。

其次，法人享有场所权。① 就像所有自然人均具有自己的住所或者居所一样，② 所有法人也均具有自己的住所或者居所，这就是法人的场所。在正常情况下，法人仅有一个场所，在例外情况下，法人可能有两个或者两个以上的场所。此时，法人以其主要场所作为自己的场所。所谓主要场所，是指法人的主要机构所在地。在民法上，法人的场所具有重要的意义。因为一方面，法人的场所构成法人人格独立的重要构成要素，属于法人个体化的重要方式；另一方面，法人的场所也构成法人场所权的客体，而法人场所权则构成法人人格权的组成部分，无论法人的性质是什么，均如此。

作为一种人格权，法人场所权既表现为法人对其场所享有的自由选择权，也表现为法人对其场所享有的自由使用权、变更权，还表现为法人对其名称享有的自由转让权，无论是有偿转让还是无偿转让。法人的场所权尤其包括法人场所的变更权。所谓法人场所的变更权，是指法人享有的将其场所尤其是经营场所从一个地方、城市、国家移动、搬迁到另外一个地方、城市或者国家的权利。③ 此外，法人的场所权还包括它们享有的禁止行为人擅自进入的权利。无论是哪一种形式的场所权均受法律的保护，如果行为人侵犯法人的场所权，则他们应当对法人承担民事责任。在 1995 年 5 月 23 日的案件④中，法国最

---

① GERARD CORNU, Droit civil, Les personnes, 13e édition, 2007, Montchrestien, pp. 219 - 220; Bernard Teyssié, Droit civil, Les personnes, 12e, édition, Litec, pp. 438 - 439; Philippe Malaurie, les Personnes, 6e édition, DEFRÉNOIS, p. 216; Francois Terré, Dominique Fenouillet, Droit civil les personnes, 8e édition, Dalloz, pp. 264 - 265; Hélène Martron, Les droits de la personnalité des personnes morales de droit privé, 2011, LGDJ, p. 119; Jean-Christophe Saint-Pau et, Droits de la Personnalité, LexisNexis, 2013, pp. 87 - 88; 张民安：《公司法的现代化》，中山大学出版社 2006 年版，第 298—300 页; 张民安：《法国民法》，清华大学出版社 2015 年版，第 193 页。

② GERARD CORNU, Droit civil, Les personnes, 13e édition, 2007, Montchrestien, pp. 160 - 176; Bernard Teyssié, Droit civil, Les personnes, 12e, édition, Litec, pp. 189 - 201; Philippe Malaurie, les Personnes, 6e édition, DEFRÉNOIS, pp. 69 - 81; Francois Terré, Dominique Fenouillet, Droit civil les personnes, 8e édition, Dalloz, pp. 201 - 215; 张民安：《法国民法》，清华大学出版社 2015 年版，第 150—153 页。

③ George Ripert et René Roblot, Traité De Droit Commercial, seizième édition, LGDJ, p. 618; 张民安：《公司法的现代化》，中山大学出版社 2006 年版，第 299—300 页。

④ Cass. crim., 23 mai 1995, Bull. crim. n°193.

高法院明确认定,当行为人擅自进入法人的场所时,他们应当就其侵犯法人场所权的行为对法人承担侵权责任。

最后,法人享有国籍权。就像自然人具有自己的国籍一样①,法人也具有自己的国籍,尤其是公司法人具有自己的国籍。例如,具有法国国籍的公司就是法国公司,具有中国国籍的公司就是中国公司。相对于法国而言,中国公司是外国公司,反之亦然,相对于中国公司而言,法国公司也是外国公司。在民法上,法人的国籍具有重要意义。因为一方面,法人的国籍构成法人人格独立的重要构成要素,属于法人个体化的重要方式;另一方面,法人的国籍也构成法人国籍权的客体,而法人国籍权则构成法人人格权的组成部分。②

作为一种人格权,法人的国籍权尤其表现为公司法人的国籍权,因为在民法和公司法当中,人们会论及本国公司和外国公司,就像人们在民法领域会论及本国人和外国人一样,其中的本国公司是指具有本国国籍的公司,而外国公司则是指具有外国国籍的公司。在民法上,判断法人究竟是本国法人还是外国法人的根据是什么?

对此问题,民法学者普遍认为,在正常情况下,根据法人的场所所在地判断:法人的场所在某一个国家则为该国法人,法人的场所在外国则为外国法人。但是,在特殊情况下,则不会根据场所所在地判断,而是根据控制标准做出判断:对法人进行控制的人是本国人的,则为本国法人,反之,对法人进行控制的人是外国人,则为外国法人。所谓特殊情况或者是指在战争期间,或者是指法人的问题涉及社

---

① Midel de Juglart et Benjamin Ippolito, cours de Droit Commercial, Huitème édition, ÉDITIONS MONTCHRESTIEN, p. 112; George Ripert et René Roblot, Traité De Droit Commercial, seizième édition, L. G. D. J., p. 619; 张民安:《公司法的现代化》, 中山大学出版社 2006 年版, 第 303 页。

② GERARD CORNU, Droit civil, Les personnes, 13e édition, 2007, Montchrestien, p. 221; Bernard Teyssié, Droit civil, Les personnes, 12e, édition, Litec, p. 439; Philippe Malaurie, les Personnes, 6e édition, DEFRÉNOIS, p. 217; Francois Terré, Dominique Fenouillet, Droit civil les personnes, 8e édition, Dalloz, pp. 265 – 266; Jean-Christophe Saint-Pau et, Droits de la Personnalité, LexisNexis, 2013, pp. 87 – 88; Midel de Juglart et Benjamin Ippolito, cours de Droit Commercial, Huitème édition, ÉDITIONS MONTCHRESTIEN, p. 112; George Ripert et René Roblot, Traité De Droit Commercial, seizième édition, LGDJ, p. 619; 张民安:《公司法的现代化》, 中山大学出版社 2006 年版, 第 303—306 页; 张民安:《法国民法》, 清华大学出版社 2015 年版, 第 193 页。

会的公共利益、国家利益。

作为一种人格权,公司的国籍权受到法律的保护,所有行为人均应当尊重法人的国籍权,不得侵犯法人的国籍权,否则,应当就其侵犯法人国籍权的行为对法人承担民事责任。因此,如果一个公司希望将其场所所在地从本国迁移到外国,换言之,如果一个公司希望变更自己的国籍,行为人不得加以阻止,否则,应当对法人承担民事责任。因此,国籍变更权属于法人场所变更权的组成部分,已如前述。

六、法人享有的第三类人格权:生命权和身体权

在民法上,法人享有的第三类人格权是生命权、身体权,这就是法人的生命权、身体权。

在民法上,自然人当然享有生命权和身体权,这一点毫无疑问。一方面,《世界人权宣言》第 3 条①、《欧洲人权公约》第 2 条②、我国《民法总则》第 110 条和《侵权责任法》第 2 条均明确规定,自然人享有生命权,当行为人侵犯自然人的生命权时,他们应当承担法律责任。另一方面,《法国民法典》第 16 - 1 条、我国《民法总则》第 110 条和《侵权责任法》第 2 条也均明确规定,自然人享有身体权,当行为人侵犯自然人的身体权时,他们应当对他人承担侵权责任。

在民法上,自然人之所以享有生命权和身体权,是因为他们需要通过享有的这两种人格权来保护自己的两种最主要的、最重要的人格利益即生命和身体免受侵犯,防止行为人非法剥夺他们的生命或者非法伤害他们的身体。问题在于,法人是否享有生命权、身体权?对此问题,民法学者普遍持否定的态度。因为他们认为,作为一种法律拟制人,法人既没有自然人所具有的生命,也没有自然人所具有的身体,所以除了无法享有其他人格权外,它们也无法享有生命权、身体权。

---

① Article 3, La Déclaration universelle des droits de l'homme, http://www.un.org/fr/universal-declaration-human-rights/.

② Article 2, Convention européenne des droits de l'homme, https://www.echr.coe.int/Documents/Convention_FRA.pdf.

在《人法教程》一文中，Frédéric Zenati-Castaing 和 Thierry Revet 对此做出了最清晰的说明。他们认为，仅自然人享有生命权、身体权[①]，法人是不可能享有生命权、身体权的，因为法人没有自然人所具有的生物体，所以它们无法像自然人一样声称自己的生命、身体、感情或者情绪受到侵犯。[②] 除了 Frédéric Zenati-Castaing 和 Thierry Revet 借此否定法人享有的生命权、身体权或者人格权外，还有大量的民法学者借此否定法人享有的生命权、身体权。关于这一点，笔者将在下面的内容中做出详细的讨论，此处从略。

笔者认为，除了自然人享有生命权和身体权之外，法人也享有生命权、身体权，即便法人享有的生命权、身体权并不是像自然人享有的生命权、身体权建立在自然人的血肉之躯的基础上，建立在自然人的生物体的基础上。法人之所以享有生命权、身体权，是因为法人也像自然人一样需要借助这两种人格权保护自己的两种最主要的、最重要的利益即持续存在和正常活动。

一方面，法人像自然人一样享有生命权。所谓法人的生命权，是指法人享有的生存权，是指在法人成立之后一直到其章程所规定的存续期限届满之前法人享有的作为权利主体存在的权利。在民法上，法人均会制定章程，对自己的存续期间做出规定。在章程所规定的存续期内，法人享有作为权利主体从事正常活动的权利，这就是法人的生命权。最典型的范例是公司法人的经营期限。

在民法上，公司法人一定会在其章程中规定自己的持续期间、经营期限，因为公司法人的持续期间、经营期限属于其人格独立的重要表现形式。当它们的章程规定了自己的持续期间、经营期限时，它们章程所规定的持续期间、经营期限就是公司的生命，在其章程所规定的期限内，公司法人享有正常开展经营活动的权利，这就是公司法人的生命权。[③]

例如，如果公司章程规定的经营期限为 99 年，则公司享有 99 年

[①] Frédéric Zenati-Castaing, Thierry Revet, Manuel de droit des personnes, 1e, édition, puf, 2006, p. 308.

[②] Frédéric Zenati-Castaing, Thierry Revet, Manuel de droit des personnes, 1e, édition, puf, 2006, p. 207.

[③] 张民安：《公司法的现代化》，中山大学出版社 2006 年版，第 306 页。

的生命权。如果公司章程规定的经营期限为 50 年，则它享有 50 年的生命权。虽然公司 99 年或者 50 年的生命权并不是建立在自然人的血肉之躯的基础上，但是它们本质上也是一种生命权。因为无论是自然人的生命权还是其他人的生命权，所有人的生命权在性质上都是一种生存权、存在权、存续权。

法人之所以享有生命权，当然也是因为法人像自然人一样需要借助于生命权这一人格权来维护自己的生存、存在，防止行为人通过各种各样的非法行为剥夺自己的生命。例如，如果公司大股东滥用自己的表决权做出解散公司的决定，则公司的生命权受到侵犯。再如，如果公司董事滥用自己享有的管理权并因此有可能让公司陷入资不抵债、破产的危险状态，则公司的生命权也受到侵犯。在这些情况下，公司或者公司的股东、董事需要借助公司的生命权来保护公司的利益，因为凭借公司的生命权，公司或者公司的股东能够代位公司向法院起诉，要求法官责令大股东或者董事停止其非法行为，并因此赔偿公司遭受的损害。①

另一方面，法人也像自然人一样享有身体权。所谓法人的身体权，是指法人享有的维持其法人基础（substrat）存在和免受侵犯的权利，也就是，所谓法人的身体权，是指法人享有的维持自己的机构存在和正常运行的权利。因为在民法上，法人的基础就是法人的组织机构，例如，公司的股东会、董事会或者监事会等。

在民法上，作为法人身体的表现形式，法人的组织机构当然具有不同于自然人的身体、躯体的地方，因为自然人的身体、躯体是他们的血肉之躯、肉体，而法人的身体、躯体则是它们的组织机构。但是，法人的身体、躯体与自然人的身体、躯体之间所存在的此种差异仅仅是形式上的，它们之间不存在实质上的差异，因为它们均是支撑权利主体独立存在、独立行为的基础：自然人的身体是独立支撑他们生存和从事各种各样活动的基础，如果没有身体，自然人既无法生存，也无法从事这样或者那样的行为；法人的身体也是独立支撑它们

---

① 张民安：《公司法上的利益平衡》，北京大学出版社 2003 年版，第 286—301 页；张民安：《公司法的现代化》，中山大学出版社 2006 年版，第 392—410 页；张民安：《现代英美董事法律地位研究》，法律出版社 2007 年版，第 470—515 页。

生存和从事各种各样活动的基础,如果没有身体,法人既无法生存,更无法从事其章程所规定的各种各样的活动。

法人之所以享有身体权,是因为法人也像自然人一样需要借助享有的身体权维护自身存在和从事各种活动的基础,防止行为人对自己存在和从事活动的基础实施侵犯行为。例如,如果行为人采取措施阻挡公司董事会召开会议,则他们实施的行为就侵犯了公司享有的身体权,因为他们实施的行为妨害了公司董事会的正常运作。借助法人身体权,公司能够向法院起诉,要求法官采取措施,责令行为人停止其妨害行为,如果因此给公司造成损害,公司还有权要求法官责令行为人赔偿公司遭受的损失。

七、法人享有的第四类人格权:名誉权和回应权

在民法上,法人享有的第四类人格权是法人的名誉权和法人的回应权。

在民法上,自然人当然享有名誉权和回应权。当行为人针对他人做出了某种具有名誉毁损性质的虚假陈述时,在符合名誉侵权责任构成要件的情况下,他们应当对他人承担名誉侵权责任,除非他们具有拒绝承担名誉侵权责任的某种正当事由,这就是自然人的名誉权。如果行为人即将做出的某种陈述可能构成对他人名誉具有毁损性质,他人不仅有权对行为人即将做出的陈述做出说明、表达观点和澄清事实,而且还有权要求行为人将其回应的内容刊登在有关报刊上,以便抵消或者减缓行为人的阐述对其名誉造成的不利影响,这就是自然人的回应权。它构成一种特殊形式的名誉权,已如前述。[1]

问题不在于,自然人是否享有名誉权和回应权,而问题在于,法

---

[1] Jean Carbonnier, Droit civil, Volume I, Introduction Les personnes la famille, l'enfant, le couple, puf, p. 511; Henri et Léon Mazeaud, Jean Mazeaud, Francois Chabas, Lecons de DROIT CIVIL, Tome I/Deuxième Volume, Les Personnes, 8e édition, Montchrestien, p. 393; GERARD CORNU, Droit civil, Les personnes, 13e édition, Montchrestien, p. 75; Bernard Teyssié, Droit civil, Les personnes, 12e, édition, Litec, pp. 47-48; Francois Terré, Dominique Fenouillet, Droit civil les personnes, 8e édition, Dalloz, p. 111; 张民安:《无形人格侵权责任研究》,北京大学出版社 2012 年版,第 139—422;张民安:《法国民法》,清华大学出版社 2015 年版,第 92—93 页;张民安、丘志乔主编:《民法总论》(第五版),中山大学出版社 2017 年版,第 320—322 页。

人是否享有名誉权和回应权？对此问题，民法学者做出了回答。总的来说，在民法上，公法人不享有名誉权和回应权。因为一方面，即便新闻媒体、社会公众毁损它们的名誉，它们也不会因此遭受损害，更不会面临破产的境地；另一方面，如果它们享有名誉权和回应权，则新闻媒体、社会公众将会不敢对它们的所作所为予以批评、监督，除了会因此助长公法人的飞扬跋扈、胡作非为外，还会引起寒蝉效应。[①]

而私法人则不同，它们享有名誉权和回应权，[②] 因为一方面，如果新闻媒体、社会公众对它们的名誉做出毁损性的陈述，则私法人尤其是其中的公司会遭受损害甚至面临破产的境地，另一方面，即便私法人享有名誉权和回应权，它们享有的这些权利也不会产生寒蝉效应，新闻媒体、社会公众在批评、监督私法人时不会面临恐惧。在讨论法人的名誉权和回应权时，笔者所谓的法人也仅仅是指私法人，而不包括公法人。

一方面，法人享有名誉权。所谓法人的名誉权，是指法人对其自身的声誉、信誉、荣誉或者受尊重、受敬重享有的权利。就像自然人能够通过自身的不断努力而获得良好的声誉、信誉、荣誉、受尊重和受敬重一样，法人也能够通过自身的不断努力而获得良好的声誉、信誉、荣誉、受尊重和受敬重。当行为人针对法人做出某种具有名誉毁损性质的虚假陈述时，无论他们做出的陈述是宣称法人具有某种事实的存在还是指控法人实施了某种行为，他们均应当对法人承担侵权责

---

① 张民安：《无形人格侵权责任研究》，北京大学出版社2012年版，第237—241页；Jean-Michel Bruguière, Bérengère Gleize, Droits de la Personnalité, ellipses, 2015, pp. 56 – 61.

② Jean Carbonnier, Droit civil, Volume I, Introduction Les personnes la famille, l'enfant, le couple, puf, p. 729; David Bakouche, Droit civil les personnes la famille, HACHETTE, p. 76; GERARD CORNU, Droit civil, Les personnes, 13e édition, 2007, Montchrestien, p. 219; Bernard Teyssié, Droit civil, Les personnes, 12e, édition, Litec, pp. 435 – 436; Philippe Malaurie, les Personnes, 6e édition, DEFRÉNOIS, pp. 217 – 218; Hélène Martron, Les droits de la personnalité des personnes morales de droit privé, 2011, LGDJ, pp. 185 – 213; Jean-Christophe Saint-Pau et, Droits de la Personnalité, LexisNexis, 2013, pp. 90 – 91; Jean-Michel Bruguière, Bérengère Gleize, Droits de la Personnalité, ellipses, 2015, p. 58; 张民安：《无形人格侵权责任研究》，北京大学出版社2012年版，第425—612页；张民安：《法国民法》，清华大学出版社2015年版，第87—89页；张民安、丘志乔主编：《民法总论》（第五版），中山大学出版社2017年版，第322—326页。

任，除非他们具有拒绝承担名誉侵权责任的某种抗辩事由。

另一方面，法人也享有回应权。所谓法人的回应权，是指当行为人在自己或者别人的报刊、电台、电视台或者网络上发表对法人的名誉具有或者可能具有毁损性质的言论、文章、报道时，法人享有的要求行为人将其针对行为人的言论、文章、报道所做出的说明在有关报刊、电台、电视台或者网络上予以公开的权利。除非法人的回应权受法律的保护，行为人应当尊重法人享有的此种权利，否则，应当就其侵犯法人回应权的行为对法人承担侵权责任。

当然，就像自然人享有的名誉权并不会受到绝对保护一样，法人享有的名誉权也不会受到绝对保护，如果行为人有正当理由，他们无须就其侵犯法人名誉权的行为对法人承担侵权责任。例如，如果行为人基于言论自由权的行使而侵犯法人的名誉权，在平衡法人的名誉权和行为人的言论自由权之后，法官可能拒绝责令行为人对法人承担名誉侵权责任。

八、法人享有的第五类人格权：隐私权和无罪推定受尊重权

在民法上，法人享有的第五类人格权是法人的隐私权和法人的无罪推定受尊重权。

在民法上，自然人当然享有隐私权，当行为人侵犯他人享有的隐私权时，他们应当对他人承担侵权责任，除非他们具有拒绝承担隐私侵权责任的某种正当理由。这一点毋庸置疑，因为我国和两大法系国

家的法律均对自然人的隐私权做出了明确规定。①

《法国民法典》第9条对自然人的隐私权做出了规定：所有自然人均享有私人生活受尊重权，在行为人侵犯或者即将侵犯他人亲密私人生活的情况下，除了责令行为人赔偿他人遭受的损害外，法官有权采取一切适当的措施责令行为人停止其正在实施或者即将实施的侵犯行为，诸如扣押、销毁和其他措施等。在紧急情况下，法官可以适用简易程序决定采取这些措施。②

《美国侵权法复述（第二版）》第652A条至第652E条对行为人侵犯他人隐私权的四种侵权行为产生的侵权责任做出了规定：公开他人私人事务的隐私侵权，侵扰他人安宁的隐私侵权，擅自使用他人姓名、肖像的隐私侵权，以及公开丑化他人形象的隐私侵权。此外，从20世纪60年代开始一直到今时今日，美国法官确立了三种新的隐私权：自治性隐私权、场所性隐私权，以及信息性隐私权。③

在我国，《侵权责任法》第2条首先对自然人享有的隐私权做出了规定。除了在第110条中对自然人享有的隐私权做出了规定外，

---

① Henri et Léon Mazeaud, Jean Mazeaud, Francois Chabas, Lecons de DROIT CIVIL, Tome I/Deuxième Volume, Les Personnes, 8e édition, Montchrestien, pp. 394 – 400; Jean Carbonnier, Droit civil, Volume I, Introduction Les personnes la famille, l'enfant, le couple, puf, pp. 517 – 519; David Bakouche, Droit civil les personnes la famille, HACHETTE, pp. 33 – 35; GERARD CORNU, Droit civil, Les personnes, 13e édition, Montchrestien, pp. 65 – 66; Henri Roland, Laurent Boyer, Introuduction au droit, Litec, pp. 438 – 440; Bernard Teyssié, Droit civil, Les personnes, 12e, édition, Litec, pp. 50 – 52; Philippe Malaurie, les Personnes, 6e édition, DEFRÉNOIS, pp. 129 – 130; Francois Terré, Dominique Fenouillet, Droit civil les personnes, 8e édition, Dalloz, pp. 114 – 117; 张民安：《无形人格侵权责任研究》，北京大学出版社2012年版，第139—422；张民安：《法国民法》，清华大学出版社2015年版，第92—93页；张民安、丘志乔主编：《民法总论》（第五版），中山大学出版社2017年版，第320—322页。

② Code civil, Dernière modification: 1 octobre 2018, Version en vigueur au 10 novembre 2018, https://www.legifrance.gouv.fr/affichCode.do;jsessionid=B4CC823BD1631A25376755444EF15152.tplgfr24s_1?idSectionTA=LEGISCTA000006117610&cidTexte=LEGITEXT000006070721&dateTexte=20181110.

③ 张民安、丘志乔主编：《民法总论》（第五版），中山大学出版社2017年版，第324—325页。

2017年的《民法总则》还在第111条中对信息性隐私权做出了规定。① 《民法总则》第110条规定：自然人享有生命权、身体权、健康权、姓名权、肖像权、名誉权、荣誉权、隐私权、婚姻自主权等权利。法人、非法人组织享有名称权、名誉权、荣誉权等权利。《民法总则》第111条规定：自然人的个人信息受法律保护。任何组织和个人需要获取他人个人信息的，应当依法取得并确保信息安全，不得非法收集、使用、加工、传输他人个人信息，不得非法买卖、提供或者公开他人个人信息。

问题不在于，自然人是否享有隐私权，而问题在于，法人是否享有隐私权？对此问题，民法学者之间存在不同的意见。某些民法学者认为，正如自然人享有隐私权一样，法人也享有隐私权。② 而某些民法学者则不同，他们认为法人并不享有隐私权，因为他们认为，认定法人享有私人生活受尊重权的想法是言过其实的，法人并不能够像自然人一样享有私人生活受尊重权。③ 笔者认为，作为一种民事主体，法人当然像自然人一样享有隐私权，它们享有的隐私权也受到法律保护，行为人也应当像尊重自然人的隐私权一样尊重法人的隐私权，否则，应当对法人承担民事责任。

法人之所以享有隐私权，第一个主要原因是，法人也像自然人一样有自己的私人生活。就像自然人的生活分为私人生活和公共生活一样，法人的生活也分为私人生活和公共生活。例如，法人内部开展的隐秘活动属于其私人生活，而他们在公共场所开展的活动就属于公共

---

① 张民安、丘志乔主编：《民法总论》（第五版），中山大学出版社2017年版，第325—326页。

② Jean Carbonnier, Droit civil, Volume I, Introduction Les personnes la famille, l'enfant, le couple, puf, p.729; David Bakouche, Droit civil les personnes la famille, HACHETTE, p.76; GERARD CORNU, Droit civil, Les personnes, 13e édition, 2007, Montchrestien, p.219; Philippe Malaurie, les Personnes, 6e édition, DEFRÉNOIS, p.218; Hélène Martron, Les droits de la personnalité des personnes morales de droit privé, 2011, LGDJ, pp.217-255; Jean-Christophe Saint-Pau et, Droits de la Personnalité, LexisNexis, 2013, p.91; Jean-Michel Bruguière, Bérengère Gleize, Droits de la Personnalité, ellipses, 2015, p.56; 张民安：《法国民法》，清华大学出版社2015年版，第195页；艾伦·F.威斯汀：《现代民主国家的隐私》，魏凌译，见张民安主编《隐私权的性质和功能》，中山大学出版社2018年版，第386—407页。

③ Bernard Teyssié, Droit civil, Les personnes, 12e, édition, Litec, p.436.

生活。虽然行为人能够公开法人的公共生活，但是他们不得公开他们的私人生活。当行为人擅自公开法人的私人生活时，他们应当对法人承担民事责任，除非他们具有拒绝承担民事责任的某种正当理由，这就是法人的私人生活受尊重权。

法人之所以享有隐私权，第二个主要原因是，法人也像自然人一样具有自己的私人场所。就像自然人的场所分为私人场所和公共场所一样，法人的场所也分为私人场所和公共场所。例如，法人的生产车间属于其私人场所，而法人的营业大厅则属于其公共场所。虽然行为人能够以物理性或者其他方式进入法人的公共场所，但是他们不得以物理性或者其他方式进入法人的私人场所。如果行为人以物理性或者其他方式进入法人的私人场所，则他们应当对法人承担民事责任，除非他们具有拒绝承担民事责任的某种正当事由，这就是法人的场所隐私权。

法人之所以享有隐私权，第三个主要原因是，法人也像自然人一样具有自己的私人信息。就像自然人的信息分为私人信息和公共信息一样，法人的信息也分为私人信息和公共信息。例如，同性恋法人的成员名单属于其私人信息，而同性恋法人的章程属于其公共信息。虽然行为人能够收集、整理、利用甚至公开法人的公共信息，但是他们不得收集、整理、利用甚至公开法人的私人信息。如果行为人收集、整理、利用甚至公开法人的私人信息，他们应当对法人承担民事责任，除非他们具有拒绝承担民事责任的某种正当事由，这就是法人的信息性隐私权，或者法人的信息权。

法人之所以享有隐私权，第四个主要原因是，法人也像自然人一样具有自己的私人秘密。就像自然人的秘密分为书信秘密、电话秘密、电子邮件秘密、商业或者制造秘密和其他秘密一样，法人的秘密也可以分为书信秘密、电话秘密、电子邮件秘密、商业或者制造秘密和其他秘密。所谓其他秘密，尤其是指法人在网络时代的"电子身份"（identité numérique）秘密，也就是法人在互联网电子领域的秘密信息，包括法人在网络空间当中的登录、登录密码、使用的假名和

IP 地址等。①

传统民法仅仅重视法人享有的商事或者制造秘密权,认为法人的商事秘密、制造秘密应当受到法律的保护,所有行为人均应当尊重法人的商事秘密、制造秘密,他们既不得盗窃、使用法人的这些秘密,也不得泄露这些秘密,否则,应当对法人遭受的损害承担侵权责任。此外,传统民法明确区分隐私权和商事、制造秘密权,因为它认为,隐私权在性质上属于一种人格权、非财产权,而商事、制造秘密权在性质上则属于一种财产权。

在今时今日,人们当然能够将商事、制造秘密权视为一种人格权、隐私权,因为当今民法不再坚持传统民法的做法,它至少承认了某些人格权的双重性,认为这些人格权既是一种非财产权也是一种财产权。关于这一点,笔者将在下面的内容中做出详细的讨论,此处从略。因此,除了将法人的商事、制造秘密权视为隐私权的组成部分外,当今民法也拓展了法人隐私权的保护范围,除了保护法人的商事秘密和制造秘密外,它也保护法人的其他秘密免受行为人的侵犯,包括书信秘密、电话秘密、电子邮件秘密以及电子身份秘密等。如果行为人偷看、偷听、偷录、偷拍法人的这些秘密,他们应当对法人承担民事责任,除非他们具有拒绝承担民事责任的某种正当理由,这就是法人的秘密权。

因为法人享有隐私权,所以即便立法者没有直接对法人享有的隐私权做出明确规定,在法人的隐私权被侵犯时,法官会类推适用民法典关于自然人隐私权的规定保护法人的隐私权。例如,在 2001 年 5 月 10 日的案件中,法国的一个基层法院明确判定,法人享有私人生活受尊重权,如果行为人侵犯法人享有的私人生活,法官能够适用《法国民法典》第 9 条的规定责令他们对法人承担法律责任。② 再如,在 2008 年 3 月 5 日的案件③中,法国最高法院适用《法国民法典》第 9 条保护法人的私人生活受尊重权免受侵犯。同样,在 2016 年 3

---

① Céline Castets-Renard, Personnalité juridique et identification numérique, LA PERSONNALITÉ JURIDIQUE, Xavier Bioy (dir.), Presses de l'Université Toulouse 1 Capitole, LGDJ-Lextenso Editions, pp. 305 – 317.

② Aix, 10 mai 2001, D. 2002.2229, obs A. Lepage.

③ Cass. Soc., 5 mars 2008, Soc. TNS Secodip, Bull. V, n°55.

月 17 日的案件①中，法国最高法院也直接适用《法国民法典》第 9 条的规定保护法人享有的私人生活受尊重权，因为它认为，除了自然人能够享有该条的保护外，法人也能够享有该条的保护。

除了享有隐私权外，法人也像自然人一样享有无罪推定受尊重权。在民法上，自然人当然享有无罪推定受尊重权，在被法官终审认定为有罪之前，如果行为人将他人作为犯罪行为人看待，则自然人有权要求法官责令行为人对其承担侵权责任。除了《法国民法典》第 9－1 条对自然人享有的无罪推定受尊重权做出了明确规定外，② 民法学者也普遍承认自然人享有的此种人格权。③ 不过，无罪推定受尊重权在性质上并不是专属于自然人的人格权，因为除了自然人享有外，法人也享有无罪推定受尊重权，在法官终审认定法人实施了某种犯罪行为之前，如果行为人宣称法人实施了某种犯罪行为、法人是犯罪分子，法人也有权要求法官责令行为人对其承担侵权责任。④

九、法人享有的其他人格权

除了上述五类人格权外，法人是否还享有其他人格权？如果它们还享有其他人格权，那么，还享有哪些人格权？对此问题，除了立法者并没有做出明确规定外，大多数民法学者也均没有做出回答，仅少

---

① Civ. 1, 17 mars 2016, no 15 – 14.072.

② Article 9 – 1 Code civil, Dernière modification：1 octobre 2018, https：//www.legifrance.gouv.fr/affichCode.do? idSectionTA = LEGISCTA000006117610&cidTexte = LEGITEXT000006070721&dateTexte = 20181124.

③ David Bakouche, Droit civil les personnes la famille, HACHETTE, p.50; Jean Carbonnier, Droit civil, Volume I, Introduction Les personnes la famille, l'enfant, le couple, puf, pp.519 – 520; Henri Roland, Laurent Boyer, Introuduction au droit, Litec, pp.437; Bernard Teyssié, Droit civil, Les personnes, 12e, édition, Litec, p.48; Francois Terré, Dominique Fenouillet, Droit civil les personnes, 8e édition, Dalloz, pp.111 – 112; GERARD CORNU, Droit civil, Les personnes, 13e édition, Montchrestien, p.71; 张民安：《法国民法》，清华大学出版社 2015 年版，第 94—95 页；张民安、丘志乔主编：《民法总论》（第五版），中山大学出版社 2017 年版，第 328—329 页。

④ Article 2 Proposition de DIRECTIVE DU PARLEMENT EUROPÉEN ET DU CONSEIL portant renforcement de certains aspects de la présomption d'innocence et du droit d'assister à son procès dans le cadre des procédures pénales, https：//eur-lex.europa.eu/legal-content/FR/TXT/? uri = CELEX%3A52013PC0821.

数民法学者做出了回答,但是他们做出的回答并不完全相同。

Jean Carbonnier 认为,法人不仅享有诉权,而且它们享有的诉权在性质上属于人格权,而不是一般人主张的财产权。① Jean-Michel Bruguière 和 Bérengère Gleize 认为,除了享有私人生活受尊重权外,法人还享有二种人格权即秘密权和道德权利,其中的秘密权包括法人享有的商事秘密权和通信秘密权,而其中的道德权利则是指法人享有的著作人格权。②此外,法官有时也在其案件中认为,法人享有肖像权、声音权和安宁权。

在民法上,如果人们对隐私权采取狭义的理论,认为隐私权不包括秘密权,则秘密权成为独立于隐私权的一种人格权;而在民法上,如果人们对隐私权采取广义的理论,认为秘密权属于隐私权的范畴,则秘密权不属于隐私权之外的一种独立人格权。因为 Jean-Michel Bruguière 和 Bérengère Gleize 采取狭义的隐私权理论,所以除了承认法人的隐私权外,他们还承认法人享有的另外一种人格权即秘密权。鉴于笔者对隐私权采取广义的理论,因此,笔者在隐私权之外并不承认秘密权的存在,已如前述。

笔者认为,除了享有上述五类隐私权外,法人至少还享有五种人格权:诉权、著作人格权、安宁权、声音权和肖像权。

(一) 法人享有的诉权

在民法上,自然人当然享有诉权。当他们的民事权利遭受侵犯时,他们有权向法院起诉,要求法官责令行为人对其承担民事责任。问题在于,法人是否享有诉权?如果法人享有诉权,那么,它们享有的诉权在性质上是否是一种人格权呢?对前一个问题,民法学者均做

---

① Jean Carbonnier, Droit civil, Volume I, Introduction Les personnes la famille, l'enfant, le couple, puf, pp. 728 – 730.

② Jean-Michel Bruguière, Bérengère Gleize, Droits de la Personnalité, ellipses, 2015, p. 56.

出了普遍性的、肯定性的回答，认为法人享有诉权。① 而对于后一个问题，民法学者则很少做出回答，仅 Jean Carbonnier 做出了回答，因为他明确指出，法人享有的诉权在性质上属于一种非财产权。②

笔者认为，法人当然享有诉权，就像自然人当然享有诉权一样。一方面，法人之所以享有诉权，是因为任何权利主体均享有诉权，不存在不享有诉权的权利主体。在民法上，诉权构成权利主体法人格的必要组成部分，离开诉权，权利主体的法人格就不健全。因此，除了自然人需要诉权外，法人和非法人组织也同样需要诉权。另一方面，法人之所以享有诉权，是因为法人具有自己的独立人格、独立利益和独立意志，就像自然人具有自己的独立人格、独立利益和独立意志一样，它们的人格、利益和意志独立于其成员的个人人格、个人利益和个人意志，它们也像自然人一样需要通过诉权来维护自己的利益、权利免受侵犯，在其利益、权利遭受行为人侵犯时，它们也像自然人一样需要借助于诉权的行使来捍卫自身的利益、权利。

笔者认为，法人诉权的性质取决于其被侵犯的民事权利的性质。如果它们被侵犯的权利在性质上属于财产权，则它们享有的诉权在性质上也属于财产权。例如，在法人的财产所有权遭受侵犯时，如果法人向法院起诉，要求法官责令行为人就其侵犯法人财产的行为对自己承担侵权责任，则法人享有的诉权在性质上属于财产权，这一点毫无疑问。如果它们被侵犯的权利在性质上属于非财产权，则它们享有的诉权在性质上也属于非财产权。

问题在于，法人的人格权在性质上究竟是一种财产权还是一种非财产权？对此问题，传统民法做出了单一回答，认为人格权在性质上属于一种非财产权，而当今民法则做出了不同的回答：某些人格权被视为单一的非财产权，某些人格权被视为单一的财产权，而某些人格权则被视为一种复合权，它们既是一种财产权也是一种非财产权，具

---

① Jean Carbonnier, Droit civil, Volume I, Introduction Les personnes la famille, l'enfant, le couple, puf, pp. 729 – 730; Philippe Malaurie, les Personnes, 6e édition, DEFRÉNOIS, pp. 220 – 222; Francois Terré, Dominique Fenouillet, Droit civil les personnes, 8e édition, Dalloz, p. 263.

② Jean Carbonnier, Droit civil, Volume I, Introduction Les personnes la famille, l'enfant, le couple, puf, pp. 729 – 730.

有复合性。关于人格权性质的不同理论,笔者将在下面的内容中做出详细的讨论,此处从略。

根据此种新理论,在法人的人格权遭受侵犯时,如果法人起诉行为人要求其承担侵权责任,则它们享有的诉权性质也不应当一概而论,而应当分不同情况加以确定:如果法人享有的某种人格权在性质上属于非财产权,则它们享有的诉权在性质上也属于非财产权;如果法人享有的某种人格权在性质上属于财产权,则它们享有的诉权在性质上也属于财产权;如果法人享有的某种人格权在性质上具有复合性,则它们享有的诉权也具有复合性,即它们既是一种财产权也是一种非财产权。

因此,如果法人的隐私权在性质上属于一种非财产权,当它们的隐私权被侵犯时,它们享有的诉权在性质上就属于非财产权。如果法人的名称权既是一种财产权也是一种非财产权,当它们的名称权被侵犯时,法人享有的诉权在性质上就是一种复合权:它既是一种财产权也是一种非财产权。

(二)法人享有的著作人格权

在民法上,自然人当然享有著作权,他们享有的著作权除了具有财产权的内容外也具有非财产权的内容,其中的财产权内容被称为著作财产权,而其中的非财产权内容则被称为著作人格权、著作人身权、作者的道德权利(le droits moraux de l'auteur)。这一点不存在任何问题,因为在任何国家,创作文学、艺术等作品并因此成为著作权人的人是主要自然人。

在法国,虽然《知识产权法典》明确规定,享有包括道德权利和财产权在内的"著作权"的权利主体只能够是"作者"(auteur),但是,该法并没有对"作者"做出明确规定。虽然如此,该法规定的"作者"当然包括自然人,因为自然人是创作文学和艺术等作品的人。[①] 在我国,《中华人民共和国著作权法》(以下简称《著作权法》)第2条明确规定,中国公民、外国人和无国籍人能够成为作者

---

① Nicolas Binctin, Droit de la propriété intellectuelle, Droit d'auteur, brevet, droits voisins, marque, dessins et modèles, 2e édition, LGDJ, 2012, p. 70.

并因此享有著作权，包括享有著作人身权。

问题在于，在民法上，法人是否像自然人一样享有著作人格权？对此问题，法国法律和我国法律做出的回答存在明显的重大差异。法国《知识产权法典》似乎做出了否定的回答，因为其第 L121－1 条明确规定，作者对其姓名、身份和作品完整性享有的道德权利是一种与作者自身不能够分离的权利。① 而在我国，《著作权法》则做出了明确的肯定回答。《著作权法》第 2 条规定：中国公民、法人或者其他组织的作品，不论是否发表，依照本法享有著作权。《著作权法》第 9 条规定，著作权人包括：①作者；②其他依照本法享有著作权的公民、法人或者其他组织。

在法国，在法人是否享有著作人格权的问题上，民法学者之间存在不同意见。某些民法学者承认法人享有著作人格权，例如 Jean-Michel Bruguière 和 Bérengère Gleize，已如前述；而某些民法学者则认为，法人原则上不享有著作人格权，在例外情况下，法人则享有著作人格权，例如 Agnès Lucas-Schloetter。② 法国民法学者之所以否定法人享有著作人格权，一个主要原因是，他们认为，著作权是一种与自然人的人身、心理密不可分的人格权③。

在法国，除了民法学者在法人是否享有人格权的问题上存在争议外，法官也在这一问题上存在不同意见。某些法官认为，法人不享有著作人格权。例如，在 2010 年 11 月 5 日的案件④中，巴黎上诉法院的法官认定，鉴于著作权的权利主体只能够是自然人，鉴于法人在性质上不是自然人，因此，法人没有作者的资格，它们不能够享有《知识产权法典》所规定的道德权利。而某些法官则持不同意见，认

---

① Article L121－1, Code de la propriété intellectuelle, Version en vigueur au 3 juillet 1992, https://www.legifrance.gouv.fr/affichCodeArticle.do? idArticle = LEGIARTI000006278891&cidTexte = LEGITEXT000006069414.

② Agnès Lucas-Schloetter, Droit moral et droits de la personnalité: étude de droit comparé français et allemande, Tome I, Presses Universitaires D'Aix-Marseille, Paris, 2002, pp. 237－240.

③ Agnès Lucas-Schloetter, Droit moral et droits de la personnalité: étude de droit comparé français et allemande, Tome I, Presses Universitaires D'Aix-Marseille, Paris, 2002, pp. 237－238.

④ CA Paris, 5 novembre 2010,

为法人享有著作人格权。例如，在 2012 年 3 月 22 日的案件①中，法国最高法院的法官认定，除了自然人是《知识产权法典》所规定的作者外，法人也是该法所规定的作者，因此，法人也能够享有自然人享有的著作道德权利。

在我国，虽然《著作权法》明确规定法人享有著作权、著作人格权，但是，迄今为止，在讨论法人享有的人格权时，所有民法学者均没有明确承认法人享有的著作人格权。② 笔者认为，法人当然也像自然人一样享有著作权，包括著作财产权和著作人格权。除了《著作权法》对此做出了明确规定外，法人享有著作人格权的原因还有：其一，除了自然人能够创作作品外，法人也能够创作作品；其二，著作权人对其著作享有的权利能够与著作权人分离，因为他们创作的作品独立于自身，并不构成其自身的不可分离的组成部分；其三，法人也像自然人一样具有道德的、情感的、心理的构成要素。

根据《著作权法》第 10 条的规定，法人也像自然人一样享有四种著作人格权：①法人作品的发表权，即法人享有决定是否将其作品公之于众的权利；②法人作品的署名权和身份权，即法人享有表明其作者身份并且在其作品上署名的权利；③法人作品的修改权，即法人享有的修改或者授权别人修改其作品的权利；④法人的作品完整保护权，即法人享有的保护作品免受歪曲、篡改的权利。法人享有的这些著作人格权当然受到法律的保护，任何行为人均应当尊重法人享有的这些人格权，如果行为人侵犯法人享有的这些人格权，则他们应当根据案件的具体情况分别对法人承担各种各样的侵权责任，诸如停止侵害、消除影响、赔礼道歉、赔偿损失等。

（三）法人享有的安宁权

在民法上，自然人是否享有安宁权？法人是否像自然人一样享有安宁权？对此问题，法国的立法者和法官均做出了肯定的回答，虽然

---

① Cass. Civ. 1ère, 22 mars 2012, n°JurisData 2012 - 005215.
② 王利明：《人格权法研究》，中国人民大学出版社 2005 年版，第 47 页；魏振瀛主编：《民法》（第四版），北京大学出版社 2010 年版，第 36 页；梁慧星：《民法总论》（第五版），法律出版社 2017 年版，第 128 页；王利明：《民法总则》，中国人民大学出版社 2017 年版，第 158 页。

法国少数民法学者对此问题持否定态度。而在我国，立法者没有对这样的问题做出回答，少数民法学者虽然承认自然人享有安宁权，但是没有任何民法学者承认法人享有安宁权。

在法国，立法者在其制定的刑法典中规定了安宁权，这就是《法国刑法典》第 222－16 条，该条规定：如果行为人反复恶意拨打他人的电话，如果行为人以电子信息的方式反复恶意向他人邮箱发送邮件，或者如果行为人对他人实施高音刺激，在他们基于扰乱他人安宁的目的实施这些行为时，他们应当遭受一年的监禁和 15000 法郎罚金的处罚。①

在法国，自然人当然享有《法国刑法典》第 222－16 条所规定的安宁权，如果行为人违反该条的规定实施侵扰他人安宁的行为，除了应当根据该条的规定承担刑事责任外，他们还应当就其侵犯他人安宁的行为对他人承担侵权责任，这一点毫无疑问。问题在于，法人是否享有该条所规定的安宁权？当行为人实施侵犯法人安宁的行为时，他们是否应当根据该条的规定对法人承担侵权责任？对此问题，法国民法学者做出了否定的回答，认为法人不可能享有安宁权，因为他们认为，安宁权是一种专属于自然人的人格权。例如，Hélène Martron 就采取此种意见，不承认法人享有安宁权。② 再如，Bernard Teyssié 也采取此种意见，否定法人享有安宁权。③

不过，法国民法学者的这些意见并没有受到法官的重视，因为在其司法判例中，法官明确承认法人享有安宁权。例如，在 2009 年 11 月 12 日的案件④中，法国最高法院认定，法人像自然人一样享有安宁权，当行为人侵犯法人的安宁时，他们应当对法人承担法律责任。

---

① Article 222－16, Code pénal, Dernière modification, 9 novembre 2018, Version en vigueur au 16 novembre 2018, https：//www. legifrance. gouv. fr/affichCode. do;jsessionid = E-3E4D38DDCCED02C7E3DD27A7C03968E. tplgfr36s_2? idSectionTA = LEGISCTA000006181751&cidTexte = LEGITEXT000006070719&dateTexte = 20181116.

② Hélène Martron, Les droits de la personnalité des personnes morales de droit privé, 2011, LGDJ, p. 119.

③ Bernard Teyssié, Droit civil, Les personnes, 12e, édition, Litec, p. 436.

④ Cour de cassation, chambre criminelle, Audience publique du jeudi 12 novembre 2009, N° de pourvoi: 08－87323, Non publié au bulletin.

再如，在 2000 年 10 月 25 日的案件①中，法国最高法院也认定法人享有安宁权，当行为人侵犯法人的安宁时，他们也应当对法人承担法律责任。

在我国，虽然《民法总则》第 109 条、第 110 条、第 111 条和《侵权责任法》第 2 条对权利主体享有的各种各样的人格权做出了明确规定，但是它们均没有明确规定安宁权，因此，无论是自然人还是法人均不享有安宁权。最近几年，我国少数民法学者开始主张安宁权的存在，认为安宁权应当被视为一种人格权。不过，他们主张的此种理论存在严重的问题，它过分拓展安宁权的适用范围，让安宁权的适用范围太过宽泛，几乎到了无所不包的程度，因为他们主张的此种理论所反对的侵犯行为形形色色：信息媒介侵扰、不可量物侵入、观念妨害、"凶宅"侵害、惊吓损害等。②

具体来说，此种安宁权的理论所存在的主要问题有两个。

其一，它混淆了作为人格权的安宁权与作为财产权的生活安宁权。在民法上，虽然不动产相邻人所实施的诸如烟尘排放、噪音制造等滋扰行为会侵犯其邻居的安宁，但是，他们所侵犯的安宁权仅仅是其邻居生活方面的安宁权，不属于其精神方面的安宁权，该种安宁权属于其邻居享有的不动产物权的组成部分，不属于一种人格权或者人格权的组成部分。③ 因此，即便民法中的确存在作为人格权性质的安宁权，该种性质的安宁权也不应当将不动产物权当中的生活安宁权包含在其中，否则，就会混淆物权和人格权，将人格权保护的范围不适当地拓展到物权领域。

其二，它混淆了同样作为人格权的隐私权和安宁权。在我国，《侵权责任法》第 2 条和《民法总则》第 110 条均明确承认隐私权的存在，当行为人侵犯他人的隐私权时，他们应当对他人承担侵权责任。问题在于，隐私权与安宁权之间的关系如何？在我国，如果我们要在隐私权之外承认安宁权的存在，则我们必须小心翼翼地厘清隐私

---

① Cass. crim., 25 oct. 2000: D. 2001, somm. 2349, obs. S. Mirabil.

② 方乐坤：《安宁利益的类型和权利化》，载《法学评论》2018 年第 6 期，第 67—81 页。

③ 张民安：《法国民法》，清华大学出版社 2015 年版，第 478—480 页。

权和安宁权之间的关系。因为隐私权中也包含安宁权的内容,当行为人侵犯他人作为隐私权组成部分的安宁权时,他们应当对他人承担隐私侵权责任,这就是侵扰他人安宁的隐私侵权责任制度。①

笔者认为,在同时承认安宁权和隐私权是两种独立人格权的情况下,安宁权必须从隐私权中消退,不得将隐私权所包含的安宁权内容纳入其中,就像不得将不动产物权领域的生活安宁权纳入其中一样。总的说来,凡是他人在私人场所、私人生活中的安宁均应当包含在隐私权而非安宁权中,当行为人侵犯他人在这些场所、生活中的安宁时,他们应当对他人承担隐私侵权责任;反之,凡是他人在公共场所、公共生活中的安宁则应当包含在安宁权而非隐私权中,当行为人侵犯他人在这些场所、生活中的安宁时,他们应当对他人承担安宁侵权责任。②

因此,如果行为人持续不断地在公共场所跟踪他人,或者如果行为人强行在公共场所拍摄他人的照片,则他们实施的这些行为侵犯了他人的安宁权;反之,如果行为人持续不断地在私人场所跟踪他人,或者如果行为人强行在私人场所拍摄他人的照片,则他们实施的行为侵犯了他人的隐私权。

在我国,自然人当然享有作为人格权的安宁权,因为自然人往往希望过着内心安静、心境平和的生活。如果行为人实施的行为严重侵扰了他们内心的安静、心境的平和,则他人将会遭遇精神上的痛苦、心理上的烦闷。基于他人的起诉,法官当然应当责令行为人就其侵犯他人安宁权的行为对他人承担侵权责任。问题在于,法人是否也像自然人一样享有安宁权?笔者认为,除了应当承认自然人享有的安宁权外,我国民法也应当承认法人享有的安宁权,就像我国民法应当承认法人享有的隐私权一样。

法人之所以享有安宁权,是因为法人也像自然人一样需要借助安宁权来保护自己内心的安静、心境的平和,防止行为人通过各种各样

---

① 张民安:《无形人格侵权责任研究》,北京大学出版社2012年版,第503—539页;张民安主编:《侵扰他人安宁的隐私侵权》,中山大学出版社2012年版,第1—42页;张民安主编:《侵扰他人安宁的隐私侵权》,中山大学出版社2012年版,第1—22页。

② 张民安:《无形人格侵权责任研究》,北京大学出版社2012年版,第525—531页;张民安主编:《侵扰他人安宁的隐私侵权》,中山大学出版社2012年版,第27—35页。

的侵扰行为破坏自己的安宁。在民法上,除了自然人具有道德的、精神的、情感的和心理的构成要素外,法人也具有自己的道德的、精神的、情感的和心理的构成要素,其中就包括法人内心的安静和心境的平和。就像自然人同时具有私人场所、私人生活和公共场所、公共生活一样,法人也同时具有私人场所、私人生活和公共场所、公共生活。无论是法人的哪一种场所和哪一种生活均有保护的必要:它们的私人场所、私人生活需要借助享有的隐私权加以保护,而它们的公共场所、公共生活则需要借助享有的安宁权加以保护。

因此,除了享有隐私权外,医院也享有安宁权。如果病患者或者其他行为人借口医疗事故而在医院大门口悬挂横幅、设立灵堂、截堵医生、围蔽医院大门,则他们实施的这些行为侵犯了医院享有的安宁权,应当对医院承担侵权责任。同样,除了享有隐私权外,公司也享有安宁权,如果公司产品或者服务的消费者借口公司产品或者服务瑕疵引起致命事故而在公司大堂摆设花圈、焚烧冥纸、泼洒大粪等,则他们实施的这些行为也侵犯了公司享有的安宁权,也应当对公司承担侵权责任。

当然,应当说明的是,在因为医疗事故引起医疗纠纷时,或者在因为产品或者服务瑕疵引起消费者遭受人身损害时,病患者、消费者本人或者他们的近亲属享有和平集会权、抗议权,有权在医院、公司门口举行集会,抗议医院或者公司的所作所为,甚至有权按照习惯的要求,在医院或者公司门口举行拜祭仪式。他们实施的这些集会行为、抗议行为、拜祭行为属于其人格权的正当行使,并不构成侵犯医院、公司安宁权的行为,无须对这些法人承担侵权责任。

(四)法人的肖像权

在民法上,自然人当然享有肖像权。在法国,虽然立法者没有在《法国民法典》中对肖像权做出明确规定,虽然法官普遍将肖像权视为私人生活受尊重权的组成部分①,但是民法学者普遍认为,肖像权

---

① 张民安:《法国人格权法(上)》,清华大学出版社2016年版,第539页。

是隐私权之外的一种独立权利。① 在我国,无论是《民法通则》第100条、《民法总则》110条还是《侵权责任法》第2条均明确规定,肖像权是隐私权之外的一种独立人格权,与隐私权处于平行地位。当然,肖像权与隐私权之间也存在范围重叠的地方。例如,当行为人非法进入他人的私人场所拍摄他人的肖像时,他们实施的行为既侵犯了他人享有的肖像权,也侵犯了他人享有的隐私权,因为他人对其私人场所的肖像也享有隐私权。②

问题不在于,自然人是否享有肖像权,而问题在于,法人是否享有肖像权?在法国,鉴于《法国民法典》完全没有对肖像权做出任何规定,因此,法国立法者没有对这样的问题做出回答。在法国,民法学者普遍否认法人享有的肖像权,因为他们认为,肖像权在性质上是一种专属于自然人的人格权。③ 不过,法国民法学者的此种观点与法国法官的意见不一致,因为在大量的案件中,法官均承认法人享有的肖像权。

例如,在1999年10月22日的案件中,巴黎的一个法院认定,法人享有肖像权,如果行为人在未经法人同意时使用其肖像,则他们应当对法人遭受的肖像损害(préjudice d'image)承担赔偿责任。④ 再如,在1999年3月10日的案件⑤中,法国最高法院认定,法人享有

---

① Henri et Léon Mazeaud, Jean Mazeaud, Francois Chabas, Lecons de DROIT CIVIL, Tome I/Deuxième Volume, Les Personnes, 8e édition, Montchrestien, pp. 386 – 387; David Bakouche, Droit civil, les personnes la famille, HACHETTE, 2005, pp. 33 – 34; Jean Carbonnier, Droit civil, Volume I, Introduction Les personnes la famille, l'enfant, le couple, puf, p. 510; Frédéric Zenati-Castaing, Thierry Revet, Manuel de droit des personnes, 1e, édition, puf, 2006, pp. 283 – 298; Yvaine Buffelant-Lanore Virginie Larribau-Terneyre, Droit civil, Introduction, Biens, Personne, Famille, 17e édition, Dalloz, p. 287; Philippe Malaurie, les Personnes, 6e édition, DEFRÉNOIS, p. 148; 张民安:《法国的隐私权研究》,见张民安主编《隐私权的比较研究》,中山大学出版社2013年版,第147—148页; 张民安:《法国民法》,清华大学出版社2015年版,第89—91页。

② 张民安:《法国人格权法(上)》,清华大学出版社2016年版,第539—540页。

③ Hélène Martron, Les droits de la personnalité des personnes morales de droit privé, 2011, LGDJ, pp. 164 – 165; Philippe Malaurie, les Personnes, 6e édition, DEFRÉNOIS, pp. 218 – 219.

④ Comm. Paris, 22 octobre 1999, Gaz. Pal., 1999, II, somm., p. 728.

⑤ Cass. 1re civ., 10 mars 1999, D. 1999, p. 319.

肖像权,如果行为人未经财产所有权人的同意再现其财产的肖像,则在一定的条件下,他们应当对财产所有权人承担侵权责任。同样,在2006年5月30日的案件①中,法国最高法院也承认,法人享有肖像权,在未经法人同意的情况下,如果行为人擅自再现、使用法人的肖像,则他们应当对法人承担侵权责任。

在我国,无论是在《民法通则》《民法总则》中,还是在《侵权责任法》中,立法者均没有对法人是否享有肖像权的问题做出说明,因为除了明确规定法人享有名称权、名誉权、荣誉权外,它们没有对法人享有的其他人格权做出任何规定,已如前述。除了我国立法者没有规定法人享有的肖像权外,我国民法学者也普遍没有对法人是否享有肖像权的问题做出说明,因为除了重复《民法通则》和《民法总则》所规定的三种人格权外,他们没有对法人是否享有包括肖像权在内的其他人格权的问题做出任何说明,已如前述。

笔者认为,至少在一定的条件下,法人是享有肖像权的,当行为人擅自再现、公开或者使用法人的肖像时,他们应当对法人遭受的损害承担侵权责任。法人之所以享有肖像权,其主要原因有三个。

其一,肖像权在性质上并不是专属于自然人的一种人格权,就像声音权不是一种专属于自然人的人格权一样。肖像权之所以不是一种专属于自然人的人格权,是因为自然人本人既可以基于商事、非商事目的再现、公开或者使用自己的肖像,也可以授权别人基于商事、非商事目的再现、公开或者使用其肖像。因此,肖像是一种能够与自然人自身分离的人格特征,不属于与自然人的人身无法分离的人格特征,自然人能够像处分自己的财产权一样处分其肖像权,在自然人死亡时,他们享有的肖像权可以作为遗产被其继承人继承,至少影视明星、体育明星享有的肖像权是如此。②

---

① Cass. 1re civ., 30 mai 2006, D. 2006, IR, p.1636.
② Frédéric Zenati-Castaing, Thierry Revet, Manuel de droit des personnes, 1e, édition, puf, 2006, pp. 289 – 298; Théo Hassler, Le droit à l'image des personnes: Entre droit de la personnalité et propriété intellectuelle, LexisNexis, 2014, pp. 135 – 163; Jean-Michel Bruguière, Bérengère Gleize, Droits de la Personnalité, ellipses, 2015, pp. 159 – 160; 张民安:《法国民法》,清华大学出版社2015年版,第77—78页; 张民安、丘志乔主编:《民法总论》(第五版),中山大学出版社2017年版,第299—300页。

其二，在今时今日，自然人的肖像权有从自然人的身上拓展到可识别性的财产或者物身上的趋向，这就是，如果某一个自然人尤其是影视明星、体育明星或者电视节目主持人所使用的某一个财产、物具有显著的特征，并因此与使用该财产、物的自然人尤其是公众人物之间建立一种人格等同关系，则自然人使用的财产、物即等同于自然人的肖像，自然人对其财产、物享有肖像权。① 这说明，财产、物与肖像之间并不存在不可逾越的鸿沟，除了自然人的人身能够成为肖像权的客体外，自然人人身之外的财产、物也能够成为肖像权的客体。

其三，法人也享有需要通过肖像权加以保护的肖像利益。在民法上，自然人之所以享有肖像权，是因为他们需要通过肖像权来保护自己的肖像利益免受侵犯，防止行为人在未经自己同意的情况下擅自再现、公开或者使用其肖像。在民法上，法人之所以享有肖像权，同样是因为法人需要借助肖像权保护自己的肖像利益，防止行为人在没有任何正当理由的情况下再现、公开或者使用自己的肖像。

所谓法人的肖像，是指人们通过某种手段所再现的法人财产、法人的物，例如，法人的建筑物、法人的门面、法人的显著标志、法人建筑物的显著特征等。换言之，法人的肖像是一种财产肖像（l'image des biens）、物的肖像（l'image d'choses）。就像自然人的人身可以通过一定的手段予以再现、公开和使用一样，法人的财产也可以通过一定的手段加以再现、公开或者使用，尤其是能够基于商事目的予以再现、公开、使用。例如，法人的这些财产既能够通过绘画予以再现，也可以通过拍照予以再现，还可以通过视频方式予以再现，等等。事实上，法人肖像的再现与自然人肖像的再现方式是相同的，凡是人们能够用来再现自然人肖像的方式均能够用来再现法人的肖像。

当法人对其财产、物的再现、公开和使用等享有权利时，它们对其财产、物的肖像享有的人格权就是法人的肖像权。因此，法人的肖像权也被称为法人财产的肖像权（Le droit à l'image des biens）、法人物的肖像权（Le droit à l'image d' choses）。法人肖像权包括法人肖像

---

① ［法］大卫·韦斯特福尔、大卫·兰多：《作为财产权的公开权》，郭钟泳译，见张民安主编《公开权侵权责任研究：肖像、隐私及其他人格特征侵权》，中山大学出版社2010年版，第107—110页。

的再现权、法人肖像的公开权、法人肖像的使用权等。不过,在民法上,法人并非在任何情况下均享有肖像权,因为法人在任何情况下均享有肖像权,而行为人在任何情况下均不得擅自再现、公开、使用法人所有财产、物的肖像,否则,他们的一切再现行为、公开或者使用行为均构成侵犯法人肖像权的行为。

为了保护行为人享有的言论自由权、创作自由权,为了让行为人在再现、公开或者使用法人的财产、物时免除要承担侵权责任的后顾之忧,民法原则上不承认法人享有的肖像权,它仅在三种例外情况下承认法人享有的肖像权。

其一,如果制定法明确规定,法人对自己的某种财产、物享有肖像权,则它们对该种财产、物享有肖像权。如果行为人擅自再现、公开或者使用法人的此种财产、物,则他们应当对法人承担肖像侵权责任。例如,在法国,2004 年 12 月 15 日的制定法就明确规定,职业体育俱乐部对自己的财产、物享有肖像权,因为该法明确规定,体育俱乐部对自己的"集体肖像"(l'image collectif de l'équipe)享有再现权、公开权和使用权。① 在 2006 年,法国颁布 2006 年 5 月 23 日的法令中,在废除 2004 年的制定法的同时将其规定在《法国体育法典》中,这就是第 L222-2 条。②

其二,如果法人明确禁止行为人再现、公开或者使用其财产、物,则行为人不得再现、公开或者使用法人的肖像。在民法上,即便立法者没有明确规定法人对自己的某一种财产、物享有肖像权,如果法人明确禁止任何行为人再现、公开或者使用自己的某一种财产、物,则行为人不得再现、公开或者使用法人所禁止的财产、物,否则,应当对法人承担肖像侵权责任。

其三,即便法律没有明确规定或者法人没有明确禁止,如果行为人再现、公开或者使用法人财产、物的行为会给法人带来重大的妨害

---

① LOI n° 2004-1366 du 15 décembre 2004 portant diverses dispositions relatives au sport professionnel, https://www.legifrance.gouv.fr/affichTexte.do?cidTexte=JORFTEXT000000443649&categorieLien=id.

② Article L222-2 Code du sport, https://www.legifrance.gouv.fr/affichCodeArticle.do?cidTexte=LEGITEXT000006071318&idArticle=LEGIARTI000006547595&dateTexte=&categorieLien=cid.

或者侵犯，则他们应当对法人遭受的损害承担赔偿责任。①

在民法上，法人肖像权与自然人肖像权的主要差异有二：其一，自然人肖像权的客体是自然人自身，而法人肖像权的客体则是法人的财产、物。其二，所有自然人均享有肖像权，不存在不享有肖像权的自然人，而法人则不同，并非所有法人均享有肖像权，已如前述。在民法上，法人的肖像权既独立于法人成员的肖像权，也独立于法人的名誉权，还独立于法人的商标权。

首先，法人的肖像权独立于法人成员的肖像权。在民法领域，某些法人是由作为自然人的成员所组成的。当法人由作为自然人的成员所组成时，法人的成员作为个人当然享有自己的肖像权。法人享有的肖像权不同于法人的成员个人享有的肖像权，因为法人享有的肖像权在性质上属于一种集体肖像权，它们是建立在法人所具有的某种财产、物的基础上，而法人成员享有的肖像权在性质上属于个人肖像权，它们建立在自然人的人身基础上。

其次，法人的肖像权独立于法人的名誉权。在民法上，某些民法学者之所以否定法人肖像权的存在，是因为他们认为，法人的肖像权在性质上是一种商事名誉权，当行为人擅自再现、公开或者使用法人的肖像时，他们应当就其侵犯法人名誉权的行为对法人承担侵权责任。②此种理论所存在的一个主要问题是，它否定了法人肖像权的存在，将法人的肖像权视为法人名誉权的组成部分。事实上，在民法上，法人的肖像权独立于法人的名誉权，就像在民法上，自然人的肖像权独立于自然人的名誉权一样。

在民法上，法人的肖像权之所以独立于法人的名誉权，是因为法人的这两种人格权之间不存在竞合、交叉的地方：如果行为人再现、公开或者使用法人肖像的行为构成具有名誉毁损性质的行为，则他们实施的这些行为侵犯了法人享有的名誉权，在符合名誉侵权责任构成要件的情况下，他们应当对法人承担名誉侵权责任；而如果他们再

---

① Cour d'appel d'Orléans, chambre commerciale, Audience publique du jeudi 15 février 2007, N° de RG：06/00988；Cour de cassation, Assemblée plénière, Audience publique du vendredi 7 mai 2004, N° de pourvoi：02 - 10450, Publié au bulletin.

② Philippe Malaurie, les Personnes, 6e édition, DEFRÉNOIS, pp. 218 - 219.

现、公开或者使用法人肖像的行为不构成具有名誉毁损性质的行为，则他们实施的这些行为没有侵犯法人的名誉权，而是侵犯了法人享有的肖像权，应当对法人承担肖像侵权责任。

最后，法人的肖像权独立于法人的商标权。在民法上，某些民法学者之所以否定法人肖像权的存在，是因为他们认为，法人的肖像权在性质上是一种商标权，也就是一种工业产权，当行为人擅自再现、公开或者使用法人的肖像时，他们应当就其侵犯法人商标权的行为对法人承担侵权责任。因为这样的原因，他们将法人的肖像权称为法人商标的肖像权（Le droit à l'image de marque）。①

在民法上，就像自然人享有的无形人格权之间存在权利竞合和交叉的现象一样，法人享有的肖像权和商标权之间也存在人格权竞合和交叉的现象。因为除了商标能够成为法人肖像权的客体外，法人的其他财产、物也可以成为肖像权的客体。在肖像权与商标权竞合和交叉时，人们当然能够将肖像权视为一种商标权，但是在肖像权与商标权不构成竞合、交叉时，则法人的肖像权当然就独立于法人的商标权了。因此，为了明确区分商标权和肖像权，我们应当将商标权从法人的肖像权中剔除，当行为人再现、公开或者使用法人的商标时，他们应当就其侵犯法人商标权的行为对法人承担赔偿责任。而当法人再现、公开、使用法人商标之外的其他财产、物时，他们应当就其侵犯法人肖像权的行为对法人承担侵权责任。

（五）法人的声音权

在民法上，自然人是否享有声音权？在法国，虽然《法国民法典》没有对自然人享有的声音权做出规定，虽然法国法官和少数民法学者将声音权视为私人生活受尊重权的组成部分②，但是法国民法学者普遍承认自然人声音权的存在，认为声音权独立于自然人享有的

---

① Philippe Malaurie, les Personnes, 6e édition, DEFRÉNOIS, pp. 218 – 219.
② Jean-Michel Bruguière, Bérengère Gleize, Droits de la Personnalité, ellipses, 2015, pp. 161 – 165；张民安：《法国人格权法（上）》，清华大学出版社 2016 年版，第 539 页。

私人生活受尊重权。① 在我国，虽然《民法通则》《民法总则》和《侵权责任法》对自然人享有的各种人格权做出了明确规定，但是它们均没有对自然人享有的声音权做出规定。除了立法者没有对自然人的声音权做出规定外，我国几乎所有民法学者均不承认声音权的存在，因为在对自然人享有的各种人格权做出说明时，他们没有将声音权视为一种人格权。②

问题不在于自然人是否享有声音权，问题在于，作为一种权利主体，法人是否享有声音权？对此问题，法国大多数民法学者均持否定态度，认为法人并不享有声音权。法国民法学者之所以认定法人不享有声音权，是因为他们认为，声音权在性质上是专属于自然人的人格权，该种人格权建立在自然人身体的基础上，以自然人的身体和心理作为前提条件。③ 在我国，因为民法学者根本不承认自然人享有的声音权，所以他们更不会承认法人享有的声音权。

笔者认为，在民法上，自然人当然享有声音权，因为自然人需要借助于声音权保护自己的声音免受侵犯：如果行为人在没有任何正当理由的情况下偷录、模仿、公开或者使用他人的声音，则自然人有权向法院起诉，要求法官责令行为人对其承担侵权责任。④ 在民法上，法人也像自然人一样享有声音权。因为一方面，就像自然人需要借助

---

① D. Huet-Weiller, la protection juridique de la voix humaine, RTD civ. 1982, p. 497; Michel de JUGLART Alain PIEDEEVRE Stephane PIEDEEVRE, Cours de droit civil, introduction, personnes, famille, Seizième édition, Montchrestien, p. 122; GERARD CORNU, Droit civil, Les personnes, 13e édition, Montchrestien, p. 74; Frédéric Zenati-Castaing, Thierry Revet, Manuel de droit des personnes, 1e, édition, puf, 2006, pp. 299 – 308; Jean-Christophe Saint-Pau et, Droits de la Personnalité, LexisNexis, 2013, pp. 755 – 757; 张民安：《法国民法》，清华大学出版社 2015 年版，第 91—92 页。

② 王利明：《人格权法研究》，中国人民大学出版社 2005 年版，第 3—769 页；江平主编：《民法学》，中国政法大学出版社 2007 年版，第 72—75 页；魏振瀛主编：《民法》（第四版），北京大学出版社 2010 年版，第 616—643 页；梁慧星：《民法总论》（第五版），法律出版社 2017 年版，第 93—100 页；王利明：《民法总则》，中国人民大学出版社 2017 年版，第 253—255 页。

③ Frédéric Zenati-Castaing, Thierry Revet, Manuel de droit des personnes, 1e, édition, puf, 2006, p. 299; Hélène Martron, Les droits de la personnalité des personnes morales de droit privé, 2011, LGDJ, pp. 164 – 165.

④ 张民安：《无形人格侵权责任研究》，北京大学出版社 2012 年版，第 807—821 页；张民安、丘志乔主编：《民法总论》（第五版），中山大学出版社 2017 年版，第 329—330 页。

于声音权保护自己的声音一样,法人也需要借助声音权保护自己的声音。另一方面,主张声音权专属于自然人享有的理论显然缺乏说服力,因为自然人的声音权完全能够与自然人分离,就像自然人的肖像权能够与自然人分离一样。

在民法上,自然人当然享有声音权,因为作为自然人身体的组成部分,自然人具有自己的喉腔,通过振动喉腔当中的声带,他们能够发出自己的声音。所不同的是,不同的自然人所发出的声音存在语调、声调的差异。① 因为自然人需要保护自己的声音,所以法律赋予自然人以声音权,已如前述。法人是否有自己的喉腔、声带?它们是否能够通过自己的喉腔、声带发出自己的声音?笔者认为,作为一种独立的权利主体,法人也像自然人一样具有自己的喉腔、声带,也能够通过自己的喉腔、声带发出自己的声音。因为法人机关的喉腔、声带就是法人的喉腔、声带,它们代表法人发出的声音属于法人自身的声音,而不属于机关成员的个人声音。例如,当公司董事会召开会议时,董事在董事会会议上的发言属于公司的声音,而不属于董事的个人声音,因为他们的发言不是为了自身的个人事务、个人利益,而是为了公司的事务、公司的利益。再如,当公司董事长为公司契约的签订而与公司潜在的债权人通电话时,他与别人的电话通话也属于公司的声音,而不属于董事长个人的声音。

就像自然人的声音需要借助声音权加以保护一样,法人的这些声音也需要借助声音权加以保护:未经公司同意,或者没有其他正当理由,行为人既不能够偷录、偷听、公开或者使用公司董事在董事会会议上的发言,也不能够偷录、偷听、公开或者使用公司董事长同潜在债权人之间的电话通话,否则,他们的行为侵犯了公司对其声音享有的权利。基于公司的主张,法官应当采取措施责令行为人对公司承担法律责任。

在民法上,声音权在性质上不是专属于自然人的人格权,因此,除了自然人能够享有外,法人当然也能够享有。声音权之所以不是专属于自然人的人格权,是因为自然人尤其是其中的影视明星、体育明

---

① Hélène Martron, Les droits de la personnalité des personnes morales de droit privé, 2011, LGDJ, p.164.

星等公众人物能够将其声音财产化、商事化:除了能够基于商事目的使用自己的声音外,自然人尤其能够基于商事目的与别人签订契约,在让别人通过契约记录、公开、使用自己声音的同时获得经济上的、商事上的利益。① 因为这样的原因,自然人的声音能够与自然人分离:生前,他们的声音能够作为一种财产转让给受让人;死后,他们的声音权作为遗产转移给自己的继承人继承。

---

① Frédéric Zenati-Castaing, Thierry Revet, Manuel de droit des personnes, 1e, édition, puf, 2006, pp. 300 – 308; Jean-Christophe Saint-Pau et, Droits de la Personnalité, LexisNexis, 2013, pp. 755 – 756; Jean-Michel Bruguière, Bérengère Gleize, Droits de la Personnalité, ellipses, 2015, pp. 164 – 165;

第四章　法人的人格权与人格权的独立性（中）

一、我国民法学者关于人格权性质与人格权独立设编之间的关系的说明

传统民法认为，权利主体享有的所有主观权利、民事权利均可以分为两大类，这就是财产权（les droits patrimoniaux）和非财产权（les droits extrapatrimoniaux）。所谓财产权，是指权利主体享有的那些具有物质价值、财产价值、商事价值，并且能够以金钱方法客观评估其价值大小的主观权利、民事权利。所谓非财产权，则是指权利主体享有的那些具有精神价值、道德价值、心理价值或者情感价值，并且无法用金钱方式客观确定其价值大小的主观权利、民事权利。

在民法上，财产权先于非财产权而产生，因为人格权仅仅在19世纪初期才得以产生，而财产权早在古罗马时期就已经存在，至少后世民法学者是这样认为的。① 无论是财产权还是非财产权均可以做出更进一步的分类，例如，财产权可以分为物权、债权、继承权和知识产权等，而非财产权则可以分为人格权和身份权等。当然，基于不同的考虑，不同的民法学者对财产权和非财产权的具体分类可能存在不

---

① 张民安：《法国人格权法（上）》，清华大学出版社2016年版，第3—4页。

同意见,导致他们对财产权和非财产权做出的具体分类存在差异。①

在法国,少数民法学者借口法人名称权和名誉权在性质上属于一种财产权而否定法人享有的人格权。他们认为,虽然人们认为法人享有名称权、名誉权和商事秘密权,但是法人享有的这些权利在性质上并不是真正的主观权利、真正的人格权,而仅仅是几种虚假的主观权利。他们之所以否认法人享有的这几种所谓的权利在性质上属于真正的主观权利、真正的人格权,或者是因为他们认为,这些所谓的权利在性质上是财产权,而不是非财产权,而真正的人格权在性质上则是非财产权,抑或是这些所谓的权利仅仅是民事责任的一种具体适用方式而已,属于一般过错侵权责任的组成部分,而人格权则是独立于民事责任的。②

在我国,虽然立法者已经在其制定的《民法通则》和《民法总则》中对法人享有的诸如名称权、名誉权和荣誉权等人格权做出了明确规定,但是为了反对我国立法者试图将人格权作为独立的一编规定在未来民法典中的做法,从 2002 年开始一直到今时今日,尹田教授、李永军教授以及梁慧星教授等少数民法学者均提出了法人不享有人格权的反对理由。③ 这些民法学者之所以反对法人享有人格权的观

---

① Jacques Ghestin et Gilles Goubeaux, Traité de droit civil, Introduction générale, Librairie générale de droit et de jurisprudence, pp. 152 - 155;Henri et Leon Mazeaud, Jean Mazeaud, Francois Chabas, Lecons de DROIT CIVIL, Tome Premier, Introduction à l'étude du droit, 12e édition, ÉDITIONS, MONTCHRESTIEN, 2000, p. 268;Henri Roland, Laurent Boyer, Introuduction au droit, Litec, 2002, pp. 429 - 464;Gérard Cornu, Droit civil, Introduction au droit, 13e édition, Montchrestien, 2007, pp. 31 - 43;Jean-Luc AUBERT, Eric SAVAUX, Introuduction au droit et thèmes fondamentaux du droit civil, 14e édition, Dalloz, 2012, pp. 217 - 228;Christian Larroumet, Augustin Aynès, Introduction à l'étude du droit, 6e édition, Economica, 2013, pp. 305 - 380;Philippe Malinvaud, Introduction à l'étude du droit, 15e édition, LexisNexis, 2015, pp. 305 - 393;Agnès Lucas-Schloetter, Droit moral et droits de la personnalité:étude de droit comparé français et allemande, Tome I, Presses Universitaires D'Aix-Marseille, Paris, 2002, pp. 245 - 246;Jean-Michel Bruguière, Bérengère Gleize, Droits de la Personnalité, ellipses, 2015, pp. 71 - 75;张民安:《法国民法》,清华大学出版社 2015 年版, 第 59—96 页;张民安、丘志乔主编:《民法总论》(第五版),中山大学出版社 2017 年版, 第 330—333 页。

② Agnès Lucas-Schloetter, Droit moral et droits de la personnalité:étude de droit comparé français et allemande, Tome I, Presses Universitaires D'Aix-Marseille, Paris, 2002, pp. 232 -237.

③ 张民安:《法人的人格权研究(上)》,载《学术论坛》2019 年第 1 期,第 78 页。

点，其原因多种多样，其中的一个主要原因在于，他们认为立法者所规定的这些权利在性质上不是一种真正的人格权、非财产权，而是一种财产权：真正的人格权一定是一种非财产权，不是也不可能是一种财产权；真正的人格权是专属于自然人的，法人不享有也不可能享有真正的人格权。①

虽然均借口法人的名称权、名誉权和荣誉权在性质上是一种财产权来反对法人享有人格权的观点，但是在法人享有的这些权利究竟是什么性质的财产权的问题上，这些民法学者之间仍然存在一定的差异。李永军教授认为，无论是法人的名称权、名誉权还是它们的荣誉权在性质上均是一种知识产权，他指出："我个人认为：法人无人格权，现在学者所谓的法人'人格权'应当属于知识产权的范畴。"②

尹田教授则不同，他明确区分法人的名称权和名誉权、荣誉权，因为他认为，法人的名称权在性质上属于一种工业产权，而法人的名誉权则是一种商业信用权，虽然工业产权和商业信用权在性质上均属于一种无形财产权。他指出："法人根本不可能享有与自然人人格权性质相同的所谓'人格权'。基于法人之主体资格而产生的名称权、名誉权等，本质上只能是财产权：法人的名称权应为无形财产权，此为有关工业产权保护之国际公约所明定；法人的名誉权应为法人的商业信用权，同样应置于无形财产权范围。"③"法人的所谓人格权实为一种财产性质的权利。对此，无论有关工业产权保护之国际公约将法人名称权规定为无形财产权的事实，或学界有关法人名称（商号）、名誉（商业信誉）、商业信用及商业秘密为财产权或者无形财产权的各种理论分析等，均揭示了问题的实质。"④

在我国，梁慧星教授做出的回答则相互矛盾、含糊不清。一方

---

① 尹田：《论人格权的本质——兼评我国民法草案关于人格权的规定》，载《法学研究》2003年第4期，第14页；尹田：《论法人人格权》，载《法学研究》2004年第4期，第55—57页；李永军：《论我国人格权的立法模式》，载《当代法学》2005年第6期，第132页；梁慧星：《中国民法典中不能设置人格权编》，载《中州学刊》2016年第2期，第48页。

② 李永军：《论我国人格权的立法模式》，载《当代法学》2005年第6期，第132页。

③ 尹田：《论法人人格权》，载《法学研究》2004年第4期，第51—57页。

④ 尹田：《论法人人格权》，载《法学研究》2004年第4期，第56页。

面，在法人是否享有人格权的问题上，他的回答相互矛盾。在《中国民法典中不能设置人格权编》中，他明确指出"法人是不可能有人格权的"①，而在第五版的《民法总论》中，他则认为法人"享有名称权、名誉权等人格权"②。另一方面，在明确否定法人享有的人格权时，他对法人名称权和名誉权的性质做出的说明含糊不清，他指出："法人是不可能有人格权的。法人有名称权或商号权。法人的名称权与自然人的姓名权类似，法人的名誉权类似于自然人的名誉权。"③

如何理解法人的名称权、名誉权与自然人的姓名权、名誉权之间的"类似"性？梁慧星教授没有做出说明。如果自然人的姓名权、名誉权在性质上是一种非财产权，那么，我们能否因此认定法人的名称权、名誉权在性质上也是一种非财产权？如果法人享有的这两种与自然人的姓名权、名誉权"类似"的权利在性质上是一种非财产权，那么，我们还能够像梁慧星教授这样宣称法人不享有人格权吗？④

这些民法学者认为，法人享有的名称权、名誉权和荣誉权在性质上是一种财产权而不是一种非财产权、人格权，因此，当行为人侵犯法人享有的这些民事权利时，法人只能够要求法官责令行为人赔偿自己遭受的财产损害，不能够要求法官责令行为人赔偿自己遭受的非财产损害、精神损害。这一点与自然人的人格权遭受侵犯时所产生的损害赔偿责任完全不同。因为鉴于自然人享有的姓名权、名誉权和荣誉权在性质上属于一种非财产权、人格权，所以在行为人侵犯自然人享有的这些民事权利时，他们有权要求法官责令行为人赔偿自己遭受的非财产损害、精神损害。

尹田教授对法人名称权、名誉权的财产性质所引起的此种后果做

---

① 梁慧星：《中国民法典中不能设置人格权编》，载《中州学刊》2016年第2期，第48页。

② 梁慧星：《民法总论》，法律出版社2017年版，第128页。

③ 梁慧星：《中国民法典中不能设置人格权编》，载《中州学刊》2016年第2期，第48页。

④ 梁慧星教授认为，自然人享有的人格权在性质上是一种非财产权，不过，所谓人格利益不具有财产价值也不是绝对的，名人肖像就具有财产价值。梁慧星：《中国民法典中不能设置人格权编》，载《中州学刊》2016年第2期，第91页。

出了说明，他认为，鉴于"法人的人格权无精神利益，实质上是一种财产权"①，因此，在法人的所谓人格权遭受侵犯时，它们只能够要求法官责令行为人赔偿其财产损害，而不能够像自然人的真正人格权遭受侵犯那样要求法官责令行为人赔偿其精神损害。"对自然人姓名、名誉、隐私的侵犯，其直接损害的是人的尊严——精神损害，而对法人名称、名誉、信用、商业秘密的侵害，其损害的只能是其商业上的利益，故法人不得主张任何精神损害赔偿。"②

在民法上，如果法人的名称权、名誉权和其他权利在性质上是财产权而不是非财产权，我们能否基于此种理由来否定法人享有人格权呢？我们否定法人享有人格权的此种理由是否具有说服力、能否站得住脚呢？在民法上，在法人的名称权、名誉权或者其他权利被行为人侵犯时，如果它们仅仅遭受财产损害而无法遭受非财产损害，我们能否基于此种理由来否定法人享有人格权呢？我们否定法人享有人格权的此种理由是否具有说服力、能否站得住脚呢？

笔者认为，即便法人享有的名称权、名誉权等民事权利在性质上是一种财产权而不是一种非财产权，即便法人享有的这些民事权利被侵犯时它们仅仅遭受财产损害而无法遭受非财产损害，我们也不得基于这些理由主张法人不享有人格权。换言之，当民法学者基于这些理由主张法人不享有人格权时，他们的这些主张是没有说服力的、是站不住脚的。

首先，在今时今日，无论尹田教授、李永军教授和梁慧星教授怎样否认法人享有人格权，法人均享有各种各样的人格权：除了《瑞士民法典》《魁北克民法典》和我国《民法总则》明确规定法人享有人格权外，民法学者和法官也普遍承认法人享有人格权，已如前述。③

其次，在今时今日，自然人的人格权也并非像尹田教授、李永军教授和梁慧星教授所宣称的那样在性质上仅仅是一种非财产权，随着自然人人格特征的财产化、商事化现象的产生和蔓延，自然人享有的

---

① 尹田：《论法人人格权》，载《法学研究》2004年第4期，第56页。
② 尹田：《论法人人格权》，载《法学研究》2004年第4期，第56页。
③ 张民安：《法人的人格权研究（上）》，载《学术论坛》2019年第1期，第62页。

人格权也开始从单纯的非财产权嬗变为一种财产权。在今时今日，自然人人格权的性质逐渐复杂化了：某些人格权仅仅是单纯的非财产权，某些人格权仅仅是单纯的财产权，而某些人格权则同时具有财产权和非财产权的双重性质。关于这一点，笔者将在下面的内容中做出详细的讨论，此处从略。

再次，在今时今日，除了自然人的人格权逐渐财产权化外，法人的人格权也逐渐财产权化了，尤其是营利法人的人格权具有天然财产化的可能性。因为这样的原因，法人人格权的性质也具有复杂性：法人享有的某些人格权在性质上是一种非财产权，而它们享有的另外一些人格权在性质上既是一种非财产权也是一种财产权。关于这一点，笔者将在下面的内容中做出详细的讨论，此处从略。

最后，在今时今日，鉴于法人和自然人享有的人格权均具有财产性和非财产性，因此，当行为人侵犯法人和自然人享有的人格权时，法人和自然人既会遭受财产损害，也会遭受非财产损害，而无论是财产损害还是非财产损害，法人和自然人均有权要求法官责令行为人予以赔偿。关于这一点，笔者将在下面的内容中做出详细的讨论，此处从略。

二、自然人人格权的性质：非财产性和财产性

（一）自然人人格权的性质所发生的变化

在民法上，自然人的人格权是一种非财产权还是一种财产权？对此问题，传统民法和当代民法做出的回答迥异。传统民法认为，自然人享有的人格权不仅在性质上是一种非财产权，而且他们享有的非财产权与自然人享有的财产权处于完全对立的地位：自然人享有的所有主观权利在性质上要么是一种非财产权，要么是一种财产权。除了他们享有的任何一种主观权利不可能同时是一种非财产权和财产权外，他们享有的所有主观权利均具有不可转换性：自然人享有的任何非财产权均不可能嬗变为他们享有的财产权，反之亦然，他们享有的任何财产权均不可能嬗变为他们享有的非财产权。这就是传统民法所采取的财产权区分于、独立于非财产权的理论，该种区分理论被视为传统民法理论的基石，构成主观权利一般理论的重要组成部分，已如

前述。

传统民法理论认为，自然人享有的人格权之所以在性质上是一种非财产权，一方面是因为自然人的人格权是建立在自然人自身的基础上，也就是建立在自然人的生命、身体、健康、姓名、名誉、隐私等各种人格特征的基础上，而自然人的自身在性质上不是像房屋和汽车一样的财产，人们无法用金钱方式客观地确定自然人自身的价值；另一方面是因为自然人享有人格权的目的不同于他们享有财产权的目的：人格权的目的是满足自然人的道德利益、精神利益、情感利益和心理利益的要求，而财产权的目的则满足自然人的物质利益、财产利益、经济利益、商事利益的要求。①

在今时今日，传统民法的这些理论是否仍然应当得到坚持和贯彻？换言之，在今时今日，自然人的人格权是否能够成为一种财产权并因此具有财产权所具有的传统特征：可转让性、可转移性、可强制执行性以及可适用时效性？对此问题，大多数民法学者仍然采取传统民法的理论，认为人格权在性质上仍然是一种单纯的非财产权，它们不可能具有财产权的性质，也因为这样的原因，他们仍然认为，人格权具有非财产权所具有的传统特征。②

不过，由于受到美国学者和法官在20世纪60年代所主张的公开

---

① Agnès Lucas-Schloetter, Droit moral et droits de la personnalité: étude de droit comparé français et allemande, Tome I, Presses Universitaires D'Aix-Marseille, Paris, 2002, pp. 243 - 247; Gérard Cornu, Droit civil, Introuduction au droit, 13e édition, Montchrestien, 2007, p. 39; Hélène Martron, Les droits de la personnalité des personnes morales de droit privé, 2011, LGDJ, p. 138; Jean-Christophe Saint-Pau et, Droits de la Personnalité, LexisNexis, 2013, p. 278; 张民安：《法国民法》，清华大学出版社2015年版，第60—62页、第59页；张民安、丘志乔主编：《民法总论》（第五版），中山大学出版社2017年版，第292—293页。

② Agnès Lucas-Schloetter, Droit moral et droits de la personnalité: étude de droit comparé français et allemande, Tome I, Presses Universitaires D'Aix-Marseille, Paris, 2002, p. 248; Henri Roland, Laurent Boyer, Introuduction au droit, Litec, 2002, pp. 429 - 464; Gérard Cornu, Droit civil, Introuduction au droit, 13e édition, Montchrestien, 2007, pp. 31 - 43; Jean-Luc AUBERT, Eric SAVAUX, Introuduction au droit et thèmes fondamentaux du droit civil, 14e édition, Dalloz, 2012, pp. 217 - 228; Christian Larroumet, Augustin Aynès, Introduction à l'étude du droit, 6e édition, Economica, 2013, pp. 305 - 380; Philippe Malinvaud, Introduction à l'étude du droit, 15e édition, LexisNexis, 2015, pp. 305 - 393; Gérard Cornu, Droit civil, Les personnes, 13e édition, Montchrestien, pp. 57 - 59; Francois Terré, Dominique Fenouillet, Droit civil les personnes, 8e édition, Dalloz, pp. 59 - 60.

权理论的影响,① 从 20 世纪 80 年代开始一直到今时今日,为数不少的民法学者甚至法官开始主张人格权的财产化、商事化理论,在承认人格权的非财产性时,他们至少承认某些自然人即影视明星、体育明星等公众人物、名人享有的诸如肖像权、姓名权和声音权等人格权的同时具有财产性,这就是人格权的双重性理论:人格权并不仅仅是一种非财产权,除了具有非财产性质外,人格权也是一种财产权,也具有财产性质。

(二)从作为人格权的美国隐私权中派生出的作为财产权的公开权

在英美法系国家,普通法原本并不承认人格权或者隐私权的理论,不过,在 19 世纪末期,由于受大陆法系国家民法学者所主张的人格权尤其是隐私权理论的影响,美国学者 Samuel D. Warren 和 Louis D. Brandeis 开始在英美法系国家主张隐私权和隐私侵权责任的独立性,认为隐私权作为一种人格权应当受单独的保护,而不应当将其放在形形色色的不同侵权责任制度中加以保护,这就是他们在 1890 年第 4 期的《哈佛法律评论》上所发表的著名文章《论隐私权》。②

Samuel D. Warren 和 Louis D. Brandeis 所提出的隐私权理论影响巨大,因为从 19 世纪末期开始一直到 20 世纪 60 年代,除了学者和立法者采取了他们提出的此种理论外,法官也普遍承认隐私权的理论。鉴于他们的理论具有广泛的影响力,《美国侵权法复述(第二版)》在第 652A 条至第 652I 条中对隐私权和隐私侵权责任做出了全面规定。根据这些规定,美国的隐私侵权责任包括四种:侵扰他人安宁的隐私侵权,公开他人私人生活的隐私侵权,擅自使用他人姓名、

---

① Grégoire LOISEAU, Des droit patrimoniaux de la personnalité en droit français, McGill Law Journal, 1997, vol. 42, pp. 321 – 322.

② Samuel D. Warren, Louis D. Brandeis, The Right to Privacy, Harvard Law Review, Vol. 4, No. 5. (Dec. 15, 1890), pp. 193 – 220;塞缪尔·D. 沃伦、路易斯·D. 布兰迪斯:《论隐私权》,陈圆欣译,见张民安主编《隐私权的界定》,中山大学出版社 2017 年版,第 1—27 页;张民安、丘志乔主编:《民法总论》(第五版),中山大学出版社 2017 年版,第 323—325 页。

肖像的隐私侵权，以及公开丑化他人形象的隐私侵权。这就是隐私权和隐私侵权的四分法理论。①

在美国，Samuel D. Warren 和 Louis D. Brandeis 所主张的隐私权在性质上属于一种非财产权，而不是一种财产权，因为在 1890 年的著名文章即《论隐私权》中，Samuel D. Warren 和 Louis D. Brandeis 不仅明确承认，他们主张的隐私权在性质上是一种人格权，而且还明确指出，他们主张的隐私权不是保护他人的财产利益，而是保护他人的思想、情感、精神、内心安宁，这就是他们将隐私权视为一种"独处权"的原因。②

在美国，自然人当然对其姓名、肖像和其他人格特征享有权利，并且他们享有的此种权利受侵权责任法的保护，如果行为人未经自然人的同意或者没有其他正当理由就擅自使用其姓名、肖像或者其他人格特征，则他们应当对他人承担隐私侵权责任，要赔偿他人遭受的非财产损害，这就是《美国侵权法复述（第二版）》所规定的擅自使用他人姓名、肖像的隐私侵权，已如前述。问题在于，此种理论是否适用于影视明星、体育明星？换言之，当行为人基于商事目的而擅自使用影视明星、体育明星的姓名、肖像或者其他人格特征时，他们实施的这些行为是否侵犯了这些明星的隐私权，并且仅仅赔偿这些明星的非财产损害吗？

在 1954 年的著名文章《论公开权》中，美国学者 Melville B. Nimmer 对这些问题做出了否定的回答。他认为，影视明星、体育明星等公众人物对其姓名、肖像或者其他人格特征享有的权利在性质上并不是一种隐私权而是一种公开权，该种权利在性质上并不是一种人格权、非财产权，而是一种财产权，当行为人基于商事目的使用他们

---

① 威廉·L. 普罗瑟：《论隐私权》，凌玲译，见张民安主编《隐私权的界定》，中山大学出版社 2017 年版，第 28—93 页；张民安：《公开权侵权责任制度研究》，见张民安主编《公开权侵权责任研究——肖像、隐私及其他人格特征侵权》，中山大学出版社 2010 年版，第 21—25 页；张民安：《无形人格侵权责任研究》，北京大学出版社 2012 年版，第 438—450 页。

② Samuel D. Warren, Louis D. Brandeis, The Right to Privacy, Harvard Law Review, Vol. 4, No. 5. (Dec. 15, 1890), pp. 193–220；塞缪尔·D. 沃伦、路易斯·D. 布兰迪斯：《论隐私权》，陈圆欣译，见张民安主编《隐私权的界定》，中山大学出版社 2017 年版，第 1—27 页。

的姓名、肖像或者其他人格特征时，他们有权要求行为人赔偿其财产损害，无须要求行为人赔偿其非财产损害。① Melville B. Nimmer 提出此种理论之后，所产生的影响同样巨大，因为除了美国主流学者、立法者和法官普遍采用其公开权理论外，② 除了法国部分民法学者和法官采取了他的理论并因此让法国传统民法中的人格权逐渐从单一的非财产权性质嬗变为非财产权和财产权的双重性质外，我国民法学者也采纳了他的此种理论，主张人格权的财产化、商事化。关于这一点，笔者将在下面的内容中做出详细的讨论，此处从略。

在今时今日，美国普通法明确区分自然人享有的公开权和隐私权，因为它认为，隐私权在性质上是一种非财产权，而公开权在性质上则是一种财产权，这就是美国普通法所采取的公开权区分于、独立于隐私权的理论。③ 所谓公开权（the right of publicity Le droit de publicité），是指自然人尤其是影视明星、体育明星等公众人物享有的决定是否公开其具有财产价值、商事价值的姓名、肖像、声音或者其他人格特征的权利。公开权在性质上属于财产权，因为它本身就具有财产价值和商事价值，就像自然人的房屋和土地本身就具有财产价值和商事价值一样。同隐私权、传统人格权的非财产性形成强烈对比的是，公开权就像一般财产权一样具有可转让性、可转移性、可强制

---

① Melville B. Nimmer, The Right of Publicity, (1954) 19 Law and Contemporary Problems, pp. 203-223; 张民安：《公开权侵权责任制度研究》，见张民安主编《公开权侵权责任研究——肖像、隐私及其他人格特征侵权》，中山大学出版社 2010 年版，第 27—28 页；张民安：《无形人格侵权责任研究》，北京大学出版社 2012 年版，第 23—24 页。

② 张民安：《公开权侵权责任制度研究》，见张民安主编《公开权侵权责任研究——肖像、隐私及其他人格特征侵权》，中山大学出版社 2010 年版，第 28—33 页；张民安：《无形人格侵权责任研究》，北京大学出版社 2012 年版，第 25—29 页；张民安、丘志乔主编：《民法总论》（第五版），中山大学出版社 2017 年版，第 299—300 页。

③ J. T. McCarthy, The Right of Publicity and Privacy, New York, Clark Boardman Callaghan, 1992, pp. 10-14; M. Madow, Private Ownership of Public Image: Popular Culture and Publicity Rights, (1993) 81 California L. Rev. 127, p. 131; 迈克·梅朵：《公众人物的私有权——流行文化和公开权》，温良苑译，见张民安主编《公开权侵权责任研究——肖像、隐私及其他人格特征侵权》，中山大学出版社 2010 年版，第 44—95 页；大卫·韦斯特福尔、大卫·兰多：《作为财产权的公开权》，郭钟泳译，见张民安主编《公开权侵权责任研究——肖像、隐私及其他人格特征侵权》，中山大学出版社 2010 年版，第 96—124 页。

执行性和可适用时效性的特征。①

(三) 法国人格权双重理论的逐渐承认和最终确立

在面对人格权财产化、商事化的现象时，尤其是，在面对美国学者和法官所主张的公开权理论时，法国20世纪70年代的民法学者普遍对其表示反感。在1974年的《人格权的司法创设及其对家庭观念的影响》中，Raymond Lindon 对民法学者的此种反感进行了淋漓尽致地表达，他指出，人格权的财产化现象是一种"失控现象"(phénomène de dérapage)。②

不过，在这一段时期，并非所有的法国民法学者均如此排斥人格权的财产化、商事化现象，因为在承认某些人格权具有非财产性的同时，少数民法学者也承认这些人格权具有一定的财产性。例如，在1970年的《主体理论概要：人和其肖像》中，B. Edelman 就承认，肖像权同时具有两面性：它既具有财产性的一面也具有非财产性的一面。③ 再如，在1977年的《民法总论》中，Jacques Ghestin 和 Gilles Goubeaux 也采纳了这种看法。

在讨论财产权和非财产权的区分理论时，Jacques Ghestin 和 Gilles Goubeaux 明确指出，虽然人们普遍坚持此种区分理论，但是在许多情况下，人们无法清晰地解决他人享有的一种权利在性质上究竟是一种非财产权还是一种财产权。除了抚养权和股权等权利存在这样的问题外，某些人格权也面临同样的问题。例如，虽然他人的姓名权具有非财产性，但是姓名能够与自然人分离并因此赋予财产的价值，因为人们能够用其姓名作为商事名称以便吸引顾客。再如，虽然他人的肖像权不能够进入经济领域，但是在行为人要求他人授权再现其肖

---

① 张民安：《公开权侵权责任制度研究》，见张民安主编《公开权侵权责任研究——肖像、隐私及其他人格特征侵权》，中山大学出版社2010年版，第15—17页；张民安：《无形人格侵权责任研究》，北京大学出版社2012年版，第641—638页；张民安、丘志乔主编：《民法总论》（第五版），中山大学出版社2017年版，第299—300页。

② R. Lindon, La création prétorienne en matière de droit de la personnalité et son incidence sur la notion de famille, Dalloz, 1974, n°78.

③ B. Edelman, Esquisse d'une théorie du sujet: l'homme et son image D. 1970 chron., p. 120.

像时，他人可能会要求行为人支付肖像再现的费用，等等。①

在法国，真正吹响人格权财产化号角的时期是20世纪80年代和90年代，它以E. Gaillard教授在1984年发表的著名文章即《肖像权的双重性质及其在法国实在法当中产生的后果》作为标志。由于受到美国公开权理论的影响，在该文中，E. Gaillard教授明确指出，肖像权并不是人们普遍主张的一种单纯非财产权，它既是一种财产权，也是一种非财产权，无论是一种财产权还是一种非财产权，肖像权均受到共同的民事责任法的保护，在行为人侵犯他人的肖像权时，他们应当既赔偿他人遭受的非财产损害也赔偿他人遭受的财产损害。②

E. Gaillard教授的此种理论提出来之后随即被Daniel Acquarone和G. Goubeaux所采纳。在1985年的《肖像权的模糊性》中，Daniel Acquarone采纳了E. Gaillard的上述理论，认为肖像权并不仅仅具有单一的非财产性，它实际上具有双重性，这就是，它既是一种非财产权也是一种财产权。③ 在1989年的《人法》中，G. Goubeaux也采纳了E. Gaillard的理论，主张肖像权同时是一种非财产权和财产权。④ 自此之后，法国大多数民法学者和法官均采纳此种理论，认为自然人的肖像权既是一种非财产权也是一种财产权。⑤

除了讨论自然人的肖像权在性质上是不是一种财产权外，法国民法学者也讨论自然人的姓名权是不是一种财产权。由于受美国公开权理论的影响，也由于受法国民法学者主张的肖像权理论的影响，他们

---

① Jacques Ghestin et Gilles Goubeaux, Traité de droit civil, Introduction générale, Librairie générale de droit et de jurisprudence, pp. 155 – 156.

② Emmanuel Gaillard, La double nature du droit à l'image et ses conséquences en droit positif français, p. 161.

③ D. Acquarone, L'ambiguïté du droit à l'image, D. 1985, chr., p. 133.

④ G. Goubeaux, Traité de droit civil. Les personnes, LGDJ 1989, n°285 et n°315.

⑤ Jean Carbonnier, Droit civil, Volume I, Introduction Les personnes la famille, l'enfant, le couple, puf, 2004, p. 510; Frédéric Zenati-Castaing, Thierry Revet, Manuel de droit des personnes, 1e, édition, puf, 2006, pp. 285 – 286; Philippe Malaurie, les Personnes, 6e édition, DEFRÉNOIS, pp. 148 – 155; Hélène Martron, Les droits de la personnalité des personnes morales de droit privé, 2011, LGDJ, pp. 138 – 139; Philippe Malaurie, les Personnes, 6e édition, DEFRÉNOIS, pp. 149; Théo Hassler, Le droit à l'image des personnes: Entre droit de la personnalité et propriété intellectuelle, LexisNexis, 2014, pp. 15 – 34;

也对这样的问题做出了肯定说明，认为就像肖像权一样，自然人的姓名权并不仅仅是一种单纯的非财产权，它也是一种财产权。其中，最典型的学者是 Grégoire LOISEAU。由于受到美国公开权理论的影响，在 1997 年，Grégoire LOISEAU 出版了自己的博士学位论文即《作为契约客体的姓名》。在该文中，他明确主张姓名权不仅仅是一种非财产权，它也是一种财产权。①

在人格权财产化、商事化的道路上，法国民法学者并没有止步，因为在将肖像权和姓名权的性质从单纯的非财产权嬗变为非财产权和财产权并存的两种人格权时，他们开始主张人格权的财产化、商事化，认为除了肖像权和姓名权能够财产化、商事化外，其他人格权也能够财产化、商事化。

在 1997 年的《法国法当中的人格财产权》一文中，Grégoire LOISEAU 正式将人格权的财产性推向极端。他认为，人们不能够仅仅满足于将肖像权和姓名权视为一种财产权，他们还应当走得更远，除了将人格权视为一种非财产权外，他们也应当将人格权视为一种财产权。② 人们之所以应当确立人格权的财产性，一方面是因为当人们通过人格权的非财产性来保护公众人物的经济价值时，他们所采取的此种做法扭曲了人格权的性质；另一方面是因为人格权的非财产性不足以保护公众人物的人格特征所具有的经济价值。③

为了保护公众人物的人格特征所具有的经济价值，Grégoire LOISEAU 提出了区分人格的主要权利（droit primaire）和人格的派生权利（droit dérivé）的主张。所谓主要权利，是指所有自然人均享有的能够控制其人格特征的权利，诸如控制自己的姓名、肖像和其他人格特征的权利。所谓派生权利，则是指公众人物享有的能够控制其人格特征商事利用的权利，诸如控制自己的姓名、肖像和其他人格特征

---

① Grégoire LOISEAU, Le nom, objet d'un contrat, Paris, LGDJ, 1997, p. 334.
② Grégoire LOISEAU, Des droit patrimoniaux de la personnalité en droit français, McGill Law Journal, 1997, vol. 42, pp. 319 – 353.
③ Grégoire LOISEAU, Des droit patrimoniaux de la personnalité en droit français, McGill Law Journal, 1997, vol. 42, pp. 328 – 333.

商事利用的权利。① 在这两种权利中，人格的主要权利在性质上属于一种非财产权，而人格的派生权利在性质上则是一种财产权。②

由于受到美国公开权理论的影响，在今时今日，除了法国民法学者主张人格权的财产化、商事化理论外③，其他大陆法系国家的民法学者也主张人格权的财产化、商事化，包括比利时、瑞士和意大利的民法学者。④ 不过，虽然大陆法系国家的民法学者普遍承认人格权的财产化、商事化，但是在财产化、商事化之后的权利性质问题上，他们之间仍然存在重大差异。

首先，当人格权财产化、商事化之后，在财产化、商事化之后的权利还是不是一种人格权的问题上，民法学者之间存在不同意见。某些民法学者认为，当人格权财产化、商事化之后，被财产化、商事化的权利已经不再是一种人格权，而是人格权之外的一种新权利、一种新的财产权，例如公开权或者名人权（droit de la notoriété）。⑤ 而某些民法学者则认为，在人格权财产化、商事化之后，被财产化、商事化的权利在性质上仍然是一种人格权。

其次，在人格权的非财产权和财产权的具体构造方面，民法学者之间也存在不同意见。在今时今日，即便民法学者普遍承认自然人的人格权具有非财产性和财产性，但是在构造自然人人格权的性质时，

---

① Grégoire LOISEAU, Des droit patrimoniaux de la personnalité en droit français, McGill Law Journal, 1997, vol. 42, pp. 333 – 339.

② Grégoire LOISEAU, Des droit patrimoniaux de la personnalité en droit français, McGill Law Journal, 1997, vol. 42, pp. 339 – 342.

③ Agnès Lucas-Schloetter, Droit moral et droits de la personnalité: étude de droit comparé français et allemande, Tome I, Presses Universitaires D'Aix-Marseille, Paris, 2002, pp. 248 – 249; Hélène Martron, Les droits de la personnalité des personnes morales de droit privé, 2011, LGDJ, pp. 138 – 140; Jean-Christophe Saint-Pau et, Droits de la Personnalité, LexisNexis, 2013, pp. 273 – 361; Jean-Michel Bruguière, Bérengère Gleize, Droits de la Personnalité, ellipses, 2015, pp. 75 – 94.

④ V. Grégoire LOISEAU, Des droit patrimoniaux de la personnalité en droit français, McGill Law Journal, 1997, vol. 42, pp. 324 – 325; François Rigaux, La protection de la vie privée et des autres biens de la personnalité, Bruxelles, Bruylant, Paris, LGDJ, 1990, pp. 389 – 420; Jean-Michel Bruguière, Bérengère Gleize, Droits de la Personnalité, ellipses, 2015, pp. 94 – 100.

⑤ Jean-Michel Bruguière, Bérengère Gleize, Droits de la Personnalité, ellipses, 2015, pp. 83 – 89.

民法学者采取的方法也存在差异,这就是所谓的单一人格权理论和双重人格权理论。某些民法学者认为,自然人享有的一种独立人格权同时具有非财产性和财产性,其中的非财产性和财产性共同集中于该种人格权之内,属于同一人格权的组成部分,这就是单一人格权理论。而另外一些民法学者认为,自然人享有的某一种具体人格权分别构成两种独立的权利,其中的一种权利是非财产权,而另外的一种权利则是财产权,其中的非财产权和财产权相互独立。① 在这两种不同理论当中,双重人格权理论在法国属于主流学说。②

例如,虽然均承认自然人的姓名权是一种人格权,但是某些民法学者认为,姓名权仅仅是一种人格权,该种人格权同时具有非财产性和财产性的内容,这就是人格权的单一性理论。而某些民法学者则认为,姓名权是两种性质不同的、独立的人格权:一方面,自然人的姓名权在性质上是一种非财产权,这就是非财产权性质的姓名权;另一方面,自然人的姓名权在性质上是一种财产权,这就是财产权性质的姓名权。无论是非财产性质的姓名权还是财产性质的姓名权,它们均属于自然人享有的人格权。

最后,当人格权财产化、商事化之后,在财产化、商事化之后的财产权究竟是一种什么性质的财产权问题上,民法学者之间也存在不同意见。某些民法学者认为,财产化、商事化之后的财产权在性质上是一种一般性质的财产所有权;某些民法学者认为,财产化、商事化之后的财产权在性质上是一种特殊形式的财产所有权;还有某些民法学者认为,财产化、商事化之后的财产权在性质上是一种无形财产权、一种新的著作相邻权。③

---

① Jean-Christophe Saint-Pau et, Droits de la Personnalité, LexisNexis, 2013, pp. 331 – 334.

② Jean-Christophe Saint-Pau et, Droits de la Personnalité, LexisNexis, 2013, p. 331.

③ Agnès Lucas-Schloetter, Droit moral et droits de la personnalité: étude de droit comparé français et allemande, Tome I, Presses Universitaires D'Aix-Marseille, Paris, 2002, pp. 257 – 295; Jean-Christophe Saint-Pau et, Droits de la Personnalité, LexisNexis, 2013, pp. 273 – 361; Jean-Michel Bruguière, Bérengère Gleize, Droits de la Personnalité, ellipses, 2015, pp. 75 – 94; Cécile Deschanel-Hebert, Le droit patrimonial à l'image: émergence d'un nouveau droit voisin du droit d'auteur, Université d'Avignon, thèse, 2017, pp. 143 – 260.

（四）人格权的双重性理论在我国民法中的确立

在我国，由于受到美国隐私权和公开权区分理论的影响，尤其是，由于受自然法学派所主张的人格财产理论的影响，我国民法学者也主张人格权的财产化、商事化的理论，并且在主张人格权的财产化、商事化的理论时，我国民法学者甚至比法国和其他大陆法系国家的民法学者走得更远，除了像大陆法系国家的民法学者那样主张某些自然人尤其是影视明星、体育明星等公众人物享有的肖像权、姓名权和声音权等无形人格权可以财产化、商事化外①，我国民法学者还主张自然人的生命权、身体权和健康权也可以财产化、商事化，因为他们认为，除了具有非财产性外，自然人的生命权、身体权和健康权也具有财产性。②

笔者认为，在讨论自然人享有的人格权性质时，我们应当区分两种不同的情况。

其一，自然人享有的有形人格权的性质。在我国，自然人享有的生命权、身体权和健康权在性质上当然具有非财产性并且当然是一种非财产权。这一点毫无疑问，我国民法学者普遍承认这一点。问题在于，他们享有的这些有形人格权在性质上是否具有财产性，是否是一种财产权？对此问题，我国民法学者普遍持否定的态度，因为他们认为，这些有形人格权仅仅是一种非财产权，不是也不可能是一种财产权。③

---

① 张民安：《公开权侵权责任制度研究》，见张民安主编《公开权侵权责任研究——肖像、隐私及其他人格特征侵权》，中山大学出版社 2010 年版，第 10—11 页、第 33—43 页；张民安：《无形人格侵权责任研究》，北京大学出版社 2012 年版，第 21 页，第 29—35 页。

② 张民安：《公开权侵权责任制度研究》，见张民安主编《公开权侵权责任研究——肖像、隐私及其他人格特征侵权》，中山大学出版社 2010 年版，第 9—10 页；张民安：《无形人格侵权责任研究》，北京大学出版社 2012 年版，第 19—20 页；张民安：《法律关系的一般理论抑或是主观权利的一般理论（下）》，载《澳门法学》2018 年第 2 期，第 10—12 页。

③ 江平主编：《民法学》，中国政法大学出版社 2007 年版，第 73 页；魏振瀛主编：《民法》（第四版），北京大学出版社 2010 年版，第 622—627 页；王利明：《民法总则》，中国人民大学出版社 2017 年版，第 253 页；梁慧星：《民法总论》（第五版），法律出版社 2017 年版，第 93—94 页；张民安、丘志乔主编：《民法总论》（第五版），中山大学出版社 2017 年版，第 310—315 页。

实际上，此种理论是完全站不住脚的，因为这些有形人格权在性质上也是一种财产权。这些有形人格权在性质上之所以也是一种财产权，是因为在自然人生存期间，他们的生命权、身体权和健康权中包含了劳动权、工作权和职业权，通过这些权利的行使方式，尤其是，通过与雇主签订劳动合同的方式，他们能够获得工资收益、劳动报酬或者其他经济利益。因为这样的原因，当行为人非法剥夺他人生命时，或者当行为人伤害他人或者侵犯他人健康时，除了应当赔偿他人遭受的非财产损害外，行为人也应当赔偿他人遭受的财产损害。其中的非财产损害建立在他人生命权、身体权和健康权所具有的非财产性的基础上，而其中的财产损害则建立在他人生命权、身体权和健康权所具有的财产性的基础上。[1]

其二，自然人享有的无形人格权的性质。在我国，自然人享有的姓名权、名誉权、隐私权和肖像权等无形人格权当然也具有非财产性，当然也是一种非财产权。这一点同样毋庸置疑，因为我国民法学者普遍将这些人格权视为一种精神性质的、情感性质的权利。[2] 问题在于，自然人享有的这些无形人格权是否具有财产性、是否也是一种财产权？对此问题，除了少数民法学者受到美国公开权理论的影响而主张无形人格权的财产化、商事化、商品化外，大多数民法学者均没有做出说明。

笔者认为，在今时今日，某些自然人享有的某些无形人格权当然具有财产性、商事性并能够因此成为一种财产权，而某些自然人享有的某些无形人格权则没有财产性、商事性，不能够因此成为一种财产权。至于说哪些自然人享有的哪些无形人格权能够成为一种财产权，

---

[1] Philippe Malinvaud, Introduduction à l'étude du droit, 15e édition, LexisNexis, 2015, p. 311；张民安：《公开权侵权责任制度研究》，见张民安主编《公开权侵权责任研究——肖像、隐私及其他人格特征侵权》，中山大学出版社2010年版，第9—10页；张民安：《无形人格侵权责任研究》，北京大学出版社2012年版，第19—20页；张民安：《法律关系的一般理论抑或是主观权利的一般理论（下）》，载《澳门法学》2018年第2期，第10—12页。

[2] 江平主编：《民法学》，中国政法大学出版社2007年版，第73—75页；魏振瀛主编：《民法》（第四版），北京大学出版社2010年版，第627—638页；王利明：《民法总则》，中国人民大学出版社2017年版，第253—254页；梁慧星：《民法总论》（第五版），法律出版社2017年版，第94—98页；张民安、丘志乔主编：《民法总论》（第五版），中山大学出版社2017年版，第315—330页。

应当具体分析。①

首先，原则上，影视明星和体育明星等公众人物享有的某些无形人格权具有单纯的财产性或者同时具有财产性和非财产性。在例外情况下，他们享有的这些人格权仅仅具有非财产性，仅仅属于一种非财产权，不具有财产性，不是一种财产权。具体来说，在使用这些公众人物的姓名、肖像、声音等无形人格特征做广告或者从事其他商事活动时，如果行为人预先获得了这些公众人物的同意，则影视明星和体育明星的这几种无形人格权仅仅具有单纯的财产性、属于单纯的财产权，不会同时具有非财产性、不会同时成为一种非财产权。

在使用这些公众人物的姓名、肖像、声音等无形人格特征做广告或者从事其他商事活动时，如果行为人没有预先获得这些公众人物的同意，则影视明星和体育明星的这几种无形人格权不仅具有财产性，而且也具有非财产性，除了应当赔偿影视明星和体育明星因此遭受的非财产损害外，行为人也应当赔偿影视明星和体育明星遭受的财产损害，也就是，如果影视明星、体育明星同意行为人使用其姓名、肖像和声音，行为人应当支付的广告使用费。

如果行为人未经影视明星、体育明星的同意擅自使用其姓名、肖像、声音等人格特征为其假冒伪劣产品做广告，或者为其从事的其他违反公共秩序、良好道德或者制定法规定的行为做宣传，则影视明星、体育明星的姓名权、肖像权和声音权仅仅具有非财产性、不具有财产性，行为人仅仅赔偿他们遭受的非财产损害。

其次，政府官员享有的任何无形人格权在性质上仅仅具有非财产性，不具有财产性，即便他们在性质上也是像影视明星、体育明星一样的公众人物，如果行为人使用他们的姓名、肖像或者声音做广告或者从事其他商事活动，则他们仅仅赔偿政府官员因此遭受的非财产损害，如果通过广告或者其他商事活动获得了不当利益，他们所获得的不当利益应当通过刑事罚金或者行政罚款的方式予以收缴。之所以采取这样的规则，是因为政府官员不得从商，他们的姓名、肖像、声音

---

① 张民安：《公开权侵权责任制度研究》，见张民安主编《公开权侵权责任研究——肖像、隐私及其他人格特征侵权》，中山大学出版社 2010 年版，第 38—43 页；张民安：《无形人格侵权责任研究》，北京大学出版社 2012 年版，第 21 页、第 29—34 页。

等无形人格不得沾染财产价值，否则，他们就会利用自己的姓名权、肖像权和声音权等无形人格权获得与其政府官员身份不兼容的、冲突的利益。

最后，原则上，普通社会公众享有的姓名权、肖像权和声音权等无形人格权仅仅具有单纯的非财产性，没有财产性，仅仅是一种非财产权而不是一种财产权。因此，如果一个普通社会公众侵犯另外一个普通社会公众享有的某种无形人格权，他仅仅赔偿他人遭受的非财产损害。不过，在例外情况下，普通社会公众享有的姓名权、肖像权和声音权同时具有财产性和非财产性，同时构成一种财产权和非财产权，这就是，如果商人使用他们的姓名、肖像或者声音做广告或者从事其他商事活动。此时，除了应当赔偿他人遭受的非财产损害外，商人也应当赔偿他人遭受的财产损害。此种例外之所以应当得到承认，是因为作为一个有理性的人，如果商人使用一个普通社会公众的姓名、肖像或者声音做广告或者从事其他商事活动，则他们的使用行为说明，该普通社会公众的姓名、肖像和声音也具有财产价值、商事价值。

三、法人人格权的性质：非财产性和财产性

（一）民法学者对待法人人格权性质的不同态度

在民法上，在法人人格权的性质问题上，我国民法学者与法国民法学者之间存在重大分歧。在讨论法人人格权的性质时，我国民法学者毫不费力地认定，法人享有的人格权在性质上是一种财产权，因为在解读《民法通则》和《民法总则》所规定的法人名称权、名誉权和荣誉权时，他们普遍认为我国法律所规定的这些法人人格权在性质上是一种财产权，而不是一种非财产权，已如前述。

而在法国，情况则完全相反，在讨论法人人格权的性质时，民法学者先入为主地认为，法人享有的人格权在性质上是一种非财产权，因为他们认为，既然人格权在传统上就是一种非财产权，当人们认定法人享有传统民法所承认的人格权时，则他们自然就会承认法人享有

的人格权像自然人享有的人格权一样在性质上是一种非财产权。①

问题在于,我国《民法通则》和《民法总则》所规定的法人名称权、名誉权和荣誉权在性质上真的只能是一种财产权,而不能是一种非财产权吗?答案显然不是这么肯定的。当人们说公司法人的名称权、名誉权、荣誉权在性质上是一种财产权时,他们的此种说法似乎完全能够站得住脚,因为公司是以营利为目的的,它们的唯一目的是通过经营手段获得经济上的利益,当行为人擅自使用公司的名称、毁损公司的名誉或者荣誉时,公司遭受的损害似乎仅仅是财产损害。然而,当人们说同性恋协会的名称权、名誉权在性质上是一种财产权时,他们的此种说法似乎是完全站不住脚的,因为同性恋协会在性质上并不是以营利为目的的商人,当行为人擅自使用同性恋协会的名称或者毁损同性恋协会的名誉、荣誉时,同性恋协会遭受的损害似乎很难说是财产损害。

可见,当民法学者宣称法人的名称权、名誉权、荣誉权在性质上仅仅是一种财产权时,他们的此种说法是不符合实际情况的,除了将享有人格权的法人过分限缩在营利法人的狭小范围外,此种说法也忽视了非营利法人的存在。事实上,在今时今日,就像自然人的人格权既可能具有非财产性也可能具有财产性一样,法人的人格权既可能具有非财产性也可能具有财产性,它们享有的某种人格权可能同时构成一种财产权和非财产权,无论是公司等营利法人还是同性恋协会等非营利法人,均如此。人们既不能够借口营利法人享有的某种人格权具有财产性、属于一种财产权而否定其人格权的非财产性,也不能够借口非营利法人享有的某种人格权具有非财产性、属于一种非财产权而否定其人格权的财产性。

(二) 法人的人格权可能是一种非财产权

在民法上,就像自然人的人格权具有非财产性一样,法人的人格权也具有非财产性,至少法人享有的部分人格权是有非财产性的,无论是营利性质的法人还是非营利性质的法人,均如此。

---

① Hélène Martron, Les droits de la personnalité des personnes morales de droit privé, 2011, LGDJ, pp. 34 – 35.

第四章　法人的人格权与人格权的独立性（中）

在法国，如果民法学者承认法人享有人格权的话，则在面临法人的人格权是否具有非财产性、是不是一种非财产权的问题上，他们不存在丝毫的困难，即便在论证法人的人格权为何具有非财产性时，他们面临某些困难。因为传统上，法国民法学者一直将人格权视为一种非财产权，认为人格权具有与物权和债权等财产权不同的特征，已如前述。既然法人享有传统民法当中的人格权，则它们享有的人格权当然也具有传统民法当中人格权所具有的非财产性。因为这样的原因，法国大量的民法学者直接在其民法著作当中宣称法人享有的人格权在性质上是一种非财产权。①

当然，在法国，少数民法学者也一反常态，他们认为，作为营利法人的公司享有的人格权在性质上不可能是非财产权，不可能具有非财产性。因为他们认为，公司法人仅仅在其章程所规定的目的范围内享有人格权，也就是，公司法人仅仅在其经济目的、财产秩序范围内享有人格权，例如，C. Larroumet 和 A. Mendoza 等。②

在我国，在承认法人享有人格权时，我国民法学者并不承认法人享有的人格权具有非财产性，因为他们普遍认为，法人享有的为数不多的几种人格权在性质上是一种财产权，已如前述。实际上，此种讲法是错误的，因为在法人享有的人格权当中，并非所有的人格权在性质上均是一种财产权，它们享有的某些人格权可能是一种非财产权。一方面，法人享有的这些人格权不具有财产内容，人们无法以金钱方式确定它们的价值大小；另一方面，法人享有的这些人格权仅仅是为了满足法人自身的精神利益、情感利益、心理利益的需要，而不是为

---

① Hélène Martron, Les droits de la personnalité des personnes morales de droit privé, 2011, LGDJ, pp. 33 – 35; Jean-Christophe Saint-Pau et, Droits de la Personnalité, LexisNexis, 2013, pp. 87 – 92; David Bakouche, Droit civil les personnes la famille, HACHETTE, p. 76; Gérard Cornu, Droit civil, Les personnes, 13e édition, Montchrestien, p. 219; Philippe Malaurie, les Personnes, 6e édition, DEFRÉNOIS, p. 215; Francois Terré, Dominique Fenouillet, Droit civil les personnes, 8e édition, Dalloz, p. 263.

② C. Larroumet, note sous Cass. com 6 novembre 1979, D. 1980, IR, p. 416; A. Mendoza, Les noms de l'entreprise, thèse, Toulouse, no 167; v. Hélène Martron, Les droits de la personnalité des personnes morales de droit privé, 2011, LGDJ, p. 62.

了满足法人自身的物质利益、财产利益、经济利益、商事利益的需要。①

因此，即便是营利性质的公司法人，它们享有的设立自由权、运行自由权、惩戒自由权在性质上也是非财产权，当然具有非财产性。因为一方面，人们很难用金钱方式客观确定公司享有的这些人格权的价值大小；另一方面，公司法人享有的这些人格权并不是为了满足自身商事利益的需要，而是为了满足自身精神利益的需要。

在民法上，虽然像公司这样的营利法人也享有非财产性质的人格权，但是在大多数情况下，享有非财产性质的人格权的法人主要是非营利法人，因为非营利法人成立的目的不是通过经营手段获得经济利益，而是为了营利目的之外的其他目的，诸如宗教目的、政治目的、社会目的、文化目的等。无论是宗教目的、政治目的、社会目的还是文化目的，它们均是为了满足法人的精神、情感的需要，不是为了满足法人的经济、财产的需要。②

在民法上，在认定所有法人享有的人格权均可能是一种非财产权时，一方面我们应当排斥人们在法人的性质方面所采取的法人拟制说，因为法人拟制说仅仅承认法人具有享有财产权的法人格，不承认法人具有享有非财产权的法人格。③另一方面也应当排斥人们在法人的性质方面所采取的法人实在说，因为法人实在说认为法人是在制定法之外存在的，而事实上，在今时今日，所有法人均是在制定法中存在的，即便民法实行法人自由设立的原则。在承认法人享有的人格权在性质上是一种非财产权时，我们应当采取真正权利主体说，将法人

---

① Hélène Martron, *Les droits de la personnalité des personnes morales de droit privé*, 2011, LGDJ, pp. 33 – 73; Xavier Dupré de Boulois, Les droits fondamentaux des personnes morales, LA PERSONNALITÉ JURIDIQUE, Xavier Bioy (dir.), Presses de l'Université Toulouse 1 Capitole, LGDJ-Lextenso Editions, pp. 203 – 219; H. MARTRON, Les droits de la personnalité des personnes morales, Presses universitaires juridiques Université de Poitiers, coll. De la Faculté de droit et des sciences sociales, Poitiers, 2011, spéc. p. 33; L. Dumoulin, Les droits de la personnalité des personnes morales, Rev. sociétés 2006, pp. 1 – 30.

② 张民安：《法国民法》，清华大学出版社2015年版，第187—189页；张民安、丘志乔主编：《民法总论》（第五版），中山大学出版社2017年版，第201—207页。

③ Hélène Martron, Les droits de la personnalité des personnes morales de droit privé, 2011, LGDJ, pp. 35 – 63.

视为像自然人一样真正的权利主体,已如前述。

在民法上,在认定所有法人享有的人格权均可能是一种非财产权时,我们是否应当排斥人们在自然人的人格权领域所采取的心理、情感、精神、道德分析方法? Hélène Martron 做出了肯定回答,因为他认为,如果我们要承认法人享有的人格权具有非财产性,则我们一定要消除人们在自然人人格权领域所采取的心理分析方法,不能够认定法人享有的人格权像自然人享有的人格权一样具有心理构成因素。[①]笔者认为,此种分析方法显然存在问题,如果法人的人格权欠缺心理因素,那么它们的人格权如何能成为非财产权呢? 在民法上,人格权的非财产性在本质上意味着人格权具有心理的、精神的内容。在今时今日,作为一种像自然人一样正常的民事主体,法人也像自然人一样具有心理因素、道德因素、情感因素,已如前述。

(三) 法人的人格权也可能是一种财产权

在民法上,就像自然人的人格权具有财产性一样,法人的人格权也可能具有财产性、在性质上也是一种财产权,至少法人享有的部分人格权是有财产性的,无论是营利性质的法人还是非营利性质的法人,均如此。

在我国,在法人的人格权是否具有财产性、是不是一种财产权的问题上,民法学者不存在丝毫的问题,因为在解读《民法通则》和《民法总则》所规定的三种人格权即法人的名称权、名誉权和荣誉权时,他们普遍认为法人享有的这三种人格权在性质上是财产权、具有财产性,而不是非财产权、不具有非财产性。此种讲法当然存在一定的问题,因为法人的名称权、名誉权和荣誉权也可能具有非财产性、也属于一种非财产权,已如前述。

在法国,情况则完全相反,在法人的人格权是否有财产性、是不是一种财产权的问题上,民法学者则面临一定的问题。一方面,即便民法学者承认法人享有人格权,他们也仅仅承认法人享有的人格权在性质上是一种非财产权,不承认法人享有的人格权在性质上是一种财

[①] Hélène Martron, Les droits de la personnalité des personnes morales de droit privé, 2011, LGDJ, pp. 63 – 73.

产权。① 另一方面，在自然人的人格权是否具有财产性的问题上，法国大多数民法学者持否定态度，认为自然人的人格权仅仅具有非财产性，不存在具有财产性内容的人格权。因为他们不承认自然人人格权的财产性，所以他们当然也不承认法人人格权的财产性，已如前述。

不过，无论民法学者怎样对待法人人格权的性质，法人享有的人格权的确可能具有财产性、的确可能构成一种财产权，就像自然人的人格权的确可能存在财产性、的确可能构成一种财产权一样。最典型的表现是，如果法人在性质上是一种营利法人尤其是公司法人，则它们享有的人格权更容易被视为一种财产权，因为这些法人设立和营运的主要目的就是通过自己的经营活动获得经济利益。

因此，营利法人尤其是公司法人享有的名称权更容易被视为一种财产权。因为法人之所以使用自己的名称，其目的是让自己与其他同类营利法人区分开来，以便消费者在购买自己生产、销售的产品或者接受自己提供的服务时，不会将自己的产品、服务与其他同类法人的产品、服务混淆。因为这样的原因，营利法人尤其是公司法人的名称往往被视为一种商事名称。②

同样，营利法人尤其是公司法人享有的名誉权更容易被视为一种财产权。因为法人之所以追求自己卓越的名誉，其目的是通过自己良好的名誉吸引消费者购买自己的产品或者接受自己的服务。如果行为人毁损营利法人尤其是公司法人的名誉，则法人的消费者可能会不再购买其生产的产品或者不再接受其提供的服务，使法人遭受经济损失。因为这样的原因，在2004年1月12日的LVMH一案③中，法官认定，当行为人毁损公司的名誉时，他们应当对公司因此遭受的财产损失承担赔偿责任，因为他们认为，公司的名誉具有巨大的财产

---

① Hélène Martron, Les droits de la personnalité des personnes morales de droit privé, 2011, LGDJ, pp. 33 – 35；Jean-Christophe Saint-Pau et, Droits de la Personnalité, LexisNexis, 2013, pp. 87 – 92；David Bakouche, Droit civil les personnes la famille, HACHETTE, p. 76；Gérard Cornu, Droit civil, Les personnes, 13e édition, Montchrestien, p. 219；Philippe Malaurie, les Personnes, 6e édition, DEFRÉNOIS, p. 215；Francois Terré, Dominique Fenouillet, Droit civil les personnes, 8e édition, Dalloz, p. 263.

② 张民安：《商法总则制度研究》，法律出版社2007年版，第323—324页。

③ T. com., 12 janvier 2004, LVMH c/Sté Morgan Stanley & Co, D. 2004, somm. p. 1800, obs. Y. Reinhard.

价值。

不过，除了营利法人尤其是公司法人享有的某些人格权具有财产性并因此构成一种财产权外，非营利法人享有的某些人格权也具有财产性并因此也构成一种财产权。关于这一点，笔者将在下面的内容中做出详细的讨论，此处从略。

四、法人人格权性质的具体确定

在民法上，法人享有的人格权既可能具有非财产性也可能具有财产性，既有可能是一种非财产权也可能是一种财产权。问题在于，法人享有的人格权是否同时具有财产性和非财产性、是否同时构成一种非财产权和财产权呢？在我国，民法学者对这些问题做出了否定回答。因为他们认为，法人享有的人格权仅仅具有财产性、仅仅是一种财产权，它们不具有非财产性、不是一种非财产权，已如前述。而在法国，Hélène Martron 等少数民法学者则不同，他们对这些问题做出了肯定回答，认为法人享有的任何一种人格权均同时具有双重性、均同时构成一种非财产权和一种财产权。[①]

由于受 Grégoire Loiseau 教授在 1997 年的《法国法当中的人格财产权》一文中所提出的人格的主要权利（droit primaire）和人格的派生权利（droit dérivé）的影响，Hélène Martron 认为，虽然法人享有的人格权同时具有非财产性和财产性的特征，但是人们不应当像民法学者在自然人的人格权当中所采取的单一性理论那样对法人的人格权采取单一性理论，而应当对法人的人格权采取双重性理论，这就是，法人的同一人格权既是一种非财产权也是一种财产权，其中的非财产权是法人人格的主要权利，而其中的财产权则是法人人格的派生权利。换言之，在法人的两种不同性质的人格权中，法人人格权的非财产性是法人人格权的主要特征，而法人人格权的财产性则是法人人格权的次要特征。[②]

[①] Hélène Martron, Les droits de la personnalité des personnes morales de droit privé, 2011, LGDJ, pp. 142 – 143.

[②] Hélène Martron, Les droits de la personnalité des personnes morales de droit privé, 2011, LGDJ, pp. 143 – 145.

因为这样的原因，Hélène Martron 认为，作为一种人格权，法人享有的名称权具有双重性：法人的名称权既是一种非财产权[1]，也是一种财产权[2]，其中的非财产权是法人名称权的主要权利，而其中的财产权则是法人名称权的派生权利。[3] 因为同样的原因，Hélène Martron 认为，作为一种人格权，法人享有的名誉权当然也具有双重性：法人的名誉权既是一种非财产权，也是一种财产权，其中的非财产权是法人名誉权的主要权利，而其中的财产权则是法人名誉权的次要权利。[4] 也因为同样的原因，Hélène Martron 还认为，作为一种人格权，法人享有的私人生活受尊重权即隐私权也具有双重性：法人的私人生活受尊重权既是一种非财产权[5]，也是一种财产权[6]，其中的非财产权属于法人的主要权利，而其中的财产权则属于法人的派生权利。[7]

在民法上，我们不能够像 Hélène Martron 那样认为，法人享有的所有人格权均同时具有非财产性和财产性、均同时是一种非财产权和一种财产权，就像我们不能够认为自然人享有的所有人格权均同时具有非财产性和财产性、均同时构成一种非财产权和一种财产权一样。因为，虽然所有法人均享有人格权，但是并非法人享有的所有人格权均同时具有非财产性和财产性，法人享有的某些人格权可能同时具有非财产性和财产性，它们享有的某些人格权则仅仅具有非财产性，而它们享有的另外一些人格权则仅仅具有财产性。

换言之，并非法人享有的一切人格权在性质上均同时构成一种非

---

[1] Hélène Martron, Les droits de la personnalité des personnes morales de droit privé, 2011, LGDJ, pp. 168 – 180.

[2] Hélène Martron, Les droits de la personnalité des personnes morales de droit privé, 2011, LGDJ, pp. 180 – 184.

[3] Hélène Martron, Les droits de la personnalité des personnes morales de droit privé, 2011, LGDJ, p. 168.

[4] Hélène Martron, Les droits de la personnalité des personnes morales de droit privé, 2011, LGDJ, pp. 192 – 197.

[5] Hélène Martron, Les droits de la personnalité des personnes morales de droit privé, 2011, LGDJ, pp. 239 – 240.

[6] Hélène Martron, Les droits de la personnalité des personnes morales de droit privé, 2011, LGDJ, pp. 240 – 245.

[7] Hélène Martron, Les droits de la personnalité des personnes morales de droit privé, 2011, LGDJ, p. 239.

财产权和一种财产权，法人享有的人格权在性质上究竟是一种单纯的非财产权、单纯的财产权还是一种双重性质的权利，我们应当做出具体分析，这就是法人人格权性质的复杂性。笔者认为，在民法上，我们应当区分三种不同的情况加以分析：其一，所有法人享有的某些人格权在性质上仅为单纯的非财产权，仅仅具有非财产性，包括营利法人和非营利法人；其二，营利法人享有的人格权同时是一种非财产权和财产权，同时具有非财产性和财产性；其三，非营利法人享有的人格权原则上是一种非财产权，在例外情况下，它们享有的人格权也可以成为一种财产权。

（一）法人享有的某些人格权仅仅具有单纯的非财产性

在民法上，包括营利法人和非营利法人在内，所有法人享有的某些人格权在性质上仅仅是一种非财产权，仅仅具有非财产性，它们不是也不可能是一种财产权，没有也不可能有财产性。这些人格权包括：法人享有的各种各样的自由权，诸如结社自由权和和平集会自由权等；回应权；无罪推定受尊重权；著作人身权以及安宁权。

法人享有的这些人格权之所以在性质上是一种单纯的非财产权，是因为它们享有的这些人格权仅仅具有心理的、精神的、情感的内容，不具有物质的、财产的、商事的内容。换言之，法人之所以需要这些人格权，其目的是满足自己的精神的、心理的需要，而不是为了满足其物质的、经济的需要。因为这样的原因，当行为人侵犯法人享有的这些人格权时，他们仅仅赔偿法人遭受的非财产损害，无须赔偿法人遭受的财产损害。也因为这样的原因，笔者将法人享有的这些人格权称为法人享有的具有固有非财产性的人格权。

（二）营利法人享有的人格权具有双重性

在民法上，除了所有法人享有的某些具有固有非财产性的人格权在性质上属于一种单纯的非财产权外，营利法人尤其是公司法人享有的所有其他人格权在性质上均具有双重性：它们既具有非财产性也具有财产性，既是一种非财产权也是一种财产权。例如，营利法人的名称权、名誉权、场所权和隐私权等。

具体来说，营利法人享有的这些人格权在性质上属于一种非财产权、具有非财产性。在民法上，当我们认为营利法人享有的人格权在性质上是一种非财产权、具有非财产性时，我们的此种观点似乎很难被人们接受，因为当我们认为一个以营利为唯一目的的公司享有不以满足其营利需要为目的人格权时，我们的此种说法似乎是自相矛盾的。实际上，我们的此种说法是完全能够站得住脚的。因为即便是一个将营利作为唯一存在目的的公司，除了执着于利润的谋求和实现之外，公司也必须注重自身的社会存在，包括公司的名称、公司的场所、公司的名誉、公司的肖像以及公司的声誉等。

在执着于利润的谋求和实现时，公司为何要注重自身的社会存在？答案在于，公司的社会存在构成公司的整体社会形象，是公司开展商事经营活动的基础，这个基础最终决定着公司营利目标是否能够实现以及实现到何种程度。换言之，即便是营利法人，它们享有的人格权也不仅仅具有物质的、财产的、商事内容，而且还具有心理的、精神的、情感的因素，能够满足营利法人自身的心理、精神和情感的需要。因为这样的原因，当行为人侵犯营利法人享有的人格权时，他们实施的侵犯行为也会引起营利法人非财产损害的发生，所以也应当对营利法人遭受的非财产损害承担赔偿责任。

因此，在民法上，营利法人享有的名称权具有非财产性，是一种非财产权。在民法上，权利主体享有的姓名权或者名称权均构成其社会存在的基础，既是权利主体从事活动的基础，也是权利主体实现自身个体化的手段。对于自然人而言是如此，对于包括营利法人在内的所有法人而言亦是如此。因此，营利法人的名称权既是其社会存在的标志，也是其个体化的一种方式，除了能够让营利法人立足于社会之外，它们的名称权也能够将一个营利法人与另外一个营利法人区分开来。

换言之，营利法人的名称权构成营利法人心理、精神和情感需要的组成部分。如果一个公司使用的名称与另外一个公司的名称相同或者相似，除了会造成两个公司之间的混同或者混淆并因此影响另外一个公司的社会存在外，该公司的行为也会让另外一个公司的社会存在、社会生存发生困难，甚至达到举步维艰的程度，所以也应当赔偿对方遭受的非财产损害。

同样，在民法上，营利法人享有的名誉权也具有非财产性，也是一种非财产权。在民法上,权利主体享有的名誉权构成其社会存在的基础,是他们或者它们在社会立足并且开展各种活动的先决条件。对于自然人而言是如此,对于包括营利法人在内的所有法人而言亦是如此。如果营利法人要在社会当中开展商事经营活动,它们就必须通过各种方式建立和维护自己的良好名誉,以便让自己获得别人的尊重、尊敬。换言之,营利法人的名誉权构成其自身心理、精神和情感需要的组成部分。当行为人毁损公司的名誉时,他们的行为会危及公司的社会存在,因此应当赔偿公司遭受的非财产损害。

除了是一种非财产权外,营利法人享有的这些人格权在性质上也属于一种财产权、也具有财产性。在民法上,当我们认为营利法人享有的人格权在性质上是一种财产权、具有财产性时,我们的此种观点更容易获得人们的赞同。一方面,营利法人享有的这些人格权均服从于、服务于自己的社会目的:通过经营手段谋求经济利益、商事利益并将所获得的利益以分红、股息等方式分配给自己的成员、股东;另一方面,它们享有的这些人格权具有财产的、商事的价值,法人凭借享有的这些人格权能够获得经济上的利益。

因此,在民法上,营利法人的名称权具有财产性、属于一种财产权,除了能够凭借自己的名称从事经济活动或者商事活动并因此获得经济利益外,营利法人也能够转让自己的名称权并因此获得经济利益。因为这样的原因,营利法人尤其是公司的名称往往被称为商事名称。也因为这样的原因,当行为人侵犯营利法人的名称权时,他们往往被责令对法人遭受的财产损害承担赔偿责任。

同样,在民法上,营利法人的名誉权也具有财产性、也属于一种财产权,除了能够凭借自己的良好名誉从事经济和商事活动并因此获得经济利益外,营利法人也能够凭借自己的良好名誉吸引顾客,让他们购买自己生产、销售的产品或者接受自己提供的服务。因为这样的原因,营利法人的名誉往往被称为商事名誉。也因为这样的原因,当行为人毁损营利法人的名誉时,他们往往被责令赔偿法人遭受的财产损害。

总之,在民法上,除了某些人格权具有单一的非财产性、属于一种单一的非财产权外,营利法人享有的所有人格权均具有双重性:它们既具有非财产性也具有财产性,既是一种非财产权也是一种财产权。当行为人侵犯营利法人享有的人格权时，他们既应当赔偿法人遭受的非财产损害，也应当赔偿法人遭受的财产损害。

虽然营利法人享有的人格权具有双重性，但是其中的非财产权和财产权之间并不存在 Grégoire Loiseau 或者 Hélène Martron 提出的所谓主次、轻重之分：我们既不能够认为其中的非财产权是主要的人格权，也不能够认为其中的财产权是主要的人格权。因为它们是营利法人享有的两种具有同等重要性的人格权：在营利法人享有的两种人格权当中，非财产权彰显其社会存在，而财产权则彰显其社会存在的宗旨、目的，如果营利法人无法维持其社会存在，那么，它们如何实现其社会存在的宗旨、目的？

（三）非营利法人的人格权原则上具有非财产性

在民法上，除了所有法人享有的某些具有固有非财产性的人格权，在性质上属于一种单纯的非财产权之外，非营利法人享有的其他人格权原则上具有非财产性、原则上为非财产权，不过在例外情况下，它们享有的某些人格权也同时具有财产性、也同时是财产权。

原则上，非营利法人享有的所有人格权在性质上均是一种非财产权，均具有非财产性，包括它们的名称权、名誉权、场所权、隐私权等。非营利法人享有的这些人格权之所以在性质上是单纯的非财产权，是因为它们享有的这些人格权均服从于、服务于自己的社会存在、社会目的：通过各种各样的方式实现自己章程所规定的政治目的、社会目的、文化目的等。

在民法上，虽然非营利法人的目的形形色色，但是它们均具有一个共同点，这就是，它们均不是为了实现法人的经济目的、商事目的、财产目的，而仅仅是为了实现法人的非财产目的。因为这样的原因，非营利法人享有的人格权仅仅是为了满足其心理的、精神的、情感的需要，不是为了满足其物质的、财产的、商事的需要。换言之，在民法上，非营利法人享有的人格权仅仅构成其心理的、精神的、情感的组成部分。当行为人侵犯非营利法人享有的人格权时，他们原则上仅仅赔偿法人遭受的非财产损害。

因此，原则上，非营利法人享有的名称权仅仅是一种非财产权。在民法上，虽然非营利法人也像营利法人一样享有名称权，但是它们的名称权与营利法人的名称权在性质上存在重大差异,这就是,营利法人的名称权具有双重性,它们的名称权同时是一种非财产权和财产权,已如前述。而非营利法人的名称权则仅仅具有单一性,它们的名称权仅仅是一种非财产权,不是一种财产权。因为这样的原因,当行为人侵犯非营利法人的名称权时,他们原则上只赔偿非营利法人遭受的非财产损害。

非营利法人的名称权之所以在性质上区别于营利法人的名称权,主要原因是,与营利法人的名称权同时表明法人的社会存在和经济存在不同,非营利法人的名称权仅仅表明其社会存在,不会表明其经济上的存在。换言之,营利法人的名称权既构成法人心理的、精神的、情感的有机组成部分,也构成法人物质的、财产的、商事的组成部分,而非营利法人的名称权则仅仅构成法人心理的、精神的、情感的有机组成部分,不会构成法人物质的、财产的、商事的组成部分。

同样,原则上,非营利法人享有的名誉权也仅仅是一种非财产权。在民法上,虽然非营利法人也像营利法人一样享有名誉权,但是它们享有的名誉权与营利法人享有的名誉权存在重大差异,这就是,营利法人的名誉权具有双重性,它们既是一种非财产权也是一种财产权,已如前述。而非营利法人的名誉权仅仅具有单一性,它们的名誉权仅仅是一种非财产权。因为这样的原因,当行为人侵犯非营利法人的名誉权时,他们原则上仅仅赔偿法人遭受的非财产损害。

同样是法人,非营利法人的名誉权与营利法人的名誉权之间之所以存在性质上的差异,同样是因为营利法人的名誉权既能够表明其社会存在,也能够表明其经济存在,既构成法人心理的、精神的、情感的有机组成部分,也构成法人物质的、财产的、商事的组成部分,已如前述。而非营利法人的名誉权仅仅表现法人的社会存在,不会表明法人的经济存在,它仅仅构成法人心理的、精神的、情感的有机组成部分,不会构成法人物质的、财产的、商事的组成部分。

不过,在例外情况下,非营利法人享有的某些人格权也具有财产性、也能够构成一种财产权。非营利法人享有的某些人格权之所以在性质上也能够成为一种财产权,一方面是因为,为了能够获得设立并因此享有法人格,包括非营利法人和营利法人在内的所有法人均需具备一定的财产,如果法人没有相对独立的财产,则任何组织均不得设立，也无法获得法人格并因此成为法人；另一方面是因为，即便是非营利法人，它们在开始活动或者承担法律责任时也必须依赖自己的财产，如果没有财产，非营利法人既无法开展活动，也无法承担法律责任。①

因此，即便是非营利法人享有的名称权和名誉权，它们享有的这些人格权也具有一定的财产性、也属于一种财产权。因为就像营利法人一样，它们也依靠自己的名称和名誉吸引社会公众接受自己的服务并因此获得一定的财产。例如，虽然医院和大学在性质上不是营利法人，但是它们的名称和名誉也具有一定的财产价值，因为通过它们的名称和名誉，它们或者能够吸引学生进入自己的大学学习，或者能够吸引病患者进入自己的医院接受疾病的诊疗。当大学学生被吸引进入大学时，大学能够从其学生那里收取学费；而当病患者被吸引进入医院接受诊疗时，医院能够从其病患者那里收取诊疗费。

如果一个大学或者一个医院假冒另外一个大学或者另外一个医院的名称，或者如果一个大学、一个医院毁损另外一个大学、另外一个医院的名誉，导致原本应当进入另外一个大学或者另外一个医院学习或者诊疗的学生、病患者进入了自己的大学或者医院，则实施名称假冒行为或者名誉毁损行为的大学、医院当然侵犯了被假冒大学、医院的名称权、名誉权，应当对被假冒大学、医院遭受的财产损害承担赔偿责任。因为被假冒或者被毁损名誉的大学、医院享有的名称权和名誉权在性质上也是一种财产权，也具有一定的财产价值。

五、法人人格权的特征

（一）法人人格权的特征与法人人格权性质之间的关系

在民法上，如果法人享有人格权，那么，它们享有的人格权有哪些特征？对此问题，民法学者很少做出明确说明，即便是专门对法人的人格权做出讨论的民法学者，亦如此。民法学者之所以很少对这样的问题做出说明，一个最主要的原因是，他们根本不承认法人享有人

---

① 张民安：《法国民法》，清华大学出版社 2015 年版，第 196—196 页；张民安、丘志乔主编：《民法总论》（第五版），中山大学出版社 2017 年版，第 195—196 页。

格权，已如前述。

在民法上，民法学者都会对人格权的特征做出说明，并且他们关于人格权特征的说明基本上是相同的。因为他们普遍认为，作为一种非财产权，人格权具有非财产权的四个特征：这就是非财产权的不得转让性、非财产权的不得转移性、非财产权的不得强制执行性以及非财产权的不得适用时效性。其中的不得转让性、不得转移性结合在一起被称为非财产权的不得处分性，也就是人格权的不得处分性。① 人格权的这四个特征与财产权所具有的四个特征刚好相反，因为民法学者认为，财产权具有四个不同的特征：财产权的可转让性、财产权的可转移性、财产权的可强制执行性以及财产权的可适用时效性。其中的可转让性、可转移性结合在一起被称为财产权的可处分性。②

在民法上，民法学者关于人格权特征的上述理论源自19世纪末期和20世纪初期，因为在建构以自然人的人格权作为核心理论的人格权理论时，民法学者开始将自然人享有的人格权与他们享有的财产权相对应，在建立包括人格权和财产权在内的主观权利的一般理论

---

① Henri et Léon Mazeaud, Jean Mazeaud, Francois Chabas, Lecons de DROIT CIVIL, Tome I/Deuxième Volume, Les Personnes, 8e édition, Montchrestien, pp. 400 – 405；David Bakouche, Droit civil les personnes la famille, HACHETTE, pp. 32 – 33；Bernard Teyssié, Droit civil, Les personnes, 12e, édition, Litec, pp. 97 – 98；Francois Terré, Dominique Fenouillet, Droit civil les personnes, 8e édition, Dalloz, p. 59；张民安：《法国民法》，清华大学出版社2015年版，第70—72页；张民安、丘志乔主编：《民法总论》（第五版），中山大学出版社2017年版，第291—292页。

② David Bakouche, Droit civil les personnes la famille, HACHETTE, p. 32；Yvaine Buffelant-Lanore Virginie Larribau-Terneyre, Droit civil, Introduction, Biens, Personne, Famille, 17e édition, Dalloz, p. 51；Francois Terré, Dominique Fenouillet, Droit civil les personnes, 8e édition, Dalloz, p. 57；Jean-Luc AUBERT, Eric SAVAUX, Introuduction au droit, 14e édition, Dalloz, p. 225；GERARD CORNU, Droit civil, Introuduction au droit, 13e édition, Montchrestien, pp. 38 – 39；张民安：《法国民法》，清华大学出版社2015年版，第60—62页；张民安、丘志乔主编：《民法总论》（第五版），中山大学出版社2017年版，第288—289页。

时，民法学者试图以人格权的性质和特征将其与传统的财产权区分开来。① 例如，在 1909 年的《人格权》一文中，M. E. H. PERREAU 在讨论人格权的四个特征时就将享有人格权的主体限定在自然人方面。② 再例如，在 1939 年的《非财产权》一书中，Roger Nerson 在讨论人格权的上述四个特征时同样将享有人格权的主体限定在自然人方面。③

在今时今日，民法学者仍然延续此种做法，在认定人格权具有上述四个特征时，民法学者仍然将享有人格权的人限定在自然人方面，没有同时认为具有上述四个特征的人格权也能够为法人享有。④ 总之，迄今为止，如果人格权仍然具有上述四个特征的话，则具有上述四个特征的人格权仅为自然人享有的人格权，并不包括法人享有的人格权。

问题在于，如果法人享有人格权的话，那么，它们享有的人格权是否具有上述四个特征？笔者认为，在今时今日，法人享有的人格权究竟有哪些特征，取决于法人享有的人格权性质。就像自然人享有的人格权的特征取决于自然人享有的人格权的性质一样，法人享有的人格权性质不同，则它们的人格权所具有的特征也不同。

总的说来，如果法人享有的人格权在性质上仅仅是一种单纯的财产权，则它们享有的人格权仅仅具有传统民法中财产权所具有的四个特征；如果法人享有的人格权在性质上仅仅是一种单纯的非财产权，则它们享有的人格权具有传统民法当中非财产权所具有的四个特征，也就是具有传统民法当中人格权所具有的四个特征；如果法人享有的

---

① 张民安：《法国人格权法（上）》，清华大学出版社 2016 年版，第 83—111 页；张民安：《法国民法总论（上）》，清华大学出版社 2017 年版，第 463—475 页；张民安、丘志乔主编：《民法总论》（第五版），中山大学出版社 2017 年版，第 127—130 页；张民安：《法律关系的一般理论抑或是主观权利的一般理论（上）》，载《澳门法学》2018 年第 1 期，第 33—56 页；张民安：《法律关系的一般理论抑或是主观权利的一般理论（下）》，载《澳门法学》2018 年第 2 期，第 1—27 页。

② M. E. H. PERREAU, Des droits de la personnalite, RTD civ., 1909, pp. 517 – 531；张民安：《法国民法总论（上）》，清华大学出版社 2017 年版，第 330—342 页。

③ Roger Nerson, Les droits extrapatrimoniaux, Paris, LGDJ, 1939, pp. 390 – 495.

④ Hélène Martron, Les droits de la personnalité des personnes morales de droit privé, 2011, LGDJ, pp. 120 – 122.

人格权在性质上同时是一种财产权和非财产权,则它们享有的人格权同时具有传统民法中财产权和人格权所具有的特征。

(二) 作为财产权的法人人格权所具有的特征

在民法上,法人享有的某些人格权具有传统民法中财产权所具有的四个特征,因为人们能够以金钱方式客观确定它们享有的这些人格权的价值大小,已如前述。它们享有的这些人格权是一种像物权和债权一样的财产权,因此它们也具有一般财产权所具有的四个特征:法人人格权的可转让性、法人人格权的可转移性、法人人格权的可适用时效性以及法人人格权的可强制执行性。

所谓法人人格权的可转让性,是指在正常存续期间,法人能够将自己享有的具有财产性质的人格权转让给受让人,就像自然人能够将其具有财产性质的人格权转让给受让人一样。这一点尤其在公司等营利法人当中表现明显,因为作为一种商人,公司能够将自己的商事名称权[①]、场所的商事租赁权[②]作为商事营业资产的组成部分出卖给买受人。[③] 所谓法人人格权的可转移性,是指在法人合并、分立或者重组时,法人能够将自己享有的具有财产性质的人格权转移给合并之后、分立之后或者重组之后的法人享有。[④]

所谓法人人格权的可适用时效性,是指法人享有的具有财产性质的人格权能够适用消灭时效。虽然时效包括取得时效和消灭时效,但是作为一种财产权,法人的人格权不能够适用于取得时效,因为法人的人格权在性质上并不是所有权,它们享有的人格权只能够适用于消灭时效,因为它们的人格权在性质上是一种所有权之外的其他财产权。[⑤] 所谓人格权的可强制执行性,是指当作为债务人的法人无法清

[①] 张民安:《商法总则制度研究》,法律出版社2007年版,第323—324页。

[②] 张民安:《商法总则制度研究》,法律出版社2007年版,第325页;张民安、龚赛红:《商事经营场所租赁权研究》,载《当代法学》2006年第4期,第13—21页。

[③] 张民安:《商法总则制度研究》,法律出版社2007年版,第344—367页。

[④] Hélène Martron, Les droits de la personnalité des personnes morales de droit privé, 2011, LGDJ, pp. 129–132.

[⑤] Hélène Martron, Les droits de la personnalité des personnes morales de droit privé, 2011, LGDJ, pp. 132–136.

偿自己对其债权人所承担的债务时，基于债权人的请求，法官能够对法人具有财产性质的人格权采取强制执行措施。

(三) 作为非财产权的法人人格权所具有的特征

在民法上，法人享有的某些人格权具有传统民法中非财产权所具有的四个特征，因为人们无法以金钱方式客观确定它们享有的这些人格权的价值大小，已如前述。它们享有的这些人格权也具有传统民法中非财产权所具有的四个特征：法人人格权的不得转让性、法人人格权的不得转移性、法人人格权的不适用时效性以及法人人格权的不得强制执行性。

所谓法人人格权的不得转让性，是指在正常存续期间，法人不能够将自己享有的具有非财产性质的人格权转让给受让人，就像自然人不能够将其具有非财产性质的人格权转让给受让人一样。[①] 所谓法人人格权的不得转移性，是指在法人合并、分立或者重组时，法人不能够将自己享有的具有非财产性质的人格权转移给合并之后、分立之后或者重组之后的法人享有。

所谓法人人格权的不适用时效性，是指法人享有的具有非财产性质的人格权既不能够适用取得时效也不能够适用消灭时效。所谓人格权的不得强制执行性，是指当作为债务人的法人无法清偿自己对其债权人所承担的债务时，法官不能够对法人具有非财产性质的人格权采取强制执行措施。

---

① 张民安：《商法总则制度研究》，法律出版社2007年版，第344—367页。

第五章　法人的人格权与人格权的独立性
（下）

在民法上，如果自然人享有的人格权遭受行为人的侵犯，他们当然有权向法院起诉，要求法官责令行为人对其遭受的非财产损害承担赔偿责任。这一点毫无疑问，因为在民法上，自然人遭受的非财产损害不仅在性质上是一种可予赔偿的损害，而且他们遭受的非财产损害主要建立在所享有的人格权遭受侵犯的基础上，包括建立在他们享有的有形人格权和无形人格权遭受侵犯的基础上。

因此，当自然人的姓名权、肖像权、名誉权和隐私权等无形人格权遭受行为人的侵犯时，他们往往会遭受非财产损害。同样，当自然人的生命权和身体权等有形人格权遭受行为人的侵犯时，他们也会遭受非财产损害。在民法上，无论是自然人遭受的非财产损害还是他们遭受的财产损害在性质上均是可予赔偿的损害，在行为实施的侵犯行为引起这些损害发生时，他们均有权向法院起诉，要求法官责令行为人赔偿所遭受的这些损害，法官也应当责令行为人赔偿自然人遭受的全部损害、所有损害，这就是侵权责任法所贯彻的完全损害赔偿原则、全部损害赔偿原则。①

在民法上，所谓财产损害（dommage matériel le préjudice patrimonial），也被称为物质损害、经济损失，是指他人因为行为人实施的某种侵害行为遭受的能够以金钱方式予以评估和确定的损害。例如，

---

① Jean Carbonnier, Droit civil, Les biens les obligations, puf, pp. 2397 – 2398; Philippe Malinvaud et Dominique Fenouillet, Droit des obligations, 11e édition, Litec, pp. 559 – 560; Mireille Bacach-Gibeili, Les obligations la responsabilité civile extracontractuelle, 2e édition, Economica, pp. 629 – 632; Rémy Cabrillac, Droit des Obligations, 12e édition, Dalloz, pp. 310 – 314; Philippe Malaurie Laurent Aynès Philippe Stoffel-Munck, Droit Des Obligations, 8e édition, LGDJ, pp. 143 – 145; Virginie Larribau-Terneyre, Droit civil Les obligations, 15e édition, Dalloz, pp. 823 – 826; 张民安：《过错侵权责任制度研究》，中国政法大学出版社 2002 年版，第 694—697 页；张民安：《现代法国侵权责任制度研究》，法律出版社 2003 年版，第 119—122 页；张民安：《法国民法》，清华大学出版社 2015 年版，第 418 页。

他人因为房屋被烧毁遭受的损害在性质上就是一种财产损害,他人因为无法工作遭受的未来职业收入损失也是一种财产损害。换言之,所谓财产损害,是指他人的物质利益、财产利益、经济利益或者商事利益被行为人侵犯时遭受的损害。所谓非财产损害(dommage moral le préjudice moral),也被称为道德损害、非财产损失,是指他人因为行为人实施的某种侵害行为而遭受的无法以金钱方式予以评估和确定的损害。换言之,所谓非财产损害,是指他人的道德利益、心理利益、情感利益被行为人侵犯时遭受的损害。自然人遭受的非财产损害类型众多,包括精神痛苦、肉体疼痛、娱乐损失、短命损失、美感损失、性快乐损失,以及爱情损失等。[1]

在民法上,法人当然也像自然人一样会遭受财产损害并且在遭受此种性质的损害时,它们也像自然人一样有权向法院起诉,要求法官责令行为人对自己承担赔偿责任[2]。这一点毫无疑问,因为无论是对法人的性质采取法律拟制说还是采取法律实在说,民法学者均普遍承认,法人具有享有财产权的法律资格并且能够凭借此种资格享有财产权。当它们享有的某种财产权遭受行为人的侵犯时,它们就会因此遭受可予赔偿的财产损害。因为这样的原因,法官在大量的司法判例中责令行为人就其侵犯法人财产权的行为对法人遭受的财产损害承担赔

---

[1] Jean Carbonnier, Droit civil, Volume II, Les biens les obligations, puf, 2004, pp. 2272 – 2275; Rémy Cabrillac, Droit des Obligations, 12e édition, Dalloz, pp. 281 – 283; Philippe Malaurie Laurent Aynès Philippe Stoffel-Munck, Droit Des Obligations, 8e édition, LGDJ, pp. 151 – 154; Virginie Larribau-Terneyre, Droit civil Les obligations, 15e édition, Dalloz, pp. 739 – 759; 张民安:《过错侵权责任制度研究》,中国政法大学出版社2002年版,第457—458页;张民安:《现代法国侵权责任制度研究》,法律出版社2003年版,第87—93页;张民安、梅伟:《侵权法》(第三版),中山大学出版社2008年版,第85—87页;张民安:《法国民法》,清华大学出版社2015年版,第386—387页;张民安、铁木尔高力套:《债权法》(第五版),中山大学出版社2017年版,第410—415页。

[2] M. Planiol et G. Ripert, Traité pratique de droit civil français, T. IV, Obligations, 1er partie, 2e éd., 1952, par P. ESMEIN, LGDJ, p. 771; Christophe Broche, Faut-il en finir avec le dommage moral des personnes morales? Revue Lamy Droit civil, Wolters Kluwer France, Les Éditions Lamy, 2013, pp. 19 – 23.

偿责任。①

　　问题在于，在法人享有的权利遭受侵犯时，法人是否会像自然人一样遭受非财产损害？在我国，《民法通则》似乎对此问题做出了肯定回答，因为其第 120 条规定：公民的姓名权、肖像权、名誉权、荣誉权受到侵害的，有权要求停止侵害，恢复名誉，消除影响，赔礼道歉，并可以要求赔偿损失。法人的名称权、名誉权、荣誉权受到侵害的，适用前款规定。在这里，第 120（1）条中的"并可以要求赔偿损失"中的"损失"似乎应当是指"非财产损害"，因为在正常情况下，自然人的无形人格权遭受侵犯时，他们遭受的"损失"在性质上是一种非财产损害。既然第 120（1）条所规定的"并可以要求赔偿损失"是指自然人遭受的非财产损害，根据第 120（2）条的规定，在法人的名称权、名誉权和荣誉权遭受侵犯时，"适用前款规定"当然也就包括了法人"并可以要求赔偿损失"的内容，这就是，法人也可以要求行为人赔偿自己遭受的非财产损害。

　　不过，我国《侵权责任法》和《民法总则》放弃了《民法通则》的做法，没有再明确承认法人享有的非财产损害赔偿请求权。一方面，《侵权责任法》第 22 条仅仅将精神损害的赔偿限定在"他人人身权益"遭受侵犯的范围内，而传统民法认为，仅自然人享有"人身权益"，法人是不会享有人身权益的。该条规定：侵害他人人身权益，造成他人严重精神损害的，被侵权人可以请求精神损害赔偿。换言之，《侵权责任法》第 22 条仅仅承认自然人会遭受精神损害。另一方面，虽然《民法总则》第 110（2）条明确规定，法人、非法人组织享有名称权、名誉权、荣誉权等权利，但是该条并没有明确规定，在法人享有的这些人格权遭受侵犯时，法人遭受的可予赔偿的损害究竟是非财产损害还是财产损害。

　　在今时今日，除了我国立法者没有对这样的问题做出说明之外，我国民法学者也没有对这样的问题做出明确说明。虽然如此，他们实

---

① Cass. com., 14 juin 2000, Bull. civ. IV, n° 126; Cass. com., 9 octobre 2001, Contrats, conc. consom., 2002, somm. n° 6, obs. Malaurie-VignalM., RCA, 2001, comm. 8, RTD civ. 2002, p. 304, obs. Jourdain P.; Cass. com., 30 janvier 2001, Bull. civ. IV, n° 27, JCP G., 2001, I, 340, obs. Viney G.; Cass. 3ème civ., 9 sept. 2009, n° 8 - 11. 154.

际上对这样的问题持否定态度。因为，鉴于他们将法人享有的名称权、名誉权和荣誉权视为三种单纯的财产权，所以，当行为人侵犯法人享有的这三种人格权时，它们遭受的损害在性质上当然仅仅是一种财产损害，而不是一种非财产损害。

在大陆法系国家，立法者同样没有对这样的问题做出明确回答，因为迄今为止，《法国民法典》没有对侵权责任领域的损害赔偿问题做出一般规定，即便这近几年，它先后对缺陷产品（produits défectueux）引起的损害赔偿①和生态环境遭受破坏所引起的生态损害赔偿（La réparation du préjudice écologique）② 做出了规定。不过，无论是大陆法系国家的民法学者还是法官均对这样的问题做出了明确回答，所不同的是，他们的回答存在重大的差异。

总的来说，法官普遍在其司法判例中持肯定意见，认为在法人的人格权遭受侵犯时法人会遭受非财产损害，包括法国的法官和欧洲人权法院（CEDH）的法官。而法国的民法学者则不同，某些民法学者持肯定态度，认为在法人的人格权遭受侵犯时法人会遭遇非财产损害，而另外一些民法学者则持否定态度，认为在法人的人格权遭受侵犯时法人不会遭遇非财产损害。

笔者认为，在我国，鉴于法人享有的人格权有时在性质上是一种非财产权，有时在性质上则同时是一种非财产权和财产权，所以，在它们享有的具有非财产性质的人格权遭受侵犯时，它们当然也会遭受可予赔偿的非财产损害，因为它们也像自然人一样具有自己的感情、能够像自然人一样感受喜怒哀乐。因为法人会遭遇非财产损害，因此，它们也有权向法院起诉，要求法官责令行为人赔偿它们遭受的非财产损害；在责令行为人赔偿法人遭受的非财产损害时，法官也应当考虑多种多样的因素，这一点，同法官在责令行为人赔偿自然人遭受的非财产损害时是完全一样的。

---

① Code civil, Dernière modification：1 octobre 2018, Version en vigueur au 22 décembre 2018，https://www.legifrance.gouv.fr/affichCode.do?idSectionTA＝LEGISCTA000032021490&cidTexte＝LEGITEXT000006070721&dateTexte＝20181222.

② Code civil, Dernière modification：1 octobre 2018, Version en vigueur au 22 décembre 2018，https://www.legifrance.gouv.fr/affichCode.do?idSectionTA＝LEGISCTA000033019041&cidTexte＝LEGITEXT000006070721&dateTexte＝20181222.

一、大陆法系国家的法官所采取的法人会遭受非财产损害的肯定理论

在法国,在法人是否会遭受非财产损害的问题上,法官似乎不存在任何难题,① 因为从 19 世纪末期开始一直到今时今日,法官均果敢地在其司法判例当中责令行为人赔偿法人遭受的非财产损害,无论民法学者是批评他们还是表彰他们所采取的此种做法,均如此。②

(一) 法国法官最早承认法人会遭受非财产损害的两个案件

在法国,承认法人能够遭受非财产损害的第一个案件发生在 1889 年,它是由法国里昂地区的一个法院做出的,这就是 1889 年 12 月 6 日的案件③。在该案中,当行为人毁损一个商事公司的名誉时,法官责令他们赔偿公司遭受的非财产损害,因为他们认为,在具体确定法人遭受的损害性质时,法官可以从"道德方面"加以考虑。在 1894 年 8 月 1 日的案件中,法国布尔日地区的一个法院第二次责令行为人赔偿法人遭受的非财产损害。在该案中,获得非财产损害的法人在性质上不是公司而是一个职业辛迪加。④

虽然法官在这两个案件中所采取的做法受到了 20 世纪初期民法学者的强烈批判,但是这两个案件所开创的法人能够遭受非财产损害的理论得到了法国 20 世纪初期司法判例的广泛遵循。因为在 20 世纪初期的大量案件中,法国法官均认定,法人能够像自然人一样遭受非财产损害,在法人享有的某种人格权遭受侵犯时,基于法人的主张,法官会责令行为人赔偿法人遭受的非财产损害。在这些案件中,法官

---

① Hélène Martron, Les droits de la personnalité des personnes morales de droit privé, 2011, LGDJ, p. 70.

② Hélène Martron, *Les droits de la personnalité des personnes morales de droit privé*, 2011, LGDJ, pp. 70 – 72; Federico López Carreras, Les personnes morales et le préjudice moral en France, Aequitas, Vol. 10, N°. 10, 2016, pp. 91 – 107; hristophe Broche, Faut-il en finir avec le dommage moral des personnes morales? Revue Lamy Droit civil, Wolters Kluwer France, Les Éditions Lamy, 2013, pp. 19 – 23.

③ C., de Lyon, 6 décembre 1889, Rec. arr. de la C. Lyon.

④ C. Bourges, 1er août 1894, D. 1898, II, 129.

之所以责令行为人赔偿法人遭受的非财产损害，是因为他们认为，在法人享有良好名誉的情况下，行为人实施的侵犯行为让法人的名誉受损。①

（二）法国法官从20世纪初期一直到今时今日均承认法人所遭受的非财产损害在性质上是可予赔偿的损害

在1912年6月28日的案件②中，法国最高法院刑事庭明确认定，当投保人毁损保险公司的名誉时，他们应当对保险公司遭受的非财产损害承担赔偿责任。在1924年5月的案件③中，法国卡昂地区的一家法院认定，当行为人毁损一个市镇小学的良好名誉时，他们应当赔偿该市镇小学遭受的非财产损害。在1936年11月7日的案件④中，法国最高法院刑事庭再一次认定，当行为人驾驶的卡车与有轨电车公司的一辆有轨电车发生碰撞并因此引起旅客受伤时，他们应当赔偿有轨电车公司遭受的非财产损害。在1949年4月7日和6月27日的案件⑤中，法国巴黎地区的一家法院先后责令盗窃铁路公司所运输货物的行为人对铁路公司遭受的非财产损害承担赔偿责任。

虽然法国法官尤其是最高法院的法官所采取的这些做法受到了民法学者的批评，但是法国法官并没有放弃他们的此种做法。从20世纪中期开始一直到21世纪初期，他们均坚定不移地采取此种做法，认为法人虽然不是自然人，但是在它们享有的人格权遭受侵犯时，法人也能够像自然人一样遭受可予赔偿的非财产损害，这样的范例不胜枚举。笔者仅就两个方面的范例做出说明：在法人的名称权遭受侵犯时，法官会责令行为人赔偿法人的非财产损害；在法人的名誉权遭受侵犯时，法官会责令行为人赔偿法人遭受的非财产损害。

一方面，在数不胜数的案件当中，法国法官责令行为人就其侵犯法人名称权的行为对法人遭受的非财产损害承担赔偿责任。例如，在

---

① V. M. Planiol et G. Ripert, Traité pratique de droit civil français, T. IV, Obligations, 1er partie, 2e éd., 1952, par P. ESMEIN, LGDJ, pp. 771-772.
② Crim., 28 juin 1912, S. 1913, 1, 597.
③ Caen, S Mai 1924, Rec. de Caen, 1924, 150.
④ Crim., 7 novembre 1936, Gaz. Pal., 1936, 2, 944.
⑤ Paris, 7 avril et 27 juin 1949, Gaz. Pal., 1949, 2, 115 et 285.

1984年7月4日的案件①中,法国巴黎的一家地方法院认定,当行为人侵犯法人享有的名称权时,他们应当对法人遭受的非财产损害承担赔偿责任。再如,在1986年5月27日和1986年11月5日的两个案件②中,法国最高法院认为,当行为人侵犯法人的名称权时,他们应当对法人遭受的非财产损害承担赔偿责任。同样,在2002年2月12日的案件③中,法国最高法院认为,当行为人侵占公司的名称时,他们应当对公司遭受的非财产损害承担赔偿责任。

另一方面,在数不胜数的案件中,法国法官也责令行为人就其侵犯法人名誉权的行为对法人遭受的非财产损害承担赔偿责任。例如,在1979年11月6日的案件④当中,法国最高法院认定,当行为人毁损法人的名誉时,他们应当赔偿法人遭受的非财产损害。再例如,1996年11月27日的案件⑤中,法国最高法院认定,在行为人侵犯法人享有的名誉权时,他们应当赔偿法人遭受的非财产损害。同样,在2003年4月24日的案件⑥中,法国最高法院认为,行为人应当就其侵犯法人名誉权的行为对法人遭受的非财产损害承担赔偿责任。

(三) 法国最高法院的刑事庭、商事庭和民事庭对法人非财产损害赔偿的广泛承认

在今时今日,法国最高法院仍然一如既往地采取此种做法,因为除了法国最高法院刑事庭会在其案例中责令行为人赔偿法人遭受的非财产损害外,法国最高法院的商事庭和民事庭也均会责令行为人赔偿法人遭受的非财产损害。

就法国最高法院刑事庭而言,它在数不胜数的案件中责令行为人赔偿法人遭受的非财产损害。在1996年11月27日的案件中,法国最高法院刑事庭明确指出,法人有权提起诉讼,要求法官责令行为人赔偿自己遭受的所有损害,包括财产损害和非财产损害,它指出:

---

① TGI Paris, 4 juillet 1984, D., 1985, p. 239, note S. M. P.
② Com., 5 nov. et 27 mai 1986, D., 1987, p. 22, note J. -J. Burst.
③ Cass. com., 12 février 2002, Juris-Data no2002-012979, Bull. civ. IV, n032.
④ Com., 6 nov. 1979, D., 1980, IR, 416, obs. C. Larroumet.
⑤ Crim., 27 nov. 1996, 2e arrêt Bull. crim., no431.
⑥ Cass. 2e civ., 24 avril 2003, Gaz. Pal. 25 nov. 2003, no329, p. 12.

"当犯罪分子实施的犯罪行为引起受害人损害的发生时,《法国刑事诉讼法典》第 2 条和第 3 条允许遭受财产损害和道德损害的所有人提起民事诉讼,这两个法律条款并没有排除法人享有的提起道德损害赔偿的请求权。"[1]

自此之后,法国最高法院刑事庭将它在 1996 年 11 月 27 日的案件中所确立的此种规则适用到其他法人领域并因此让它们获得非财产损害的赔偿。在 1999 年 4 月 7 日的案件[2]当中,法国最高法院刑事庭将其在 1996 年 11 月 27 日的案件当中所确立的规则适用到作为法人的国家公园身上,认为在国家公园享有的人格权遭受侵犯时,它们有权要求行为人赔偿其非财产损害。在 2000 年 10 月 10 日的案件[3]中,法国最高法院刑事庭将其在 1996 年 11 月 27 日的案件中所确立的规则适用到作为法人的社会团体身上,认为在社会团体享有的人格权遭受侵犯时,它们有权要求行为人赔偿其非财产损害。在 2002 年 1 月 9 日的案件[4]中,法国最高法院刑事庭将其在 1996 年 11 月 27 日的案件中所确立的规则适用到作为法人的集体农业合作社身上,认为在集体农业合作社享有的人格权遭受侵犯时,它们有权要求行为人赔偿其非财产损害。在 2002 年 6 月 18 日的案件[5]中,法国最高法院刑事庭将其在 1996 年 11 月 27 日的案件当中所确立的规则适用到作为法人的市镇身上,认为在市镇的人格权遭受侵犯时,它们有权要求行为人赔偿其非财产损害。

除了认定私法人能够遭受可予赔偿的非财产损害外,法国最高法院刑事庭甚至在某些案件中认定,公法人也能够遭受可予赔偿的非财产损害。例如,在 2004 年 3 月 10 日的案件[6]和 2006 年 5 月 4 日的案

---

[1] V. Crim., 27 novembre 1996: Bull. crim., n° 431, 2 arrêts; JCP G 1997, IV, 508.
[2] Crim., 7 avril 1999, Bull. crim. n°69.
[3] Crim., 10 octobre 2000, n° 99 – 87.688.
[4] Crim., 9 janvier 2002, n° 01 – 82.471.
[5] Crim., 18 juin 2002, 7 n° 00 – 86.22.
[6] Cass. crim., 10 mars 2004, n° 02 – 85.285, Muller Y., JCP E 2005, n° 20, chron. p. 817.

件[1]中，法国最高法院刑事庭认为，当行为人毁损国家文职和军事人员的信誉时，他们应当赔偿国家遭受的非财产损害。再如，在 2013 年 12 月 11 日的案件[2]中，法国最高法院刑事庭再一次认定，公法人也能够像私法人一样遭受非财产损害。

在今时今日，法国最高法院民事庭和商事庭也在大量的案件中承认法人能够遭遇可予赔偿的非财产损害。在 1993 年 5 月 5 日的案件[3]中，法国最高法院民事二庭认定，当行为人侵犯童子军协会享有的人格权时，他们应当赔偿童子军协会遭受的非财产损害。在 2004 年 10 月 7 日的案件[4]中，法国最高法院民事二庭认定，当行为人对作为法人的社会团体组织的程序问题予以猛烈批评时，他们应当对社会团体遭受的非财产损害承担赔偿责任。

在 2001 年 7 月 3 日的案件[5]中，法国最高法院商事庭认定，当公司的管理者在其提交的公司事务报告中诋毁商事公司所从事的活动时，他们应当赔偿公司遭受的非财产损害。在 2012 年 5 月 15 日的案件[6]中，法国最高法院商事庭再一次确认，除了能够遭受财产损害外，商事公司也能够遭受非财产损害，无论是财产损害还是非财产损害，商事公司均有权要求行为人予以赔偿。

在今时今日，除了法国最高法院和地方法院普遍承认法人能够遭受可予赔偿的非财产损害外，欧洲人权法院也采取同样的做法，在大量的案件中，它也像法国的法院一样承认，法人有资格主张财产损害和非财产损害的赔偿。例如，在 2000 年 4 月 6 日的案件[7]中，欧洲人权法院认定，除了有权要求行为人赔偿自己遭受的财产损害外，商事公司也有权要求行为人赔偿自己遭受的非财产损害。再如，在 2001

---

[1] Cass. crim., 4 mai 2006, n° 05-81.743, Robert J.-H., Véron M., Droit Pénal, 2006, n° 9, p. 33.

[2] Crim., 11 décembre 2013, n° 12-83.296, RTD civ. 2014, p. 122 obs. P. JOURDAIN.

[3] Civ. 2e, 5 mai 1993, Bull. civ. II, n° 167.

[4] Cass. 2ème civ., 7 oct. 2004, n° 02-14.399.

[5] Com., 3 juillet 2001, n° 98-18.352.

[6] Com., 15 mai 2012, n° 11-10.278, Bull. civ. IV, n°101; D. 2012. 2285, obs. X. DELPECH, note B. DONDERO.

[7] CEDH., 6 avr. 2000, Comingersoll c/ Portugal, req. 00035382/97.

年8月2日的案件①中，欧洲人权法院援引了2000年4月6日的案件所确立的规则，认为法人有权要求行为人赔偿自己遭受的非财产损害。同样，在2002年4月16日的案件②中，欧洲人权法院也认定，法人遭受的非财产损害是可予赔偿的损害，行为人应当赔偿法人遭受的此种损害。

二、法人不会遭受可予赔偿的非财产损害理论：法国民法学者的反对意见

在法国，虽然包括最高法院在内的法院普遍都在其司法判例中承认法人能够遭受非财产损害，但是它们的此种做法并没有受到法国民法学者的普遍支持，相当一部分民法学者在对它们采取的此种做法持严厉批评的同时也公开反对法人能够遭受非财产损害的观点。因为他们认为，作为一种法律拟制人，法人仅仅在制定法所规定的范围内享有财产权，它们无法像自然人一样享有一旦侵犯就会遭受非财产损害的人格权，这些学者包括但是不限于 F. Givord、Marcel Planiol、Georges Ripert、André Toulemon、Jean Moore、Christophe Broche、Jean Carbonnier、Virginie Larribau-Terneyre、Yves Guyon、Jean Hauser 等人。

（一）法国民法学者在20世纪50年代之前对法人会遭受非财产损害的理论做出的批判

在法国里昂地区和布尔日地区的法院分别于1889年和1894年承认法人有权要求行为人赔偿自己遭受的非财产损害之后，法国民法学者 A. Dorville 随即在1901年出版的博士学位论文《债当中的道德利益》中对法官采取的此种做法做出严厉批判，在援引了里昂地区法院在1889年12月6日的案件当中做出的判决之后，A. Dorville 指出："司法判例竟然责令行为人赔偿集体组织遭受的道德损害，以便赋予它们以抚慰性质的损害赔偿。在这样做时，它们不会想到此种做

---

① CEDH., 2 août 2001, Grande Oriente d'Italia di Palazzo Giustiniani c/ Italie, req. 00035972/97.

② CEDH., 16 avril 2002, Stes Colas Est et a. c/ France, req. 00037971/97.

法的后果既与法人观念抵触，也与法律科学不符。"①

在1938年的博士学位论文《道德损害赔偿》中，F. Givord 再一次对司法判例采取的上述观点做出批评，认为作为一种法律拟制人，法人无法像自然人一样遭受非财产损害。他指出："因为人们总是将道德损害分析为一种痛苦，所以，仅自然人能够遭受痛苦。法人仅仅是一种拟制，它们既没有身体，也没有爱情，更没有名誉。因此，如果人们将法人视为自己成员的抽象组织的话，则法人仅仅具有自己的财产，只能够遭受财产损害。但是，它们不会享有比财产更多的内容了，因此，它们也不可能遭受非财产损害。"②

在1952年的著名民法教科书《法国实用民法专论》中，Marcel Planiol 和 Georges Ripert 也采取了此种观点，认为法人无法遭受非财产损害。他们指出："法人遭受的财产损害应当像自然人遭受的财产损害一样加以赔偿。但是，因为法人无法感受痛苦，因此，它们不可能遭受严格意义上的非财产损害。"③ 在1957年的《共同法中的人身损害和道德损害》中，André Toulemon 和 Jean Moore 也采取此种观点，认为法人不可能遭受非财产损害，他们指出："作为一种仅仅独立于自己成员的法律拟制人、抽象人，法人不会遭遇道德损害，因此，如果人们就像法人的成员死亡时确定其遭受的痛苦一样确定法人的道德损害，则他们的此种做法是可笑的。"④

（二）法国当今民法学者对法人会遭受非财产损害的理论做出的批判

从20世纪50年代开始一直到今时今日，法国仍然有大量的民法学者采取这样的理论，其中尤其包括 V. Wester-Ouisse、Christophe

---

① Armand Dorville, De l'intérêt moral dans les obligations: étude de droit comparé sur le principe de réparation pécuniaire des dommages non-economiques, Thèse, Paris A. Rousseau, 1901, p. 370.

② F. Givord, La réparation du préjudice moral, thèse Grenoble 1938, p. 176.

③ M. Planiol et G. Ripert, Traité pratique de droit civil français, T. IV, Obligations, 1er partie, 2e éd., 1952, par P. ESMEIN, LGDJ, p. 771.

④ André Toulemon, Jean Moore, Le préjudice corporel et moral en droit commun: étude pratique et théorique; jurisprudence et méthodes d'évaluation, 2e édition, 1957, Recueil Sirey, pp. 42–43.

Broche 和 Jean Hauser。在 2003 年的《法人的道德损害》一文中，V. Wester-Ouisse 对法国法官的司法判例做出了分析，认为在这些司法判例中，法官不仅承认法人像自然人一样具有感情，而且还认为它们的感情像自然人的感情一样是一种心理方面的。V. Wester-Ouisse 认为，当法官将法人遭受的非财产损害建立在法人所具有的感情基础上时，他们的判决实际上将法人"人性化了"（humanisée），认为法人是一个"活生生的自然人"（un être vivant），而实际上法人在性质上不同于自然人，因为自然人有感情而法人则欠缺感情，所以法官关于法人的理论是一种关于法人的错误理论，是司法失控之后的拟人化方式（dérive anthropomorphique）。① 他指出："当法官承认法人能够遭受感情损害时，他们的此种观念是有关法人方面的错误观念，是一种失控的拟人化。"②

在 2013 年的《我们应当终结法人的非财产损害吗？》一文中，Christophe Broche 认为，虽然包括法国最高法院和欧洲人权法院在内的法院在众多的案件中认定法人能够遭遇可予赔偿的损害，虽然某些民法学者认为，从法院这些司法判例中，我们似乎能够得出法人遭受的非财产损害独立于它们遭受的财产损害的结论，但是，如果我们从非财产损害本质的视野来审视，我们会发现，关于法人是否能够遭遇非财产损害的问题仍然存在疑问，法人的非财产损害是否真的存在的问题远未确立。③

Christophe Broche 认为，当人们使用"道德损害"这一术语来表示法人遭受的某种损害时，他们的此种做法构成一种"语言滥用"（abus de langage）。首先，虽然民法贯彻完全损害赔偿原则，但是，除了不能够证明法人有获得道德损害赔偿的正当理由外，该原则也无法证明法人适宜于获得道德损害的赔偿。其次，在法人领域，"道德损害"这一术语不仅没有存在的正当理由，而且还会让人困惑不已，

---

① V. Wester-Ouisse, Le préjudice moral des personnes morales, JCP G, 2003. I., p. 145.

② V. Wester-Ouisse, Le préjudice moral des personnes morales, JCP G, 2003. I., p. 145.

③ Christophe Broche, Faut-il en finir avec le dommage moral des personnes morales? Revue Lamy Droit civil, Wolters Kluwer France, Les Éditions Lamy, 2013, pp. 19 – 23.

因为它让自然人和非自然人之间的界限含糊不清。最后，如果"道德损害"这一术语是指法人的存在被行为人侵犯之后所引起的损害的话，则该词语尤其无法解释法官做出的一些判决，在这些判决中，法官认为，如果行为人实施的不当竞争行为引起法人损害的发生，那么，他们也应当赔偿法人遭受的道德损害。①

总之，Christophe Broche 认为，在讨论作为民事主体的法人和自然人时，我们应当仅仅在自然人当中使用"道德损害"这一术语，不应当在法人中使用这一术语。换言之，仅自然人能够遭遇可予赔偿的道德损害，而法人是不能够遭遇道德损害的。因为法人与自然人之间存在众多重大的差异，而这些重大差异之所以存在，是因为人们承认自然人能够遭遇道德损害的目的无法适用于法人。②

在 2013 年的《虽然我不能够与法人共进午餐，但是法人不会因此遭受痛苦》的文章中，Jean Hauser 也反对法国最高法院承认法人能够遭受非财产损害的观点。在 2012 年 5 月 15 日的案件③中，法国最高法院承认法人有权要求行为人对其承担非财产损害赔偿责任，已如前述。在对该案做出评述时，Jean Hauser 认为，当法国最高法院责令行为人赔偿法人遭受的非财产损害时，它的此种做法实际上掀起了一场法人"拟人化"（anthropomorphisme）的明显运动，除了让法人与自然人在人格方面同化（assimilation personnaliste）外，它的此种做法也让法人能够像自然人一样"遭受痛苦"。而事实上，仅自然人能够遭受痛苦，法人是无法遭受痛苦的。他指出："虽然我不能够与法人共进午餐，但是法人不会因此遭受痛苦。"④ 十分遗憾的是，虽然法人不会遭受痛苦，但是最高法院仍然认为"……法人不仅有

---

① Christophe Broche, Faut-il en finir avec le dommage moral des personnes morales? Revue Lamy Droit civil, Wolters Kluwer France, Les Éditions Lamy, 2013, pp. 19-23.

② Christophe Broche, Faut-il en finir avec le dommage moral des personnes morales? Revue Lamy Droit civil, Wolters Kluwer France, Les Éditions Lamy, 2013, pp. 19-23.

③ Com., 15 mai 2012, n° 11-10.278, Bull. civ. IV, n°101; D. 2012. 2285, obs. X. DELPECH, note B. DONDERO.

④ J. Hauser, On ne peut déjeuner avec une personne morale mais elle pourrait en souffrir! RTD civ. 2013, p. 85.

感情（即便不是灵魂），而且还能够遭受痛苦"①。

除了上述民法学者否认法人能够遭受非财产损害外，还有大量的民法学者采取这样的看法，明确否定法人能够像自然人一样遭受非财产损害。事实上，当今主流民法学者基本上都采取此种看法。② 例如，在《民法》中，Jean Carbonnier 明确指出，非财产损害仅仅是针对权利主体的道德利益、感情所实施的侵犯行为而言，当法官认定法人也能够主张非财产损害的赔偿时，他们的此种做法是一种"名不副实的幻影"③。再如，在《债法》中，Virginie Larribau-Terneyre 也指出，当法官平等地责令行为人赔偿法人遭受的非财产损害时，除了"让人觉得不可思议"外，他们的做法"似乎也是荒谬的"。④

（三）法国最高法院的做法是在挂羊头卖狗肉

如果法人不能够遭遇非财产损害，为何包括法国最高法院和欧洲人权法院在内的法院法官仍然会责令行为人赔偿法人遭受的非财产损害？在 1952 年的著名民法教科书《法国实用民法专论》中，Marcel Planiol 和 Georges Ripert 对这样的问题做出了回答。他们认为，在责令行为人赔偿法人遭受的非财产损害时，法官是在挂羊头卖狗肉，他们挂着非财产损害的羊头，贩卖着财产损害或者私人惩罚的狗肉，这就是，虽然法官在其司法判例中责令行为人赔偿法人遭受的非财产损害，但是他们责令行为人赔偿的非财产损害要么在实质上是一种财产损害，要么在性质上是一种私人惩罚。他们指出："虽然人们发现，在某些司法判例中，法官责令行为人赔偿法人遭受的道德损害，但实际上，法官责令行为人赔偿的所谓道德损害或者是法官希望行为人予以赔偿但是他们无法加以计算的财产损害，或者是法官对行为人施加

---

① J. Hauser, On ne peut déjeuner avec une personne morale mais elle pourrait en souffrir! RTD civ. 2013, p. 85.

② Hélène Martron, Les droits de la personnalité des personnes morales de droit privé, 2011, LGDJ, p. 67.

③ Jean Carbonnier, Droit civil, Volume II, Les biens les obligations, puf, 2004, p. 2273.

④ Virginie Larribau-Terneyre, Droit civil Les obligations, 15e édition, Dalloz, p. 741.

的一种私人惩罚。"①

Marcel Planiol 和 Georges Ripert 的此种理论影响巨大，在解释法官责令行为人赔偿法人遭受的非财产损害时，其他民法学者几乎都做出同样的解释。一方面，这些民法学者也像 Marcel Planiol 和 Georges Ripert 一样认为，法官责令行为人赔偿的所谓非财产损害在性质上仅仅是一种财产损害，不是真正的非财产损害。例如，Yves Guyon 就采取这样的看法。他认为，当行为人侵犯公司法人的名称权、名誉权或者其他人格权时，虽然法官认为公司能够因此获得非财产损害的赔偿，但是公司所获得的非财产损害赔偿在性质上仅仅是一种财产损害即公司顾客名单损害的赔偿，他指出："当行为人侵犯公司的名称、名誉或者其他人格时，公司遭受的损害几乎都是财产方面的损害，因为公司在面临这些侵犯时会遭遇顾客名单的流失。"②

再如，Philippe STOFFEL-MUNCK 和 Christophe Broche 也采取了同样的看法，认为法人遭受的所谓非财产损害实质上是一种无法确定的财产损害，他们指出："虽然法官经常责令行为人赔偿商事公司遭受的非财产损害，但是他们责令行为人赔偿的所谓非财产损害往往是商事公司遭受的一种不确定的、难以评估的经济损害，其目的是制裁行为人所实施的侵犯商事公司权利的行为。"③

同样，在讨论法官责令行为人赔偿法人遭受的非财产损害时，V. Wester-Ouisse 也采取了同样的看法，认为法官责令行为人赔偿法人遭受的所谓非财产损害并不是真正的非财产损害，而是法官无法计算的一种财产损害，他指出："当法官责令行为人就其侵犯法人隐私或者名誉的行为对法人承担非财产损害赔偿责任时，他们实际上是在责令行为人赔偿法人遭受的财产损害，因为法官认为，法人遭受的财

---

① M. Planiol et G. Ripert, Traité pratique de droit civil français, T. IV, Obligations, 1er partie, 2e éd., 1952, par P. ESMEIN, LGDJ, pp. 771–772.

② Y. Guyon in Personnalité morale des sociétés, J. -Cl. soc. Fasc. 27-E-2 (1980), n° 53.

③ Ph. STOFFEL-MUNCK et C. BLOCH, Chronique-Responsabilité civile, JCP G, 2012, doctr. 1224; Christophe Broche, Faut-il en finir avec le dommage moral des personnes morales? Revue Lamy Droit civil, Wolters Kluwer France, Les Éditions Lamy, 2013, pp. 19–23.

产损害是很难加以评估的，甚至完全是一种无法确定的损害。"[1] 另一方面，在解释法人所获得的非财产损害赔偿时，这些民法学者也像 Marcel Planiol 和 Georges Ripert 一样认为，法官责令行为人赔偿给法人的所谓非财产损害在性质上属于一种私人惩罚（peine privée）。例如，在解释法官责令行为人赔偿法人遭受的非财产损害时，Jean Carbonnier 就采取了此种方法，认为法人所获得的非财产损害赔偿实际上是法官对行为人实施的侵犯行为所施加的一种私人惩罚。[2] 再如，在解释法人所获得的非财产损害赔偿时，V. Wester-Ouisse 也采取了同样的方法，认为法官之所以责令行为人赔偿法人的非财产损害，其目的是惩罚有过错的行为人。[3] 同样，E. Dreyer 也采取了此种方法解释公司法人所获得的非财产损害赔偿，因为他认为，法官之所以让公司获得非财产损害赔偿，其目的是惩罚因为过错侵犯法人利益的行为人。[4]

（四）法官为何承认法人所遭受的可予赔偿的非财产损害

在解读法官所承认的非财产损害赔偿时，这些民法学者之所以将法官责令行为人赔偿法人的非财产损害解释为一种财产损害，其原因多种多样，诸如：他们或者认为，法人在性质上属于一种法律拟制人；他们或者认为，法人不可能享有人格权；他们或者认为，虽然法人享有诸如名称权、名誉权等，但是它们享有的这些权利在性质上仅仅是财产权，尤其是一种顾客名单权，不是也不可能是一种非财产权；他们或者认为，法人不可能具有自然人所具有的感情，在其名称、名誉等遭受侵犯时，法人是不可能感受痛苦的。

---

[1] V. Wester-Ouisse, Le préjudice moral des personnes morales, JCP G, 2003. I., p. 145.

[2] Jean Carbonnier, Droit civil, Volume II, Les biens les obligations, puf, 2004, p. 2273.

[3] V. Wester-Ouisse, La jurisprudence et les personnes morales-du propre de l'homme aux droits de l'homme, JCP G 2009, I, n° 10, 121.

[4] E. Dreyer, La faute lucrative des médias, prétexte à une réflexion sur la peine privée, JCP G, n° 43, 22 oct. 2008, I, 201, n° 8.

其一，法官难以确定法人遭受的财产损害的具体数额。反对法人会遭遇非财产损害的民法学者认为，法官责令行为人赔偿法人的非财产损害在性质上仅仅是一种财产损害。在法人遭受财产损害的情况下，法官之所以以非财产损害的名义责令行为人予以赔偿，是因为他们无法以金钱方式客观确定法人究竟遭受了多少数额的财产损害。

其二，法官将法人获得的非财产损害视为一种私人惩罚。反对法人会遭遇非财产损害的民法学者认为，虽然法官责令行为人赔偿法人遭受的非财产损害，但是他们赋予法人的非财产损害赔偿在性质上仅仅是一种私人惩罚，这就是，在责令行为人赔偿法人遭受的损害时，法官会根据行为人的过错程度分别确定他们的赔偿数额，行为人的过错程度不同，他们对法人所承担的赔偿责任范围也不同，以便对有过错的行为人施加民事制裁。

其三，避免法人抗议。反对法人会遭遇非财产损害的民法学者认为，法官之所以责令行为人赔偿法人遭受的非财产损害，其目的是避免法人的抗议。因为在行为人侵犯法人的权利时，如果法官不借口非财产损害的赔偿责令行为人对法人承担侵权责任，则法人会对法官的做法表示不满，并因此向上一级法院提出上诉。为了平息法人的不满，防止法人借口下级法院没有维护自身利益而向上级法院上诉，法官不得不责令行为人赔偿法人遭受的非财产损害。

其四，与传统民法所贯彻的完全损害赔偿理论保持一致。反对法人会遭遇非财产损害的民法学者认为，法官之所以责令行为人赔偿法人遭受的非财产损害，其目的是在法人的损害赔偿问题上与传统民法所贯彻的完全损害赔偿原则保持一致。传统民法理论认为，一旦民事主体因为行为人实施的侵犯行为而遭受了任何损害，包括财产损害和非财产损害，则他们有权要求法官责令行为人赔偿自己遭受的所有损害，包括赔偿自己遭受的财产损害和非财产损害。此种理论在自然人的民事权利遭受侵犯时适用，在法人的民事权利遭受侵犯时没有理由不适用。

三、法人会遭受可予赔偿的非财产损害理论：法国民法学者的肯定意见

在法国，并非所有的民法学者均否定法人能够遭遇非财产损害的

理论，某些民法学者认为，除了自然人能够遭遇非财产损害外，法人同样能够遭受可予赔偿的非财产损害。所不同的是，在承认法人能够遭遇可予赔偿的非财产损害时，他们所采取的理论存在一定的差异。主要表现在两个方面：某些民法学者认为，就像自然人一样，法人遭受的非财产损害也是建立在它们遭受的感情损害的基础上；而某些民法学者认为，虽然法人也能够像自然人一样遭受非财产损害，但是它们遭受的非财产损害并不是建立在法人感情遭受损害的基础上。

（一）法人遭受非财产损害的原因：法人的感情遭受侵犯

在法国，某些学者认为，法人之所以能够遭遇可予赔偿的非财产损害，是因为法人也有需要通过人格权加以保护的感情，这就是法人的集体感情（sentiments collectifs）。主张此种理论的学者包括 Johann Caspar Bluntschli、Léon Michoud、Ph. STOFFEL-MUNCK、Yves Chartier、J. MESTRE、Philippe Malaurie 等人。

早在 1877 年的《国家的一般理论》中，瑞士学者 Johann Caspar Bluntschli（1808—1881）就采取此种理论，认为作为一种法人，国家就像自然人一样具有自己的灵魂、思想和感情。因为国家有灵魂、思想和情感，所以国家也能够享有名誉权、美德权等人格权，也能够感受喜怒哀乐。也因为国家像自然人一样有灵魂、感情，所以当行为人侵犯国家享有的人格权时，他们应当赔偿国家遭受的非财产损害。①

在 1909 年的《法人理论及其在法国实在法当中的适用》中，Léon Michoud（1855—1916）似乎也采取同样的理论②，认为法人能够遭遇非财产损害，并且法人遭受的非财产损害是建立在它们的感情遭受侵犯的基础上，因为在该著作中，他认为法人像自然人一样享有名誉权，他指出："就像自然人一样，集体组织也具有需要加以捍卫

---

① J. -C. Bluntschill, Théorie générale de l'état, Librairie Guillaumin et Cie, 1877, p. 16; Hélène Martron, Les droits de la personnalité des personnes morales de droit privé, 2011, LGDJ, pp. 65 – 66.

② Hélène Martron, Les droits de la personnalité des personnes morales de droit privé, 2011, LGDJ, p. 66.

的名誉,为了实现此种目的,人们不能够否定它们享有的诉讼提起权。"①

在今时今日,不少民法学者仍然采取此种理论。在《民事责任当中的损害赔偿》中,Yves Chartier 不仅承认法人能够遭遇非财产损害,而且还将法人遭受的非财产损害建立在法人的感情基础上。他指出:"实际上,就像自然人能够捍卫自己的荣誉、名誉一样,法人也能够捍卫自己的荣誉、名誉免受侵犯。法人与自然人之间的唯一差异是灵魂方面的差异,这就是,在被剥夺的情况下,法人显然不能够要求行为人赔偿自己遭受的爱情损害。"② 在《法人的道德损害》中,除了承认法人会遭遇非财产损害外,Ph. STOFFEL-MUNCK 还将法人遭受的此种性质的损害建立在法人的感情基础上,他指出:"法人遭受的经济损失由其丧失的财产所构成,而它们遭受的道德损害则由其灵魂损害所构成。"③

在《回应权之外自然人和法人的人格变更权保护》中,J. MESTRE 也采取同样的态度,除了认定法人能够遭遇非财产损害外,他还认为法人的非财产损害建立在法人的心理人格基础上,他指出:"如果说自然人享有的人格权十分丰富并同时包括身体人格、心理人格和社会人格的话,则我们也应当承认,即便法人享有的人格权范围要比自然人享有的人格权范围狭窄,法人仍然享有需要加以保护的心理人格尤其是社会人格,虽然它们不享有身体人格。"④

在《人法》和《债法》中,Philippe Malaurie 和 Ph. STOFFEL-MUNCK 等人也采取了同样的态度,认为法人会遭受道德损害并且它们遭受的道德损害至少部分道德损害是建立在法人的感情基础上的。一方面,在《债法》中,Philippe Malaurie、Laurent Aynès 和 Philippe

---

① Léon Michoud, La théorie de la personnalité morale et son application au droit français, t. II, Librairie Générale de Droit et de Jurisprudence, pp. 83 – 84.

② Yves Chartier, La réparation du préjudice dans la responsabilité civile, Dalloz, n° 310.

③ Ph. STOFFEL-MUNCK, Le préjudice moral des personnes morales, Mélanges Ph. Le Tourneau, Dalloz, 2008, p. 959.

④ J. MESTRE, La protection, indépendante du droit de réponse, des personnes physiques et des personnes morales contre l'altération de leur personnalité aux yeux du public, CP 1974. I. 2623.

Stoffel-Munck 明确承认，法人能够遭受道德损害，他们指出："即便是法人，它们也能够遭受道德损害。"[①] "法官承认法人遭受的道德损害的可予赔偿性，即便法人遭受的此种道德损害不同于自然人遭受的道德损害。法人遭受的道德损害是针对法人的道德财产的损害，例如法人的名誉。"[②] 另一方面，他们也认为，法人遭受的某些道德损害至少建立在某些法人的感情基础上。在《债法》中，虽然 Philippe Malaurie、Laurent Aynès 和 Philippe Stoffel-Munck 明确指出："最狭义的道德损害仅仅是指感情的损害，在这一方面，它仅仅关乎自然人。"[③] 但是，他们并没有完全否定法人遭受的非财产损害能够建立在法人感情基础上，因为在《人法》中，Philippe Malaurie 至少认为，当新闻媒体侵犯宗教组织的感情时，它们应当赔偿法人遭受的道德损害。[④]

（二）法人遭受非财产损害的原因：法人的非感情遭受侵犯

在法国，虽然某些民法学者承认法人会遭遇非财产损害，但是他们认为，法人遭受的此种损害不能够建立在法人的感情基础上，因为他们认为，仅自然人有感情，而法人是不可能有感情的。这些学者包括 Patrice Jourdain、Geneviève Viney、Hélène Martron 等人。

在《公共机构道德损害的赔偿》中，Patrice Jourdain 认为，当行为人实施的行为导致法人的活动被迫停止、组织活动被干扰或者法人的运行陷入困境时，法人当然就会遭受可予赔偿的道德损害。不过，遭受道德损害的法人主要是非营利法人，也就是为了捍卫集体利益的某些公共机构，营利法人很少会遭遇道德损害，因为在行为人实施的行为引起法人损害的发生时，它们遭受的损害往往表现为经济损害，

[①] Philippe Malaurie, Laurent Aynès, Philippe Stoffel-Munck, Droit des Obligations, 8e édition, 2016, LGDJ, p. 153.

[②] Philippe Malaurie, Laurent Aynès, Philippe Stoffel-Munck, Droit des Obligations, 8e édition, 2016, LGDJ, p. 132.

[③] Philippe Malaurie, Laurent Aynès, Philippe Stoffel-Munck, Droit des Obligations, 8e édition, 2016, LGDJ, p. 153.

[④] Philippe Malaurie, les Personnes, 6e édition, DEFRÉNOIS, pp. 153 – 154.

表现为道德损害的情况非常少见。①

　　问题在于，如果法人能够遭遇可予赔偿的道德损害，那么，它们遭受的道德损害在性质上是否是建立在法人的感情基础上的？Patrice Jourdain 做出了否定回答，认为法人遭受的道德损害并不是建立在法人的感情基础上，而是建立在法人所实现的目的和所追求的价值目标方面。他指出，虽然法官在某些案件中责令行为人赔偿法人遭受的道德损害，但是法人遭受的道德损害"并不是对它们感情的损害，而是对它们所追求的社会使命的损害以及对它们试图倡导的崇高道德价值的损害"②。

　　在《民事责任条件》中，Geneviève Viney 和 Patrice Jourdain 虽然明确承认法人能够遭遇可予赔偿的道德损害，但是他们也认为，法人遭受的道德损害并不是建立在法人的感情基础上。一方面，他们承认法人能够像自然人一样遭遇道德损害。Geneviève Viney 和 Patrice Jourdain 认为，除了自然人能够通过提起民事责任诉讼的方式保护其人格的道德特征外，法人也能够通过提起民事责任诉讼的方式保护其人格的道德特征。因为法人也像自然人一样享有名称权、名誉权和商标的肖像权等，在这些人格权被行为人侵犯时，它们当然也像自然人一样享有向法院起诉并要求法官责令行为人对自己遭受的道德损害承担民事责任的权利。③ 换言之，Geneviève Viney 和 Patrice Jourdain 认为，除了自然人能够遭遇道德损害外，法人同样能够遭遇道德损害。

　　另一方面，Geneviève Viney 和 Patrice Jourdain 认为，法人遭受的道德损害并不是建立在法人感情的基础上。因为他们认为，虽然法人能够遭遇道德损害，但是它们不可能遭遇感情损害。他们指出："法人不可能遭遇感情损害，它们不可能主张爱情损害的赔偿。"④

---

① Patrice Jourdain, Réparation du préjudice moral d'un établissement public, RTD civ. 2014, p. 122.

② Patrice Jourdain, Réparation du préjudice moral d'un établissement public, RTD civ. 2014, p. 122.

③ Geneviève Viney, Patric Jourdain, Traité De Droit Civil, Les conditions de la responsabilité, 3e édition, L. G. D. J. pp. 45 – 46.

④ Geneviève Viney, Patrice Jourdain, Traité De Droit Civil, Les conditions de la responsabilité, 3e édition, LGDJ, p. 46.

在法国，将感情从法人遭受的道德损害中排除出去的最著名的民法学者并不是 Patrice Jourdain 或者 Geneviève Viney，而是 Hélène Martron。在《私法人的人格权》中，虽然 Hélène Martron 明确承认，在法人享有的人格权遭受侵犯时，它们有权要求法官责令行为人赔偿自己遭受的道德损害，但是法人遭受的可予赔偿的道德损害不得建立在具有心理因素的感情基础上，而必须另辟蹊径，将法人的道德损害建立在其他基础上。

首先，Hélène Martron 承认法人能够像自然人一样遭受可予赔偿的道德损害。因此，在自然人的姓名权遭受侵犯时，他们有权要求法官责令行为人赔偿自己遭受的道德损害，在法人的名称权遭受侵犯时，它们同样有权要求法官责令行为人赔偿自己遭受的道德损害。[1]在自然人的名誉权遭受侵犯时，他们有权要求法官责令行为人赔偿自己遭受的道德损害，在法人的名誉权遭受侵犯时，它们当然也有权要求法官责令行为人赔偿自己遭受的道德损害。[2]

其次，Hélène Martron 认为，虽然法人会遭受可予赔偿的道德损害，但是法人遭受的道德损害不可能建立在具有心理含义的道德损害的基础上。因为法人不同于自然人，自然人有感情而法人则没有感情，所以如果要承认法人遭受的道德损害，我们必须扫清有关法人道德损害赔偿方面的一个障碍，这就是：不能够将法人遭受的道德损害建立在感情的基础上，因为建立在感情基础上的道德损害在性质上是一种心理性质的道德损害。[3]

最后，Hélène Martron 认为，法人遭受的道德损害只能够建立在最中性的道德损害的基础上。所谓法人遭受的道德损害只能够建立在最中性的道德损害的基础上，是指法人的道德损害只能够建立在法人自身的存在、自身构成要素遭受侵犯的基础上。因为就像自然人具有自身的存在和构成要素一样，作为一种权利主体，法人也具有自身的

---

[1] Hélène Martron, Les droits de la personnalité des personnes morales de droit privé, 2011, LGDJ, pp. 179 – 180.

[2] Hélène Martron, Les droits de la personnalité des personnes morales de droit privé, 2011, LGDJ, p. 204.

[3] Hélène Martron, Les droits de la personnalité des personnes morales de droit privé, 2011, LGDJ, pp. 63 – 68.

存在和自身的构成要素,当法人自身的存在、自身的构成要素遭受侵犯时,它们遭受的损害在性质上就是非财产损害。此种含义上的道德损害被其称为最中性的道德损害。①

四、法人为何能够遭受可予赔偿的非财产损害:笔者的观点

(一) 否定法人能够遭受可予赔偿的非财产损害的原因

在否定法人遭受的非财产损害时,虽然民法学者提出的最有力的一个反对理由是,作为一种权利主体,法人是一个没有自己感情的人,它们既没有痛苦,也没有欢乐,是一个不知道喜怒哀乐为何物的人,在其诸如名称、名誉或者其他利益遭受侵犯时,它们无法感受精神上的痛苦、情感上的伤害、心理上的烦闷。这一点与自然人刚好相反,因为作为一种权利主体,自然人是一个有自己情感的人,他们既能够感受痛苦,也能够感受欢乐,是一个生活在喜怒哀乐当中的人,在其姓名、名誉或者其他利益遭受侵犯时,他们感受精神上的痛苦、情感上的伤害、心理上的烦闷。

作为一种像自然人一样的权利主体,法人为何是一个没有自己感情的人?民法学者认为,法人虽然是一种权利主体,但是法人并不是自然人,它们仅仅是一种法律拟制人,是立法者基于特定目的即让法人从事其章程规定的活动而赋予法人的。在从事章程规定的活动时,法人仅仅享有财产权,无法也不需要享有人格权。换言之,法人之所以无法遭受可予赔偿的非财产损害,是因为法人不享有以满足权利主体的精神、情感、心理需要的人格权;而法人之所以不享有人格权,是因为法人在性质上仅仅是一种法律拟制人,在法律拟制的范围内,法人仅仅享有财产权,不享有人格权。

除了笔者在前面的内容中所介绍的诸如 F. Givord、Toulemon André 和 Jean Moore 等学者对这些原因做出了明确说明外,还有大量的民法学者也对这些原因做出了说明。

---

① Hélène Martron, Les droits de la personnalité des personnes morales de droit privé, 2011, LGDJ, pp. 68 – 69.

例如，在 1951 年的《现代资本主义的法律方面》中，Georges Ripert 就对公司法人不会遭受非财产损害的原因做出了说明，他指出："作为自然人执着于商事经营活动的蹩脚创造物，公司是没有任何感情的。即便公司所从事的活动让人们对其深恶痛疾，它们也会对此无动于衷。"① 再如，在 2002 年的《公司法》中，Maurice Cozian 和 Alain Viandier 也对法人不能够遭受非财产损害的原因做出了说明，他们指出："法人并不是一种人，它们没有痛苦也没有欢乐，既没有血肉也没有骨架，法人仅仅是一种拟制人。"②

同样，在 2011 年的《私法人的人格权》中，Hélène Martron 也对法人不能够遭受道德损害的原因做出了说明，他指出："只有有血有肉的自然人才能够遭受感情的伤害，当人们将感情赋予法人时，人们的此种做法是多么的不合时宜呀。当人们认为法人能够遭受感情痛苦时，他们的此种做法完全建立在不切实际的虚拟的基础上，因为感情与自然人之间存在密不可分的关系，人们不能够将感情同自然人身份加以分离并且将其赋予法人。因为法人完全没有血肉之躯作为支撑，法人无法遭受痛苦的感情、不安的感情或者欢乐的感情。"③

（二）法人会遭受可予赔偿的非财产损害的原因

问题在于，民法学者否认法人能够遭受非财产损害的此种理由是否具有说服力、能否站得住脚？笔者认为，民法学者否定法人能够遭遇非财产损害的此种理由是没有说服力的、是站不住脚的。一方面，在今时今日，法人不能够再像 19 世纪的民法学者那样被视为一种拟制人，因为它们已经是一种真正的、正常的权利主体；另一方面，法人并非是一种没有感情的权利主体，它们也像自然人一样具有自己的感情，除了能够感受欢乐外也能够感受痛苦。

在 19 世纪，在讨论自然人成立的组织体即法人的性质时，民法学者普遍采取了以自然人为中心的理论，认为在民法上，仅自然人是

---

① Georges Ripert, L'aspect juridique du capitalisme moderne, 2e éd, LGDJ, 1951, p. 83.
② Maurice Cozian, Alain Viandier, Droit des sociétés, Litec, 2002, n° 240.
③ Hélène Martron, Les droits de la personnalité des personnes morales de droit privé, 2011, LGDJ, p. 66.

享有主观权利的自然主体,他们具有享有各种各样主观权利的自然人格,除了让他们享有诸如物权和债权在内的财产权外,他们的自然主体、自然人格也让他们享有诸如人格权和著作人格权等非财产权。因为自然人能够同时享有财产权和非财产权,所以除了能够遭受可予赔偿的财产损害外,他们也能够遭受可予赔偿的非财产损害。

在以自然人为法律生活中心的19世纪,法人仅仅被民法学者置于配角及边缘的地位,因为在构造法律关系一般理论或者主观权利一般理论当中的权利主体、人时,民法学者明确否定法人在性质上是一种人、真正的权利主体,即便万不得已承认法人的存在,他们也明确认定,法人仅仅是立法者基于各种实际目的所拟制的一种人、权利主体;为了让法人能够按照自己章程的规定从事财产性质的活动,立法者通过自己制定的法律赋予它们以法人格;因为法人的经营范围仅仅是立法者通过制定法批准的,所以仅仅在其经营范围内它们才享有法人格,凭借其法人格,它们能够享有财产权。

在今时今日,虽然仍然有不少民法学者主张法人拟制说,但是法人显然不再是立法者所拟制的一种权利主体,它们已经不再是自然人的附庸,不再是一种可有可无的权利主体,而是一种像自然人一样具有举足轻重地位、社会不可须臾离开的权利主体,是一种像自然人一样的活生生的、真正的权利主体。因为除了有自己的独立章程,以及自己的独立意志、自己的独立治理结构、自己的独立利益、自己的独立权利、义务和责任外,它们也将自己的触角深入社会的方方面面,包括社会的政治、经济、社会、文化等领域,已如前述。

事实上,在今时今日,自然人生活在各种各样的法人组织中,离开了法人组织,自然人基本上无法生存:在作为劳动力进入市场之前,自然人要在中小学校、大学读书、学习,而中小学校也罢,大学也罢,它们在性质上均为法人组织;在人生的任何阶段,当自然人生病时,他们要到医院接受医师的诊疗,而对他们进行诊疗的医院在性质上也是法人;在中学或者大学毕业之后,他们要到企业或者政府机构就业并因此成为公营或者私营机构的雇员,而为他们提供就业岗位的企业或者政府部门在性质上也是法人;等等。

在今时今日,无论是什么性质的法人组织,除了需要诸如物权和债权等财产权来保护自己的经济利益、物质利益、商事利益免受侵犯外，它们也均需要诸如人格权和著作权等非财产权来保护自己的精神利益、情感利益、心理利益免受侵犯，即便这些非财产利益在人格利益财产化、商事化的时代逐渐财产化、商事化了，亦如此，已如前述。因为法人也需要非财产权来保护自己的利益，当法人享有的非财产权遭受侵犯时，它们当然也会遭受非财产损害；在其非财产权遭受侵犯时，它们当然也能够向法院起诉，要求法官责令行为人赔偿自己遭受的非财产损害。

在今时今日，法人也是一种充满感情的权利主体，它们并不是像民法学者所言的那样无法感受欢乐或者痛苦的权利主体。在民法上，自然人当然具有感情，能够感受欢乐和痛苦，这一点不言自明，因为早在19世纪及之前，自然法学派已经证明，自然人不仅是一种有灵魂的、有大脑的、有意志的人，而且他们的灵魂、大脑和意志是将自己与其他动物区分开来并因此让自己成为权利主体、而其他动物则仅仅是权利客体的唯一原因。① 因为自然人是一种有灵魂、大脑和意志的人，所以除了会与别人尤其是其亲人之间建立亲密感情外，他们也会对别人尤其是其亲人产生真挚的爱。②

因为自然人的人性决定了他们是一种充满感情、能够感受欢乐和痛苦的人，所以从19世纪初期开始，随着人格权理论的提出和迅速发展，在自然人的人格权遭受侵犯时，除了法官通过自己的司法判例逐渐承认自然人能够遭遇可予赔偿的非财产损害外，民法学者也通过自己的民法学说逐渐承认，自然人遭受的非财产损害是可予赔偿的损害，即便在承认非财产损害的赔偿时，那些保守的民法学者对此予以批评，认为法官和民法学者的做法存在"感情的商事化"嫌疑。③ 而在今时今日，几乎所有法官和民法学者均承认，在自然人的人格权遭

---

① Alphonse Boistel, Cours Élémentaire De Droit Naturel, Ou De Philosophie Du Droit, Paris, Ernest Thorin, Éditeur, 1870, pp. 153 – 155；张民安：《法国人格权法（上）》，清华大学出版社2016年版，第267—268页。

② Alphonse Boistel, Cours Élémentaire De Droit Naturel, Ou De Philosophie Du Droit, Paris, Ernest Thorin, Éditeur, 1870, pp. 158 – 159；张民安：《法国人格权法（上）》，清华大学出版社2016年版，第271—272页。

③ Hélène Martron, Les droits de la personnalité des personnes morales de droit privé, 2011, LGDJ, pp. 63 – 65；Virginie Larribau-Terneyre, Droit civil Les obligations, 15e édition, Dalloz, p. 741；

受侵犯时，他们能够要求法官责令行为人赔偿自己遭受的非财产损害，已如前述。

不过，在承认自然人能够遭受非财产损害时，我们不能够因此否定法人遭受的非财产损害。因为在今时今日，作为一种正常的权利主体，法人也有自己的感情，它们也能够像自然人一样感受欢乐和痛苦。在今时今日，法人为何也有感情，为何也能够感受欢乐和痛苦？答案在于，除了自然人具有表达自己感情、喜怒哀乐的灵魂、大脑和意志外，法人也像自然人一样具有自己的大脑、灵魂、意志，已如前述。

因此，除了能够像自然人一样通过自己的大脑、灵魂、意志表达法人的意志和代表法人做出各种决定、行为外，法人也能够像自然人一样通过自己的大脑、灵魂、意志表达自己的真挚感情、感受自己的喜怒哀乐：在法人的名誉、隐私和名称受到社会公众尤其是消费者的普遍尊重和尊敬时，法人也会像自然人一样表现出喜悦、欢乐、兴奋，也会像自然人一样受到精神上的鼓舞、心灵上的安慰、情感上的满足；而在它们的名誉遭到行为人的毁损、隐私遭遇行为人的泄露或者名称遭遇行为人的冒用时，法人也会像自然人一样感到愤怒、沮丧、痛苦、压抑甚至无助，也会像自然人一样遭遇精神上的痛苦、心灵上的打击和情感上的伤害。

在对待自己的名誉、隐私和名称等人格特征的问题上，法人与自然人之间不存在丝毫的差异：作为两种权利主体，他们均高度关注自己的名誉、隐私和姓名、名称等人格特征，除了会不遗余力地维护自己的名誉权、隐私权和姓名权、名称权等人格权外，在其名誉权、隐私权、姓名权、名称权和其他人格权遭受侵犯时，他们均会毫不犹豫地向法院起诉，要求法官根据案件的具体情况分别采取各种各样的法律措施维护自身的利益。

具体来说，如果行为人还没有实施但是正准备实施侵犯法人和自然人享有的某种人格权的行为，法人和自然人均会要求法官责令行为人放弃其即将实施的侵犯行为；如果行为人已经开始实施侵犯行为并且如果其侵犯行为仍然在持续不断地进行中，法人和自然人均会要求法官责令行为人停止其正在实施的侵犯行为；如果行为人实施的侵犯行为已经造成了实质性的损害，法人和自然人均会要求法官责令行为人赔偿自己遭受的补偿性损害,以便让自己的损害恢复到侵犯行为发生之前的状态;如果行为人实施的侵犯行为没有造成实质性的损害,法人和自然人均会要求法官责令行为人赔偿自己遭受的抚慰性损害,以便安抚、慰藉自己遭受的心理、精神痛苦。①

在法人和自然人的名誉权、隐私权、姓名权和名称权遭受侵犯时,他们之所以均会向法院起诉,要求法官采取这些法律措施保护自己的利益,是因为他们深知,如果要过着正常的民事生活,如果要从事正常的经济活动、商事活动或者其他活动,尤其是,如果想要与他人建立良好的社会关系、经济关系或者其他关系,除了应当千方百计地维护自己的名誉外,他们还应当保有自己的私人生活,防止自己的姓名、名称与别人混淆,否则,一旦他们的名誉被毁、私人生活被泄露或者姓名、名称被混淆,则他们的社会存在将会遭遇重大的不利影响,甚至危及自己的社会生存。

因为这样的原因,无论是法人还是自然人均会反对行为人侵犯自己的姓名、名称,均会反对行为人毁损自己的名誉,均会抗议行为人泄露自己的私人生活;也因为这样的原因,当行为人将自己的姓名、名称与自然人、法人的姓名、名称混淆时,当行为人假冒自然人和法人的姓名、名称时,当行为人毁损自然人和法人的名誉时,当行为人公开自然人和法人的私人生活时,除了自然人会对行为人实施的这些侵犯行为感到不安甚至愤怒外,法人同样会对行为人实施的这些侵犯行为感到不安、愤怒。由此可知,那些认为自然人对行为人实施的这些侵犯行为感到不安、愤怒,而法人对行为人实施的这些侵犯行为无动于衷的看法显然是不符合事实的。

在法人的名誉、隐私、名称或者其他人格特征遭受行为人的侵犯时,法人之所以会感到不安、愤怒,是因为法人也像自然人一样有自己的感情,能够像自然人一样体会喜怒哀乐:在公司营利大幅增加的情况下,它们会欢欣鼓舞、兴奋难耐;在公司的营利大幅减少的情况

---

① Jean-Michel Bruguière, Bérengère Gleize, Droits de la Personnalité, ellipses, 2015, pp. 324 – 339;张民安:《法国人格权法(上)》,清华大学出版社 2016 年版,第 545—558 页;张民安、铁木尔高力套:《债权法》(第五版),中山大学出版社 2017 年版,第 214—222 页。

下，它们会愁眉苦脸、羞愧难当；在公司因为经营不善或者因为其他原因而接近资不抵债、濒临破产时，它们会肝肠寸断、沮丧黯然。法人之所以也像自然人一样有感情、能够感受喜怒哀乐，是因为法人也像自然人一样有自己的灵魂、大脑、精神，已如前述。

（三）法人感情、喜怒哀乐的不同表达方式

不过，虽然法人也像自然人一样有感情、能够感受喜怒哀乐，但是它们的感情、喜怒哀乐的表达方式不同于自然人。在民法上，自然人的感情、喜怒哀乐通过自身表达出来，而法人则不同，它们的感情、喜怒哀乐通过自己的机关尤其是其中的管理机关表达出来。在民法上，法人的机关尤其是管理机关就是法人自身，除了法人的灵魂、大脑、精神、意志通过法人的机关体现外，法人的感情、喜怒哀乐也通过法人的机关尤其是管理机关体现。换言之，法人机关的感情就是法人的感情，法人机关的喜怒哀乐就是法人的喜怒哀乐。

因此，在医疗事故发生之后，如果医院的病患者在医院门口停放尸体、摆设灵堂并用音箱播放哀乐，医院的院长当然会感到不安、沮丧甚至异常愤怒。医院院长的这些表现当然是其感情的自然流露，是其喜怒哀乐的不同表达。不过，医院院长的这些感情流露和喜怒哀乐的不同表达并不是其个人的感情流露、个人喜怒哀乐的表达，而是医院法人的感情流露、医院法人喜怒哀乐的不同表达。因为，一方面，医院院长的这些感情流露和喜怒哀乐的表达不是建立在其私人生活、私人事务遭受侵犯的基础上，而是建立在医院的生活、医院的事务遭受侵犯的基础上；另一方面，在民法上，医院院长是医院法人，他们的感情流露、喜怒哀乐就是医院法人的感情流露、喜怒哀乐。

基于同样的原因，在公司的名称被行为人假冒时，或者在公司的内部电话被行为人窃听时，公司的董事尤其是董事长会感到沮丧、愤怒。不过，公司董事尤其是董事长的沮丧、愤怒并不是他们个人的感情表达、个人喜怒哀乐的表达，而是公司感情的表达、公司喜怒哀乐的表达。因为被行为人假冒的名称并不是董事、董事长的个人姓名而是作为法人的公司名称，被行为人窃听的电话并不是董事、董事长的私人电话，而是公司董事、董事长为了公司的利益所拨打的电话，即便是董事、董事长拨打的电话，他们在电话中所讨论的事务也是作为

法人的公司事务。换言之，在公司的名称被假冒、公司的电话被窃听时，公司董事尤其是董事长所表达的沮丧、愤怒是可想而知的。

五、法人人格权遭受侵犯时所产生的财产损害和非财产损害的赔偿

（一）法人因为人格权的侵犯而遭受的财产损害

在民法上，如果法人享有的人格权遭受行为人的侵犯，它们当然会遭受某种损害。不过，它们遭受的损害究竟是什么性质的损害？对此问题，我们应当根据被侵犯的人格权的性质决定：如果被侵犯的人格权在性质上仅仅是一种财产权，则法人遭受的损害在性质上属于一种单纯的财产损害；如果被侵犯的人格权在性质上仅仅是一种非财产权，则法人遭受的损害在性质上属于一种单纯的非财产损害；而如果被侵犯的人格权在性质上同时是一种财产权和非财产权，则法人遭受的损害既包括财产损害也包括非财产损害。

在民法上，如果行为人侵犯了法人享有的具有财产权性质的某种人格权，在责令行为人赔偿法人遭受的财产损害时，民法学者和法官很少会面临困难。因为当行为人侵犯法人享有的此种性质的人格权时，法人遭受的财产损害仅仅表现为一种经济损失、财产损失，根据实际损害赔偿原则，法人因为行为人实施的侵权行为遭受了多少经济损失、财产损失，它们就有权要求行为人赔偿多少损失，行为人承担的损害赔偿责任范围等同于法人遭受的实际损失范围。换言之，有关经济赔偿、财产损害赔偿的一般原则完全可以在法人具有财产性质的人格权遭受侵犯时得到适用。[1]

当然，在责令行为人赔偿法人遭受的经济损失时，法官并非不会遇到任何难题，事实上，他们也会遭遇一些难题。例如，在责令行为人赔偿法人遭受的经济损失时，因为各种各样的原因，法人有时无法

---

[1] Agnès Lucas-Schloetter, Droit moral et droits de la personnalité: étude de droit comparé français et allemande, Tome II, Presses Universitaires D'Aix-Marseille, Paris, 2002, pp. 737 – 739; Hélène Martron, Les droits de la personnalité des personnes morales de droit privé, 2011, LGDJ, pp. 183 – 184, p. 204; Jean-Michel Bruguière, Bérengère Gleize, Droits de la Personnalité, ellipses, 2015, pp. 336 – 338.

确切地证明自己遭受的实际损失是多少。不过，此种难题并非仅仅在法人具有财产性质的人格权遭受侵犯时所独有，在其他案件中也存在。例如，如果行为人侵犯他人具有财产性质的知识产权，在要求法官责令行为人赔偿自己遭受的财产损失时，知识产权人有时也很难证明自己究竟遭受了多少经济损失。

在此种情况下，法官并非不能够解决当事人之间的纠纷。例如，法官可以将行为人通过侵犯法人人格权所获得的利润视为法人遭受的实际损失；再如，法官可以将行为人如果征得法人同意之后使用其名称时原本应当支付给法人的使用费视为法人遭受的实际损失。换言之，当行为人侵犯法人具有财产性质的人格权时，法官可以在行为人所获得的利润范围内或者行为人原本应当支付给法人的使用费用范围内责令他们赔偿法人遭受的经济损失。①

（二）法人因为人格权的侵犯而遭受的非财产损害

在民法上，如果行为人侵犯法人具有非财产性质的人格权，在责令行为人赔偿法人遭受的非财产损害时，民法学者和法官往往会面临两个较大的难题。具体来说，在法人的非财产损害问题上，人们面临的第一个主要问题是，在法人的人格权遭受侵犯时，如果它们能够遭遇非财产损害，它们遭遇的非财产损害有哪些类型？换言之，如果法人和自然人一样能够遭遇非财产损害，它们所遭遇的非财产损害与自然人遭遇的非财产损害类型是否相同？对此问题，即便对法人的人格权做出专门研究的民法学者都很少做出说明，其他民法学者就更没有做出说明了，即便他们也承认法人能够遭遇非财产损害。

在民法上，当权利主体享有的人格权遭受侵犯时，他们遭受的可予赔偿的非财产损害类型众多，包括但是不限于这些类型的损害：精

---

① Agnès Lucas-Schloetter, Droit moral et droits de la personnalité: étude de droit comparé français et allemande, Tome II, Presses Universitaires D'Aix-Marseille, Paris, 2002, pp. 737 – 739; Jean-Michel Bruguière, Bérengère Gleize, Droits de la Personnalité, ellipses, 2015, pp. 336 – 338.

神痛苦、肉体疼痛、娱乐损失、短命损失、爱情损害、美感损害等。① 问题在于，在法人享有的人格权遭受侵犯之后，如果它们会遭受非财产损害，它们遭受的非财产损害是不是指这些类型的损害，如果不是指这些类型的非财产损害，法人遭受的非财产损害究竟是指哪些类型的损害？

在法国，虽然民法学者普遍将非财产损害分为精神痛苦、肉体疼痛等不同类型的损害，但是几乎所有民法学者均认为，这些类型的非财产损害仅为自然人所遭受，法人不会遭受这些类型的非财产损害，尤其是，法人不能够遭受精神痛苦。因为他们认为，包括精神痛苦在内的这些非财产损害建立在感情的基础上，而仅自然人有感情，法人是没有感情的，已如前述。

如果法人无法遭受这些类型的非财产损害，那么，法人会遭受哪些类型的道德损害呢？对此问题，少数民法学者做出了说明。J. MESTRE 认为，法人遭受的道德损害是对其自身的文化、价值观和形象的损害，也就是对法人身份、法人独特性的损害。② Hélène Martron 也采取同样的态度，他认为，法人遭受的道德损害在性质上不是自然人遭受的感情损害，而仅仅是法人自身形象、法人自身构成要素的损害，也就是法人人格权的损害，他认为这是一种最中性的道德损害理论，已如前述。③

在法国，虽然 V. Wester-Ouisse 反对法人能够遭受非财产损害的

---

① Henri Roland, Laurent Boyer, Responsabilité délictuelle 3e édition, Litec, pp. 68 – 80; Henri et Leon Mazeaud, Jean Mazeaud, Francois Chabas, Obligations, 9e édition, Montchrestien, pp. 422 – 428; Mireille Bacach-Gibeili, Les obligations la responsabilité civile extracontractuelle, 2e édition, Econnomica, pp. 455 – 467; Jean Carbonnier, Droit civil, Volume II, Les biens les obligations, puf, pp. 2273 – 2275; Pierre Voirin, Gilles Goubeaux, Droit civil, tome 1, Introduction au droit, personnes-famille, personnes protégées, biens-obligations, sûretés, 33e édition, LGDJ, pp. 533 – 534；张民安：《法国民法》，清华大学出版社 2015 年版，第 387 页；张民安、铁木尔高力套：《债权法》（第五版），中山大学出版社 2017 年版，第 414—415 页。

② J. MESTRE, La protection, indépandant du droit de réponse, des personnes physiques et des personnes morales contre l'altération de leur personnalité aux yeux du public, CP 1974. I. 2623.

③ Hélène Martron, Les droits de la personnalité des personnes morales de droit privé, 2011, LGDJ, pp. 68 – 69.

观点，但是在对司法判例所确立的道德损害做出分析时，他认为，法官通过司法判例确立了三类道德损害：其一，因为法人享有的人格权遭受侵犯时遭受的道德损害；① 其二，因为法人根据章程规定所从事的活动或者法人的目的受到侵犯而遭受的非财产损害；② 其三，因为法人的感情遭受侵犯而遭受的非财产损害。即便法官没有明确对此做出说明，他们也的确承认法人是有感情的。③ 不过，P. Jourdain 针对 V. Wester-Ouisse 的第三类案件发表了不同看法，认为在第三类案件中，与其说法官是在责令行为人赔偿法人遭受的感情损害，毋宁说是在责令行为人赔偿法人的个人成员遭受的感情损害。④

在我国，鉴于民法学者普遍不承认法人人格权所具有的非财产性，在法人会遭受哪些非财产损害的问题上，似乎没有任何民法学者做出过说明，已如前述。笔者认为，在法人享有的人格权遭受侵犯时，法人不仅会遭遇非财产损害，而且它们遭受的最主要的、最重要的非财产损害就是精神痛苦，这一点同自然人没有任何差异。因为在自然人的人格权遭受侵犯时，他们遭受的最基本的非财产损害就是精神痛苦。

在民法上，法人并非一个没有感情、精神、灵魂、心理的权利主体，它们也像自然人一样有自己的喜怒哀乐，已如前述。因此，在它们的人格权遭受侵犯时，尤其是在非营利法人的名称权、名誉权、隐私权遭受侵犯时，它们同样会像自然人一样表现出形形色色的消极情绪，诸如不安、焦虑、烦躁、失望、沮丧、恼羞成怒，这一点同自然人毫无二致。当法人的这些消极情绪表现出来时，它们所表现的这些情绪在性质上就是法人的精神痛苦、精神损害、心理痛苦、心理伤害。

---

① V. Wester-Ouisse, Le préjudice moral des personnes morales, JCP G, 2003. I., p. 145.
② V. Wester-Ouisse, Le préjudice moral des personnes morales, JCP G, 2003. I., p. 145.
③ V. Wester-Ouisse, Le préjudice moral des personnes morales, JCP G, 2003. I., p. 145.
④ P. Jourdain, Réparation du préjudice moral d'un établissement public, RTD civ. 2014, p. 122.

在民法上，法人的精神痛苦与自然人的精神痛苦所存在的主要差异不在于法人没有精神痛苦而自然人有精神痛苦，它们之间的差异在于，法人的精神痛苦通过法人的机关表现出来，而自然人的精神痛苦则是通过自然人本人或者与自然人有亲密关系的家属表现出来。同样是自然人和法人的姓名权和名称权遭受侵犯，自然人的精神痛苦是通过自己的不安、焦虑、烦躁、失望、沮丧甚至恼羞成怒表现出来，而法人的精神痛苦则是通过董事尤其是董事长的不安、焦虑、烦躁、失望、沮丧甚至恼羞成怒表现出来。在姓名权和名称权遭受侵犯时，我们能够感受到自然人遭受的这些精神痛苦，在法人的名称权遭受侵犯时，我们没有理由感受不到法人遭受的这些精神痛苦，因为在公司的名称权被侵犯时，公司的董事尤其是董事长就像自己的姓名权被侵犯一样会表现出不安、焦虑、烦躁、失望、沮丧甚至恼羞成怒。

在民法上，虽然非财产损害的类型多种多样，但是最基本的、最重要的非财产损害是权利主体遭受的精神痛苦、精神损害。如果没有精神痛苦、精神损害，则人将不会成为人，他们将会沦落为物。因为在面对行为人实施的侵犯行为时，只有物才会无动于衷，不会表现出任何情绪反应，而人则不同，在面对行为人实施的侵犯行为时，他们均会情不自禁地表现出某种程度不同的情绪反应，对于自然人而言是如此，对于法人而言亦是如此。

（三）在责令行为人赔偿法人遭受的非财产损害时法官应当考虑的各种具体因素

在行为人侵犯法人的人格权时，法人究竟是不是能够获得可予赔偿的道德损害，其考量同自然人的人格权遭受侵犯时自然人是否可以请求道德损害赔偿的考量完全一致。这就是，如果行为人实施的侵犯行为仅仅引起轻微的消极情绪反应，换言之，如果行为人实施的侵犯行为引起轻微的精神损害，则法人不能够要求法官责令行为人赔偿自己遭受的精神痛苦；如果行为人实施的侵犯行为引起严重的消极情绪反应，换言之，如果行为人实施的侵犯行为引起严重的精神损害，则法人有权要求法官责令行为人对自己所遭受的道德损害进行赔偿。

在2013年的《虽然我不能够与法人共进午餐，但是法人不会因此遭受痛苦》的文章中，Jean Hauser借口"虽然我不能够与法人共进午餐，但是法人不会因此遭受痛苦"的理由反对法人会遭遇精神痛苦的主张，已如前述。不过，反对法人能够遭遇精神损害的此种理由显然欠缺说服力。一方面，如果我不与法人共进午餐，法人的确不能够获得精神损害赔偿，因为法人在此种情况下很少会遭遇精神痛苦，即便会遭遇精神上的不悦，它们遭受的精神上的不悦也是轻微的，没有到达要加以赔偿的程度。另一方面，此种理由同样可以对自然人使用，这就是，如果我不与自然人共进午餐，自然人也无权要求我对其承担精神损害赔偿责任，即便我主动约请对方共进午餐，如果我没有出现在约定的午餐地点，我也不对对方承担精神损害赔偿责任。因为对方虽然会因为我未到而遭受心理上的不痛快，但是其心理上的不悦还没有达到应当予以赔偿的程度。

在法人要求法官责令行为人赔偿自己遭受的精神损害时，如果法官认定法人遭受的精神损害严重到需要行为人予以赔偿的程度，则法官应当责令行为人赔偿法人遭受的精神损害。在具体确定法人能够获得的精神损害赔偿数额时，法官采取的方法同他们在确定自然人能够获得的精神损害赔偿数额时采取的方法完全一样：根据法人人格权遭受侵犯的具体情况不同，在充分考虑各种各样的具体因素的情况下，确定法人能够获得的精神损害赔偿数额。这就是所谓的主观方法，它是相对于法官在确定财产损害赔偿数额时所采取的客观方法而言的。具体而言，在确定法人能够获得的精神损害赔偿数额时，法官尤其要考虑以下几种具体因素。①

其一，被行为人侵犯的人格权的重要性。如果法人享有的人格权被侵犯之后引起了精神损害的发生，在确定法人遭受的精神损害赔偿范围时，法官要考虑的第一个因素是，被行为人侵犯的法人人格权的重要程度，也就是被行为人侵犯的人格权所具有的价值大小。总的来说，被侵犯的人格权越是重要、价值越大，则法人获得的精神损害赔偿数额越高，反之，被侵犯的人格权越是不重要、价值越小，则法人

---

① Ph. STOFFEL-MUNCK, Le préjudice moral des personnes morales, Mélanges Ph. Le Tourneau, Dalloz, 2008, p. 959; Federico López Carreras, Les personnes morales et le préjudice moral en France, Aequitas, 2016, pp. 91 – 107; P. Jourdain, Réparation du préjudice moral d'un établissement public, RTD civ. 2014, p. 122.

获得的精神损害赔偿数额越低。被侵犯的人格权究竟是否重要，如果重要，究竟重要到什么程度，换言之，被侵犯的人格权究竟价值有多大，由法官根据案件的具体情况确定。

其二，法人因为行为人的侵犯行为遭受的精神损害强度。如果法人享有的人格权被侵犯之后引起了精神损害的发生，在确定法人遭受的精神损害赔偿范围时，法官要考虑的第二个因素是，法人遭受精神损害的强度。总的来说，法人遭受的精神损害强度越强，则它们获得的精神损害赔偿数额越高，反之，它们遭受的精神损害强度越弱，则它们获得的精神损害赔偿数额越少。法人遭遇的精神损害是强还是弱，由法官结合案件的具体情况确定。

其三，法人的营利性或者非营利性。如果法人享有的人格权被侵犯之后引起了精神损害的发生，在确定法人遭受的精神损害赔偿范围时，法官要考虑的第三个因素是法人的性质。总的来说，越是非营利法人，它们越是有可能遭受道德损害，反之，越是营利法人，它们遭受的道德损害越有可能不是道德损害。因为非营利法人享有人格权的目的不是从事经济活动、商事活动、物质活动，而是从事政治、宗教或者其他非经济活动；而营利法人享有人格权的主要目的则不是从事非经济活动、非商事活动、非物质活动，而是从事经济活动、商事活动、物质活动。当然，无论是营利法人还是非营利法人均有可能遭受精神损害，因为它们享有的某些人格权在性质上也是一种非财产权，已如前述。

其四，行为人侵犯法人人格权的过错程度。除了要考虑上述三个具体因素外，在确定法人遭受的精神痛苦时，法官是否应当考虑行为人在侵犯法人人格权时的过错程度？对此问题，民法学者之间存在不同意见。某些民法学者认为，在决定行为人承担的赔偿范围时，法官不应当考虑行为人的过错程度，因为过错程度不应当对行为人的赔偿范围产生影响。而某些民法学者则认为，法官应当考虑行为人的过错程度：行为人的过错程度越高，他们支付的精神损害赔偿数额越大，反之，行为人的过错程度越小，则他们支付的精神损害赔偿数额越少，这就是所谓的私人惩罚理论，已如前述。

总之，就像自然人能够遭受精神损害一样，在法人享有的人格权遭受侵犯时，它们也能够遭受精神损害。问题在于，在法人的人格权遭受侵犯时，除了能够遭受精神损害外，它们是否还会遭受其他类型的非财产损害？笔者认为，除了能够遭受精神损害外，法人至少还能够遭受一种道德损害，这就是短命损害。法人之所以会遭受短命损害，是因为法人也像自然人一样具有生命权，已如前述。在法人章程规定的期限届满之前，如果行为人实施的侵权行为导致法人破产或者解散，则法人也像自然人一样提前死亡，并因此遭受了时光的损害。

第六章　主观权利之间的差异与人格权的独立性

一、为何"人格权与其他民事权利有本质区别"不是人格权不能够独立设编的理由

在2016年的《中国民法典中不能设置人格权编》一文中，梁慧星教授提出了反对人格权独立设编的第一个主要理由，这就是"人格权与其他民事权利有本质区别"①，根据该种理论，虽然立法者能够在民法典中规定多种多样的内容，但是他们只能够将哪些在性质上属于人与人之间法律关系的内容独立设编，不能够将哪些在性质上不属于人与人之间法律关系的内容独立设编：因为物权、债权、亲属和继承是人与人之间的法律关系，所以立法者能够在自己制定的民法典当中将物权、债权、亲属和继承独立设编，而因为人格权并不是人与人之间的一种法律关系，所以即便立法者制定法民法典，他们也不能够在自己制定的民法典中将人格权独立设编。

梁慧星教授对此种反对理由做出了明确说明，他指出："人格权的客体是自然人的生命、身体、健康、自由、姓名、肖像、名誉、隐私等人格利益。人格权是存在于主体自身的权利，而不是存在于人与人之间的关系上的权利。人格权就像权利能力、行为能力、出生、死亡一样，属于主体自身的事项，因此，民法中不存在人格权关系。人格权只在受侵害时才涉及与他人的关系，但这种关系属于侵权责任关系，是债权关系的一种。这是不能将人格权作为民法典的分则，即不能在民法典中设置与物权编、债权编、亲属编、继承编相并立的人格

---

① 梁慧星：《中国民法典中不能设置人格权编》，载《中州学刊》2016年第2期，第48页。

权编的法理根据。"①

在我国,当梁慧星教授以"人格权与其他民事权利有本质区别"作为反对人格权独立设编的理由时,他提出的此种反对理由是否能够成立、有没有说服力、能否站得住脚?笔者认为,他提出的此种反对理由是不能够成立的、是没有说服力的、是站不住脚的,主要原因有三个:其一,"人格权与其他民事权利有本质区别"并不是决定人格权或者其他民事权利能否独立设编的判断标准;其二,在今时今日,人格权在我国一定是一种像物权和债权一样的法律关系;其三,如果梁慧星教授的此种反对理由成立的话,则除了人格权不能够独立设编外,物权也不能够独立设编,因为物权尤其是其中的所有权也不是一种人与人之间的法律关系,而是所有权人对其所有物享有的一种权利。

二、"人格权与其他民事权利有本质区别"仅仅是人们建立主观权利类型化的目的

在我国,当梁慧星教授以"人格权与其他民事权利有本质区别"的理由反对人格权独立设编时,他的此种反对理由之所以不能够成立、没有说服力、站不住脚,第一个主要原因是,"人格权与其他民事权利有本质区别"同人格权是否能够独立设编没有丝毫的关系。

在民法中,民事权利处于核心地位,因为民法的目的是确认和保护民事主体享有的各种各样的民事权利。为了建立起以民事权利为核心的民法总论,民法学者试图打造出民事权利的一般理论。民事权利的一般理论所包含的内容多种多样:①民事权利的界定;②民事权利的主体;③民事权利的客体;④民事权利的内容;⑤民事权利的性质;⑥民事权利的类型;⑦民事权利的渊源;⑧民事权利的行使;⑨民事权利的法律保护。②

这些内容结合在一起就形成了作为一个有机整体的民事权利理

---

① 梁慧星:《中国民法典中不能设置人格权编》,载《中州学刊》2016年第2期,第48页。
② 张民安:《法国民法》,清华大学出版社2015年版,第5—8页;张民安:《法国民法总论(上)》,清华大学出版社2017年版,第544—561页;张民安、丘志乔主编:《民法总论》(第五版),中山大学出版社2017年版,第127—152页。

论，这就是民事权利的一般理论。民事权利的一般理论也被称为主观权利的一般理论，它是相对于民事权利的具体理论而言的。所谓民事权利的具体理论，也被称为主观权利的具体理论，是指仅仅关乎各种具体民事权利、主观权利的理论。例如，关于物权的理论，关于债权的理论，关于家庭权的理论，以及关于知识产权的理论，等等。因此，民事权利的类型属于民事权利一般理论的组成部分，如果没有民事权利的类型化，则民事权利的一般理论将会是残缺不全的。①

所谓民事权利的类型化，也被称为主观权利的类型化（classification des droits subjectifs），是指民法学者根据一定的标准对民事权利即主观权利做出分类，在明确每一种民事权利、主观权利特征的同时确保不同民事权利、主观权利的独立性。在法国，民法学者普遍根据主观权利的性质不同将主观权利分为财产权和非财产权两类，其中的财产权和非财产权又可以做出更进一步的分类：财产权包括物权、债权和知识产权等民事权利，而非财产权则包括人格权、家庭权等民事权利。② 而在我国，民法学者基于不同的标准对民事权利做出了不同的分类：根据民事权利的性质不同，他们将民事权利分为财产权和人身权；根据民事权利所对抗的效力范围不同，他们将民事权利分为绝对权和相对权；根据民事权利所起的作用不同，他们将民事权利分为

---

① 张民安：《法国民法》，清华大学出版社 2015 年版，第 5—8 页；张民安：《法国民法总论（上）》，清华大学出版社 2017 年版，第 544—561 页；张民安、丘志乔主编：《民法总论》（第五版），中山大学出版社 2017 年版，第 127—152 页。

② Jacques Ghestin et Gilles Goubeaux, Traité de droit civil, Introduction générale, Librairie générale de droit et de jurisprudence, pp. 152 – 157; Henri et Leon Mazeaud, Jean Mazeaud, Francois Chabas, Lecons de DROIT CIVIL, Tome Premier, Introduction à l'étude du droit, septième édition, ÉDITIONS, MONTCHRESTIEN, pp. 218 – 219; Henri Roland, Laurent Boyer, Introduction au droit, Litec, pp. 429; Gérard Cornu, Droit civil, Introduction au droit, 13e édition, Montchrestien, pp. 31 – 43; Jean-Luc AUBERT, Eric SAVAUX, Introuduction au droit et thèmes fondamentaux du droit civil, 14e édition, Dalloz, pp. 217 -220；张民安：《法国民法》，清华大学出版社 2015 年版，第 59—96 页；张民安：《法国民法总论（上）》，清华大学出版社 2017 年版，第 557—558 页。

支配权、请求权、抗辩权和形成权；等等。①

在法国和我国，少数民法学者也根据民事权利、主观权利客体的不同将民事权利、主观权利分为人格权、物权、债权和知识产权等不同类型。在法国，Pierre Voirin 和 Gilles Goubeaux 就采取了此种做法，除了根据主观权利性质的不同将主观权利分为财产权和非财产权外，② 他们还根据权利客体的不同将主观权利分为四种，即物权、债权、知识产权和人格权。③

在我国，王卫国教授也采取了此种做法，根据民事权利客体的不同，他将民事权利分为五种：人格权、亲属权、财产权、知识产权和社员权。④ 在我国，在《民法通则》和《民法总则》中，立法者均采取了此种做法，他们根据民事权利客体的不同将民事权利分为人格权、身份权、继承权、物权、债权和知识产权，这就是《民法通则》第五章和《民法总则》第五章所规定的民事权利。

在民法上，民法学者和立法者为何根据权利客体的不同对民事权利做出不同的分类？他们做出此种分类的目的是，借此将人格权与其他民事权利区分开，并因此让其他民事权利独立设编而让人格权不独立设编吗？笔者认为，在民法上，人们之所以区分人格权和其他民事权利并因此寻找它们之间的"本质差异"，其目的并不是确定民事权利是否能够在民法典当中独立设编，尤其是，不是确定人格权是否能够在民法典当中独立设编，而是建立民事权利的类型化，明确不同类型民事权利的不同性质和特征，并因此强化民事权利的一般理论。

例如，传统民法认为，因为物权的客体是有体物，而债权的客体

---

① 江平主编：《民法学》，中国政法大学出版社 2007 年版，第 34—43 页；王卫国主编：《民法》，中国政法大学出版社 2007 年版，第 36—40 页；魏振瀛主编：《民法》（第四版），北京大学出版社 2010 年版，第 35—39 页；王利明：《民法总则》，中国人民大学出版社 2017 年版，第 239—275 页；梁慧星：《民法总论》（第五版），法律出版社 2017 年版，第 71—78 页；张民安、丘志乔主编：《民法总论》（第五版），中山大学出版社 2017 年版，第 281—333 页。

② Pierre Voirin, Gilles Goubeaux, Droit civil, tome I, Introduction au droit, personnes-famille, personnes protégées, biens-obligations, sûretés, 33e édition, LGDJ, pp. 45 – 47.

③ Pierre Voirin, Gilles Goubeaux, Droit civil, tome I, Introduction au droit, personnes-famille, personnes protégées, biens-obligations, sûretés, 33e édition, LGDJ, pp. 48 – 49.

④ 王卫国主编：《民法》，中国政法大学出版社 2007 年版，第 34—38 页。

则是无体物,所以物权的性质不同于债权:物权是一种支配权而债权则是一种请求权;物权具有追及性、优先性,而债权则没有追及性、优先性。再如,传统民法认为,因为物权和债权的客体是财产,所以物权和债权在性质上是财产权,财产权既具有可处分性,也有可适用时效性,还具有强制执行性,而人格权则不同,因为人格权的客体是权利主体自身,尤其是自然人自身,所以人格权在性质上是一种非财产权,具有不得处分性、不适用时效性、不得强制执行性。[1]

在民法上,将人格权是否独立设编的问题同人格权与其他主观权利之间的区别问题联系在一起,除了将两个风马牛不相及的问题扯在一起外,此种做法也混淆了民法内容是否独立设编的判断标准与不同主观权利区分的判断标准,将区分不同主观权利的判断标准等同于民法内容是否独立设编的判断标准。关于民法内容是否独立设编的判断标准,笔者将在下面的内容中做出详细的讨论,此处从略。

在民法上,如果因为人格权的客体不同于其他民事权利而借口"人格权与其他民事权利有本质区别"主张人格权不应当独立设编,则人们完全能够基于同样的理由而主张物权、债权、身份权等不能独立设编:因为物权的客体是有体物,既不同于人格权的客体也不同于债权的客体,所以"物权与其他民事权利有本质区别",此种"本质差异"决定了物权不能够独立设编;因为债权的客体是债务人的给付行为,既不同于人格权的客体也不同于物权的客体,所以"债权与其他民事权利有本质区别",此种"本质差异"决定了债权不能够独立设编。而事实上,即便物权与其他民事权利之间存在本质差异,即便债权与其他民事权利之间存在本质差异,梁慧星教授从来就没有否定物权、债权的独立设编,而是认为物权、侵权责任和合同应当在我国民法典当中独立设编,已如前述。

三、人格权在我国一定是一种人与人之间的法律关系

在我国,当梁慧星教授以"人格权与其他民事权利有本质区别"

---

[1] 张民安:《法国民法》,清华大学出版社2015年版,第60—62页、第78—79页;张民安、丘志乔主编:《民法总论》(第五版),中山大学出版社2017年版,第288—289页、第305—306页。

的理由反对人格权独立设编时,他的此种反对理由之所以不能够成立、没有说服力、站不住脚,第二个主要原因是,迄今为止,无论梁慧星教授承认与否,人格权在我国一定是一种人与人之间的法律关系。

在将"人格权与其他民事权利有本质区别"作为反对人格权独立设编的理由时,梁慧星教授真正的核心观念是:立法者之所以应当将物权、债权、亲属和继承作为独立的四编规定在民法典中,是因为物权、债权、亲属和继承均是一种人与人之间的法律关系,《民法总则》所规定的一般法律关系理论能够完全适用于这些分则,而人格权仅仅是权利主体对其自身享有的权利,不是一种人与人之间的关系,所以《民法总则》所规定的一般法律关系理论不能够对其加以适用。换言之,梁慧星教授认为,物权、债权、亲属和继承之所以应当独立设编,是因为民法中存在物权关系、债权关系、亲属关系和继承关系,而人格权之所以不应当独立设编,是因为"民法中不存在人格权关系"[①]。

(一) 我国立法者和大多数民法学者均承认人格权在性质上是一种人与人之间的法律关系

在我国,梁慧星教授的此种理论是不能够成立的、是没有说服力的、是站不住脚的。因为在今时今日的中国,权利主体享有的一切民事权利均是人与人之间的法律关系:人格权是一种法律关系,物权是一种法律关系,债权是一种法律关系,身份权是一种法律关系,知识产权是一种法律关系,没有任何一种权利不是一种人与人之间的法律关系。因此,梁慧星教授的"民法中不存在人格权关系"的论断是错误的。在今时今日,人格权在我国民法中之所以是一种人与人之间的法律关系,一方面是因为我国立法者明确规定,包括人格权在内的所有民事权利均为人与人之间的法律关系;另一方面是因为我国几乎所有的民法学者均承认,包括人格权在内的所有民事权利均是人与人之间的法律关系。

---

① 梁慧星:《中国民法典中不能设置人格权编》,载《中州学刊》2016年第2期,第48页。

一方面，我国立法者明确规定，人格权是一种"人身关系"。在我国，"民法中不存在人格权关系"的论断直接违反了立法者的明示意图和具体规定。因为无论是在1986年的《民法通则》中还是在2017年的《民法总则》中，我国立法者均明确规定，人格权是一种"人身关系"。这就是《民法通则》第二条和《民法总则》第二条。《民法通则》第二条规定：中华人民共和国民法调整平等主体的公民之间、法人之间、公民和法人之间的财产关系和人身关系。《民法总则》第二条规定：民法调整平等主体的自然人、法人和非法人组织之间的人身关系和财产关系。这两个法律条款所规定的"财产关系"就是指梁慧星教授所谓的物权关系、债权关系、继承关系等，而这两个法律条款所规定的"人身关系"除了包含"身份权关系"外，还包括"人格权关系"。

1986年4月2日，在第六届全国人民代表大会第四次会议上，全国人大常委会秘书长、法制工作委员会主任王汉斌明确认为，民法调整的名誉权、肖像权、生命健康权等属于一种"人身关系"，他指出："民法还要调整属于民事范围内的人身关系。公民的名誉权、肖像权、生命健康权、法人的名称权、名誉权等，不仅受刑法的保护，而且也应受民法的保护。"① 2017年3月8日，在第十二届全国人民代表大会第五次会议上，全国人民代表大会常务委员会副委员长李建国也明确指出，"人身关系"是民法的调整对象，他指出："民法作为中国特色社会主义法律体系的重要组成部分，是民事领域的基础性、综合性法律，被称为社会生活的百科全书，它规范人身关系和财产关系，涉及社会和经济生活的方方面面，同每个民事主体都密切相关。"②

另一方面，迄今为止，我国几乎所有民法学者均明确承认，"人格权"是一种人与人之间的法律关系。在中国民法学界，除了笔者完全反对法律关系的一般理论并且试图通过主观权利即民事权利的一

---

① 王汉斌：《关于〈中华人民共和国民法通则（草案）〉的说明》，http://www.npc.gov.cn/npc/lfzt/rlys/2014-10/24/content_1882694.htm。
② 李建国：《关于〈中华人民共和国民法总则（草案）〉的说明》，http://www.npc.gov.cn/npc/xinwen/2017-03/09/content_2013899.htm。

般理论取代法律关系的一般理论外①,包括梁慧星教授在内的所有民法学者均高度重视法律关系的一般理论②,他们或者认为法律关系理论是"打开民法殿堂的钥匙"③,他们或者认为,民事法律关系是"整个民法逻辑体系展开与建构的基础"④,它"犹如一幅巨型建筑物的平面图",能够将民法的方方面面清晰地展示出来。⑤

因为民事法律关系在民法中无孔不入、无所不在,所以我国绝大多数民法学者均承认,除了物权、债权是一种人与人之间的法律关系外,人格权也是一种法律关系。换言之,我国几乎所有的民法学者均认为,民事主体享有的所有民事权利在性质上均是一种人与人之间的法律关系,因为他们普遍认为,"法律关系的本质就是权利"⑥。例如,江平教授对此做出了说明,他指出:"法律关系的实质是人与人之间的权利义务关系。……这种人与人之间的关系在民法上体现为权利义务关系,而这种权利义务关系可能是财产性内容,也可能是非财产性内容(如人身关系)。"⑦

---

① 张民安:《〈中华人民共和国民法总则(草案)〉第二条的批判和修改》,2016-12-18,http://www.360doc.com/content/16/1218/21/39194308_615831389.shtml;张民安:《法律关系的一般理论抑或是主观权利的一般理论——〈中华人民共和国民法总则〉第二条批判(上)》,2017-12-18 微信公众号 法学生 民安教授说民法;张民安:《法律关系的一般理论抑或是主观权利的一般理论——〈中华人民共和国民法总则〉第二条批判(下)》,2017-12-19 微信公众号 法学生 民安教授说民法;张民安:《民事法律关系的一般理论批判》,2018-01-19,微信公众号 法学生 民安教授说民法;张民安:《法国民法总论(上)》,清华大学出版社 2017 年版,第 463—475 页;张民安、丘志乔主编:《民法总论》(第五版),中山大学出版社 2017 年版,第 16—18 页、第 127—152 页;张民安:《法律关系的一般理论抑或是主观权利的一般理论——〈中华人民共和国民法总则〉第二条批判(上)》,载《澳门法学》2018 年第 1 期,第 33—56 页。
② 江平主编:《民法学》,中国政法大学出版社 2007 年版,第 17—20 页;王卫国主编:《民法》,中国政法大学出版社 2007 年版,第 23—31 页;魏振瀛主编:《民法》(第四版),北京大学出版社 2010 年版,第 30—35 页;王利明:《民法总则》,中国人民大学出版社 2017 年版,第 77—84 页;梁慧星:《民法总论》(第一版),法律出版社 1996 年版,第 47—56 页;梁慧星:《民法总论》(第二版),法律出版社 2001 年版,第 54—62 页;梁慧星:《民法总论》(第五版),法律出版社 2017 年版,第 57—65 页。
③ 魏振瀛主编:《民法》(第四版),北京大学出版社 2010 年版,第 31 页。
④ 王利明:《民法总则》,中国人民大学出版社 2017 年版,第 79 页。
⑤ 魏振瀛主编:《民法》(第四版),北京大学出版社 2010 年版,第 31—32 页。
⑥ 江平主编:《民法学》,中国政法大学出版社 2007 年版,第 18 页。
⑦ 江平主编:《民法学》,中国政法大学出版社 2007 年版,第 18 页。

再如，王卫国教授也对此做出了说明，他指出："人身法律关系是指与民事主体人身不可分离的、不具有直接财产利益内容的民事法律关系，又可以分为人格权法律关系和身份权法律关系。"① 同样，王利明教授也对此做出了说明，他指出："民事法律关系是人与人之间的权利义务关系……即便是人格权关系，也是人与人之间的关系，不是人对自身的关系。"②

（二）梁慧星教授在人格权是不是一种人与人之间的法律关系问题所存在的含糊不清的态度

在我国，虽然梁慧星教授在2016年的《中国民法典中不能设置人格权编》一文当中斩钉截铁，明确承认人格权不是一种法律关系，但是他的此种态度与他在第一版至第五版的《民法总论》中的态度并不一致：在第一版的《民法总论》和第二版的《民法总论》中，他明确承认人格权是一种法律关系，因为他明确指出："实际上，民事法律关系只是一种法律形式，它的实际内容则是各种各样的社会生活关系，如财产所有权关系、财产使用关系、商品交换关系、身份关系和人格关系等。"③

或许是为了与他在《中国民法典中不能设置人格权编》一文中采取的上述态度相契合，在第五版《民法总论》当中，梁慧星教授在重复上述两版的内容时删除了其中的"人格关系"，他指出："实际上，民事法律关系只是一种法律形式，它的实际内容则是各种各样的社会生活关系，如财产所有权关系、财产使用关系、商品交换关系、身份关系等。"④

问题在于，在删除了上述论断中的"人格关系"之后，梁慧星教授在其第五版《民法总论》中，究竟是主张人格权是一种法律关系的理论，还是反对人格权是一种法律关系的理论？对此问题，梁慧星教授没有做出直接的回答，并且从其《民法总论》的字里行间，

---

① 王卫国主编：《民法》，中国政法大学出版社2007年版，第27页。
② 王利明：《民法总则》，中国人民大学出版社2017年版，第78页。
③ 梁慧星：《民法总论》（第一版），法律出版社1996年版，第48页；梁慧星：《民法总论》（第二版），法律出版社2001年版，第55页。
④ 梁慧星：《民法总论》（第五版），法律出版社2017年版，第58页。

我们会发现他在这一问题上存在相互矛盾之处,这就是,在某些情况下,他否定人格权是一种法律关系的理念,而在某些情况下,他则承认人格权是一种法律关系的理念。

具体来说,在第五版《民法总论》中,我们至少能够从以下的字里行间发现,梁慧星教授否定了人格权是一种法律关系的理念。

其一,在讨论民法的构造时,梁慧星教授仅仅将法律关系分为契约关系、财产所有关系和侵权关系三种,认为民法的体系包括财产法和身份法,其中的财产法对债权和物权即财产关系进行规范和调整,而其中的身份法则对亲属权、继承权即家庭成员之间的亲属关系和继承关系进行规范和调整。①

其二,在对民法的调整对象做出解释时,梁慧星教授将《民法总则》第二条所规定的"人身关系"解释为狭义的"身份关系"。在我国,《民法通则》第二条明确规定,民法的调整对象是"财产关系"和"人身关系",《民法通则》的此种做法被《民法总则》第二条所照搬。因此,在今时今日,民法的调整对象仍然是这两种关系。在对这两个法律条款所规定的"人身关系"做出解释时,我国大多数民法学者认为,"人身关系"是广义的,除了"身份关系"之外还包括"人格关系"②。不过,少数民法学者则不同,他们对《民法总则》第二条所规定的"人身关系"做出狭义的解释,认为该条规定的"人身关系"仅仅是指"身份关系","人格关系"并不包含在其中。③

梁慧星教授就采取此种狭义理论,他指出:"《民法总则》第2条规定:'民法调整平等主体的自然人、法人和非法人组织之间的人身关系和财产关系。'根据这一规定,民法的调整对象包括两种社会关系,即发生在自然人、法人、非法人组织之间的人身关系和财产关

---

① 梁慧星:《民法总论》(第五版),法律出版社2017年版,第6—9页。
② 江平主编:《民法学》,中国政法大学出版社2007年版,第1—2页;魏振瀛主编:《民法》(第四版),北京大学出版社2010年版,第10页;王利明:《民法总则》,中国人民大学出版社2017年版,第18页;张民安、丘志乔主编:《民法总论》(第五版),中山大学出版社2017年版,第12—13页。
③ 梁慧星:《民法总论》(第五版),法律出版社2017年版,第53页;陈华彬:《民法总则》,中国政法大学出版社2017年版,第6页。

系。其中，所谓'人身关系'，是指婚姻、家庭关系，传统民法理论称为'身份关系'。"① 在将《民法总则》第二条所规定的"人身关系"解释为狭义的"身份关系"时，梁慧星教授又对该条中的"身份关系"做出了广义的解释，认为该条所规定的"身份关系"除了包括家庭成员的亲属关系外还包括家庭成员之间的继承关系。②

不过，在第五版的《民法总论》中，我们至少能够从以下的字里行间发现，梁慧星教授承认人格权是一种法律关系的理念。

其一，在讨论法律关系的各种要素时，梁慧星教授承认人格权是一种法律关系。在第五版的《民法总论》中，梁慧星教授对民事法律关系的各种构成要素做出了说明，包括主体、客体、内容、变动以及原因。在讨论主体、内容、变动和原因这四个构成要素时，虽然梁慧星教授丝毫不提及人格权的问题，但是在讨论第二个构成要素即"客体"时，他则提及"人格权的客体"。他将这一个构成要素称为"民事法律关系的客体"③，认为"民事法律关系的客体"在"著作中迳称为民事权利客体或私权客体"④。"民事权利客体"多种多样，其中就包括"人格权客体"。所谓"人格权的客体，为人格利益，如生命、健康、身体、姓名、肖像、自由、名誉、隐私等"⑤。既然在"民事法律关系的客体"中论及"人格权的客体"，则除了"人格权的客体"是"民事法律关系的客体"外，"人格权"也就是"民事法律关系"了。

其二，在讨论民事法律关系的重要性时，梁慧星教授至少间接承认了人格权是一种法律关系，因为除了认定立法者在其制定法当中所规定的所有内容均为法律关系外，他还认定民法学者在其民法著作当中所研究的一切问题均为法律关系。他指出："法书万卷，法典千条，头绪究诘，然一言以蔽之，其所研究或者所规定者，不外乎法律

---

① 梁慧星：《民法总论》（第五版），法律出版社2017年版，第52—53页。
② 梁慧星：《民法总论》（第五版），法律出版社2017年版，第9页。
③ 梁慧星：《民法总论》（第五版），法律出版社2017年版，第60页。
④ 梁慧星：《民法总论》（第五版），法律出版社2017年版，第60页。
⑤ 梁慧星：《民法总论》（第五版），法律出版社2017年版，第60页。

关系而已。"① "盖法律规定，无论其范围之大小，总不外乎法律关系。"② 既然立法者在其制定的法律中所规定的内容"不外乎法律关系"，则当我国立法者在《民法总则》第五章中对人格权做出规定时，他们在该章中所规定的人格权当然是法律关系了，就像他们在该章中所规定的物权、债权、知识产权等民事权利是法律关系一样。既然民法学者在其民法著作中所讨论的内容"不外乎法律关系"，则当梁慧星教授在其第五版的《民法总论》③ 中对人格权做出讨论时，他所讨论的人格权内容当然也是一种法律关系了。

（三）梁慧星教授实质上仍然承认人格权在性质上是一种人与人之间的法律关系

在上述两种对立的态度中，究竟是第一种态度还是第二种态度是梁慧星教授的真实态度？换言之，在其第五版的《民法总论》中，梁慧星教授的真正态度究竟是主张人格权是一种法律关系还是反对人格权是一种法律关系？如果考虑梁慧星教授在 2016 年的《中国民法典中不能设置人格权编》的文章中所做出的断然陈述，则我们似乎能够得出一个确切的结论：在第五版的《民法总论》中，他反对人格权是一种法律关系的理论。不过，此种确切的结论仅仅是表面上的，与梁慧星教授的真正意图是不符合的，真正的结论应当是完全相反的。在第五版的《民法总论》中，他仍然赞同人格权是一种法律关系的理论，即便在《中国民法典中不能设置人格权编》中，他已经明确指出，人格权不是一种法律关系。换言之，梁慧星教授实质上还是完全赞同人格权是一种人与人之间的法律关系的。笔者之所以认定梁慧星教授实质上还是承认人格权是一种法律关系的理论，主要原因有两个：其一，抽象的理由；其二，具体的理由。

所谓抽象的理由是指，当梁慧星教授在其第五版的《民法总论》中将法律关系的一般理论视为民法总论的核心内容时，他就必然会同意人格权是一种法律关系的理论。因为在民法总论中，人格权是一种

---

① 梁慧星：《民法总论》（第五版），法律出版社 2017 年版，第 57 页。
② 梁慧星：《民法总论》（第五版），法律出版社 2017 年版，第 59 页。
③ 梁慧星：《民法总论》（第五版），法律出版社 2017 年版，第 90—102 页。

法律关系的理论从法律关系的一般理论产生之日起就固有地存在于此种一般理论中：除了19世纪中期的德国历史法学派萨维尼外，任何人，只要承认法律关系的一般理论，也就必然要承认包含在该种一般理论中的一个理论即所有民事权利均是一种法律关系。

在民法领域，法律关系理论不仅源远流长而且恒久存在，因为从古罗马时代开始一直到今时今日，法律关系理论均存在于债权中，与债权相伴终生，这就是因为契约和准契约、侵权和准侵权所产生的权利义务关系。因此，从古至今，债权人和债务人之间的债权债务关系均是一种法律关系。①1832年，为了建立起以法律关系的一般理论为基础和核心的民法总论，德国历史法学派和潘德克吞学派的核心人物Puchta将债法领域的法律关系理论从债法领域拓展到整个民法领域，认为除了债权是一种法律关系外，包括人格权在内的所有其他民事权利在性质上也均是一种法律关系。换言之，Puchta认为，除了债权是一种法律关系外，物权也是一种法律关系，除了家庭权是一种法律关系外，人格权也是一种法律关系。②

在Puchta的此种理论提出来之后，除了德国历史法学派的核心人物萨维尼反对人格权是一种法律关系的理论外，19世纪末期和20世纪初期的大多数民法学者均采纳他的理论，除了像Puchta一样将法律关系的一般理论视为民法总论的核心内容外，他们也像Puchta一样将人格权视为一种人与人之间的法律关系，包括德国民法学者Karl Gareis、瑞士民法学者Ernest Roguin、比利时民法学者Edmond Picard、俄罗斯民法学者N. M. Korkounov以及法国民法学者Henri

---

① 张民安、铁木尔高力套：《债权法》（第五版），中山大学出版社2017年版，第26—32页。

② 张民安：《法国人格权法（上）》，清华大学出版社2016年版，第131—142页；张民安：《法国民法总论（上）》，清华大学出版社2017年版，第449—453页；张民安、丘志乔主编：《民法总论》（第五版），中山大学出版社2017年版，第302页；张民安：《法律关系的一般理论抑或是主观权利的一般理论（上）》，载《澳门法学》2018年第1期，第34—35页。

Capitant 等。①

所谓具体理由是指，当梁慧星教授在其第五版的《民法总论》中将法律关系的一般理论视为民法总论的核心内容时，他所谓的法律关系的一般理论固有地沾染着所有民事权利均是一种法律关系的意识形态化观念。虽然包括梁慧星教授在内的我国民法学者普遍主张法律关系的一般理论，但是在主张法律关系的一般理论时，Puchta 的上述理论对我国民法学者没有丝毫的影响，因为我国民法学者所主张的此种理论完全是源自苏联民法学者的理论：Puchta 和其他德国民法学者的上述理论被苏联民法学者引入苏联并且赋予了意识形态化的色彩，我国民法学者将苏联民法学者赋予了意识形态化色彩的法律关系一般理论引入我国并且被我国立法者规定在《民法通则》第二条和《民法总则》第二条中。②

在苏联，在赋予法律关系的一般理论以意识形态化的色彩时③，除了认定物权、债权等民事权利为人与人之间的法律关系外，他们也普遍承认人格权是一种人与人之间的法律关系：他们或者将人格权称为一种"人身的、非财产的关系"④，或者将人格权称为一种"人身

---

① 张民安：《法国人格权法（上）》，清华大学出版社 2016 年版，第 131—190 页、第 292—301 页；张民安：《法国民法总论（上）》，清华大学出版社 2017 年版，第 449—460 页；张民安、丘志乔主编：《民法总论》（第五版），中山大学出版社 2017 年版，第 302 页；张民安：《法律关系的一般理论抑或是主观权利的一般理论（上）》，载《澳门法学》2018 年第 1 期，第 35—40 页。

② 张民安：《法律关系的一般理论抑或是主观权利的一般理论（上）》，载《澳门法学》2018 年第 1 期，第 48—55 页。

③ [苏] 斯·恩·布拉都西编著：《苏维埃民法》（上），中国人民大学民法教研室译，中国人民大学出版社 1954 年版，第 46—66 页；[苏] A. M. 坚金、[苏] G. H. 布拉图斯主编：《苏维埃民法》，中国人民大学民法教研室译，法律出版社 1956 年版，第 130—155 页；[苏] B. II. 格里巴诺夫、[苏] C. M. 科尔涅耶夫主编：《苏联民法》（上册），中国社会科学院法学研究所 民法经济研究译，法律出版社 1984 年版，第 85—96 页；[苏] B. T. 斯米尔诺夫等：《苏联民法》（上卷），黄良平、丁文琪译，中国人民大学出版社 1987 年版，第 77—89 页。

④ [苏] A. M. 坚金、[苏] G. H. 布拉图斯主编：《苏维埃民法》，中国人民大学民法教研室译，法律出版社 1956 年版，第 17 页。

非财产关系"①,或者将人格权称为一种"非财产关系"②。当然,在苏联的民法学者看来,"人身非财产关系"是广义的,除了家庭法中的身份权和知识产权法中的著作权外,"姓名权、名誉权和人格尊严权"等人格权也包含在其中。③

在苏联于1991年解体之后,我国民法学者开始将学术视野从苏联移向我国台湾地区,在阐述一切民法理论时,他们均一边倒地从我国台湾地区民法学者的民法著作中寻找学术灵感,就像在苏联解体之前他们均一边倒地从苏联民法学者的民法著作中寻找学术灵感一样。不过,鉴于我国台湾地区的民法理论与苏联的民法理论均源自德国,因此,在苏联垮台之后,虽然我国民法学者急于与苏联民法划清界限④,但是除了民法学者没有将法律关系的一般理论抛弃外,我国立法者更是将该种理论推向极端,将其从民法学说上升为制定法的内容,已如前述。

四、物权在具有人格权特性的情况下为何能够独立设编

在我国,当梁慧星教授以"人格权与其他民事权利有本质区别"的理由反对人格权独立设编时,他的此种反对理由之所以不能够成立、没有说服力、站不住脚,第三个主要原因是,如果人格权不是一种法律关系是人格权不能够独立设编的原因,则物权法也不能够独立设编,因为按照梁慧星教授的逻辑,如果人格权不是一种法律关系的话,则物权也不是一种法律关系。

在民法领域,人格权与物权性质非常相似,因此,在分析民事权

---

① [苏] B. II. 格里巴诺夫、[苏] C. M. 科尔涅耶夫主编:《苏联民法》(上册),中国社会科学院法学研究所 民法经济研究译,法律出版社1984年版,第9页。

② [苏] B. T. 斯米尔诺夫等:《苏联民法》(上卷),黄良平、丁文琪译,中国人民大学出版社1987年版,第79页。

③ [苏] A. M. 坚金、[苏] G. H. 布拉图斯主编:《苏维埃民法》,中国人民大学民法教研室译,法律出版社1956年版,第17页;[苏] B. II. 格里巴诺夫、[苏] C. M. 科尔涅耶夫主编:《苏联民法》(上册),中国社会科学院法学研究所 民法经济法研究译,法律出版社1984年版,第9—10页;[苏] B. T. 斯米尔诺夫等:《苏联民法》(上卷),黄良平、丁文琪译,中国人民大学出版社1987年版,第79页。

④ 杨立新:《编纂民法典必须肃清前苏联民法的影响》,载《法制与社会发展》2016年第2期,第137—146页。

利时,民法学者常常将人格权与物权进行类比,认为它们是两种性质完全相同的民事权利。一方面,人格权和物权均被视为一种绝对权并因此与相对权相对应、相对立,因为它们均具有对世性,均能够对抗第三人、世人、权利主体之外的一切人,而作为债权的相对权只能够对抗特定的债务人。① 另一方面,人格权和物权均被视为一种人与人之间的法律关系,其中的权利主体是享有人格权和物权的人,而其中的义务主体则是权利主体之外的第三人、世人,他们均对权利主体承担不侵犯其人格权和物权的义务。②

因为人格权与物权的性质相同,所以除了普遍承认人格权是一种人与人之间的法律关系外,我国民法学者也普遍承认物权是一种人与人之间的法律关系:物权人是权利主体,物权之外的第三人、世人为义务主体,物权人与第三人、世人之间所形成的此种权利义务关系就是物权关系。江平教授对此做出了明确说明,他指出:"物权关系也是人与人之间的关系,只不过是通过对物的支配来体现而已。"③ 王卫国教授对此做出了说明,他指出:"财产法律关系是指直接与财产利益有关的具有财产利益内容的民事法律关系,如所有权法律关系、合同法律关系。"④ 王利明教授也对此做出了说明,他也指出:"民事法律关系虽然在许多情况下要与物发生直接的联系,但是它并不是人

---

① Henri Capitant, Introduction à l'étude du droit civil, Pedone, Paris, A. Pedone, Éditeur, 1929, pp. 107 - 108; 张民安:《法国民法总论(上)》,清华大学出版社 2017 年版,第 482、487、491 页; Ambroise Colin, Henri Capitant, Cours élémentaire de droit civil français, t. I, 6e édition, Paris Dalloz, 1930, p. 101; Louis Josserand, Cours de droit civil positif francais, Tome I, 3e édition, Librairie De Recueil Sirey, 1938, pp. 85 - 87; 江平主编:《民法学》,中国政法大学出版社 2007 年版,第 18 页; 王卫国主编:《民法》,中国政法大学出版社 2007 年版,第 38—39 页; 魏振瀛主编:《民法》(第四版),北京大学出版社 2010 年版,第 37—38 页; 王利明:《民法总则》,中国人民大学出版社 2017 年版,第 249 页。

② Ernest Roguin, La Règle de Droit, Lausanne, F. Rouge, Libraire-Éditeur, 1889, pp. 45 - 77; 张民安:《法国民法总论(上)》,清华大学出版社 2017 年版,第 454—456 页; N. M. Korkounov, Cours de théorie générale du droit, traduit par M. J. Tchernoff, Paris, V. Giard & E. Briere, 1903, pp. 227 - 230; 王卫国主编:《民法》,中国政法大学出版社 2007 年版,第 27 页; 魏振瀛主编:《民法》(第四版),北京大学出版社 2010 年版,第 41 页; 王利明:《民法总则》,中国人民大学出版社 2017 年版,第 249 页。

③ 江平主编:《民法学》,中国政法大学出版社 2007 年版,第 18 页。

④ 王卫国主编:《民法》,中国政法大学出版社 2007 年版,第 27 页。

与物、人与自然界的关系，而是通过物所发生的人与人之间的关系。"①

在我国，梁慧星教授是如何对待物权的？在讨论法律关系理论时，他是仅仅将物权视为一种人对物享有的权利，还是像上述民法学者那样将物权视为一种人与人之间的法律关系？对此问题，梁慧星做出了明确回答，他认为，物权并不是一种人对物享有的权利，而是一种人与人之间的法律关系。他指出："在所有权关系中，所有人为权利主体，他享有的权利，是对客体即所有物的占有、使用、收益和处分的权利。所有人之外的一切人均为义务主体，他们所负的义务是不得妨害所有人对所有物的占有、使用、收益和处分的不作为义务。"②

既然人格权与物权的性质相同，在将物权视为一种人与人之间的法律关系时，梁慧星教授为何对人格权采取不同的态度，仅仅将人格权视为权利主体对其自身享有的权利，而不将其视为权利主体与义务主体之间的一种法律关系？难道我们不能够像梁慧星教授对待物权那样对待人格权，并因此将人格权视为一种权利主体与义务主体之间的法律关系：在人格权关系中，享有人格权的人是权利主体，他们对其人格特征尤其是其中的姓名、肖像、声音等享有是否公开、使用、收益的权利，所有其他人均是义务主体，他们均对权利主体承担不侵犯其人格特征的义务？

同样，既然人格权与物权性质相同，在将人格权视为一种权利主体对其权利客体享有的权利时，梁慧星教授为何对物权采取不同的态度，不将物权视为一种权利主体对其自身的有体物或者别人的有体物享有的权利，而要将其视为权利主体与义务主体之间的一种法律关系？难道我们不能够像梁慧星教授对待人格权那样对待物权：物权并不是权利主体与义务主体之间的一种法律关系，而仅仅是权利主体对其权利客体即自身的有体物或者别人的有体物享有的直接支配权？

在当今民法学界，人们对法律关系的一般理论予以严厉批评，认为该种理论存在这样或者那样的问题：法律关系的一般理论稀释了权利在民法中的地位，一般法律关系理论脱离了现实生活，将绝对权等

---

① 王利明：《民法总则》，中国人民大学出版社2017年版，第78页。
② 梁慧星：《民法总论》（第五版），法律出版社2017年版，第60—61页。

同于债权,等等。因为这样的原因,法国当今民法学者普遍放弃了法律关系的一般理论而以主观权利的一般理论取而代之。① 在我国,笔者也对法律关系的一般理论做出了严厉的批判,认为我们应当以主观权利的一般理论取代《民法总则》第二条所规定的一般法律关系理论。②

笔者之所以主张废除一般法律关系理论,一个重要原因是,法律关系的一般理论仅仅是民法的具体理论和具体制度,不属于民法的一般理论和一般制度,无法在所有的民法领域、民法分则中得到适用:该种理论虽然能够在债权、继承权和身份权中适用,但是无法在物权或者人格权中适用。法律关系的一般理论之所以无法在物权或者人格权中适用,是因为物权和人格权中仅仅存在享有民事权利的主体,不存在对权利主体承担任何义务的人,权利主体虽然享有民事权利,但是他们也仅仅对其物权客体和人格权客体享有权利。③

不过,梁慧星教授既没有像法国民法学者那样批评法律关系的一般理论,也没有像笔者一样主张以主观权利的一般理论取代法律关系的一般理论。在人格权和物权性质完全相同的情况下,梁慧星教授对这两种民事权利采取不同的做法,在宣告人格权不是一种法律关系的同时仍然宣告物权是一种法律关系,其做法显然存在不合理的地方。事实上,如果人格权仅仅是权利主体对其权利客体享有的一种权利,

---

① 张民安:《法国民法总论(上)》,清华大学出版社 2017 年版,第 464—466 页。
② 张民安:《法律关系的一般理论抑或是主观权利的一般理论——〈中华人民共和国民法总则〉第二条批判(二)》,http://blog.sina.com.cn/s/blog_69032b0e0102x4uq.html;张民安、丘志乔主编:《民法总论》(第五版),中山大学出版社 2017 年版,第 16—17 页。
③ 张民安:《法律关系的一般理论抑或是主观权利的一般理论——〈中华人民共和国民法总则〉第二条批判(二)》,http://blog.sina.com.cn/s/blog_69032b0e0102x4uq.html;张民安、丘志乔主编:《民法总论》(第五版),中山大学出版社 2017 年版,第 16—17 页。

不是权利主体与所有其他人之间的权利义务关系的话,① 则物权也应当仅仅是权利主体对其权利客体即自身的有体物或者别人的有体物享有的权利,而不是物权人与所有其他人之间所建立的一种权利义务关系。②

如果是这样的话,则除了人格权不能够在民法典中独立设编之外,物权也不能够在民法典中独立设编。而一个不容否定的事实是,除了大陆法系国家的《法国民法典》和《德国民法典》均将物权作为独立的一编规定外,梁慧星教授本人一直以来都认为,物权应当独立设编,已如前述。可见,梁慧星教授反对人格权独立设编的此种理由是站不住脚的。

---

① Henri Roland, Laurent Boyer, Introuduction au droit, Litec, p. 430; Pierre Voirin, Gilles Goubeaux, Droit civil, tome 1, Introduction au droit, personnes-famille, personnes protégées, biens-obligations, sûretés, 33e édition, L. G. D. J, p. 49; Francois Terré, Dominique Fenouillet, Droit civil les personnes, 8e édition, Dalloz, pp. 59 – 60; 张民安:《法国人格权法(上)》,清华大学出版社 2016 年版,第 15—17 页;张民安:《法律关系的一般理论亦或是主观权利的一般理论——〈中华人民共和国民法总则〉第二条批判(二)》,http://blog.sina.com.cn/s/blog_69032b0e0102x4uq.html;张民安、丘志乔主编:《民法总论》(第五版),中山大学出版社 2017 年版,第 18 页。

② Jean Carbonnier, Droit civil, Volume II, Les biens les obligations, puf, p. 1580; Christian Larroumet, Les Biens, Droits réels principaux, Tome II, 5e édition, Economica, pp. 20 – 22; Philippe Malaurie, Patrick Morvan, LesBiens, 6e édition, LGDJ, pp. 108 – 109; 张民安:《法律关系的一般理论抑或是主观权利的一般理论——〈中华人民共和国民法总则〉第二条批判(二)》,http://blog.sina.com.cn/s/blog_69032b0e0102x4uq.html;张民安、丘志乔主编:《民法总论》(第五版),中山大学出版社 2017 年版,第 17—18 页。

第七章 民法典总则编关于法律行为和代理的一般规定与人格权的独立性

一、"人格权不能适用民法总则编关于法律行为、代理、时效、期日、期间等的规定"的反对理由为何没有说服力

在2016年的《中国民法典中不能设置人格权编》一文中,梁慧星教授提出了反对人格权独立设编的一个主要理由,这就是"人格权不能适用民法总则编关于法律行为、代理、时效、期日、期间等的规定"[①]。根据此种反对理由,物权、债权和身份权之所以能够在民法典中独立设编,是因为民法典的总则编所规定的法律行为、代理、时效、期日、期间能够对这些权利予以适用,这些民事权利的独立设编能够维持民法典内部总则编与分则编之间的逻辑联系,而人格权之所以不能够独立设编,是因为民法典的总则编所规定的法律行为、代理、时效、期日、期间无法适用于人格权,人格权的独立设编破坏了民法典内部总则编和分则编之间的逻辑关系。

梁慧星教授对此种反对理由做出了明确说明,他指出:"人格权不能依权利人的意思、行为而取得或处分,其他民事权利均可以根据权利人的意思、依法律行为而取得或处分。人格权因自然人的出生而当然取得,因权利人的死亡而当然消灭,其取得与人的意思、行为无关,原则上不能处分、转让、赠与、抵销或抛弃。因此,民法总则编的法律行为、代理、时效、期日、期间等制度,对于其他民事权利均有适用余地,唯独不能适用于人格权。如果人格权单独设编,与物权编、债权编、亲属编、继承编并列,就不但割裂了人格权与人格的本质联系,混淆了人格权与其他民事权利的区别,而且破坏了民法典内

[①] 梁慧星:《中国民法典中不能设置人格权编》,载《中州学刊》2016年第2期,第49页。

部的逻辑关系。"①

在我国，梁慧星教授为何基于此种理由反对人格权独立设编？答案在于，在以此种理由反对人格权独立设编时，梁慧星教授受到日本学者、北海道大学獭川信久教授的影响，因为在讨论人格权是否应当独立设编时，獭川信久教授认为，各国民法典均没有将人格权独立设编，基于人格权的三个本质中的一个本质即人格权"因出生而当然取得，不适用意思表示，不适用法律行为"，人格权应当放在自然人当中。獭川信久指出，如果人格权独立设编，就会出现一个问题：至少在形式上，就应该认为总则编的法律行为、代理、时效等制度都应该适用于人格权。实际上这完全不能适用，这样做将造成逻辑上的矛盾。②

问题在于，梁慧星教授的此种反对理由是否成立、有没有说服力、能否站得住脚？笔者认为，他的此种反对理由是不成立的、是没有说服力的、是站不住脚的，因为民法总则编关于法律行为、代理、时效、期日、期间等的规定也能够适用于人格权，就像它们能够适用于物权、债权、家庭权和继承权一样。

二、德式民法典对法律行为、代理和时效等内容做出的规定

在民法典的总则编中规定法律行为、代理、时效、期日、期间的做法始于1896年，它是由德国立法者在1896年的《德国民法典》中做出的，这就是该法典总则编中的第三章、第四章和第五章，其中的第三章对法律行为的一般理论做出了规定，第四章对期间和期日做出了规定，而第五章则对时效做出了规定。③ 在今时今日，《德国民法典》的总则编仍然维持了1896年的做法，仍然在这几章中对这些内

---

① 梁慧星：《中国民法典中不能设置人格权编》，载《中州学刊》2016年第2期，第49页。
② 梁慧星：《我国民法典制定中的几个问题》，载《法制现代化研究》2004年第9卷，第358页。
③ 张民安：《法国民法总论（上）》，清华大学出版社2017年版，第409—410页。

第七章　民法典总则编关于法律行为和代理的一般规定与人格权的独立性

容做出了规定。①

《德国民法典》的此种做法对其他国家的立法者产生了重大影响，在制定本国民法典时，其他国家的立法者也采取了德国立法者的做法，将这些内容规定在他们制定的民法典总则编中，其中包括我国民国政府和苏联立法者在内。在1929年至1930年的《中华民国民法典》中，我国民国政府在第一编即总则编中对这些内容做出了规定，这就是总则编中的第四章、第五章和第六章，其中的第四章对包括代理在内的法律行为做出了规定，第五章对期日和期间做出了规定，第六章则对消灭时效做出了规定。②

在1964年的《苏俄民法典》中，苏联立法者也在第一编即总则编中对这些内容做出了规定，这就是该法典总则编中的第三章、第四章、第五章和第六章，其中的第三章对法律行为做出了规定，第四章对代理做出了规定，第五章对期间和期日做出了规定，第六章则对诉讼时效做出了规定。③

在1986年的《民法通则》中，我国立法者对法律行为、代理、时效、期日、期间做出了规定，这就是《民法通则》中的第四章、第七章和第九章，其中的第四章对民事法律行为和代理做出了规定，第七章对诉讼时效做出了规定，而第九章则对期日和期间做出了规定。④ 我国立法者之所以在《民法通则》中对这些内容做出规定，最主要的、最根本的原因是，在制定《民法通则》时，他们仅仅受到《苏俄民法典》的影响。在2017年的《民法总则》中，我国立法者也对这些内容做出了规定：第六章规定了民事法律行为，第七章规定

---

① Bürgerliches Gesetzbuch (BGB), geändert durch das Gesetz vom 20. Juli 2017, http://www.wipo.int/wipolex/fr/text.jsp?file_id=468855.

② Code civil de la République de Chin, Traduits du chinois, par Ho Tchong-Chan, Introduction de Foo Ping-Sheung., Préface de Son Ex. Hu Han-Min, Imprimerie de l'Orphelinat de T'ou-Sèvé, Zi-ka-wei près Changhai et Librairie du recueil Sirey, 1930, pp. 13–26.

③ Civil Code of the Russian Soviet Federated Socialist Republic, An English Translation by Whitmore Gray Raymond Stults, University of Michigan Law School Ann Arbor, 1965, pp. 11–24.

④ 《中华人民共和国民法通则》，http://www.npc.gov.cn/wxzl/wxzl/2000-12/06/content_4470.htm。

了代理,第九章规定了诉讼时效,第十章则规定了期间计算。① 在2020年前后,《民法总则》所规定的这些内容将会被编入我国未来的民法典中。因此,我国未来民法典一定会对这些内容做出规定。

在2017年的《民法总则》中,我国立法者为何仍然对这些内容做出规定?在对这些内容做出规定时,他们究竟受了谁的影响,是受《德国民法典》《苏俄民法典》还是我国台湾地区《民法》的影响?答案是,我国立法者受到苏俄民法的影响,他们既没有受到《德国民法典》的影响,也没有受到我国台湾地区《民法》的影响,即便在苏俄垮台之后,我国民法学者极力主张在民法典的制定过程中要肃清苏俄民法的影响,他们也没有将苏俄民法留给我们的这些内容从我国的民法典中清除掉。② 笔者之所以如此说,是因为我国的《民法总则》仅仅是《民法通则》的升级版,无论是章节还是具体内容,它们之间均存在一脉相承的亲缘关系。③ 而我国的《民法通则》则是完全根据1964年的《苏俄民法典》制定的,是《苏俄民法典》的削减本、缩小版,是我国立法者将该法典所规定的内容加以剪裁的结果。

三、民法典总则编的时效规定能够适用于人格权

(一)人格权不能够适用于总则编时效规定的反对理由没有说服力

在当今社会,德式民法典的总则编之所以会对时效做出规定,是因为它们认为,时效是民法的一般理论和一般制度,能够对民法典各分则编予以适用。因此,《德国民法典》《苏俄民法典》和我国台湾地区的所谓"民法"均在总则编中对时效做出了规定。由于受德式民法典的影响,我国《民法总则》第九章对时效制度中的诉讼时效做出了规定,已如前述。因为《民法总则》要最终以总则编的名义编入我国未来的民法典中,所以我国未来民法典总则编的第九章将会

---

① 《中华人民共和国民法总则》,http://www.npc.gov.cn/npc/xinwen/2017-03/15/content_2018907.htm。

② 杨立新:《编纂民法典必须肃清前苏联民法的影响》,载《法制与社会发展》2016年第2期,第137—146页。

③ 张民安、丘志乔主编:《民法总论》(第五版),中山大学出版社2017年版,第80页。

对诉讼时效做出规定，已如前述。

问题在于，当立法者在其制定的民法典总则编当中对时效做出了规定时，我们能否因此像梁慧星教授那样认为，人格权不应当在民法典中独立设编？笔者认为，以民法典总则编中规定了时效作为反对人格权独立设编的理由是不成立的、是没有说服力的、是站不住脚的，因为除了判断人格权是否独立设编的标准应当是人格权的重要性和体系性而不是逻辑性外，还有另外两个理由：如果总则编时效的规定是人格权不能够独立设编的理由，在总则编时效的规定也应当是物权和身份权不能够独立设编的理由；虽然在大多数情况下，时效不适用于人格权，但是时效并非在任何情况下均不适用于人格权。

（二）人格权不能够适用于总则编时效规定的反对理由没有说服力的第一个理由

当梁慧星教授以总则编时效规定不能够适用于人格权作为反对人格权独立设编的理由时，他所主张的此种反对理由之所以没有说服力，第一个主要原因在于，总则编时效规定除了不能够适用于人格权外也不能够适用于其他民事权利。

所谓时效（la prescription），是指一定的事实状态持续存在并因此达到了法律所规定的期间，从而产生与该事实状态相应的法律效力的法律制度。① 根据持续存在的事实状态和与之相应的法律效力的不同，民法学者普遍将时效分为取得时效和消灭时效两种。所谓取得时效（la prescription acquisitive），是指当财产的占有人以所有为目的、平稳地、公然地占有他人的财物时，如果他们的占有达到了法律所规定的期间，则他们取得他人财物所有权而他人则丧失其所有权的一种法律制度。② 所谓消灭时效（la prescription extinctive），是指当权利主体长期不行使其权利并且达到法律所规定的期间时，他们享有的权

---

① 张民安、丘志乔主编：《民法总论》（第五版），中山大学出版社 2017 年版，第 522 页。
② 张民安、丘志乔主编：《民法总论》（第五版），中山大学出版社 2017 年版，第 527 页。

利因此丧失的一种法律制度。①

在民法领域,人们普遍认为,取得时效和诉讼时效均适用于财产权,这就是财产权所具有的一个重要特征,即财产权的可适用时效性(prescriptibles)②;与之相反,无论是取得时效还是消灭时效均不适用于非财产权,这就是非财产权所具有的一个重要特征,即非财产权的不适用时效性(imprescriptibles)。③ 在《中国民法典中不能设置人格权编》中,梁慧星教授虽然宣称,民法典总则编中的"时效"不能够适用于人格权,但是他并没有对总则编中的"时效"究竟是指取得时效还是消灭时效做出说明。因为我国《民法总则》仅仅对消灭时效中的诉讼时效做出了规定而没有对取得时效做出明确规定,所以在该文中,他用来反对人格权独立设编的"时效"似乎是指诉讼时效,并不是指取得时效或者同时是指诉讼时效和取得时效。不过,无论是指取得时效、消灭时效还是同时指这两种时效,梁慧星教授所持有的此种反对理由均没有说服力。

在民法上,虽然人们经常说财产权能够适用于取得时效,但是能够适用取得时效的财产权仅仅是狭义的而不是广义的,这就是,取得时效仅仅适用于财产权中的主物权,包括:动产和不动产所有权,用益权,地役权,使用和居住权,既不适用于从物权,也不适用于财产

---

① 张民安、丘志乔主编:《民法总论》(第五版),中山大学出版社 2017 年版,第 534 页。

② Michele Muller, Droit civil, 5e édition, Sup'Foucher, p. 20; David Bakouche, Droit civil les personnes la famille, HACHETTE, p. 32; Yvaine Buffelant-Lanore Virginie Larribau-Terneyre, Droit civil, Introduction, Biens, Personne, Famille, 17e édition, Dalloz, p. 51; Francois Terré, Dominique Fenouillet, Droit civil les personnes, 8e édition, Dalloz, p. 57; 张民安:《法国民法》,清华大学出版社 2015 年版,第 61—62 页。

③ Michele Muller, Droit civil, 5e édition, Sup'Foucher, p. 20; David Bakouche, Droit civil les personnes la famille, HACHETTE, p. 33; Yvaine Buffelant-Lanore Virginie Larribau-Terneyre, Droit civil, Introduction, Biens, Personne, Famille, 17e édition, Dalloz, p. 57; Francois Terré, Dominique Fenouillet, Droit civil les personnes, 8e édition, Dalloz, p. 59; Christian Larroumet, Augustin Aynès, Introuduction à l'étude du droit, 6e édition, Economica, p. 310; GERARD CORNU, Droit civil, Introuduction au droit, 13e édition, Montchrestien, p. 42; 张民安:《法国民法》,清华大学出版社 2015 年版,第 72 页。

第七章　民法典总则编关于法律行为和代理的一般规定与人格权的独立性

权中的其他民事权利，诸如债权、知识产权等。①

在反对人格权独立设编时，如果梁慧星教授所谓的"时效"是指取得时效，则他反对人格权独立设编的此种理由是不成立的、是没有说服力的、是站不住脚的，其理由简单明了：如果总则编中"取得时效"的规定是人格权不能够独立设编的正当理由，则总则编中"取得时效"的规定也是债权不能够独立设编的正当理由，因为除了不能够在人格权中适用外，取得时效也不能够在债权中适用。如果人格权独立设编会"破坏民法典内部的逻辑关系"的话，则债权的独立设编同样也会"破坏民法典内部的逻辑关系"。不过，在大陆法系国家，德式民法典均在自己的民法典中设立了债权编，既然总则编中的取得时效不能够适用于人格权和债权，债权为何能够在民法典中独立设编而人格权则不能够独立设编？

当然，对于笔者所提出的此种反对理由，梁慧星教授仿佛能够轻易地做出这样的反驳：虽然《德国民法典》《苏俄民法典》均在总则编中规定了"时效"，虽然我国《民法总则》在第九章中规定了时效，但是它们所规定的时效在性质上均不是取得时效而仅仅是消灭时效或者诉讼时效。②在德国，立法者为何没有将取得时效规定在总则编的时效中，他们是因为取得时效无法在物权之外的其他民事权利中适用而将其规定在物权编中吗？我国不得而知，因为我国民法学者对此问题少有说明。

不过，在我国，立法者之所以没有在《民法总则》中规定取得时效，绝对不是因为取得时效无法适用于物权之外的其他民事权利的缘故，因为如果是此种缘故，则我国立法者也应当像德国立法者那样将取得时效规定在《中华人民共和国物权法》（以下简称《物权

---

① Patrice Jourdain, Les Biens, Dalloz, pp. 246 - 247; Francois Terré Philippe Simler, Droit civil, les biens, 4e édition, Dalloz, p. 281; 张民安、丘志乔主编：《民法总论》（第五版），中山大学出版社 2017 年版，第 529 页。

② Civil Code of the Russian Soviet Federated Socialist Republic, An English Translation by Whitmore Gray Raymond Stults, University of Michigan Law School Ann Arbor, 1965, pp. 21 - 24; 我国台湾地区《民法》, https://law.moj.gov.tw/LawClass/LawParaDeatil.aspx? Pcode = B0000001&LCNOS = +125 + + +&LCC = 2; Bürgerliches Gesetzbuch(BGB), geändert durch das Gesetz vom 20. Juli 2017, pp. 49 - 53。

法》)中,而事实上,在《物权法》中,我国立法者根本就没有对取得时效做出规定,并且可以预料的是,在未来的民法典中,作为民法典分则编的物权编也不会规定取得时效。换言之,在我国,取得时效不可能被立法者规定在未来的民法典中。

我国立法者之所以忽视取得时效,其原因虽然多种多样,但是最主要的是政治原因:如果立法者规定了取得时效,则民事主体可能会因为取得时效制度而获得原本属于国家的财物并因此导致国有财物的流失。① 如果立法者不考虑此种政治因素而决定规定取得时效,他们是在《民法总则》中规定还是像德国立法者那样在物权编中规定此种时效?笔者认为,答案应当是前者而不是后者,因为我国民法学者一直以来均将时效视为一种统一的制度加以论述。如果是这样的话,则取得时效也会面临梁慧星教授所批评的问题:虽然立法者将取得时效规定在民法典的总则编中,但是总则编规定的取得时效只能够适用于物权,无法适用于债权等其他民事权利。

在反对人格权独立设编时,即便梁慧星教授所谓的"时效"仅仅是指消灭时效(诉讼时效),他反对人格权独立设编的此种理由也是不成立的、没有说服力的、站不住脚的,因为在民法领域,如果梁慧星教授的此种理由能够成立的话,则物权也不能够独立设编。

在民法领域,消灭时效当然适用于财产权。问题在于,消灭时效究竟适用于哪些财产权?消灭时效是适用债权还是适用物权?在法国,民法学者普遍认为,除了能够适用于债权外,消灭时效也能够适用于所有权之外的其他物权。换言之,在法国,消灭时效是不能够适用于所有权的,因为所有权具有恒久性,不会因为所有权人不行使其所有权而丧失自己的所有权。不过,虽然法国民法学者普遍认为,消灭时效能够适用于所有权之外的所有其他权利②,但是他们也承认,消灭时效主要适用于债权。③ 也因为这样的原因,法国民法学者普遍

---

① 张民安、丘志乔主编:《民法总论》(第五版),中山大学出版社2017年版,第528—529页。

② Patrice Jourdain, Les Biens, Dalloz, p. 244; Francois Terré, Philippe Simler, Droit civil, les biens, 4e édition, Dalloz, p. 279; 张民安、丘志乔主编:《民法总论》(第五版),中山大学出版社2017年版,第536页。

③ Patrice Jourdain, Les Biens, Dalloz, pp. 244 – 245.

在债法的一般理论即债法总论中讨论消灭时效，尤其会将消灭时效视为债消灭的一种原因。①

在我国，《民法总则》第九章所规定的诉讼时效适用于哪一种财产权？对此问题，梁慧星教授做出了这样的回答：虽然我国《民法总则》第九章对诉讼时效做出了规定，但是该章并没有对诉讼时效的客体即适用诉讼时效的权利做出明确规定。虽然如此，从第九章关于诉讼时效的所有条文规定来看，我国《民法总则》所规定的诉讼时效客体是请求权，"请求权以外的权利，如物权、人格权，因其性质为支配权，故不适用诉讼时效制度"②。因为我国《民法总则》会作为总则编规定在未来的民法典中，所以我国未来民法典总则编所规定的诉讼时效既不适用于人格权，也不适用于物权。

如果人格权不能够在我国未来民法典中独立设编的原因是民法典总则编中的诉讼时效无法适用于人格权，则梁慧星教授也应当基于同一理由反对物权、身份权和继承权在我国民法典中独立设编。因为民法典总则编所规定的诉讼时效也无法在物权、身份权或者继承权中适用，如果人格权独立设编会"破坏民法典内部的逻辑关系"，则物权、身份权、继承权的独立设编同样会"破坏民法典内部的逻辑关系"。然而，梁慧星教授从来没有因为此种原因而反对物权、身份权和继承权的独立设编。从2001年以来一直到今时今日，只要论及我国未来民法典的编章结构，梁慧星教授均主张物权、身份权、继承权在我国民法典中的独立设编，已如前述。在诉讼时效无法适用于人格权、物权、身份权和继承权的情况下，梁慧星教授单独以此种理由反对人格权独立设编，而完全没有因为同一原因去反对物权、身份权和继承权独立设编，其反对人格权独立设编的此种理由能有几分说服力？

---

① Jean Carbonnier, Droit civil, Volume II, Les biens les obligations, puf, pp. 2512 - 2519; Philippe Malaurie, Laurent Aynès, Philippe Stoffel-Munck, Droit Des Obligations, 8e édition, LGDJ, pp. 705 - 717; Virginie Larribau-Terneyre, Droit civil Les obligations, 15e édition, Dalloz, pp. 234 - 244; Rémy Cabrillac, Droit des Obligations, 12e édition, Dalloz, pp. 425 - 430.

② 梁慧星：《民法总论》（第五版），法律出版社2017年版，第256页。

（三）人格权不能够适用于总则编时效规定的反对理由没有说服力的第二个理由

当梁慧星教授以总则编时效规定不能够适用于人格权作为反对人格权独立设编的理由时，他所主张的此种反对理由之所以没有说服力，第二个主要原因在于，时效并非在任何情况下均不能够适用于人格权。事实上，在某些特殊情况下，取得时效和消灭时效均能够适用于人格权，至少能够适用于某些人格权。

在法国，民法学者普遍认为，包括取得时效和消灭时效在内的所有时效均不能够适用于人格权，因为时效只能够在财产权当中适用，不能够在非财产权当中适用，这就是财产权的可适用时效性和非财产权的不得适用时效性，已如前述。法国民法学者同样普遍认为，鉴于人格权在性质上是一种财产权而不是一种非财产权，因此，人格权当然具有非财产权所具有的不适用时效的特征，这就是人格权的不适用时效性。所谓人格权的不适用时效性，是指权利主体享有的人格权不受取得时效或者消灭时效的限制，时间的经过既不会让权利主体取得他人的人格权，也不会让权利主体享有的人格权消灭。[①]

Mtienne-Ernest-Hyppolite Perreau 对人格权所具有的此种特征做出了说明，他指出："因为人格权是一种不能够加以交易或者买卖的权利，所以他人享有的人格权也是一种不能够适用时效的权利，人格权既不能够适用取得时效，也不能够适用消灭时效。"[②] Jean-Michel Bruguière 和 Bérengère Gleize 也对人格权所具有的此种特征做出了说明，他们指出："人格权是不适用时效的权利。所谓人格权是不适用时效的权利，一方面是指权利的长期不行使不会让权利主体丧失原本

[①] M. E. H. PERREAU, Des Droits de la Personnalité, RTD civ., 1909, p. 520; Henri et Léon Mazeaud, Jean Mazeaud, Francois Chabas, Lecons de DROIT CIVIL, Tome I/Deuxième Volume, Les Personnes, 8 édition, Montchrestien, p. 400; Michèle Muller, Droit civil, 5e, édition, Sup'Foucher, p. 20; Bernard Teyssié, Droit civil, Les personnes, 12e, édition, Litec, p. 98; Jean-Michel Bruguière, Bérengère Gleize, Droits de la Personnalité, ellipses, 2015, p. 75; 张民安：《法国民法》，清华大学出版社2015年版，第79页；张民安、丘志乔主编：《民法总论》（第五版），中山大学出版社2017年版，第306页。

[②] M. E. H. PERREAU, Des Droits de la Personnalité, RTD civ., 1909, p. 520; 张民安：《法国人格权法（上）》，清华大学出版社2016年版，第332—333页。

第七章　民法典总则编关于法律行为和代理的
　　　　一般规定与人格权的独立性　　　　　　　　339

享有的人格权……另一方面则是指，人们无法想象一个人会取得另外一个人的人格特性。"①

在我国，人格权是否适用时效，如果人格权不适用时效，人格权为何不适用时效，如果人格权适用时效，人格权为何适用时效，我国民法学者几乎均没有做出说明。一方面，在讨论民事权利的分类时，虽然我国民法学者根据不同的标准对民事权利做出了形形色色的分类，但是几乎没有任何人从时效是否适用于权利的角度对民事权利做出分类或者做出其他说明。② 另一方面，在讨论时效尤其是其中的诉讼时效时，我国民法学者几乎均不讨论人格权与时效之间的关系，因为在讨论时效尤其是诉讼时效时，他们几乎均从请求权的角度讨论诉讼时效的客体。没有人从民事权利的角度讨论哪些民事权利适用时效而哪些民事权利不适用时效。③

在人格权与时效的关系问题上，梁慧星教授的态度与我国大多数民法学者的上述态度既存在共同点也存在差异：在其著名的民法教科书即《民法总论》中，梁慧星教授在讨论民事权利④时没有对人格权是否适用时效的问题做出说明，这是他与其他民法学者的共同点；而在讨论诉讼时效⑤时，他则对人格权是否适用诉讼时效的问题做出了回答，这是他与其他民法学者之间所存在的差异。他认为，诉讼时效

---

① Jean-Michel Bruguière, Bérengère Gleize, Droits de la Personnalité, ellipses, 2015, p. 75.
② 江平主编：《民法学》，中国政法大学出版社 2007 年版，第 36—40 页；王卫国主编：《民法》，中国政法大学出版社 2007 年版，第 31—43 页；魏振瀛主编：《民法》（第四版），北京大学出版社 2010 年版，第 35—40 页；陈华彬：《民法总则》，中国政法大学出版社 2017 年版，第 242—260 页；王利明：《民法总则》，中国人民大学出版社 2017 年版，第 235—275 页。
③ 江平主编：《民法学》，中国政法大学出版社 2007 年版，第 233—238 页；王卫国主编：《民法》，中国政法大学出版社 2007 年版，第 171—179 页；魏振瀛主编：《民法》（第四版），北京大学出版社 2010 年版，第 190—196 页；王利明：《民法总则》，中国人民大学出版社 2017 年版，第 429—436 页。
④ 梁慧星：《民法总论》（第一版），法律出版社 1996 年版，第 61—69 页；梁慧星：《民法总论》（第二版），法律出版社 2001 年版，第 68—77 页；梁慧星：《民法总论》（第五版），法律出版社 2017 年版，第 69—78 页。
⑤ 梁慧星：《民法总论》（第一版），法律出版社 1996 年版，第 61—69 页；梁慧星：《民法总论》（第二版），法律出版社 2001 年版，第 68—77 页；梁慧星：《民法总论》（第五版），法律出版社 2017 年版，第 69—78 页。

是不能够在人格权中适用的,因为诉讼时效的客体仅为请求权,而人格权不是请求权,它仅仅是一种支配权,他指出:"诉讼时效客体为请求权。"①"请求权以外的权利,如物权、人格权,因其性质为支配权,故不适用诉讼时效制度。"② 为了反对人格权独立设编,在 2016 年的《中国民法典中不能设置人格权编》的文章中,梁慧星教授再一次重复了这一结论,因为在该文中,他明确指出,民法总则中的时效制度"对于其他民事权利均有适用余地,唯独不能适用于人格权",已如前述。

虽然同样认定诉讼时效不能够在人格权中适用,但是在人格权为何不能够适用诉讼时效的问题上,梁慧星教授做出的回答并不完全相同。在其《民法总论》中,他基于人格权的性质即人格权是一种支配权而不是一种请求权而认定诉讼时效不能够在人格权中适用,而在其《中国民法典中不能设置人格权编》中,他则基于另外的原因即人格权的专属性而认定诉讼时效不能够在人格权中适用,已如前述。如果时效真的不能够适用于人格权,其原因究竟是什么?事实上,如果时效真的不能够适用于人格权,则时效不能够适用于人格权的真正原因是,传统民法将人格权视为一种非财产权,认为该种民事权利没有财产价值、经济价值、市场价值并因此不能够以金钱方式确定其价值大小,以便与能够适用时效的财产权相对应、相对立:财产权具有财产价值、经济价值、市场价值并且能够以金钱方式确定其价值大小,已如前述。

在今时今日,人们之所以不能够以时效无法在人格权中适用为由否定人格权独立设编,除了前述理由外,另一个主要理由是,无论是在 20 世纪初期还是在今时今日,人格权均不是绝对不适用时效的,在许多例外情况下,人格权也是能够适用时效的,包括适用取得时效和消灭时效。笔者仅以法国民法为例对此做出简要说明,因为在法

---

① 梁慧星:《民法总论》(第一版),法律出版社 1996 年版,第 241 页;梁慧星:《民法总论》(第二版),法律出版社 2001 年版,第 243 页;梁慧星:《民法总论》(第五版),法律出版社 2017 年版,第 256 页。

② 梁慧星:《民法总论》(第一版),法律出版社 1996 年版,第 241 页;梁慧星:《民法总论》(第二版),法律出版社 2001 年版,第 243 页;梁慧星:《民法总论》(第五版),法律出版社 2017 年版,第 256 页。

第七章　民法典总则编关于法律行为和代理的
　　　　一般规定与人格权的独立性　　　　　　　　　341

国,除了《法国民法典》对此做出了明确规定外,法国民法学者和司法判例也均承认这一点。

首先,《法国民法典》的某些法律条款对行为人通过取得时效获得他人人格权的问题做出了明确规定。根据这些法律条款的规定,当行为人长期占有他人的某种民事身份或者人格特征时,法律或者将行为人的占有看作他们享有人格权的证据,例如,《法国民法典》第196条和第197条,在规定的确定期限经过之后,法律或者明确规定,行为人对其占有的民事身份或者人格特征将享有确定的人格权,他人不得再对行为人获得的人格权提出异议,例如,《法国民法典》第183条、第185条、第316条、第317条等。①

其次,法国民法学者承认,在例外情况下,取得时效和消灭时效是能够适用于人格权的。例如,M. E. H. PERREAU 就采取此种态度。他明确指出,基于良好社会秩序维护的需要,尤其是,基于人的身份的稳定性要比财产的稳定性更加重要的考虑,除了应当在财产权中适用取得时效外,人们也应当在人格权、身份权中适用取得时效,让行为人因为时效的经过而获得某种人格权、身份权,就像行为人能够因为时效的经过而取得他人财产所有权一样。② 再如,Jean-Marie Plazy 也采取此种态度。在对姓名权是否适用取得时效和消灭时效的问题做出说明时,他明确指出,在最近之前,此种问题没有任何困难,因为法官认为,姓名权既不适用取得时效也不适用消灭时效,但是在今时今日,此种问题变得困难,因为在这两个方面,姓名权不适用时效的原则均被弱化了,司法判例在大量的案件中承认取得时效和消灭时效在姓名权中的适用。③

最后,无论是在历史上还是在今时今日,法国司法判例均承认,人格权是能够适用取得时效和消灭时效的。在历史上,法官认为,如果行为人世世代代、祖祖辈辈或者长达上百年占有他人的姓名或者其他人格特征,或者虽然没有达到这么长的时期,如果行为人占有他人

---

① M. E. H. PERREAU, Des Droits de la Personnalité, RTD civ., 1909, p. 523;张民安:《法国人格权法(上)》,清华大学出版社2016年版,第335页。

② M. E. H. PERREAU, Des Droits de la Personnalité, RTD civ., 1909, p. 333;张民安:《法国人格权法(上)》,清华大学出版社2016年版,第333—334页。

③ Jean-Christophe Saint-Pau et, Droits de la Personnalité, LexisNexis, pp. 510–512.

的姓名或者其他人格特征已经达到了相当长的时期,则他们可以因为取得时效而确定性地取得姓名权,他人不得对行为人获得的人格权提出异议。① 在今时今日,法国法官仍然坚持此种规则,他们尤其会认为,取得时效和消灭时效在例外情况下适用于人格权中的姓名权。②

根据法国司法判例所确立的规则,通过取得时效取得他人姓名权的条件同通过取得时效取得他人财产所有权的条件是一致的、一样的:其一,行为人应当长期占有他人的姓名,例如,占有他人姓名达到 50 年或者 100 年等;其二,行为人对他人姓名的占有应当是公开的、对所有人予以披露的;其三,行为人是善意而不是故意占有他人的姓名,主要是基于事实上的或者法律上的错误而占有他人的姓名。③

在法国,消灭时效是否会适用于人格权当中的姓名权,由法官自由裁量,法官要考虑各种各样的因素,尤其是要考虑行为人占有他人姓名的持续期限。④ 不过,在 1992 年 5 月 25 日和 1994 年 4 月 6 日的两个案件即 l'arrêt Burine⑤ 和 l'arrêt Danguien⑥ 中,法国最高法院明确认定,他人的姓名因为消灭时效制度而丧失。在前一个案件中,行为人自 1618 年开始一直到 1992 年止均在使用他人的姓名。而在后一个案件中,行为人自 1754 年开始一直到 1994 年止均在使用他人的姓

---

① M. E. H. PERREAU, Des Droits de la Personnalité, RTD civ., 1909, p. 522;张民安:《法国人格权法(上)》,清华大学出版社 2016 年版,第 334—335 页。

② M. E. H. PERREAU, Des Droits de la Personnalité, RTD civ., 1909, pp. 523 – 526; Frédéric Zenati-Castaing, Thierry Revet, Manuel de droit des personnes, 1e, édition, puf, pp. 62 – 63; Jean-Michel Bruguière, Bérengère Gleize, Droits de la Personnalité, ellipses, 2015, p. 75; Jean-Christophe Saint-Pau et, Droits de la Personnalité, LexisNexis, pp. 510 – 512;张民安:《法国人格权法(上)》,清华大学出版社 2016 年版,第 335—337 页。

③ Jean-Christophe Saint-Pau et, Droits de la Personnalité, LexisNexis, pp. 510 – 511.

④ M. E. H. PERREAU, Des Droits de la Personnalité, RTD civ., 1909, pp. 523 – 526; Frédéric Zenati-Castaing, Thierry Revet, Manuel de droit des personnes, 1e, édition, puf, pp. 62 – 63; Jean-Michel Bruguière, Bérengère Gleize, Droits de la Personnalité, ellipses, 2015, p. 75; Jean-Christophe Saint-Pau et, Droits de la Personnalité, LexisNexis, pp. 510 – 512;张民安:《法国人格权法(上)》,清华大学出版社 2016 年版,第 335—337 页。

⑤ Cour de cassation chambre civile 1, Audience publique du lundi 25 mai 1992, N° de pourvoi: 90 – 13613 90 – 16064, Publié au bulletin.

⑥ Cour de cassation, chambre civile 1, Audience publique du mercredi 6 avril 1994, N° de pourvoi: 92 – 11186, Publié au bulletin.

名。他人向法院起诉,要求法官责令行为人将其占有的姓名返还自己。法国最高法院认为,他人无权要求行为人返还,因为他人原本享有的姓名权因为时效的长久经过而消灭。

在今时今日,人格权不再满足于仅仅在例外情况下才会适用取得时效和消灭时效的情形。事实上,人格权完全能够像传统财产权一样正常适用时效制度,包括取得时效和消灭时效制度。因为在今时今日,人格权已经财产化了、商事化了,至少某种人享有的某些人格权已经财产化了、商事化了,已如前述。

四、民法典总则编中有关法律行为和代理的一般规定能够适用于人格权

(一) 人格权不能够适用于总则编中的法律行为和代理规定的反对理由没有说服力

在当今社会,德式民法典的总则编之所以会对法律行为和代理做出规定,是因为它们认为,法律行为和代理是民法的一般理论和一般制度,能够对民法典所规定的各分则编予以适用。因为这样的原因,《德国民法典》《苏俄民法典》和我国台湾地区的所谓"民法"均在总则编中对法律行为和代理做出了规定,已如前述。由于受到德式民法典的影响,也就是,由于受苏联民法典的影响,我国《民法总则》第六章和第七章分别对法律行为和代理做出了规定,已如前述。因为《民法总则》要最终以总则编的名义编入我国未来的民法典中,所以我国未来民法典总则编的第六章和第七章将会对法律行为和代理做出规定,已如前述。

问题在于,当立法者在其制定的民法典总则编中对法律行为和代理做出了规定时,我们能否因此像梁慧星教授那样认为,人格权不应当在民法典中独立设编?笔者认为,以民法典总则编中规定了法律行为和代理作为反对人格权独立设编的理由是不成立的、是没有说服力的、是站不住脚的。因为,除了判断人格权是否独立设编的标准应当是人格权的重要性和体系性而不是逻辑性外,还有另外两个理由:如果总则编中法律行为和代理的规定是人格权不能够独立设编的理由,在总则编中法律行为和代理的规定也应当是物权和侵权性债权不能够

独立设编的理由；在今时今日，民法典总则编中有关法律行为和代理的规定也能够在人格权中适用，包括在有形人格权和无形人格权当中适用。

（二）人格权不能够适用总则编中法律行为和代理规定的反对理由没有说服力的第一个理由

当梁慧星教授以总则编中的法律行为和代理规定不能够适用于人格权作为反对人格权独立设编的理由时，他所主张的此种反对理由之所以没有说服力，第一个主要原因在于，总则编中的法律行为和代理规定除了不能够适用于人格权外也不能够适用于其他民事权利。

由于受到德式民法典的影响，我国《民法总则》第六章和第七章分别对法律行为的一般理论、一般制度和代理的一般理论、一般制度做出了规定，其中有关法律行为的规定包括四个方面的内容：一般规定，意思表示，民事法律行为的效力、附条件的民事法律行为和附期限的民事法律行为[①]；而其中有关代理的规定则包括三个方面的内容：一般规定、委托代理和代理终止。[②] 因为《民法总则》最终要以总则编的名义编入我国未来民法典中，所以我国未来民法典总则编中当然包含了一般法律行为和一般代理的规定，这一点毋庸置疑。

问题在于，我国未来民法典总则编中有关法律行为和代理的规定是否能够在未来民法典的所有分则编中适用？如果不能够在民法典的所有分则编中适用，总则编中的这些规定能够在民法典的哪些分则编中适用？对于这些问题，我国民法学者原本没有做出任何说明，即便是在讨论民法典的编制体例和编章结构时情况依然如此。而现在，为了反对立法者将人格权独立设编的做法，梁慧星教授则对此种问题做出了说明。他认为，民法典总则编中有关法律行为和代理的规定不能够在人格权中适用，只能够在物权、债权、亲属权和继承权中适用，因为此种原因，物权、债权、亲属权和继承权能够在民法典中独立设

---

① 《中华人民共和国民法总则》第 133 条至第 160 条，http://www.npc.gov.cn/npc/xinwen/2017-03/15/content_2018907.htm.

② 《中华人民共和国民法总则》第 161 条至第 175 条，http://www.npc.gov.cn/npc/xinwen/2017-03/15/content_2018907.htm.

编，而人格权则不能够在民法典当中独立设编，否则，就会破坏"民法典内部的逻辑关系"，已如前述。

不过，梁慧星教授反对人格权独立设编的此种理由是站不住脚的，因为如果梁慧星教授反对人格权独立设编的此种理由能够成立，则除了人格权不能够独立设编外，侵权性债权即侵权责任法也不能够独立设编。在民法领域，物权、亲属权和继承权当然均能够适用民法典总则编中有关法律行为和代理的一般规定，这一点毫无疑问，因为在这些领域，民法贯彻意思自治和契约自由原则。① 在民法领域，债权是否像梁慧星教授所言的那样能够适用民法典总则编中有关法律行为和代理的一般规定？答案是，并非所有的债权均能够适用民法典总则编中有关法律行为和代理的一般规定。

具体来说，在民法领域，契约性债权当然能够适用民法典总则编中有关法律行为和代理的一般规定，并且民法典总则编中有关法律行为和代理的一般规定主要就是在契约中适用，因为意思自治和契约自由原则发挥作用的最重要领域是契约。② 而侵权性债权领域则不能够适用民法典总则编中有关法律行为和代理的一般规定，因为意思自治和契约自由原则不能够在侵权责任法中适用。在侵权法中，即便行为人在侵犯他人民事权利时存在意思表示，他们实施的故意侵权行为也不会按照其意图产生法律效力，法律会违反其意思表示而责令他们就其实施的侵权行为对他人遭受的损害承担赔偿责任。因为这样的原因，行为人实施的包括故意侵权行为在内的所有侵权行为均被视为一种与法律行为相对应、相对立的法律事件。③

因为民法典总则编中有关法律行为和代理的一般规定能够适用于契约，所以当契约作为独立的一编被规定在民法典的分则编时，则总则编与分则编之间不会产生梁慧星教授所谓的"破坏了民法典内部

---

① 张民安、丘志乔主编：《民法总论》（第五版），中山大学出版社2017年版，第96—98页。

② 张民安、丘志乔主编：《民法总论》（第五版），中山大学出版社2017年版，第96—97页。

③ 张民安：《法国民法》，清华大学出版社2015年版，第119—120页；张民安、丘志乔主编：《民法总论》（第五版），中山大学出版社2017年版，第144—150页；张民安、铁木尔高力套：《债权法》（第五版），中山大学出版社2017年版，第84—90页。

的逻辑关系"的问题。因为民法典总则编中有关法律行为和代理的一般规定不能够适用于人格权,所以当人格权法作为独立的一编被规定在民法典的分则编时,则总则编与分则编之间就会产生梁慧星教授所谓的"破坏了民法典内部的逻辑关系"的问题。因为此种原因,梁慧星教授认为人格权不应当独立设编,已如前述。

因为民法典总则编中有关法律行为和代理的一般规定不能够适用于侵权责任,所以当侵权责任作为独立的一编被规定在民法典的分则编时,总则编与分则编之间也会产生梁慧星教授所谓的"破坏了民法典内部的逻辑关系"问题。既然民法典总则编中有关法律行为和代理的一般规定不能够在侵权责任法中适用,既然侵权责任编的设立会让总则编与分则编之间存在"破坏了民法典内部的逻辑关系"的问题,则我们当然也应当像梁慧星教授反对人格权独立设编那样反对侵权责任独立设编了!然而,自2001年以来一直到今时今日,梁慧星教授从来就没有以此种理由反对侵权责任独立设编,因为在讨论我国未来民法典的编制体例和编章结构时,梁慧星教授均明确认定,侵权责任法应当独立设编,已如前述。

在民法典总则编中有关法律行为和代理的一般规定均不能够适用于人格权和侵权责任的情况下,在民法典的总则编与民法典的分则编均存在"破坏了民法典内部的逻辑关系"问题的情况下,梁慧星教授为何单单以此种理由反对人格权独立设编,而完全不以此种理由反对侵权责任独立设编?可见,反对人格权独立设编的此种理由没有说服力。

(三)人格权不能够适用于总则编中法律行为和代理规定的反对理由没有说服力的第二个理由

当梁慧星教授以总则编中的法律行为和代理规定不能够适用于人格权作为反对人格权独立设编的理由时,他所主张的此种反对理由之所以没有说服力,第二个主要原因在于,在今时今日,民法典总则编中有关法律行为和代理的规定完全能够在人格权中适用,包括在有形人格权①和无形人格权②中适用。

传统民法认为，如果权利主体享的民事权利在性质上是物权和债权等财产权，除了生前能够放弃和转让其财产权外，在其死亡之后，他们生前享有的这些财产权也能够作为遗产转移给自己的继承人继续，这就是财产权所具有的一个重要特征即财产权的可处分性（L'disponibilité des droits patrimoniaux）。它包括三个方面的内容：财产权的可放弃性、财产权的可转让性和财产权的可转移性。③

传统民法认为，如果权利主体享有的民事权利在性质上是一种人格权，则除了生前不能够放弃或者转让其人格权外，在其死亡之后，他们生前享有的人格权也不能够作为遗产转移给自己的继承人继承，这就是人格权所具有的一个重要特征即人格权的不得处分性

---

① 所谓有形人格权，是指他人享有的以其自身的有形肉体、躯体即身体为客体的人格权，包括生命权、身体权和健康权三种，因为这三种人格权均是建立在他人有形的血肉之躯的基础上。张民安：《无形人格侵权责任研究》，北京大学出版社 2012 年版，第 9—13 页；张民安、丘志乔主编：《民法总论》（第五版），中山大学出版社 2017 年版，第308 页。

② 所谓无形人格权，是指他人享有的以其自身的各种各样的无形人格特征为客体的人格权，包括姓名权、隐私权、名誉权、肖像权和声音权等类型的人格权，因为这些人格权均是建立在他人无形的人格特征的基础上。张民安：《无形人格侵权责任研究》，北京大学出版社 2012 年版，第 9—13 页；张民安、丘志乔主编：《民法总论》（第五版），中山大学出版社 2017 年版，第 308 页。

③ Michele Muller, Droit civil, 5e édition, Sup'Foucher, pp. 19 - 20；David Bakouche, Droit civil les personnes la famille, HACHETTE, p. 32；Yvaine Buffelant-Lanore, Virginie Larribau-Terneyre, Droit civil, Introduction, Biens, Personne, Famille, 17e édition, Dalloz, p. 51；Francois Terré, Dominique Fenouillet, Droit civil les personnes, 8e édition, Dalloz, p. 57；Jean-Luc AUBERT, Eric SAVAUX, Introuduction au droit, 14e édition, Dalloz, p. 225；GERARD CORNU, Droit civil, Introuduction au droit, 13e édition, Montchrestien, p. 39；张民安：《法国民法》，清华大学出版社 2015 年版，第 60—61 页；张民安、丘志乔主编：《民法总论》（第五版），中山大学出版社 2017 年版，第 288—289 页。

（L'indisponibilité des droits de la personnalité）①。它属于非财产权的不得处分性（L'indisponibilité des droits extrapatrimoniaux）② 的组成部分和主要表现形式，包括三个方面的内容：人格权的不得放弃性、人格权的不得转让性和人格权的不得转移性。

在民法领域，财产权的可处分性和非财产权尤其是人格权的不得处分性被大陆法系国家的民法学者所普遍承认。早在 1909 年，M. E. H. Perreau 就已经明确指出，人格权是一种不得转让的权利，他人不得将其享有的人格权投入流通，进行买卖或者从事其他交易。③ 在 1939 年，Roger Nerson 也承认，非财产权即人格权是一种不得处分的权利，人们不得将自己的姓名、生命、名誉和其他人格特征投入流通，进行买卖或者予以赠与等。④ 在今时今日，法国民法学者普遍承认人格权的不得处分性，认为权利主体原则上不能够放弃、转让自己的人格权。⑤

在我国，在《中国民法典中不能设置人格权编》一文发表之前，

---

① Jean Carbonnier, Droit Civil, 1/Introduction, Les Personnes, Presses Universitaires De France, p. 310; Henri et Léon Mazeaud, Jean Mazeaud, Francois Chabas, Lecons de DROIT CIVIL, Tome I/Deuxième Volume, Les Personnes, 8e édition, Montchrestien, p. 400; Bernard Teyssié, Droit civil, Les personnes, 12e, édition, Litec, pp. 97 – 98; Michel de JUGLART Alain PIEDEEVRE Stephane PIEDEEVRE, Cours de droit civil, introduction, personnes, famille, Seizième édition, Montchrestien, pp. 117 – 118; Michele Muller, Droit civil, 5e édition, Sup'Foucher, p. 20; 张民安:《法国民法》，清华大学出版社 2015 年版，第 78 页; 张民安、丘志乔主编:《民法总论》（第五版），中山大学出版社 2017 年版，第 306 页。

② Michele Muller, Droit civil, 5e édition, Sup'Foucher, p. 20; David Bakouche, Droit civil les personnes la famille, HACHETTE, p. 33; Yvaine Buffelant-Lanore, Virginie Larribau-Terneyre, Droit civil, Introduction, Biens, Personne, Famille, 17e édition, Dalloz, p. 57; Francois Terré, Dominique Fenouillet, Droit civil les personnes, 8e édition, Dalloz, p. 59; Christian Larroumet, Augustin Aynès, Introuduction à l'étude du droit, 6e édition, Economica, p. 310; GERARD CORNU, Droit civil, Introuduction au droit, 13e édition, Montchrestien, p. 41; 张民安:《法国民法》，清华大学出版社 2015 年版，第 71 页; 张民安、丘志乔主编:《民法总论》（第五版），中山大学出版社 2017 年版，第 291 页。

③ M. E. H. PERREAU, Des droits de la personnalite, RTD civ., 1909, p. 517.

④ Roger Nerson, Les droits extrapatrimoniaux, Paris, LGDJ, 1939, pp. 393 – 400.

⑤ Henri et Léon Mazeaud Jean Mazeaud Francois Chabas, Les Personnes, 8e édition, Montchrestien, p. 400; Bernard Teyssié, Droit civil, Les personnes, 12e, édition, Litec, p. 97; Pierre Voirin, Gilles Goubeaux, Droit civil, tome 1, Introduction au droit, personnes-famille, personnes protégées, biens-obligations, sûretés, 33e édition, LGDJ, p. 75.

第七章　民法典总则编关于法律行为和代理的
　　　　一般规定与人格权的独立性

包括梁慧星教授在内的我国民法学者虽然也承认人格权的不得处分性，但是他们仅仅在权利分类当中对人格权所具有的此种特征做出了最简单的说明，因为在讨论人格权的专属性时，他们明确承认，包括人格权在内的人身权是一种不得转让的权利，权利主体不能够将其人格权转让给别人。① 然而，为了反对人格权的独立设编，在2016年的《中国民法典中不能设置人格权编》一文中，梁慧星教授不再将人格权的专属性同人格权的不得处分性放在一起加以讨论，而是将人格权的不得处分性从人格权的专属性中分离出来，将人格权的不得处分性作为人格权的专属性之外的一个独立反对理由。因为在该文当中，他反对人格权独立设编的第一个理由实质上就是人格权的专属性，而他反对人格权独立设编的第三个理由则是人格权的不得处分性。这说明，梁慧星教授反对人格权独立设编的理由存在重合之处。

虽然如此，在反对人格权独立设编时，梁慧星教授对人格权的不得处分性所做出的说明在我国民法学界可谓是史无前例的，因为迄今为止，几乎没有任何人像梁慧星教授这样深刻揭示人格权与包括代理在内的法律行为之间的关系，即便是专门研究人格权的民法学者：如果行为人所实施的法律行为或者代理涉及其自身的人格权，他们所实施的此种法律行为是否无效？例如，如果行为人立下遗嘱，将自己生前享有的肖像权作为遗产指定给自己的某一个继承人继承，行为人立下的此种遗嘱是否有效，在行为人死亡时，其遗嘱指定的继承人是否能够根据该遗嘱继承其生前的肖像权？再例如，如果甲方与乙方签订契约，授权乙方使用、公开或者传播自己的私人生活或者隐私，他们之间所签订的此种涉及隐私权的契约是否有效？

这些问题就是人格权法领域所面临的一个至关重要的问题，即"涉及人格权的法律行为"（les acte juridique relatives aux droits de la

---

① 江平主编：《民法学》，中国政法大学出版社2007年版，第39页；王卫国主编：《民法》，中国政法大学出版社2007年版，第34页；魏振瀛主编：《民法》（第四版），北京大学出版社2010年版，第36页；陈华彬：《民法总则》，中国政法大学出版社2017年版，第244页；王利明：《民法总则》，中国人民大学出版社2017年版，第240页；梁慧星：《民法总论》（第一版），法律出版社1996年版，第64页；梁慧星：《民法总论》（第二版），法律出版社2001年版，第70页；梁慧星：《民法总论》（第五版），法律出版社2017年版，第72页。

personnalité) 问题。该问题可以分解为不同的问题："涉及人格权的契约"（les conventions relatives aux droits de la personnalité）问题，"涉及人格权的代理"（les représentations relatives aux droits de la personnalité）问题，"涉及人格权的放弃"（les renonciations relatives aux droits de la personnalité）问题，"涉及人格权的转让"（les cessions relatives aux droits de la personnalité）问题，以及"涉及人格权的转移"（les trasmissions aux droits de la personnalité）问题。这些理论均被归结为人格权的不得处分性，包括人的身体的不可处分性（L'indisponibilité du corps humain）。①

在民法上，如果行为人实施了"涉及人格权的法律行为"，他们实施的此类法律行为是否有效？对此问题，民法学者和司法判例均做出了明确说明，所不同的是，他们在不同时期做出的回答存在重大差异。在历史上，民法学者和司法判例普遍认为，行为人实施的此类法律行为无效。即便是在今时今日，法国偶尔也会在自己的司法判例当中采取传统民法的规则，认为涉及人格权的法律行为因为违反了公共秩序和良好道德而无效。②

例如，在 1988 年 6 月 7 日的司法判例中，法国最高法院认定，当行为人与他人签订变性手术时，如果该种变性目的不是治疗他人的疾病，则他们签订的此种契约无效，因为此种契约违反了人的身体的

---

① Roger Nerson, Les droits extrapatrimoniaux, Paris, LGDJ, 1939, pp. 392 – 429; Pascal Ancel, L'indisponibilité des droits de la personnalité: une approche critique de la théorie des droits de la personnalité » (1978), thèse Dijon, pp. 165 – 235; Agnès Lucas-Schloetter, Droit moral et droits de la personnalité: étude de droit comparé français et allemande, Tome II, Presses Universitaires D'Aix-Marseille, Paris, 2002, pp. 313 – 535; Irma Arnoux, Les droits de l'être humain sur son corps, Presses Universitaires De Bordeaux, pp. 191 – 234; Philippe Malinvaud, Introuduction à l'étude du droit, 15e édition, LexisNexis, pp. 309 – 319.

② René Demogue, Traité des obligations en general, t. 2, Paris, Librairie Arthur Rousseau, Rousseau & Cie, 1923, p. 652; Louis Josserand, Cours de droit civil positif francais, t. 2, 2e édition, Librairie De Recueil Sirey, 1933, p. 230; Jean-Pierre Gridel, Le rôle de la Cour de cassation française dans l'élaboration et la consecration des principes généraux du droit privé, Les Principes Généraux Du Droit, Bruylant Bruxelles 2005, pp. 143 – 144; Irma Arnoux, Les droits de l'être humain sur son corps, Presses Universitaires De Bordeaux, p. 191.

第七章　民法典总则编关于法律行为和代理的
　　　　一般规定与人格权的独立性　　　　　　　351

不得处分性的原则。① 再如，在1991年5月31日的案件中，法国最高法院也认定，当行为人与他人签订代孕契约时，他们之间的代孕契约是无效的，因为它违反了人的身体的不得处分性原则。② 除了法官在其司法判例当中坚持人格权的不得处分性原则外，《法国民法典》第16-1（3）条也明确规定：人的身体、人的身体的组成部分和人的身体的产物不得成为财产权的客体。③

然而，在今时今日，法国民法学者普遍认为，行为人实施的涉及人格权的行为并不会仅仅因为涉及人格权而无效，他们实施的大量法律行为均被法官认定为有效。早在1909年的《人格权》一文中，法国民法学者 M. E. H. Perreau 就对此种规则做出了说明，他指出："因为人格权被置于商事活动之外，因此，严格来说，人格权是不能够转让的，或者说人格权是不能够在契约中适用的，或者更广义地说，人的意志是不能够触及人格权的。然而，这仅仅是理论上的一种讲法，在实践中，此种讲法是完全不适当的。因为在实践中，法官大量减缩此种观念的适用范围。"④

在1939年的《非财产权》一书中，法国民法学者 Roger Nerson 也对此种规则做出了说明，他指出，非财产权和基于非财产权产生的请求权即人格权和基于人格权产生的请求权的基本特征是，人们无法用金钱确定其价值大小，并且不像财产权那样能够与权利主体的人身分离，因为此种原因，非财产权产生了一系列的后果：不得转让性、不适用时效性、不得继承性和不适用代理的一般模式性。然而，社会需要让法官对所有这后果施加了限制，这些限制或者较为狭窄，或者

---

① Civ. 7 juin 1988 n° 176 p. 122; Jean-Pierre Gridel, Le rôle de la Cour de cassation française dans l'élaboration et la consecration des principes généraux du droit privé, Les Principes Généraux Du Droit, Bruylant Bruxelles2005, p. 143.

② Ass. pl. , 31 mai 1991, D. 1999, 417; Jean-Pierre Gridel, Le rôle de la Cour de cassation française dans l'élaboration et la consecration des principes généraux du droit privé, Les Principes Généraux Du Droit, Bruylant Bruxelles2005, pp. 143 - 144.

③ Article 16 - 1 Le corps humain, ses éléments et ses produits ne peuvent faire l'objet d'un droit patrimonial. https://www. legifrance. gouv. fr/affichCode. do? idSectionTA = LEGISC-TA000006136059&cidTexte = LEGITEXT000006070721&dateTexte = 20180728.

④ M. E. H. PERREAU, Des droits de la personnalite, RTD civ. , 1909, p. 517.

较为宽泛。①

在2013年的《人格权》中，Jean-Christophe Saint-Pau等人也对此种规则做出了说明，他们指出，人格权不仅能够"进行法律流通"，而且还能够"进行完全的经济利用"。② 所谓人格权能够"进行法律流通"，一方面是指人格权能够在活人之间进行交易、转让，另一方面是指人格权在权利主体死亡时能够转移给继承人继承。③ 所谓人格权能够"进行完全的经济利用"，则是指权利主体能够使用自己的人格权谋求商事利益，他们能够与别人签订人格使用契约，允许或者授权别人使用其人格特征。④

在我国，包括梁慧星教授在内的民法学者普遍没有对这样的问题做出回答，包括肯定和否定的回答。⑤ 不过，为了反对人格权的独立设编，在《中国民法典中不能设置人格权编》中，梁慧星教授则做出了明确的、肯定的回答，因为他明确指出，法律行为无法在人格权当中适用，已如前述。问题在于，梁慧星教授的此种观点是否能够站得住脚？笔者认为，他的此种观点是站不住脚的，因为在今时今日，民法典总则编关于法律行为的规定完全能够在人格权中适用。

首先，民法典总则编中有关法律行为的规定能够在有形人格权中适用，不存在法律行为的一般规定不能够在有形人格权中适用的问题。因为在今时今日，除非行为人实施的有关生命权、身体权或者健康权的法律行为被认为违反了公共秩序或者良好道德，否则，他们实施的此类法律行为是有效的。

早在1936年的《论涉及自然人的人身契约效力》一文中，Andrée Jack就已经对此种规则做出了明确说明，他指出："显然，有

---

① Roger Nerson, Les droits extrapatrimoniaux, Paris, LGDJ, 1939, pp. 392 – 393.
② Jean-Christophe Saint-Pau et, Droits de la Personnalité, LexisNexis, pp. 334 – 336.
③ Jean-Christophe Saint-Pau et, Droits de la Personnalité, LexisNexis, pp. 336 – 344.
④ Jean-Christophe Saint-Pau et, Droits de la Personnalité, LexisNexis, pp. 344 – 361.
⑤ 江平主编：《民法学》，中国政法大学出版社2007年版，第145—194页；王卫国主编：《民法》，中国政法大学出版社2007年版，第104—143页；魏振瀛主编：《民法》（第四版），北京大学出版社2010年版，第137—170页；陈华彬：《民法总则》，中国政法大学出版社2017年版，第454—571页；王利明：《民法总则》，中国人民大学出版社2017年版，第287—348页；梁慧星：《民法总论》（第五版），法律出版社2017年版，第163—220页。

第七章 民法典总则编关于法律行为和代理的一般规定与人格权的独立性

关自然人人身方面的契约是被制定法所允许的,就像所有其他契约被制定法所允许一样,如果有关自然人人身方面的契约是为了某种合法的和符合道德的目的的话,在探寻和确定此种目的时,如果人们认为有关自然人人身方面的契约对于自然人生命、身体完整性的维持具有特定价值的话。"① 在 1998 年的《不能交易和不能流通的人身》一文中,Marie-Angèle Hermitte 也对此种规则做出了明确说明,他指出:"有关自然人人身方面的契约原则上是合法的,是要受当事人意图约束的,但是,当事人的意图并不是万能的,他们的意图要受公共秩序的约束。"②

在 2003 年的《自然人的身体权》一书中,Irma Arnoux 对此种规则做出了说明,他指出,除了能够对自身的身体实施各种各样的事实行为外,自然人也能够对自身的身体实施众多的法律行为,并且他们实施的这些法律行为也不再像经典学者所言的那样是无效的。事实上,在 20 世纪初期,自然人游离于法律行为之外、自然人的身体完整性不能够在契约中适用的传统原则已经变得不合时宜了,人的身体的不得处分性原则,即人的身体不是物因此不能够成为契约客体的原则不再被司法判例所确认。虽然涉及人的身体的法律行为并非总是有效的,但是行为人实施的涉及人的身体的法律行为并不会因为所涉及的客体是人的身体而无效。③

在 2015 年的《民法总论》中,Philippe Malinvaud 也对此种规则做出了说明,他指出,虽然《法国民法典》第 16 - 1 (3) 条明确规定,人的身体、身体组成部分和身体产物不能够成为财产权的客体,但在实践中,如果行为人实施的法律行为涉及其身体权,则法官并不会认定他们实施的一切法律行为均无效。事实上,即便是在生命权、身体权和健康权领域,人们原则上享有处分权,他们能够根据此种处分权处分自己的身体、身体的组成部分和身体的产物,仅仅在例外情

---

① Andrée Jack, Les conventions relatives à la personne physique, Rev. crit. de législation et de jurisprudence 392, 1933, p. 362.

② Marie-Angèle Hermitte, Le corps hors du commerce, hors du marché, in Archives de philosophie du droit, Sirey, Paris, 1988, p. 327.

③ Irma Arnoux, Les droits de l'être humain sur son corps, Presses Universitaires De Bordeaux, pp. 191 - 192.

况下，他们享有的此种处分权应当受到公共秩序和良好道德的限制。因此，在面临行为人实施的涉及身体权的法律行为时，人们应当根据具体情况判断他们实施的哪些法律行为是有效的和哪些法律行为是无效的。①

在民法领域，涉及自然人生命权、身体权和健康权的有效契约多种多样，包括但是不限于以下契约：涉及有形人格权的诊疗契约，涉及有形人格权的遗体、器官、身体产物（包括血液、精子、卵子）提取、捐赠的捐赠契约、提取契约，涉及有形人格权的堕胎契约，涉及有形人格权的拳击契约或者涉及其他危险的体育运动契约，涉及有形人格权的人工辅助生殖契约，涉及有形人格权的基因检测契约，甚至包括涉及有形人格权的劳动契约，等等。在不违反公共秩序和良好道德的情况下，当事人之间所签订的这些契约均是有效的，即便它们均涉及生命权、身体权和健康权。②

在上述众多涉及生命权、身体权和健康权的契约当中，某些契约被视为自然人对其有形人格权享有的管理权，根据此种管理权，他们能够对其有形人格权实施通常的管理行为（les actes de gestion），例如，诊疗契约、堕胎契约、人工辅助生殖契约等。而某些契约则被视为自然人对其有形人格权享有的处分权，根据此种处分权，他们能够对自己享有的有形人格权实施处分行为（les actes de disposition），诸如器官提取契约、死后遗体捐献契约等。因为此种原因，在今时今日，我们除了能够认定财产权的主体对其财产权享有管理权和处分权并能够凭借享有的这些权利实施财产管理行为和处分行为外③，我们也能够因此认定，自然人同样对其有形人格权享有管理权和处分权，凭借这两种主观权利，他们也能够对自己的生命、身体和健康实施管

---

① Philippe Malinvaud, Introduction à l'étude du droit, 15e édition, LexisNexis, pp. 309 - 310.

② Frédéric Zenati-Castaing, Thierry Revet, Manuel de droit des personnes, 1e, édition, puf, pp. 262 - 266; Irma Arnoux, Les droits de l'être humain sur son corps, Presses Universitaires De Bordeaux, pp. 193 - 234; Philippe Malinvaud, Introduction à l'étude du droit, 15e édition, LexisNexis, pp. 311 - 319.

③ 张民安：《法国民法》，清华大学出版社2015年版，第109—111页；张民安、丘志乔主编：《民法总论》（第五版），中山大学出版社2017年版，第422—423页。

第七章　民法典总则编关于法律行为和代理的
　　　　一般规定与人格权的独立性　　　　　　　　355

理行为和处分行为。①

　　在民法领域，虽然行为人实施的涉及其有形人格权的法律行为、契约多种多样，但是最典型的法律行为、契约并不是他们所为的遗体捐赠契约、器官捐赠契约或者血液、精子、卵子捐赠契约，而是他们在自己的生命、身体和健康遭受危险时与医师、医疗机构签订的医疗契约（le contrat médical）、医疗法律行为（l'acte médical）。根据该种契约、法律行为，除了医师要对病患者承担包括疾病诊断、危险说明、诊断方法、治疗效果和抢救在内的各种各样的债务外，病患者也应当对医师承担一定的义务。

　　在民法领域，当医师在对病患者进行诊疗时，他们之间是否存在契约关系呢？医师与病患者之间的权利义务关系是否受意思表示的约束？在 1837 年之前，民法对此做出了否定性的回答，认为病患者与医师之间的权利义务关系不构成法律行为、契约，他们之间的法律关系不受意思表示的约束、影响。到了 1837 年，法国最高法院第一次承认，医师就其诊疗行为对其病患者所承担的责任属于一种专业责任。到了 1936 年，法国最高法院在 1936 年 5 月 20 日的著名判决②中第一次正式承认，病人与医师之间存在真正的契约，他们之间的债权债务关系属于一种契约关系。在今时今日，医患关系当然属于一种契约关系，即便它们涉及病患者的生命权、身体权和健康权，亦如此，即便他们之间的关系也构成一种侵权性质的关系。③

　　当行为人实施的这些契约或者法律行为涉及生命权、身体权和健康权时，他们实施的这些契约或者法律行为与行为人实施的其他契约、其他法律行为之间仅仅存在一个差异：在这些契约、法律行为当

---

①　Frédéric Zenati-Castaing, Thierry Revet, Manuel de droit des personnes, 1e, édition, puf, pp. 262 – 266；Irma Arnoux, Les droits de l'être humain sur son corps, Presses Universitaires De Bordeaux, pp. 193 – 234；Philippe Malinvaud, Introduction à l'étude du droit, 15e édition, LexisNexis, pp. 311 – 319.

②　D. 1936, I, 88, conclusion MATTER, rapport Josserand.

③　Pascal Ancel, L'indisponibilité des droits de la personnalité：une approche critique de la théorie des droits de la personnalité »（1978），thèse Dijon, pp. 188 – 189；Irma Arnoux, Les droits de l'être humain sur son corps, Presses Universitaires De Bordeaux, pp. 193 – 208；Philippe Malinvaud, Introduction à l'étude du droit, 15e édition, LexisNexis, pp. 311 – 313；Jean-Christophe Saint-Pau et, Droits de la Personnalité, LexisNexis, pp. 1322 – 1326.

中,行为人的意思表示不仅应当是明确的、肯定的、清晰的,而且还应当是书面的,而在其他契约、其他法律行为中,行为人的意思表示既可以是明确的、肯定的,也可以是默示的、暗含的,既可以是书面的,也可以是口头的甚至是推定的。在涉及有形人格权的契约中,行为人所为的此种特殊意思表示被称为同意(consentement),被视为行为人行使其人格权的主观条件(les conditions subdectives)。① 除此之外,涉及有形人格权的法律行为、契约与其他法律行为和契约没有任何其他差异。

总之,在今时今日,民法典总则编中有关法律行为的一般规定当然能够在他人享有的有形人格权中适用,当他人享有某种有形人格权时,他人能够实施涉及该种有形人格权的法律行为,尤其是能够实施涉及该种人格权的契约。除非他们实施的此类法律行为违反了公共秩序和良好道德,否则,他们实施的此类法律行为尤其是契约是有效的,并不仅仅因为涉及他人的有形人格权而无效。因此,在有形人格权领域,民法也贯彻意思自治和契约自由原则,就像在物权和契约性债权领域,民法贯彻意思自治和契约自由原则一样。另外,民法典总则编中有关法律行为的规定也能够在无形人格权中适用,不存在法律行为的一般规定不能够在无形人格权当中适用的问题,因为在今时今日,行为人实施的有关姓名权、肖像权、隐私权和声音权等人格权的法律行为是有效的。

早在1909年的《人格权》一文中,M. E. H. PERREAU 就明确指出,如果一方当事人与另外一方当事人签订了有关姓名权方面的契约,在他们之间的契约不违反公共秩序或者良好道德的情况下,法官会认定他们之间的此种契约有效;② 同样,如果一方当事人与另外一方当事人签订了肖像使用契约,在他们之间的契约没有侵犯一方当事

---

① Agnès Lucas-Schloetter, Droit moral et droits de la personnalité: étude de droit comparé français et allemande, tome I, Presses Universitaires D'Aix-Marseille, Paris, 2002, pp. 363 - 398; Frédéric Zenati-Castaing, Thierry Revet, Manuel de droit des personnes, 1e, édition, puf, pp. 266 - 272; Jean-Michel Bruguière, Bérengère Gleize, Droits de la Personnalité, ellipses, 2015, pp. 188 - 202; Jean-Christophe Saint-Pau et, Droits de la Personnalité, LexisNexis, pp. 1310 - 1325.

② M. E. H. PERREAU, Des droits de la personnalite, RTD civ., 1909, p. 518.

第七章　民法典总则编关于法律行为和代理的
　　　　一般规定与人格权的独立性　　　　　　　　357

人人格尊严的情况下，他们之间的肖像使用契约也是有效的。① 在
1939 年的《非财产权》一书中，Roger Nerson 也认为，在不违反良好
道德或者制定法明确规定的情况下，当事人签订的涉及姓名权的契
约②或者涉及肖像权的契约③是有效的。

　　在 1978 年的《人格权的不得处分性》一文中，Pascal Ancel 也对
此种规则做出了明确说明。他指出，虽然人们在涉及有形人格权的契
约是否有效的问题上心存疑虑，但是在涉及无形人格权的契约是否有
效的问题上，人们很少遭遇困难，因为他们认为，如果当事人之间的
契约涉及肖像权、私人生活受尊重权、姓名权和作者的无形权利等，
则这些契约当然是有效的。④

　　在 2006 年的《人法教程》当中，Frédéric Zenati-Castaing 和 Thi-
erry Revet 也对此种规则做出了说明。他们指出，无论是人的肖像还
是人的声音均能够被人所利用，并因此成为法律所单独保护的内
容。⑤ 对于人而言，除了对其肖像享有排他性的使用权外，他们也对
其肖像享有处分权。⑥ 因为人对其肖像享有处分权，所以人的肖像能
够进入流通领域，"肖像原则上能够成为法律行为的客体，就像权利
主体能够对其物实施法律行为一样，权利主体也能够对自己的肖像实
施法律行为：权利主体既能够将其肖像转让给受让人，也能够同意别
人在其肖像之上建立一种权利"⑦。除了对其自身的肖像享有处分权
外，权利主体也对自己的声音享有处分权，因为"作为一种物，声
音能够成为法律行为的客体"⑧。

---

　　① M. E. H. PERREAU, Des droits de la personnalite, RTD civ., 1909, p. 518.
　　② Roger Nerson, Les droits extrapatrimoniaux, Paris, LGDJ, 1939, pp. 401 – 403.
　　③ Roger Nerson, Les droits extrapatrimoniaux, Paris, LGDJ, 1939, pp. 402 – 403.
　　④ Pascal Ancel, L'indisponibilité des droits de la personnalité: une approche critique de la
théorie des droits de la personnalité » (1978), thèse Dijon, pp. 188 – 194.
　　⑤ Frédéric Zenati-Castaing, Thierry Revet, Manuel de droit des personnes, 1e, édition,
puf, p. 218.
　　⑥ Frédéric Zenati-Castaing, Thierry Revet, Manuel de droit des personnes, 1e, édition,
puf, pp. 289 – 298.
　　⑦ Frédéric Zenati-Castaing, Thierry Revet, Manuel de droit des personnes, 1e, édition,
puf, p. 294.
　　⑧ Frédéric Zenati-Castaing, Thierry Revet, Manuel de droit des personnes, 1e, édition,
puf, p. 304.

在民法领域，影视明星和体育明星常常会与商人签订姓名、肖像和声音等无形人格特征的使用契约，根据该种使用契约，商人有权使用影视明星、体育明星的姓名、肖像和声音等无形人格特征做广告或者从事其他商事经营活动，而影视明星、体育明星则有权要求商人对其支付使用费、广告费，他们之间因此形成了一种债权债务关系。在今时今日，他们之间所形成的此种契约关系当然是有效的，因为除了英美法系国家和大陆法系国家的法律承认它们的有效性外，我国民法也承认它们的有效性。当影视明星、体育明星根据此种契约对其姓名、肖像和声音等无形人格特征享有权利时，他们享有的此种权利被称为公开权，已如前述。①

除了影视明星、体育明星的姓名权、肖像权和声音权等无形人格权能够在法律行为中适用外，普通社会公众的姓名权、肖像权和声音权等无形人格权也能够在法律行为中适用。因为在互联网时代尤其是在社交媒体泛滥的时代，普通社会公众每时每刻均在与网络公司、社交媒体的创办者签订契约，授权网络公司、社交媒体的创办者或者第三人使用其姓名、肖像、声音和私人生活等。最简单的范例是，如果你使用社交媒体 Twitter 和 Facebook 进行社交，或者如果你使用 Google 搜索引擎进行搜索，那么你一定会与 Twitter 公司、Facebook 公司和 Google 公司签订契约，授权这些公司搜集和使用你的个人信息。此时，你与这些公司之间的契约涉及你的私人生活、个人信息，也就是涉及你的隐私权。你与这些公司之间的此种契约当然是有效的，虽然它涉及你的隐私权。

虽然同是涉及无形人格权，但是影视明星、体育明星与商人之间的契约不同于普通社会公众与网络公司、社交媒体之间的契约。主要表现在两个方面：其一，影视明星、体育明星与商人之间的契约往往是明示契约、书面契约，他们之间的契约往往会对双方当事人享有的权利和所承担的义务做出明确、肯定和清楚的规定；而普通社会公众

---

① 张民安：《公开权侵权责任制度研究》，见张民安主编《公开权侵权责任研究》，中山大学出版社 2010 年版，第 15—42 页；张民安：《无形人格侵权责任研究》，北京大学出版社 2012 年版，第 22—29 页；张民安：《法国民法》，清华大学出版社 2015 年版，第 79—80 页；张民安、丘志乔主编：《民法总论》（第五版），中山大学出版社 2017 年版，第 299—301 页。

与网络公司、社交媒体之间的契约往往是默示契约，他们之间很少会签订对当事人之间的权利义务做出清楚规定的契约，因为网络公司、社交媒体的用户数不胜数，他们无法与网络公司、社交媒体签订事无巨细的契约。其二，影视明星、体育明星与商人之间的契约往往是有偿的，商人在使用影视明星、体育明星的姓名、肖像、声音时要支付使用费、广告费给影视明星、体育明星；而普通社会公众与网络公司、社交媒体之间的契约往往是无偿的，网络公司、社交媒体在使用其用户的个人信息、私人生活或者其他无形人格特征时无须支付使用费给社会公众。

总之，在今时今日，民法典总则编中有关法律行为的一般规定当然能够在他人享有的无形人格权中适用，当他人享有某种无形人格权时，他人能够实施涉及该种无形人格权的法律行为，尤其是能够实施涉及该种人格权的契约。他们实施的此类法律行为尤其是契约是有效的，并不仅仅因为涉及他人的无形人格权而无效。不仅如此，虽然公共秩序和良好道德原则的限制有时会在涉及有形人格权的法律行为中适用，但是此种限制很少在涉及无形人格权的法律行为中适用。因此，在无形人格权领域，民法也贯彻意思自治和契约自由原则，就像在物权和契约性债权领域，民法贯彻意思自治和契约自由原则一样。

最后，民法典总则编中有关代理的规定也能够在人格权中适用，不存在代理不能够在人格权中适用的情况。

除非制定法或者当事人之间的契约做出相反的规定，否则，除了能够亲自实施法律行为外，民事主体也能够通过代理人代为实施法律行为。我国《民法总则》第161条对此规则做出了说明，该条规定：民事主体可以通过代理人实施民事法律行为。依照法律规定、当事人约定或者民事法律行为的性质，应当由本人亲自实施的民事法律行为，不得代理。根据《民法总则》第162条和第163条的规定，代理包括两种，即委托代理和法定代理。无论是哪一种形式的代理，代理人在代理权限内，以被代理人名义实施的民事法律行为，对被代理人发生效力。这些规定未来均会被编入我国民法典中并因此作为民法典总则编中的内容。

在物权领域，民事主体当然能够通过代理人实施代理行为，当代理人代表物权人实施某种代理行为时，他们实施的涉及物权的代理行为当然有效。在契约性债权领域，民事主体当然也能够通过代理人实施代理行为，当代理人代表契约性债权人实施某种代理行为时，他们实施的涉及契约性债权的代理行为为当然也有效。换言之，民法典总则编中有关代理的规定能够在物权和契约性债权中适用，代理人实施的涉及被代理人物权和债权的代理行为有效。问题在于，民法典总则编中有关代理的规定能否在人格权中适用？如果代理人实施的代理行为涉及被代理人的人格权，他们实施的涉及人格权的代理行为是否有效？

在1909年的《人格权》一文中，M. E. H. PERREAU做出了否定性的回答，他明确指出，原则上，人格权是一种不适用于一般代理的权利，这就是人格权的不得代理性，仅仅在例外情况下，人格权才能够适用代理的一般规定。[1] 而在1939年的《非财产权》一书中，Roger Nerson则做出了肯定回答，他认为，在无行为能力人享有的人格权领域，代理的一般规定是能够适用的。换言之，人格权是能够在法定代理中适用的。[2] 在今时今日，民法学者普遍承认，有关代理的一般规定是能够在人格权中适用的，包括有关法定代理的一般规定和有关约定代理的一般规定均能够在人格权中适用。[3]

在我国，包括梁慧星教授在内的民法学者普遍没有对这样的问题做出明确的回答。[4] 为了反对人格权的独立设编，在《中国民法典中不能设置人格权编》一文中，梁慧星教授对此种问题做出了明确的、

---

[1] M. E. H. PERREAU, Des droits de la personnalite, RTD civ., 1909, p. 531.

[2] Roger Nerson, Les droits extrapatrimoniaux, Paris, LGDJ, 1939, pp. 463–469.

[3] Pascal Ancel, L'indisponibilité des droits de la personnalité: une approche critique de la théorie des droits de la personnalité》(1978), thèse Dijon, pp. 129–141; Agnès Lucas-Schloetter, Droit moral et droits de la personnalité: étude de droit comparé français et allemande, tome I, Presses Universitaires D'Aix-Marseille, Paris, 2002, pp. 315–347; Jean-Michel Bruguière, Bérengère Gleize, Droits de la Personnalité, ellipses, 2015, pp. 197–201; Jean-Christophe Saint-Pau et, Droits de la Personnalité, LexisNexis, pp. 353–354.

[4] 江平主编：《民法学》，中国政法大学出版社2007年版，第195—232页；王卫国主编：《民法》，中国政法大学出版社2007年版，第144—169页；魏振瀛主编：《民法》（第四版），北京大学出版社2010年版，第171—189页；陈华彬：《民法总则》，中国政法大学出版社2017年版，第572—636页；王利明：《民法总则》，中国人民大学出版社2017年版，第351—393页；梁慧星：《民法总论》（第五版），法律出版社2017年版，第221—247页。

否定的回答，认为民法典总则编关于代理的规定不能够在人格权中适用，已如前述。不过，梁慧星教授反对人格权独立设编的此种前提是完全不能够成立的，因为在今时今日，民法典总则编中有关代理的一般规定是能够在人格权中适用的，这就是涉及人格权的代理行为：虽然代理行为中涉及被代理人的人格权，但是代理人代表被代理人实施的代理行为仍然有效。

一方面，民法典总则编中有关法定代理的规定能够在有形人格权和无形人格权中适用。所谓法定代理，是指代理人根据制定法的明确规定代理无行为能力人或者限制行为能力人实施法律行为的代理。在法定代理中，代理人当然有权代理被代理人实施涉及被代理人财产权的法律行为，包括财产的管理行为和处分行为。例如，父母代理其未成年子女接受别人对其未成年子女的财产捐赠，父母代理其未成年子女与出版社签订出版书籍的契约，等等。在法定代理中，代理人也有权代理其被代理人实施涉及被代理人生命权、身体权、健康权、姓名权、肖像权、隐私权的法律行为，并且代理人所实施的这些代理行为并不会仅仅因为涉及被代理人的有形人格权或者无形人格权而无效。①

因此，在未成年子女生病或者发生重大意外事故而需要治疗或者动手术时，未成年子女的父母当然有权代理他们与医师签订诊疗契约或者手术契约，即便父母代理其未成年子女所签订的此类契约涉及未成年子女的生命权、身体权和健康权，他们代理自己的未成年子女所签订的此类契约仍然有效。在将未成年子女送到足球俱乐部去训练足球时，父母当然能够代理其未成年子女与足球俱乐部签订契约，他们与足球俱乐部所签订的足球训练契约当然是有效的，即便此种契约涉及未成年子女的生命权、身体权和健康权，亦如此。同样，如果体育协会、艺术组织或者中小学校要使用未成年人的肖像，则它们必须取

---

① Pascal Ancel, L'indisponibilité des droits de la personnalité: une approche critique de la théorie des droits de la personnalité » (1978), thèse Dijon, pp. 129 – 141; Agnès Lucas-Schloetter, Droit moral et droits de la personnalité: étude de droit comparé français et allemande, tome I, Presses Universitaires D'Aix-Marseille, Paris, 2002, pp. 315 – 330; Jean-Michel Bruguière, Bérengère Gleize, Droits de la Personnalité, ellipses, 2015, pp. 197 – 201; Jean-Christophe Saint-Pau et, Droits de la Personnalité, LexisNexis, pp. 353 – 354.

得未成年人父母的同意,因为作为未成年子女的代理人,父母享有代理其未成年子女做出同意的表示。

另一方面,民法典总则编中有关约定代理的规定也能够在有形人格权和无形人格权中适用。所谓约定代理,也被称为委托代理,是指代理人根据委托契约的明确规定代理被代理人实施法律行为的代理。在约定代理中,代理人当然有权代理被代理人实施涉及被代理人财产权的法律行为。例如,代理人代理被代理人与第三人签订买卖契约。再如,代理人代理被代理人放弃其所有权的行为,等等。不过,在约定代理当中,代理人也有权代理被代理人实施涉及被代理人有形人格权和无形人格权的法律行为,他们实施的这些代理行为仍然有效,并不会仅仅因为涉及被代理人的人格权而无效。①

因此,如果他人因为生病或者重大事故而需要治疗或者动手术时,他人作为完全行为能力人当然有权委托别人代理自己与医师签订诊疗契约或者手术契约,即便别人与医师签订的契约涉及其有形人格权,他们之间签订的契约对他人也产生完全的法律效力。如果一个影视明星的肖像会被一个商人用来做广告,除了亲自与商人签订肖像使用契约外,该影视明星也能够通过自己的代理人与商人签订肖像使用契约。无论是亲自签订的肖像使用契约,还是通过代理人签订的肖像使用契约,影视明星与商人签订的此种契约均合法有效,即便此种契约涉及影视明星的肖像权,亦如此。

五、梁慧星教授的此种反对意见所具有的认知意义:总则编与分则编的编制体例所存在的固有问题

当然,梁慧星教授的此种反对意见也并非完全没有意义,他振聋发聩的批评意见至少让我国民法学者发现了被梁慧星教授推崇为"在立法技术上最先进的"②《德国民法典》所存在的一个致命问题:《德国民法典》的总则编与分则编之间存在"逻辑关系"的混乱问

---

① Agnès Lucas-Schloetter, Droit moral et droits de la personnalité: étude de droit comparé français et allemande, tome I, Presses Universitaires D'Aix-Marseille, Paris, 2002, pp. 331 – 346.

② 梁慧星:《民法典编纂中的重大争论——兼评全国人大常委会法工委两个民法典人格权编草案》,载《甘肃政法学院学报》2018年第3期,第18—19页。

题，因为《德国民法典》的总则编所规定的某些内容并不能够在民法典的分则编中适用。① 例如，《德国民法典》总则编第七章所规定的担保就无法在所有的分则编当中适用：除了能够在债权编中适用外，总则编中关于担保的规定无法在物权编、家庭编和继承编中适用。② 再如，《德国民法典》总则编第五章所规定的消灭时效也无法在所有分则编中适用：它既无法适用于物权编，也无法适用于家庭编、继承编。③

事实上，除了此种致命问题外，《德国民法典》还存在大量的其他问题。例如，它忽视了人在民法典中的地位，轻视担保法的独立性，既没有对民法渊源做出规定，也没有对法律规范的一般理论做出规定，完全忽视了人格权的存在。④ 因为这样的原因，德式民法典的总则编和分则编的编制体例绝非尽善尽美、完美无瑕的。也因为这样的原因，在制定 1907 年的《瑞士民法典》时，瑞士立法者放弃了德式民法典的总则编和分则编的编制体例，而采取了 1804 年的《法国民法典》所采取的编制体例。⑤

在我国，因为立法者最终要采取德式民法典的总则编和分则编区分的编制体例制定我国民法典，所以他们在 2017 年通过了将作为第一编即总则编编入我国民法典中的《民法总则》。在我国，《民法总则》被视为我国民法典的总则编，作为我国未来民法典中的"公因式"，它所规定的形形色色的内容"是对民法典分则全部内容的抽象和概括"⑥，而民法典的分则编则是"在总则编的基础上对各项民事制度作具体可操作性的规定"⑦。因此，民法典的总则编所规定的所有内容均能够在民法典的各分则编中适用，这就是我国民法典为何能够成为一个有机整体⑧的原因，也就是我国民法典能够形成价值融

---

① 张民安：《法国民法总论（上）》，清华大学出版社 2017 年版，第 415 页。
② 张民安：《法国民法总论（上）》，清华大学出版社 2017 年版，第 415 页。
③ 张民安：《法国民法总论（上）》，清华大学出版社 2017 年版，第 415 页。
④ 张民安：《法国民法总论（上）》，清华大学出版社 2017 年版，第 413—418 页。
⑤ 张民安：《法国民法总论（上）》，清华大学出版社 2017 年版，第 289—297 页。
⑥ 王利明：《民法总则：民法的"公因式"》，http://news.cssn.cn/zx/yw/201708/t20170828_3622012.shtml。
⑦ 梁慧星：《民法总论》（第五版），法律出版社 2017 年版，第 24 页。
⑧ 梁慧星：《民法总论》（第五版），法律出版社 2017 年版，第 24 页。

贯、规则统一、体系完备的民法典①的原因。

不过，我国民法学者的此种说法是虚假的、不真实的、一厢情愿的，真实的情况是，作为一个大杂烩、大拼盘，我国未来民法典的总则编与分则编之间不可能构成一个逻辑严密的有机整体，因为我国未来民法典的总则编即现行《民法总则》所规定的许多内容只能够在民法典的某一分则编中适用，无法在民法典的所有分则编中适用。换言之，即便我国《民法总则》真的是民法典分则编的"提取公因式"，有时可能是整个民法典分则编的"提取公因式"，有时则仅仅是民法典中某一分则编的"提取公因式"，但不是其他分则编的"提取公因式"。

例如，虽然梁慧星教授认为，婚姻家庭法和继承法应当在我国未来民法典中独立设编②，但是，除了《民法总则》第二章所规定的"自然人"能够在未来民法典的婚姻家庭编和继承编中适用外，《民法总则》第三章所规定的"法人"和第四章所规定的"非法人组织"均不能够在民法典的婚姻家庭编和继承编中适用，因为除了自然人能够享有家庭成员之间的身份权和继承权外，法人和非法人组织均不能够享有家庭成员之间的身份权和继承权。再如，虽然梁慧星教授认为，物权法、婚姻家庭法和继承法应当在我国未来民法典中独立设编，③ 但是，除了能够在民法典的债法编即合同编和侵权责任编当中适用外，《民法总则》第九章所规定的"诉讼时效"不能够在民法典的物权编、婚姻家庭编或者继承编中适用。④

---

① 王利明：《民法总则：民法的"公因式"》，http://news.cssn.cn/zx/yw/201708/t20170828_3622012.shtml。
② 梁慧星：《民法总论》（第五版），法律出版社 2017 年版，第 24 页。
③ 梁慧星：《民法总论》（第五版），法律出版社 2017 年版，第 24 页。
④ 张民安：《〈中华人民共和国民法总则（草案）〉的创新与不足》，载《法治研究》2016 年第 5 期，第 13—14 页。

第八章　人格权的性质与人格权的独立性

一、"人格权的防御性、人格权的先在性、人格权的不可定义性和人格权的不可言说性"的反对理由为何没有说服力

在 2018 年的《民法典编纂中的重大争论——兼评全国人大常委会法工委两个民法典人格权编草案》一文中，梁慧星教授提出了他反对人格权独立设编的一个主要理由，这就是，鉴于人格权具有他认定的四个特殊性，即人格权的防御性、人格权的先在性、人格权的不可定义性和人格权的不可言说性，因此，人格权无须在民法典中独立设编。因为基于人格权所具有的这四个特殊性，人格权的民法保护根本就不需要建立在独立设编的人格权法的基础上，它仅仅需要建立在侵权责任法的基础上，这就是"类型确认＋侵权责任"的民法保护方式，它是"各国民法对人格权保护的共同经验"①。

梁慧星教授对此种反对理由做出了明确说明，他指出："民法保护人格权主要是侵权法保护，可以说人格权法的发展也就是（人格）侵权法的发展。各国民法对人格权保护的共同经验可以概括为：'类型确认＋侵权责任'。即通过法律规定或者判例确认人格权的类型，称为特别人格权，将侵害各种人格权的加害行为纳入侵权法的适用范围，对加害人追究侵权责任。对于所确认的人格权类型之外的人格利益受侵害的案型，则作为侵害一般人格权案型（或者法益侵害案型）追究加害人侵权责任。"②

---

① 梁慧星：《民法典编纂中的重大争论——兼评全国人大常委会法工委两个民法典人格权编草案》，载《甘肃政法学院学报》2018 年第 3 期，第 10 页。
② 梁慧星：《民法典编纂中的重大争论——兼评全国人大常委会法工委两个民法典人格权编草案》，载《甘肃政法学院学报》2018 年第 3 期，第 10 页。

问题在于，梁慧星教授所提出的反对人格权独立设编的此种理由是否成立、是否有说服力、是否能够站得住脚？笔者认为，梁慧星教授反对人格权独立设编的此种理由是不成立的、是没有说服力的、是站不住脚的，因为被梁慧星教授所宣称的这四种特殊性并不是真实的：人格权并不仅仅是一种防御性的权利；人格权本质上是一种实在法化的自然权利；人格权是一种可定义的权利；人格权是一种可以言说的权利。

二、人格权不仅仅是一种防御性的权利

梁慧星教授认为，鉴于人格权具有第一个特殊性即"人格权的防御性"①，因此，人格权不能够在我国民法典中独立设编。

何为"人格权的防御性"？梁慧星做出了回答，他指出："即法律规定或者认可人格权的目的，是将侵害人格权的加害行为纳入侵权责任法的适用范围，以便对加害人追究侵权责任，称为'人格权的防御性'。"② 人格权的防御性让人格权与诸如物权、债权和知识产权等其他民事权利形成鲜明对比：其他民事权利发生"权利行使"的问题，例如，房屋所有权人能够对其房屋行使占有、使用、收益和处分的权利，而人格权则不发生"权利行使"的问题，法律赋予权利主体以人格权仅仅是为了让权利主体防止行为人对其人格权实施的侵犯，不是为了让权利主体行使其人格权。因为这样的原因，其他民事权利能够在民法典中独立设编，而人格权则不能够在民法典中独立设编。③

问题在于，梁慧星教授反对人格权独立设编的此种理由是否具有说服力、是否能够站得住脚？笔者认为，他反对人格权独立设编的此种理由是没有任何说服力的，是完全站不住脚的。

一方面，"防御性"并不是人格权所特有的，在民法上，除了人

---

① 梁慧星：《民法典编纂中的重大争论——兼评全国人大常委会法工委两个民法典人格权编草案》，载《甘肃政法学院学报》2018年第3期，第10页。
② 梁慧星：《民法典编纂中的重大争论——兼评全国人大常委会法工委两个民法典人格权编草案》，载《甘肃政法学院学报》2018年第3期，第10页。
③ 梁慧星：《民法典编纂中的重大争论——兼评全国人大常委会法工委两个民法典人格权编草案》，载《甘肃政法学院学报》2018年第3期，第10页。

格权具有消极防御性外,所有其他民事权利也均具有消极防御性,包括物权、债权、知识产权和亲属权等。换言之,除了人格权是一种防御性的权利外,物权、债权、知识产权和亲属权等所有其他民事权利也均是一种防御性的权利。

在 19 世纪末期和 20 世纪初期,民法学者普遍区分绝对权和相对权。他们认为,物权、人格权、知识产权和亲属权是绝对权,属于防御性的民事权利,因为权利主体能够凭借这些民事权利对抗第三人,在第三人侵犯权利主体享有的这些民事权利时,权利主体能够向法院起诉,要求法官责令第三人对其承担侵权责任;而债权则不同,它仅仅是一种相对权,不属于一种防御性的权利,因为债权只能够对抗相对人而不能够对抗第三人,在第三人侵犯其债权时,他们不得要求法官责令第三人对其承担侵权责任,即便第三人实施了故意侵权行为,亦如此。① 在今时今日,法国民法学者很少再采取此种做法,将民事权利分为绝对权和相对权、具有防御性的权利和不具有防御性的权利。②

在我国,囿于传统观念,民法学者在今时今日还普遍坚持绝对权和相对权的区分理论,仍然认定物权、人格权、知识产权和亲属权属于绝对权,而债权则属于一种相对权。③ 实际上,在今时今日,绝对权和相对权的区分理论已经丧失了意义,没有继续坚持的必要,④ 因

---

① Henri Capitant, Introduction à l'étude du droit civil, Pedone, Paris, A. Pedone, Éditeur, 1929, pp. 107 – 108; Ambroise Colin, Henri Capitant, Cours élémentaire de droit civil français, t. I, 6e édition, Paris Dalloz, 1930, p. 101; Louis Josserand, Cours de droit civil positif francais, Tome I, 3e édition, Librairie De Recueil Sirey, 1938, pp. 85 – 87; 张民安:《过错侵权责任制度研究》,中国政法大学出版社 2002 年版,第 569—574 页;张民安:《现代法国侵权责任制度研究》,法律出版社 2007 年版,第 68—71 页。

② 张民安:《法国人格权法(上)》,清华大学出版社 2016 年版,第 500—514 页。

③ 江平主编:《民法学》,中国政法大学出版社 2007 年版,第 36—37 页;王卫国主编:《民法》,中国政法大学出版社 2007 年版,第 38—39 页;魏振瀛主编:《民法》(第四版),北京大学出版社 2010 年版,第 37—38 页;陈华彬:《民法总则》,中国政法大学出版社 2017 年版,第 254 页;王利明:《民法总则》,中国人民大学出版社 2017 年版,第 249—250 页;梁慧星:《民法总论》(第五版),法律出版社 2017 年版,第 75—76 页。

④ 张民安:《绝对权和相对权区分理论的批判(上)》,http://www.360doc.com/content/18/0103/21/39194308_718810625.shtml;张民安:《绝对权和相对权区分理论的批判(下)》,http://www.360doc.com/content/18/0103/21/39194308_718812010.shtml。

为自 20 世纪初期以来一直到今时今日，民法已经承认了债权的绝对性和防御性，认为债权也像物权等其他民事权利一样能够对抗第三人，当第三人故意侵犯他人的契约性债权时，他人也能够向法院起诉，要求法官责令第三人对其承担侵权责任。①

总之，在今时今日，除了传统的物权、人格权、知识产权和亲属权具有绝对性和防御性外，债权也具有绝对性和防御性。换言之，权利主体享有的所有民事权利均具有防御性。权利主体享有的所有权利之所以在性质上均是一种防御性的民事权利，是因为包括人格权在内的所有民事权利均具有不可侵犯性。当权利主体享有任何一种民事权利时，他们均有权要求行为人尊重其民事权利，不侵犯其民事权利，否则，一旦行为人实施了侵犯行为，权利主体均有权向法院起诉，要求法官责令行为人对其承担侵权责任，这就是民事权利受尊重原则，也就是民事权利受法律保护的原则。②

我国《民法总则》第三条对此种原则做出了明确说明，该条规定：民事主体的人身权利、财产权利以及其他合法权益受法律保护，任何组织或者个人不得侵犯。我国《侵权责任法》第二条也对此种原则做出了说明，它规定：侵害民事权益，应当依照本法承担侵权责任。本法所称民事权益，包括生命权、健康权、姓名权、名誉权、荣誉权、肖像权、隐私权、婚姻自主权、监护权、所有权、用益物权、担保物权、著作权、专利权、商标专用权、发现权、股权、继承权等人身、财产权益。

因此，如果人格权的防御性是人格权不能够独立设编的原因，物权、债权和亲属权的防御性是否也应当成为物权、债权和亲属权不能够独立设编的原因？事实上，梁慧星教授从来没有因为此种原因而认定物权、债权和亲属权不应当在民法典中独立设编，已如前述。

另一方面，人格权并不仅仅是一种消极性的防御权利，它也是一

---

① 张民安：《过错侵权责任制度研究》，中国政法大学出版社 2002 年版，第 569—611 页；张民安：《现代法国侵权责任制度研究》，法律出版社 2007 年版，第 68—81 页；张民安、丘志乔主编：《民法总论》（第五版），中山大学出版社 2017 年版，第 225 页。

② 张民安、林泰松：《我国〈侵权责任法〉对他人民事权益的保护》，载《暨南学报（哲学社会科学版）》2010 年第 3 期，第 21—31 页；张民安、丘志乔主编：《民法总论》（第五版），中山大学出版社 2017 年版，第 118—120 页。

种能够加以积极行使的民事权利。在民法上，人格权当然具有防御性，就像其他民事权益也具有防御性一样，已如前述。在民法上，物权和债权当然是两种能够加以积极行使的权利，权利主体能够通过各种各样的法律行为行使他们享有的这两种民事权利，这一点毫无疑问。问题在于，权利主体享有的人格权是否是一种能够加以积极行使的民事权利？梁慧星教授做出了否定回答，认为人格权是不能加以积极行使的民事权利，已如前述。

不过，梁慧星教授的此种论断过于传统和落后，与20世纪60年代以来尤其是20世纪90年代以来的社会现实严重不符，因为在今时今日，除了能够积极行使自己享有的有形人格权外，权利主体也能够积极行使自己的无形人格权。所谓仅仅积极行使自己享有的有形人格权，是指权利主体能够积极实施涉及自身生命权、身体权和健康权的法律行为，已如前述。所谓积极行使自己享有的无形人格权，则是指权利主体能够积极实施涉及自身姓名权、肖像权、声音权和其他无形人格权的法律行为，已如前述。

在今时今日，由于影视明星、体育明星姓名权、肖像权、声音权的商事化，尤其是，随着网络时代、社交媒体时代的风行，人格权也像其他民事权利一样进入流通领域，人格权的客体已经从传统的不流通物嬗变为可流通物，权利主体也能够像行使其物权和债权一样行使自己的人格权，他们也能够与别人签订涉及其人格权的契约或者实施涉及其人格权的其他法律行为。这些涉及人格权的契约和法律行为原则上是有效的，就像他们实施的涉及其物权和债权的契约和法律行为原则上是有效的一样，除非他们实施的此类法律行为被认为违反了公共秩序和良好道德或者被认为侵犯了自己的人格尊严权，已如前述。

因为这样的原因，当今民法学者普遍认为，除了能够在物权和债权等财产权领域实施有效的法律行为外，除了能够通过法律行为行使自己对其物权和债权享有的管理权和处分权外，权利主体也能够在有形人格权和无形人格权中实施有效的法律行为，他们也能够通过法律行为行使自己对其有形人格权和无形人格权享有的管理权和处分权，已如前述。

为了更进一步证明这一点，笔者仅以肖像权和声音权为例对此做出简要说明，因为就像财产所有权人能够对其所有物行使占有、使用、收益和处分的权利一样,权利主体也能够对其肖像和声音行使占有、使用、收益和处分的权利,就像权利主体能够实施涉及其物权和债权的法律行为一样,权利主体也能够实施涉及其肖像权和声音权的法律行为。①

首先,权利主体能够对其自身的肖像和声音享有占有权,他们能够像占有自己的房屋一样占有自己的肖像和声音。其次,权利主体能够对其自身的肖像和声音享有使用权,他们既可以将自己的肖像和声音用于商事经营活动,也可以将自己的肖像和声音用于非商事活动。再次,权利主体对其自身的肖像和声音享有收益权,此种收益权表现在两个方面:他们将自己的肖像权和声音权用于商事经营活动并因此获得经济利益;他们授权别人使用其肖像和声音并因此获得别人支付的使用费、广告费。最后,他们对其肖像和声音享有处分权,因为在生前,他们能够将自己的肖像权和声音权转让给别人,在死后,他们生前享有的肖像权和声音权能够作为遗产转移给自己的继承人继承,已如前述。

总之,就像房屋所有权人对其房屋享有排他性的权利一样,权利主体对其姓名、肖像和声音等人格特征也享有排他性的权利,他们能够对其权利客体即姓名、肖像和声音等人格特征行使各种各样的权利,就像房屋所有权人能够对其房屋行使各种各样的权利一样。

三、人格权在本质上是一种实在法化的自然权利

梁慧星教授认为,鉴于人格权具有第二个特殊性,即"人格权的先在性"②,因此,人格权不能够在我国民法典当中独立设编。

根据梁慧星教授的意见,人格权的先在性表现在两个方面:一方面,人格权独立于法律规定,在法律规定之前,民事权利就享有人格权,梁慧星教授对此种意义上的先在性做出了说明,他指出:"所谓

---

① Frédéric Zenati-Castaing, Thierry Revet, Manuel de droit des personnes, 1e, édition, puf, pp. 283 – 308; Jean-Christophe Saint-Pau et, Droits de la Personnalité, LexisNexis, pp. 749 –757; Philippe Malinvaud, Introduction à l'étude du droit, 15e édition, LexisNexis, pp. 328 –331.

② 梁慧星:《民法典编纂中的重大争论——兼评全国人大常委会法工委两个民法典人格权编草案》,载《甘肃政法学院学报》2018年第3期,第10页。

人格权的先在性,首先,是指人格权的存在先于法律规定,即使法律没有规定人格权、没有规定人格权概念,也绝对不影响人们享有人格权。"① 另一方面,人格权自自然人出生时起就自动享有并且一直到他们死亡之前均为他们享有,梁慧星教授对此种意义上的先在性做出了说明,他指出:"其次,就个人而言,自出生之时(或者受胎之时)就享有人格权,直至其死亡,其享有的人格权不生不灭、不增不减。其他民事权利以法律规定为前提,人格权不以律规定为前提。"②

总之,人格权的先在性是指,"它先于法律而存在,不因法律规定或者不规定、承认或者不承认而受影响。人格权是客观存在的、因主体的存在而存在,因主体的消灭而消灭"③。因为人格权的此种特殊性,所以我国立法者根本不需要在民法典中将人格权独立设编。

在民法领域,人格权的"先在性"在性质上是一种自然法的理论,该种理论尤其为17世纪至19世纪的自然法学派所倡导。他们认为,作为生而自由、生而平等的生物,所有自然人均享有各种各样的权利,如天赋权利、自然权利、基本权利、人权、普遍权利、最初权利等,其中最主要的权利是生命权、身体权、健康权、自由权。这些权利或者源自上帝的意志或者源自自然人的人性,它们是自然人所固有的、不可剥夺的、不得减缩的、不得转让的并且不适用时效的权利,它们随着自然人的出生而自动为所有自然人享有,在自然人死亡之前,所有自然人均平等地享有;立法者无须对它们做出明确规定,即便立法者在其制定法中对其做出规定,他们的规定也仅仅是对既存的人格权加以确认而已,立法者并没有创设人格权;除了立法者要尊重他人享有的这些自然权利外,所有其他社会公众也均应当尊重他人享有的这些权利。这就是梁慧星教授所说的人格权的先在性,实际上

---

① 梁慧星:《民法典编纂中的重大争论——兼评全国人大常委会法工委两个民法典人格权编草案》,载《甘肃政法学院学报》2018年第3期,第10页。
② 梁慧星:《民法典编纂中的重大争论——兼评全国人大常委会法工委两个民法典人格权编草案》,载《甘肃政法学院学报》2018年第3期,第10页。
③ 梁慧星:《民法典编纂中的重大争论——兼评全国人大常委会法工委两个民法典人格权编草案》,载《甘肃政法学院学报》2018年第3期,第10页。

就是人格权的自然性、固有性、天赋性。①

问题在于，当梁慧星教授以人格权的先在性来反对人格权独立设编时，梁慧星教授反对人格权独立设编的此种理由是否具有说服力、是否能够站得住脚？笔者认为，梁慧星教授反对人格权独立设编的此种理由没有任何说服力，是完全站不住脚的，其主要原因有三个。

其一，如果人格权的先在性是人格权不应当独立设编的原因，则人格权的先在性也是人格权完全不需要规定的原因。

在我国，虽然梁慧星教授明确反对人格权的独立设编，但是他并不反对立法者在其制定的民法典中对人格权做出明确规定。因为即便在《民法总则》第五章对包括人格权在内的所有民事权利均做出原则性、一般性规定的情况下，他仍然主张我国立法者应当将人格权规定在民法典总则编自然人一章中，既不应当作为独立的一章规定在民法典总则编中，更不应当作为独立的一编规定在民法典中。②

如果人格权的先在性是立法者不应当将其独立设编的原因，则人格权的先在性也是并且也应当是立法者不对人格权做出任何规定的原因。因为梁慧星教授反对人格权独立设编的此种理由完全能够用来反对立法者对人格权做出任何规定："即使法律没有规定人格权、没有规定人格权概念，也绝对不影响人们享有人格。"既然人格权的先在性不影响我们对人格权的享有，为何梁慧星教授仅仅以此种理由反对人格权的独立设编而不以此种理由反对立法者在民法典总则编中对人格权做出规定？

---

① Alphonse Boistel, Cours Élémentaire De Droit Naturel, Ou De Philosophie Du Droit, Paris, Ernest Thorin, Éditeur, 1870, pp. 152 – 194; Émile Beaussire, Les principles du droit, Paris, éd, Félix Alcan, 1888, pp. 367 – 394; Jean Carbonnier, Droit civil, Volume I, Introduction Les personnes la famille, l'enfant, le couple, puf, pp. 83 – 86; Henri Roland, Laurent Boyer, Introduction au droit, Litec, pp. 150 – 152; Philippe Malaurie, Patrick Morvan, Introuduction au droit, 4e édition, DEFRÉNOIS, pp. 33 – 34; Jean-Luc AUBERT Eric SAVAUX, Introuduction au droit, 14e édition, Dalloz, pp. 21 – 22; Christian Larroumet, Augustin Aynès, Introduction à l'étude du droit, 6e édition, Economica, pp. 30 – 32; GERARD CORNU, Droit civil, Introduction au droit, 13e édition, Montchrestien, pp. 141 – 142; 张民安：《法国人格权法（上）》，清华大学出版社 2016 年版，第 69—76 页、第 265—280 页、第 280—292 页；张民安：《法国民法总论（上）》，清华大学出版社 2017 年版，第 568—578 页。

② 梁慧星：《民法总论》（第五版），法律出版社 2017 年版，第 102 页。

其二，即便人格权的确具有梁慧星教授所谓的"先在性"，具有先在性的人格权也很难包括无形人格权。

在我国，当梁慧星教授以"人格权的先在性"作为反对人格权独立设编的理由时，他认为具有"先在性"的人格权究竟是指所有类型的人格权还是仅仅指部分人格权？换言之，在民法上，如果生命权、身体权、健康权具有先在性，那么，姓名权、肖像权、隐私权等人格权是否也具有先在性呢？对此问题，梁慧星教授并没有做出明确回答，虽然在反驳人格权独立设编时，他明确指出，在立法者没有规定生命权、健康权时，我们仍然享有生命权和健康权。①

在 17 世纪至 19 世纪初期，即便人格权真的具有梁慧星教授所谓的"先在性"，具有"先在性"的人格权也仅仅是指有形人格权和少数无形人格权，例如，自由权并不包括大多数无形人格权，例如，姓名权、肖像权、隐私权或者声音权等。换言之，如果人格权真的被视为一种自然权利、天赋权利，则被视为自然权利、天赋权利的人格权也仅仅包括生命权、身体权、健康权和自由权，并不包括姓名权、肖像权、隐私权或者声音权等。

例如，Pufendorf 就采取了此种理论，他认为，自然人享有的天赋权利、自然权利是指他们对其生命、身体、健康和自由享有的权利。② 再如，John Lock 也采取了此种理论，他认为，自然人享有的天赋权利、自然权利既包括自由权也包括生命权、身体权和健康权，因为这些权利在性质上均属于广义的财产权。③ 当然，到了 19 世纪中后期，除了承认生命权、身体权、健康权和自由权属于自然权利、天赋权利外，某些自然法学家也承认其他自然权利、天赋权利的存在，例如，Alphonse Boistel 就曾讨论过自然人的秘密权、名誉权等。④

在民法上，我们当然能够像梁慧星教授那样认为，自然人的生命权、身体权、健康权和自由权具有先在性，因为我们可以像自然法学

---

① 梁慧星：《民法典编纂中的重大争论——兼评全国人大常委会法工委两个民法典人格权编草案》，载《甘肃政法学院学报》2018 年第 3 期，第 10 页。
② 张民安：《法国人格权法（上）》，清华大学出版社 2016 年版，第 71 页。
③ 张民安：《法国人格权法（上）》，清华大学出版社 2016 年版，第 71—72 页。
④ Alphonse Boistel, Cours Élémentaire De Droit Naturel, Ou De Philosophie Du Droit, Paris, Ernest Thorin, Éditeur, 1870, pp. 277-279.

派那样认为，他们自出生时起就开始享有生命权、身体权、健康权和自由权，但是，此种观点是不符合历史事实的，是与实在法的规定背道而驰的。因为在历史上，某些自然人即奴隶不仅在出生时就不享有这些人格权，而且在整个生存期间均不享有这些人格权，而某些人即民事死亡者在出生时虽然享有这些人格权，但是在生存期间则丧失了这些人格权。关于这一点，笔者将在下面的内容中做出详细的讨论，此处从略。

在17世纪至19世纪初期，自然法学派之所以没有将姓名权、肖像权、隐私权或者声音权视为自然权利、天赋权利，或者是因为人们很难说这些权利会随着自然人的出生而自动为其享有，或者是因为这些权利很少会遭遇行为人的侵犯，尤其是遭遇王权、皇权的侵犯，自然法学派没有必要将它们视为一种自然权利、天赋权利。即便是在今天，虽然我们可以像梁慧星教授那样宣称自然人自出生起就享有隐私权、肖像权，但是我们很难像梁慧星教授那样宣称，自然人自出生起就享有姓名权、名誉权：在出生时，如果父母没有对其婴幼儿起名，该婴幼儿连名字都没有，何来姓名权；在出生时，婴幼儿无法与别人建立社会关系，尤其是，他们无法从事学习、工作、劳动等社会活动，无法获得别人的评价并因此赢得其个人声誉，何来名誉权？[①]

其三，虽然梁慧星教授像自然法学派一样主张人格权的先在性，但是人格权根本没有先在性。因为虽然自然法学派长久以来均主张自然权利、天赋权利的存在，但是他们所主张的这些权利并不是实实在在的，除了法官没有通过司法判例承认这些权利外，立法者也没有通过自己制定的法律确认它们的有效性，它们仅仅停留在观念层面、理想层面和精神层面，完全属于宣示性的、画饼充饥式的，在行为人侵犯他人享有的这些权利时，即便他人因此向法院起诉，法官也不会因此责令行为人对他人承担侵权责任。因为这样的原因，自然法学派所主张的自然法理论被称为理想主义的理论（les doctrine idéalistes）、精神性质的理论（les doctrine spiritualistes）、道德性质的理论（les doctrine morale），他们所主张的自然权利、天赋权利被称为道德权利

---

① Emile Beaussire, Les principes du droit, Paris, F. Alcan, p. 367；张民安：《法国人格权法（上）》，清华大学出版社2016年版，第284—285页。

(droit moral)。①

在民法上，作为民法哲学基础的自然法理论并非没有任何意义。因为虽然自然法学派所主张的自然权利、天赋权利、道德权利在性质上不是实在法上的权利，但是他们所主张的这些权利能够对实在法产生重要影响并因此从观念层面、理想层面和精神层面进入现实层面、实在法的层面。

一方面，他们主张的此种权利会对法官产生影响。当法官将他们主张的自然法理论付诸实践时，则他们主张的某一种权利就从自然权利、天赋权利、道德权利上升为实在法中的权利，除了权利主体能够真实地享有外，实在法也会对该种权利提供保护，防止行为人的擅自侵犯。

另一方面，他们主张的此种权利也会对立法者产生影响。当立法者将他们主张的自然法理论规定在他们所制定的法律中时，则他们主张的某一种权利就从自然权利、天赋权利、道德权利上升为制定法当中的权利，除了权利主体能够现实地享有外，制定法也对他人享有的此种权利提供保护，防止行为人的随意侵犯。

只有通过这两种方式中的任何一种，自然法学派所主张的某种自然权利、天赋权利、道德权利才能够嬗变为实在法中的权利，这就是自然权利、天赋权利和道德权利的实在法化。通过实在法化的方式，自然法学派所主张的自然权利、天赋权利、道德权利最终获得了法律的保护，尤其是获得了侵权责任法的保护，在行为人侵犯他人享有的此类权利时，法官会适用侵权责任法的规定责令行为人对他人承担侵权责任。

不过，如果自然法学派所主张的某种自然权利、天赋权利、道德权利没有通过这两种方式中的任何一种方式实在法化，则他们所主张的自然权利、天赋权利、道德权利仍然停留在观念层面、理想层面和精神层面，民事主体不可能现实地享有该种权利，在行为人侵犯该种权利时，法官也不可能责令行为人对他人承担侵权责任。因为这样的

---

① Jacques Ghestin et Gilles Goubeaux, Traité de droit civil, Introduction générale, Librairie générale de droit et de jurisprudence, pp. 7 – 14; Henri Roland, Laurent Boyer, Introuduction au droit, Litec, pp. 148 – 152.

原因，人格权虽然在性质上是一种自然权利，但是它们并不是单纯的自然权利，它们是经过实在法化之后的自然权利。①

在今时今日，所有的自然人均享有生命权、身体权和健康权，除非具备某种正当理由，否则，当行为人侵犯他人享有的这些有形人格权时，他人均有权向法院起诉，要求法官责令行为人对其承担侵权责任。不过，情况并非始终如此，因为在历史上至少有两种自然人不会享有人格权。

其一，虽然奴隶在性质上是自然人，但是在人格权的观念②出现之前，他们的生命、身体和健康不受侵权责任法的保护，在人格权的观念出现之后，他们不享有生命权、身体权或者健康权。因为他们仅仅是权利客体，不是权利主体，不享有法人格，其主人既能够将其出卖、赠予他人，也能够像杀死自己的狗或者其他动物一样杀死他们。在历史上，奴隶在古罗马时期就已经存在，经过法国旧法时期③，奴隶一直持续到1848年，因为仅仅到了1848年，法国才最终废除了奴隶制度。④ 因此，对于历史上的奴隶而言，不存在梁慧星教授所谓的"自出生之时（或者受胎之时）就享有人格"的情况。

其二，虽然民事死亡者⑤在性质上是自然人，但是在人格权的观念出现之前，他们原本受侵权责任法保护的生命、身体和健康不再受

---

① 张民安：《法国民法总论（上）》，清华大学出版社2017年版，第590—617页。

② 人格权的观念并非在古罗马时期就已经存在，作为法律关系一般理论或者主观权利理论的组成部分，人格权的观念仅仅到了19世纪初期才开始出现。在1832年的《德国民法制度》中，德国历史法学派和潘德克吞学派的代表人物Puchta首次系统阐述了人格权的一般理论，之后，德国和其他国家的民法学者也先后主张人格权的理论。到了20世纪初期尤其是20世纪40年代，人格权的观念已经深入人心并因此成为主观权利理论的重要组成部分。张民安：《法国人格权法（上）》，清华大学出版社2016年版，第83—111页。

③ 所谓法国旧法时期（l'ancine droit francais），是指从中世纪一直到法国大革命之前的历史时期。张民安：《法国民法总论（上）》，清华大学出版社2017年版，第80—85页、第140—144页。

④ Francois Terré, Introduduction générale au droit, 9 e édition, Dalloz, p. 186；Philippe Malinvaud, Introduction à l'étude du droit, 15e édition, LexisNexis, p. 247；张民安：《法国民法》，清华大学出版社2015年版，第132页。

⑤ 所谓民事死亡者，是指原本在民事生活中享有法人格的自然人因为犯了某种严重的犯罪行为而被法官以附加刑的方式剥夺了其原本享有的法人格，并因此变成与奴隶一样的活死人。张民安：《法国民法总论（上）》，清华大学出版社2017年版，序言第6页。

侵权责任法的保护,在人格权的观念出现之后,他们原本享有的生命权、身体权和健康权已经不再享有,在行为人侵犯其生命、身体和健康时,他们无权要求法官责令行为人对其承担侵权责任。在历史上,民事死亡制度源自古罗马时期,经过法国旧法时期,① 1804 年的《法国民法典》第 22 条和其他几个法律条款对此种制度做出了规定②,仅仅到了 1854 年,法国才最终废除了民事死亡制度。③ 因此,在生存期间,民事死亡者也不存在梁慧星教授所谓的人格权"不生不灭、不增不减"的情况。

同样,在今时今日,所有的自然人均享有姓名权、肖像权、隐私权等无形人格权,除非存在某种正当理由,否则,当行为人侵犯他人享有的这些无形人格权时,他人均有权向法院起诉,要求法官责令行为人对承担侵权责任。不过,情况并非一直如此,因为在历史上,无形人格权仅仅到了相对较晚时才出现:在 1858 年之前,权利主体既不享有隐私权也不享有肖像权,仅仅到了 1858 年,通过法国司法判例的承认,隐私权和肖像权才开始为权利主体所享有。关于这一点,笔者将在下面的内容中做出详细的讨论,此处从略。

可见,隐私权和肖像权等无形人格权并不是天赋权利,它们完全是由司法判例所创设的。在司法判例创设之后,如果立法者认为有必要,则他们会制定法律,将这两种无形人格权规定下来,让它们从司法判例所创设的人格权上升为制定法所规定的人格权。

四、人格权像所有其他民事权利一样是可以定义的一种民事权利

梁慧星教授认为,鉴于人格权具有第三个特殊性,即"人格权的不可定义性"④,因此,人格权不能够在我国民法典中独立设编。

---

① 张民安:《法国民法总论(上)》,清华大学出版社 2017 年版,第 246—249 页。

② Code civil des Français, édition originale et seule officielle, A Paris, de l'Imprimerie de la République, An XII 1804, http://www.assemblee-nationale.fr/evenements/code-civil/cc1804-lpt01.pdf.

③ Philippe Malinvaud, Introduction à l'étude du droit, 15e édition, LexisNexis, p. 248.

④ 梁慧星:《民法典编纂中的重大争论——兼评全国人大常委会法工委两个民法典人格权编草案》,载《甘肃政法学院学报》2018 年第 3 期,第 12 页。

所谓人格权的不可定义性，是指民法学者或者立法者无法对人格权做出明确的界定。

梁慧星教授基于两个根据得出人格权具有不可定义性的结论：其一，王泽鉴教授关于人格权定义困难的说明，他指出："王泽鉴先生所著《人格权法》在讲人格权的性质的时候，第一句话就是，'人格权系以人格为内容的权利，由于人格的开放性，难以作具体的定义，应作诠释性的理解，以适应未来的发展'。"① 其二，立法者在规定人格权时没有对人格权做出界定，他指出："我们去看各国民法典，都没有对人格权下定义的。"②"查阅各国和地区民法典，也未见有对人格权这一概念下定义的。通常是概括地规定人格权受法律保护，或者简单地规定自然人享有（某种）人格权。"③

在根据上述两个根据得出了人格权的不可定义性结论之后，梁慧星教授接着指出了人格权不能够定义的原因：虽然民法学者提出了关于民事权利的各种各样的传统学说，诸如意思说、利益说和法力说，但是人格权无法纳入这些传统学说中。

梁慧星教授对此种理由做出了精彩的说明，他指出："为什么人格权不可定义？因为人格权无法纳入传统民事权利的概念。民法理论关于民事权利概念，有所谓意思说、利益说和法力说。按照意思说，权利是权利人根据自己的意思所支配的范围。但对于人格权来说，权利主体如何根据自己的意思支配自己的生命？支配自己的健康？按照利益说，人格权是受法律保护的一种利益，人格权受到侵害时可以获得赔偿，也是一种利益。不过这些说法很勉强。通常我们说享受利益，'享受'是一个及物动词，如说享受豪车、享受豪宅、享受美味佳肴、享受音乐艺术、享受美丽风景，因为享受的对象都是人身外之物。但我们作为人格权的权利主体，如何能够享受我们自身？这是说不通的。虽然有的著作用'享受人格利益'的说法，但非常勉强。

---

① 梁慧星：《民法典编纂中的重大争论——兼评全国人大常委会法工委两个民法典人格权编草案》，载《甘肃政法学院学报》2018年第3期，第12页。

② 梁慧星：《民法典编纂中的重大争论——兼评全国人大常委会法工委两个民法典人格权编草案》，载《甘肃政法学院学报》2018年第3期，第12页。

③ 梁慧星：《民法典编纂中的重大争论——兼评全国人大常委会法工委两个民法典人格权编草案》，载《甘肃政法学院学报》2018年第3期，第13页。

第八章 人格权的性质与人格权的独立性

再者，人格权并不必然是一种利益。比如对于一个痛不欲生的人，对于一个正在经受病痛折磨濒临死亡的患者而言，生命对他来说已经不是一种利益。所谓法力说，是在利益说基础上增加法律上之力（排除他人侵害），也很勉强。"①

问题在于，当梁慧星教授以人格权的不可定义性来反对人格权独立设编时，他反对人格权独立设编的此种理由是否具有说服力、是否能够站得住脚？笔者认为，他反对人格权独立设编的此种理由没有任何说服力，是完全站不住脚的，其主要原因有三个。

首先，立法者不对人格权做出界定并不是人格权不应当独立设编的理由。无论人们是否像德国民法学者那样将民法学视为一种概念法学，立法者制定的民法典、民事单行法和民法学者出版的民法著作中均充斥着各种各样的法律概念（concepts juridique），这些法律概念形形色色、不一而足，包括但是不限于以下概念：公共秩序，良好道德，契约，公平，诚实信用，婚姻，家庭，故意，过失，人，自然人，法人，非法人组织，主体，客体，物，法律行为，法律事件，法律规范，等等。虽然法律概念多种多样，但是民法学者习惯于将它们分为两类，即确定性概念（concept déterminées）和不确定性概念（concepts indéterminées）。所谓确定性概念，是指内涵和外延均清晰的概念，例如，自然人、法人和契约等。所谓不确定性概念，则是指其内涵或者外延不清晰的概念，例如，公共秩序、良好道德和过失等。当然，确定性概念和不确定性概念之间的区分也是相对的，不是绝对的，它们之间并不存在不可逾越的鸿沟。②

在民法领域，立法者在制定法律时，有时会对他们使用的某些概念做出明确规定，而有时则不会对他们使用的某些概念做出明确界定，是否会对他们使用的概念做出明确界定，取决于立法者的不同考量，其中的一个主要考量是，如果立法者认为某一个概念在性质上是一种确定性概念，则他们往往会对这一概念做出界定，反之，如果他

---

① 梁慧星：《民法典编纂中的重大争论——兼评全国人大常委会法工委两个民法典人格权编草案》，载《甘肃政法学院学报》2018 年第 3 期，第 12—13 页。

② Paul Roubier, Théorie générale du droit, 2e édition, Librairie du Recueil Sirey, 1951, pp. 113 - 118; Jean-Louis Bergel, Méthodologie juridique, 2e édition, puf, pp. 106 - 111; Jean-Louis Bergel, Théorie Générale Du Droit, 5e édition, Dalloz, pp. 228 - 236.

们认为某一个概念在性质上是一种不确定性概念,则他们往往不会对该概念做出界定。

不过,当立法者没有在其制定的法律当中对某些概念做出界定时,他们的不作为行为并不意味着这些概念是不可定义的,事实上,如果他们愿意,他们完全可以并且也的确能够对这些概念做出界定。他们之所以不对这些概念做出界定,是因为他们担心,一旦他们对这些概念做出了界定,则他们的界定可能无法适应社会发展和变迁的需要;为了让他们使用的概念具有足够的适应性,他们有意不对这些概念做出界定,以便让不同时期的民法学者和法官根据社会发展的不同阶段和不同需要对这些概念做出界定,使他们制定的法律不至于朝令夕改,确保他们制定的法律在一个相当长的时期内具有稳定性。因为这样的原因,在立法者没有对其使用的某些概念做出界定时,民法学者往往会对这些概念做出界定。

因此,当立法者不对他们使用的某一概念做出界定时,他们的不作为行为并不意味着这一概念是不能够定义的,更不意味着与这一概念有关的民法内容不应当在民法典中独立设编。有时,即便立法者在其制定的法律中对某一个概念做出了界定,他们也没有将与该概念有关的民法内容作为独立的一卷(编)规定在民法典中。例如,虽然法国立法者在其制定的《法国民法典》中对"契约"(Le contrat)一词①做出了明确界定,但是他们并没有将"契约"作为独立的一卷规定在《法国民法典》中,而是将"契约"规定在第三卷即"人们获得所有权的不同方式"中,这就是《法国民法典》第三卷第三编"债的渊源"中的第一分编即"契约"中。②

---

① Article 1101 Le contrat est un accord de volontés entre deux ou plusieurs personnes destiné à créer, modifier, transmettre ou éteindre des obligations. https://www.legifrance.gouv.fr/affichCode.do;jsessionid = 71378F35275E65FBA65AE421A9E5A498.tplgfr31s_3? idSectionTA = LEGISCTA000032040792&cidTexte = LEGITEXT000006070721&dateTexte = 20180804.;《法国民法典》新的第1101条规定:所谓契约,是指两个或者两个以上的人为了产生、变更、转移或者消灭他们之间的债而达成的意思表示的合意。张民安、铁木尔高力套:《债权法》(第五版),中山大学出版社2017年版,第133页。

② Code civil, Dernière modification: 3 janvier 2018, https://www.legifrance.gouv.fr/affichCode.do;jsessionid = 71378F35275E65FBA65AE421A9E5A498.tplgfr31s_3? idSectionTA = LEGISCTA000032040792&cidTexte = LEGITEXT000006070721&dateTexte = 20180804.

有时，即便立法者没有在其制定的法律中对某一个概念做出界定，他们仍然将与该概念有关的民法内容作为独立的一卷（编）规定在民法典中。例如，虽然法国立法者从1804年开始一直到今时今日均没有对"人"（Des personnes）这一概念做出界定，但是他们一直将"人"作为独立的一卷规定在《法国民法典》中，这就是《法国民法典》中的第一卷即"人"。①

在我国，虽然立法者既没有在2009年的《中华人民共和国侵权责任法》② 中也没有在《中华人民共和国民法典侵权责任编（草案）》（2017年10月31日民法室室内稿）③ 当中对"侵权责任"一词做出明确界定，但是梁慧星教授既没有因此认定"侵权责任"是"不可定义的"，更没有因此主张"侵权责任"不应当在我国未来民法典中独立设编，因为他一直以来均认为，"侵权责任"应当独立设编，这就是他所谓的"侵权责任编"，已如前述。

在我国，虽然立法者既没有在《中华人民共和国婚姻法》④ 中也没有在《中华人民共和国民法典婚姻家庭编（草案）》（2017年9月26日民法室室内稿）⑤ 中对"婚姻"或者"家庭"做出界定，但是，梁慧星教授既没有因此认定"婚姻"或者"家庭"是不可定义的，更没有因此主张"婚姻家庭"不应当在我国民法典中独立设编，因为他自始至终均认为，"婚姻家庭"应当在民法典中独立设编，这就是他所谓的"婚姻家庭编"，已如前述。

---

① 张民安：《法国民法》，清华大学出版社2015年版，第25—26页；张民安：《法国民法总论（上）》，清华大学出版社2017年版，第283页。

② 《中华人民共和国侵权责任法》，http://www.gov.cn/flfg/2009-12/26/content_1497435.htm。

③ 《中华人民共和国民法典侵权责任编（草案）》（2017年10月31日民法室室内稿）共10章96条，所规定的内容包括：责任构成和责任方式，不承担责任和减轻责任的情形，关于责任主体的特殊规定，产品责任，机动车交通事故责任，医疗损害责任，污染环境和破坏生态环境责任，高度危险责任，饲养动物损害则和物件损害责任。

④ 《中华人民共和国婚姻法》，http://www.npc.gov.cn/npc/lfzt/rlys/2014-10/24/content_1882701.htm。

⑤ 《中华人民共和国民法婚姻家庭编（草案）》（2017年9月26日民法室室内稿）共5章80条，所规定的内容包括：一般规定，结婚，家庭关系，离婚以及收养。

无论是在《中华人民共和国民法通则》第五章第四节①中还是在《中华人民共和国民法总则》第五章第 109 条至第 111 条②中，我国立法者虽然均对人格权做出了明确规定，但是他们的确均没有界定人格权。不过，我们既不能够因此认定人格权的可定义性，也不能够因此认定人格权不应当独立设编。事实上，在民法上，立法者是否在他们制定的法律当中对某一个概念做出界定，同与该概念有关的民法内容是否应当在民法典中独立设编没有丝毫的关系。以立法者没有在其制定的法律中对人格权做出界定为由否定人格权的可定义性，并进而否定人格权的独立设编性，实际上是将风马牛不相及的两个问题不恰当地牵扯在一起。

其次，人格权是完全可以定义的。在民法上，人格权是否具有可定义性？依据王泽鉴教授在其《人格权法》中所做出的说明，梁慧星教授断定"人格权是不可定义的"，已如前述。在《人格权法》一书中，王泽鉴教授在说明"人格权的意义"时明确指出人格权"难以作具体的定义"③。不过，无论是王泽鉴教授还是梁慧星教授的此种论断均是不成立的，因为在民法上，虽然少数民法学者不对人格权做出界定④，但是大多数民法学者均对人格权做出了界定。⑤ 基于各种不同的考虑，他们对人格权做出了形态各异的界定：某些民法学者从否定的角度界定人格权，另外一些民法学者则从肯定角度界定人格权，还有一些民法学者则同时从肯定和否定的角度界定人格权。⑥

虽然如此，民法学界最通常的界定方式是：所谓人格权，是指他人对其自身或者对其自身的特性、自身的人格特征享有的权利。所谓他人的自身，是指他人的本身。他人的本身包含多种多样的构成要素或者构成因素，例如，他人的身体、他人身体的组成部分、他人的姓

---

① 《中华人民共和国民法通则》，http://www.npc.gov.cn/wxzl/wxzl/2000-12/06/content_4470.htm。
② 《中华人民共和国民法总则》，http://www.npc.gov.cn/npc/xinwen/2017-03/15/content_2018907.htm。
③ 王泽鉴：《人格权法——法释义学、比较法、案例研究》，北京大学出版社 2013 年版，第 43 页。
④ 张民安：《法国人格权法（上）》，清华大学出版社 2016 年版，第 5—6 页。
⑤ 张民安：《法国人格权法（上）》，清华大学出版社 2016 年版，第 6—8 页。
⑥ 张民安：《法国人格权法（上）》，清华大学出版社 2016 年版，第 9—28 页。

名、他人的私人生活或者名誉等。当他人对其自身享有权利时,也就是,当他人对其自身的特性、自身的人格特征享有权利时,他们享有的这些权利就是人格权。①

例如,在其《主观权利》中,Jean Dabin 就采取了此种界定方式,他指出:"所谓人格权,是指权利主体对其作为权利客体的人格构成要素享有的权利,权利主体的人格构成要素多种多样,既包括其身体的人格构成要素,也包括其道德的人格构成要素;既包括其个人的构成要素,也包括其社会的构成要素。"② 再如,在其《民法》中,Pierre Voirin 和 Gilles Goubeaux 也采取了此种界定方式,他们指出:"所谓人格权,是指权利主体享有的建立在他们自身基础上的权利。权利主体的自身也受到法律的保护,无论是从权利主体自身的身体方面来看,还是从权利主体自身的道德方面来看,均是如此。法律上存在着权利主体对其自身享有的权利,这就是人格权。"③

最后,人格权属于传统民事权利概念的应有部分,根本不存在梁慧星教授所谓的"人格权无法纳入传统民事权利概念"的情况。

作为民法两大核心内容④之一,主观权利即"民事权利"(简称权利)的界定在主观权利的一般理论中占有重要的地位,属于主观

---

① 张民安:《法国人格权法(上)》,清华大学出版社 2016 年版,第 28 页。
② Jean Dabin, le droit subjectif, Dalloz, p. 169;张民安:《法国人格权法(上)》,清华大学出版社 2016 年版,第 16 页。
③ Pierre Voirin, Gilles Goubeaux, Droit civil, tome 1, Introduction au droit, personnes-famille, personnes protégées, biens-obligations, sûretés, 33e édition, LGDJ, p. 49;张民安:《法国人格权法(上)》,清华大学出版社 2016 年版,第 17 页。
④ 民法的两大核心内容是客观法律和主观权利。所谓客观法律,是指对权利主体享有的主观权利进行规范和调整的法律规范的有机整体。所谓主观权利,则是指客观法律赋予权利主体享有的能够做出某种行为或者不做出某种行为、能够要求别人做出某种行为或者不做出某种行为的特权或者权力。张民安:《法国民法》,清华大学出版社 2015 年版,第 5—6 页;张民安:《法国民法总论(上)》,清华大学出版社 2017 年版,第 533、550 页。

权利一般理论的有机组成部分。① 从主观权利产生之日起一直到今时今日，民法学者对主观权利做出了形形色色的界定，其中最著名的经典界定包括两种，即意志力理论和受法律保护的利益理论。在今时今日，人们则普遍采取特权理论或者权力理论。不过，无论民法学者采取什么样的界定方式，除了能够适用于物权、债权等传统权利外，他们对权利做出的界定也能够适用于人格权。因为一方面，在做出这些界定时，最初主张这些界定方式的人就已经将其界定建立在包含人格权在内的基础上；另一方面，在今时今日，这些界定方式尤其能够适用于人格权。

具体来说，意志力理论（pouvoir de volonté）同人格权是能够兼容的，人格权是能够纳入意志力理论中的。所谓意志力理论，也就是梁慧星教授在其文章中所谓的"意思说"。他认为，所谓权利，是指权利主体享有的自己做出或者不做出某种行为、要求别人做出或者不做出某种行为的个人意志。该种理论是由德国19世纪中后期的著名民法学者 Bernhard Windscheid 首次提出的，之后获得了大陆法系国家民法学者的普遍支持，并因此成为权利界定方面的一种经典界定方式。②

在民法领域，虽然意志力理论存在这样或者那样的问题并因此遭受大量民法学者的反对③，但是该种经典定义能够将人格权纳入其中。一方面，虽然采纳此种界定方式的 Bernhard Windscheid 对人格权怀有深深的敌意，但是他不仅承认人格权就像物权、债权、家庭权和继承权一样属于一种民事权利，而且还将人格权与这些民事权利进行

---

① 张民安：《法国民法》，清华大学出版社2015年版，第5—8页；张民安：《法国民法总论（上）》，清华大学出版社2017年版，第544—561页；张民安、丘志乔主编：《民法总论》（第五版），中山大学出版社2017年版，第127—152页；张民安：《法律关系的一般理论亦或是主观权利的一般理论（上）》，载《澳门法学》2018年第1期，第33—56页；张民安：《法律关系的一般理论亦或是主观权利的一般理论（下）》，载《澳门法学》2018年第2期，第1—27页。

② 张民安：《法国民法总论（上）》，清华大学出版社2017年版，第546—547页；张民安、丘志乔主编：《民法总论》（第五版），中山大学出版社2017年版，第282—283页。

③ 张民安：《法国民法总论（上）》，清华大学出版社2017年版，第546—547页；张民安、丘志乔主编：《民法总论》（第五版），中山大学出版社2017年版，第283页。

对比。① 因此，在采取上述界定方式时，除了将物权、债权等传统民事权利纳入该种定义中，他当然也将人格权纳入该种定义中。另一方面，在今时今日，如果人们仍然将权利界定为一种意志力，则除了能够适用于物权和债权外，该种界定当然也能够适用于人格权。因为当他人享有肖像权时，他人既能够凭借自己的意志使用或者不使用自己的肖像，也能够凭借自己的个人意志授权别人使用或者禁止别人使用其肖像；当他人享有隐私权时，除了能够根据自己的个人意志决定是否公开其私人生活外，他人也能够根据其个人意志授权或者禁止别人公开其私人生活。

受法律保护的利益理论（un intérêt protégé）同人格权是能够兼容的，人格权是能够纳入受法律保护的利益理论中的。所谓受法律保护的利益理论，也就是梁慧星教授在其文章中所谓的"利益说"。他认为，所谓权利，是指民事主体享有的受到法律、客观法律保护的某种利益。该种理论是由德国19世纪中后期的著名民法学者R. von Jhering首次提出的，之后在大陆法系国家获得了广泛的支持。②

在民法领域，虽然"利益说"也存在这样或者那样的问题，并因此遭受了包括Bernhard Windscheid在内的众多民法学者的反对③，但是该种定义能够将人格权纳入其中，表现在两个方面：一方面，在最早做出此种界定时，除了承认物权、债权和家庭权属于民事权利的组成部分外，R. von Jhering也明确承认人格权属于民事权利的组成部分④，因此，他的此种界定本身当然同时纳入了物权、债权、家庭权和人格权了。另一方面，在今时今日，如果人们仍然采取此种界定方式，他们的此种界定尤其能够将人格权纳入其中：当他人的生命、身体和健康受到法律的保护时，他们就享有生命权、身体权和健康权；当他人的姓名、肖像和私人生活受到法律的保护时，他人也享有姓名权、肖像权和隐私权。

---

① 张民安：《法国人格权法（上）》，清华大学出版社2016年版，第161—162页。
② 张民安：《法国民法总论（上）》，清华大学出版社2017年版，第547页；张民安、丘志乔主编：《民法总论》（第五版），中山大学出版社2017年版，第283页。
③ 张民安：《法国民法总论（上）》，清华大学出版社2017年版，第547页；张民安、丘志乔主编：《民法总论》（第五版），中山大学出版社2017年版，第283页。
④ 张民安：《法国人格权法（上）》，清华大学出版社2016年版，第160—161页。

权力理论（pouvoir）同人格权也是能够兼容的，人格权也能够纳入权力理论中。在民法领域，权力理论并不是经典理论而是现代理论，因为在19世纪中后期和20世纪初期，民法学者要么采取意志力理论，要么采取受法律保护的利益理论，要么同时采取了意志力和受法律保护的利益理论即混合理论。① 根据权力理论，所谓权利，是指他人享有并且受到国家公权力保护的能够做出某种行为或者不做出某种行为、要求别人做出某种行为或者不做出某种行为的权力。② 在今时今日，主张此种理论的民法学者大有人在③，其中尤其包括法国著名民法学者Jean Carbonnier，他指出："所谓主观权利，是指人享有的某种权力。换言之，所谓主观权利，是指人享有的受到国家保障的权力，因为人享有的此种权力是符合客观法律要求的。"④

在民法领域，权力理论很少遭遇民法学者的批判并因此成为当今民法学者的主流理论。权力理论当然能够将人格权纳入其中，表现在两个方面：其一，采取此种界定方式的民法学者同时将物权、债权和人格权视为民事权利的组成部分，因此，他们的界定将所有的民事权利均纳入其中。其二，此种界定方式能够完美地适用于人格权：他人享有是否公开、使用自己姓名、肖像、声音的权力，他人享有是否同意医师对其进行诊疗的权力，他人享有是否捐赠自己的器官、遗体的

---

① 张民安：《法国民法总论（上）》，清华大学出版社2017年版，第545—548页；张民安、丘志乔主编：《民法总论》（第五版），中山大学出版社2017年版，第282—284页。

② Jean Carbonnier, Droit civil, Volume I, Introduction Les personnes la famille, l'enfant, le couple, puf, p. 315；张民安：《法国民法总论（上）》，清华大学出版社2017年版，第549—550页；张民安、丘志乔主编：《民法总论》（第五版），中山大学出版社2017年版，第285页。

③ Jean Brethe de La Gressaye Marcel Laborde-Lacoste, Introduction générale à l'étude du droit, Librairie du Recueil Sirey, p. 2；Ambroise Colin et Henri Capitant, Traité de droit civil, t. 1, Introduction générale, Personnes et Famille, Biens, Paris, Libraire Dalloz, pp. 6 - 7；Jean Carbonnier, Droit civil, Volume I, Introduction Les personnes lafamille, l'enfant, le couple, puf, p. 315；Pierre Voirin, Gilles Goubeaux, Droit civil, tome 1, Introduction au droit, personnes-famille, personnes protégées, biens-obligations, sûretés, 33e édition, LGDJ, p. 19；Yvaine Buffelant-Lanore, Virginie Larribau-Terneyre, Droit civil, Introduction, Biens, Personne, Famille, 17e édition, Dalloz, p. 3.

④ Jean Carbonnier, Droit civil, Volume I, Introduction Les personnes la famille, l'enfant, le couple, puf, p. 315.

权力,等等。

五、人格权像所有其他民事权利一样具有"可言说性"

梁慧星教授认为,鉴于人格权具有第四个特殊性,即"人格权的不可言说性"①,因此,人格权不应当独立设编。所谓人格权的不可言说性,是相对于其他民事权利的可言说性而言的,是指鉴于人格权的内容很少、理论肤浅,因此民法学者在讨论人格权时很难"下笔千言、滔滔不绝",而因为其他民事权利的内容很多、理论深厚,因此民法学者在讨论其他民事权利时"往往下笔千言、滔滔不绝"。

根据梁慧星教授的意见,一方面,其他民事权利具有"可言说性",在讨论这些民事权利时,民法学者往往能够"下笔千言、滔滔不绝",因为在讨论其他民事权利时,民法学者能够讨论诸如"权利的产生、成立、生效、变更、转让、终止、行使、撤销、放弃、继承"等内容。梁慧星教授对其他民事权利的可言说性做出了生动的说明,他指出:"我们的民法学教科书、论文,总是先讲权利的概念,然后论述权利的特征,再依次论述权利的产生、成立、生效、变更、转让、终止、行使、撤销、放弃、继承等。我们论述物权、债权、知识产权、继承权等等,都是如此。往往下笔千言、滔滔不绝。"②

另一方面,人格权具有不可言说性,在讨论人格权时,民法学者很难"下笔千言、滔滔不绝",因为人格权当中不存在诸如"权利的产生、成立、生效、变更、转让、终止、行使、撤销、放弃、继承"等内容。梁慧星教授对人格权的不可言说性做出了精彩的描述,他指出:"但是权利的产生、成立、生效、变更、转让、终止、行使、撤销、放弃、继承等内容,对人格权都不存在。因为人格权是一种防御性的权利,没有产生、成立、生效、变更、转让等问题,所以说,对于人格权,很难讲出什么道理。无论是哪一位民法大家,在面对人格

---

① 梁慧星:《民法典编纂中的重大争论——兼评全国人大常委会法工委两个民法典人格权编草案》,载《甘肃政法学院学报》2018 年第 3 期,第 14 页。
② 梁慧星:《民法典编纂中的重大争论——兼评全国人大常委会法工委两个民法典人格权编草案》,载《甘肃政法学院学报》2018 年第 3 期,第 14—15 页。

权的时候，都很难下笔千言。"①

在认定人格权具有"不可言说性"时，梁慧星教授提供的理论根据是王泽鉴教授在其《人格权法》中对人格权的意义和人格权的性质所做出的简单说明。

一是，王泽鉴教授关于"人格权的意义"的说明。王泽鉴教授认为，鉴于人格权"难以作具体的定义"，因此，人们应当对人格权作"诠释性的理解"，除了将"诠释性的理解"分为四个不同的方面外，他还对四个方面的内容做出了简要说明：其一，人格权的主体为"人"；其二，人格权系以人的存在为基础；其三，人格权体现人的自主性及个别性；其四，人格权在于维护促进人性尊严及人格自由发展。② 在一字不漏地援引了王泽鉴教授对"人格权的意义"所做出的说明之后，梁慧星教授得出了这样的结论："这些内容加上小标题总共不过9句话，不足300字。"③

二是，王泽鉴教授关于"人格权的性质"的说明。在认定人格权具有两个不同性质之后，王泽鉴教授分别对这两种性质做出了简要的说明：人格权是一种具支配性的绝对权，人格权属于一身专属权。④ 在几乎原封不动地援引了王泽鉴教授的这些说明之后，梁慧星教授得出了这样的结论：王泽鉴教授就人格权的性质所做出的说明"通篇算下来，也不过400字左右"⑤。

因为"两岸学界公认的民法权威学者王泽鉴先生"⑥ 仅仅用了不足300字的文字讨论"人格权的意义"，因为"两岸学界公认的民法

---

① 梁慧星：《民法典编纂中的重大争论——兼评全国人大常委会法工委两个民法典人格权编草案》，载《甘肃政法学院学报》2018年第3期，第15页。

② 王泽鉴：《人格权法——法释义学、比较法、案例研究》，北京大学出版社2013年版，第43页。

③ 梁慧星：《民法典编纂中的重大争论——兼评全国人大常委会法工委两个民法典人格权编草案》，载《甘肃政法学院学报》2018年第3期，第15页。

④ 王泽鉴：《人格权法——法释义学、比较法、案例研究》，北京大学出版社2013年版，第45—46页。

⑤ 梁慧星：《民法典编纂中的重大争论——兼评全国人大常委会法工委两个民法典人格权编草案》，载《甘肃政法学院学报》2018年第3期，第15页。

⑥ 梁慧星：《民法典编纂中的重大争论——兼评全国人大常委会法工委两个民法典人格权编草案》，载《甘肃政法学院学报》2018年第3期，第15页。

权威学者王泽鉴先生"仅仅用了 400 字左右的文字讨论了"人格权的性质",所以梁慧星教授据此得出了人格权具有不可言说性的结论:"可见,人格权的权利内容极为有限,无法对其按一般权利制度框架进行论述,无论哪一位法学大家,面对人格权时都难以讲出什么高深、复杂的道理,这就叫人格权的不可言说性!"①

因为其他民事权利的内容极其丰富,因为民法学者能够对其他民事权利讲出"高深、复杂的道理",所以其他民事权利能够在民法典当中独立设编,而因为人格权的内容"极其有限",因为民法学者无法对人格权讲出"高深、复杂的道理",所以人格权不应当在民法典当中独立设编。这就是梁慧星教授反对人格权独立设编的一个理由:人格权的不可言说性。

在我国,梁慧星教授提出的此种理论具有相当的影响力,因为受其影响,在《民法典编纂中的人格权立法问题》中,柳经纬教授也基于此种原因反对人格权的独立设编。他认为,在人格权的问题上,立法者不应当将其独立设编,他们所能做的只是宣示(确认)人格权的存在,因为他们无法对其做出具体的描述。② 他指出:"在生命权、健康权、身体权、姓名权、肖像权等具体人格权上,法律也同样无法对它们作出具体的描述。这也就是梁慧星教授所说的'人格权的不可定义性'。人格权的不可定义性在人格权编草案中也可以得到证实。"③

问题在于,当梁慧星教授以人格权的不可言说性来反对人格权独立设编时,梁慧星教授反对人格权独立设编的此种理由是否具有说服力、是否能够站得住脚?笔者认为,梁慧星教授反对人格权独立设编的此种理由没有任何说服力,是完全站不住脚的。

首先,在今时今日,除了物权和债权等传统民事权利涉及"权利的产生、成立、生效、变更、转让、终止、行使、撤销、放弃、继

---

① 梁慧星:《民法典编纂中的重大争论——兼评全国人大常委会法工委两个民法典人格权编草案》,载《甘肃政法学院学报》2018 年第 3 期,第 15 页。
② 柳经纬:《民法典编纂中的人格权立法问题》,载《中国政法大学学报》2018 年第 6 期,第 116—118 页。
③ 柳经纬:《民法典编纂中的人格权立法问题》,载《中国政法大学学报》2018 年第 6 期,第 116—117 页。

承"等内容外,人格权也涉及这些方面的内容。因为在今时今日,除了行为人实施的法律行为涉及物权和债权外,他们所实施的法律行为也涉及人格权;除了涉及有形人格权外,他们实施的法律行为也涉及无形人格权。因为人格权能够成为法律行为的内容,所以,法律行为的一般理论能够在人格权中适用,就像它们能够在物权和债权中适用一样,已如前述。

其次,即便是拿王泽鉴教授的《人格权法》来说,我们也能够得出与梁慧星教授完全相反的结论,即人格权是可以言说的。在2013年,王泽鉴教授在北京大学出版社出版了自己的著作《人格权法》,《人格权法》共9章477页,所包含的内容有:第一章为人格权的历史发展与规范体系[①],第二章为比较人格权法[②],第三章为人格权的意义及性质[③],第四章为人格权的主体[④],第五章为人格保护的"宪法"化[⑤],第六章为人格权的保护范围——人格权的具体化[⑥],第七章为人格权的精神利益和财产利益[⑦],第八章为人格权保护与言论自由[⑧],第九章为人格权被侵害的救济方法[⑨]。在得出人格权具有不可言说性的结论时,梁慧星教授仅仅援引了王泽鉴教授在第三章中就人格权的意义和性质所做出的简要阐述,没有全面地、综合

[①] 王泽鉴:《人格权法——法释义学、比较法、案例研究》,北京大学出版社2013年版,第1—12页。

[②] 王泽鉴:《人格权法——法释义学、比较法、案例研究》,北京大学出版社2013年版,第13—40页。

[③] 王泽鉴:《人格权法——法释义学、比较法、案例研究》,北京大学出版社2013年版,第41—47页。

[④] 王泽鉴:《人格权法——法释义学、比较法、案例研究》,北京大学出版社2013年版,第48—59页。

[⑤] 王泽鉴:《人格权法——法释义学、比较法、案例研究》,北京大学出版社2013年版,第60—95页。

[⑥] 王泽鉴:《人格权法——法释义学、比较法、案例研究》,北京大学出版社2013年版,第96—251页。

[⑦] 王泽鉴:《人格权法——法释义学、比较法、案例研究》,北京大学出版社2013年版,第252—305页。

[⑧] 王泽鉴:《人格权法——法释义学、比较法、案例研究》,北京大学出版社2013年版,第306—385页。

[⑨] 王泽鉴:《人格权法——法释义学、比较法、案例研究》,北京大学出版社2013年版,第386—477页。

地看待王泽鉴教授在该著作中所做出的阐述。

单纯就人格权的意义和性质而言,王泽鉴教授的说明不仅非常简略,而且也存在不少错误。说王泽鉴教授就人格权的意义和性质所做出的的说明非常简略,是因为人格权的定义和性质问题非常复杂,在一部人格权法的专著中,王泽鉴教授不应当仅仅用不足300字和400字左右的篇幅对其做出说明,而应当用更大的篇幅加以阐述,否则,与人格权的意义和人格权的性质在人格权法中的基础地位不相称,也会因此让像梁慧星教授一样的民法学者误以为人格权的定义和人格权的性质没有"什么高深、复杂的道理"。

说王泽鉴教授就人格权的意义和性质所做出的说明存在不少错误,是因为无论是在对人格权的意义做出说明时还是在对人格权的性质做出说明时,王泽鉴教授的说明均存在错误。具体来说,在对人格权的意义做出说明时,他所犯下的错误是,虽然人格权是完全能够定义的,虽然自1832年人格权的理论出现之日起,民法学者普遍对人格权做出了形形色色的不同界定,但是他仍然认为人格权是"难以作具体界定"的,已如前述。因为他所犯下的此种错误,梁慧星教授因此得出了"人格权的不可定义性"的结论。在对人格权的性质做出说明时,他所犯下的错误是,他混淆了人格权的性质和人格权的特征,将人格权的特征等同于人格权的性质。因为人格权的性质所讨论的问题并不是王泽鉴教授所讨论的绝对权和专属权的问题,而是人格权是不是一种真正的民事权利,人格权究竟是一种财产权还是一种非财产权,等等,已如前述。

因此,如果单纯从王泽鉴教授对人格权的意义和性质所做出的阐述来看,我们也会得出梁慧星教授得出的结论,即人格权是一种不可定义的权利和人格权是一种不可言说的权利。

不过,如果我们全面地、整体地看待王泽鉴教授的《人格权法》,我们似乎很难得出梁慧星教授得出的第二个结论,即"人格权的不可言说性",相反,我们似乎能够得出与梁慧星教授完全相反的结论,即"人格权的可言说性"。在面对人格权时,王泽鉴教授可谓"下笔千言、滔滔不绝",甚至可以说达到了"滔滔不绝"的地步,因为虽然在阐述"人格权的意义"和"人格权的性质"时,他所用的字数加在一起也不过700字(300字加上400字),但是他的《人格权法》的总字数几乎达到了 50 万字。

当一个民法学者花了大约 50 万字的篇幅讨论人格权法的内容时，他的这部人格权法著作究竟是证明了人格权法的内容"极其有限"还是"极其丰富"？当一个民法学者用了大约 50 万字的篇幅讨论人格权法的内容时，我们究竟应当说这位民法学者对人格权法的阐述是"片文只字、三言两语"还是"下笔千言、滔滔不绝"？当一个民法学者用大约 50 万字的篇幅讨论人格权法的内容时，我们究竟该说这位民法学者对人格权法讲出了"肤浅、简单的道理"，还是讲出了"高深、复杂的道理"？笔者认为，答案应当是后者而非前者。

再次，在面对人格权之外的其他民事权利时，虽然民法学者能够"下笔千言、滔滔不绝"，但是他们所讲的大多数内容均不涉及"权利的产生、成立、生效、变更、转让、终止、行使、撤销、放弃、继承"，仅少数内容涉及权利的产生、权利的转让或者权利的终止。笔者分别以 François Terré、Philippe Simler、Philippe Malaurie、Laurent Aynès 和 Philippe Stoffel-Munck 的《物权法》和《债权法》为例对此做出简要说明。

在其《物权法》[1] 中，François Terré 和 Philippe Simler 在讨论物权时可谓"下笔千言、滔滔不绝"，因为在该著作当中，他们总共用了 16 章、622 页的篇幅对物权做出了详尽说明，虽然其中涉及所有权的取得和丧失等权利的产生和权利的终止等内容，但是这些内容仅有两章[2]，其他的章节几乎都不涉及"权利的产生、成立、生效、变更、转让、终止、行使、撤销、放弃、继承"。

在其《债权法》中，Philippe Malaurie、Laurent Aynès 和 Philippe Stoffel-Munck 在讨论债权时可谓"下笔千言、滔滔不绝"，因为在该著作中，三位作者总共用了 62 章、837 页对债权做出了详尽的说明，

---

[1] François Terré, Philippe Simler, Droit civil, Les biens, 4e édition, Dalloz, 1992, pp. 1–622.

[2] François Terré, Philippe Simler, Droit civil, Les biens, 4e édition, Dalloz, 1992, pp. 237–312.

虽然其中涉及权利的产生即债的渊源①、权利的终止即债的消灭②、权利的转让即债权的转让等内容，但是相对于该著作中所讨论的其他债权理论和债权制度而言，这些内容所占的比重非常小。

在民法领域，几乎没有任何民法学者会在他们的物权法和债权法著作中完整地、完全地论及"权利的产生、成立、生效、变更、转让、终止、行使、撤销、放弃、继承"，因为这些内容或者属于法律关系一般理论的组成部分，或者属于主观权利一般理论的组成部分，民法学者仅仅会在自己的民法总论当中做出完整地说明。在物权法和债权法的著作当中，民法学者只会对与物权和债权有关系的部分做出阐述，已如前述。因此，在面对物权和债权时，即便民法学者的确"下笔千言、滔滔不绝"，他们所讨论的内容绝对不是"权利的产生、成立、生效、变更、转让、终止、行使、撤销、放弃、继承"，而是各种各样的、复杂的物权理论和物权制度、债权理论和债权制度，将民法学者"下笔千言、滔滔不绝"的原因归结为"权利的产生、成立、生效、变更、转让、终止、行使、撤销、放弃、继承"，显然与事实不符，具有误导性。

最后，在面对人格权时，民法学家不仅已经"下笔千言、滔滔不绝"，而且也已经讲出了许多"高深、复杂的道理"。

在其《人格权法》中，王泽鉴教授对人格权的意义和人格权的性质所做出的说明的确非常简略，并且他也的确没有"讲出什么高深、复杂的道理"，已如前述。不过，我们不能够仅仅因为梁慧星教授眼中的"民法大家""法学大家"王泽鉴教授没有在人格权的意义、人格权的性质方面讲出任何"高深、复杂的道理"就认定所有民法学者均不能够在人格权面前"下笔千言、滔滔不绝"，并因此无法讲出任何"高深、复杂的道理"。因为除了能够在人格权的意义和人格权的性质方面"下笔千言、滔滔不绝"，并因此讲出一些"高深、复杂的道理"外，在面对整个人格权时，民法学者也能够"下

---

① Philippe Malaurie, Laurent Aynès, Philippe Stoffel-Munck, Droit des Obligations, 8e édition, 2016, LGDJ, pp. 17–18.

② Philippe Malaurie, Laurent Aynès, Philippe Stoffel-Munck, Droit des Obligations, 8e édition, 2016, LGDJ, pp. 627–717.

笔千言、滔滔不绝",并因此讲出一些"高深、复杂的道理"。

具体来说,在面对人格权的意义即定义时,民法学者完全能够"下笔千言、滔滔不绝",并因此讲出一些"高深、复杂的道理"。在人格权法当中,人格权的定义问题并不是一个可以忽略不计的小问题,至少在有关人格权法的著作中,民法学者不能够像王泽鉴教授那样对其做出轻描淡写的说明,因为人格权的定义问题属于人格权法的基础问题,构成人格权法的起点和出发点。否则,人们就会像梁慧星教授那样认为,人格权是不可定义的。

因为人格权的定义是非常重要的,所以从1832年德国民法学者Puchta首次对人格权做出界定以来一直到今时今日,民法学者均不遗余力地界定人格权。在《法国人格权法(上)》中,笔者用了整整一章、共计57页、多达6万字的篇幅讨论人格权的定义问题,这是迄今为止有关人格权界定方面最全面、最完整的讨论了。① 基于对各种各样定义所存在的优缺点的分析,在该著作中,笔者采取了中性的界定方式,认为人格权是指权利主体对其自身、自身的特性享有的权利。笔者之所以采取此种中性界定方法,是因为此种界定方法具有最大的一个好处,这就是,它能够同时解释自然人和法人有人格权的原因:除了自然人有其自身外,法人也有其自身,除了自然人的自身存在各种各样的特性外,法人的自身也存在各种各样的特性。②。

在面对人格权的性质时,民法学者也能够"下笔千言、滔滔不绝"。在人格权法中,人格权的性质问题绝对是任何一个讨论人格权问题的民法学者均不能够忽视的问题,至少在有关人格权法的著作中,民法学者不能够像王泽鉴教授那样仅仅对其做出三言两语的描述。因为人格权的性质问题不仅是人格权法的重要组成部分,而且也是非常复杂的问题,它既关乎人格权是不是一种真正的民事权利的问题,也关乎人格权是不是一种财产权的问题,还关乎人格权的特征问题。否则,人们就会像梁慧星教授一样认为,人格权是不能够言说的。

因为人格权的性质是非常重要的,所以至少从20世纪初期开始

---

① 张民安:《法国人格权法(上)》,清华大学出版社2016年版,第3—59页。
② 张民安:《法国人格权法(上)》,清华大学出版社2016年版,第28—29页。

一直到今时今日，民法学者均对其"下笔千言、滔滔不绝"，并因此"讲出了许多高深、复杂的道理"。例如，在其《道德权利和人格权》中，Agnès Lucas-Schloetter 用了三章共 126 页的篇幅对人格权的性质做出了阐述。① 再例如，在其《人格权》中，Jean-Christophe Saint-Pau 等人至少用了三章共 179 页的篇幅讨论人格权的性质问题。② 在这些内容中，民法学者讨论的"高深、复杂"问题也包括梁慧星教授所提及的问题：人格权是否具有可处分性，权利主体是否能够通过契约或者其他法律行为转让其人格权；在权利主体死亡之后，他们生前的人格权是否能够转移；等等。

在面对整个人格权时，民法学者同样能够"下笔千言、滔滔不绝"，并因此讲出许多"高深、复杂的理论"。

在国内，在面对人格权时，笔者可谓"下笔千言、滔滔不绝"，并因此讲出了许多"高深、复杂的理论"。在 2016 年出版的《法国人格权法（上）》一书中，除开序言和目录外，笔者单单在正文中就用了厚达 558 页、共 12 章、81 万字的篇幅对人格权的定义和人格权的历史做出了迄今为止最全面、最详细的阐述。在该著作中，除了认定德国 19 世纪初期的 Puchta 是德国和世界上第一个提出人格权理论的学者外，笔者也认定 Perreau 是法国第一个系统阐述人格权理论的民法学者。③

当然，笔者的著作似乎不能够用来反驳梁慧星教授的观点，因为一方面，梁慧星教授在论及人格权的不可言说性时是指"民法大家""法学大家"，而笔者并不是什么"民法大家""法学大家"；另一方面，笔者以自己的《法国人格权法（上）》作为反驳梁慧星教授的上述观点似乎存在拔高自己的嫌疑，让自己因此进入"民法大家""法学大家"之列，并因此与王泽鉴教授平起平坐。因为此种原因，笔者将主要以法国民法学者的人格权法著作为例证明梁慧星教授的上述论断是不真实的、与事实不符的。因为这些民法学者的影响力绝对不

---

① Agnès Lucas-Schloetter, Droit moral et droits de la personnalité: étude de droit comparé français et allemande, tome I, Presses Universitaires D'Aix-Marseille, Paris, 2002, pp. 173 – 298.

② Jean-Christophe Saint-Pau et, Droits de la Personnalité, LexisNexis, pp. 228 – 361, pp. 421 – 465.

③ 张民安:《法国人格权法（上）》，清华大学出版社 2016 年版，第 1—558 页。

会比梁慧星教授眼中的王泽鉴教授小,所以当然属于梁慧星教授所谓的"民法大家""法学大家"之列。

例如,在面对人格权时,法国 Roger Nerson 教授可谓"下笔千言、滔滔不绝",并因此讲出了许多"高深、复杂的理论",不存在梁慧星教授所谓的"难以下笔千言"的情形。在法国,Roger Nerson 曾经任里昂大学法学院院长、民法教授,是法国著名法学流派即里昂法学派的代表人物。1939 年,Roger Nerson 出版了自己的博士学位论文、成名作,即《非财产权》一书,它是法国第一部有关人格权方面的著作。在该著作中,他用了厚达 546 页的篇幅对人格权的一般理论和一般制度、具体理论和具体制度做出了阐述。①

再如,在面对人格权时,法国民法学者 Agnès Lucas-Schloetter 可谓"下笔千言、滔滔不绝",并因此提出了众多"高深、复杂的理论"。2000 年,Agnès Lucas-Schloetter 毕业于巴黎一大法学院,获得博士学位。现为德国慕尼黑大学和法国巴黎-萨克雷大学的研究员。2002 年,Agnès Lucas-Schloetter 出版了自己的博士学位论文《道德权利和人格权》,该著作共两卷,对人格权的一般理论和一般制度做出了系统性的阐述。在第一卷的《道德权利和人格权》中,她用了 7 章共 300 页的篇幅对人格权的一般理论和一般制度做出了详细的阐述。② 在第二卷的《道德权利和人格权》中,她用了 7 章共 456 页的篇幅对人格权的一般理论和一般制度做出了详细的阐述。因此,在该著作中,她总共用了 14 章共 756 页的篇幅对人格权的一般理论和一般制度做出了阐述。

同样,在面对人格权时,法国民法学者 Jean-Christophe Saint-Pau 等人可谓"下笔千言、滔滔不绝",并因此提出了众多"高深、复杂的理论"。在法国,Jean-Christophe Saint-Pau 是波尔多大学的教授、法学院院长。2013 年,他出版了《人格权》一书,在该书中,他用了 22 章共 1349 页的篇幅对人格权涉及的各种各样的内容做出了详尽

---

① Roger Nerson, Les droits extrapatrimoniaux, Paris, LGDJ, 1939, pp. 1–546;张民安:《法国人格权法(上)》,清华大学出版社 2016 年版,第 375—435 页。

② Agnès Lucas-Schloetter, Droit moral et droits de la personnalité: étude de droit comparé français et allemande, Tome I, Presses Universitaires D'Aix-Marseille, Paris, 2002, pp. 1–300.

的阐述。

　　在当今民法学界,在面对人格权时,民法学者之所以能够"下笔千言、滔滔不绝",是因为人格权的内容众多,除了人格权的各种具体理论和具体制度外,还包括人格权的一般理论和一般制度。当人格权的各种具体理论和具体制度结合在一起并因此形成一个有机整体时,它们就构成人格权的分论部分,而当人格权的一般理论和一般制度结合在一起并因此形成一个有机整体时,它们就构成人格权的总论部分。当人格权的总论部分和人格权的分论部分结合在一起并因此形成一个有机整体时,这就是民法学者对其"下笔千言、滔滔不绝"的人格权法。关于这一点,笔者将在下面的内容中做出详细的讨论,此处从略。

第九章　法律条款的性质、法律规范的双重适用与人格权的独立性

一、梁慧星教授对"不完全法条和双重适用"理论的阐述

在《民法典编纂中的重大争论——兼评全国人大常委会法工委两个民法典人格权编草案》一文中，梁慧星教授提出了他反对人格权独立设编的一个新理由，这就是"不完全法条和双重适用"。他认为，这是"人格权编立法的死穴"，除非完全放弃人格权独立设编的做法，否则，立法者和民法学者均无法解开这个"死穴"。[①]

梁慧星教授指出，虽然立法者同时在其民法典或者民事单行法中对物权、债权和人格权做出规定，但是立法者对物权和债权做出的规定在性质上既是行为规范也是裁判规范，而他们对人格权做出的规定则既不是行为规范也不是裁判规范。因为作为一种具有防御性和先在性的权利，人格权只有在被侵犯时才会产生保护和救济的问题，换言之，人格权只有在被侵犯时才成为裁判规范。

梁慧星教授对人格权所具有的此种性质做出了说明，他指出："民法是行为规范兼裁判规范。人格权具有防御性和先在性，因此不是行为规范。人格权类型的规定也不是裁判规范，对侵害人格权的加害行为追究法律责任的人格权保护法，才是裁判规范。前面已经反复强调，法律规定人格权的目的在于对人格权的保护和救济，而不是人格权的确认和行使。法律只要在人格权受到侵害时，对它进行保护和救济、追究侵害人的侵权责任或者刑事责任，就足够了。人格权无法行使，也无需行使，所以单纯的人格权规定不可能是行为规范。人格

[①] 梁慧星：《民法典编纂中的重大争论——兼评全国人大常委会法工委两个民法典人格权编草案》，载《甘肃政法学院学报》2018 年第 3 期，第 16 页。

第九章　法律条款的性质、法律规范的双重适用与人格权的独立性

权法不是行为法,也不是权利法,而只是侵权救济法。"①

梁慧星教授认为,鉴于人格权的规定既不是行为规范也不是裁判规范,因此,立法者完全没有必要在民法典中对人格权独立设编,他们仅仅需要维持对人格权提供法律保护的现状即可,这就是通过《侵权责任法》《刑法》和《治安管理处罚法》对他人的人格权提供保护,如果立法者非要改变这一现状,他们所要做的仅仅是改善《侵权责任法》《刑法》和《治安管理处罚法》,让这些制定法对人格权提供更加周到的保护,而不是在民法典当中专门设立人格权编,并因此让人格权编与侵权责任编并列。②

梁慧星教授认为,如果立法者非要通过在民法典中独立设编的方式改变现状,则他们对人格权的规定就会产生两个让人无法接受的后果,即"不完全法条"和"法律的双重适用"问题。所谓"不完全法条",是指没有对构成要件和法律效果做出规定的法律条文。梁慧星教授认为,人格权独立设编所产生的此种后果是让人无法接受的,因为"不完全条文,没办法单独适用、无法单独作为请求权基础"③。所谓"法律的双重适用",是指在处理人格权侵权案件时,法官既不能够仅仅适用民法典中人格权编的规定,也不能够仅仅适用民法典中侵权责任编的规定,而必须同时适用民法典中人格权编和侵权责任编的规定。梁慧星教授认为,人格权独立设编所产生的"法律的双重适用"是完全无法让人接受的,因为它是"古今中外独一无二的"④。

梁慧星教授认为,人们应当高度重视"法律的双重适用"所引起的两个致命后果,前一个是理论上的,而后一个则是实践上的。所谓理论上的致命后果是,"法律的双重适用"违反了民法一贯采取的千方百计防止"法律双重适用"的态度。梁慧星对此种理论上的致

---

① 梁慧星:《民法典编纂中的重大争论——兼评全国人大常委会法工委两个民法典人格权编草案》,载《甘肃政法学院学报》2018年第3期,第16页。
② 梁慧星:《民法典编纂中的重大争论——兼评全国人大常委会法工委两个民法典人格权编草案》,载《甘肃政法学院学报》2018年第3期,第16页。
③ 梁慧星:《民法典编纂中的重大争论——兼评全国人大常委会法工委两个民法典人格权编草案》,载《甘肃政法学院学报》2018年第3期,第17页。
④ 梁慧星:《民法典编纂中的重大争论——兼评全国人大常委会法工委两个民法典人格权编草案》,载《甘肃政法学院学报》2018年第3期,第18页。

命后果做出了说明,他指出:"民法上之所以有'特别法优先适用''后法优先于前法''新法优先于旧法'以及'例外规定优先于原则规定'等法律适用原则,不就是要规避'双重适用'吗?如果采用这些法律适用原则仍然不足以避免'双重适用'的话,则应同时适用的两个法律条文构成著名的'体系违反',按照法律解释适用的方法和规则,该两个法律条文'相互废止',形成'法律漏洞',由审案法官依据法律漏洞补充方法、采用习惯、类推或者公认的法理裁判案件。"①

所谓实践上的致命后果是,"法律的双重适用"除了对法官过于严苛外也浪费了有限的司法资源。梁慧星教授对此种实践上的致命后果做出了生动说明,他指出:"请最高人民法院考虑一下双重适用的效果……过去只需适用《侵权责任法》就能得出判决,现在要求先适用人格权编的规定,然后再适用《侵权责任法》的规定,不仅增加了成倍的工作量,增加了成倍的风险,也成倍地增加了犯错的概率。何况现在还提倡所谓错案追究制、法官办案终身负责制!由此所耗费的司法资源、所增加的司法风险,何止若干倍!这还只是判决,我们再来看庭审:开庭的时候,双方首先要辩论是否应当适用人格权法某个条文,再来辩论是否应当适用《侵权责任法》某个条文,本来适用一个侵权法条文就能够得出判决的案件,就这样反复上演所谓'双适用'的悲喜剧。"②

在 2016 年之前,虽然梁慧星教授反对人格权独立设编,但是他并没有提出"不完全法条和双重适用"这一反对理由,因为在 2016 年的《中国民法典中不能设置人格权编》一文中,他列举的几种反对理由并不包含此种反对理由。③ 在 2018 年的《民法典编纂中的重大争论——兼评全国人大常委会法工委两个民法典人格权编草案》一文中,梁慧星教授之所以增加了此种反对理由,最直接的原因是受

---

① 梁慧星:《民法典编纂中的重大争论——兼评全国人大常委会法工委两个民法典人格权编草案》,载《甘肃政法学院学报》2018 年第 3 期,第 18 页。
② 梁慧星:《民法典编纂中的重大争论——兼评全国人大常委会法工委两个民法典人格权编草案》,载《甘肃政法学院学报》2018 年第 3 期,第 18 页。
③ 梁慧星:《中国民法典中不能设置人格权编》,载《中州学刊》2016 年第 2 期,第 48—49 页。

我国台湾地区民法学者苏永钦教授的影响。

在2016年11月9日的《成熟民法典不在于太多烟火式亮点》中，苏永钦教授从人格权规定的性质和不完全法条的角度对人格权不应当独立设编的问题做出了简要的说明。他认为，即便立法者要通过人格权独立设编的方式对人格权做出规定，他们的规定也主要是对权利的内涵和类型做出的规定，不大可能规定人格权特有的规则，立法者所规定的人格权编不外乎是"不完全法条"，其目的仅仅是配合侵权责任法的需要。苏永钦教授指出："人格权可能形成的规范主要大概都在权利的内涵和类型，除了类似物上请求权的妨害排除请求权，不会有什么人格权特有的规则外，其结果就是勉强把一堆为数可能不太多的、配合侵权行为责任的'不完全法条'凑起来变成独立的一编。这样的体例不符合蜂窝原则，人格权编有点像没有消化的食物，称之为'特色'固无不可，但显然无法制造实质的养分。"①

在其《民法典编纂中的重大争论——兼评全国人大常委会法工委两个民法典人格权编草案》的文章中，除了直接援引了苏永钦教授的上述论断外，②梁慧星教授还对苏永钦教授的上述论断做出了更进一步的演绎和深化，除了从中演绎出有关人格权的规定在性质上既不是行为规范也不是裁判规范的结论外，梁慧星教授还对苏永钦教授提出的"不完全法条"理论和人格权与侵权责任法之间的关系做出了更进一步的阐述，并因此建立了反对人格权独立设编的一个新理由，即"不完全法条和双重适用"理论，已如前述。

问题在于，梁慧星教授反对人格权独立设编的此种理由是否成立、有没有说服力、能否站得住脚？笔者认为，梁慧星教授反对人格权独立设编的此种理由是完全不能够成立的、完全没有说服力的、完全站不住脚的，其理由多种多样。

二、人格权的独立设编与人格权的独立设节

梁慧星教授的此种反对理由之所以是不成立的，第一个主要原因

---

① 苏永钦：《成熟民法典不在于太多烟火式亮点》，载《财新》2016年11月09日，http://m.opinion.caixin.com/m/2016-11-09/101005649.html。

② 梁慧星：《民法典编纂中的重大争论——兼评全国人大常委会法工委两个民法典人格权编草案》，载《甘肃政法学院学报》2018年第3期，第18页。

在于，如果梁慧星教授反对人格权独立设编的此种理由成立的话，则除了不应当将人格权独立设编外，立法者也完全没有必要在民法典总则编自然人一章中对人格权做出任何规定。

在我国，梁慧星教授虽然严厉谴责立法者在民法典中将人格权独立设编的尝试，但是他并不反对立法者在民法典中对人格权做出规定，因为他认为，除了在民法典的侵权责任编当中对侵犯人格权的侵权责任做出规定外，我国立法者还应当在民法典的总则编自然人一章中对人格权做出规定，主要就是对人格权的类型做出规定，包括对具体人格权和一般人格权做出规定。除了在2016年之前反复强调这一点外，在2016年的《中国民法典中不能设置人格权编》一文中，梁慧星教授再一次清晰地强调了这一点，已如前述。

问题在于，如果人格权法真的像梁慧星教授所言的那样仅仅是一种"侵权救济法"，如果我国真的像梁慧星教授所言的那样已经通过三部法律即《刑法》《侵权责任法》和《治安管理处罚法》"建立了完整的人格权保护体系"，我国立法者还有必要像梁慧星教授所言的那样在民法典的总则编自然人一章设专节对人格权做出规定吗？事实上，如果人格权法真的仅仅是一种"侵权救济法"，如果我国立法者已经通过《刑法》《侵权责任法》和《治安管理处罚法》"建立了完整的人格权保护体系"，则除了不应当将人格权作为独立的一编规定在民法典中外，立法者也不应当将人格权作为独立的一节规定在总则编自然人一章中。

因为通过民法典中的侵权责任编，人格权已经获得了最完整的、最全面的保护，除了过错侵权责任保护他人的人格权免受侵犯外，我国民法典当中的侵权责任编还通过无过错侵权责任保护他人的人格权免受侵犯；如果我们一定要进一步强化人格权的保护，我们仅仅需要对现行的《侵权责任法》做出修改、完善和补充，并且将修改之后的《侵权责任法》作为侵权责任编规定在民法典中，除了没有必要将人格权独立设编外，也没有必要将人格权作为独立的一节规定在民法典总则编自然人一章中。

同样，如果人格权在民法典中的独立设编会产生梁慧星教授所言的"人格权编立法的死穴"即"不完全法条和双重适用"，当立法者按照梁慧星教授的主张将人格权作为独立的一节规定在民法典总则编的自然人一章时，难道立法者的此种做法不会形成"立法的死穴"、不会产生梁慧星教授极端反感的两个后果即"不完全法条和双重适用"？事实上，如果人格权的独立设编会形成"立法的死穴"、会引起"不完全法条和双重适用"的后果，当立法者将人格权作为独立的一节规定在民法典总则编的自然人一章时，他们的此种做法同样会形成"立法的死穴"、同样会引起"不完全法条和双重适用"的后果。

一方面，当立法者按照梁慧星教授的建议将人格权作为独立的一节规定在民法典总则编自然人一章时，他们的此种做法也会产生"不完全法条"问题。因为根据梁慧星教授的上述理论，虽然立法者在民法典总则编自然人一章中对人格权的类型做出了列举性的规定，但是鉴于他们的规定欠缺"构成要件和法律效果"，因此他们的规定"没办法单独适用、无法单独作为请求权基础"。

另一方面，当立法者按照梁慧星教授的建议将人格权作为独立的一节规定在民法典总则编自然人一章时，他们的此种做法同样会产生"法律的双重适用"问题。因为根据梁慧星教授的上述理论，在民法典总则编自然人一章所规定的某种人格权被侵犯时，法官不得仅仅根据民法典总则编自然人一章的规定责令行为人对他人承担侵权责任，他们必须同时结合民法典侵权责任编中的有关规定责令行为人对他人承担侵权责任。此时，法官既适用了民法典总则编自然人一章中的规定，也适用了民法典侵权责任编中的规定，构成"法律的双重适用"。

既然人格权在民法典中的独立设编和人格权在民法典总则编自然人一章中的独立设节均会引起"不完全法条和双重适用"，梁慧星教授为何单单因为此种原因而反对人格权独立设编，他为何不因为此种原因而反对将人格权作为独立一节规定在民法典总则编自然人一章中？

三、人格权法与侵权救济法的独立性

梁慧星教授的此种反对理由之所以是不成立的，第二个主要原因在于，梁慧星教授对人格权法和人格权的性质做出了错误的说明，在否定了人格权法和人格权的独立性的同时，他将人格权法视为侵权责任法的组成部分，将人格权视为侵权性债权的组成部分。

梁慧星教授认为，鉴于人格权法在性质上不是权利法而仅仅是一种侵权救济法，因此，立法者仅需在民法典当中对侵权责任编做出规定，完全没有必要规定独立的人格权编，已如前述。问题在于，梁慧星教授反对人格权独立设编的此种理由是否成立？笔者认为，梁慧星教授反对人格权独立设编的此种理由是不成立的，因为在民法上，人格权法并不是侵权救济法，它独立于侵权责任法。

所谓侵权救济法，实际上就是侵权法、侵权责任法。根据该种法律，如果行为人侵犯他人享有的某种民事权利，基于他人的诉讼请求，法官会采取各种各样的法律救济措施保护他人的利益免受侵犯，尤其会采取责令行为人赔偿他人损害的方式。我国《侵权责任法》第15条对法官能够采取的各种法律救济措施做出了全面规定，这些法律救济措施包括：停止侵害，排除妨碍，消除危险，返还财产，恢复原状，赔偿损失，赔礼道歉，消除影响、恢复名誉。

在任何国家，他人享有的人格权均会受到侵权责任法的保护，在他人的人格权遭受侵犯时，基于他人的起诉，法官均会对他人提供法律救济，除非行为人具有侵犯他人人格权的某种正当事由，这一点毋庸置疑，已如前述。不过，我们能否因此像梁慧星教授那样将人格权法视为侵权救济法？笔者认为，答案是否定的。因为当我们将人格权法视为侵权救济法时，则我们既否定了人格权法的独立性，将人格权法视为侵权责任法的组成部分。关于人格权与侵权责任法的独立性问题，笔者将在下面的内容中做出详细的讨论，此处从略。

四、立法者关于人格权的规定在性质上既是行为规范也是裁判规范

梁慧星教授的此种反对理由之所以是不成立的，第三个主要原因在于，人格权法的规定在性质上既是一种行为规范也是一种裁判规范。

（一）法律规范在性质上既是一种行为规范也是一种裁判规范

为了反对人格权的独立设编，除了完全否定人格权法的独立价值

第九章　法律条款的性质、法律规范的双重适用
　　　　与人格权的独立性

和地位并因此将人格权法视为侵权救济法外,梁慧星教授还提出了一个重要的理论即人格权法在性质上既不是行为规范也不是裁判规范。他认为,人格权法之所以不是行为规范,是因为人格权具有"防御性和先在性";而人格权法之所以不是裁判规范,是因为只有对人格权提供法律保护的侵权责任法才是裁判规范,换言之,只有侵权救济法才是裁判规范,已如前述。因为这样的原因,立法者完全没有必要在民法典中将人格权规定为独立的一编,他们仅需在民法典中将侵权责任法独立设编即可。

在任何国家,侵权救济法在性质上当然是一种行为规范和裁判规范,因为侵权救济法在性质上是一种法律规范,具有一般法律规范普遍具有的两个作用:作为行为人行为的规范和作为法官裁判案件的规范,这就是一般法律规范被视为行为规范和裁判规范的原因。最典型的范例是,《法国民法典》旧的第1382条即新的第1240条所规定的一般过错侵权责任就属于法律规范,它既是一种行为规范也是一种裁判规范:它要求行为人在行为时要尽到合理的注意义务,这就是行为规范,在行为人没有尽到合理注意义务并因此引起他人损害发生时,法官会根据该条的规定责令他们对他人承担侵权责任。①

问题在于,人格权法的规定在性质上真的像梁慧星教授所言的那样既不是一种行为规范也不是一种裁判规范?换言之,人格权法的规定在性质真的不是一种法律规范?笔者认为,答案是完全相反的,人格权法的规定在性质上不仅是一种行为规范,而且也是一种裁判规范。换言之,人格权法的规定在性质上也是一种法律规范(La règle de droit La règle juridique norme juridique),除了民事主体在行为时应当遵循人格权法的规定外,法官在裁判案件时也应当遵守人格权法的规定。

在我国,法律规范如何界定?法律规范与道德规范、宗教规范、礼仪规范等其他行为规范之间的关系如何?法律规范在民法中的地位是什么?法律规范有哪些特征?法律规范有哪些类型?法律规范的性

---

①　张民安:《现代法国侵权责任制度研究》,法律出版社2007年版,第163—201页;张民安:《法国民法》,清华大学出版社2015年版,第391—398页;张民安、铁木尔高力套:《债权法》(第五版),中山大学出版社2017年版,第199页。

质是什么？法律规范的基础和根据有哪些？法律规范的构成要素和法律效果如何？法律规范会发挥什么样的功能？对于这些问题，除了个别学者外①，我国绝大多数民法学者均没有做出任何说明。② 而在法国，情况则刚好相反，除了在法律的一般理论中对这些问题做出了说明外③，几乎所有民法学者均在自己的民法总论中对这些问题做出了说明，这就是他们所讨论的客观法律理论。该种理论被视为与主观权利相对应、相对立的一种理论，它们结合在一起就构成民法总论的两大核心内容。④

同样是对民法总论的内容做出说明，为何我国民法学者和法国民法学者对待法律规范一般理论的态度存在如此大的差异？答案在于，在民法总论的内容方面，我国民法学者完全受德国尤其是我国台湾地区民法学者的影响，没有将客观法律作为民法总论的核心内容之一。在德国，自1896年开始一直到今时今日，《德国民法典》均忽视法

---

① 张民安、丘志乔主编：《民法总论》（第五版），中山大学出版社2017年版，第47—60页。

② 江平主编：《民法学》，中国政法大学出版社2007年版第1—257页；王卫国主编：《民法》，中国政法大学出版社2007年版，第1—181页；魏振瀛主编：《民法》（第四版），北京大学出版社2010年版，第1—208页；陈华彬：《民法总则》，中国政法大学出版社2017年版，第1—710页；王利明：《民法总则》，中国人民大学出版社2017年版，第3—465页；梁慧星：《民法总论》（第五版），法律出版社2017年版，第1—300页。

③ Paul Roubier, Théorie générale du droit, 2e édition, Librairie du Recueil Sirey, 1951, pp. 5 - 334; Jean-Louis Bergel, Théorie Générale Du Droit, 5e édition, Dalloz, 2012, pp. 50 - 54.

④ Boris Starck, Droit Civil, Introdction, Librairies techniques, 1976, pp. 9 - 25; Henri et Leon Mazeaud, Jean Mazeaud, Francois Chabas, Lecons de DROIT CIVIL, Tome Premier, Introuduction à l'étude du droit, 12e édition, ÉDITIONS, MONTCHRESTIEN, 2000, pp. 15 - 38; Henri Roland, Laurent Boyer, Introuduction au droit, Litec, 2002, pp. 7 - 91; Jean Carbonnier, Droit civil, Volume I, Introduction Les personnes la famille, l'enfant, le couple, puf, 2004, pp. 11 - 18; Gérard Cornu, Droit civil, Introuduction au droit, 13 e édition, Montchrestien, 2007, pp. 16 - 24; Jean-Luc AUBERT, Eric SAVAUX, Introduction au droit et thèmes fondamentaux du droit civil, 14e édition, Dalloz, 2012, pp. 9 - 30; Christian Larroumet, Augustin Aynès, Introduction à l'étude du droit, 6e édition, Economica, 2013, pp. 9 - 35; Rémy Cabrillac, Introduction générale au droit, 10e édition, Dalloz, 2013, pp. 6 - 23; Philippe Malinvaud, Introduction à l'étude du droit, 15e édition, LexisNexis, 2015, pp. 23 - 50; 张民安：《法国民法》，清华大学出版社2015年版，第8—12页；张民安：《法国民法总论（上）》，清华大学出版社2017年版，第463—514页。

第九章　法律条款的性质、法律规范的双重适用
　　　　与人格权的独立性

律规范的一般理论，没有对法律规范的一般理论做出任何明确规定。受其影响，德式民法典普遍没有对法律规范的一般理论做出明确规定，包括我国台湾地区的所谓"民法"，这是德式民法典的总则编所存在的重大缺陷之一。①

因为此种原因，我国台湾地区的民法学者普遍没有对法律规范的一般理论做出说明。他们采取的此种态度直接影响到了我国大陆地区的民法学者，导致我国大陆地区的民法学者普遍无视法律规范一般理论的存在。而法式民法典则不同，除了《法国民法典》在序编中对一般法律规范做出了简要规定外，其他法式民法典也均在序编当中对法律规范的一般理论做出了规定。②因为我国《民法总则》没有对法律规范的一般理论做出明确规定，所以《民法总则》被认为存在重大不足，此种不足影响民法的有效适用。因此，在制定民法典时，即便我国立法者采取德式民法典的编制体例，他们也应当借鉴法式民法典的经验，在民法典的总则编中对法律规范的一般理论做出明确规定。③

所谓法律规范，是指所有对民事主体之间的法律关系或者权利主体享有的主观权利进行规范和调整的、具有法律上的约束力并且在通常情况下会受国家强制力保障的行为规范，无论其渊源是制定法、习惯、司法判例还是民法学说。④法律规范的表现形式有哪些，民法学者之间有不同意见：立法者制定的法律和习惯当然属于法律规范，这一点毫无疑问，因为所有民法学者均承认，但是司法判例和民法学说是否属于法律规范，不同的民法学者有不同的意见。笔者认为，司法判例和民法学说也属于法律规范，因为它们也属于民法渊源，即便它们仅仅是次要渊源。⑤

---

① 张民安：《法国民法总论（上）》，清华大学出版社2017年版，第417—418页。
② 张民安：《法国民法总论（上）》，清华大学出版社2017年版，第289—297页。
③ 张民安：《〈中华人民共和国民法总则（草案）〉的创新与不足》，载《法治研究》2016年第5期，第17—18页。
④ Gérard Cornu, Vocabulaire juridique, 10e édition, puf, p. 880；张民安：《法国民法》，清华大学出版社2015年版，第8页；张民安、丘志乔主编：《民法总论》（第五版），中山大学出版社2017年版，第47—48页。
⑤ 张民安、丘志乔主编：《民法总论》（第五版），中山大学出版社2017年版，第23—47页。

人格权在民法典当中的独立地位：人格权为何应当在
我国民法典当中独立设编

在民法上，法律规范的特征多种多样，包括法律规范的一般性（caractère général）、法律规范的约束性（caractère obligatoire）、法律规范的国家强制性（caractère coercitif）等。在法律规范的众多特征当中，能够将法律规范与其他行为规范区分开来的并不是法律规范的一般性、约束性而是国家的强制性，因为虽然其他行为规范也均具有一般性、约束性，但是它们没有国家的强制性。①

在民法上，法律规范能够起到三种不同的功能：命令功能，它要求行为人积极实施某种行为；禁止功能，它要求行为人消极不实施某种行为；许可功能即授权功能，它允许或者授权行为人按照意思自治和契约自由原则自愿实施某种行为。因为这样的原因，民法学者普遍将法律规范分为命令性规范（la règle de droit prescriptifs）、禁止性规范（la règle de droit prohibitives）和许可性规范（la règle de droit permissives）。② 此外，根据法律规范的目的不同，民法学者也将法律规范分为公共秩序性质的法律规范（la règle de droit supplétives）和私

---

① Boris Starck, Droit Civil, Introdction, Librairies techniques, 1976, pp. 21 - 25; Henri et Leon Mazeaud, Jean Mazeaud, Francois Chabas, Lecons de DROIT CIVIL, Tome Premier, Introduction à l'étude du droit, 12e édition, ÉDITIONS, MONTCHRESTIEN, 2000, pp. 17 - 21; Henri Roland, Laurent Boyer, Introduction au droit, Litec, 2002, pp. 31 - 45; Gérard Cornu, Droit civil, Introduction au droit, 13e édition, Montchrestien, 2007, pp. 18 - 24; Jean-Luc AUBERT, Eric SAVAUX, Introduction au droit et thèmes fondamentaux du droit civil, 14e édition, Dalloz, 2012, pp. 9 - 20; Christian Larroumet, Augustin Aynès, Introduction à l'étude du droit, 6e édition, Economica, 2013, pp. 10 - 29; Rémy Cabrillac, Introduction générale au droit, 10e édition, Dalloz, 2013, pp. 7 - 10; Philippe Malinvaud, Introduction à l'étude du droit, 15e édition, LexisNexis, 2015, pp. 33 - 40; 张民安：《法国民法》，清华大学出版社2015年版，第9—11页；张民安、丘志乔主编：《民法总论》（第五版），中山大学出版社2017年版，第50—52页。

② Jean-Étienne-Marie Portalis, Discours préliminaire du premier projet de Code civil (1801), Préface de Michel Massenet, Bordeaux：Éditions Confluences, 2004, p. 26; Henri et Leon Mazeaud, Jean Mazeaud, Francois Chabas, Lecons de DROIT CIVIL, Tome Premier, Introuduction à l'étude du droit, septième édition, ÉDITIONS, MONTCHRESTIEN, p. 16; Gérard Cornu, Droit civil, Introuduction au droit, 13 e édition, Montchrestien, pp. 18 - 19; Pascale Deumier, Introduction générale au droit, 2e édition, LGDJ, pp. 26 - 27; Rémy Cabrillac, Introduction générale au droit, 10e édition, Dalloz, p. 11; Philippe Malinvaud, Introuduction à l'étude du droit, 15e édition, LexisNexis, pp. 37 - 38; 张民安：《法国民法》，清华大学出版社2015年版，第11页；张民安、丘志乔主编：《民法总论》（第五版），中山大学出版社2017年版，第52—54页。

第九章　法律条款的性质、法律规范的双重适用与人格权的独立性

人秩序的法律规范（la règle de droit impératives）：以维护公共秩序为目的的法律规范就是公共秩序性质的法律规范，而以维护私人利益为目的的法律规范则是私人秩序性质的法律规范。①

在民法上，法律规范在性质上是一种行为规范（la règle de conduite），就像道德规范、宗教规范和礼仪规范等其他规范在性质上是一种行为规范一样。所谓行为规范，是指对人的行为进行规范和调整的规则、准则，当人在社会中生活时，他们必须遵循这些规则、准则，否则，他们的行为将会遭受制裁。法律规范在性质上之所以是一种行为规范，是因为法律规范也像其他规范一样对人的行为进行规范和调整，行为人在行为时不得违反法律规范的规定，否则，他们将会遭受国家公权力施加的各种各样的法律制裁。②

民法学者还认为，法律规范又不仅仅是一种行为规范，它们还是一种裁判规范。③ 所谓裁判规范，是指在处理当事人之间的法律纠纷时，法官不仅会适用法律规范并且还会根据所适用的法律规范做出裁

---

① Boris Starck, Droit Civil, Introdction, Librairies techniques, 1976, p. 23; Gérard Cornu, Droit civil, Introduction au droit, 13e édition, Montchrestien, p. 187; Henri et Leon Mazeaud, Jean Mazeaud, Francois Chabas, Lecons de DROIT CIVIL, Tome Premier, Introduction à l'étude du droit, septième édition, ÉDITIONS, MONTCHRESTIEN, p. 108; 张民安、丘志乔主编：《民法总论》（第五版），中山大学出版社 2017 年版，第 56—59 页。

② Henri et Leon, Mazeaud Jean, Mazeaud Francois Chabas, Lecons de DROIT CIVIL, Tome Premier, Introduction à l'étude du droit, septième édition, ÉDITIONS, MONTCHRESTIEN, 2000, p. 15; Henri Roland, Laurent Boyer, Introduction au droit, Litec, 2002, p. 7; Gérard Cornu, Droit civil, Introduction au droit, 13e édition, Montchrestien, 2007, p. 17; Rémy Cabrillac, Introduction générale au droit, 10e édition, Dalloz, p. 6; Christian Larroumet, Augustin Aynès, Introduction à l'étude du droit, 6e édition, Economica, 2013, p. 23; Philippe Malinvaud, Introduction à l'étude du droit, 15e édition, LexisNexis, pp. 27 - 28; 张民安：《法国民法》，清华大学出版社 2015 年版，第 8 页；张民安、丘志乔主编：《民法总论》（第五版），中山大学出版社 2017 年版，第 47—48 页。

③ Jacques Ghestin et Gilles Goubeaux, Traité de droit civil, Introduction générale, Librairie générale de droit et de jurisprudence, pp. 316; Jean Carbonnier, Droit civil, Volume I, Introduction Les personnes la famille, l'enfant, le couple, puf, pp. 19 - 22; Gérard Cornu, Droit civil, Introduction au droit, 13e édition, Montchrestien, 2007, p. 94 - 96; Pascale Deumier, Introduction générale au droit, 2e édition, LGDJ, 2013, p. 23 - 25; Rémy Cabrillac, Introduction générale au droit, 10e édition, Dalloz, 2013, pp. 31 - 32; Christian Larroumet, Augustin Aynès, Introduction à l'étude du droit, 6e édition, Economica, 2013, pp. 196 - 198; Philippe Malinvaud, Introduction à l'étude du droit, 15e édition, LexisNexis, 2015, pp. 41 - 42.

判。法律规范之所以是一种裁判规范，是因为在当事人之间发生法律纠纷时，基于他人的起诉，法官必须根据法律规范解决当事人之间的纠纷，他们不得借口制定法规定的欠缺而拒绝对当事人之间的纠纷做出判决。《法国民法典》第 4 条对法官所承担的此种职责做出了说明，该条规定：一旦法官借口制定法规定的欠缺、含糊不清或者不充分而拒绝做出判决，则他们的不作为行为将会构成犯罪，要遭受拒绝裁判罪的制裁。[1]

在解决当事人之间的法律纠纷时，法官往往采取经典的三段论 (le syllogisme) 式的法律逻辑推理 (raisonnement logique juridique) 方法，这就是大前提 (majeure)、小前提 (mineure) 和结论 (conclusion)，其中，大前提是指法律规范，小前提是指当事人之间引起争议或者没有引起争议的具体事实，而结论则是指法官在将法律规范适用到当事人之间的具体案件时所采取的解决途径。在法国，《民事诉讼法典》第 12 (1) 条对此原则做出了明确说明，该条规定：法官应当根据他们适用的法律规范解决当事人之间的法律纠纷。[2] 在我国，《中华人民共和国民事诉讼法》第 7 条也对此种原则做出了说明，该条规定：人民法院审理民事案件，必须以事实为根据，以法律为准绳。其中所谓的"以法律为准绳"就是指要根据法律规范做出判决。

在制定法的时代尤其是法典化的时代，如果立法者已经对当事人

---

[1] Article 4 Code civil Le juge qui refusera de juger, sous prétexte du silence, de l'obscurité ou de l'insuffisance de la loi, pourra être poursuivi comme coupable de déni de justice. https://www. legifrance. gouv. fr/affichCode. do; jsessionid = AA6E116803FB4C19771CBFFE65134E37. tplgfr37s_1? idSectionTA = LEGISCTA000006089696&cidTexte = LEGITEXT000006070721&dateTexte = 20180816.

[2] Henri et Leon Mazeaud, Jean Mazeaud, Francois Chabas, Lecons de DROIT CIVIL, Tome Premier, Introduction à l'étude du droit, septième édition, ÉDITIONS, MONTCHRESTIEN, 2000, p. 15; Henri Roland, Laurent Boyer, Introduction au droit, Litec, 2002, p. 7; Gérard Cornu, Droit civil, Introduction au droit, 13 e édition, Montchrestien, 2007, p. 17; Rémy Cabrillac, Introduction générale au droit, 10e édition, Dalloz, p. 6; Christian Larroumet, Augustin Aynès, Introduction à l'étude du droit, 6e édition, Economica, 2013, p. 23; Philippe Malinvaud, Introduction à l'étude du droit, 15e édition, LexisNexis, pp. 27 – 28; 张民安:《法国民法》，清华大学出版社 2015 年版，第 8 页；张民安、丘志乔主编:《民法总论》（第五版），中山大学出版社 2017 年版，第 47—48 页。

第九章　法律条款的性质、法律规范的双重适用与人格权的独立性

之间的法律纠纷规定了解决途径，则法官必须适用立法者的规定，在立法者没有规定的情况下，法官应当适用制定法之外的其他法律规范，诸如习惯、法律的一般原则、司法判例甚至民法学说。早在1804年，《法国民法典》的起草者Portalis就已经对此做出了明确说明，他指出："在制定法已经做出规定的情况下，民事法官就是制定法的执行者；在制定法没有做出规定的情况下，民事法官就是当事人分歧的主宰。"①

Portalis还指出："毫无疑问，如果所有问题均由制定法加以规范和调整，则这是非常理想的。但是，在每一个问题上，如果立法者没有规定准确的法律文本，则人们既能够适用持续存在并且得到良好确立的古老习惯，也能够适用一系列的、没有间断的类似判决，还可以适用学者的意见或者所接受的法律格言，因为它们等同于制定法。当人们无法被已经建立或者所接受的习惯、判决、意见或者法律格言所指导时，当人们所面临的问题是绝对新的事实时，他们应当求助于自然法的原则，因为虽然立法者的预见是有限的，但是自然则是无限的，自然法的原则适用于对人们有利害关系的所有问题。"②

在制定法尤其是民法典的时代，虽然法律规范多种多样，但是最主要的、最重要的法律规范是立法者制定的法律，包括他们制定的民法典和民事单行法。这些法律规范被称为制定法规范、制定法性质的法律规范（la règle législative la règle legal）、形式规范（la règle formelles）。因为立法者的制定法属于最主要的、最重要的法律规范，所以民法典的规定和民事单行法的规定当然具有一般法律规范所具有的双重性质，这就是，它们既是一种行为规范也是一种裁判规范：在行为时，行为人应当遵循制定法的规定，不得违反制定法的规定，否则，他们将会遭受国家制裁；在当事人之间发生民事纠纷时，法官必须根据制定法的规定做出判决。

然而，上述结论能否适用于立法者在其制定法中对人格权所做出

---

① Portalis, Discours préliminaire, Pierre-Antoine Fenet, Recueil complet des travaux préparatoires du code civil, Tome VI, Paris Videcoq libraire, 1836, p. 21.

② Portalis, Discours préliminaireDu projet de Code Civil de la Commission, Jean Guillaume Locré de Roissy, La Législation civile, commerciale et criminelle de la France ou commentaire et complément des codes français Tome 1 Paris Treuttel et Würtz, 1827, p. 259.

的规定？换言之，当立法者在其民法典或者民事单行法中对人格权做出了规定时，他们关于人格权的规定是否也具有行为规范和裁判规范的双重性质？对此问题，梁慧星教授做出了否定的回答，他认为，当立法者在其制定法中对物权、债权、家庭权等其他民事权利做出规定时，他们做出的规定同时构成行为规范和裁判规范，但是当他们在其制定法中对人格权做出规定时，他们做出的规定既不是行为规范也不是裁判规范，已如前述。

显然，梁慧星教授的此种论断是完全站不住脚的，因为除了在其制定法中对其他民事权利做出的规定在性质上属于行为规范和裁判规范外，立法者在其制定法中对人格权做出的规定在性质上也同时属于行为规范和裁判规范。换言之，立法者关于所有民事权利的规定在性质上既属于行为规范也属于裁判规范，不存在其他民事权利的规定属于行为规范和裁判规范而人格权的规定则不属于行为规范和裁判规范的问题。

（二）立法者关于人格权的规定在性质上属于一种行为规范

梁慧星教授的上述论断之所以站不住脚，第一个主要原因在于，立法者关于人格权的规定在性质上属于一种行为规范，就像立法者在其制定法中就其他民事权利做出的规定在性质上属于一种行为规范一样。因为他们关于人格权的规定也是对人的行为加以规范和调整的，行为人在行为时也应当尊重立法者关于人格权的规定，不得违反立法者关于人格权的规定，否则，他们将会遭受法律制裁。

因此，当立法者在其民法典中对人格权做出规定时，他们的规定在性质上属于一种行为规范。例如，《法国民法典》第 9 条关于私人生活受尊重权（droit au respect de sa vie privée）的规定在性质上就属于一种行为规范，该条规定：所有人均享有私人生活受尊重的权利。除了责令行为人赔偿他人损害外，法官还能够采取各种各样的适当措施阻止行为人实施或者继续实施侵犯他人亲密私人生活的行为，诸如查封、扣押和其他措施，在情况紧急时，法官能够适用简易程序决定

第九章 法律条款的性质、法律规范的双重适用
与人格权的独立性 413

采取这些措施。① 该条的规定之所以在性质上是一种行为规范，是因为当行为人在社会中生活时，他们应当尊重他人的私人生活，尤其是要尊重他人的亲密私人生活（l'intimité de la vie privée），在未经他人同意的情况下，或者在欠缺其他正当理由的情况下，他们不得公开他人的私人生活，不得侵扰他人的私人生活，否则，则他们将会遭受各种各样的法律制裁。②

同样，当立法者在其民事单行法中对人格权做出规定时，他们的规定也属于一种行为规范。例如，我国《民法通则》第100条关于肖像权的规定在性质上就属于一种法律规范，该条规定：公民享有肖像权，未经本人同意，不得以营利为目的使用公民的肖像。该条的规定之所以在性质上是一种行为规范，是因为当行为人在社会中生活时，他们应当尊重他人的肖像，在未经他人同意的情况下，或者在欠缺其他正当理由的情况下，他们既不得再现他人的肖像，也不得公开他人的肖像，更不得使用他人的肖像，尤其是不能够将他人的肖像用于商事经营活动。否则，他们将会因此遭受法律制裁。③

再如，我国《民法总则》第111条关于信息性隐私权的规定在性质上也是一种行为规范，该条规定：自然人的个人信息受法律保护。任何组织和个人需要获取他人个人信息的，应当依法取得并确保信息安全，不得非法收集、使用、加工、传输他人个人信息，不得非法买卖、提供或者公开他人个人信息。该条规定之所以在性质上是一种行为规范，是因为在没有取得他人同意的情况下，或者在欠缺其他正当理由的情况下，行为人既不得收集、使用、加工、传输他人的个人信息，也不得买卖、提供或者公开他人的个人信息，否则，他们将

---

① Article 9 Code civil https://www.legifrance.gouv.fr/affichCode.do;jsessionid=1935B8B57DF63E77B2C917695175BC02.tplgfr37s_1? idSectionTA=LEGISCTA000006117610&cidTexte=LEGITEXT000006070721&dateTexte=20180815.
② 张民安：《法国的隐私权研究》，见张民安主编《隐私权的比较研究》，中山大学出版社2013年版，第164—180页；Jean-Christophe Saint-Pau et, Droits de la Personnalité, LexisNexis, pp. 706-711; Jean-Michel Bruguière, Bérengère Gleize, Droits de la Personnalité, ellipses, 2015, pp. 132-153.
③ 张民安：《无形人格侵权责任制度研究》，北京大学出版社2012年版，第615—738页。

会遭受法律制裁。①

既然立法者在其民法典和民事单行法中对人格权做出的规定在性质上均属于行为规范，因此，当我国立法者按照梁慧星教授的意见将人格权作为一节规定在民法典总则编的自然人一章时，他们的规定当然构成行为规范；当我国立法者违反梁慧星教授的意愿而将人格权作为独立的一编规定在民法典的分则中时，他们的规定同样构成行为规范。事实上，立法者关于人格权规定的行为规范性质同立法者是否将人格权独立设编没有丝毫的关系：只要立法者对人格权做出了规定，无论是作为独立一编还是作为独立一节做出了规定，他们关于人格权的规定在性质上均属于一种行为规范。

在民法上，立法者关于人格权的规定在性质上当然属于一种行为规范。问题在于，人格权的行为规范性质会不会因为梁慧星教授所言的"人格权的防御性和人格权的先在性"而被否定？答案是，人格权的防御性和人格权的先在性根本不会否定人格权规定的行为规范性。

一方面，人格权的防御性不仅不能否定人格权的规定所具有的行为规范性，相反，人格权的防御性最能够说明人格权的规定是一种行为规范。因为当我们说他人享有的人格权具有防御性时，我们的意思是说他人享有的人格权具有不可侵犯性，这就是，行为人应当尊重他人的人格权，他们应当约束自己的行为，不实施侵犯他人人格权的行为，否则，在行为时，如果他们实施了侵犯他人人格权的行为，他们将会遭受法律制裁。②

另一方面，人格权的先在性也不能够否定人格权的规定所具有的行为规范性。因为人格权的先在性仅仅是一种理想主义、自然法的观念，并不是一种实在法的理论、实在法的观念，除非法官和立法者采取措施将自然权利、天赋权利上升为一种实在法化的人格权，否则，自然权利、天赋权利没有任何实际意义，已如前述。

---

① 张民安、丘志乔主编：《民法总论》（第五版），中山大学出版社2017年版，第326页。

② 张民安、丘志乔主编：《民法总论》（第五版），中山大学出版社2017年版，第306页。

此外，即便人格权真的具有梁慧星教授所谓的先在性，该种先在性也不能够否定人格权的规定所具有的行为规范性。因为自然法学派认为，鉴于人格权是自然人享有自然权利、天赋权利，所以他们享有的此类权利是神圣的、不可侵犯的，除了一般社会公众应当尊重他人的自然权利、天赋权利外，王权、皇权或者其他公权力也均应当尊重他人享有的此类权利，否则，如果社会公众或者公权力侵犯他人享有的自然权利、天赋权利，他们应当遭受法律制裁。①

（三）立法者关于人格权的规定在性质上属于一种裁判规范

梁慧星教授的上述论断之所以站不住脚，第二个主要原因在于，立法者关于人格权的规定在性质上也属于一种裁判规范，就像立法者在其制定法中就其他民事权利做出的规定在性质上属于一种裁判规范一样。因为在处理当事人之间所涉及的人格权纠纷时，法官也会适用立法者对人格权做出的规定。所以，当立法者在其制定的民法典中对人格权做出了规定时，如果当事人之间就立法者规定的人格权发生了法律纠纷，法官会根据立法者的规定做出判决。1970年7月17日，法国立法者制定法律，将私人生活受尊重权规定在《法国民法典》第9条当中，已如前述。自1970年开始一直到今时今日，在处理当事人之间的私人生活纠纷时，法国最高法院均适用《法国民法典》第9条做出判决，因为在这些案件中，它均明确指出："一旦他人能够证明，行为人侵犯了自己的私人生活，则他人有权根据《法国民法典》第9条获得损害赔偿。"②

---

① 张民安：《法国人格权法（上）》，清华大学出版社2016年版，第30—31页。
② Cass. civ. 1re civ., 5 nov. 1996, D. 1997, Jur. p. 403, note Laulom；JCP 1997, II, n° 22805, note J. Ravanas; Cass civ. 1re, 25 février 1997 Gaz. Pal. 1997. 1. 274, rapp. P. Sargos, D. 1997, Somm. 319, obs. J. Penneau, JCP 1997. I. 4025, obs. G. Viney, CCC 1997, n° 76 et chr. 5 par L. Leveneur, Defrénois 1997. 751, obs. J. -L. Aubert, Resp. civ. et assur. 1997, chron. n° 8 par C. Lapoyade-Deschamps, RTDciv. 1997. 434, obs. P. Jourdain et 924, obs. J. Mestre; Cass civ. 1re, 6 octobre 1998, RTD civ. 1999, p. 62, obs. J. Hauser; Cass. civ. 1re, 12 décembre 2000, D. 2001, p. 2434, note J. -C. Saint-Pau et Somm, p. 1987, obs. C. Caron; RTD civ. 2001, p. 329, obs. J. Hauser; Cass. 2e civ., 30 juin 2004, N° de pourvoi: 03 - 13416.

1993年1月4日和8月24日，法国立法者制定法律，将无罪推定受尊重权（droit au respect de la présomption d'innocence）规定在《法国民法典》第9-1条中。此后，法国立法者通过2000年6月15日的法律对该条的规定做出了修改。①《法国民法典》第9-1条规定：任何人均享有无罪推定受尊重的权利。在最终被裁定有罪之前，如果行为人公开表示他人犯有司法调查或者预审中所陈述的犯罪行为，则除了责令行为人对他人遭受的损失承担赔偿责任外，法官还能够采取一切措施，诸如责令承担侵权责任的自然人和法人以自己的费用做出矫正或者发表新闻稿，以便终止行为人对他人的无罪推定实施的侵犯行为，即便是在简易程序中，亦如此。② 自2001年3月8日的案件开始一直到今时今日，法国最高法院均认为，在行为人侵犯他人无罪推定受尊重权时，法官仅仅适用《法国民法典》第9-1条的规定责令他们对他人承担侵权责任。③

同样，当立法者在其制定的民事单行法当中对人格权做出了规定时，如果当事人之间就立法者规定的人格权发生了法律纠纷，在处理当事人之间的民事纠纷时，法官会适用立法者的规定做出判决。例如，在（2008）民初字第00602号案件中，北京市东城区人民法院就适用《民法通则》第100条关于肖像权的规定责令行为人就其侵犯他人肖像权的行为对他人承担侵权责任。④ 再如，在（2017）京0101民初5570号案件中，北京市东城区人民法院也适用《民法通则》第100条关于肖像权的规定责令行为人就其侵犯他人肖像权的行为对他人承担侵权责任。⑤

---

① 张民安、丘志乔主编：《民法总论》（第五版），中山大学出版社2017年版，第328—329页。

② Article 9-1 Code civil https://www.legifrance.gouv.fr/affichCode.do?idSectionTA=LEGISCTA000006117610&cidTexte=LEGITEXT000006070721&dateTexte=20180816.

③ Cass 2e civ., 8 mars 2001: JurisData n° 2001-008555; Cass 2e civ., 21 juin 2001: JurisData n° 2001-010304; Cass 1e civ., 20 mars 2007: JurisData n° 2007-038068.

④ 王珺诉北京澳际教育咨询有限公司肖像权案，北京市东城区人民法院（2008）民初字第00602号民事判决书。

⑤ 王馨漪诉重庆联合丽格美容医院有限公司肖像权纠纷案，北京市东城区人民法院（2017）京0101民初字第5570号民事判决书。

（四）人格权规定的性质：命令性的法律规范，禁止性的法律规范，以及许可性的法律规范。

在民法上，如果立法者在其民法典或者民事单行法中对人格权做出了规定，他们所做出的规定究竟是一种命令性的法律规范、禁止性的法律规范还是一种许可性的法律规范？对此问题，我国民法学者普遍没有做出任何说明。笔者认为，就像一般法律规范具有命令功能、禁止功能和许可功能一样，立法者关于人格权的规定也具有这三种不同的功能，也因为这样的原因，立法者关于人格权的规定也可以分为三类：命令性的法律规范、禁止性的法律规范和许可性的法律规范。其中关于命令性的法律规范和禁止性的法律规范在性质上属于公共秩序性质的法律规范，而其中关于许可性的法律规范在性质上则属于私人秩序性质的法律规范。

当然，这三种法律规范之间并不存在不可逾越的鸿沟，因为一方面，立法者的同一个规定，站在不同人的立场，其性质可能不同：站在行为人的角度，立法者关于人格权的某种规定在性质上可能是命令性的法律规范，但是站在权利主体的角度，立法者关于人格权的同一规定在性质上就变成了许可性的法律规范。另一方面，立法者可能同时从积极方面和消极方面对每一种人格权做出规定，其中的积极方面的规定构成许可性的法律规范，而其中的消极规定则构成禁止性的法律规范。例如，我国《民法通则》第99条的规定就是如此，该条规定：公民享有姓名权，有权决定、使用和依照规定改变自己的姓名，禁止他人干涉、盗用、假冒。其中的"有权决定、使用和依照规定改变自己的姓名"属于许可性的法律规范，而其中的"禁止他人干涉、盗用、假冒"则属于禁止性的法律规范。

首先，立法者关于人格权的大量规定在性质上是命令性的法律规范。因为这些规定要求行为人在实施某些涉及他人人格权的法律行为时要取得他人或者他人监护人的同意、授权，在他人或者其监护人不同意、不授权的情况下，行为人不能够实施这些法律行为，否则，他们应当承担法律责任；即便行为人已经获得了他人的同意、授权，他们也只能够在他人同意或者授权的范围内实施涉及他人人格权的法律行为，不得超出他人同意、授权的范围实施涉及他人人格权的法律行为，否则，应当承担法律责任。

例如，《法国民法典》第 16－3 条的规定在性质上就属于命令性的法律规范，因为该条规定，如果医师要对病患者实施必要的诊疗行为，他们应当获得病患者或者有关利害关系人的同意。① 再如，《法国民法典》第 16－10 条的规定在性质上也属于命令性的法律规范，因为该条规定，在对他人进行基因特征检测时，行为人不仅应当预先获得他人的同意，而且他们也只能够基于医疗或者科研目的进行此种检测。② 同样，我国《民法通则》第 100 条的规定在性质上也属于命令性的法律规范，因为该条明确规定，如果行为人以营利为目的使用他人肖像，他们必须获得他人的同意。

其次，立法者关于人格权的大量规定在性质上属于禁止性的法律规范，因为这些规定禁止权利主体或者行为人实施某些涉及人格权的法律行为。例如，《法国民法典》第 16－1（3）的规定在性质上属于禁止性的法律规范，因为该条规定禁止权利主体将其身体、身体的组成部分或者身体的产物变成财产权的客体。③ 再例如，《法国民法典》第 16－6 条的规定在性质上也属于禁止性的法律规范，因为该条禁止行为人对同意以自己的身体作为实验对象的人、同意行为人提取其器官或者产物的人支付任何报酬。④ 同样，我国《民法通则》第 101 条的规定在性质上也属于禁止性的法律规范，因为该条明确规定，禁止行为人以侮辱、诽谤等方式毁损他人的名誉。

最后，立法者关于人格权的大量规定在性质上属于许可性的法律规范，因为这些规定授权权利主体根据自身的意愿实施某种法律行为。例如，从权利主体的角度，《法国民法典》第 16－3 条的规定在

---

① Article 16－3 Code civil, https：//www. legifrance. gouv. fr/affichCode. do? idSectionTA = LEGISCTA000006136059&cidTexte = LEGITEXT000006070721&dateTexte = 20180817.

② 张民安：《法国民法总论（上）》，清华大学出版社 2017 年版，第 612 页。Article 16－10 Code civil, https：//www. legifrance. gouv. fr/affichCode. do? idSectionTA = LEGISCTA000006136513&cidTexte = LEGITEXT000006070721&dateTexte = 20180817.

③ 张民安：《法国民法总论（上）》，清华大学出版社 2017 年版，第 611 页。Article 16－1Code civil, https：//www. legifrance. gouv. fr/affichCode. do? idSectionTA = LEGISCTA000006136059&cidTexte = LEGITEXT000006070721&dateTexte = 20180817.

④ Article 16－6 Code civil, https：//www. legifrance. gouv. fr/affichCode. do? idSectionTA = LEGISCTA000006136059&cidTexte = LEGITEXT000006070721&dateTexte = 20180817.

性质上属于许可性的法律规范，因为它允许权利主体自由决定是否同意医师对其身体实施诊疗行为。再如，从权利主体的角度，《法国民法典》第 16-10 条的规定在性质上也属于许可性的法律规范，因为它允许权利主体自由决定是否同意医师对其进行基因检测。同样，我国《民法通则》第 99 条的规定在性质上也属于许可性的法律规范，因为该条规定，他人既能够给自己命名，也能够使用和变更自己的姓名。

（五）人格权规定的性质：公共秩序性质的法律规范和私人秩序性质的法律规范

在民法上，就像所有的法律规范根据其维护目的的不同而分为公共秩序性质的法律规范和私人秩序性质的法律规范一样，立法者对人格权的规定也可以分为公共秩序性质的法律规范和私人秩序性质的法律规范，因为立法者之所以在其制定法中对人格权做出规定，或者是为了维护公共利益、公共秩序，或者是为了维护私人利益、私人秩序。

问题在于，立法者关于人格权的哪些规定在性质上属于公共秩序性质的法律规范，而哪些规定在性质上属于私人秩序性质的法律规范？对此问题，我国民法学者少有说明。笔者认为，应当区分立法者所做出的两种不同规定。

其一，立法者关于有形人格权的所有规定在性质上均属于公共秩序性质的法律规范，即便他们的有些规定从表面上看似乎是为了私人利益，例如，立法者明确要求医师在对病患者实施诊疗行为时要取得病患者的同意，该种规定就属于公共秩序性质的法律规范。《法国民法典》对此种原则做出了规定，其第 16-9 条规定：本章的规定属于公共秩序性质的规定①，其中所谓"本章的规定"就是指《法国民法典》第一卷人第一编民事权利第二章"人的身体的尊重"，实际上就是指自然人的生命、身体和健康的尊重。

---

① Article 16-9 Code civil, https://www.legifrance.gouv.fr/affichCode.do;jsessionid=92623E3DF0A7618EA18942FEC110DC9D.tplgfr25s_2?idSectionTA=LEGISCTA000006136059&cidTexte=LEGITEXT000006070721&dateTexte=20180817.

其二，立法者关于无形人格权的大多数规定在性质上属于私人秩序的法律规范，而他们关于无形人格权的少数规定在性质上则属于公共秩序性质的法律规范。在民法上，立法者关于姓名权、肖像权、隐私权、信息性隐私权和名誉权的规定在性质上属于私人秩序性质的法律规范，因为立法者规定这些无形人格权的目的是维护权利主体自身的利益，不是维护社会公共利益。在民法上，立法者关于人身自由权、人格尊严权和无罪推定受尊重权的规定在性质上属于公共秩序性质的法律规范，因为立法者做出规定的目的是维护社会公共利益，不是维护权利主体自身的私人利益。

因为这样的原因，我国《民法总则》第109条的规定在性质上属于公共秩序性质的法律规范，该条规定：自然人的人身自由、人格尊严受法律保护。也因为这样的原因，我国《民法总则》第110条的规定有时被视为公共秩序性质的法律规范，而有时则被视为私人秩序性质的法律规范。该条规定：自然人享有生命权、身体权、健康权、姓名权、肖像权、名誉权、荣誉权、隐私权、婚姻自主权等权利。其中关于生命权、身体权、健康权和婚姻自主权的规定属于前者，而其中关于姓名权、肖像权、名誉权、荣誉权、隐私权的规定则属于后者。

在人格权领域，人们之所以应当区分公共秩序性质的法律规范和私人秩序性质的法律规范，是因为如果立法者关于人格权的规定在性质上属于公共秩序性质的，则权利主体或者行为人实施的违反人格权规定的法律行为将会因此无效。《法国民法典》第16-5条和第16-7条对此规则做出了说明。《法国民法典》第16-5条规定：当事人签订的一切旨在赋予人的身体、身体的组成部分或者身体的产物以财产价值的契约均无效。① 《法国民法典》第16-7条规定：当事人签订的一切旨在为别人生育或者怀孕的契约均无效。② 相反，如果立法

---

① Article 16-5 Code civil, https://www.legifrance.gouv.fr/affichCode.do;jsessionid=92623E3DF0A7618EA18942FEC110DC9D.tplgfr25s_2?idSectionTA=LEGISCTA000006136059&cidTexte=LEGITEXT000006070721&dateTexte=20180817.

② Article 16-7 Code civil, https://www.legifrance.gouv.fr/affichCode.do;jsessionid=92623E3DF0A7618EA18942FEC110DC9D.tplgfr25s_2?idSectionTA=LEGISCTA000006136059&cidTexte=LEGITEXT000006070721&dateTexte=20180817.

者关于人格权的规定在性质上仅仅属于私人秩序性质的，则权利主体或者行为人实施的违反人格权规定的法律行为将不会因此而无效，而仅仅是可撤销的法律行为。

五、"不完全法条"和"法律的双重适用"在民法当中属于再正常不过的现象

梁慧星教授的此种反对理由之所以是不成立的，第四个主要原因在于，民法中的"不完全法条"和"法律的双重适用"现象大量存在，是再正常不过的，并非"古今中外独一无二"的。

（一）梁慧星教授反对人格权独立设编的"不完全法条"和"法律的双重适用"理由没有说服力

在反对人格权独立设编时，梁慧星教授认为，即便立法者要勉为其难地在民法典中将人格权独立设编，他们在其人格权编中所规定的内容大都构成"不完全法条"。在处理当事人之间的民事纠纷时，"不完全法条"几乎没有任何实际意义，因为"法官裁判案件，无法单独引用不完全法条作出判决"①。为了解决当事人之间的法律纠纷，除了要援引立法者在人格权编所规定的"不完全法条"外，法官还要援引立法者在侵权责任编（现行《侵权责任法》）中就构成要件和法律效果所做出的规定，这就是被梁慧星教授斥责为"古今中外独一无二的""法律双重适用"理论。因为此种理论违反了民法所贯彻的尽一切可能"规避法律双重适用"的规则，因此此种理论在具体实践中的运用会引起各种各样的严重问题，所以梁慧星教授认为，立法者不应当在民法典中将人格权法独立设编，已如前述。

问题在于，梁慧星教授反对人格权独立设编的此种理由是否成立？笔者认为，梁慧星教授反对人格权独立设编的此种理由是不成立的，因为在民法上，"法律的双重适用"是大量存在的，无论是在大陆法系国家还是在我国，法官在大量的案件当中均采取"法律的双重适用"方法，甚至采取"法律的多重适用"方法，这就是，在处

---

① 梁慧星：《民法典编纂中的重大争论——兼评全国人大常委会法工委两个民法典人格权编草案》，载《甘肃政法学院学报》2018年第3期，第17页。

理当事人之间的民事纠纷时,法官可能同时适用两个或者两个以上的法律条款、法律规定。

首先,在处理当事人之间的侵权纠纷时,德国法官大量采取"法律的双重适用"方法,甚至采取"法律的多重适用方法"。

在我国,虽然梁慧星教授对《德国民法典》赞不绝口,认为该法典是最完美的,但是该法典也存在大量被包括梁慧星教授在内的所有中国民法教授所忽视的问题。其中一个问题是,它既没有在民法典总则编中对自然人享有的人格权做出规定,也没有在债法编中对侵权责任保护的无形人格权做出规定。因为这样的原因,在处理当事人之间的人格权侵权纠纷时,法官大量采取梁慧星教授深恶痛绝的"法律的双重适用"方法。

例如,在责令行为人就其侵犯他人名誉权的行为对他人承担侵权责任时,德国法官就采取双重适用的方法。在德国,除了在《德国刑法典》第185条中对侵犯名誉权的刑事制裁做出了规定外,在《德国民法典》中,德国立法者既没有对名誉权做出任何规定,也没有对名誉侵权责任做出任何规定。在行为人侵犯他人的名誉权时,德国法官根据什么法律规范责令行为人对他人承担名誉侵权责任?答案是,在责令行为人对他人承担名誉侵权责任时,德国联邦最高法院采取了法律的双重适用方法,这就是,它同时适用《德国刑法典》第185条和《德国民法典》第823(2)条,其中的第823(2)条明确规定,如果行为人违反了以保护他人利益为目的的法律,他们应当就其侵犯行为引起的损害对他人承担侵权责任。①

再如,在责令行为人就其侵犯他人肖像权的行为对他人承担侵权责任时,德国联邦最高法院采取了"法律的三重适用方法":它同时适用1949年的《德国基本法》(即德国新宪法)第1条、第2条和《德国民法典》第823(1)条。②《德国基本法》第1条规定:任何人均享有人格尊严受尊重的权利,所有国家机关均应当尊重和保护公

---

① 张民安:《无形人格侵权责任制度研究》,北京大学出版社2012年版,第142页;张民安:《法国人格权法(上)》,清华大学出版社2016年版,第217—218页。

② 张民安:《无形人格侵权责任制度研究》,北京大学出版社2012年版,第53—55页;张民安:《法国人格权法(上)》,清华大学出版社2016年版,第235—237页。

第九章 法律条款的性质、法律规范的双重适用
与人格权的独立性 423

民享有的人格尊严权。《德国基本法》第 2（1）条规定：所有人均享有人格获得充分发展的权利，均享有生命、身体免受侵犯的权利，均享有自由权。《德国民法典》第 823（1）条规定：如果行为人因过错非法侵犯他人的生命、身体、健康、自由、所有权和其他权利，他们应当对他人因此遭受的损害承担赔偿责任。虽然这三个法律条款均没有规定肖像权和侵犯肖像权的侵权责任，但是，德国联邦最高法院认为，肖像权既属于《德国基本法》所规定的人格充分发展权的组成部分，也属于《德国民法典》第 823（1）条所规定的"其他权利"的组成部分，也就是属于一般人格权的组成部分。

其次，在处理当事人之间的民事纠纷时，法国法官也大量采取了"法律的双重适用"方法。在法国，虽然立法者早在 1804 年就已经制定了闻名于世的《法国民法典》，但是在 1970 年之前，他们没有在该法典中对人格权做出任何规定。① 从 1970 年开始，法国立法者开始制定法律，将众多人格权规定在《法国民法典》中，诸如身体完整权、人格尊严权、私人生活受尊重权和无罪推定受尊重权等。② 但是，迄今为止，他们还没有在《法国民法典》中对诸如姓名权、名誉权、肖像权、声音权等重要的无形人格权做出明确规定。③ 因为这样的原因，无论是在 1970 年之前还是之后，在处理当事人之间的侵权纠纷时，法国法官均大量采用了"法律的双重适用"方法。

例如，在法国立法者于 1970 年制定私人生活受尊重权的法律之前，法国法官当然对他人的私人生活提供保护，在行为人侵犯他人的私人生活时，法国法官往往会采取"法律的双重适用"方法责令行为人对他人承担侵权责任：他们既适用《法国民事诉讼法》第 806 条，也适用《法国民法典》第 1382 条（现为新的第 1240 条）。《法国民事诉讼法》第 806 条对法官能够采取的一切诉讼保全措施做出了规定，而《法国民法典》第 1382 条则对一般过错侵权责任做出了规定。在行为人侵犯他人私人生活的情况下，法官适用《法国民事

---

① 张民安：《法国人格权法（上）》，清华大学出版社 2016 年版，第 517 页。
② 张民安：《法国人格权法（上）》，清华大学出版社 2016 年版，第 517 页。
③ 张民安：《法国人格权法（上）》，清华大学出版社 2016 年版，第 542—545 页；张民安：《法国民法总论（上）》，清华大学出版社 2017 年版，第 609—613 页。

诉讼法》第 806 条责令行为人停止侵害、销毁侵犯他人私人生活的画像、书籍、报刊等，而适用《法国民法典》第 1382 条的规定责令行为人赔偿他人遭受的损害。①

再如，因为《法国民法典》没有对他人享有的名誉权做出明确规定，所以，在责令行为人就其侵犯他人名誉权的行为对他人承担侵权责任时，法国法官也采取了"法律的双重适用"方法：同时适用法国 1881 年 7 月 29 日的《新闻自由法》和《法国民法典》第 1382 条，其中的《新闻自由法》对新闻媒体侵犯他人名誉权的刑事责任做出了规定。②

同样，在保护他人生命权、身体权和健康权免受侵犯时，法国法官也采取"法律的双重适用"方法：他们要么同时适用《法国民法典》第 16－2 条和第 1240 条（旧的第 1382 条），要么同时适用第 16－2 条和第 1242（1）条［旧的第 1384（1）条］。③《法国民法典》第 16－2 条规定，在行为人实施侵犯他人身体、身体组成部分、身体产物的行为时，或者在行为人侵犯死者的尸体时，法官能够采取一切适当措施阻止行为人实施或者继续实施。④《法国民法典》第 1240 条对一般过错侵权责任做出了规定，认为行为人应当就其过错行为引起的损害对他人承担赔偿责任。⑤《法国民法典》第 1242（1）条对行为人就别人的行为引起的损害对他人承担的一般侵权责任和行为人就其管理、控制的物引起的损害对他人承担的一般侵权责任做出了规定。⑥

---

① 张民安：《法国人格权法（上）》，清华大学出版社 2016 年版，第 535—537 页。
② 张民安：《法国人格权法（上）》，清华大学出版社 2016 年版，第 544 页。
③ 张民安：《法国人格权法（上）》，清华大学出版社 2016 年版，第 542—543 页。
④ Article 16－2 Code civil, https://www.legifrance.gouv.fr/affichCode.do;jsessionid=3180D1E0192A4589F547C01B6406661C.tplgfr25s_2?idSectionTA=LEGISCTA000006136059&cidTexte=LEGITEXT000006070721&dateTexte=20180818.
⑤ Article 1240 Code civil, https://www.legifrance.gouv.fr/affichCode.do;jsessionid=2198D677077431AD3F8FCE6FFF1EA2FC.tplgfr44s_2?idSectionTA=LEGISCTA000032021488&cidTexte=LEGITEXT000006070721&dateTexte=20180818.
⑥ Article 1242 Code civil, https://www.legifrance.gouv.fr/affichCode.do;jsessionid=2198D677077431AD3F8FCE6FFF1EA2FC.tplgfr44s_2?idSectionTA=LEGISCTA000032021488&cidTexte=LEGITEXT000006070721&dateTexte=20180818.

最后，在处理当事人之间的民事纠纷时，我国法官也大量采用了"法律的双重适用"方法。在我国，立法者同时在《民法通则》《民法总则》和《侵权责任法》中对人格权和人格权侵权责任做出了规定，在处理当事人之间的侵权纠纷，法官不仅大量采取了"法律的双重适用"方法，而且还大量采用了"法律的多重适用"方法。在《侵权责任法》和《民法总则》通过之前，我国法官往往同时适用《民法通则》第五章"民事权利"第四节"人身权"的规定和《民法通则》第六章"民事责任"第三节"侵权的民事责任"的规定。在《侵权责任法》通过之后《民法总则》通过之前，他们往往同时适用《民法通则》关于人格权的规定和《侵权责任法》关于侵权责任的规定。而在《民法总则》通过之后，他们往往同时适用《民法总则》第五章关于人格权的规定、《民法总则》第八章关于民事责任的规定以及《侵权责任法》关于侵权责任的规定。

在《侵权责任法》和《民法总则》通过之前，在责令行为人就其侵犯他人人格权的行为对他人承担侵权责任时，我国法官往往同时适用《民法通则》中关于人格权的规定和关于侵犯人格权的规定。因此，在责令行为人就其侵犯他人肖像权的行为对他人承担侵权责任时，我国法官普遍采取了"法律的双重适用"方法：他们既适用对肖像权做出规定的《民法通则》第100条，也适用对侵犯肖像权的侵权责任做出规定的《民法通则》第120条。在（2008）民初字第00602号的民事判决中，法官就采取了此种做法，他们同时依据《民法通则》第100条和第120条责令被告就其侵犯原告肖像权的行为对原告承担侵权责任。① 在（2017）京0101民初字第5570号的民事判决中，法官也采取了此种做法，在被告侵犯原告的肖像权时，他们同时根据《民法通则》第100条和第120条责令被告对原告承担侵权责任。②

同样，在责令行为人就其侵犯他人名誉权的行为对他人承担侵权

---

① 王珺诉北京澳际教育咨询有限公司肖像权案，北京市东城区人民法院（2008）民初字第00602号民事判决书。

② 王馨漪诉重庆联合丽格美容医院有限公司肖像权纠纷案，北京市东城区人民法院（2017）京0101民初5570号民事判决书。

责任时，法官也采取了"法律的双重适用"方法：既适用对名誉权做出规定的《民法通则》第101条，也适用对侵犯名誉权的侵权责任做出规定的《民法通则》第120条。在1992年的倪培璐、王颖诉中国国际贸易中心侵害名誉权纠纷案中，法官就采取了此种做法，在责令行为人对他人承担名誉侵权责任时，他们同时适用了《民法通则》第101条和第120条。① 在2013年的陈某某诉莫宝兰、莫兴明、邹丽丽侵犯健康权、名誉权纠纷案中，法官也采取了此种做法，在责令被告对原告承担名誉侵权责任时，他们同时适用了《民法通则》第101条和第120条。②

在《侵权责任法》和《民法总则》通过之后，在责令行为人就其侵犯他人人格权的行为对他人承担侵权责任时，我国法官基本上不再同时援引《民法通则》的规定，而是同时援引《民法总则》第五章关于人格权的规定、第八章关于民事责任的一般规定以及《侵权责任法》关于侵权责任的一般规定、具体规定。此时，他们往往不再满足于"法律的双重适用"，而是采取了"法律的三重甚至多重适用"的方法，这样的范例多如牛毛、不胜枚举。

在唐其香、温学英等与孙晋步、中国人民财产保险股份有限公司枣庄市分公司等机动车交通事故责任纠纷案中，法官就采取了"法律的五重适用"方法，因为在责令行为人就其侵犯他人生命权、身体权和健康权的行为对他人承担侵权责任时，除了适用《民法总则》中的第109条、第120条、第176条的规定外，他们还适用《侵权责任法》中的第16条和第48条的规定。③

在龚巧明与张贤琴名誉权纠纷一案中，法官采取了"法律的六重适用"方法，因为在责令行为人就其侵犯他人名誉权的行为对他人承担侵权责任时，除了适用《民法总则》当中的第109条、第110条、第120条和第179条的规定外，他们还适用《侵权责任法》中

---

① 倪培璐、王颖诉中国国际贸易中心侵害名誉权纠纷案，北京市朝阳区人民法院，1992.11.08，【法宝引证码】CLI. C. 66724。

② 陈某某诉莫宝兰、莫兴明、邹丽丽侵犯健康权、名誉权纠纷案，广西壮族自治区北海市中级人民法院，2013.03.26，【法宝引证码】CLI. C. 4533739。

③ 唐其香、温学英等与孙晋步、中国人民财产保险股份有限公司枣庄市分公司等机动车交通事故责任纠纷案民事判决书［（2017）苏0723民初5120号］。

的第 22 条和第 26 条的规定。① 在向珍奎与李中友之间的人格尊严侵权案件中，法官也采取了"法律的多重适用"方法，因为在责令行为人就其侵犯他人人格尊严的行为对他人承担侵权责任时，除了适用《民法总则》中的第 109 条、第 110（1）条的规定外，他们还适用了《侵权责任法》中的第 2 条、第 6（1）条以及第 15（1）条中的第（七）项的规定。②

（二）"不完全法条"和"法律的双重适用"属于民法和所有法律中的正常现象

总之，在我国，就算人格权的独立设编真的会引起"不完全法条"和"法律的双重适用"问题，这些问题并不是人格权独立设编所引起的"古今中外独一无二"的问题，它们属于民法和其他法律领域的正常现象。

一方面，除了在处理涉及侵犯人格权的案件中会面临"不完全法条"和"法律的双重适用"问题外，在处理所有涉及侵犯人格权之外的其他民事权利的案件中，法官也均面临这些问题。因此，当行为人侵犯他人的物权时，如果法官要责令行为人就其侵犯他人物权的行为对他人承担侵权责任，他们会面临"不完全法条"和"法律的双重适用"的问题。同样，当行为人侵犯他人的债权时，如果法官要责令行为人就其侵犯他人债权的行为对他人承担侵权责任，他们也会面临"不完全法条"和"法律的双重适用"问题。

另一方面，除了在民法领域面临"不完全法条"和"法律的双重适用"问题外，在其他的法律领域，法官也均面临这些问题，包括：在处理行政纠纷时，法官会面临"不完全法条"和"法律的双重适用"问题；在处理宪法纠纷时，法官也会面临"不完全法条"和"法律的双重适用"问题；在处理国际争端时，法官同样会面临"不完全法条"和"法律的双重适用"问题。或许，仅仅在一个领域，法官可能很少遇到"不完全法条"的问题，这就是刑法领域，因为在刑法领域，人们坚持严格的罪刑法定原则，这一原则要求立法

---

① 龚巧明与张贤琴名誉权纠纷一审民事判决书［（2017）浙 0782 民初 12575 号］。
② 向珍奎与李中友一般人格权纠纷一审民事判决书［（2017）鄂 2802 民初 3254 号］。

者在其刑法典中对法律规范的所有构成要素和法律效果规定得清清楚楚。不过，即便是在实行罪刑法定原则的刑法中，"法律的双重适用"仍然是大量存在的。

在处理民事权利纠纷时，法官之所以会经常面临"不完全法条"和"法律的双重适用"问题，最主要的原因在于，由于主观或者客观的原因，在制定民法典或者民事单行法时，立法者不可能也没有必要将所有的法律规范、法律规定、法律文本即"法条"（dispositions）均规定为一种"完全法条"（dispositions parfaites）。[①]某些情况下，因为立法者的疏忽，尤其是由于法律规范本身所存在的顽疾，立法者将原本应当作为"完全法条"规定的法律规范、法律规定、法律文本规定为"不完全法条"。

在某些情况下，立法者可能故意规定"不完全法条"，因为从立法技术来看，他们完全没有必要在所有的法律规范、法律规定、法律文本中均对其"构成要件和法律效果"做出规定。在制定法律时，如果立法者要让他们规定的某一个法律制度有效发挥作用，他们就不能够仅仅规定一个或者两个法条，而是要规定一系列的法条，这些法条并不是分散的，而是作为一个有机整体规定在一起的，它们均围绕着同一个目的。[②] 此时，他们可能仅仅将其中的一个或者两个法条规定为"完全法条"，而将其他的法条规定为"不完全法条"。

在某些情况下，立法者可能因为某种偶然的、特殊的原因而将不得不将某一个法条打造成"完全法条"。最典型的范例是《法国民法典》第9条的规定，该条将私人生活受尊重权规定为"完全法条"，因为它对侵犯私人生活的"构成要件"和所引起的所有"法律效果"均做出了规定，已如前述。法国立法者之所以将第9条规定为"完全法条"，完全是一个意外。在1966年的著名案件即Gerard Philipe affair一案中，法国最高法院做出了这样的判决：在行为人侵犯他人

---

① Pascale Deumier, Introduction générale au droit, 2e édition, LGDJ, 2013, p. 50 – 51.

② Jean Brethe de La Gressaye Marcel Laborde-Lacoste, Introduction générale à l'étude du droit, Librairie du Recueil Sirey, 1947, p. 157；Jean Carbonnier, Droit civil, Volume I, Introduction Les personnes la famille, l'enfant, le couple, puf, 2004, p. 12；张民安、丘志乔主编：《民法总论》（第五版），中山大学出版社2017年版，第49页；张民安：《论〈担保法〉在我国未来〈民法典〉当中的独立地位》，载《学术论坛》2018年第3期，第41页。

的私人生活时，除了能够责令行为人赔偿他人的损失外，法官还能够采取其他措施，诸如对行为人侵犯他人私人生活的报刊予以扣押、没收和销毁。①

法国最高法院的此种判决引起了社会公众尤其是民法学者的广泛批判，他们认为在立法者没有规定这些法律救济措施的情况下，法国最高法院不应当擅自决定采取这些法律救济措施保护他人的私人生活免受侵犯。因为此案的判决引起的社会纷争超越了法国最高法院的预期，法国最高法院于1969年向法国国会提出申请，希望立法者制定法律，承认其判决。基于法国最高法院的申请，法国国会在1970年制定法律，正式承认了法国最高法院的做法，这就是《法国民法典》第9条，已如前述。因为第9条的规定构成"完全法条"，所以在责令行为人对他人承担侵权责任时，法国最高法院不再采取"法律的双重适用"的做法，而是采取"法律的单一适用"方法，仅仅根据该条的规定做出判决，这就是《法国民法典》第9条的独立性。②

总之，"不完全法条"和"法律的双重适用"同人格权是否独立设编没有丝毫的关系，无论人格权是否独立设编，法官在处理包括人格权侵权案件在内的所有民事纠纷时均会面临"不完全法条"和"法律的双重适用"问题。在人格权独立设编之前，也就是，从1986年《民法通则》生效之日起一直到今时今日，在处理涉及人格权的侵权案件时，我国法官一直都在采取"法律的双重适用"方法。在人格权独立设编之后，如果他们继续采取人格权独立设编之前的做法，在责令行为人就其侵犯他人人格权的行为对他人承担侵权责任时同时适用民法典人格权编的规定和民法典侵权责任编的规定，他们的此种做法难道会像梁慧星教授所言那样"增加了成倍的工作量，增加了成倍的风险，也成倍地增加了犯错的概率"？

（三）"法律的双重适用"不应当与民法的适用原则混淆

还应当注意的是，民法适用原则中的"法律的双重适用"不能

---

① 张民安：《法国的隐私权研究》，见张民安主编《隐私权的比较研究》，中山大学出版社2013年版，第135页。
② 张民安：《法国的隐私权研究》，见张民安主编《隐私权的比较研究》，中山大学出版社2013年版，第134—143页。

够与人格权独立设编之后所引起的"法律的双重适用"混淆。在反对人格权独立设编时，梁慧星教授认为，人们之所以应当反对人格权的独立设编，是因为人格权的独立设编会引起"法律的双重适用"问题，而"法律的双重适用"则是与民法的各种适用原则背道而驰的，因为"特别法优先适用于普通法""后法优先于前法""新法优先于旧法"，以及"例外规定优先于原则规定"等民法适用原则的目的就在于禁止法律的双重适用。换言之，梁慧星教授认为，我们之所以应当反对人格权的独立设编，是因为人格权的独立设编违反了民法的各种适用原则，已如前述。梁慧星教授的此种反对理由显然存在问题，因为它混淆了两种不同性质的"法律的双重适用"，所以将两种不同性质的东西混为一谈了。

在人格权侵权领域，即便民法典的独立设编会引起"法律的双重适用"，"法律的双重适用"不仅是完全正常的，而且也是完全必要的，是立法者完全允许甚至有意追求的，同立法者在整个民法甚至在所有其他法律中采取的一贯做法所引起的后果别无二致，根本不值得大惊小怪，已如前述。而在民法的适用原则领域，"法律的双重适用"则是完全反常的，是绝对没有必要的，是立法者极力加以禁止、严加防范的。

同样是处理当事人之间的法律纠纷，同样是同时适用两个不同的法律规范、法律规定、法条，为何在前一种情况下，立法者允许甚至鼓励法官采取"法律的双重适用"，而为何在后一种情况下，立法者则禁止、防范法官采取"法律的双重适用"方法？答案在于，在这两种情况下，虽然在处理法律纠纷时均面临两种不同的法律规范、法律规定、法条，但是他们所面临的这两种法律规范、法律规定、法条的性质不同。

具体来说，在民法的适用原则领域，"法律的双重适用"中的"双重法律"在性质上是两个相互矛盾、彼此冲突、无法协调一致的法律规范、法律规定、法条，法官不可能同时适用这两个法律规范、法律规定、法条，他们只能够从两个法律规范、法律规定、法条中选择一个加以适用：选择适用这一个法律规范、法律规定、法条与选择适用另外一个法律规范、法律规定、法条会得出完全相反的两种不同判决。在两个矛盾、冲突的法律规范、法律规定、法条当中，法官究

第九章 法律条款的性质、法律规范的双重适用与人格权的独立性

竟选择哪一个加以适用？此时，他们按照前述的法律适用原则来做出选择。换言之，民法的各种法律适用原则之所以禁止"法律的双重适用"，其目的在于解决民法中所存在的"二律背反"（Les antinomies）问题，防止法官在解决同一个法律纠纷时面临两个不能够兼容、无法协调一致的法律规范、法律规定和法条。①

而在人格权的侵权领域，"法律的双重适用"中的"双重法律"在性质上是两个相互一致、彼此配合、能够协调一致的法律规范、法律规定、法条，法官完全能够并且也有必要同时适用这两个法律规范、法律规定、法条，以便让他们做出的判决能够具备更加厚实的法律根据、具有更加充分的说理性。换言之，在人格权的侵权领域，法官之所以采取"法律的双重适用"方法，其目的不在于解决法律适用当中所存在的"二律背反"现象，被法官适用的两个法律规范、法律规定、法条共同服务于同一个目的，法官适用两个法律规范、法律规定、法条仅仅会导致一个判决的产生，不会导致两个完全相反的判决的发生。

---

① Paul Foriers, Les antinomies en droit, Dialectica, Vol. 18, No. 1/4, LES ANTINOMIES EN DROIT (1964), pp. 20 – 38; Luc. Silance, Quelques Exemples d'Antinomies et Essai de Classement, Dialectica, Vol. 18, No. 1/4, LES ANTINOMIES EN DROIT (1964), pp. 63 – 137; N. Bobbio, Des Criteres Pour Résoudre les Antinomies, Dialectica, Vol. 18, No. 1/4, LES ANTINOMIES EN DROIT (1964), pp. 237 – 258; Ch. Perelman, Les antinomies en droit: Essai de synthèse, Dialectica, Vol. 18, No. 1/4, LES ANTINOMIES EN DROIT (1964), pp. 392 – 404.

第十章 《乌克兰民法典》与人格权的独立性

在反对人格权独立设编时，梁慧星教授最后提出的一个反对理由是，"人格权单独设编没有成功的立法例"，即便《乌克兰民法典》在世界上第一次将人格权独立设编，我国立法者也不应当学习乌克兰的做法将人格权独立设编；相反，在制定民法典时，我国立法者应当学习发达国家的做法，尤其是要学习德国的做法，因为它们没有在其民法典中将人格权独立设编。笔者将此种反对理由称为"为什么不学发达国家，而非要学乌克兰不可"的反对理由。

一、2003 年的《乌克兰民法典》第二编关于人格权的规定

在苏联时期，乌克兰是苏联的一个加盟共和国，因此，除了适用 1964 年的《苏俄民法典》外，乌克兰自身也制定了自己的民法典，这就是通过 1963 年 7 月 18 日第 1504－06 号法律所批准的《乌克兰民法典》(le Code civil de l'Ukraine)，该民法典也被称为 1963 年的《乌克兰社会主义苏维埃共和国民法典》(Code civil de la République socialiste soviétique d'Ukraine)，史称乌克兰旧民法典，以便与 2003 年通过的新民法典即 2003 年的《乌克兰民法典》相区别。在苏联解体之后，虽然乌克兰于 1991 年获得了独立的国家主权地位，但是，1964 年的《苏俄民法典》和 1963 年的《乌克兰民法典》仍然在乌克兰适用。当然，在适用这些民法典时，乌克兰的立法者也对它们做出过不少修改。[①]

为适应社会变革的需要，1996 年 11 月，乌克兰立法者起草了一部新的《乌克兰民法典（草案）》。1997 年 6 月 5 日，乌克兰国会首次审议通过了《乌克兰民法典（草案）》，这就是一审稿的《乌克兰

[①] OECD, Examen des politiques d'investissement: Ukraine, 2001, Logiciel 1987－1996, Acrobat, p. 63.

民法典（草案）》。2002年5月，在对一审稿做出了修改之后，乌克兰立法者第二条审议通过了《乌克兰民法典（草案）》，这就是二审稿的《乌克兰民法典（草案）》。① 二审稿的《乌克兰民法典（草案）》共八编，除了传统民法典所具有的五编即总则、物权法、债权法、家庭法和继承法外，它还包括了传统民法少见的三编：自然人的人身非财产权、知识产权和国际私法。②

2003年1月16日，乌克兰立法者通过第435-IV号法律正式批准了《乌克兰民法典》，自2004年1月1日起开始实行。于2016年11月2日，乌克兰立法者对《乌克兰民法典》做出了修订。2003年的《乌克兰民法典》共1308条，最终放弃了二审稿所采取的八编制，仅仅采取了六编制，将民法典的内容分为六编：第一编为总则，第二编为自然人的人身非财产权，第三编为物权，第四编为知识产权，第五编为债权，第六编为继承权。同二审稿的编制体例相比，家庭法和国际私法被排除在《乌克兰民法典》之外。③

《乌克兰民法典》第二编的标题为"自然人的人身非财产权"（ОСОБИСТІ НЕМАЙНОВІ ПРАВА ФІЗИЧНОЇ ОСОБИ），共三章，由第二十章、第二十一章和第二十二章组成。《乌克兰民法典》第二十章为"自然人人身非财产权的一般规定"（ЗАГАЛЬНІ ПОЛОЖЕННЯ ПРО ОСОБИСТІНЕМАЙНОВІ ПРАВА ФІЗИЧНОЇ ОСОБИ），由第269条至第280条所组成，这些法律条款对人身非财产权的观念、人身非财产权的类型、人身非财产权的内容、人身非财产权的行使、人身非财产权行使的保障以及人身非财产权的限制等内容做出了详细的规定。④

《乌克兰民法典》第二十一章为"为自然人的自然存在所必要的

---

① OECD, Examen des politiques d'investissement: Ukraine, 2001, Logiciel 1987 – 1996, Acrobat, p. 63.

② OECD, Examen des politiques d'investissement: Ukraine, 2001, Logiciel 1987 – 1996, Acrobat, p. 63.

③ Цивільний кодекс України (Civil Code of Ukraine), http://www.wipo.int/wipolex/en/details.jsp? id = 6071.

④ Цивільний кодекс України (Civil Code of Ukraine), http://www.wipo.int/wipolex/en/details.jsp? id = 6071.

人身非财产权"（ОСОБИСТІ НЕМАЙНОВІ ПРАВА, ЩО ЗАБЕЗПЕЧУЮТЬ ПРИРОДНЕ ІСНУВАННЯ ФІЗИЧНОЇ ОСОБИ），由第 281 条至第 293 条组成，这些法律规范分别对自然人为维持其自然存在所需要的十三种人格权做出了规定，包括：①生命权；②排除危及生命和健康危险的权利；③健康治疗权；④医疗协助权；⑤健康信息权；⑥健康状况秘密权；⑦健康保护机构中的病患者享有的个人权利；⑧自由权；⑨身体完整权；⑩捐献权；⑪家庭权；⑫受照管权；⑬为生命和健康所必要的环境权。①

《乌克兰民法典》第二十二章为"为自然人的社会安全所必要的人身非财产权"（ОСОБИСТІ НЕМАЙНОВІ ПРАВА, ЩО ЗАБЕЗПЕЧУЮТЬ СОЦІАЛЬНЕ БУТТЯ ФІЗИЧНОЇ ОСОБИ），由第 294 条至第 315 条组成，这些法律条款对为维护自然人的社会安全所必要的 22 种人格权做出了规定，包括：①命名权；②改名权；③姓名使用权；④人格尊严和名誉受尊重权；⑤死者受尊重权；⑥企业声誉免受侵犯权；⑦个性权；⑧私人生活和秘密权；⑨信息权；⑩私人文档权；⑪私人文档安排权；⑫对已转移至图书馆、档案馆的私人文档享有的获取权；⑬通信秘密权；⑭肖像权，即在拍照、拍摄电影、电视和视频时对被拍摄者利益的保护；⑮对通过摄影和其他艺术著作再现者的利益保护；⑯文学、艺术、科学和技术创作自由权；⑰住所权；⑱私人场所免受侵入权；⑲职业选择权；⑳移动自由权；㉑结社自由权；㉒和平集会权。②

二、梁慧星教授对"为什么不学发达国家，而非要学乌克兰不可"的反对理由所做出的具体阐述

在《中国民法典中不能设置人格权编》一文和《民法典编纂中的重大争论——兼评全国人大常委会法工委两个民法典人格权编草案》一文中，梁慧星教授明确认定，当我国民法学者在其起草的民

---

① Цивільний кодекс України（Civil Code of Ukraine），http://www.wipo.int/wipolex/en/details.jsp? id = 6071.

② Цивільний кодекс України（Civil Code of Ukraine），http://www.wipo.int/wipolex/en/details.jsp? id = 6071.

法典草案当中将人格权独立设编时,尤其是当我国立法者在其起草的《人格权编(室内稿)》和《人格权编(征求意见稿)》中将人格权独立设编时,他们的做法无疑是在学习、模仿《乌克兰民法典》的做法。梁慧星教授对我国民法学者和立法者的此种做法深恶痛绝,认为他们的此种做法违反了一个"立法政策上的理由":在制定民法典时,立法者应当学习、模仿发达国家的做法,不应当学习、模仿不发达国家的做法。换言之,在制定民法典时,我国立法者应当学习、模仿法国、德国、瑞士和美国的做法,而不应当学习、模仿乌克兰的做法。

在中国民法学研究会于 2015 年公开了其起草的《民法典·人格权法编专家建议稿(征求意见稿)》之后,梁慧星教授即刻断定,中国民法学研究会的此种做法是在模仿、学习《乌克兰民法典》将人格权独立设编的做法。① 为了反对中国民法学研究会的此种做法,在 2016 年的《中国民法典中不能设置人格权编》一文中,除了提出了反对人格权独立设编的其他三种理由外,梁慧星教授还提出了一种新的反对理由即"人格权单独设编没有成功的立法例"②。

他对此种反对理由做出了说明,他指出:"笔者不赞成对人格权单独设编,除前面谈到的法理上的理由外,还有一条立法政策上的理由,即笔者不赞成中国民法典模仿乌克兰民法典!"③ 在该文中,除了对不应当学习、模仿《乌克兰民法典》的理由做出了阐述外,他还提醒我们要"吸取乌克兰的前车之鉴"④,要反其道而行之,这就是,"人格权不能单独设编"⑤。为了表明自己的态度,同时也为了加深中国民法学者对其主张的印象,梁慧星教授不厌其烦地表明自己的

---

① 梁慧星:《中国民法典中不能设置人格权编》,载《中州学刊》2016 年第 2 期,第 48 页。

② 梁慧星:《中国民法典中不能设置人格权编》,载《中州学刊》2016 年第 2 期,第 49 页。

③ 梁慧星:《中国民法典中不能设置人格权编》,载《中州学刊》2016 年第 2 期,第 49 页。

④ 梁慧星:《中国民法典中不能设置人格权编》,载《中州学刊》2016 年第 2 期,第 51 页。

⑤ 梁慧星:《中国民法典中不能设置人格权编》,载《中州学刊》2016 年第 2 期,第 51 页。

意见：在其文章的开头，他指出："笔者不赞成中国民法典模仿乌克兰民法典！"① 在其文章的中间，他指出："中国不能学习乌克兰民法典对人格权单独设编的做法。"② 在其文章的末尾，他指出："最后，笔者再次郑重表态：不赞成中国模仿乌克兰、步乌克兰后尘！"③

全国人大常委会法工委于 2017 年年末和 2018 年年初，在小范围内公开了《人格权编（室内稿）》和《人格权编（征求意见稿）》之后，梁慧星教授再一次断定，全国人大常委会法工委的是在学习、模仿《乌克兰民法典》将人格权独立设编的做法，因为他指出，虽然《乌克兰民法典》早在 2003 年就获得了通过，但是"令人遗憾的是，迄今为止，没有任何一个国家模仿《乌克兰民法典》的人格权编，只有我们要追随、模仿它"④。为了反对全国人大常委会法工委的此种做法，在 2018 年的《民法典编纂中的重大争论——兼评全国人大常委会法工委两个民法典人格权编草案》一文中，梁慧星教授至少三次以最严厉的语气质问我国立法者，在制定我国民法典时，"为什么不学发达国家，而非要学乌克兰不可"⑤？

第一次，梁慧星教授指出，鉴于《乌克兰民法典》制定之后既没有被其他国家所模仿也没有让乌克兰的物质文明达到欧盟的标准，因此，《乌克兰民法典》将人格权独立设编的做法是失败的、不成功的。基于此种理由，梁慧星教授第一次质问我国立法者："为什么非要模仿乌克兰这个不成功的人格权立法不可？"⑥

第二次，梁慧星教授指出，我国立法者根本就没有必要学习、模

---

① 梁慧星：《中国民法典中不能设置人格权编》，载《中州学刊》2016 年第 2 期，第 49 页。
② 梁慧星：《中国民法典中不能设置人格权编》，载《中州学刊》2016 年第 2 期，第 52 页。
③ 梁慧星：《中国民法典中不能设置人格权编》，载《中州学刊》2016 年第 2 期，第 54 页。
④ 梁慧星：《民法典编纂中的重大争论——兼评全国人大常委会法工委两个民法典人格权编草案》，载《甘肃政法学院学报》2018 年第 3 期，第 18 页。
⑤ 梁慧星：《民法典编纂中的重大争论——兼评全国人大常委会法工委两个民法典人格权编草案》，载《甘肃政法学院学报》2018 年第 3 期，第 18 页。
⑥ 梁慧星：《民法典编纂中的重大争论——兼评全国人大常委会法工委两个民法典人格权编草案》，载《甘肃政法学院学报》2018 年第 3 期，第 19 页。

仿《乌克兰民法典》将人格权独立设编的做法，因为通过《侵权责任法》，我国已经建立了先进的、科学的人格权法律保护体系并且已经形成了独树一帜的"中国模式、中国经验"①。基于此种理由，梁慧星教授第二次质问我国立法者："为什么非要抛弃我国改革开放以来被证明是成功的、先进的人格权保护经验和法律体系，非要去模仿不成功的乌克兰模式不可？"②

第三次，梁慧星教授认为，在制定民法典时，我国立法者当然应当学习、模仿其他国家的民法典，但是他们应当学习和模仿的民法典仅限于发达国家的成功民法典，落后国家的失败民法典则不应当学习、模仿，而乌克兰和《乌克兰民法典》就属于后者。基于此种理由，梁慧星教授第三次质问我国立法者："在全世界一百多部民法典中，把人格权独立成编的，只有一个《乌克兰民法典》……乌克兰这样的失败孤例，有什么值得我们国家追随、模仿的呢？为什么不学习像法国、德国、瑞士这样的发达国家的立法，而非要学习乌克兰这样的国家不可？！"③

除了严厉反对学习、模仿《乌克兰民法典》将人格权独立设编的做法和强烈要求学习、模仿《德国民法典》不将人格权独立设编的做法外，在《中国民法典中不能设置人格权编》和《民法典编纂中的重大争论——兼评全国人大常委会法工委两个民法典人格权编草案》中，梁慧星教授也对反对学习、模仿《乌克兰民法典》和学习、模仿《德国民法典》做法的理由做出了阐述。

根据梁慧星教授的意见，在制定民法典时，我国立法者应当学习"发达国家"尤其是德国的做法。为何在制定民法典时，我国立法者要学习德国的做法？梁慧星教授从王泽鉴教授那里找到了三个答案：

---

① 梁慧星：《民法典编纂中的重大争论——兼评全国人大常委会法工委两个民法典人格权编草案》，载《甘肃政法学院学报》2018年第3期，第18页。

② 梁慧星：《民法典编纂中的重大争论——兼评全国人大常委会法工委两个民法典人格权编草案》，载《甘肃政法学院学报》2018年第3期，第19页。

③ 梁慧星：《民法典编纂中的重大争论——兼评全国人大常委会法工委两个民法典人格权编草案》，载《甘肃政法学院学报》2018年第3期，第19页。

其一,"德国民法典被公认为在立法技术上最先进"①,也就是说,"《德国民法典》的五编制在立法技术上是最先进的"②。其二,《德国民法典》的"体例和内容离意识形态都比较远,强调立法理念、立法技术上的中立性、一般性、抽象性"③,具有广泛的兼容性,能够为不同的社会制度所采用。其三,《德国民法典》"有助于国家统一、富强"④。

对于上述第三个理由,梁慧星教授可谓浓墨重彩。根据其说明,一方面,《德国民法典》让德国走向"富强",因为他指出:"《德国民法典》1900年生效,实现了国家的法律统一,很快就实现了国家的强盛。"⑤另一方面,除了让德国自身走向"富强"外,《德国民法典》也能够让学习、模仿其编制体例的国家走向"富强"。他对此种理由做出了说明:"德国民法典可以使一个国家富强,如日本在明治维新时期学习德国民法典(以及德国其他法律制度)之后,从一个贫弱岛国迅速崛起成为亚洲第一强国、世界列强之一。"⑥"日本学习《德国民法典》,国家实力也得到了快速发展。"⑦

因为这三个方面的原因,包括我国民国政府在内,"20世纪到21世纪制定的世界上大多数民法典,都是采用了《德国民法典》的体例(或者仅仅是对其略加调整)"⑧。也因为这样的原因,在制定民法

---

① 梁慧星:《中国民法典中不能设置人格权编》,载《中州学刊》2016年第2期,第52页。

② 梁慧星:《民法典编纂中的重大争论 ——兼评全国人大常委会法工委两个民法典人格权编草案》,载《甘肃政法学院学报》2018年第3期,第18—19页。

③ 梁慧星:《民法典编纂中的重大争论 ——兼评全国人大常委会法工委两个民法典人格权编草案》,载《甘肃政法学院学报》2018年第3期,第19页。

④ 梁慧星:《民法典编纂中的重大争论 ——兼评全国人大常委会法工委两个民法典人格权编草案》,载《甘肃政法学院学报》2018年第3期,第19页。

⑤ 梁慧星:《民法典编纂中的重大争论 ——兼评全国人大常委会法工委两个民法典人格权编草案》,载《甘肃政法学院学报》2018年第3期,第19页。

⑥ 梁慧星:《中国民法典中不能设置人格权编》,载《中州学刊》2016年第2期,第52页。

⑦ 梁慧星:《民法典编纂中的重大争论 ——兼评全国人大常委会法工委两个民法典人格权编草案》,载《甘肃政法学院学报》2018年第3期,第19页。

⑧ 梁慧星:《民法典编纂中的重大争论 ——兼评全国人大常委会法工委两个民法典人格权编草案》,载《甘肃政法学院学报》2018年第3期,第19页。

典时，我国立法者也应当学习《德国民法典》的做法，这就是，在《德国民法典》五编制的基础上，经过微调之后，我国立法者将民法典分为六编：总则编、物权编、合同编、侵权责任编、婚姻家庭编、继承编。①换言之，在学习《德国民法典》时，我们绝对不能像《民法典·人格权法编专家建议稿（征求意见稿）》《人格权编（室内稿）》或者《人格权编（征求意见稿）》那样将人格权作为独立的一编规定在民法典中，并因此让人格权编与总则编、物权编、合同编、侵权责任编、婚姻家庭编、继承编平起平坐。

根据梁慧星教授的意见，在制定民法典时，"中国不能学习《乌克兰民法典》对人格权单独设编的做法"②，虽然"对人格权单独设编，绝不是中国学者的首创，而是乌克兰的首创"③。在《乌克兰民法典》第一次在世界上将人格权独立设编之后，我国为何不能够学习乌克兰的做法？对此问题，梁慧星教授做出了回答：虽然《乌克兰民法典》通过了10年，但是，它不仅没有像《德国民法典》那样让德国和日本走向"统一""富强"，而且还让乌克兰走向"分裂""贫穷"。梁慧星教授对此种原因做出了说明，他指出："学习某个国家的民法典或者民事法律制度，一定要有理由。如果主张学习乌克兰民法典将人格权单独设编，就一定要问：乌克兰民法典正式生效至今10多年过去了，乌克兰是不是变得更加富强了？实际情况是，乌克兰民法典颁行之后，乌克兰并没有变得更加富强，而是恰恰相反。乌克兰2004年以来长期陷于社会动荡、经济崩溃、秩序混乱、民族分裂。"④

梁慧星教授指出，我国之所以不应当学习《乌克兰民法典》将人格权独立设编的做法，是因为《乌克兰民法典》第二编即人格权

---

① 梁慧星：《民法典编纂中的重大争论——兼评全国人大常委会法工委两个民法典人格权编草案》，载《甘肃政法学院学报》2018年第3期，第19页。
② 梁慧星：《中国民法典中不能设置人格权编》，载《中州学刊》2016年第2期，第52页。
③ 梁慧星：《中国民法典中不能设置人格权编》，载《中州学刊》2016年第2期，第49页。
④ 梁慧星：《中国民法典中不能设置人格权编》，载《中州学刊》2016年第2期，第52页。

编所规定的"结社自由权"和"集会自由权"同 2004 年和 2013 年发生的两次"颜色革命"之间存在某种因果联系，因为这两种人格权让乌克兰人享有了完全不受任何限制的自由，在西方势力的大肆渗透下，乌克兰人乘机接受西方的资助而闹起了革命，并因此引起了严重的社会危机。① 梁慧星教授对反对学习《乌克兰民法典》将人格权独立设编的此种理由做出了说明，他指出："不难看出，乌克兰两次发生颜色革命、长期陷于社会动乱，与《乌克兰民法典》人格权编之间有某种因果关系存在。按照民法原理，民法典不仅是法院的裁判规则，还是人们的行为规则。《乌克兰民法典》是否起到了正确规范、正确引导人们行为的作用呢？没有。乌克兰陷于动乱，是因为整个社会毫无限制地自由放任，而《乌克兰民法典》为整个社会毫无限制地自由放任提供了法律条件。……这就是笔者不赞成中国民法典编纂模仿乌克兰、学习乌克兰的立法政策上的理由！"②

三、王利明教授和杨立新教授对梁慧星教授上述理论所做出的反驳

问题在于，当梁慧星教授以"为什么不学发达国家，而非要学乌克兰不可"的理由反对我国立法者将人格权独立设编时，他的此种反对理由是否能够成立、有没有说服力、能不能站得住脚？对此问题，与梁慧星教授针锋相对的、主张人格权独立设编的民法学者做出了回答。他们认为，梁慧星教授的此种反对理由是不成立的。为何梁慧星教授的此种反对理由不成立，王利明教授做出的解释是："我国民法典规定的人格权法与乌克兰民法典毫无关系，两者不能相提并论。"③ 杨立新教授做出的回答是："《乌克兰民法典》第二编的上述

---

① 梁慧星：《中国民法典中不能设置人格权编》，载《中州学刊》2016 年第 2 期，第 52 页。

② 梁慧星：《中国民法典中不能设置人格权编》，载《中州学刊》2016 年第 2 期，第 52 页。

③ 王利明：《乌克兰民法典与我国民法典人格权编有何关系？》，http://www.cssn.cn/fx/fx_msfx/201806/t20180628_4485161.shtml。

内容观察，无论是标题还是具体内容，都不是仅规定人格权。"①

问题在于，王利明教授和杨立新教授对梁慧星教授的上述理论做出的批判是否能够成立、有没有说服力、能不能站得住脚？笔者认为，在主张人格权独立设编时，这两位民法学者对梁慧星教授的上述理论做出的批判是不能够成立的、是没有说服力的、是站不住脚的，因为他们对《乌克兰民法典》第二编所规定的内容的解读是完全错误的或者是部分错误的。

在反对或者主张人格权独立设编时，梁慧星教授、王利明教授和杨立新教授均对《乌克兰民法典》第二编所规定的内容做出了解读，并且他们所做出的解读各不相同。在反对人格权独立设编时，梁慧星教授完全承认，《乌克兰民法典》第二编所规定的所有内容在性质上均为人格权。换言之，他完全承认，《乌克兰民法典》已经将人格权独立设编了，即便他明确指出，在该民法典中，乌克兰立法者将宪法上的几种权利诸如迁徙自由、结社自由、集会自由等纳入民法典中，②他也将这几种权利视为人格权，没有将其视为宪法性的权利，已如前述。而王利明教授和杨立新教授则不同，他们对《乌克兰民法典》第二编所规定的内容的看法或者完全不同于梁慧星教授。

在反驳梁慧星教授的上述理论时，王利明教授认为，即便我国民法学者和立法者主张将人格权作为独立的一编规定在民法典中，他们的此种主张并不是在学习、模仿《乌克兰民法典》。在《乌克兰民法典与我国民法典人格权编有何关系？》一文中，王利明教授指出："现在学界个别学者有一种提法，说我国民法典如何采取人格权独立成编的做法，就是照搬《乌克兰民法典》的做法。其实简要回顾一下我国民法典的起草过程，就可以看出这个说法是没有任何依据的。"③

通过回顾民法典的起草过程，王利明教授得出了这样的结论：

---

① 杨立新：《对民法典规定人格权法重大争论的理性思考》，载《中国法律评论》2016 年第 1 期，第 101 页。

② 梁慧星：《民法典编纂中的重大争论——兼评全国人大常委会法工委两个民法典人格权编草案》，载《甘肃政法学院学报》2018 年第 3 期，第 18 页。

③ 王利明：《乌克兰民法典与我国民法典人格权编有何关系？》，http://www.cssn.cn/fx/fx_msfx/201806/t20180628_4485161.shtml。

"中国几十年来的人格权立法发展进程与乌克兰八竿子打不着,生硬地联想在一起,未免过于牵强附会。"[1] 除了通过此种方法反驳梁慧星教授的上述理论外,王利明教授尤其通过解读《乌克兰民法典》第二编所规定的内容的性质来反驳梁慧星教授的理论。他认为,当梁慧星教授认定我国民法学者和立法者是在学习、模仿《乌克兰民法典》将人格权独立设编的做法时,梁慧星教授的此种讲法是不成立的,因为被梁慧星教授宣称将人格权独立设编的《乌克兰民法典》根本就没有规定人格权编,其第二编所规定的内容在性质上完全不是人格权,而是同时规定了公权和私权的非财产权。既然《乌克兰民法典》第二编所规定的内容在性质上根本不是人格权,何来我国在将人格权独立设编时是在学习、模仿《乌克兰民法典》?

王利明对此种反驳理由做出了说明,他指出:"直到最近这两年才听说了有《乌克兰民法典》规定人格权。于是,我带着好奇心查阅了一下《乌克兰民法典》是怎么规定的。结果查来查去,根本没有发现有所谓独立成编的人格权编,《乌克兰民法典》规定的是包括了公权和私权在内的、各类人身非财产权(Personal Non-Property Rights),并未专门规定独立成编的人格权(Personality Rights),甚至没有规定人格权的概念。"[2]

根据王利明教授的意见,《乌克兰民法典》第二编所规定的内容根本就不是我国民法学者和立法者所说的人格权,而仅仅是非财产权,非财产权不同于人格权。因为人格权属于一种私权,而《乌克兰民法典》第二编所规定的非财产权在性质上是一个"综合性的权利",它属于一种公权和私权的结合体,除了有私权的内容之外也具有公权的内容,尤其是宪法的内容。"因此,《乌克兰民法典》中的人身非财产权是一个综合性的权利,是一个包含了公法上的权利和私法权利在内的权利集合体。从该法典第二编所规定的自然人的人身非财产权来看,除了规定生命健康、获得医疗服务、自由、人身豁免、

---

[1] 王利明:《乌克兰民法典与我国民法典人格权编有何关系?》,http://www.cssn.cn/fx/fx_msfx/201806/t20180628_4485161.shtml。

[2] 王利明:《乌克兰民法典与我国民法典人格权编有何关系?》,http://www.cssn.cn/fx/fx_msfx/201806/t20180628_4485161.shtml。

器官捐赠、姓名、肖像、信息等权利外,还包括了享有家庭生活的权利、受监护后辅助的权利、环境安全权、保有个性的权利,以及自由创作、自由选择住所和职业、迁徙自由、结社自由、和平集会等权利。"① 而我国民法典所规定的作为独立一编的人格权则不同,它仅仅规定作为私权的人格权,不会规定作为公权尤其是宪法性的权利。②

在《对民法典规定人格权法重大争论的理性思考》一文中,杨立新教授在反驳梁慧星教授的上述理论时采取的反驳方式与王利明教授的反驳方式如出一辙。在该文中,杨立新教授也指出,《乌克兰民法典》第二编所规定的内容并非均为人格权,其中的某些内容在性质上属于公权而非私权。他指出:"从《乌克兰民法典》第二编的上述内容观察,无论是标题还是具体内容,都不是仅规定人格权。第一,上述标题已经说得明白,并非规定的是人格权法,而是自然人的非财产性权利。第二,在该编的具体内容中,并非规定的都是人格权,还包括了若干身份权和政治性权利即公权利,前者为第 291 条家庭权、第 292 条获得监护或抚养权;后者包括第 309 条规定的文学艺术科学技术创作权、第 310 条规定的居住权、第 313 条规定的自由选择职业权、第 314 条规定的结社自由权和第 315 条规定的集会自由权。这些内容,起码在我国立法环境下,不属于人格权,特别是自由选择职业权、结社自由权和集会自由权,不具有人格权的性质。"③

因为这样的原因,"《乌克兰民法典》根本就不存在独立成编的人格权"④,或者说,《乌克兰民法典》"并不是'人格权法'独立成编的成例"⑤。也因为这样的原因,"我国民法典规定的人格权法与

---

① 王利明:《乌克兰民法典与我国民法典人格权编有何关系?》,http://www.cssn.cn/fx/fx_msfx/201806/t20180628_4485161.shtml。
② 王利明:《乌克兰民法典与我国民法典人格权编有何关系?》,http://www.cssn.cn/fx/fx_msfx/201806/t20180628_4485161.shtml。
③ 杨立新:《对民法典规定人格权法重大争论的理性思考》,载《中国法律评论》2016 年第 1 期,第 101 页。
④ 王利明:《乌克兰民法典与我国民法典人格权编有何关系?》,http://www.cssn.cn/fx/fx_msfx/201806/t20180628_4485161.shtml。
⑤ 杨立新:《对民法典规定人格权法重大争论的理性思考》,载《中国法律评论》2016 年第 1 期,第 101 页。

《乌克兰民法典》毫无关系，两者不能相提并论"①，"以《乌克兰民法典》的规定为由，来反对我国民法典人格权编的制定，是不是给人一种关公战秦琼的感觉"②?

在我国民法学界，民法学者之间之所以经常在这样或者那样的学术问题上发生激烈争议，一个重要的原因是，在对方提出了一个没有说服力的观点之后，对该种观点做出批判的学者也以某一个没有说服力的观点去批驳对方的观点，其最终结果是，争论的双方谁也不能够说服对方。在主张或者反对人格权独立设编时，我国民法学者之间的论战就属于此种做派。虽然梁慧星教授反对人格权独立设编的上述理由是没有说服力的，但是王利明教授和杨立新教授反驳梁慧星教授的理由同样是没有说服力的。关于梁慧星教授的上述理论没有说服力的原因，笔者将在下面的内容中做出详细的讨论，此处从略，此处仅仅讨论王利明教授和杨立新教授的反驳理由没有说服力的原因。

当梁慧星教授以我国人格权的独立设编是在学习、模仿《乌克兰民法典》的做法的理由反对人格权独立设编时，王利明教授和杨立新教授针对梁慧星教授所做出的反驳在表面上是釜底抽薪式的：《乌克兰民法典》第二编所规定的内容在性质上根本不是我国立法者意图将其独立设编的人格权，你怎么能够说我国立法者是在学习、模仿《乌克兰民法典》将人格权独立设编的做法呢？因为《乌克兰民法典》第二编所规定的内容在性质上是非财产权，而我国立法者意图将其独立设编的则是人格权，因此，当你将《乌克兰民法典》第二编所规定的非财产权等同于我国立法者试图将其独立设编的人格权时，你的做法不是牛头不对马嘴吗？

然而，王利明教授和杨立新教授的上述反驳是完全没有说服力的、是根本就不成立的，在反驳梁慧星教授的上述主张时，他们的前提是完全错误的，因为《乌克兰民法典》第二编所规定的"非财产权"不仅在性质上是人格权，而且它所规定的所有非财产权在性质

---

① 王利明：《乌克兰民法典与我国民法典人格权编有何关系?》，http://www.cssn.cn/fx/fx_msfx/201806/t20180628_4485161.shtml。

② 王利明：《乌克兰民法典与我国民法典人格权编有何关系?》，http://www.cssn.cn/fx/fx_msfx/201806/t20180628_4485161.shtml。

上均属于一种私权,不存在某些内容是私权而某些内容是公权的情况。

具体来说,《乌克兰民法典》所规定的"非财产权"在性质上就是人格权。为何该民法典所规定的"非财产权"在性质上就是人格权?答案是,长久以来,民法学者一直都将非财产权等同于人格权,或者反之,长久以来,民法学者一直将人格权等同于非财产权。在民法上,民法学者之所以长久以来均将非财产权等同于人格权或者将人格权等同于非财产权,是因为在人格权出现之前,民法领域仅仅存在各种各样的财产权,在人格权出现之后,民法领域才出现了能够与财产权平起平坐、分庭抗礼的非财产权。①

因为这样的原因,大量的民法学者在对人格权做出否定性的界定时均将人格权界定为非财产权。② 早在1909年的著名文章《人格权》中,法国著名民法学者 M. E. H. PERREAU 在界定人格权时就将人格权视为非财产权,他指出:"所有民法学者均承认,至少所有法国民法学者均承认,所谓财产权,是指他人对其财产享有的权利,从更一般的意义上讲,所谓财产权,是指他人对其物的使用享有的权利。通过否定的界定方式,我们认为,所谓人格权,是指他人享有的财产权之外的所有其他权利。"③在1939年的著名著作《非财产权》中,法国著名民法学者 Roger Nerson 就直接将人格权等同于非财产权,以非财产权的称谓取代人格权,以便区别于、独立于非财产权。④ 他之所以以非财产权的名称取代人格权,是因为他认为,人格权的名称存在不确定性,民法学者容易将人格权与人格混淆,为了不让人格权与人格混淆,人们最好使用非财产权一词。⑤

在今时今日,民法学者仍然普遍采取此种做法,他们将人格权等

---

① 张民安:《法国人格权法(上)》,清华大学出版社2016年版,第3—4页。
② 张民安:《法国人格权法(上)》,清华大学出版社2016年版,第9—12页。
③ M. E. H. PERREAU, Des droits de la personnalité, RTD civ., 1909, p. 503;张民安:《法国人格权法(上)》,清华大学出版社2016年版,第9页。
④ Roger Nerson, Les droits extrapatrimoniaux, Paris, LGDJ, 1939, pp. 4 - 5, p. 41;张民安:《法国人格权法(上)》,清华大学出版社2016年版,第10页、第41页。
⑤ Roger Nerson, Les droits extrapatrimoniaux, Paris, LGDJ, 1939, p. 5;张民安:《法国人格权法(上)》,清华大学出版社2016年版,第378页。

同于非财产权，因为他们认为，人格权是一种不能够以金钱方式确定其价值的权利，并因此与财产权相对应、相对立，因为财产权被认为是一种能够以金钱方式确定其价值的权利。Jean-Christophe Saint-Pau 对此做出了明确说明，他指出："由于人格权欠缺定义，所以人们常常从否定的角度来界定人格权，在这样做时，他们会将人格权与财产权相对应。人们常说，他人享有的人格权是一种'非'财产权，是财产权之外的权利。"①

因为非财产权的概念在人格权领域被广泛使用，因此，在将人格权独立设编时，乌克兰立法者在第二编中使用了"非财产权"一词，而没有使用"人格权"一词。王利明教授、杨立新教授之所以认定《乌克兰民法典》第二编规定的"非财产权"不是我国民法学者和立法者试图将其独立设编的人格权，显然是因为他们对人格权的历史、人格权的各种界定尤其是其中的否定性界定方式不了解，不知道人格权法中存在各种各样的替代术语。②

《乌克兰民法典》第二编所规定的所有内容在性质上均为人格权，不存在某些内容为私权而没有内容为公权的问题。在乌克兰，2003 年的《乌克兰民法典》所规定的主观权利多种多样，如果从法律条文所规定的数量来看，它总共规定了 35 种主观权利，其中的某些主观权利可以按照我国民法学者的习惯合并为一种主观权利。例如，《乌克兰民法典》第 294 条、第 295 条和第 296 条所规定的命名权、改名权和姓名使用权可以合并为一种主观权利，即姓名权。在它所规定的所有主观权利中，某些主观权利被王利明教授和杨立新教授视为人格权，他们将这些人格权视为一种私权，包括：生命权、身体完整权、健康权、姓名权、肖像权、隐私权、人格尊严受尊重权和名誉受尊重权等，已如前述。而某些主观权利则不被两位教授视为人格权，因为他们将这些主观权利视为一种公权即宪法性的权利，例如，家庭权、受照管权、职业选择权、移动自由权、结社自由权以及和平

---

① Jean-Christophe Saint-Pau et, Droits de la Personnalité, LexisNexis, p. 275.
② 张民安：《法国人格权法（上）》，清华大学出版社 2016 年版，第 29—45 页。

集会权等。①

在民法上，《乌克兰民法典》所规定的这些主观权利难道真的不属于人格权、私权的范畴？难道它们真的属于公权的范畴？答案是，这些主观权利在性质上完全属于人格权、私权的范畴，它们在性质上不属于公权的范畴。

首先，如果它们在性质上属于公权、宪法性的权利，乌克兰立法者为何将它们规定在民法典中，难道乌克兰立法者在立法时会愚蠢到"公私不分"的程度，不知道他们在其民法典第二编中所规定的非财产权在性质上属于私权？作为一个严肃国家的严肃立法者，尤其是，如果乌克兰立法者规定人格权编的目的真的是要将乌克兰的人权保护提升到欧盟的标准②，当他们将大量的公权内容规定在民法典中时，他们难道不怕被欧盟的立法者所嘲笑？

其次，《乌克兰民法典》所规定的家庭权、受照管权在性质上也是人格权、私权，因为长久以来，民法学者均将家庭权、身份权视为人格权的组成部分。在我国，由于受到苏联民法理论的影响，民法学者也罢，立法者也罢，他们均将人格权与家庭权、身份权区分开来，认为它们是两种不同性质的民事权利，这就是所谓的人身权。最典型的是，我国《民法通则》第五章第四节不仅使用了"人身权"这一术语，而且还对人格权和身份权做出了明确区分，其中的第98条至第102条对人格权做出了规定，而第103条至第105条则对身份权做出了规定。

而在西方社会，民法学者很少会做出此种区分，在讨论人格权时，他们明确将我国《民法通则》所规定的家庭权、身份权视为人格权的组成部分，换言之，他们将我国民法中的"人身权"等同于人格权。例如，早在1909年的著名文章《人格权》中，法国著名民法学者 M. E. H. Perreau 就将家庭权视为人格权的组成部分。③再如，

---

① Цивільний кодекс України（Civil Code of Ukraine），http://www.wipo.int/wipolex/en/details.jsp?id=6071.

② 梁慧星：《民法典编纂中的重大争论——兼评全国人大常委会法工委两个民法典人格权编草案》，载《甘肃政法学院学报》2018年第3期，第18页。

③ M. E. H. PERREAU, Des droits de la personnalite, RTD civ., 1909, pp. 508-513；张民安：《法国人格权法（上）》，清华大学出版社2016年版，第323—328页。

在 1939 年的著名著作《非财产权》中，法国著名民法学者 Roger Nerson 也将家庭权视为一种人格权。①

在民法上，我们是否能够将家庭权、身份权视为一种人格权呢？答案当然是肯定的，我们完全能够这样做，因为家庭权、身份权既具有非财产权的性质也具有财产权的性质，其中的非财产权的性质就是人格权。在民法上，家庭权、身份权的此种性质与著作权极端类似，因为著作权既具有财产权的性质也具有人格权的性质。因为这样的原因，著作权当然属于一种人格权，就像家庭权、身份权在性质上也属于一种人格权一样。② 所以，即便《乌克兰民法典》第二编对家庭权、身份权做出了规定，它所规定的这些权利在性质上当然属于人格权，不存在王利明教授和杨立新教授所谓的该编规定的家庭权、身份权不属于人格权的问题。

最后，《乌克兰民法典》所规定的职业选择权、移动自由权、结社自由权、和平集会权、私人场所免受侵入权和通信秘密权等在性质上均为私权、人格权，不是公权、宪法性的权利、人权。《乌克兰民法典》所规定的这些权利之所以在性质上属于私权、人格权，其主要原因有两个。

其一，民法学者长久以来，一直将这些权利视为人格权，即便是在人权高扬的时代，他们也将这些权利视为民法当中的一种私权、人格权。早在 1870 年的《自然法的教程》中，法国著名学者 Alphonse Boistel 就明确承认，劳动自由权、身体自由权、集会自由权和结社自由权是自然人享有的人格权。③ 在 1888 年的《法律原则》中，法国著名学者 Émile Beaussire 就明确指出，他人享有的身体自由权、结社自由权和劳动自由权等"纯个人权"即人格权就属于私权而不属于

---

① Roger Nerson, Les droits extrapatrimoniaux, Paris, LGDJ, 1939, pp. 273 – 287；张民安：《法国人格权法（上）》，清华大学出版社 2016 年版，第 10 页、第 431—435 页。

② 张民安、丘志乔主编：《民法总论》（第五版），中山大学出版社 2017 年版，第 330—333 页。

③ Alphonse Boistel, Cours Élémentaire De Droit Naturel, Ou De Philosophie Du Droit, Paris, Ernest Thorin, Éditeur, 1870, pp. 167 – 170；张民安：《法国人格权法（上）》，清华大学出版社 2016 年版，第 10 页、第 273—275 页。

公权。①其中的身体自由权被其称为"身体秩序的自由权",也就是"来去自由权",实际上就是《乌克兰民法典》所规定的"移动自由权"。②

在1909年的《人格权》中,法国民法学者 M. E. H. PERREAU 既将移动自由权视为一种人格权,也将结社自由权和劳动自由权视为一种人格权。③在1939年的《非财产权》中,法国著名民法学者 Roger Nerson 既将职业自由权视为一种人格权④,也将移动自由权、劳动自由权等视为人格权⑤。在其第一卷的《民法》中,法国当代著名民法学者 Jean Carbonnier 也承认,移动自由权、住所的不可侵犯权和职业自由权也均属于人格权的组成部分,因为他们构成一种类型的人格权即个人自由。⑥

其二,职业选择权、移动自由权、结社自由权、和平集会权、私人场所免受侵入权和通信秘密权等权利,除了会遭遇国家、公权力的侵犯外,也会遭遇私人民事主体尤其是其中的私法人的侵犯。

在法律领域,职业选择权、移动自由权、结社自由权、和平集会权、私人场所免受侵入权和通信秘密权当然是宪法性的权利、人权,因为除了包括我国宪法在内的各国宪法均对公民享有的这几种权利做出了规定外,有关人权方面的国际或者地区公约也对这几种权利做出了规定。宪法和人权公约之所以规定这些公法性质的权利,是因为国家、公权力机关可能会侵犯公民享有的这些权利,赋予公民以这些权利,让他们能够凭借这些权利对抗国家、公权力机关。

---

① Émile Beaussire, Les principes du droit, Paris, éd, Félix Alcan, 1888, p. 69, p. 394;张民安:《法国人格权法(上)》,清华大学出版社2016年版,第10页,第282—283页,第290页。

② Émile Beaussire, Les principes du droit, Paris, éd, Félix Alcan, 1888, p. 394;张民安:《法国人格权法(上)》,清华大学出版社2016年版,第10页、第290页。

③ M. E. H. PERREAU, Des droits de la personnalite, RTD civ., 1909, pp. 507 - 508;张民安:《法国人格权法(上)》,清华大学出版社2016年版,第322—323页。

④ Roger Nerson, Les droits extrapatrimoniaux, Paris, LGDJ, 1939, pp. 62 - 75;张民安:《法国人格权法(上)》,清华大学出版社2016年版,第10页、第394—396页。

⑤ Roger Nerson, Les droits extrapatrimoniaux, Paris, LGDJ, 1939, pp. 288 - 290;张民安:《法国人格权法(上)》,清华大学出版社2016年版,第10页、第384页。

⑥ Jean Carbonnier, Droit civil, Volume I, Introduction Les personnes la famille, l'enfant, le couple, puf, 2004, pp. 512 - 516.

不过，人们不能够仅仅因为宪法和人权公约对这几种权利作出了规定就认定它们仅仅是几种公法性质的权利，不是私法性质的权利、人格权。事实上，除了在公法领域承认这几种权利外，人们也在民法领域、私法领域承认这几种权利，这就是人格权，已如前述。为何人们在民法领域将这几种权利视为私权、人格权？答案在于，除了会遭遇国家、公权力机关的侵犯外，这些权利也会遭遇私人尤其是其中的私法人的侵犯。为了防止私人尤其是其中的私法人侵犯民事主体享有的这些权利，《乌克兰民法典》对这几种人格权做出了规定。

例如，当雇员尤其是工人要求成立工会或者其他自治组织时，当雇员尤其是其中的工人要求集会抗议雇主实施的某种行为时，除了国家、公权力机关可能阻止雇员成立工会、其他自治组织或者和平集会外，雇主也可能会采取各种各样的措施阻止雇员实施这些行为或者采取这些行动。赋予公民以结社自由权和集会自由权，是为了让他们凭借享有的这些公权对抗国家、公权力机关，而赋予民事主体以结社自由权和集会自由权，则是为了让他们凭借这些权利对抗作为民事主体的雇主。人们不能够像王利明教授和杨立新教授那样以结社自由权、和平集会权的公权性为借口而否定其私权性。这就是《乌克兰民法典》将结社自由权、和平集会权规定在人格权中的原因。

再如，除了国家、公权力机关尤其是其中的执法机关可能会擅自进入他人的房屋或者其他私人场所外，私人也可能会擅自进入他人的房屋或者其他私人场所。当他人享有的私人场所免受侵入权是用来针对国家、公权力机关尤其是其中的执法机关擅自实施的进入行为时，则他人享有的此种权利在性质上就属于公权、宪法性权利、人权，而当他人享有的私人场所免受侵入权是用来针对私人擅自实施的进入行为时，则他人享有的此种权利在性质上就属于私权、人格权。人们不能够像王利明教授和杨立新教授那样借口私人场所免受侵入权的公权性而否定其私权性。这就是《乌克兰民法典》将私人场所免受侵入权规定在人格权中的原因。

同样，除了国家、公权力机关可能会偷听、偷录、偷看、偷拍他人的通信秘密外，私人也可能会偷听、偷录、偷看、偷拍他人的通信秘密。当他人享有的通信秘密权是用来对抗国家、公权力机关的偷听、偷录、偷看、偷拍行为时，则他人享有的此种权利在性质上就属于公权、宪法性权利、人权,而当他人享有的通信秘密权是用来针对私人的偷听、偷录、偷看、偷拍行为,则他人享有的此种权利在性质上就是私权、人格权。人们不能够像王利明教授和杨立新教授那样以通信秘密权的公权性为借口而否定其私权性。这就是《乌克兰民法典》将通信秘密权规定在人格权中的原因。

四、梁慧星教授的上述反对理由所存在的问题

在反对人格权独立设编时,梁慧星教授的上述理由是否能够成立、有没有说服力、能否站得住脚?笔者认为,在反对人格权独立设编时,梁慧星教授的上述理由是完全不成立的、是没有说服力的、是站不住脚的。

(一) 我国立法者将人格权独立设编的做法与《乌克兰民法典》没有丝毫关系

在我国,梁慧星教授的上述反对理由之所以是不成立的,第一个主要原因是,我国立法者将人格权独立设编的做法与《乌克兰民法典》没有丝毫关系。

在我国,虽然民法学者和立法者均主张将人格权独立设编,但是他们的此种主张的提出同《乌克兰民法典》将人格权独立设编的做法之间不存在因果关系。虽然他们试图将人格权独立设编,但是他们的做法并不是在学习、模仿《乌克兰民法典》的做法,事实上,他们的做法与《乌克兰民法典》的做法仅仅是不谋而合、殊途同归而已。因为在乌克兰立法者主张人格权独立设编之前,我国民法学者就已经开始主张人格权的独立设编了,他们主张人格权独立设编的时间要早于乌克兰立法者尝试将人格权独立设编的时间。这一点通过文献资料极易证明。

在1990年之前,我国民法学者很少论及民法典的制定,民法典是否应当将人格权独立设编,民法学者没有做出说明。[①]在1991年,我国民法学者虽然开始关注民法典的制定,但是他们很少对民法典的

---

① 孙宪忠:《中国法学会民法学经济法学研究会第五届年会会议综述》,载《中国法学》1990年第1期,第114—116页。

编制体例和编章结构做出说明。① 在1992年，除了关注民法典的制定外，我国民法学者也开始关注民法典的编制体例和编章结构②，其中的少数人认为，除了应当将民法的其他内容独立设编外，立法者也应当将人格权独立设编。

在1992年7月的《中国民法·立法史·现状·民法典的制定》③一文中，梁慧星教授本人明确指出，人格权原本应当像总则、物权债权、亲属和继承一样作为独立的一编规定在我国民法典中，但是，鉴于其条文太少，人格权最好还是放在总则编的自然人一章中，已如前述。④ 在1992年的《论我国未来民法典的结构体系》⑤ 一文中，史浩明教授也主张，除了应当将总则、物权、债权、家庭权、继承权和知识产权等内容等作为独立的几编规定在我国民法典中外，人格权也应当作为独立的一编加以规定。⑥

在主张人格权独立设编时，梁慧星教授和史浩明教授不可能受《乌克兰民法典》的影响。因为一方面，在1992年的时候，乌克兰立法者并没有尝试将人格权独立设编，他们是在这两位教授主张人格权独立设编之后的四年才尝试将人格权独立设编；另一方面，在主张人格权独立设编时，梁慧星教授和史浩明教授或者将其主张建立在《民法通则》规定的基础上，或者将其主张建立在大陆法系国家民法典所存在的缺陷的基础上，但是他们完全没有将其主张建立在乌克兰立法者或者民法学者的主张的基础上。

具体来说，梁慧星教授提出此种主张的唯一根据是《民法通则》

---

① 法宣：《中国法学会民法学经济法学研究会年会综述》，载《中国法学》1991年第1期，第119—120页。
② 孙宪忠：《中国法学会民法学经济法学研究会1992年年会综述》，载《中国法学》1992年第5期，第118—120页。
③ 梁慧星：《中国民法·立法史·现状·民法典的制定》，见梁慧星《民法学说判例与立法研究》，中国政法大学出版社1993年版，第61—75页。
④ 梁慧星：《中国民法·立法史·现状·民法典的制定》，见梁慧星《民法学说判例与立法研究》，中国政法大学出版社1993年版，第71—73页。
⑤ 史浩明：《论我国未来民法典的结构体系》，载《中外法学》1992年第6期，第57—60页。
⑥ 史浩明：《论我国未来民法典的结构体系》，载《中外法学》1992年第6期，第59—60页。

第五章第四节关于人身权的规定。① 而史浩明教授提出此种主张的根据有两个：大陆法系国家民法典对人格权保护的不足；我国《民法通则》第五章第四节对人身权所做出的规定。他指出："尽管人们日益强调对人身权的保护，但在各国民法中，却未能给予相应的地位，一般在总则中将人身权置于民事主体的有关内容之中，以致物权、债权、继承权能独立成编，内容详尽完备，而人身权的规定却零乱、分散、粗糙。我国《民法通则》在民事权利一章中已专节规定了人身权，使之与所有权、债权、知识产权并列，这无疑是有重大意义之举。"②

如果说在最初主张人格权独立设编时，我国民法学者完全没有受到《乌克兰民法典》的影响，那么，在乌克兰立法者颁布《乌克兰民法典（草案）》和最终通过《乌克兰民法典》的1996年至2003年期间，我国民法学者在主张人格权独立设编时是否受到乌克兰立法者的影响呢？答案同样是否定的，他们没有受到乌克兰立法者一丝一毫的影响。一方面，在主张人格权独立设编时，他们根本没有提及乌克兰立法者的做法，包括乌克兰立法者颁布的民法典草案和最终通过的民法典；另一方面，在主张人格权独立设编时，他们往往将其主张建立在《民法通则》第五章规定的基础上，建立在大陆法系国家民法典所存在的没有重视人格权地位的欠缺的基础上，没有任何人将其主张建立在《乌克兰民法典》的基础上。在主张人格权独立设编时，我国民法学者之所以在这一时期普遍忽视《乌克兰民法典》的存在，唯一的解释是，他们根本不知道世界上还存在一个尝试并且最终将人格权独立设编的民法典。

在2001年的《中国民法典的体系》中，王利明教授虽然主张人格权的独立设编，但是他根本就没有提及乌克兰立法者的做法。在该文中，王利明教授之所以主张人格权的独立设编，一方面是因为《德国民法典》存在没有单独规定人格权的历史局限性，另一方面是

---

① 梁慧星：《中国民法·立法史·现状·民法典的制定》，见梁慧星《民法学说判例与立法研究》，中国政法大学出版社1993年版，第72—73页。
② 史浩明：《论我国未来民法典的结构体系》，载《中外法学》1992年第6期，第59页。

因为《民法通则》第五章对人身权做出了重大的体系性的突破规定，具有立法的先进性。①

在2002年4月19日召开的民法典草案专家讨论会，王家福教授虽然主张将人格权独立设编，但是他完全没有受到《乌克兰民法典》的影响。在该专家讨论会上，王家福教授建议民法典设十编：第一编总则、第二编人格权、第三编物权、第四编知识产权、第五编债权总则、第六编合同、第七编侵权行为、第八编亲属、第九编继承、第十编涉外民事关系的法律适用。②

在2003年的《中国民法典编纂的几个问题》③中，在讨论人格权是否应当独立设编时，梁慧星教授对主张人格权独立设编的三种理由一一做出了说明，认为主张人格权独立设编的理由不外乎三个：人格权的重要性、民法典的创新，以及我国《民法通则》的经验。在对这三个理由做出分别介绍和批判时，梁慧星教授完全没有说，这些民法学者是受到《乌克兰民法典》的影响才主张人格权独立设编的。尤其值得注意的是，在介绍各国民法典和民法典草案关于人格权规定的三种模式时，梁慧星教授虽然介绍了《德国民法典》《法国民法典》和《日本民法典》对人格权提供的保护，但是无论是尝试将人格权独立设编的1996年的《乌克兰民法典（草案）》、2002年的《乌克兰民法典（草案）》，还是正式将人格权独立设编的2003年的《乌克兰民法典》，他均只字未提。④

除了我国民法学者在主张人格权独立设编时没有受到《乌克兰民法典》的影响外，在尝试将人格权独立设编时，我国立法者也没有受到《乌克兰民法典》的影响。在2002年的《民法典草案（9月稿）》中，我国立法者虽然将人格权作为独立的一编加以规定，但是，他们完全没有受到乌克兰立法者的影响。在该草案中，立法者对

---

① 王利明：《中国民法典的体系》，载《现代法学》2001年第4期，第49—50页。
② 梁慧星：《中国民法典编纂的几个问题》，载《山西大学学报（哲学社会科学版）》2003年第5期，第14页。
③ 梁慧星：《中国民法典编纂的几个问题》，载《山西大学学报（哲学社会科学版）》2003年第5期，第13—19页。
④ 梁慧星：《中国民法典编纂的几个问题》，载《山西大学学报（哲学社会科学版）》2003年第5期，第19页。

民法典采取了九编制，其中的第二编为人格权，这九编是：总则、人格权、物权、知识产权、合同、侵权行为、亲属、继承，以及涉外民事关系的法律适用。① 在 2002 年 12 月 23 日的《中华人民共和国民法（草案）》中，我国立法者虽然将人格权作为九编中的独立一编，但是他们并没有受到乌克兰立法者的影响。在该民法草案中，立法者规定的九编是：总则、物权、合同法、人格权法、婚姻法、收养法、继承法、侵权责任法，以及涉外民事关系的法律适用法。②

在今时今日，我国民法学界几乎没有人不知道《乌克兰民法典》的存在，民法学者也罢，立法者也罢，他们都知道《乌克兰民法典》已经将人格权独立设编了。问题在于，当我国民法学者在此时主张人格权的独立设编时，当我国立法者分别于 2017 年 11 月和 2018 年 3 月公开了他们起草的《人格权编（室内稿）》和《人格权编（征求意见稿）》时，我们能否像梁慧星教授所言的那样，认为他们是在学习、模仿《乌克兰民法典》的做法呢？

显然，我们不能像梁慧星教授那样讲，因为我国民法学者在今时今日的主张是他们一贯主张的继续，我国立法者当下的做法是其 2002 年做法的延续，是他们将其早已确信的主张和做法坚持到底的表现，即便他们此时已经知道，除了自己一直坚持此种主张和做法外，世界上还有另外一个国家的民法学者和立法者也坚持同样的主张和做法，即便他们此时已经知道，另外一个国家的民法学者和立法者的同样主张、同样想法已经付诸实施并成为正式的法律。

（二）《德国民法典》在世界上的影响力并没有梁慧星教授所宣称的那样大

在我国，梁慧星教授的上述反对理由之所以是不成立的，第二个主要原因是，《德国民法典》在世界上的影响力并没有梁慧星教授所宣称的那样大。

---

① 梁慧星：《中国民法典编纂的几个问题》，载《山西大学学报（哲学社会科学版）》2003 年第 5 期，第 14 页。

② 《中华人民共和国民法（草案）》（2002 年 12 月 23 日），见何勤华、李秀清、陈颐编《新中国民法典草案总览》（增订本，下卷），北京大学出版社 2017 年版，第 1483—1542 页。

在反对人格权独立设编时,梁慧星教授一方面反对我们向已经将人格权独立设编的《乌克兰民法典》学习,另一方面则要求我们要向没有将人格权独立设编的《德国民法典》学习,已如前述。在提出此种建议时,梁慧星教授指出了一个学习的理由:"20世纪到21世纪制定的世界上大多数民法典,都是采用了《德国民法典》的体例(或者仅仅是对其略加调整)。"问题在于,梁慧星教授所讲的此种学习理由是否成立?答案是,此种学习理由是完全不成立的。

在制定本国的民法典时,立法者通常都会学习和借鉴其他国家的民法典。在19世纪,所有国家的立法者在制定本国民法典时均会学习和借鉴《法国民法典》,因为在19世纪,除了《法国民法典》外,世界上没有其他有影响力的民法典,例如,意大利的立法者和智利的立法者。这些国家的民法典被称为法式民法典,因为它们均是以《法国民法典》为范本制定的。① 在20世纪初期,随着1896年《德国民法典》的横空出世,许多国家的立法者在制定本国民法典时不再学习和借鉴《法国民法典》的经验,而是学习和借鉴《德国民法典》的经验,例如,日本的立法者、泰国的立法者。这些国家的民法典被称为德式民法典,因为它们均是以1896年的《德国民法典》为范本制定的。②

在20世纪和21世纪,其他国家的立法者在制定本国民法典时要么采用《法国民法典》的立法模式,要么采用《德国民法典的》立法模式,在这两种立法模式之外不存在第三种立法模式。《瑞士民法典》在性质上属于法式民法典,因此,即便少数国家的立法者以《瑞士民法典》为范本制定本国民法典,它们的民法典在性质上也属于法式民法典;在19世纪末期和20世纪初期,虽然拉丁美洲的大多数国家均已《西班牙民法典》为范本制定本国民法典,但是,因为《西班牙民法典》在性质上属于法式民法典,所以拉丁美洲的民法典在性质上也均属于法式民法典。

问题在于,在20世纪和21世纪,是不是大多数国家的立法者在制定本国民法典时均采用了德式民法典的立法模式?真实情况是否定

---

① 张民安:《法国民法总论(上)》,清华大学出版社2017年版,第285—29
② 张民安:《法国民法总论(上)》,清华大学出版社2017年版,第410—413页。

的，在 20 世纪和 21 世纪，采用《德国民法典》立法模式的国家非常少，而采用《法国民法典》立法模式的国家则非常多，事实上，在 20 世纪和 21 世纪，采用《法国民法典》立法模式的国家要远远多于采用《德国民法典》立法模式的国家。

一方面，在 20 世纪和 21 世纪，采用《德国民法典》立法模式的国家数量极其有限，主要包括：《日本民法典》《泰国民法典》《希腊民法典》以及前东欧社会主义国家的民法典。① 另一方面，在 20 世纪和 21 世纪，采用《法国民法典》立法模式的国家则数量远远超过了采用《德国民法典》立法模式的国家。除了众所周知的四部民法典即 1907 年的《瑞士民法典》、1942 年的《意大利民法典》（被称为意大利新民法典）、1991 年的《魁北克民法典》（CODE CIVIL DU QUÉBEC）和 1992 年的《荷兰民法典》（被称为荷兰新民法典 Nouveau Code Civil Néerlandais）均采用了《法国民法典》的立法模式之外，还有大量国家的立法者在 20 世纪和 21 世纪均采用了《法国民法典》的立法模式。

笔者仅以阿拉伯和伊斯兰国家的民法典为例对此做出简要的说明。传统上，阿拉伯和伊斯兰国家的民法典在性质上属于法式民法典，因为 19 世纪制定本国民法典时，这些国家的立法者均以《法国民法典》为范本。② 在 20 世纪中期，为了适用新的发展需要，这些国家的立法者纷纷废除旧的民法典而制定新的民法典。在制定新的民法典时，这些国家仍然一如既往地采用法式民法典的立法模式。

1949 年 10 月 15 日，埃及立法者首先以《法国民法典》为范本制定了本国的新民法典，即 1949 年的《埃及民法典》（Code civil Égyptien）。在 1949 年，叙利亚立法者以《埃及民法典》为范本制定了本国的民法典，即 1949 年的《叙利亚民法典》（Code Civil Syrien）。1953 年，伊拉克和利比亚的立法者以《埃及民法典》为范本分别制定了本国的民法典，即 1953 年的《伊拉克民法典》（Code Civil Irakien）和 1953 年的《利比亚民法典》（Code Civil Libyen）。在 1973 年、1975 年和 1977 年，索马里、阿尔及利亚和约旦的立法者以《埃及民

---

① 张民安：《法国民法总论（上）》，清华大学出版社 2017 年版，第 410—413 页。
② 张民安：《法国民法总论（上）》，清华大学出版社 2017 年版，第 285 页。

法典》为范本分别制定了本国的民法典,这就是 1973 年的《索马里民法典》(*Code Civil Somalien*)、1975 年的《阿尔及利亚民法典》(*Code Civil Algérien*)和 1977 年的《约旦民法典》(*Code Civil Jordanien*)。

在 1980 年、1984 年和 1985 年,科威特、苏丹和阿拉伯联合酋长国的立法者以《埃及民法典》为范本分别制定了本国的民法典,这就是 1980 年的《科威特民法典》(*Code Civil Kuwait*)、1984 年的《苏丹民法典》(*Code Civil Soudanais*)和 1985 年的《阿联酋民法典》(*Code Civil Des Émirats*)。在 2001 年、2002 年和 2004 年,巴林、也门和卡塔尔的立法者均以《埃及民法典》为范本分别制定了本国的民法典,这就是 2001 年的《巴林民法典》(*Code Civil Bahrain*)、2002 年的《也门民法典》(*Code Civil Yémen*)和 2004 年的《卡塔尔民法典》(*Code Civil Qatarien*)。

因为上述所有民法典均是以 1949 年的《埃及民法典》为范本制定的,而 1949 年的《埃及民法典》又是以《法国民法典》为范本制定的,因此,这些从 20 世纪 50 年代至 21 世纪初期所制定的所有民法典在性质上均属于法式民法典。

为什么这些国家的立法者在制定本国民法典时没有采用梁慧星教授最为推崇的《德国民法典》的立法模式呢?答案在于,《德国民法典》并非像梁慧星教授、王泽鉴教授所宣称的那样完美无缺,它全身都充满着这样或者那样的缺陷、法律漏洞,无论是从编制体例还是从所规定的内容方面,均如此。其中一个问题是,它完全忽视了人格权的存在,除了在《德国民法典》第 12 条中对姓名权做出了规定外,它没有对人格权做出任何规定,而是让人格权作为一种重要的主观权利整体地从《德国民法典》中消失了。[①]

在 20 世纪 50 年代,为了克服《德国民法典》在人格权保护方面所存在的致命漏洞,德国法官和民法学者共同努力,在将《德国民法典》第 823(1)条所规定的一般过错侵权责任保护的几种利益解释为具体人格权时,他们还依据 1949 年的《德国基本法》第 1

---

① 张民安:《法国人格权法(上)》,清华大学出版社 2016 年版,第 245—255 页;张民安:《法国民法总论(上)》,清华大学出版社 2017 年版,第 413—418 页。

条、第 2 条并且结合《德国民法典》第 823（1）条人为地打造出了被我国民法学者津津乐道并且普遍赞同的"一般人格权"。① 在今时今日，此种做法仍然被德国所坚持。

（三）同样是学习《德国民法典》，乌克兰并没有变得像日本一样富强

在我国，梁慧星教授的上述反对理由之所以是不成立的，第三个主要原因是，学习《德国民法典》的做法并非一定会让一个国家富强。同样是学习和借鉴《德国民法典》的做法，虽然日本变得富强，但是乌克兰不仅没有富强，反而变成了梁慧星眼中的"社会动荡、经济崩溃、秩序混乱、民族分裂"。

在主张学习《德国民法典》不将人格权独立设编的做法时，梁慧星教授提出了一个最引人注目的观点，这就是，当一个国家学习《德国民法典》的做法时，这个国家就会因此成为一个富强的国家，反之，当一个国家学习《乌克兰民法典》的做法时，这个国家就会成为一个贫穷的国家，已如前述。问题在于，梁慧星教授主张学习《德国民法典》的此种理由是否具有说服力、能否站得住脚？答案是，此种学习理由完全没有说服力，根本就站不住脚，其主要原因有两个。

一方面，同样是学习、模仿《德国民法典》，许多国家并没有因此成为像德国和日本那样的富强国家。在今时今日，除了德国属于富强的国家外，日本也属于富强国家，这一点毋庸置疑。如果它们是因为采用了《德国民法典》的编制体例而富强，为何同样采用了《德国民法典》编制体例的泰国、波兰等国家没有像德国和日本一样成为富强国家？早在 1926 年，泰国立法者就根据《德国民法典》的编制体例制定了本国的民法典，这就是 1926 年的《泰国民法典》②，该法典自 1926 年开始一直适用到今天。在学习和模仿了《德国民法

---

① 张民安：《一般人格权理论在法国民法中的地位》，载《法治研究》2016 年第 1 期，第 114—120 页；张民安：《法国人格权法（上）》，清华大学出版社 2016 年版，第 191—244 页。

② 张民安：《法国民法总论（上）》，清华大学出版社 2017 年版，第 411 页。

典》长达 92 年之后的今天，泰国是否已经成为像德国和日本一样的富强国家？答案是，泰国仍然没有成为像德国和日本一样的富强国家。早在 1964 年，波兰和捷克斯洛伐克就根据《德国民法典》编制体例制定了本国的民法典，这就是 1964 年的《波兰民法典》和《捷克斯洛伐克民法典》。① 在今时今日，它们成为像德国和日本一样的富强国家了吗？答案是，它们还没有成为像德国和日本一样富强的国家。

其二，同样是学习、模仿了《德国民法典》，乌克兰为何没有成为像德国和日本一样的富强国家？在制定 2003 年的《乌克兰民法典》时，乌克兰立法者有没有学习、模仿《德国民法典》的编制体例？答案是，在制定 2003 年的《乌克兰民法典》时，乌克兰立法者学习、模仿了《德国民法典》的编制体例，而且在 1963 年制定《乌克兰社会主义苏维埃共和国民法典》时，乌克兰的立法者也采用了《德国民法典》的编制体例。换言之，无论是 1963 年旧的《乌克兰民法典》还是 2003 年新的《乌克兰民法典》均属于德式民法典，它们均是乌克兰立法者根据《德国民法典》的编制体例制定的。

具体来说，1963 年旧的《乌克兰民法典》是以《德国民法典》为范本制定的，属于德式民法典的范畴。在苏联出世之后，苏联的立法者在 1922 年制定了自己的民法典即 1922 年的《苏俄民法典》。自 1923 年 1 月 1 日开始实施。在同一时期，苏联各加盟共和国也分别制定了自己的民法典。② 到了 1964 年，苏联立法者制定了一部新的民法典取代了 1922 年的《苏俄民法典》，这就是 1964 年的《苏俄民法典》，自 1964 年 10 月 1 日起施行。③ 根据苏联《民事立法原则》的要求，苏联各加盟共和国也分别在 1963 年至 1965 年制定了自己的

---

① 张民安：《法国民法总论（上）》，清华大学出版社 2017 年版，第 411 页。
② ［苏］B. II. 格里巴诺夫、［苏］C. M. 科尔涅耶夫主编：《苏联民法》（上册），中国社会科学院法学研究所、民法经济法研究室译，法律出版社 1984 年版，第 35 页。
③ ［苏］B. II. 格里巴诺夫、［苏］C. M. 科尔涅耶夫主编：《苏联民法》（上册），中国社会科学院法学研究所、民法经济法研究室译，法律出版社 1984 年版，第 32 页；［苏］B. T. 斯米尔诺夫等：《苏联民法》（上卷），黄良平、丁文琪译，中国人民大学出版社 1987 年版，第 23 页。

民法典，并因此取代之前所制定的民法典。① 在 1963 年，乌克兰立法者按照《民事立法原则》颁布了自己的民法典即 1963 年的《乌克兰民法典》，已如前述。

无论是 1922 年的《苏俄民法典》还是 1964 年的《苏俄民法典》均采取《德国民法典》的编制体例②，虽然在具体的编制体例和编章结构方面，它们的规定与《德国民法典》存在差异，但是它们均像《德国民法典》一样规定了总则编。因为 1963 年的《乌克兰民法典》是根据 1964 年的《苏俄民法典》制定的，所以 1963 年的《乌克兰民法典》在性质上当然也属于德式民法典的组成部分。在制定 2003 年的《乌克兰民法典》时，乌克兰立法者也学习和模仿过《德国民法典》，因为在制定该民法典时，乌克兰立法者虽然也从俄罗斯在 20 世纪 90 年代制定的《俄罗斯民法典》和中欧倡议国（Central European Initiative，CEI）的民法典中吸取了灵感，但是，他们主要是从西欧的两个民法典中获得灵感的，这就是《德国民法典》和 1992 年的《荷兰民法典》。③

总之，无论是在制定 1963 年的《乌克兰民法典》时，还是在制定 2003 年的《乌克兰民法典》时，乌克兰立法者均像日本立法者那样学习和模仿了《德国民法典》。如果学习和模仿《德国民法典》能够让一个国家富强，为何乌克兰没有像日本那样富强？不仅如此，在反复学习和模仿《德国民法典》之后，乌克兰为何没有走向社会稳定、经济繁荣、秩序正常和民族团结，反而走向了梁慧星教授所说的社会动荡、经济崩溃、秩序混乱、民族分裂呢？

---

① ［苏］B. II. 格里巴诺夫、C. M. 科尔涅耶夫主编：《苏联民法》（上册），中国社会科学院法学研究所、民法经济法研究室译，法律出版社 1984 年版，第 32—36 页；［苏］B. T. 斯米尔诺夫等：《苏联民法》（上卷），黄良平、丁文琪译，中国人民大学出版社 1987 年版，第 23—25 页。

② 梁慧星：《民法总论》（第五版），法律出版社 2017 年版，第 19 页。

③ OECD, Examen des politiques d'investissement: Ukraine, 2001, Logiciel 1987 – 1996, Acrobat, p. 63.

五、《乌克兰民法典》第二编说明德式民法典并不排斥人格权的独立设编

可见，一个国家是否富强、发达，一个国家是否处于社会动荡、经济崩溃、秩序混乱、民族分裂中，同这个国家是否制定民法典没有丝毫关系，尤其是同这个国家是否采用《德国民法典》的编制体例没有丝毫的关系。也就是说，没有制定民法典的国家，某些国家富强、发达、社会稳定、经济繁荣，而另外一些国家则贫弱、落后、社会动荡不安、经济萎靡不振；采用了《德国民法典》和《法国民法典》的编制体例制定民法典的国家），某些国家同样是富强、发达、社会稳定、经济繁荣，而另外一些国家同样是贫弱、落后、社会动荡不安、经济萎靡不振。

因此，在《乌克兰民法典》生效之后，如果乌克兰真的发生了梁慧星教授所描述的各种各样的现象，诸如社会动荡、经济崩溃、秩序混乱、民族分裂和"颜色革命"，这些现象均同《乌克兰民法典》没有任何直接或者间接的关系，均不是由《乌克兰民法典》第二编所规定的人格权尤其是其中的"结社自由权"和"集会自由权"引起的后果。因为制定民法典的目的不是引起社会动荡、秩序混乱、经济崩溃，而是建立和维护私人领域的法律秩序，包括经济秩序、人身秩序，确保社会和平稳定。

Jean-Étienne-Marie Portalis 对民法典所具有的此种崇高、伟大的使命做出了说明，他指出："民法典是人类所能够给予的和所能够获得的最伟大利益。因为民法典是人类道德的源泉（la source des moeurs），是社会繁荣昌盛的守护神（le palladium de la prospérité），是所有公共和平尤其是私人和平的保障：它们维护和平，减缓权力的强度，并且让人们尊重和平，就像和平是同样的正义一样；民法典涉及我们每一个人，介入我们每一个人在有生之年所采取的主要行为当中，它尤其是会伴随着我们每一个人的始终；民法典往往是民族的唯

一道德，并且它总是会成为这个民族自由的组成部分。"①

既然 2003 年的《乌克兰民法典》在性质上属于德式民法典，当乌克兰立法者将人格权独立设编时，他们的做法说明，德式民法典在编制体例方面既具有恒定性、不变性，也具有开放性、变动性。德式民法典的恒定性、不变性，是指自德国立法者在 1896 年的《德国民法典》中将总则编作为独立的第一编加以规定以来，其他国家的立法者在制定本国民法典时均采取同样的做法，均将总则编作为其民法典的第一编。因此，总则编是所有德式民法典的共同标志，它是判断一个国家的民法典在性质上究竟是德式民法典还是法式民法典的标准。②

德式民法典的开放性、变动性是指，在将总则编作为第一编的情况下，立法者可以根据本国的国情、社会发展的状况和人们日益强烈的社会需要等因素确定民法典的分则编，因为要考虑的因素不同，尤其是，因为所处的时代不同，不同国家的立法者在不同时期所规定的分则编可能存在差异，导致德式民法典在分则编方面无法整齐划一。在 19 世纪末期和 20 世纪初期，当德国立法者和其他国家的立法者将物权、债权、婚姻家庭和继承作为独立的四编规定在民法典中时，换言之，当这些立法者采取梁慧星教授倍加推崇的五编制时，他们的做法具有合理性、契合于时代，因为他们的此种做法同当时的社会发展状态、人们的强烈社会需要是相适应的。

而在今时今日，如果我们因循守旧、抱残守缺，仍然固守此种做法，继续采取《德国民法典》的五编制，不将合同法、侵权责任法和人格权法作为独立的三编加以规定，那么我们的做法显然不具有合理性、落后于时代，因为它同今时今日社会发展的状况，以及人们对合同法、侵权责任法和人格权法的强烈需求不相适应。因为这样的原因，除了合同法和侵权责任法外，人格权法也应当作为独立的一编规定在未来民法典中。

---

① Jean-Étienne-Marie Portalis, Discours préliminaire du premier projet de Code civil (1801), Préface de Michel Massenet, Bordeaux: Éditions Confluences, 2004, p. 13; 张民安、丘志乔主编：《民法总论》（第五版），中山大学出版社 2017 年版，第 10—11 页。

② 张民安：《法国民法总论（上）》，清华大学出版社 2017 年版，第 299—301 页。

第十一章　我国民法学者主张人格权独立设编的理由为何没有说服力

一、"人格权制度不能为主体制度所涵盖"的理由为何没有说服力

（一）民法学者对人格权不能够规定在主体制度中的理由做出的具体阐述

在反对梁慧星教授和尹田教授所提出的将人格权规定在民法典总则编自然人一章中的主张，并因此强化人格权独立设编的主张时，我国民法学者普遍提出的一个理由是，人格权不能够被规定在民法典总则编的主体制度中。曹险峰教授指出："人格权与民事主体制度不宜规定于一处。"① 薛军教授指出："人格权制度与民事主体制度并不存在必然的联系。"② 黄忠教授指出："由于自然人对其人格要素享有支配权，并且在现代社会中，人格权的商业化倾向也使得人格权与自然人间发生了主动分离，这就使得人格权已经不能再寄居于民事主体的自然人部分了。"③ 王利明教授指出："即使从人格权的性质和特点来看，我认为，将人格权放在主体制度中也是不合适的，甚至是与其性质相背离的。"④

在2003年的《人格权制度在中国民法典中的地位》和2005年的

---

① 曹险峰、田园：《人格权法与中国民法典的制定》，载《法制与社会发展》2002年第3期，第126页。
② 薛军：《人格权的两种基本理论模式与中国的人格权立法》，载《法商研究》2004年第4期，第73页。
③ 黄忠：《人格权法独立成编的体系效应之辨识》，载《现代法学》2013年第1期，第55页。
④ 王利明：《人格权制度在中国民法典中的地位》，载《法学研究》2003年第2期，第38—39页；王利明：《人格权法研究》，中国人民大学出版社2005年版，第126页。

第十一章　我国民法学者主张人格权独立设编的理由为何没有说服力

《人格权法研究》中,王利明教授将人格权不应当规定在主体制度中的原因归结为五个方面:其一,此种观点未能解释人格利益是否能够作为权利并应当受到侵权法的保护。其二,人格权作为一种权利类型,应当置于分则中加以规定。其三,主体制度无法调整各种具体的人格关系。其四,人格权的专属性并非意味着其与主体资格是合二为一的。其五,如果人格权在主体制度中做出规定,在立法技术上也存在问题,因为除了自然人外,法人和其他法人也享有。①

问题在于,我国民法学者所提出的这些反对理由是否具有说服力?笔者认为,他们提出的这些反对理由没有丝毫的说服力。笔者主要对王利明教授在2003年和2005年的著作中所提出的四个理由做出说明,证明它们为何没有说服力,因为在王利明教授的这五个理由中,第二个理由没有任何意义:它的反面就是人格权不应当规定在主体制度中。

(二) 为何"此种观点未能解释人格利益是否能够作为权利并应当受到侵权法的保护"的理由没有说服力。

在主张人格权独立设编时,王利明教授认为,人格权不能够像梁慧星教授等人主张的那样被规定在民事主体制度中,因为"此种观点未能解释人格利益是否能够作为权利,并应当受到侵权法的保护"②。问题在于,王利明教授的此种理由是否具有说服力、能否站得住脚?笔者认为,此种理由是没有说服力的、是站不住脚的。此种理由之所以是没有说服力的、是站不住脚的,是因为自人格权在19世纪初期被提出一直到今时今日,除了像德国学者萨维尼③、法国学者Léon Duguit④ 和 Paul Roubier⑤ 等少数学者否定人格权的存在外,几乎所有的民法学者均承认人格权的存在,他们均认为,他人对其人

---

① 王利明:《人格权制度在中国民法典中的地位》,载《法学研究》2003年第2期,第38页;王利明:《人格权法研究》,中国人民大学出版社2005年版,第126—129页。
② 王利明:《人格权法研究》,中国人民大学出版社2005年版,第126—127页。
③ 张民安:《法国人格权法(上)》,清华大学出版社2016年版,第142—152页。
④ 张民安:《法国民法总论(上)》,清华大学出版社2017年版,第467—469页。
⑤ 张民安:《法国民法总论(上)》,清华大学出版社2017年版,第467—469页。

格利益享有的权利在性质上属于一种主观权利。① 在承认人格权的存在时,他们并没有将人格权的主观权利性质与人格权在民法典中的地位挂钩,没有人认为人格权放在主体制度中就丧失了其主观权利的性质,而放在独立的人格权编中就保有其主观权利性质。

首先,在立法者对人格权做出具体规定之前,民法学者就普遍承认人格权是一种真正的主观权利。在1804年的《法国民法典》中,法国立法者没有对人格权做出任何规定。② 在1896年的《德国民法典》中,除了在第12条中对姓名权做出了规定外,德国立法者没有对人格权做出任何规定。③ 然而,自1832年德国著名民法学者G. F. Puchta首次提出人格权的一般理论④以来,他的此种理论获得了大陆法系国家民法学者的普遍赞同,他们均认为,权利主体对其自身的人格利益享有的权利是一种真正的主观权利、民事权利,在行为人侵犯其人格权时,法官会责令行为人对其承担侵权责任。⑤ 这说明,人格权的主观权利性质同立法者是否规定人格权没有关系,即便立法者不在其制定的民法典中对人格权做出任何规定,人格权仍然会成为一种受侵权责任法保护的主观权利。

其次,即便立法者将人格权规定在民法典的主体制度中,民法学者仍然将其视为一种真正的主观权利。从20世纪初期开始一直到今时今日,法式民法典均在其主体制度中对人格权做出了规定。1907年,瑞士立法者不仅在其制定的1907年的《瑞士民法典》中对人格权的一般理论做出了规定,而且还将这些规定置于民法典的主体制度中。⑥ 1991年,魁北克立法者不仅在其制定的《魁北克民法典》中

---

① 张民安:《法国民法总论(上)》,清华大学出版社2017年版,第309—558页;张民安:《法国民法总论(上)》,清华大学出版社2017年版,第475—514页。
② 张民安:《法国人格权法(上)》,清华大学出版社2016年版,第76—83页。
③ 张民安:《法国民法总论(上)》,清华大学出版社2017年版,第418页。
④ 张民安:《法国人格权法(上)》,清华大学出版社2016年版,第131—142页。
⑤ 张民安:《法国人格权法(上)》,清华大学出版社2016年版,第153—190页、第259—342页。
⑥ 张民安:《法国人格权法(上)》,清华大学出版社2016年版,第482—485页;Code civil suisse, https://www.admin.ch/opc/fr/classified-compilation/19070042/index.html.

第十一章 我国民法学者主张人格权独立设编的理由为何没有说服力

对人格权的一般理论做出了规定,而且还将人格权规定在主体制度中。① 从1970年开始一直到今时今日,法国立法者不仅在《法国民法典》中对人格权做出了规定,而且还将所规定的人格权置于主体制度中。②

在立法者将人格权规定在民法典的主体制度中之后,法国民法学者仍然认为,人格权在性质上是一种主观权利,就像物权、债权在性质上属于一种主观权利一样,没有任何民法学者借口人格权被规定在主体制度中而否定人格权的主观权利性质。③

最后,即便立法者既没有将人格权规定在主体制度中,也没有将人格权作为民法典的独立一编加以规定,人格权在性质上仍然属于一种真正的主观权利、民事权利。迄今为止,我国立法者既没有按照梁慧星教授的意见将人格权规定在民事主体制度中,也没有按照王利明等教授的意见将人格权作为独立的一编规定在民法典的分则编中。他们采取的做法是,在《民法通则》和《民法总则》的专门一章即第五章中对人格权做出规定。当我国立法者将人格权规定在《民法通则》和《民法总则》第五章中时,他们难道没有将所规定的人格权视为一种真正的主观权利、民事权利?答案是,无论是在《民法通则》,还是在《民法总则》中,他们均明确承认人格权是一种主观权利。

一方面,在第五章中,他们使用的标题均是"民事权利",说明人格权像物权、债权和知识产权等其他民事权利一样属于真正的主观权利;另一方面,在《民法通则》第五章第四节中,虽然我国立法者使用了"人身权"这一术语,但是民法学者普遍认为,"人身权"除了包括身份权外还包括人格权。可见,我国立法者早就将人格权视

---

① 张民安:《法国人格权法(上)》,清华大学出版社2016年版,第485—487页; CCQ-1991-Code civil du Québec, http://legisquebec.gouv.qc.ca/fr/showdoc/cs/CCQ-1991.

② 张民安:《法国人格权法(上)》,清华大学出版社2016年版,第517—518页;张民安:《法国民法总论(上)》,清华大学出版社2017年版,第611—613页。

③ Jean-Christophe Saint-Pau et, Droits de la Personnalité, LexisNexis, 2013, pp. 227 – 272; Jean-Michel Bruguière, Bérengère Gleize, Droits de la Personnalité, ellipses, 2015, pp. 63 – 100; Philippe Malinvaud, Introduction à l'étude du droit, 15e édition, LexisNexis, 2015, pp. 305 – 340;张民安:《法国民法总论(上)》,清华大学出版社2017年版,第590—617页。

为一种真正的民事权利，该种民事权利当然受侵权责任法的保护，因为《民法通则》第六章和《民法总则》第八章对行为人侵犯他人人格权的侵权责任做出了规定。

这说明，在我国，人格权是不是一种真正的主观权利、民事权利的问题同立法者是否在民法典中将人格权独立设编没有关系：即便我国立法者不在民法典中将人格权独立设编，人格权在我国民法典中仍然属于真正的主观权利、民事权利。因为当立法者将《民法总则》作为民法典的总则编规定在民法典中时，民法典总则编的第五章实际上就承认了人格权的主观权利性质、民事权利性质。

总之，人格权的主观权利性质与民法典是否对其做出具体规定无关，更与立法者在民法典的哪一个地方对其加以规定无关。即便我们要将人格权独立设编，我们也不能够以此种理由主张人格权独立设编。因为人格权是否独立设编根本不会影响人格权的性质。

（三）为何"主体制度无法调整各种具体的人格关系"的理由没有说服力

在2003年的《人格权制度在中国民法典中的地位》和2005年的《人格权法研究》中，王利明教授认为，人格权之所以不能够被规定在主体制度中，是因为"主体制度无法调整各种具体的人格关系，具体的人格关系只能通过人格权制度予以调整"[①]。而主体制度之所以不能够调整具体的人格关系，是因为具体人格关系除了包括人的出生、法律行为等具体的法律事实外，也包含了侵犯人格权所产生的侵权责任，所以他们无法被主体制度所容纳。

王利明教授对此种理由做出了清晰的说明，他指出："无论是公民还是法人，作为一个平等的人格进入市民社会，就会与他人形成财产和人格上的联系，对这种人格关系显然不是主体制度所能够调整的，主体资格是产生人格关系的前提和基础，但产生具体的人格关系还要依据具体的法律事实，包括人的出生、法律行为等。某人侵害了他人的人格利益进而产生侵害人格权的责任，显然也不是主体制度所

[①] 王利明：《人格权制度在中国民法典中的地位》，载《法学研究》2003年第2期，第38页；王利明：《人格权法研究》，中国人民大学出版社2005年版，第127—128页。

第十一章　我国民法学者主张人格权独立设编的理由为何没有说服力

能解决的内容。"①

在2015年的《论民法总则不宜全面规定人格权制度——兼论人格权独立成编》中，除了重复上述观点外，王利明教授还对上述观点做出了拓展，除了认为主体制度无法涵盖上述内容外，他还更进一步认为，主体制度无法涵盖其他的制度，包括：其一，人格权的利用制度，他指出："将人格权制度与主体制度等同无法形成人格权的利用制度。"② 其二，死者的人格利益保护制度，他指出："将人格权制度与主体制度等同将无法规范死者人格权益的保护问题。"③ 其三，人格权的限制或者克扣制度，他指出："将人格权制度与主体制度等同将无法解释人格权的限制或克减制度，从而无法调整各种具体的人格关系。"④ 在2018年的《使人格权在民法典中独立成编》中，王利明教授再一次重复了上述原因，认为主体制度无法涵盖人格权的行使、限制、死者的人格利益保护等"人格权的一般规则"⑤。

问题在于，王利明教授主张人格权独立设编的此种理由是否具有说服力？笔者认为，此种理由完全没有说服力，是根本站不住脚的。此种理由之所以没有说服力、站不住脚，其主要原因有五个。

首先，在民法上，"具体的人格关系"并不是一个严格的法律概念，甚至不能够算是一个法律概念，其具体内容究竟是指什么，人们似乎无法从王利明教授的阐述中了然于胸。"具体的人格关系"是相对于"一般的人格关系"而言的吗？在民法上，人们在使用"具体"一词时往往会与"一般"相对应、相对立，例如，具体人格权和一般人格权。如果"具体的人格关系"是相对于"一般的人格关系"，何为"具体的人格关系"，何为"一般的人格关系"？王利明教授没有做出说明。

---

① 王利明：《人格权制度在中国民法典中的地位》，载《法学研究》2003年第2期，第38页；王利明：《人格权法研究》，中国人民大学出版社2005年版，第127—128页。
② 王利明：《论民法总则不宜全面规定人格权制度——兼论人格权独立成编》，载《现代法学》2015年第3期，第84页。
③ 王利明：《论民法总则不宜全面规定人格权制度——兼论人格权独立成编》，载《现代法学》2015年第3期，第85页。
④ 王利明：《论民法总则不宜全面规定人格权制度——兼论人格权独立成编》，载《现代法学》2015年第3期，第84页。
⑤ 王利明：《使人格权在民法典中独立成编》，载《当代法学》2018年第3期，第7页。

其次,"具体的人格关系"完全能够被主体制度所调整。虽然王利明教授没有对"具体的人格关系"一词做出解释,但是从其论述的字里行间,笔者可以断定他所谓的"具体的人格关系"仅仅是指人格权、一般意义上的人格关系。在对"具体的人格关系"做出阐述时,王利明教授指出:"无论是公民还是法人,作为一个平等的人格进入市民社会,就会与他人形成财产和人格上的联系,对这种人格关系显然不是主体制度所能够调整的。"[1] 王利明教授的此种讲法实际上是在重复《民法通则》和《民法总则》第二条的规定,因为第二条将民法的调整对象分为人身关系和财产关系。其中的人身关系既包括身份关系也包括人格关系,此处的人格关系就是王利明教授所谓的"具体的人格关系"。

在我国,民法学者习惯于从民事法律关系的角度看待主观权利、民事权利,因为他们认为,除了物权、债权等其他民事权利在性质上是一种人与人之间的关系外,人格权也是一种人与人之间的法律关系即人格关系,[2] 此种人格关系就是"具体的人格关系"。因为人格权被视为人格关系,反之亦然,因为人格关系被视为人格权,所以当王利明教授宣称"主体制度无法调整各种具体的人格关系"时,他仅仅是指"主体制度无法规范和调整人格权",人格权不能够通过主体制度加以规范和调整,人格权只能够通过独立设编的人格权法加以规范和调整。

在民法上,主体制度是否能够规范和调整权利主体享有的人格权?答案是完全肯定的,因为在今时今日,法式民法典均是通过主体制度来规范和调整人格权的。换言之,在今时今日,法式民法典均是通过主体制度规范"具体的人格关系",他们既没有像我国《民法通则》和《民法总则》那样通过专门的民事权利一章来规范和调整"具体的人格关系",也没有像《乌克兰民法典》和我国民法学者所主张的那样通过独立设编的人格权法来规范和调整"具体的人格关

---

[1] 王利明:《人格权制度在中国民法典中的地位》,载《法学研究》2003年第2期,第38页;王利明:《人格权法研究》,中国人民大学出版社2005年版,第127—128页。
[2] 张民安:《法律关系的一般理论抑或是主观权利的一般理论(上)》,载《澳门法学》2018年第1期,第33—55页;张民安:《法律关系的一般理论抑或是主观权利的一般理论(下)》,载《澳门法学》2018年第2期,第1—27页。

系",例如《瑞士民法典》《魁北克民法典》和《法国民法典》等,已如前述。

在通过主体制度对人格权做出规范和调整时,法式民法典既对人格权的行使和限制做出了规定,也对死者人格利益的保护做出了规定,不存在主体制度中无法规定这些内容的问题,最典型的范例是《魁北克民法典》。在第一卷"人"第一编"民事权利的享有和行使"(DE LA JOUISSANCE ET DE L'EXERCICE DES DROITS CIVILS)中,魁北克立法者对权利主体享有的包括人格权在内的所有民事权利的行使、代理、放弃和限制均做出了规定,这就是《魁北克民法典》第4条至第9条的规定。① 在第一卷"人"第二编"某些人格权"(DE CERTAINS DROITS DE LA PERSONNALITÉ)第四章死者尸体的受尊重(DU RESPECT DU CORPS APRÈS LE DÉCÈS)中,魁北克立法者对死者的人格利益保护做出了规定,这就是《魁北克民法典》第42条至第49条的规定。②

再次,"具体的人格关系"中涉及的"人的出生、法律行为"根本无须被规定在民法典的人格权编中。在我国,那些反对将人格权规定在主体制度中的民法学者认为,人格权之所以应当独立设编,是因为"具体的人格关系"中的"人的出生、法律行为"无法包含在主体制度中,必须通过独立设编的人格权法加以规定,已如前述。不过,此种反对理由也没有丝毫的说服力。因为作为法律关系或者主观权利产生的两种原因、两种法律事实,"人的出生"和"法律行为"根本不会被规定在民法典的人格权编中,而是被规定在民法典的总则编中。

在我国,《民法总则》第13条对"人的出生"做出了规定:自然人从出生时起到死亡时止,具有民事权利能力,依法享有民事权利,承担民事义务。该条规定除了适用于自然人享有的其他民事权利外尤其适用于自然人享有的人格权:自然人从出生之日起就自动享有

---

① CCQ-1991-Code civil du Québec, http://legisquebec.gouv.qc.ca/fr/showdoc/cs/CCQ-1991.

② CCQ-1991-Code civil du Québec, http://legisquebec.gouv.qc.ca/fr/showdoc/cs/CCQ-1991.

人格权。因为该条已经对"具体的人格关系"中的"人的出生"做出了规定，所以即便人格权独立设编，立法者也不会再对"人的出生"做出规定。《民法总则》第13条的规定将来会被编入民法典中，并因此成为民法典总则编的组成部分。

在我国，《民法总则》第六章对"法律行为"做出了详细的规定，如果民事主体实施的法律行为涉及其人格权，则第六章关于法律行为的规定自然适用于民事主体所实施的涉及人格权的法律行为，已如前述。《民法总则》第六章将会被编入民法典中，成为民法典总则编的组成部分。因此，即便立法者在民法典中将人格权独立设编，他们也无须对"具体的人格关系"中涉及的"法律行为"做出规定。当然，在规定人格权编时，立法者要对涉及人格权的某些特殊法律行为做出规定。例如，要对医疗契约的特殊构成要件即同意做出规定，尤其要规定，病患者对诊疗行为做出的同意表示应当是明确的、清楚的、书面的、事先的，已如前述。

复次，"具体的人格关系"中涉及的"侵害人格权的责任"同样不需要被规定在民法典的人格权编中。在主张人格权独立设编时，我国民法学者提出的一个理由是，侵犯人格权产生的侵权责任无法被主体制度所包含，只能够通过独立成编的人格权法所包含。此种理由没有丝毫的说服力，至少在我国是如此。因为在我国，即便人格权独立设编，独立设编之后的人格权法也仅仅规范和调整权利主体享有的人格权，不会规范和调整权利主体的人格权遭受侵犯之后的侵权责任。当权利主体享有的人格权遭受侵犯时，如果行为人要就其侵犯行为对他人承担侵权责任，他们承担的侵权责任由《中华人民共和国侵权责任法》加以规范和调整，在《侵权责任法》被编入民法典中之后，则由民法典中的侵权责任编加以规范和调整。

最后，主体制度完全能够包含"人格权的利用制度"，尤其是能够涵盖"人格权商业化利用"制度。在民法领域，权利主体当然能够像利用自己的财产权和债权一样利用自己的人格权，尤其是能够基于商事目的使用其人格权。除了权利主体本人能够使用尤其是基于商事目的使用自己的人格特征外，他们还能够授权别人使用尤其是基于商事目的使用其人格特征。例如，网络用户既能够亲自使用其网络信息，也能够授权别人尤其是网络公司使用其网络信息。再如，影视明星、体育明星既能够为了营利目的而亲自使用其肖像权,也能够为了营利目的而授权生产商、服务商使用其肖像权,已如前述。这些内容不一定非要通过独立设编的人格权加以规定,它们既可以规定在主体制度中,也可以规定在民事权利中,甚至完全可以不由立法者加以规定。

因此,虽然《法国民法典》第9条将私人生活受尊重权规定在主体制度中,但是法国民法学者和法官普遍认为,作为权利主体,他人能够授权别人使用其私人生活,此时,他们与别人之间遵循契约自由的原则,通过契约规定私人生活的使用目的、使用方式、使用范围和使用期间等。① 同样,虽然我国《民法通则》第99条和第100条对姓名权和肖像权的使用尤其是商事化使用做出了明确规定,但是,它并没有在独立设编的人格权法中规定,而是在第五章民事权利中做出规定。

(四)为何"人格权的专属性并非意味着其与主体资格是合二为一的"的理由没有说服力

在主张人格权独立设编时,王利明教授认为,人格权之所以不应当规定在主体制度中,是因为"人格权的专属性并非意味着其与主体资格是合二为一的"②。换言之,"权利的专属性与主体资格是两个不同的问题"③。因为人格权与人格的关系已渐渐发生了分离,尤其是随着人格的商品化现象的发展,某些人格权的权能既可以使用也可以转让了。④

问题在于,主张人格权独立设编的此种理由是否具有说服力?笔者认为,此种理由完全没有说服力,是根本站不住脚的,其主要原因在于,在今时今日,即便人格权的专属性已经大量萎缩、减缓,即便

---

① Jean-Christophe Saint-Pau et, Droits de la Personnalité, LexisNexis, 2013, pp. 762 – 788.
② 王利明:《人格权制度在中国民法典中的地位》,载《法学研究》2003年第2期,第38页;王利明:《人格权法研究》,中国人民大学出版社2005年版,第128—129页。
③ 王利明:《人格权制度在中国民法典中的地位》,载《法学研究》2003年第2期,第38页;王利明:《人格权法研究》,中国人民大学出版社2005年版,第128—129页。
④ 王利明:《人格权制度在中国民法典中的地位》,载《法学研究》2003年第2期,第38—39页;王利明:《人格权法研究》,中国人民大学出版社2005年版,第128—129页。

人格权就像财产权那样能够被继承，即便权利主体能够像处分其财产权一样处分其人格权，立法者未必一定要通过将其在民法典中独立设编的方式加以规定，他们完全能够像人格权的专属性萎缩、减缓之前那样将其规定在主体制度中，或者像我国立法者那样将其规定在民事权利一章中。

换言之，无论人格权是否具有专属性，无论人格权的专属性是否已经萎缩、减缓甚至消灭，无论人格权是否能够像物权和债权那样具有可处分性，它们均同人格权在民法典中的位置没有关系：人们既不能够像梁慧星教授所言的那样，因为人格权具有专属性，所以人格权不应当独立设编，而应当规定在民法典总则编的自然人一章中；人们也不能够像王利明教授所言的这样，因为人格权的专属性萎缩、减缓甚至消灭，所以人格权应当独立设编而不应当规定在主体制度中。

人格权是否具有专属性、人格权的专属性是否已经萎缩、减缓甚至消灭的问题，仅仅关乎主观权利、民事权利的分类问题，因为在建构主观权利、民事权利的一般理论时，人们往往根据权利所具有的不同特征将权利分为不同的类型，已如前述。当梁慧星教授以人格权的专属性作为反对人格权的独立设编时，他的此种做法混淆了独立设编的判断标准问题与主观权利、民事权利的分类问题，当王利明教授以人格权的专属性已经受到萎缩、减缓甚至消灭的理由主张人格权的独立设编时，他的此种做法同样犯下了梁慧星教授所犯下的错误，将两个风马牛不相及的问题强行凑在一起。

（五）为何"如果人格权在主体制度中做出规定，在立法技术上也存在问题"的理由没有说服力

在主张人格权独立设编时，王利明教授提出了一个反对将人格权规定在主体制度当中的理由，这就是，"如果人格权在主体制度中做出规定，在立法技术上也存在问题"。他对此种反对理由做出了说明，他指出："因为人格权不仅自然人可以享有，法人和其他组织也可以享有，如果在自然人和法人中分别规定人格权，不仅不能将人格权规定得比较详细，而且这种分别规定的方法存在着一个固有的缺陷，即不能对人格权规定一般的原则，尤其是不能设定一般人格权的概念，这在体系上是不合理的。将人格权置于主体中规定，还存在着

一个技术上很难解决的问题,即对于侵害人格权的各种责任,不可能都在债法中做出规定,因为停止侵害、恢复名誉等不是一个债的关系问题。在债法不能完全包容这些规定的情况下,究竟应当在哪一部分规定还是一个问题。"①

问题在于,王利明教授主张人格权独立设编的此种理由是否具有说服力?笔者认为,他主张的此种理由完全没有说服力,是根本站不住脚的。因为无论人格权是否规定在主体制度中,无论人格权是否独立设编,"对于侵害人格权的各种责任"既不会规定在主体制度中,也不会规定在作为独立一编的人格权法中,而是规定在民法典的侵权责任编中。因此,"对于侵害人格权的各种责任"当然规定在债法即侵权责任法中。在民法上,"停止侵害、恢复名誉等不是一个债的关系问题"的讲法是完全错误的,它当然是一个债的关系问题,也就是一种侵权责任债的关系问题,这一点毫无疑问,因为我国《侵权责任法》第15条明确规定,当行为人实施了侵权行为时,他们应当承担包括停止侵害和恢复名誉在内的各种各样的侵权责任。

二、"侵权责任编无法解决人格权保护问题"的理由为何没有说服力

（一）"侵权责任编无法解决人格权保护问题"理由的提出和提出的原因

在主张人格权独立设编时,我国民法学者普遍提出的一个理由是,侵权责任法或者民法典中的侵权责任编不能够对人格权提供全面保护,必须通过独立设编的人格权法才能够对人格权提供全面保护。曹险峰教授指出:"从人格权的全面保护角度而言,人格权法应独立成编。"② 黄忠教授指出:"从《侵权责任法》的定位和人格权的特

---

① 王利明:《人格权制度在中国民法典中的地位》,载《法学研究》2003年第2期,第39页;王利明:《人格权法研究》,中国人民大学出版社2005年版,第129页。
② 曹险峰、田园:《人格权法与中国民法典的制定》,载《法制与社会发展》2002年第3期,第123页。

征及其现实需求来看，人格权法也不宜为《侵权责任法》所涵盖。"①不过，以此种理由主张人格权独立设编的最著名民法学者既不是曹险峰教授也不是黄忠教授而是王利明教授，因为自 2003 年开始一直到今时今日，他均认为人格权不应当规定在《侵权责任法》中，而应当独立设编。

在 2003 年的《人格权制度在中国民法典中的地位》和 2005 年的《人格权法研究》中，王利明教授指出："人格权制度不能为侵权行为法所替代。"② 在 2017 年的《论人格权独立成编的理由》中，王利明教授指出："侵权责任编无法解决人格权保护问题。"③ 在 2018 年的《使人格权在民法典中独立成编》中，王利明教授指出："'简单列举人格权类型+侵权责任方式'不能有效保护人格权。"④"在侵权责任编中集中规定人格权难以有效保护人格权。"⑤

在 2018 年的《人格权：从消极保护到积极确权》中，王利明教授指出："侵权法规则难以有效涵盖人格权保护。"⑥ 在 2018 年的《论人格权编与侵权责任编的区分与衔接》中，王利明教授指出："在我国民法典编纂中，应当设置独立的人格权编，如果在侵权责任编集中规定人格权，将产生体系违反现象，并不符合科学立法的精神。侵权责任编替代人格权编也将影响侵害人格权责任的准确认定。"⑦

我国民法学者之所以以此种理由主张人格权的独立设编，一个最重要的原因在于反驳梁慧星教授、孙宪忠教授和"中国社会科学院

---

① 黄忠：《人格权法独立成编的体系效应之辨识》，载《现代法学》2013 年第 1 期，第 55 页。

② 王利明：《人格权制度在中国民法典中的地位》，载《法学研究》2003 年第 2 期，第 39 页；王利明：《人格权法研究》，中国人民大学出版社 2005 年版，第 129 页。

③ 王利明：《论人格权独立成编的理由》，载《法学评论》2017 年第 6 期，第 8 页。

④ 王利明：《使人格权在民法典中独立成编》，载《当代法学》2018 年第 3 期，第 3 页。

⑤ 王利明：《使人格权在民法典中独立成编》，载《当代法学》2018 年第 3 期，第 8 页。

⑥ 王利明：《人格权：从消极保护到积极确权》，载《甘肃社会科学》2018 年第 1 期，第 41 页。

⑦ 王利明：《论人格权编与侵权责任编的区分与衔接》，《比较法研究》2018 年第 2 期，第 1 页。

第十一章　我国民法学者主张人格权独立设编的理由为何没有说服力

民法典工作项目组",因为在反对人格权独立设编时,梁慧星教授、孙宪忠教授和"中国社会科学院民法典工作项目组"均提出,我国完全没有必要在民法典中将人格权独立设编。梁慧星等教授和"中国社会科学院民法典工作项目组"之所以认为我国立法者没有必要将人格权独立设编,是因为他们认为,我国已经通过包括侵权责任法在内的众多方法为人格权提供了良好的民法保护,无须再通过独立设编的人格权法对其提供保护。

在2016年的《中国民法典中不能设置人格权编》中,梁慧星教授指出,在制定民法典时,我国立法者应当"尊重人格权保护的中国经验"①。根据梁慧星教授的意见,"人格权保护的中国经验"是指三个方面的经验:其一,中国保护人格权的经验,首先是用侵权法保护。其二,中国保护人格权的另一个特色是,将人格权类型化,即由法律明文规定人格权的各种类型,再由最高人民法院通过司法解释认可新的人格权类型,以此解决人格权保护的范围问题。其三,中国保护人格权的特色之三,是通过《侵权责任法》第20条,解决了"人格权商品化"问题。②

在2018年的《民法典编纂中的重大争论——兼评全国人大常委会法工委两个民法典人格权编草案》中,梁慧星教授正式将"人格权保护的中国经验"概括为"类型确认+侵权责任",并且除了认为这是人格权保护的中国经验外也是所有国家的共同经验,因为在反对人格权独立设编时,他明确指出:"民法保护人格权主要是侵权法保护,可以说人格权法的发展也就是(人格)侵权法的发展。各国民法对人格权保护的共同经验可以概括为:'类型确认+侵权责任'。即通过法律规定或者判例确认人格权的类型,称为特别人格权,将侵害各种人格权的加害行为纳入侵权法的适用范围,对加害人追究侵权责任。对于所确认的人格权类型之外的人格利益受侵害的案型,则作

---

① 梁慧星:《中国民法典中不能设置人格权编》,载《中州学刊》2016年第2期,第52页。
② 梁慧星:《中国民法典中不能设置人格权编》,载《中州学刊》2016年第2期,第52—54页。

为侵害一般人格权案型（或者法益侵害案型）追究加害人侵权责任。"①

在 2018 年的《人格权编是对现行人格权法律体系的严重破坏》②中，"中国社会科学院民法典工作项目组"明确指出，鉴于"我国现行法已经形成了完整的多层次、全方位的人格权保护模式"，鉴于"我国现行法人格权保护模式和法律体系是先进的、行之有效的"，我国立法者不应当再在民法典中规定独立的人格权编，因为"人格权编严重破坏了我国趋于成熟的人格权保护模式和法律体系"。此种模式被称为"权利确认+侵权救济"的人格权民法保护模式。③

因为这样的原因，在 2018 年的《关于在民法典侵权责任编中加强人格权保护条文的议案》中，孙宪忠教授指出："加强人格权保护应该从完善《侵权责任法》入手，而不应该再制定一个人格权侵权法作为民法典的独立一编。"④ 孙宪忠教授认为，在今时今日，我们应当采取的方案不是要制定独立设编的人格权法，而是要"保留现有《侵权责任法》并将其作为民法典的侵权责任编，通过修改少许条文，以强化人格权保护为主要对象，同时也强化其他民事权利保

---

① 梁慧星：《民法典编纂中的重大争论——兼评全国人大常委会法工委两个民法典人格权编草案》，载《甘肃政法学院学报》2018 年第 3 期，第 10 页。

② 中国社会科学院民法典工作项目组：《人格权编是对现行人格权法律体系的严重破坏》，与民法典同行，2018-06-12，https://mp.weixin.qq.com/s?src=11&timestamp=1535708692&ver=1094&signature=GVYLCEFTxkut7Fh*J5rJgsSCfgnLTPcKPfe4H3HfCFaQWvEGjULiTXykDxAz*Tbjsu3utHk8Ewn*Zonh1YwknmXrTcGiTGooycalar1LDT2tIRqUfZsdv5RQvJGKV-OO&new=1。

③ 中国社会科学院民法典工作项目组：《人格权编是对现行人格权法律体系的严重破坏》，与民法典同行，2018-06-12，https://mp.weixin.qq.com/s?src=11&timestamp=1535708692&ver=1094&signature=GVYLCEFTxkut7Fh*J5rJgsSCfgnLTPcKPfe4H3HfCFaQWvEGjULiTXykDxAz*Tbjsu3utHk8Ewn*Zonh1YwknmXrTcGiTGooycalar1LDT2tIRqUfZsdv5RQvJGKV-OO&new=1。

④ 孙宪忠：《关于在民法典侵权责任编中加强人格权保护条文的议案（上）》，https://mp.weixin.qq.com/s?src=11&timestamp=1535708932&ver=1094&signature=p4JYTFNLtFR1QxM8cYRqFlMegXLvGKWHAyPrqu52TByw4LmleldqKMFo7zzNJF-CWRjNCXA-Fgo5fJPSOmSm7CmGmZNtYp3wB2Rz-pW9lXyGoj9JBYPDSyqY9N7ga2o&new=1。

护，以满足实践发展的需要"①。

在对梁慧星教授、孙宪忠教授等人的上述理论展开批判时，包括王利明教授在内的民法学者提出了"侵权责任编无法解决人格权保护问题"的理由，认为要解决"人格权保护问题"，我国立法者必须在民法典中将人格权独立设编。为何"人格权的保护问题"一定要通过独立设编的人格权法加以解决？王利明教授对此种问题做出了详细的说明，他认为，"人格权保护问题"之所以应当通过独立设编的人格权法加以解决，其主要原因有四个：其一，"侵权行为法不具有确认权利的功能"②，或者说"侵权行为法的主要功能不是确认权利，而是保护权利"③。其二，"人格权不仅受侵权法的保护，也受合同法等其他法律的保护"④。其三，"法律规定在侵害人格权以后所产生的停止侵害、排除妨碍、恢复名誉、赔礼道歉等责任形式是由人格权的支配性和排他性所决定的"⑤。其四，"通过人格权制度具体列举公民、法人所具体享有的各项人格权，可以起到权利宣示的作用"⑥。问题在于，这四个方面的原因能否证明我国立法者必须在民法典中将人格权独立设编？答案是，这四个理由均是没有说服力的、是站不住脚的。

（二）"侵权行为法不具有确认权利的功能"的理由为何没有说服力

在主张人格权独立设编时，王利明教授提出的一个理由是，人格

---

① 孙宪忠：《关于在民法典侵权责任编中加强人格权保护条文的议案（下）》，https://mp.weixin.qq.com/s?src=11&timestamp=1535712850&ver=1094&signature=p4JYTFNLtFR1QxM8cYRqFlMegXLvGKWHAyPrqu52TBzHXXCvReNhOqwe0Ag3gN9mdR99aA-Z4AHmBlUwToivKG3bq7BII7YC9RseE1UmFlWnvZl63qE-jPB31uGKcAT&new=1。

② 王利明：《人格权制度在中国民法典中的地位》，载《法学研究》2003年第2期，第40页。

③ 王利明：《人格权法研究》，中国人民大学出版社2005年版，第130页。

④ 王利明：《人格权制度在中国民法典中的地位》，载《法学研究》2003年第2期，第41页；王利明：《人格权法研究》，中国人民大学出版社2005年版，第131页。

⑤ 王利明：《人格权制度在中国民法典中的地位》，载《法学研究》2003年第2期，第41页；王利明：《人格权法研究》，中国人民大学出版社2005年版，第131—132页。

⑥ 王利明：《人格权制度在中国民法典中的地位》，载《法学研究》2003年第2期，第41页；王利明：《人格权法研究》，中国人民大学出版社2005年版，第132页。

权无法通过侵权责任法获得有效保护,因为侵权责任法没有权利的确认功能①,侵权责任法的主要功能在于保护权利。② 他对此种理由做出了说明,他指出:"侵权行为法不具有确认权利的功能。法定的民事权利都是一种公示的民事权利,它通过法律对民事权利的确认,不仅使民事主体明确知道自己享有何种民事权利以及权利的内容,同时通过权利的确认也明确了主体权利的范围,从而也就界定了人们行为自由的界限。在民法上确立各种民事权利意义是十分重大的。对权利的确认制度是不能通过责任制度来代替的,责任只是侵害权利的后果,它是以权利的存在为前提的。由于侵权行为法本身不能确认某种权利,因此对人格权的确认仍然应由人格权法来完成。"③

在民法上,主张人格权独立设编的此种理由是完全没有说服力的,因为在今时今日,侵权责任法除了具有保护功能、救济功能等其他功能外也具有权利确认功能,尤其是具有人格权的确认功能。换言之,在今时今日,人格权是通过侵权责任法确认的。例如,我们今天耳熟能详的隐私权、肖像权等无形人格权均是在19世纪中后期通过过错侵权责任确认的,1804年的《法国民法典》没有对这些人格权做出任何规定。在侵权责任法将它们作为人格权加以保护之前,民法领域并不存在隐私权、肖像权这样的人格权。④ 关于人格权所具有的权利确认功能,笔者将在下面的内容中做出详细的讨论,此处从略。

(三)"人格权不仅受侵权法的保护,也受合同法等其他法律的保护"的理由为何没有说服力

在主张人格权独立设编时,王利明教授提出的一个理由是,人格权无法通过侵权责任法获得有效保护,因为除了侵权法会保护人格权外,合同法也会保护人格权。他对此种理由做出了说明,他指出:"严格地说,人格权不完全受侵权法的保护,也要受到合同法的保

---

① 王利明:《人格权制度在中国民法典中的地位》,载《法学研究》2003年第2期,第40页。

② 王利明:《人格权法研究》,中国人民大学出版社2005年版,第130页。

③ 王利明:《人格权制度在中国民法典中的地位》,载《法学研究》2003年第2期,第40页;王利明:《人格权法研究》,中国人民大学出版社2005年版,第130—131页。

④ 张民安:《法国人格权法(上)》,清华大学出版社2016年版,第205—210页。

第十一章　我国民法学者主张人格权独立设编的理由为何没有说服力

护。例如，如果在合同中约定侵害他人人格权条款或者损害他人人格尊严、人身自由的条款，此类条款就应当被宣告无效。再如，有关人格权的转让也需要通过合同来进行。对于人格权保护的形式不限于侵权损害赔偿，还包括停止侵害、排除妨碍、恢复名誉、赔礼道歉等。这些责任形式对于权利人在遭受侵害以后的补救是十分必要的。"①

在民法上，主张人格权独立设编的此种理由是完全没有说服力的，因为在今时今日，即便合同法真的要对人格权提供保护，对人格权提供保护的合同法也无须规定在独立设编的人格权编中。

首先，人们不能够借口"如果在合同中约定侵害他人人格权条款或者损害他人人格尊严、人身自由的条款，此类条款就应当被宣告无效"的理由主张人格权独立设编，因为无论是否将人格权独立设编，我国立法者根本不需要对此种条款做出规定。

我国立法者之所以根本不需要对此种条款做出规定，是因为我国立法者既在《民法总则》和《合同法》中对公共秩序和良好道德原则做出了规定，也在《合同法》中对合同无效的原因做出了规定。我国《民法总则》第 8 条规定：民事主体从事民事活动，不得违反法律，不得违背公序良俗。我国《合同法》第 7 条规定：当事人订立、履行合同，应当遵守法律、行政法规，尊重社会公德，不得扰乱社会经济秩序，损害社会公共利益。我国《合同法》第 52 条规定，损害社会利益的合同无效。如果当事人之间签订此种合同，则他们之间的合同无效，因为其合同违反了公共秩序和良好道德原则，损害了社会利益。在民法领域，人格尊严权、人身自由权属于公共秩序的范畴，包括权利主体本人在内，所有人均不得加以侵害、限制、放弃，否则，他们实施的一切行为均因为违反公共秩序和良好道德而无效，这一点无须立法者专门在人格权法中加以规定。

其次，人们不能够以"有关人格权的转让也需要通过合同来进行"的理由为借口主张人格权独立设编。在今时今日，人格权已经大范围地财产化了，尤其是影视明星、体育明星的人格权财产化了，因为权利主体能够与别人签订涉及其人格权的合同，已如前述。作为

---

① 王利明：《人格权制度在中国民法典中的地位》，载《法学研究》2003 年第 2 期，第 41 页；王利明：《人格权法研究》，中国人民大学出版社 2005 年版，第 131 页。

一种已经财产化的人格权，权利主体当然能够像转让自己的物权和债权那样转让自己的人格权了，这是人格权的可处分性中的可转让性，已如前述。问题在于，人格权的可转让性是否一定要通过独立设编的人格权法加以规定？答案是，即便人格权具有可转让性，人格权所具有的可转让性也无须通过独立设编的人格权法加以规定，它仅仅适用民法典合同编中有关合同转让的规定，也就是适用我国《合同法》第79条至第89条的规定，这些法律条款对合同当事人转让债权、债务的规则做出了清晰的说明，除了适用于其他合同的转让外也适用于涉及人格权合同的转让。

最后，人们不能够借口"对于人格权保护的形式不限于侵权损害赔偿，还包括停止侵害、排除妨碍、恢复名誉、赔礼道歉等。这些责任形式对于权利人在遭受侵害以后的补救是十分必要的"的理由来主张人格权的独立设编，即便独立设编的人格权法不对这些侵权责任形式做出规定，这些侵权责任形式仍然是存在的和能够得到适用的。因为一方面，我国《民法总则》第179条对这些侵权责任形式做出了明确规定；另一方面，我国《侵权责任法》第15条也对这些侵权责任形式做出了明确规定。在处理当事人之间的人格权侵权纠纷时，法官有权根据案件的具体情况决定是否适用这些侵权责任形式。

在今时今日，合同当事人之间的合同既有可能涉及一方当事人的有形人格权，也有可能涉及一方当事人的无形人格权。无论是涉及有形人格权还是涉及无形人格权，他们之间的合同均适用合同法的一般理论和一般制度，包括：合同成立的条件、合同的效力、合同的履行、合同的变更、合同的转让、合同的终止以及违约责任等。当然，在适用合同的一般规则时，立法者可能会对涉及人格权的某些特殊合同做出特殊规定，例如，医疗合同、器官捐献合同等，已如前述。

（四）"通过人格权制度具体列举公民、法人所具体享有的各项人格权，可以起到权利宣示的作用"的理由为何没有说服力

在主张人格权独立设编时，王利明教授提出了一个理由，这就是，"通过人格权制度具体列举公民、法人所具体享有的各项人格权，可以起到权利宣示的作用"。他对此种理由做出了说明，他指

第十一章 我国民法学者主张人格权独立设编的理由为何没有说服力

出:"通过人格权制度具体列举公民、法人所具体享有的各项人格权,可以起到权利宣示的作用。在民法典中直接列举各种人格权,确认法律保护的人格利益,不仅使侵权法明确了保护的权利对象,而且可以使广大公民明确其应享有的并应受法律保护的人格权,这种功能是侵权法难以企及的。1986 年的民法通则之所以受到国内的广泛好评,被称为权利宣言,乃是因为它通过列举各项民事权利包括列举了人格权。"①

在民法上,主张人格权独立设编的此种理由是完全没有说服力的,因为在今时今日,如果"具体列举公民、法人所具体享有的各项人格权"真的"可以起到权利宣示的作用"的话,则该种"权利宣示的作用"完全不需要通过独立设编的人格权法来完成。为何此种"权利宣示的作用"根本不需要通过独立设编的人格权来完成?答案在于,在《民法总则》出台之前,此种"权利宣示的作用"通过《民法通则》第五章第四节来宣示,该节对民事主体享有的六种具体人格权做出了详尽的列举,包括:生命健康权、姓名权、肖像权、名誉权、荣誉权以及婚姻自主权。在 2009 年的《侵权责任法》出台之后,此种"权利宣示的作用"也通过第 2 条来完成,因为该条对权利主体享有的九种具体人格权做出了详细的列举,包括:生命权、健康权、姓名权、名誉权、荣誉权、肖像权、隐私权、婚姻自主权,以及监护权。《侵权责任法》第 2 条的缺点在于,它没有列举几种重要的人格权,诸如身体权、人身自由权、人格尊严权等。

《侵权责任法》第 2 条所存在的缺点被《民法总则》所矫正,因为《民法总则》第 109 条至第 111 条除了对其他类型的人格权做出了具体的列举之外也对这几种人格权做出了列举,使《民法总则》所规定的人格权类型多达 12 种,包括:人身自由权、人格尊严权、生命权、身体权、健康权、姓名权、肖像权、名誉权、荣誉权、隐私权、婚姻自主权,以及信息性隐私权。在我国,虽然《民法总则》

---

① 王利明:《人格权制度在中国民法典中的地位》,载《法学研究》2003 年第 2 期,第 41 页;王利明:《人格权法研究》,中国人民大学出版社 2005 年版,第 132 页。

也遗漏了某些重要的人格权,诸如声音权(le droit à la voix)① 和无罪推定受尊重权(droit au respect de la présomption d'innocence)② 等。但是,就权利的宣示意义而言,《民法总则》可谓无人能及,因为迄今为止,它列举的人格权类型是最全面的,没有任何一个国家的民法典所列举的具体人格权能够与我国《民法总则》相提并论。

例如,虽然《魁北克民法典》对人格权做出了具体列举,但是它仅仅列举了五种人格权,这就是第3(1)条。该条规定:所有人均是人格权的主体,诸如生命权、身体的不可侵犯权和身体的完整权、姓名受尊重权、名誉受尊重权以及私人生活受尊重权。③ 再如,虽然《法国民法典》也对人格权做出了规定,但是它所规定的人格权类型非常少,因为它仅仅规定了四种人格权:人格尊严受尊重权、身体的受尊重权、私人生活受尊重权、无罪推定受尊重权。这就是

---

① Guy Raymond, Droit Civil, 2e edition, Litec, 1993, p. 93; Michel de JUGLART Alain PIEDEEVRE Stephane PIEDEEVRE, Cours de droit civil, introduction, personnes, famille, Seizième édition, Montchrestien, 2001, p. 122; Frédéric Zenati-Castaing, Thierry Revet, Manuel de droit des personnes, 1e, édition, puf, 2006, pp. 299 – 308; GERARD CORNU, Droit civil, Les personnes, 13e édition, Montchrestien, 2007, p. 74; Jean-Christophe Saint-Pau et, Droits de la Personnalité, LexisNexis, 2013, pp. 755 – 757; 张民安:《法国民法》,清华大学出版社 2015 年版,第 91—92 页; 张民安、丘志乔主编:《民法总论》(第五版),中山大学出版社 2017 年版,第 329—330 页。

② GERARD CORNU, Droit civil, Les personnes, 13e édition, Montchrestien, 2007, p. 71; Jean Carbonnier, Droit civil, Volume I, Introduction Les personnes la famille, l'enfant, le couple, puf, 2004, pp. 519 – 520; Henri Roland, Laurent Boyer, Introuduction au droit, Litec, 2002, pp. 437; Bernard Teyssié, Droit civil, Les personnes, 12e, édition, Litec, 2010, p. 48; Francois Terré, Dominique Fenouillet, Droit civil les personnes, 8e édition, Dalloz, 2012, pp. 111 – 112;. Jean-Christophe Saint-Pau et, Droits de la Personnalité, LexisNexis, 2013, pp. 1019 – 1103; Philippe Malinvaud, Introuduction à l'étude du droit, 15e édition, LexisNexis, 2015, pp. 335 – 337; 张民安:《法国民法》,清华大学出版社 2015 年版,第 94—95 页; 张民安、丘志乔主编:《民法总论》(第五版),中山大学出版社 2017 年版,第 328—329 页。

③ Toute personne est titulaire de droits de la personnalité, tels le droit à la vie, à l'inviolabilité et à l'intégrité de sa personne, au respect de son nom, de sa réputation et de sa vie privée. CCQ-1991-Code civil du Québec, http://legisquebec.gouv.qc.ca/fr/showdoc/cs/CCQ-1991.

第十一章　我国民法学者主张人格权独立设编的理由为何没有说服力

《法国民法典》第一卷第一编所规定的"民事权利"①。

因为《民法总则》已经通过专门的第五章清楚地列举了民事主体所具体享有的各项人格权,当《民法总则》以总则编的名义编入民法典时,民法典的总则编第五章已经起到了权利宣示的作用,立法者还需要通过独立设编的人格权法来实现"权利宣示的作用"吗?可见,人格权独立设编的此种理由是没有说服力的。

(五)"法律规定在侵害人格权以后所产生的停止侵害、排除妨碍、恢复名誉、赔礼道歉等责任形式是由人格权的支配性和排他性所决定的"的理由为何没有说服力

在主张人格权独立设编时,王利明教授提出了一个理由,这就是"法律规定在侵害人格权以后所产生的停止侵害、排除妨碍、恢复名誉、赔礼道歉等责任形式是由人格权的支配性和排他性所决定的"。他对此种理由做出了说明,他指出:"法律规定在侵害人格权以后所产生的停止侵害、排除妨碍、恢复名誉、赔礼道歉等责任形式是由人格权的支配性和排他性所决定的。这本身是人格权的效力的体现,所以首先要在人格权制度中规定人格权的类型和效力,然后才有必要在侵权法中规定人格权的保护方式。尤其应当看到,侵权行为法关注的主要是在各种权利和利益受到侵害的情况下如何救济的问题,其主要规定各种侵权行为的构成要件、加害人应当承担的责任形式及范围问题,不可能对人格权的类型及其效力做出全面的、正面的规定。"②

在民法上,主张人格权独立设编的此种理由是没有说服力的,其主要原因有两个。

其一,它混淆了人格权的内容与人格权的法律保护问题。在民法上,如果人格权具有支配性和排他性的话,则人格权的支配性和排他性仅仅涉及人格权的法律效力问题,它们属于人格权内容的组成部分,同人格权的法律保护没有丝毫的关系。因为当我们论及人格权的

---

① Code civil, Version consolidée au 6 août 2018, https://www.legifrance.gouv.fr/affichCode.do;jsessionid=4F135172719780C213C3FF450370F40F.tplgfr24s_2?cidTexte=LEGITEXT000006070721&dateTexte=20180901.

② 王利明:《人格权制度在中国民法典中的地位》,载《法学研究》2003年第2期,第41页;王利明:《人格权法研究》,中国人民大学出版社2005年版,第131—132页。

法律保护时，虽然我们会论及人格权的各种各样的法律保护，诸如立法保护和司法保护、直接保护和间接保护、一般保护和特别保护、刑法保护和民法保护①，但是我们最终的目的是讨论人格权的各种保护措施，诸如：责令行为人赔偿他人遭受的损害，责令行为人停止其正在实施的侵犯行为，在行为人即将实施侵犯行为时，责令行为人停止其即将实施的侵犯行为，等等，② 实际上就是我国《民法总则》第179条和《侵权责任法》第15条所规定的各种侵权责任形式。

其二，它忽视了我国《民法总则》和《侵权责任法》已经对人格权的类型做出了全面规定的事实。在我国，虽然《民法总则》和《侵权责任法》没有对不同人格权的法律效力做出全面规定，但是它们至少已经对人格权的类型做出了最全面的规定，已如前述。因此，不存在需要独立设编的人格权法对人格权的类型做出全面规定的问题。

（六）我国的人格权已经获得了最完善的法律保护，完全没有必要以完善人格权的法律保护作为人格权独立设编的理由

无论我国民法学者是否已经意识到或者愿意承认，我国人格权的法律保护已经是全世界最周到、最完备的，包括《法国民法典》《德国民法典》《瑞士民法典》和《魁北克民法典》在内，全世界没有任何一个国家的民法典对人格权提供的法律保护能够与我国民法对人格权提供的保护相提并论。当然，这里的"法律保护"仅仅是狭义的民法保护，也就是侵权责任法的保护。所谓侵权责任法对人格权提供的保护，是指当他人享有的某种人格权遭受侵犯时，基于他人的起诉，法官或者责令行为人赔偿他人遭受的财产损害、非财产损害，或者责令行为人采取其他方式予以救济，诸如停止侵害、赔礼道歉、恢复名誉等，以便他人能够通过法官采取的这些法律救济措施让自己恢复到侵权行为发生之前的状态。

---

① 张民安：《法国人格权法（上）》，清华大学出版社2016年版，第513—545页。
② 张民安：《法国人格权法（上）》，清华大学出版社2016年版，第545—558页。

首先，我国侵权责任法所保护的人格权范围是世界上最广泛的。① 一方面，它明确保护《侵权责任法》第 2 条、《民法总则》第 109 条至第 111 条所规定的 13 种人格权：人身自由权、人格尊严权、生命权、身体权、健康权、姓名权、婚姻自主权、监护权、肖像权、名誉权、荣誉权、隐私权，以及信息性隐私权。当行为人侵犯这些权利时，他们应当对他人承担侵权责任。另一方面，即便是我国《侵权责任法》和《民法总则》没有规定的人格权也受侵权责任法的保护，当行为人侵犯这些人格权时，他们同样要承担侵权责任，因为我国《侵权责任法》第 2（2）条对此做出了明确规定。

其次，我国《侵权责任法》同时通过过错侵权责任、严格侵权责任和公平责任保护他人的人格权免受侵犯，而其他国家则仅仅通过过错侵权责任和严格侵权责任保护他人的人格权免受侵犯。在我国，对人格权提供保护的过错侵权责任既包括一般过错侵权责任也包括具体过错侵权责任：对人格权提供保护的一般过错侵权责任建立在《侵权责任法》第 6 条规定的基础上，而对人格权提供保护的具体过错侵权责任则建立在《侵权责任法》规定的大量法律条款的基础上，例如第 33 条、第 34 条和第 35 条规定的基础上。

对人格权提供保护的严格侵权责任既包括一般严格侵权责任也包括具体严格侵权责任：对人格权提供保护的一般严格侵权责任建立在《侵权责任法》第 7 条和第 69 条规定的基础上，而对人格权提供保护的具体严格侵权责任则建立在《侵权责任法》所规定的大量法律条款的基础上，诸如第 70 条、第 71 条和第 72 条规定的基础上。对人格权提供保护的公平责任既包括一般公平责任也包括具体公平责任：对人格权提供保护的一般公平责任建立在《侵权责任法》第 24 条规定的基础上，而对人格权提供保护的具体公平责任则建立在《侵权责任法》所规定的某些法律条款的基础上，诸如第 85 条规定的基础上。

再次，我国侵权责任法明确规定，一旦行为人实施的侵犯他人人格权的行为引起了对他人的损害的发生，他们应当同时赔偿他人遭受

---

① 张民安、林泰松：《我国〈侵权责任法〉对他人民事权益的保护》，载《暨南学报（哲学社会科学版）》2010 年第 3 期，第 22—24 页。

的财产损害和非财产损害。《侵权责任法》第 16 条对侵犯人格权引起的财产损害赔偿做出了规定：侵害他人造成人身损害的，应当赔偿医疗费、护理费、交通费等为治疗和康复支出的合理费用，以及因误工减少的收入。造成残疾的，还应当赔偿残疾生活辅助具费和残疾赔偿金。造成死亡的，还应当赔偿丧葬费和死亡赔偿金。而《侵权责任法》第 22 条则对侵犯人格权产生的非财产损害赔偿做出了规定：侵害他人人身权益，造成他人严重精神损害的，被侵权人可以请求精神损害赔偿。可以这样说，迄今为止，在非财产损害赔偿的问题上，我国侵权责任法是最明确的，没有犹豫不决的地方。

最后，除了对金钱损害赔偿责任做出了规定外，我国侵权责任法还对金钱损害赔偿责任之外的其他侵权责任形式做出了规定，诸如：停止侵害、消除危险、恢复原状、消除影响等，这就是《民法总则》第 179 条和《侵权责任法》第 15 条的规定。《侵权责任法》第 15 条规定：承担侵权责任的方式主要有：①停止侵害；②排除妨碍；③消除危险；④返还财产；⑤恢复原状；⑥赔偿损失；⑦赔礼道歉；⑧消除影响、恢复名誉。以上承担侵权责任的方式，可以单独适用，也可以合并适用。可以这样说，迄今为止，我国侵权责任法对人格权遭受侵犯时所能够采取的法律救济措施做出了最全面的规定，没有任何一个国家的侵权责任法所规定的法律救济措施能够多过我国侵权责任法。

既然我国侵权责任法已经对人格权提供了最全面的、最周到的保护，在论及人格权法的独立设编时，我们还能够以对人格权提供全面、周到的保护作为理由吗？

三、"人格权制度独立成编是丰富与完善民法典体系的需要"的理由为何没有说服力

在《民法总则》通过之前，我国民法学者在主张人格权独立设编时提出了一个重要的理由，这就是，"人格权制度独立成编是丰富与完善民法典体系的需要"。王利明教授对此种理由做出了说明，他指出："人格权法在民法典中独立成编，是丰富和发展民法典体系的需要，也是符合民法典体系发展的科学规律的……人格权的独立成编不仅具有足够的理论支持和重大的实践意义，而且从民法典的体系结

构来看，完全符合民法典体系的发展规律，并对民法典体系的丰富和完善具有十分重要的作用。"①

具体来说，王利明教授认为，我们之所以应当将人格权独立设编，是因为：其一，"人格权独立成编是符合民法典体系结构的内在逻辑的"。其二，"从民法的调整对象来看，人格权应当独立成编"。其三，"人格权独立成编，不会造成原有体系的不和谐，相反是原有体系的完整展开"。其四，"一旦侵权法独立成编，必然在体系上要求人格权单独成编"。其五，"人格权独立成编是我国民事立法宝贵经验的总结"。

在《民法总则》通过之后，王利明教授实质上还是坚持这些观点的。所不同的是，在以这些理由主张人格权独立设编时，他不再援引或者不再仅仅援引《民法通则》的规定，而是主要援引《民法总则》的规定。在这五个理由中，第三个理由涉及独立设编之后的人格权与民法典总则编之间的关系问题，而第四个理由涉及人格权与侵权责任法的关系，由于笔者已经前面的在有关内容中对这些问题做出了说明，因此笔者在此处仅仅讨论其他三个方面的内容，看一看这些内容是否足以证明人格权要独立设编的主张。

（一）"人格权独立成编是符合民法典体系结构的内在逻辑的"理由为何没有说服力

在主张人格权独立设编时，王利明教授提出了一个理由，即"人格权独立成编是符合民法典体系结构的内在逻辑的"。这就是，在民事权利的两大类型即财产权和人身权中，财产权在民法典中独立设编了，而人身权中的人格权则没有独立设编，除了让民法典产生了"重物轻人"的不合理现象外，也让民法典产生了"体系失调"的问题。为了消除此种不合理的现象，尤其是为了消除"体系失调"的问题，立法者必须将人格权独立设编。

王利明教授对此种理由做出了说明，他指出："民法本质上是权

---

① 王利明：《人格权制度在中国民法典中的地位》，载《法学研究》2003年第2期，第33—34页；王利明：《人格权法研究》，中国人民大学出版社2005年版，第116—117页。

利法，民法分则体系完全是按照民事权利体系构建起来的。民事权利主要包括人身权与财产权两大部分，人身权主要以人格权为主。财产权分为物权与债权，在民法典上都是独立成编的。而在民法典中，关于人格权的规则或是在主体制度中予以规定，或是散见于主体制度与侵权规则之中，这就造成了一种体系失调的缺陷。"①

问题在于，王利明教授主张人格权独立设编的此种理由是否有说服力？答案是，此种理由没有说服力，因为它混淆了权利的分类问题和人格权的独立设编问题，将风马牛不相及的两个问题混为一谈。关于民事权利的分类问题，笔者将在下面的内容中做出详细的讨论，此处从略。在主张人格权独立设编时，我们当然不能够像王利明教授这样想当然地认为，因为民事权利中的财产权已经独立设编了，所有民事权利中的人格权也应当独立设编。

首先，民法学者之所以将民事权利分为财产权和人身权两大类，其目的并不是让立法者将这两类民事权利作为独立的几编规定在民法典中，而是明确这些民事权利的不同性质和不同特征，并因此建立起作为主观权利一般理论重要组成部分的一种理论，即主观权利的类型化理论。② 当我们基于财产权和人身权的区分理论而主张人格权的独立设编时，我们的做法实际上歪曲了此种区分理论的目的，已如前述。

其次，在包括我国在内的所有国家，立法者并不是根据财产权的不同类型决定是否将它们独立设编，因为虽然财产权的类型众多，但是立法者并没有将所有类型的财产权均独立设编，而仅仅将其中的某些财产权独立设编。在民法中，财产权除了包括物权和债权外，还包括继承权、知识产权和担保权三类。虽然均为财产权，它们在民法典中的地位可谓冰火两重天。在大陆法系国家是如此，在我国更是如此。

在《德国民法典》和《法国民法典》中，立法者均将物权和债

---

① 王利明：《人格权制度在中国民法典中的地位》，载《法学研究》2003 年第 2 期，第 34 页。另可参见王利明《人格权法研究》，中国人民大学出版社 2005 年版，第 117 页；王利明《论人格权独立成编的理由》，载《法学评论》2017 年第 6 期，第 5—6 页。

② 张民安：《法国民法总论（上）》，清华大学出版社 2017 年版，第 544—561 页。

第十一章　我国民法学者主张人格权独立设编的理由
　　　　　为何没有说服力　　　　　　　　　　　　　491

权设立为独立的两编，这是它们之间的共同点：《德国民法典》第二编为债权编，而第三编则为物权编；①《法国民法典》第二卷对物权做出了规定，而第三卷则对债权做出了规定。②而在对待继承权、知识产权和担保权的问题上，它们之间既存在共同点也存在不同点。它们之间的共同点是：作为一种财产权，知识产权均没有作为独立的一编规定在民法典中，即便知识产权在性质上属于一种财产权。它们之间的不同点是：作为一种财产权，虽然继承权作为独立的一编被规定在《德国民法典》第五编中，③但是继承权并没有作为独立的一卷被规定在《法国民法典》中；④作为一种财产权，虽然担保权没有作为独立的一编规定在《德国民法典》中，⑤但是它作为独立的一卷规定在《法国民法典》新第四卷即"担保"卷中。⑥

在我国，情形同样是如此。同样是财产权，立法者将会将物权、债权和继承权作为独立的三编规定在民法典中：物权将会作为民法典的第二编加以规定，合同编将会作为民法典的第三编加以规定，侵权责任编将将会作为民法典的第七编加以规定，而继承编则会作为民法典

---

①　张民安：《法国民法总论（上）》，清华大学出版社 2017 年版，第 409 页；Bürgerliches Gesetzbuch（BGB），geändert durch das Gesetz vom 20. Juli 2017, http://www.wipo.int/wipolex/fr/text.jsp?file_id=468855.

②　张民安：《法国民法总论（上）》，清华大学出版社 2017 年版，第 283—284 页；. Code civil, Version consolidée au 6 août 2018, https://www.legifrance.gouv.fr/affichCode.do?cidTexte=LEGITEXT000006070721.

③　张民安：《法国民法总论（上）》，清华大学出版社 2017 年版，第 409 页；Bürgerliches Gesetzbuch（BGB），geändert durch das Gesetz vom 20. Juli 2017, http://www.wipo.int/wipolex/fr/text.jsp?file_id=468855.

④　张民安：《法国民法总论（上）》，清华大学出版社 2017 年版，第 283—284 页；Code civil, Version consolidée au 6 août 2018, https://www.legifrance.gouv.fr/affichCode.do?cidTexte=LEGITEXT000006070721.

⑤　张民安：《法国民法总论（上）》，清华大学出版社 2017 年版，第 409 页；张民安：《论〈担保法〉在我国未来〈民法典〉当中的独立地位》，载《学术论坛》2018 年第 3 期，第 27—30 页；Bürgerliches Gesetzbuch（BGB），geändert durch das Gesetz vom 20. Juli 2017, http://www.wipo.int/wipolex/fr/text.jsp?file_id=468855.

⑥　张民安：《法国民法》，清华大学出版社 2015 年版，第 495—497 页；张民安：《论〈担保法〉在我国未来〈民法典〉当中的独立地位》，载《学术论坛》2018 年第 3 期，第 25—27 页；Code civil, Version consolidée au 6 août 2018, https://www.legifrance.gouv.fr/affichCode.do?cidTexte=LEGITEXT000006070721.

的第六编加以规定。① 但是，同样是两种类型的财产权，担保权和知识产权则不会作为独立的两编规定在民法典中。②

最后，在包括我国在内的所有国家，立法者并不是根据人身权的不同类型决定是否将它们独立设编，因为虽然人身权的类型众多，但是，立法者并没有将所有类型的人身权均独立设编，而仅仅将其中的某些人身权独立设编。在民法中，非财产权即人身权有哪些类型，不同国家的不同民法学者做出的回答并不完全相同。例如，法国的某些民法学者认为，非财产权包括人格权、身份权和基本自由三类，而另外的一些民法学者则认为，非财产权仅仅包括人格权和身份权两类。③ 在我国，民法学者普遍认为，人身权包括人格权和身份权两类。无论是人格权还是身份权均可以做出更进一步的分类。虽然如此，身份权主要是指家庭权即亲属权。

在制定民法典时，立法者是否根据非财产权的类型来决定独立设编？答案是，在制定民法典时，立法者并没有根据此种类型的主观权利、民事权利来决定独立设编，即便他们的确将某些非财产权作为独立的一编规定在民法典中。在法国和德国，立法者根本就没有将人格权作为独立的一编规定在民法典中，已如前述。在德国，立法者虽然将家庭权作为独立的一编即第四编规定在《德国民法典》中④，但是法国立法者并没有将家庭权作为独立的一卷规定在《法国民法典》中，因为他们将家庭权肢解到第一卷即人法和第三卷即债权法中。⑤

因此，在我国，虽然立法者准备将家庭权和人格权作为独立的两编规定在未来的民法典中，但是他们并不是因为人格权和家庭权属于

---

① 《民法典分编草案首次提请审议》，http://www.npc.gov.cn/npc/xinwen/lfgz/2018-08/28/content_2059462.htm。

② 《民法典分编草案首次提请审议》，http://www.npc.gov.cn/npc/xinwen/lfgz/2018-08/28/content_2059462.htm。

③ 张民安：《法国民法》，清华大学出版社2015年版，第72—73页。

④ 张民安：《法国民法总论（上）》，清华大学出版社2017年版，第409页；Bürgerliches Gesetzbuch（BGB），geändert durch das Gesetz vom 20. Juli 2017，http://www.wipo.int/wipolex/fr/text.jsp?file_id=468855。

⑤ 张民安：《法国民法总论（上）》，清华大学出版社2017年版，第284页；. Code civil, Version consolidée au 6 août 2018, https://www.legifrance.gouv.fr/affichCode.do?cidTexte=LEGITEXT000006070721。

人身权并因此能够与财产权相抗衡的原因而做出这样的安排的,他们是基于别的原因而做出此种安排的,即是基于人格权的重要性而做出此种安排的。①

(二)"从民法的调整对象来看,人格权应当独立成编"的理由为何没有说服力

在主张人格权的独立设编时,王利明教授提出了一个理由,这就是"从民法的调整对象来看,人格权应当独立成编。"根据此种理由,鉴于我国《民法通则》第2条和《民法总则》第2条均将财产关系和人身关系作为民法的调整对象,而作为财产关系的物权和债权将会在民法典中独立设编,因此,作为人身关系的人格权也应当在民法典中独立设编。在《民法总则》通过之前,王利明教授将人格权独立设编的此种理由建立在《民法通则》第2条规定的基础上,② 而在《民法总则》通过之后,他则将人格权独立设编的此种理由建立在《民法总则》第2条规定的基础上。③ 王利明教授对此种理由做出了明确说明,他指出:"《民法总则》第2条为人格权独立成编提供了充分的依据。……《民法总则》第2条在确定民法的调整对象时,将民法的调整对象确定为人身关系和财产关系,财产关系已经在分则中分别独立成编,表现为物权编、合同编,而人身关系主要分为两大类,即人格关系和身份关系,身份关系将表现为婚姻编、继承编。如果人格权不能独立成编,则人身关系中的身份关系受到分则的详细调整,人格关系却未能受到分则的规范,这将导致各分编的规则与民法总则规定之间的不协调。"④

人格权独立设编的此种理由显然是没有足够说服力的,因为此种

---

① 《民法典分编草案首次提请审议》,http://www.npc.gov.cn/npc/xinwen/lfgz/2018-08/28/content_2059462.htm。
② 王利明:《人格权制度在中国民法典中的地位》,载《法学研究》2003年第2期,第35页;王利明:《人格权法研究》,中国人民大学出版社2005年版,第117页。
③ 王利明:《论我国〈民法总则〉的颁行与民法典人格权编的设立》,载《政治与法律》2017年第8期,第3页;王利明:《论人格权独立成编的理由》,载《法学评论》2017年第6期,第6页。
④ 王利明:《论我国〈民法总则〉的颁行与民法典人格权编的设立》,载《政治与法律》2017年第8期,第3页。

理由并不是一种独立的理由，而是上述理由即"人格权独立成编是符合民法典体系结构的内在逻辑的"的理由的另一种讲法而已，笔者在上述第一个理由中提出的反对意见均自动适用于人格权独立设编的此种理由。此外，人格权独立设编的此种理由还存在一个致命问题，这就是，它混淆了民法的调整对象与民法内容在民法典中独立设编的判断标准之间的关系，将民法的调整对象作为判断民法的内容是否应当独立设编的标准。

所谓民法的调整对象，是指民法所规范和调整的内容。① 在 1804 年的《法国民法典》中，法国立法者没有对民法的调整对象做出明确规定。② 在 1896 年的《德国民法典》中，德国立法者也没有对民法的调整对象做出规定。③ 在今天，无论是《法国民法典》④ 还是《德国民法典》⑤ 均没有对民法的调整对象做出明确规定。在民法上，第一次对民法调整对象做出明确规定的民法典是 1907 年的《瑞士民法典》，这就是《瑞士民法典》第 1（1）条，该条规定：制定法对与其法律条款的字面含义或者精神有关的所有内容均予以规范和调整。⑥

《瑞士民法典》的此种做法被其他法式民法典的国家所普遍采用。在今时今日，除了《瑞士民法典》第 1（1）条仍然对民法的调整对象做出了规定外，⑦ 其他法式民法典的国家也普遍对民法的调整对象做出了规定。例如，《魁北克民法典》序编就对民法的调整对象

---

① 张民安、丘志乔主编：《民法总论》（第五版），中山大学出版社 2017 年版，第 12 页。

② Code civil des Français, édition originale et seule officielle, A Paris, de l'Imprimerie de la République, An XII 1804, http://www. assemblee-nationale. fr/evenements/code-civil/cc1804-lpt01. pdf.

③ Raoule De La Grasserie, Code Civil Allemande, 2e édition, PARIS A. PEDONE, Éditeur, 1901, pp. 1–5.

④ Code civil, Version consolidée au 6 août 2018, https://www. legifrance. gouv. fr/affich-Code. do? cidTexte = LEGITEXT000006070721.

⑤ Bürgerliches Gesetzbuch (BGB), geändert durch das Gesetz vom 20. Juli 2017, http://www. wipo. int/wipolex/fr/text. jsp? file_id =468855.

⑥ Art. Ier CODE CIVIL SUISSE, Virgile Rossel, Code Civil Suisse y Compris le Code Fédéral des Obligations, I, Code Civil Suisse, 3e édition, Librairie Payot & Cie, 1921, p. 1.

⑦ Art. 1 A. Application de la loi, Code civil suisse, Etat le 1er janvier 2018, https://www. admin. ch/opc/fr/classified-compilation/19070042/index. html.

做出了说明,它规定:与人权和自由宪章以及法律的一般原则一起,魁北克民法典调整人、人之间的关系和财产。①

由于受 1907 年《瑞士民法典》的影响,苏联民法学者普遍在他们的民法著作中对民法的调整对象做出了明确说明,他们认为,民法对人与人之间的两种法律关系进行规范和调整,这就是人身关系和财产关系。② 受到这些民法学者的影响,1964 年的《苏俄民法典》第 1 条对民法的调整对象做出了规定,该条规定,民法典规范和调整财产关系和人身非财产关系。③ 由于受苏联民法学者和民法典的影响,除了我国民法学者普遍将财产关系和人身关系视为民法的调整对象外④,我国立法者也一直将财产关系和人身关系视为民法的调整对象,这就是《民法通则》第 2 条和《民法总则》第 2 条的规定。⑤

在民法上,立法者为何在其制定的民法典当中对民法的调整对象做出明确规定?对此问题,苏联时期的民法学家和我国 20 世纪 90 年代初期之前的民法学者均做出了相同的回答。他们认为,立法者之所以在其民法当中将民法的调整对象确定为财产关系和人身关系,是因为民法的此种调整对象能够起到一种浓厚的意识形态化的作用,这就是,将苏联民法和我国民法的社会主义性质与德国和法国等国家民法的资本主义性质进行区分:同资本主义国家的民法将法律关系理解为人与物之间的关系、主体与客体之间的关系不同,社会主义国家的民法将法律关系理解为人与人之间的关系;资本主义国家的民法学者之所以将法律关系视为人与物之间、主体与客体之间的关系,其目的在

---

① DISPOSITION PRÉLIMINAIRE, CCQ-1991-Code civil du Québec, http://legisquebec.gouv.qc.ca/fr/showdoc/cs/CCQ-1991.
② 张民安:《法律关系的一般理论亦或是主观权利的一般理论》,载《澳门法学》2018 年第 1 期,第 48—51 页。
③ Civil Code of the Russian Soviet Federated Socialist Republic, An English Translation by Whitmore Gray Raymond Stults, University of Michigan Law School Ann Arbor, 1965, p. 1.
④ 张民安:《法律关系的一般理论抑或是主观权利的一般理论》,载《澳门法学》2018 年第 1 期,第 50—54 页。
⑤ 张民安:《法律关系的一般理论抑或是主观权利的一般理论》,载《澳门法学》2018 年第 1 期,第 51—55 页。

于掩盖人与人之间所存在的剥削关系,并且为其私有制服务。①

显然,苏联和我国民法学者的此种看法是不符合事实的,因为至少19世纪初期至20世纪初期的一个世纪内,资本主义国家的大多数民法学者均将法律关系视为一种人与人之间的法律关系。② 在今时今日,虽然苏联早已解体,但它的理论仍然在我国民法领域产生影响。其中的一个重要表现就是《民法总则》第二条所规定的民法调整对象。在今时今日,我国立法者为何在《民法通则》和《民法总则》中将财产关系和人身关系视为民法的调整对象呢?他们仍然是为了意识形态化的目的做出此种规定的吗?

对此问题,从20世纪90年代以来一直到今时今日,包括王利明教授在内③,我国民法学者均放弃了20世纪90年代初期之前的民法学者所采取的理论,不再从意识形态化的立场论证此种规定的价值,而是从三个不同的方面论证此种规定的价值:从民法学习方面论证其价值,认为第二条规定的法律关系是"打开民法殿堂的钥匙";从处理民事纠纷的方法方面论证其价值,认为第二条规定的法律关系是"处理民事案件的思维方法";从揭示民法内容方面论证其价值,认为第二条规定的法律关系"犹如一幅巨型建筑物的平面图",将民法涉及的方方面面均展示出来了。④

在与反对人格权独立设编的民法学者展开论战时,王利明教授发现《民法通则》第二条和《民法总则》第二条所具有的第四种价值:作为民法的两个调整对象,财产关系和人身关系是立法者将其独立设编的判断标准,除了财产关系独立设编外,人身关系尤其是其中的人格关系也应当独立设编,已如前述。不过,此种解读方法是完全错误的,就像前述三种解读方法均是完全错误的一样。因为在民法上,无论立法者如何规定民法的调整对象,他们仅仅是为了法律的适用

---

① 张民安:《法律关系的一般理论抑或是主观权利的一般理论(上)》,载《澳门法学》2018年第1期,第49—51页。
② 张民安:《法律关系的一般理论抑或是主观权利的一般理论(上)》,载《澳门法学》2018年第1期,第34—40页。
③ 王利明:《民法总则》,中国人民大学出版社2017年版,第77—84页。
④ 张民安:《法律关系的一般理论抑或是主观权利的一般理论(上)》,载《澳门法学》2018年第1期,第45—47页。

第十一章　我国民法学者主张人格权独立设编的理由
　　　　　为何没有说服力

(Application de la loi)，而不是为了学习目的、思维目的、展示目的或者独立设编的目的。

在处理当事人之间的民事纠纷时，法官首先要决定其受理案件的范围，之后再决定适用的民法渊源：立法者的制定法，习惯，民法学说、司法判例，甚至民法的一般原则等。立法者规定民法调整对象的目的是解决法律适用中的第一个问题而不是第二个问题：当事人之间的哪些纠纷在性质上是民事纠纷，他们之间的哪些纠纷在性质上不是民事纠纷，由民法的调整对象决定。换言之，法官应当受理当事人之间的哪些案件，不应当受理他们之间的哪些案件，其判断标准是民法的调整对象。这就是 1907 年的《瑞士民法典》第 1 条规定民法调整对象的真正原因。《瑞士民法典》第 1 条的标题为"法律的适用"，共三款：①制定法对与其法律条款的字面含义或者精神有关的所有内容均予以规范和调整。②如果欠缺可供适用的法律条款，法官应当根据习惯法做出判决；如果欠缺习惯，则他们应当根据自己如果是立法者时会制定的规范做出判决。③他们能够从学说、司法判例所承认的法律途径当中获得灵感。①

在这三款中，第一款对民法的调整对象做出了规定，根据该条的规定，当事人之间的任何纠纷在性质上均属于民事纠纷，只要他们的民事纠纷属于民法的调整对象：如果当事人之间的任何纠纷与民法典中的任何一个法律条款的明确规定有关系，则该纠纷就属于民法的调整对象，法官就必须适用民法渊源解决他们之间的纠纷；即便当事人之间的纠纷与民法典中的某一个法律条款的明确规定没有关系，如果他们之间的纠纷与该法律条款的精神有关系，则他们之间的纠纷也属于民法的调整对象，法官也必须适用民法渊源解决他们之间的纠纷。在解决当事人之间的纠纷时，法官首先应当适用制定法的规定即适用民法典的规定。如果民法典没有规定，则适用习惯法。如果没有可供适用的习惯，则法官适用自己创设的法律规范。在创设供自己解决纠纷的法律规范时，法官可以从民法学者和法官在其民法著作和案件中提出的法律途径中获得灵感。

---

① Art. 1 A. Application de la loi, Code civil suisse, Etat le 1er janvier 2018, https://www.admin.ch/opc/fr/classified-compilation/19070042/index.html.

在民法上，从民事纠纷判断标准的角度规定民法调整对象的做法当然始于 1907 年的《瑞士民法典》，但是《瑞士民法典》的此种做法并不存在任何值得大惊小怪的地方，因为它的此种做法源自 1804 年的《法国民法典》，尤其是源自该法典的重要起草人 Jean-Étienne-Marie Portalis。因为本着对法官不信任的态度，该法典明确要求法官处理当事人之间的民事纠纷，禁止他们借口民法典没有规定、规定不明确或者模糊而拒绝受理当事人之间的民事纠纷或者就当事人之间的纠纷做出判决，这就是该法典的第 4 条，该条规定：如果法官借口制定法没有规定、规定含糊或者不充分而拒绝做出判决，则他们将会受到拒绝裁判罪的追究。① 在制定法没有规定的情况下，法官适用什么民法渊源做出判决？Jean-Étienne-Marie Portalis 对此做出了说明，认为在欠缺制定法规定的情况下，法官既可以根据习惯、民法学说和司法判例等做出判决，也可以根据公平原则、法律的一般原则或者自然法的原则做出判决。②

1804 年的《法国民法典》第 4 条尤其是 Jean-Étienne-Marie Portalis 的此种陈述影响巨大，在整个 19 世纪，在以 1804 年的《法国民法典》作为范本制定本国民法典时，法式民法典的立法者大都对这些内容做出了规定。例如，1837 年的《撒丁岛王国民法典》就对这些内容做出了说明，其第 15 条规定：如果法官不能够通过制定法所规定的词语或者其精神解决他们所面临的案件，他们应当考虑制定法所特别规定的类似情形和作为类似制定法根据的原则；如果案件仍然存在疑虑，则在考虑案件所面临的所有情况之后，他们应当求助于法

---

① Code civil des Français, édition originale et seule officielle, A Paris, de l'Imprimerie de la République, An XII 1804, http://www.assemblee-nationale.fr/evenements/code-civil/cc1804-lpt01.pdf.

② Portalis, Discours préliminaireDu projet de Code Civil de la Commission, Jean Guillaume Locré de Roissy, La Législation civile, commerciale et criminelle de la France ou commentaire et complément des codes français Tome 1 Paris Treuttel et Würtz, 1827, pp. 258 – 259; Portalis, Discours préliminaire, Pierre-Antoine Fenet, Recueil complet des travaux préparatoires du code civil, Tome VI, p. 20; Jacques Ghestin et Gilles Goubeaux, Traité de droit civil, Introduction générale, Librairie générale de droit et de jurisprudence, p. 317.

律的一般原则。① 再如，1869年的《阿根廷民法典》也对这些内容做出了说明，其第15条规定：法官不得借口制定法规定的欠缺、含糊不清或者不充分而停止做出判决。② 其第16条规定：如果法官无法通过制定法所规定的词语或者其精神解决当事人之间的纠纷，他们应当根据类似法律的原则解决；如果当事人之间的纠纷仍然存在疑虑，在考虑案件的具体情况之后，他们应当根据法律的一般原则解决。③

在1837年的《撒丁岛王国民法典》和1869年的《阿根廷民法典》中，立法者虽然没有对民法的调整对象做出规定，但是他们实际上已经埋下了做出此种规定的种子，因为在这两部民法典中，他们均基于民事纠纷受理和裁判的目的暗含地承认了民法的调整对象，这就是《撒丁岛王国民法典》第15条和《阿根廷民法典》第16条中所使用的"制定法所规定的词语或者其精神"。在这些民法典的基础上，1907年的瑞士立法者最终在《瑞士民法典》第1条中对民法的调整对象做出了规定。可见，立法者规定民法的调整对象，其目的只有一个，这就是，明确法官受理案件的性质和范围，防止他们借口当事人之间的案件在性质上不属于民事纠纷而拒绝受理或者拒绝做出裁判。当我国立法者在《民法通则》第二条和《民法总则》第二条中对民法的调整对象做出规定时，他们既不是为了表明我国民法的社会主义性质并因此将其与资本主义国家的民法区分开来，也不是为了将民法的调整对象作为民法内容是否独立设编的判断标准。在证明人格权独立设编时，如果人们将其主张建立在民法的调整对象的基础上，

---

① L'article 15, Code civil du royaume de Sardaign, M. le Comte Portalis, Code civil du royaume de Sardaigne: précédé d'un travail comparatif avec la législation française, Ã Paris, 1844, p. 8; G. Del Vecchio, Les Principes généraux du droit, Traduit de l'italien, par E. Demontès, LGDJ, 1925, p. 10; David Fabio Esborraz, La referencia a los «principios y valores jurídicos» en el Código Civil y Comercial, pp. 15 – 16, http://www.nuevocodigocivil.com/wp-content/uploads/2015/02/La-referencia-a-los-Principios-y-valores-juridicos-en-el-codigo-civil-y-comercial-.-Por-David-Fabio-Esborraz. pdf.

② Art. 15 El Código Civil de la República Argentina, por El Congreso de la Nación, El 25 de septiembre de 1869, Buenos Aires. Imprenta de Pablo E. Co., 1873, p. 3.

③ Art. 16 El Código Civil de la República Argentina, por El Congreso de la Nación, El 25 de septiembre de 1869, Buenos Aires. Imprenta de Pablo E. Co., 1873, p. 3.

则他们显然曲解了民法规定调整对象的原因,不了解民法典规定调整对象的历史,将民法上两个完全没有关系的内容人为地联系在一起。

(三)"人格权独立成编是我国民事立法宝贵经验的总结"的理由为何没有说服力

在主张人格权独立设编时,我国民法学者提出了一个理由,这就是,"人格权独立成编是我国民事立法宝贵经验的总结"。根据此种理由,当立法者在1986年的《民法通则》第五章当中将人格权作为独立一节加以规定时,他们的此种做法为今天的人格权独立设编提供了基础。在我国,王利明教授就以此种理由主张人格权的独立设编,无论是在《民法总则》通过之前还是通过之后,均如此。

在《民法总则》通过之前,王利明教授对人格权独立设编的此种理由做出了明确说明,他指出:"1986年的民法通则在民事权利一章中单设了人身权利一节,这是一个重大的体系突破。该章的规定为我国未来民法典整个分则体系的构建奠定了基础。……尤其值得注意的是,民法通则将人身权与物权、债权、知识产权并列规定,这在各国民事立法中是前所未有的。此种体系本身意味着我国民事立法已将人格权制度与其他法律制度相并列,从而为人格权法在民法典中的独立成编提供了足够的立法根据。民法通则所确立的体系,是其他国家的民法典难以比拟的立法成果,是已经被实践所证明了的先进的立法经验,已经为民法学者所普遍认可,并已经对我国民事司法实践与民法理论产生了深远的影响,我们没有任何理由抛弃这种宝贵的经验。"①

在《民法总则》通过之后,王利明教授继续以此种理由主张人格权的独立设编,因为他认为"人格权独立设编与《民法通则》的立法经验是一脉相承的"②。他指出:"《民法通则》单设一节对人格权作较为系统和集中的规定,并被实践证明是成功、先进的立法经验。制定独立成编的人格权法,是对《民法通则》成功立法经验的

---

① 王利明:《人格权制度在中国民法典中的地位》,载《法学研究》2003年第2期,第35—36页;王利明:《人格权法研究》,中国人民大学出版社2005年版,第118页。
② 王利明:《论人格权独立成编的理由》,载《法学评论》2017年第6期,第10页。

第十一章　我国民法学者主张人格权独立设编的理由为何没有说服力

继承和总结，体现了立法的连续性和稳定性。为了维持立法的连续性和稳定性，并继承和总结《民法通则》的成功经验，我们应当在民法典中专设人格权一编。"①

问题在于，王利明教授主张人格权独立设编的此种理由是否具有说服力？笔者认为，他主张人格权独立设编的此种理由是完全没有说服力的。因为从《民法通则》第五章所采取的人格权独立设节中，我们无法推论出人格权应当独立设编的结论。换言之，人格权独立设编同我国民事立法的宝贵经验之间没有关系。为何从《民法通则》第五章所采取的人格权独立设节中，我们无法推论出人格权独立设编的结论？答案在于，《民法通则》第五章仅仅是《民法总则》第五章的模板，《民法总则》仅仅是《民法通则》的升级版，如果说《民法通则》第五章是"我国民事立法的宝贵经验"的话，它也仅仅是《民法总则》的"宝贵经验"，根本不是立法者将人格权独立设编的宝贵经验。

在1986年的《民法通则》中，我国立法者专门设立了第五章即"民事权利"，在该章中，立法者不仅对民事权利做出了分类，而且还设专节对不同类型的民事权利做出了规定。根据该章的规定，民事权利分为四类：第一节为"财产所有权和与财产所有权有关的财产权"，除了对所有权、用益物权做出了规定外，该节还对经营权和继承权做出了规定。第二节为"债权"，除了对契约性债权、侵权性债权、不当得利债权和无因管理债权做出了规定外，该节也对担保债权做出了规定。第三节为"知识产权"，对著作权、专利权、商标权和发现权做出了规定。第四节为"人身权"，除了对身份权做出了规定外，该节也对人格权做出了规定。②

在我国，即便人格权要在未来民法典中独立设编，人们也不能够将人格权独立设编的理论根据建立在《民法通则》第五章所规定的基础上，尤其是不能够建立在第五章第四节所规定的"人身权"的基础上。一方面，在决定是否将民法的内容在民法典当中独立设编

---

① 王利明：《论人格权独立成编的理由》，载《法学评论》2017年第6期，第10页。
② 《中华人民共和国民法通则》，http://www.npc.gov.cn/wxzl/wxzl/2000-12/06/content_4470.htm。

时，立法者完全没有受到第五章的影响：虽然第五章仅仅将继承权放在第一节中，没有将其独立设节，但是他们也准备在民法典中将其独立设编；虽然第五章将知识产权作为独立的一节加以规定，但是立法者并不准备在民法典当中将其独立设编，已如前述。另一方面，如果说《民法通则》第五章构成"我国民事立法宝贵经验的总结"的话，此种"宝贵经验的总结"仅仅体现在《民法总则》第五章中，并且未来会体现在民法典的总则编中，不可能体现在其他方面，同民法典中人格权是否独立设编没有丝毫关系。

原因在于，在制定2017年的《民法总则》时，我国立法者的确从1986年的《民法通则》中吸取了民事立法的宝贵经验：在制定2017年的《民法总则》时，他们基本上照搬了《民法通则》的规定，无论是形式上的规定还是内容上的规定，均如此。因此，在规定《民法总则》第一章即"基本规定"时，我国立法者总结了他们在规定《民法通则》第一章即"基本原则"时所累积的"立法宝贵经验"。在规定《民法总则》第二章即"自然人"时，我国立法者也总结了他们在规定《民法通则》第二章即"公民（自然人）"时所累积的"立法宝贵经验"。

基于同样的原因，在规定《民法总则》第五章时，我国立法者也总结了他们在规定《民法通则》第五章时所累积的"立法宝贵经验"，这就是，在《民法总则》第五章中，除了原封不动地保留了《民法通则》第五章的标题即"民事权利"外，他们也基本上保留了《民法通则》第五章对民事权利做出的分类，认为物权、债权、知识产权和人身权是最主要的民事权利。不过，在总结《民法通则》第五章的"立法宝贵经验"时，根据社会发展和变化的需要，我国立法者也在《民法总则》第五章中做出了一系列创新性规定，主要表现在几个方面：其一，实质上的改变，体现在《民法总则》第五章增加了一些新的民事权利，尤其是增加了一些新类型的人格权。其二，形式上的改变，表现在两个方面：在对民事权利做出分类时，他们不再使用"节"，换言之，《民法通则》第五章中存在独立设节的问题，而《民法总则》第五章中则不存在独立设节的问题；民事权利分类的顺序被调整：《民法总则》不再按照《民法通则》第五章的顺序安排民事权利，而是按照新的顺序安排民事权利：人身权，物权、债权、知识产权、继承权,以及其他民事权利。其三,对权利主体行使权利的原则和限制做出了规定。

四、"人格权独立成编是直接回应审判实践的需要"的理由为何没有说服力

在主张人格权独立设编时,我国民法学者最近提出了一个新的理由,这就是,有关人格权纠纷方面的司法实践不仅需要人格权的独立设编,而且也让人格权的独立设编具有了现实的可能性。在我国,王利明教授在2017年的文章中以此种理由论证人格权的独立设编。

王利明教授指出,"人格权独立成编是直接回应审判实践的需要"①,因为虽然我国法官审理了大量的涉及人格权纠纷的案件,虽然最高法院自1988年以来颁布了大量的涉及人格权纠纷方面的司法解释,但是迄今为止,"人格权的裁判规则依然缺乏"②。通过人格权的独立设编,我们能够为法官裁判人格权的案件提供规则,因为"人格权独立成编很重要的原因就是为人格权的裁判规则提供足够的空间,为法院裁判人格权纠纷提供明确的裁判依据"③。

王利明教授还指出,"人格权在民法典中独立成编也有充分的司法实践依据"④,因为,"从司法解释的层面看,为强化对人格权的保护,最高人民法院做出了大量的批复,颁行了大量的司法解释。例如,早在1988年,最高人民法院就针对著名的'荷花女案'做出了相关的批复。在此之后,最高人民法院又做出了大量关于人格权保护的复函和批复。最高人民法院还颁行了许多关于人格权的司法解释,如1998年的《关于审理名誉权案件若干问题的解释》、2001年的《关于确定民事侵权精神损害赔偿责任若干问题的解释》、2003年的《关于审理人身损害赔偿案件适用法律若干问题的解释》等,这些司法解释的规则具有很强的针对性,也是经实践检验的适应我国人格权保护需要的具体规则,能够为民法典人格权编的规则实践提供有益的

---

① 王利明:《论人格权独立成编的理由》,载《法学评论》2017年第6期,第9页。
② 王利明:《论人格权独立成编的理由》,载《法学评论》2017年第6期,第9页。
③ 王利明:《论人格权独立成编的理由》,载《法学评论》2017年第6期,第9页。
④ 王利明:《论人格权独立成编的理由》,载《法学评论》2017年第6期,第9页。

参考"①。

问题在于，王利明教授主张人格权独立设编的此种理由是否具有说服力？答案在于，他主张人格权独立设编的此种理由没有说服力。一方面，王利明教授的上述两个说明存在"二律背反"、自相矛盾的地方，因为在论证"人格权独立成编是直接回应审判实践的需要"时，他明确否定最高法院的一系列司法解释没有为人格权纠纷的处理提供明确的裁判规则，但是在论证"人格权在民法典中独立成编也有充分的司法实践依据"时，他否定了自己的观点，明确肯定最高法院在一系列的司法解释中为人格权纠纷的处理提供明确的裁判规则。

另一方面，在一系列涉及人格权纠纷的司法解释中，最高法院所提供的明确的裁判规则在性质上并不属于人格权法的规则。诚如王利明教授所言，在一系列的司法解释中，最高法院的确为法院裁判人格权纠纷提供了明确的裁判依据，因为在这些司法解释中，最高法院对法官如何处理侵犯他人人格权的案件做出了详细的规定，在处理行为人侵犯他人人格权的案件时，地方法院的法官均会遵循最高法院的这些规定。例如，在《关于确定民事侵权精神损害赔偿责任若干问题的解释》第10条中，最高法院就对法官处理涉及人格权纠纷时的裁判规范做出了规定，它要求法官在确定精神损害赔偿的数额时要考虑各种各样的具体因素。再如，在《关于审理人身损害赔偿案件适用法律若干问题的解释》第6条中，最高法院也对法官在处理涉及人格权纠纷时的裁判规范做出了规定，它既要求法官责令行为人就其未履行安全保障义务的行为对他人承担侵权责任，也要求法官责令行为人就第三人的侵权行为引起的损害对他人承担所谓的补充责任。

问题在于，在一系列的司法解释中，最高法院为人格权纠纷的处理所提供的明确裁判规则在性质上究竟是侵权责任法的规则还是人格权法的规则？答案是，最高法院在一系列的司法解释中所提供的这些裁判规则在性质上均是侵权责任法的规则，并不是人格权法的规则，因为最高法院的一系列司法解释所围绕的核心问题是，当行为人侵犯他人的人格权时，他们应当如何赔偿他人遭受的精神损害和财产损

---

① 王利明：《论人格权独立成编的理由》，载《法学评论》2017年第6期，第10页。

害。这从最高法院在两个司法解释中所使用的名称就能够一目了然。

因为最高法院的一系列司法解释仅仅涉及侵权责任法的规则，所以在制定2009年的《侵权责任法》时，我国立法者吸收了最高法院司法解释的精髓，将其在这些司法解释中所提供的裁判规则规定在《侵权责任法》中。因此，如果说最高法院的一系列司法解释能够为立法者制定民法典"提供有益的参考"的话，则它的这些司法解释只能够为民法典的侵权责任编"提供有益的参考"，并不能够为民法典的人格权编"提供有益的参考"。还应当注意的是，即便能够为民法典的侵权责任编"提供有益的参考"，这些司法解释也只能够提供间接的参考，无法提供直接的参考，因为它们当中的大多数裁判规则已经被《侵权责任法》所吸纳，而《侵权责任法》则会以侵权责任编的名义规定在民法典中。

第十二章 人格权为何应当在我国未来民法典当中独立设编（上）

一、民法内容是否在民法典当中独立设编的核心判断标准：重要性标准

在我国，人格权之所以应当在民法典当中独立设编，第一个也是最重要的原因是，在今时今日，人格权是权利主体享有的极端重要的主观权利，就像物权和债权是权利主体享有的极端重要的主观权利一样。

在今时今日，权利主体享有的主观权利多种多样，除了传统的民事权利外，还包括一些相对新近出现的民事权利，其中的传统民事权利包括物权、债权、家庭权和继承权等，而相对新近出现的民事权利则包括担保权、知识产权和人格权等。在权利主体享有的这些民事权利中，某些主观权利可能被立法者作为独立的一编规定在民法典中，而另外一些主观权利则可能不会被立法者作为独立的一编规定在民法典中。究竟权利主体享有的哪些主观权利会独立设编，哪些主观权利不会独立设编，其判断标准是什么？答案是，在决定是否将权利主体享有的某种主观权利独立设编时，立法者考虑的最主要的、最重要的判断标准是主观权利是否重要的标准：如果权利主体享有的某种主观权利极端重要，则立法者可能会将其独立设编，反之，如果权利主体享有的某种主观权利没有达到极端重要的地步，则立法者不会将其独立设编。因为物权和债权长久以来被视为极端重要的两种主观权利，所以大陆法系国家的立法者普遍将其独立设编。因为担保权在20世纪60年代之前地位卑微，所以大陆法系国家的立法者没有将其独立设编；因为担保权在20世纪60年代之后地位飙升，并因此达到了极端重要的程度，所以法国立法者在2006年采取措施将其作为独立的、

新的第四卷规定在《法国民法典》中。①

在今时今日，除了物权、债权、家庭权、继承权等传统主观权利具有极其的重要性外，权利主体享有的人格权也具有极端的重要性，因为这样的原因，立法者也应当像对待物权、债权等传统民事权利一样对待人格权：将人格权在民法典中作为独立的一编加以规定。不仅如此，在今时今日，人格权不仅像这些传统民事权利一样具有极端重要性，而且它还是所有主观权利中一枝独秀、一支独大的主观权利，没有任何其他主观权利能够与人格权相提并论。

在民法上，民事权利之间是否存在重要性方面的差异，我们是否能够说权利主体享有的一种民事权利要比另外一种民事权利更重要？在今时今日，我们是否能够说权利主体享有的人格权要比他们享有的物权、债权、身份权和继承权更加重要？答案是完全肯定的，因为在不同的历史时期，权利主体享有的主观权利之间的确存在重要性的不同：在19世纪初期之前和第二次工业革命之前，财产所有权是所有民事权利中最重要的主观权利；在19世纪末期至20世纪60年代期间，债权是所有民事权利中最重要的主观权利；从20世纪60年代开始一直到今时今日，人格权越过了物权和债权而成为所有民事权利中最重要的主观权利。

（一）我国民法学者在例外情况下对人格权是否独立设编的判断标准做出了说明

在制定民法典时，立法者面临的一个主要问题时，他们应当根据什么样的判断标准将民法的内容予以系统化、体系化并因此形成民法典的编制体例、编章结构？换言之，在民法典中，民法的哪些内容应当独立设编，哪些内容不应当独立设编，其判断标准是什么？

对于这些问题，我国民法学者少有说明，即便他们出版了诸如民法总论和民法分论的著作，即便他们对民法典的制定提出了这样或者那样的意见，他们也很少在自己的民法著作中对民法内容是否独立设

---

① 张民安：《法国民法》，清华大学出版社2015年版，第495—497页；张民安：《论〈担保法〉在我国未来〈民法典〉当中的独立地位》，载《学术论坛》2018年第3期，第24—27页。

编的判断标准做出说明。对此仅有一个例外，这就是，在就人格权是否应当独立设编的问题展开论战时，我国民法学者就此问题展开了激烈的争论。主张人格权独立设编的民法学者认为，"人格权关系到人的尊重、人格尊严和人权保护，因此非常重要，有必要单独设编"①；而反对人格权独立设编的民法学者则认为，人格权固然非常重要，但是重要性并不是人格权是否应当独立设编的判断标准，因为判断人格权是否应当独立设编的标准是逻辑性、技术性。

（二）我国民法学者关于人格权是否应当独立设编的两种不同判断标准：逻辑性标准或者重要性标准

在 2002 年前后，除了对人格权独立设编的重要性标准做出了严厉批判外，梁慧星教授也对人格权独立设编的逻辑性标准做出了说明。在 2002 年的《民法典不应单独设立人格权编》中，梁慧星教授认为，人格权的重要性仅仅关乎民法典的进步性，而人格权的独立设编则仅仅关于民法典的科学性，在民法典的独立设编问题上，判断标准不是进步性而是科学性。他指出："如果将人格权单独设编，将人格权这一主体自身的问题，与物权关系、债权关系等并列，就违反了民法典编纂的逻辑和民法法理。……民法典的编纂体例、编章结构、法律制度的编排顺序，应当符合一定的逻辑关系，并照顾到法官适用法律的方便，这属于法典的形式一面，应当要求科学性，而不是进步性。简而言之，民法典的基本原则、精神实质、价值取向、制度内容，属于进步性问题；民法典的编纂体例、编章结构、编排顺序，属于科学性问题。怎么能够混为一谈！"②

在 2003 年的《中国民法典编纂的几个问题》中，梁慧星教授指出，人格权是否独立设编，其判断标准绝对不是重要性的标准，而是逻辑标准，鉴于人格权独立设编不符合逻辑性判断标准，因此人格权不应当独立设编。他指出："主张人格权单独设编的第一条理由是人格权的重要性。人格权关系到人的尊重、人格尊严和人权保护，其重要性并无人否认，但民法典的编排体例，绝不能以重要性为标准。人

---

① 梁慧星：《民法典不应单独设立人格权编》，载《法制日报》2002 年 8 月 4 日。
② 梁慧星：《民法典不应单独设立人格权编》，载《法制日报》2002 年 8 月 4 日。

第十二章　人格权为何应当在我国未来民法典当中独立设编（上）

的尊重、人格尊严和人权保护，属于法典的进步性问题，应当体现在民法典的价值取向、规范目的、基本原则和具体制度上。一项法律制度充分体现了对人的尊重，对人格权和人权的保护，就具有进步性，至于该项制度在民法典上的安排和位置，是作为单独的一编，还是一章，是放在法典的前面还是后面，对其进步性不发生影响。法典结构体例、编章设置、法律制度的编排顺序，应当符合一定的逻辑关系，并照顾到法官适用法律的方便。民法典的编纂体例，应当以逻辑性为标准，使民法规则构成一个有严格逻辑关系的规则体系，以保障裁判的公正性和统一性。"①

在今时今日，在反对人格权独立设编时，梁慧星教授似乎不再采取逻辑性的判断标准理论，因为在2016年的《中国民法典中不能设置人格权编》和2018年的《民法典编纂中的重大争论——兼评全国人大常委会法工委两个民法典人格权编草案》中，他没有再将逻辑性视为人格权不应当独立设编的理由。不过，我们不应当因此认定，梁慧星教授不再坚持此种观点。事实上，他仍然坚持此种反对理由，因为在2018年的《民法典编纂中的重大争论——兼评全国人大常委会法工委两个民法典人格权编草案》一文中，他援引了邹海林教授的观点，说明立法者不应当将人格权独立设编。

由于受梁慧星教授的影响，在《人格权为何不能在民法典中独立成编》中，邹海林教授基于各种各样的理由反对人格权独立设编，其中的一个理由是逻辑理由：在立法技术方面，如果人格权独立设编，则人们不能协调好人格权编与总则编、民法典中其他分编以及其他特别法之间的关系。② 他指出："在这个意义上，笔者毫无保留地反对'民法人格权编草案'，如果这个草案成为我国民法典的组成部分，将是我国民法法典化在制度逻辑、体系以及立法技术上的无法容忍的败笔。"③ 在上文中，梁慧星教授一字不差地援引了邹海林教授

---

① 梁慧星：《中国民法典编纂的几个问题》，载《山西大学学报（哲学社会科学版）》2003年第5期，第18页。
② 邹海林：《人格权为何不能在民法典中独立成编》，http://www.cssn.cn/fx/201804/t20180425_4212610.shtml。
③ 邹海林：《人格权为何不能在民法典中独立成编》，http://www.cssn.cn/fx/201804/t20180425_4212610.shtml。

的此种论断。①

除了梁慧星教授和邹海林教授主张逻辑性的判断标准和反对重要性的判断标准外，以梁慧星教授和孙宪忠教授为首席专家的中国社科院民法典工作项目组也主张逻辑性的判断标准并因此明确反对重要性的判断标准。在 2018 年 2 月 11 日的《为何应当坚决反对人格权独立成编》中，项目组明确提出了人格权是否独立设编的逻辑判断标准，它指出："人格权是一种非常重要的民事权利，没有人不知道这一点，更没有人会否认这一点，这根本不是一个问题。但人格权的重要性与人格权立法之间不存在必然的逻辑关联。重要性虽然可以看作是推动立法的一种理据，但它既不是唯一的又不是决定性的。"② 在 2018 年 2 月 26 日的《民法典编纂与人格权保护》中，项目组也采取了同一标准，认为"人格权是否单独成编只是法典编纂技术问题"，它指出："一部法典分为几编，只是法典编纂技术问题。人格权是否应该单独成编，同样只是一个法典编纂技术问题。"③

由于受梁慧星教授的影响，在 2018 年的《民法典编纂中的人格权立法问题》中，柳经纬教授也明确主张技术性的判断标准而反对重要性的判断标准，并且基于此种判断标准而反对人格权独立设编，他认为："人格权独立成编与否属于立法技术问题……与人格权、人格权保护之重要性无关，不应以人格权之重要性作为主张人格权独立成编的理由。"④ 为何人格权的独立设编同人格权的重要性无关？柳经纬教授认为，这是因为民法中的所有民事权利均具有同等的重要

---

① 梁慧星：《民法典编纂中的重大争论——兼评全国人大常委会法工委两个民法典人格权草案》，载《甘肃政法学院学报》2018 年第 3 期，第 16 页。

② 中国社会科学院民法典工作项目组：《为何应当坚决反对人格权独立成编》，https://mp.weixin.qq.com/s?src=11&timestamp=1530066218&ver=963&signature=TvIeKUh5YiVVkFdUaQkAlxUyqvTSQdp3xHMuLtDCyOuY8lKIjwfDw∗QgYSG4igpkdVwrDAVgjjjOuk1gk1V-wDYeTdZU0HTfgGDpX2h2PHxKSxSZ63pIvAwGEDB8hxLL&new=1。

③ 中国社会科学院民法典工作项目组：《民法典编纂与人格权保护》，https://mp.weixin.qq.com/s?src=11&timestamp=1530065772&ver=963&signature=WqGpR∗AD3RthNjdWvMqmO5yJGgFqFI∗Eu3brp4n58KtDE5QQoXiHCuYd8AfJjCdE-BLkozcisUlxEy7K62VLO7LocJ4pee0XxwwuvV6jArUDOMPV5dWii82YnAzJzlAp&new=1。

④ 柳经纬：《民法典编纂中的人格权立法问题》，载《中国政法大学学报》2018 年第 6 期，第 113 页。

第十二章　人格权为何应当在我国未来民法典
当中独立设编（上）

性，民事权利之间不存在人格权重要而其他民事权利不重要的问题；如果以民事权利的重要性作为判断标准，则所有的民事权利均应当独立设编，而这是不可能的和没有必要的。

他指出："如果要论重要性，任何一项民事权利或民事法律制度都很重要，没有不重要或相对不重要的民事权利和民事法律制度。而且，民事权利或民事法律制度的重要性本身没有明确的标准，我们也无法对民事权利和民事法律制度做出重要与否的判定。如果民事权利或民事法律制度因其重要而需在民法典中占据一编的话，那么，最理想的也是最圆满的状态，是将所有民事权利或民事法律制度都装进民法典，并且都平等地设立一编。然而，这并无可能，也无必要。"①

（三）民法的内容是否独立设编的基本判断标准：民法内容的重要性

在任何国家，立法者制定的民法典均会对这样或者那样的民法内容做出明确规定。所不同的是，民法的某些内容没有作为独立的一卷或者独立的一编规定在民法典中，而民法的另外一些内容则作为独立的一卷或者独立的一编规定在民法典中。

例如，虽然《法国民法典》和《德国民法典》均对"人"做出了规定，但是它们对人的规定是不同的。② 总的说来，《法国民法典》将人作为独立的一卷加以规定，这就是《法国民法典》第一卷（Livre Ier），该卷的标题为"人"（Des personnes）。③ 而《德国民法典》则不同，它没有将人作为独立的一编加以规定，因为人被规定在《德国民法典》第一编（Buch 1）即总则编（Allgemeiner Teil）当中，

---

① 柳经纬：《民法典编纂中的人格权立法问题》，载《中国政法大学学报》2018年第6期，第113页。
② 张民安：《论〈担保法〉在我国未来〈民法典〉当中的独立地位》，载《学术论坛》2018年第3期，第35页。
③ 张民安：《法国民法》，清华大学出版社2015年版，第32页；张民安：《法国民法总论（上）》，清华大学出版社2017年版，第283页；张民安：《论〈担保法〉在我国未来〈民法典〉当中的独立地位》，载《学术论坛》2018年第3期，第35页；Code civil, Version consolidée au 3 janvier 2018, https://www.legifrance.gouv.fr/affichCode.do?cidTexte=LEGITEXT000006070721.

这就是总则编当中的第一章（Abschnitt 1）即人（Personen）。① 由于我国未来民法典采取德式民法典的编制体例，因此我国未来民法典不会将人独立设编，而是将其作为第一编即总则编的内容。

再如，虽然《法国民法典》和《德国民法典》均对"担保"做出了规定，但是它们对担保做出的规定存在最大差异。在2006年之前，《法国民法典》没有将担保权独立设卷，而是将其作为三种具体的契约规定在第三卷即债权中，这就是第14编、第17编和第18编的规定。② 2006年3月23日，法国政府通过第2006-346号法令对《法国民法典》规定的担保制度进行改革，它明确规定，废除《法国民法典》第三卷第14编、第17编和第18编的规定，将《法国民法典》第四卷变为第五卷③，在《法国民法典》中增加新的第四卷即"担保"（Des sûretés）卷。④

而《德国民法典》则不同，它并没有将担保独立设编，因为担保被分别规定在民法典的三编中：担保的一般理论被规定在第一编即总则编中，保证被规定在第二编即债法中，而抵押和质押等物的担保则被规定在第三编即物权中。⑤ 由于我国未来民法典采取德式民法典的编制体例，因此我国未来民法典不会将担保独立设编，而是将其肢解之后分别规定在民法典的合同编和物权编中：保证会作为一种具体类型的合同规定在民法典的合同编中，而担保物权则会作为物权规定

---

① 张民安：《法国民法总论（上）》，清华大学出版社2017年版，第409—410页；张民安：《论〈担保法〉在我国未来〈民法典〉当中的独立地位》，载《学术论坛》2018年第3期，第35页；Bürgerliches Gesetzbuch（BGB），in der Fassung vom 28. August 2013，http://www.wipo.int/wipolex/fr/text.jsp?file_id=324381.

② 张民安：《法国民法》，清华大学出版社2015年版，第495页；张民安：《论〈担保法〉在我国未来〈民法典〉当中的独立地位》，载《学术论坛》2018年第3期，第25页。

③ Article 1 (I), Ordonnance n° 2006-346 du 23 mars 2006 relative aux sûretés.

④ 张民安：《法国民法》，清华大学出版社2015年版，第496—497页；张民安：《论〈担保法〉在我国未来〈民法典〉当中的独立地位》，载《学术论坛》2018年第3期，第25—26页。

⑤ 张民安：《论〈担保法〉在我国未来〈民法典〉当中的独立地位》，载《学术论坛》2018年第3期，第27—30页。

第十二章 人格权为何应当在我国未来民法典当中独立设编（上）

在民法典的物权编中。①

同样是民法当中的人、担保，同样是制定民法典，为何法国立法者将人和担保作为独立的两卷规定在《法国民法典》中，而德国立法者和我国立法者则没有或者不准备将它们作为独立的两编规定在《德国民法典》或者我国未来民法典中？法国立法者是因为梁慧星教授和其他教授所谓的逻辑上的、技术方面的原因而将它们独立设编吗？德国立法者是因为梁慧星教授和其他教授所谓的逻辑上的、技术方面的原因而没有将它们独立设编吗？答案是否定的。

一方面，在法国，当立法者在将人和担保作为独立的两卷规定在《法国民法典》中时，他们并没有考虑梁慧星教授和其他民法学者所谓的逻辑、技术判断标准。在法国，当立法者将人作为第一卷规定在《法国民法典》中时，他们所规定的人当然同《法国民法典》第二卷即物权法、第三卷即债权法和第四卷即担保法之间存在逻辑上的关系，因为无论是第二卷、第三卷还是第四卷所规定的物权、债权和担保权均存在人、权利主体。但是，当法国立法者将担保作为独立的第四卷规定在《法国民法典》中时，第四卷所规定的担保同第二卷即物权和第三卷即债权之间就不存在逻辑关系，至少法国民法学者和立法者是这样认为的，因为他们认为，当立法者将担保权作为新的第四卷规定在民法典中时，新的第四卷所规定的担保权就取得了与第二卷所规定的物权和第三卷所规定的债权平行的、独立地位，并因此让担保权成为像物权和债权一样重要的主观权利。②

另一方面，当德国立法者没有将人和担保作为独立的两编规定在《德国民法典》中时，他们并没有考虑梁慧星教授和其他民法学者所谓的逻辑、技术判断标准。在民法上，作为民事主体，人当然同所有的民事权利之间存在逻辑联系，因为所有民事权利的主体均为人，包括债权、物权、身份权和继承权。因此，《德国民法典》第一编即总则编第一章所规定的人当然同《德国民法典》第二编所规定的债权、

---

① 张民安：《论〈担保法〉在我国未来〈民法典〉当中的独立地位》，载《学术论坛》2018 年第 3 期，第 30—33 页。

② 张民安：《法国民法》，清华大学出版社 2015 年版，第 497 页；张民安：《论〈担保法〉在我国未来〈民法典〉当中的独立地位》，载《学术论坛》2018 年第 3 期，第 25—26 页。

第三编所规定的物权、第四编所规定的身份权和第五编所规定的继承权之间存在逻辑关系。不过，德国立法者并没有因为人与这些民事权利之间所存在的此种逻辑联系而将人独立设编，而仅仅将人作为第一编即总则编所规定的形形色色的众多内容之一，并因此与诸如物、法律行为、期间和期日、时效、权利的行使等内容混杂在一起。①

在制定民法典时，如果逻辑性、技术性不是民法内容是否独立设编的根本判断标准、决定性判断标准，什么标准才是决定民法内容是否独立设编的根本判断标准、决定性判断标准？答案是，民法内容的重要性才是立法者是否将其独立设编的根本判断标准、决定性判断标准。"在民法典当中，哪些民法内容会作为独立的一卷或者独立的一编加以规定，而哪些民法内容不会作为独立的一卷或者独立的一编加以规定，其最根本的、最终的判断标准是民法内容的极端重要性：当民法的内容被视为极其重要的内容时，立法者就会将其作为独立的一卷或者独立的一编加以规定，而当民法的内容不会被视为极端重要的内容时，则立法者不会将其作为独立的一卷或者独立的一编加以规定。"②

除了适用于物权、债权、身份权和继承权等民事权利外，此种理论也适用于人格权，这就是，鉴于物权、债权、担保权、身份权、继承权在民法中具有极端的重要性，在制定民法典时，立法者应当将物权、债权、担保权、身份权、继承权独立设编；同样，鉴于人格权在民法中具有极端的重要性，在制定民法典时，立法者也应当将人格权独立设编。

可见，无论是在《法国民法典》中还是在《德国民法典》中，逻辑性、技术性均不是决定民法的内容是否应当独立设编的根本原因、决定原因。虽然在决定民法的内容是否独立设编时，立法者会在一定程度上、一定范围内考虑逻辑性、技术性的问题，但是逻辑性、技术性的判断标准并不是民法内容是否独立设编的根本标准、决定性标准。

---

① 张民安：《法国民法总论（上）》，清华大学出版社2017年版，第410页。
② 张民安：《论〈担保法〉在我国未来〈民法典〉当中的独立地位》，载《学术论坛》2018年第3期，第35页。

二、法国立法者根据民法内容的重要性决定民法内容的独立设卷性

（一）《法国民法典》在决定民法的内容是否独立设卷时采取了重要性的判断标准

在大陆法系国家，立法者的一个主要任务是，制定包括民法典在内的成文法典，通过所制定的各种各样的法典对人们的法律生活进行规范和调整。1804年3月21日，法国立法者通过了民法史上第一部具有广泛国际影响的民法典即1804年的《法国民法典》。在编制体例、编章结构方面，1804年的《法国民法典》采取了著名的序卷制，因为它由序编（TITRE PRÉLIMINAIRE）加上三卷组成，其中的序编为"法律公布、效力和适用总则"，对法律规范的一般理论做出了简明规定；第一卷为"人"，对自然人和家庭做出了规定；第二卷为"物和财产所有权的不同限制方式"，对物权做出了规定；第三卷为"物和人们取得财产所有权的不同方式"，对包括继承在内的广义债权做出了规定。①

2006年3月23日，法国政府对《法国民法典》进行了大刀阔斧的改革，在保留序编的情况下，他们将三卷制改为五卷制：第一卷为人，第二卷为物权，第三卷为债权，第四卷为担保，第五卷为适用于马约特岛的规定。②

问题在于，在1804年的《法国民法典》当中，法国立法者为何将人、物权和债权作为独立的三卷规定下来，为何在这三卷之前，他们还规定了序编？在今时今日，在将法律规范作为序编规定时，法国

---

① Code civil des Français, édition originale et seule officielle, A Paris, de l'Imprimerie de la République, An XII 1804（1804年5月18日）, http://www.assemblee-nationale.fr/evenements/code-civil-1804-1.asp；张民安：《法国民法》，清华大学出版社2015年版，第26页；张民安：《法国人格权法（上）》，清华大学出版社2016年版，第76页；张民安：《法国民法总论（上）》，清华大学出版社2017年版，第283—284页。

② 张民安：《法国民法》，清华大学出版社2015年版，第495—497页；Code civil, Version consolidée au 6 août 2018, https://www.legifrance.gouv.fr/affichCode.do?cidTexte=LEGITEXT000006070721；张民安：《论〈担保法〉在我国未来〈民法典〉当中的独立地位》，载《学术论坛》2018年第3期，第26页。

立法者为何将人、物权、债权和担保作为独立的四卷规定在《法国民法典》中？换言之，在《法国民法典》中，法国立法者根据什么判断标准采取此种序卷制？

在法国，在将人、物权和债权作为独立的三卷规定在1804年的《法国民法典》中时，法国立法者仅仅采取了重要性的判断标准。在将人、物权和债权作为独立的三卷加以规定时，法国立法者之所以采取了重要性的判断标准，是因为1804年的《法国民法典》的三卷制源自盖尤斯（Gaïus）在其《法学阶梯》中采取的三编制，是法国立法者根据盖尤斯的《法学阶梯》对 Jean Domat 的《民法》做出解读的结果，所不同的是，由于受 Jean Domat 在其《民法》中使用的术语即"卷"的影响，在将《法学阶梯》中的三编制移植到《法国民法典》中时，他们将《法学阶梯》中的"编"改为《法国民法典》中的"卷"。①

（二）《法国民法典》在编制体例方面的两个灵感

在民法的历史长河当中，第一次对民法内容是否应当独立设编的判断标准做出说明的民法学者是古罗马法时代的盖尤斯、Tribonian、Theophilus 和 Dorotheus。在决定民法的内容是否独立设编时，他们均采取了重要性的判断标准。无论是在前经典罗马法时期②还是在后经典罗马法时期③，民法均涉及多种多样的内容：人的解放、城邦、家庭、监护、被监护人财产的管理、物的类型、物的取得方式、物的转让、物权、债权、继承，以及各种各样的诉权等。

为了让学生能够有条不紊地学习民法的这些内容，在其著名的民法教科书即《盖尤斯法学阶梯》（Institutes de Gaius）中，前经典罗马法时期的著名民法学家盖尤斯决定通过一定的编制体例、编章结构的

---

① 张民安：《法国民法总论（上）》，清华大学出版社2017年版，第301—302页。

② 所谓前经典罗马法时期，也称为旧罗马法时期，是指从公元前8世纪至公元前2世纪之间的罗马法时期。张民安：《法国民法总论（上）》，清华大学出版社2017年版，第55页。

③ 所谓后经典罗马法时期，也称为帝国后期罗马法时期，是指从公元3世纪至公元6世纪之间的罗马法时期。张民安：《法国民法总论（上）》，清华大学出版社2017年版，第55页。

方式将民法的这些内容予以系统化、体系化,这就是,他将民法的这些内容分别置于不同的、独立的编章之中:他将人的解放、城邦、家庭、监护、被监护人财产的管理等内容置于第一编即人编中,将物的类型、物的取得方式、物的转让、物权、债权和继承等内容置于第二编即物编中,而将人享有的各种诉权置于第三编即诉讼编中。因此,在其《盖尤斯法学阶梯》中,盖尤斯采取了三编制的编制体例:第一编人,第二编物,第三编诉讼。①

盖尤斯在其《盖尤斯法学阶梯》中采取的此种做法被后经典罗马法时期的三位民法学家即 Tribonian、Theophilus 和 Dorotheus 所采取。在受命编纂著名民法教科书即《查士丁尼皇帝法学阶梯》(Institutes De L'empereur Justinien)时,除了在内容上大面积地摘抄《盖尤斯法学阶梯》外,这三位民法学家在形式上也完全采用了盖尤斯的做法,将民法的上述内容分别规定在独立的三编中:第一编人,第二编物,第三编诉讼。换言之,《查士丁尼皇帝法学阶梯》采取的编制体例、编章结构与《盖尤斯法学阶梯》采取的编制体例、编章结构完全相同。②

在对盖尤斯和查士丁尼皇帝的《法学阶梯》所采取的编制体例、编章结构做出解读时,后世民法学者一方面认为,《法学阶梯》实质上采取了四编制:第一编为人,第二编为物权,第三编为债权,第四编为诉讼,因为他们认为,虽然《法学阶梯》的第二编为物,但该编所讨论的物是广义的而非狭义的,除了物权之外还包括债权;另一方面又认为,《盖尤斯法学阶梯》当中的诉讼编应当从民法当中剔除,因为近代以来,立法者既制定了民法典也制定了民事诉讼法典,让民法与诉讼法相互独立并因此成为两个不同的法律部门。因为这样的原因,后世民法学者普遍认为,盖尤斯和查士丁尼皇帝的《法学阶梯》在编制体例方面采取了三编制:第一编人,第二编物权,第

---

① M. L. Domenget, Institutes De Gaïus, nouvelleédition, Paris, A Marescq Ainé, Libraire-Éditeur, 1866, pp. 1 – 654;张民安:《法国民法总论(上)》,清华大学出版社2017年版,第56—58页。

② IUSTINIANI INSTITUTIONES, https://droitromain.univ-grenoble-alpes.fr/;张民安:《法国民法总论(上)》,清华大学出版社2017年版,第58—60页。

三编债权。①

在民法的历史长河中，第二次对民法内容是否应当独立设编的判断标准做出说明的民法学家是法国 17 世纪的、被誉为《法国民法典》之祖父的 Jean Domat。在其著名的民法著作《自然秩序当中的民法》（亦被称为《民法》）中，他对民法涉及的主要内容做出了说明。他认为，虽然民法涉及的内容多种多样，但是民法的主要内容包括：契约的一般规定，包括买卖契约、租赁契约和公司契约在内的各种具体契约；监护、时效和不动产抵押；继承、遗嘱、遗赠；人的身份和物的类型；法律解释方法。②

为了将民法的这些内容打造成内部结构协调、和谐一致、条理清晰的有机整体，Jean Domat 决定在其《民法》当中通过一定的编制体例、编章结构让民法的这些内容从杂乱不堪中解放出来，并因此走向系统化、体系化。他认为，虽然民法的内容众多，但是这些内容可以归结为五个方面：一般法律规范、人、物、债和继承，其中的债和继承均有自己的特殊性，应当分别作为独立的两卷加以讨论，而其中的一般法律规范、人和物则属于债和继承的共同原则、共同规定，应当作为独立的一编加以讨论。

因为这样的原因，在其《民法》中，Jean Domat 在编制体例、编章结构方面采取了著名的序卷制，这就是序编加上不同的卷：序编，分别对一般法律规范、人和物做出了讨论；③ 第一卷为债，分别对债的一般理论、一般制度和具体理论、具体制度做出了讨论；④ 第二卷

---

① 张民安：《法国民法总论（上）》，清华大学出版社 2017 年版，第 58—60 页。

② Jean Domat, Œuvres complètes de J. Domat, Nouvelle édition par Joseph Rémy, tome I, Paris, Firmin Didot Père et fils, 1828, p. 68；张民安：《法国民法总论（上）》，清华大学出版社 2017 年版，第 120—121 页。

③ Jean Domat, Œuvres complètes de J. Domat, Nouvelle édition par Joseph Rémy, tome I, Paris, Firmin Didot Père et fils, 1828, pp. 75 - 120；张民安：《法国民法总论（上）》，清华大学出版社 2017 年版，第 136—156 页。

④ Jean Domat, Œuvres complètes de J. Domat, Nouvelle édition par Joseph Rémy, tome I, Paris, Firmin Didot Père et fils, 1828, pp. 121 - 483；Jean Domat, Œuvres complètes de J. Domat, Nouvelle édition par Joseph Rémy, tome II, Paris, Firmin Didot Père et fils, 1828, pp. 2 - 286；张民安：《法国民法总论（上）》，清华大学出版社 2017 年版，第 122—126 页。

第十二章　人格权为何应当在我国未来民法典当中独立设编（上）

为继承，分别对继承的一般理论、一般制度和具体理论、具体制度做出了讨论。①

在制定1804年的《法国民法典》时，法国立法者根据盖尤斯的《法学阶梯》对Jean Domat的《民法》做出了解读，他们认为，虽然Jean Domat没有像盖尤斯那样将人和物权作为独立的两卷（编）加以规定，而仅仅将其作为"序编"中的两大组成部分，但实际上，除了序编外，Jean Domat的《民法》与盖尤斯的《法学阶梯》在编制体例、编章结构方面是相同的，因为它们均将人、物权、债权看作独立的三卷。因此，1804年的《法国民法典》采取的三卷制既源自盖尤斯的《法学阶梯》，也源自Jean Domat的《民法》，是法国立法者将这两个民法学者在其民法著作中采取的编制体例、编章结构移植到他们制定的法律中的产物。

（三）法国立法者是因为人、物权和债权的极端重要性，才决定将其作为独立的三卷规定在1804年的《法国民法典》中

当法国立法者根据《法学阶梯》的编制体例、编章结构制定《法国民法典》时，当法国立法者从盖尤斯的《法学阶梯》的角度解读Jean Domat在其《民法》中采取的编制体例、编章结构时，他们当然同意这两位民法学者所主张的将人、物权和债权独立设编、独立设卷的理由：民法内容的重要性决定了它们应当独立设编、独立设卷。

一方面，在其《法学阶梯》中，盖尤斯认为，民法内容的重要性是决定将其独立设编的判断标准。他指出，民法的所有内容之所以应当分为人编、物编和诉讼编，是因为人、物和诉讼是所有民法的基本构成要素，无论民法的内容有哪些，它们均涉及人、物和诉权，其中的人是主体，物是客体，人能够对物行使权利，而诉权则是一种保护措施，凭借此种保护措施，人不仅能够让别人知悉其权利的存在，

---

① Jean Domat, Œuvres complètes de J. Domat, Nouvelle édition par Joseph Rémy, tome II, Paris, Firmin Didot Père et fils, 1828, pp. 286－788；张民安：《法国民法总论（上）》，清华大学出版社2017年版，第126—129页。

而且也能够借此保护自己的权利免受别人的侵犯。①

另一方面,在其《民法》中,Jean Domat 也认为,民法内容的重要性是决定将其独立设卷的判断标准。他指出,民法的所有内容之所以应当分为独立的两卷即债和继承,是因为社会秩序从人与人之间的债开始,经过人与人之间债的发展,一直到人与人之间的继承结束,它们代表了整个社会秩序的产生、发展和消灭;当民法学者在其民法著作中按照社会秩序的顺序来安排民法著作的编制体例、编章结构时,民法的所有内容之间才能够形成一个简单的、井井有条的、符合自然秩序的法律体系。②

除了在1804年的《法国民法典》中将民法内容的重要性作为其独立设卷的判断标准外,在今时今日,法国立法者仍然采取此种判断标准,因为在决定将保证、抵押和质押等担保制度从《法国民法典》第三卷所规定的债权中解放出来,并因此形成新的第四卷即担保卷时,法国立法者仅仅考虑担保制度的重要性:《法国民法典》新的第四卷之所以将"担保"独立设卷,是因为新的"担保"卷能够"使人的担保和物的担保从此彻底摆脱被湮没在《法国民法典》第三卷中并且被看作'微不足道的契约'的命运,也使人的担保和物的担保从此获得了独立的、能够与《法国民法典》第三卷所规定的债权平起平坐的地位"③。

在法国,在将法律规范的一般理论作为序编规定在1804年的《法国民法典》中时,法国立法者仅仅采取了逻辑性的判断标准,没有采取重要性的判断标准,其主要原因在于,《法国民法典》的序编直接源自Jean Domat的《民法》:在其《民法》中,Jean Domat 不仅第一次使用了"序编"这一术语,而且还认为"序编"所规定的内容同《民法》的第一卷即债和第二卷即继承之间存在逻辑关系:"序编"规定的内容属于一般原则、共同原则和一般规定、共同规定,

---

① 张民安:《法国民法总论(上)》,清华大学出版社2017年版,第56—60页。

② Jean Domat, Œuvres complètes de J. Domat, Nouvelle édition par Joseph Rémy, tome II, Paris, Firmin Didot Père et fils, 1828, p.69;张民安:《法国民法总论(上)》,清华大学出版社2017年版,第121—122页。

③ 张民安:《法国民法》,清华大学出版社2015年版,第497页。

能够在独立设卷的债和继承中适用。① 在今时今日，因为《法国民法典》仍然保留了"序编"，因此，从逻辑方面来说，《法国民法典》的"序编"与《法国民法典》的五卷内容之间仍然存在此种逻辑关系。

三、德国立法者根据民法内容的重要性决定民法内容的独立设编性

（一）1896年的《德国民法典》在决定民法内容的独立设编时，采取了以重要性为主以逻辑性为辅的判断标准

1896年8月18日，德国立法者制定了民法史上第二部具有广泛国际影响的民法典即1896年的《德国民法典》。在编制体例、编章结构方面，1896年的《德国民法典》采取了著名的总分制，它将民法的所有内容分为两大部分：第一部分为总则，对民法的一般理论、一般制度做出了规定，而第二部分则为分则，对民法的四种具体理论、具体制度即债权、物权、家庭权和继承权做出了规定。这就是《德国民法典》在编制体例方面所采取的著名五编制：第一编为总则，第二编为债权法，第三编为物权权，第四编为家庭法，第五编为继承法。② 在今时今日，《德国民法典》的五编制仍然得以保持，德国立法者没有对其做出任何改变，即便在100多年的时间内，德国立法者对该法典中所规定的内容做出了或大或小的改革。③

在中国民法法典化的道理上，1804年的《法国民法典》对我国民法学者和立法者产生的影响极为有限，而1896年的《德国民法典》则不同，除了对我国民法学者产生重大影响外，它也对我国立法者产生了重大影响：在1929年至1930年期间，中华民国政府就以1896年的《德国民法典》为范本制定了《中华民国民法典》。目前，

---

① Jean Domat, Œuvres complètes de J. Domat, Nouvelle édition par Joseph Rémy, tome I, Paris, Firmin Didot Père et fils, 1828, p. 69 – 70；张民安：《法国民法总论（上）》，清华大学出版社2017年版，第121—122页。

② 张民安：《法国民法总论（上）》，清华大学出版社2017年版，第409—410页。

③ 张民安：《论〈担保法〉在我国未来〈民法典〉当中的独立地位》，载《学术论坛》2018年第3期，第28页。

该民法典仍然在我国台湾地区适用①；在今时今日，我国立法者在制定民法典时仍然以《德国民法典》为范本。②

问题在于，在 1986 年的《德国民法典》中，德国立法者为何采取了总分制，除了将大量的内容规定在总则编外，他们为何将债权、物权、家庭和继承作为独立的四编规定在民法典中？换言之，在制定 1896 年的《德国民法典》时，德国立法者根据什么判断标准决定民法内容的独立设编？他们是像梁慧星教授和我国其他民法学者所言的那样仅仅根据逻辑性决定这些内容的独立设编吗？笔者认为，在决定《德国民法典》的编制体例、编章结构时，虽然逻辑性是一个重要的考虑因素，但是，重要性仍然是最重要的考虑因素。换言之，在决定《德国民法典》的编制体例时，虽然德国立法者同时采用了逻辑性和重要性的判断标准，但是，重要性的判断标准仍然是最主要的、最重要的判断标准，逻辑性的判断标准仅仅是一种辅助性的判断标准。

（二）德国立法者在 1896 年的《德国民法典》中所采取的编制体例

在德国，最早确定民法典编制体例、编章结构的时间是 1874 年。为了在整个德国建立起统一适用的民法典，1874 年 2 月 8 日，德国联邦委员会（le Bundesrathe）任命了一个由 5 人组成的民法典预备委员会，其中包括柏林大学著名教授 Goldschmidt，他也是德国最高商事法院的院长。该预备委员会的主要任务是解决民法典制定过程中的一些必要的、程序性的问题，其中尤其包括两个重大的问题：德国未

---

① 张民安：《论〈担保法〉在我国未来〈民法典〉当中的独立地位》，载《学术论坛》2018 年第 3 期，第 33 页。
② 张民安：《论〈担保法〉在我国未来〈民法典〉当中的独立地位》，载《学术论坛》2018 年第 3 期，第 33 页。

第十二章　人格权为何应当在我国未来民法典
　　　　　当中独立设编（上）　　　　　　　　523

来民法典的编制体例和起草民法典的方法。①

在批准了民法典预备委员会的报告之后，1874 年 6 月 2 日，基于德国司法委员会的提议，德国联邦委员会任命了一个由帝国总理（chancelier de l'Empire）领导的、由 11 个成员组成的民法典起草委员会即第一届起草委员会。第一届起草委员会完全是由德国专业人士组成，包括法官和大学法学教授，他们分别是：Pape、Derscheid、Gebhàrd、Iohow、von Kübel、Kurlbaum、Planck、von Roth、von Schmitt、von Weber、von Windscheid。在这 11 个成员当中，von Windscheid 是德国 19 世纪著名的罗马法学家、潘德克吞学派的核心人物。不过，在民法典起草过程中，他因为个人原因而最终离开了民法典起草委员会。此外，在民法典的起草过程中，某些新成员也加入了该委员会中。②

经过长达 13 年的努力，到了 1887 年 12 月 27 日，第一届起草委员会完成了《德国民法典草案》的起草工作并且向德国帝国总理提交了该草案。收到该草案之后，德国帝国总理将该草案和立法理由书同时对社会公布，这就是《德国民法典（第一草案）》。《德国民法典（第一草案）》共五编 2164 条：第一编为总则，为 Gebhàrd 负责起草；第二编为债法，由 von Kübel 负责起草；第三编为物权，由 Iohow 负

---

① Projet de Code civil allemand, traduit avec introduction par Raoul de la Grasserie, Paris, A. Durand et Pedone-Lauriel, Editeurs, Libraires de la Cours de la Cour d'appel et de l'Ordre des Avocats. G. Pedone-Lauriel, successeur, 1893, Introduction, pV; Raoule De La Grasserie, Code Civil Allemande, 2e édition, PARIS A. PEDONE, Éditeur, 1901, Introduction, ppX-XI; Code civil allemand promulgué le 18 août 1896, entré en vigueur le 1er janvier 1900, Tome I, traduit et annoté par C. Bufnoir, J. Challamel, J. Drioux, F. Gény, P. Hamel, H. Lévy-Ullmann et R. Saleilles, Paris À l'Imprimerie Nationale, 1904, Introduction, pXIV; Raymond Saleilles, Introduction à l'étude du droit civil allemand, Paris F. Pichon, 1904, pp. 20 – 23.

② Projet de Code civil allemand, traduit avec introduction par Raoul de la Grasserie, Paris, A. Durand et Pedone-Lauriel, Editeurs, Libraires de la Cours de la Cour d'appel et de l'Ordre des Avocats. G. Pedone-Lauriel, successeur, 1893, Introduction, pVI; Raoule De La Grasserie, Code Civil Allemande, 2e édition, PARIS A. PEDONE, Éditeur, 1901, Introduction, pXII; Code civil allemand promulgué le 18 août 1896, entré en vigueur le 1er janvier 1900, Tome I, traduit et annoté par C. Bufnoir, J. Challamel, J. Drioux, F. Gény, P. Hamel, H. Lévy-Ullmann et R. Saleilles, Paris À l'Imprimerie Nationale, 1904, Introduction, pXIV; Raymond Saleilles, Introduction à l'étude du droit civil allemand, Paris F. Pichon, 1904, p. 23.

责起草；第四编为家庭法，由 Planck 负责起草；第五编为继承，由 von Schmitt 负责起草。①

《德国民法典（第一草案）》被公开之后引起了民法学界的严厉批评，大量的民法学者尤其是其中的 Gierke、Bâhr、Bekker 和 Fischer 对该草案所规定的内容做出了这样或者那样的批评。为了应对民法学者的反映，1890 年 12 月，德国联邦委员会任命了第二个民法典起草委员会，该委员会由 22 个成员组成，除了法官和民法学者外，还包括大工业家、大商人和大地产商的代表。在起草《德国民法典（草案）》时，第二届民法典起草委员会并没有另起炉灶，而是在第一届民法典起草委员会起草的《德国民法典（第一草案）》的基础上，对该草案进行修改、补充和完善，并因此形成《德国民法典（第二草案）》。②

1895 年，民法典第二届起草委员会完成了《德国民法典（第二草案）》的起草工作并随之对社会公众公开。在社会公众提出意见之后，该委员会对《德国民法典（第二草案）》做出了修订，形成了修订版的《德国民法典（第二草案）》，实际上就是《德国民法典（第三草案）》。在提交德国联邦委员会之后，联邦委员会将其转为最终草案并以《德国民法典（第四草案）》的名义提交德国联邦国会。1896 年 7 月 1 日，德国联邦国会以 222 票赞成、48 票反对和 18 票弃权通过了《德国民法典（第四草案）》，并且在 1896 年 8 月 18 日将其公开，自 1900 年 1 月 1 日起开始实施，这就是 1896 年的《德国民

---

① Projet de Code civil allemand, traduit avec introduction par Raoul de la Grasserie, Paris, A. Durand et Pedone-Lauriel, Editeurs, Libraires de la Cours de la Cour d'appel et de l'Ordre des Avocats. G. Pedone-Lauriel, successeur, 1893, Introduction, pVI; Code civil allemand promulgué le 18 août 1896, entré en vigueur le 1er janvier 1900, Tome I, traduit et annoté par C. Bufnoir, J. Challamel, J. Drioux, F. Gény, P. Hamel, H. Lévy-Ullmann et R. Saleilles, Paris À l'Imprimerie Nationale, 1904, Introduction, pXV; Raymond Saleilles, Introduction à l'étude du droit civil allemand, Paris F. Pichon, 1904, p. 23.

② Code civil allemand promulgué le 18 août 1896, entré en vigueur le 1er janvier 1900, Tome I, traduit et annoté par C. Bufnoir, J. Challamel, J. Drioux, F. Gény, P. Hamel, H. Lévy-Ullmann et R. Saleilles, Paris À l'Imprimerie Nationale, 1904, Introduction, ppXVI-XVII; Raoule De La Grasserie, Code Civil Allemande, 2e édition, PARIS A. PEDONE, Éditeur, 1901, Introduction, ppXIV-XVII; Raymond Saleilles, Introduction à l'étude du droit civil allemand, Paris F. Pichon, 1904, pp. 24 – 37.

法典》。①

1896年的《德国民法典》将民法的所有内容分为两大部分：总则和分则，其中的总则仅有一编，被规定在第一编，而分则有四编，包括债法、物权、家庭法和继承，被先后置于总则编之后。因此，在编制体例方面，1896年的《德国民法典》采取了著名的五编制：第一编为总则编，第二编为债法编，第三编为物权编，第四编为家庭法编，第五编为继承编。② 在100多年的时间内，虽然德国立法者对《德国民法典》做出过大大小小的不同修改、补充和完善，但是1896年的《德国民法典》仍然适用到今天，这就是今时今日的《德国民法典》。在编制体例方面，现今的《德国民法典》仍然采取总分制和著名的五编制，立法者完全没有对其编制体例做出任何变动。③

（三）德国立法者在制定《德国民法典》时，以重要性为主要判断标准而以逻辑性为辅助判断标准

问题在于，在制定《德国民法典》时，德国立法者是根据什么判断标准确定此种编制体例的？他们仅仅是根据逻辑性的判断标准吗？答案是，在将总则编作为民法典的第一编时，他们的确采取了逻辑性的判断标准，但是在将债法、物权、家庭法和继承法作为独立的四编时，他们并没有采取逻辑性的判断标准，而仅仅采取了重要性的判断标准。因为在规定《德国民法典》的编制体例时，德国立法者完全采纳了德国19世纪中后期的著名学派即潘德克吞学派的做法，将潘德克吞学派在其民法著作当中采取的五编制规定在他们制定的民

---

① Code civil allemand promulgué le 18 août 1896, entré en vigueur le 1er janvier 1900, Tome I, traduit et annoté par C. Bufnoir, J. Challamel, J. Drioux, F. Gény, P. Hamel, H. Lévy-Ullmann et R. Saleilles, Paris À l'Imprimerie Nationale, 1904, Introduction, ppXVI-XVII; Raoule De La Grasserie, Code Civil Allemande, 2e édition, PARIS A. PEDONE, Éditeur, 1901, Introduction, ppXIV-XVII; Raymond Saleilles, Introduction à l'étude du droit civil allemand, Paris F. Pichon, 1904, pp. 24-37.
② 张民安：《法国民法总论（上）》，清华大学出版社2017年版，第409页；张民安：《论〈担保法〉在我国未来〈民法典〉当中的独立地位》，载《学术论坛》2018年第3期，第27页。
③ 张民安：《论〈担保法〉在我国未来〈民法典〉当中的独立地位》，载《学术论坛》2018年第3期，第27—28页。

法典中。

　　Raoul de la Grasserie 对此做出了说明，他指出："《德国民法典（第一草案）》采取的五编制顺序源自德国法学教学的顺序。它首先将总则作为第一编，该编对民法中所有属于法律原则、能够适用于所有法律关系的内容做出了规定，之后，它再在总则编之后先后规定了四编：债法，物权法，家庭法和继承法。"① Raymond Saleilles 也对此做出了说明，他指出："《德国民法典》的编制体例是从德国潘德克吞学派的潘德克吞著作中借用的。"②

　　在19世纪的德国，包括历史法学派和潘德克吞学派在内的众多民法学者开始研究罗马法。在研究罗马法时，他们在其民法著作尤其是民法教科书中采取了将民法的所有内容分为两大组成部分即总论和分论的做法：将民法的一般理论和一般制度作为总论部分，而将民法的具体理论和具体制度作为分论，这就是民法著作中的民法总论和民法分论的区分理论。此时，所谓民法的一般理论和一般制度主要是指法律关系的一般理论，所谓民法的具体理论和具体制度则是指债法、物权法、家庭法和继承法。因为这样的原因，在他们的民法著作尤其是民法教科书中，他们普遍将民法的所有内容分为五编：总论、债法、物权法、家庭法以及继承法，这就是五编制的民法著作。

　　在19世纪的德国，最早采取民法总论和民法分论的区分理论并因此将民法的所有内容分为五编的民法学者是历史法学派和潘德克吞学派的重要人物 Puchta。在1838年的《潘德克吞教程》中，除了将民法的所有内容分为总论和分论两大部分之外，他还首次采取了五编制的编制体例，将民法的所有内容分为总则、债法、物权法、家庭法和继承法五编；其中的总则编对法律关系的一般理论做出了讨论，而其中的债法、物权法、家庭法和继承法则分别对债权、物权、家庭

---

① Projet de Code civil allemand, traduit avec introduction par Raoul de la Grasserie, Paris, A. Durand et Pedone-Lauriel, Editeurs, Libraires de la Cours de la Cour d'appel et de l'Ordre des Avocats. G. Pedone-Lauriel, successeur, 1893, Introduction, p. VII.

② Raymond Saleilles, Introduction à l'étude du droit civil allemand, Paris F. Pichon, 1904, p. 104.

和继承权做出了讨论。①

Puchta 的此种做法影响巨大，因为在他采取了总分制和五编制之后，德国 19 世纪中后期的潘德克吞学派几乎均采取此种做法。除了将罗马法的内容分为总论和分论两大部分之外，他们还在其民法著作尤其是《潘德克吞教程》当中采取了五编制，将民法的所有内容分为五编。例如，在 1849 年的《德国私法制度》、1852 年的《潘德克吞教授》和 1862 年至 1870 年的《潘德克吞教程》中，德国民法学者 von C. F. Gerber、Ludwige Arndts 和 Bernhard Windscheid 均采取了同样的做法，他们既将民法的所有内容分为总论和分论两部分，也将民法的所有内容分为五编。②

在将民法的所有内容分为五编时，这些民法学者采取的判断标准是什么？答案有二：

其一，在将民法的所有内容分为总论和分论两大部分时，也就是，在采取总论和分论的编制体例时，这些民法学者采取了逻辑性的判断标准，因为他们认为，总论中所规定的民法内容尤其是其中的一般法律关系属于民法的一般理论和一般制度，它们是从作为民法分论的债权法、物权法、家庭法和继承法当中抽象出来的，属于民法分论的共同原则、共同规定，能够同时在这些具体理论和具体制度中适用。③

其二，在将民法的分论内容分为债权法、物权法、家庭法和继承法四个组成部分时，也就是，在将债权法、物权法、家庭法和继承法独立设编时，他们仅仅采取了重要性的判断标准，没有采取逻辑性的判断标准。因为这些内容早在后经典罗马法时期的《潘德克吞》中就已经存在，经过民法学家的不断阐述，尤其是经过 19 世纪初期德国历史法学派和潘德克吞学派的努力，它们不仅在包括法国在内的其

---

① 张民安：《法国人格权法（上）》，清华大学出版社 2016 年版，第 132 页；张民安：《法国民法总论（上）》，清华大学出版社 2017 年版，第 403—404 页。

② 张民安：《法国民法总论（上）》，清华大学出版社 2017 年版，第 407—408 页。

③ Code civil allemand promulgué le 18 août 1896, entré en vigueur le 1er janvier 1900, Tome I, traduit et annoté par C. Bufnoir, J. Challamel, J. Drioux, F. Gény, P. Hamel, H. Lévy-Ullmann et R. Saleilles, Paris À l'Imprimerie Nationale, 1904, Introduction, p. VI；张民安：《法国民法总论（上）》，清华大学出版社 2017 年版，第 403—412 页。

他国家形成了成熟的理论和制度,而且也在当时的德国形成了稳定的、系统性的民法理论和民法制度。①

在制定 1896 年的《德国民法典》时,德国立法者所从事的工作简单明了,这就是,除了将历史法学派和潘德克吞学派在 19 世纪的民法著作中采取的民法总论和民法分论的区分理论规定在他们制定的民法典中外,他们也将历史法学派和潘德克吞学派在其民法著作中采取的五编制规定在自己制定的民法典中。当他们将潘德克吞学派采取的总分制和五编制规定在 1896 年的《德国民法典》中时,他们的做法就在 1896 年的《德国民法典》中形成了著名的总分制和五编制,已如前述。

因此,当德国立法者在 1896 年的《德国民法典》中采取总分制时,他们当然采用了逻辑性的判断标准:因为总则编所规定的所有内容均是分则编所规定的所有内容的一般理论、共同制度,所以为了避免重复规定,尤其是,为了便于统一适用,立法者将其作为单独的一编即第一编规定在民法典中;在将民法分则的所有内容分为四编时,他们当然采用了重要性的判断标准:因为债法、物权法、家庭法和继承法是民法中最主要的、最重要的内容,所以为了突出它们的重要性,立法者当然要将它们作为独立的四编规定在民法典中。

四、逻辑性的判断标准并不是 1804 年的《法国民法典》和 1896 年的《德国民法典》没有将人格权独立设编的原因

无论是 1804 年的《法国民法典》还是 1896 年的《德国民法典》均忽视人格权,均没有对人格权做出明确规定,更没有将人格权作为独立的一卷或者一编规定在民法典中,因此,无所谓人格权在《法国民法典》或者《德国民法典》中的独立设编问题。为什么这两部民法典没有将人格权独立设编?是因为梁慧星教授和我国其他民法学者所谓的逻辑性、技术性的原因而导致这两部民法典没有将人格权独

---

① Code civil allemand promulgué le 18 août 1896, entré en vigueur le 1er janvier 1900, Tome I, traduit et annoté par C. Bufnoir, J. Challamel, J. Drioux, F. Gény, P. Hamel, H. Lévy-Ullmann et R. Saleilles, Paris À l'Imprimerie Nationale, 1904, Introduction, pp. VIN-IX;张民安:《法国民法总论(上)》,清华大学出版社 2017 年版,第 403—412 页。

立设编吗？答案是，这两部民法典完全不是因为逻辑性、技术性的原因而没有将人格权独立设编。

（一）1804 年的《法国民法典》和 1896 年的《德国民法典》没有对人格权做出规定

在 1804 年的《法国民法典》中，法国立法者虽然用了 2281 个法律条款对民法的内容做出了规定，但是他们规定的这些法律条款完全不涉及人格权的任何内容，即便在《法国民法典》的第一卷第一编中，他们使用了"民事权利的享有和剥夺"（De la jouissance et de la privation des droits civils）① 这样的标题，他们也没有在"民事权利"中对权利主体享有的人格权做出任何规定，甚至连"人格权"这一术语都没有使用。② 在 1909 年的《人格权》中，法国民法学者 Perreau 对《法国民法典》忽视人格权的现状做出了说明，他指出："同《法国民法典》对财产权做出详尽规定的现状形成对比的是，《法国民法典》完全忽视了人格权的存在。"③

在 1974 年的《人格权》中，Lindon 对 1804 年的《法国民法典》忽视人格权的现状做出了精辟的说明，他指出："民法典的起草者用了 174 个法律条款对继承制度做出了明确规定，用了 194 个法律条款对夫妻之间的财产制度做出了明确规定，用了 20 个法律条款对相邻关系之间的围墙和排水沟问题做出了明确规定，但是在《法国民法典》中，立法者既没有对家庭姓名的捍卫权做出规定，也没有对文学和艺术著作的作者享有的非财产权做出任何规定。"④

在 2015 年的《人格权》当中，Jean-Michel Bruguière 和 Bérengère Gleize 也对 1804 年的《法国民法典》忽视人格权的现象做出了生动

---

① Code civil des Français, édition originale et seule officielle, A Paris, de l'Imprimerie de la République, An XII 1804, http://www.assemblee-nationale.fr/evenements/code-civil/cc1804-lpt01.pdf.
② 张民安：《法国人格权法（上）》，清华大学出版社 2016 年版，第 76—77 页。
③ M. E. H. PERREAU, Des droits de la personnalite, RTD civ., 1909, p.501；张民安：《法国人格权法（上）》，清华大学出版社 2016 年版，第 315 页。
④ R. Lindon, les droits de la personnalité, Dalloz, 1974, no3；Jean-Michel Bruguière, Bérengère Gleize, Droits de la Personnalité, ellipses, 2015, pp.5-6；张民安：《法国人格权法（上）》，清华大学出版社 2016 年版，第 77 页。

说明，他们指出："民法典的起草者完全忽视了人格权这一权利类型……在制定民法典时，他们根本无法想象要将私人生活受尊重权和名誉权规定在人格权这一权利类型中。"①

除了19世纪初期的立法者在制定民法典时忽视人格权的存在外，19世纪末期的立法者在制定民法典时同样忽视人格权的存在，因为在1896年的《德国民法典》中，德国立法者虽然使用了2385条对民法涉及的形形色色的内容做出了规定，但是除了其中的一个法律条款涉及人格权中的一种类型外，没有任何法律条款涉及人格权。② 其中涉及一种人格权的法律条款是第12条，该条对人格权中的一种人格权即姓名权做出了规定，它规定，在行为人侵犯他人享有的姓名使用权时，他人既有权要求法官责令行为人对其遭受的损害承担赔偿责任，也有权要求法官责令行为人停止其即将实施或者正在实施的姓名侵犯行为。③ 虽然该条的规定在表面上看似乎更像是对侵犯姓名权的侵权责任做出的规定，但是在19世纪末期和20世纪初期，德国民法学者普遍承认该条所规定的内容属于一种人格权即姓名权。④

在1896年的《德国民法典》中，虽然德国立法者在第823（1）条中对行为人侵犯他人生命、身体、健康和自由所产生的过错侵权责任做出了规定，但是该条并没有规定人格权。《德国民法典》第823（1）条规定：如果行为人通过故意或者过失非法侵犯他人的身体完整性、生命、健康、自由、所有权或者其他权利，则他们应当对他人因此遭受的损害承担赔偿责任。⑤

在19世纪末期和20世纪初期，无论是德国法官还是民法学者均

---

① Jean-Michel Bruguière, Bérengère Gleize, Droits de la Personnalité, ellipses, 2015, pp. 5-6；张民安：《法国人格权法（上）》，清华大学出版社2016年版，第77页。

② Raoule De La Grasserie, Code Civil Allemande, 2e édition, PARIS A. PEDONE, Éditeur, 1901, pp. 9-506.

③ Raoule De La Grasserie, Code Civil Allemande, 2e édition, PARIS A. PEDONE, Éditeur, 1901, p. 3；张民安：《法国人格权法（上）》，清华大学出版社2016年版，第193页。

④ 张民安：《法国人格权法（上）》，清华大学出版社2016年版，第193—194页。

⑤ Raoule De La Grasserie, Code Civil Allemande, 2e édition, PARIS A. PEDONE, Éditeur, 1901, p. 172；张民安：《法国人格权法（上）》，清华大学出版社2016年版，第201页。

认定，该条并没有对人格权做出任何规定：一方面，虽然该条规定行为人应当就其侵犯他人生命、身体、健康和自由的非法行为对他人承担赔偿责任，但是该条没有规定他人享有的四种具体人格权，即生命权、身体权、健康权和自由权，因为该条仅仅对侵权责任做出了规定，仅仅对一般过错侵权责任所保护的四种法定利益做出了规定。另一方面，虽然该条规定行为人应当就其侵犯他人的"其他权利"的行为对他人承担赔偿责任，但是该条规定的"其他权利"并不包括民法学者所谓的"一般人格权"。①

（二）1804年的《法国民法典》没有规定人格权的原因

在1804年的《法国民法典》中，法国立法者为何没有对人格权做出任何规定，他们为何没有像对待人法、物权法和债权法那样将人格权作为独立的一卷规定在《法国民法典》中？他们是因为逻辑上的原因而没有对人格权做出规定、没有将其独立设卷的吗？笔者认为，法国立法者完全不是因为逻辑方面的原因而没有在1804年的《法国民法典》中对人格权做出任何规定、没有将其独立设卷，他们是因为其他原因而没有这样做。这就是，在19世纪初期，人格权完全不具备产生和存在的基础，除了民法学者没有提出人格权的一般理论外，社会公众也没有感受到对人格权的迫切需要，立法者没有超越社会需要的可能对人格权做出规定，更不可能将其作为独立的一卷规定在《法国民法典》中。换言之，《法国民法典》根本不是基于逻辑判断标准决定人格权不独立设卷的。

一方面，在19世纪初期，法国仍然是一个农业社会、手工业社会，社会经济落后，科技不发达，危及他人道德、心理或者情感的因素还没有充分、完全出现，尤其是新闻媒体或者其他现代通信手段还没有发展到严重危及他人道德、心理或者情感的程度，人们对人格权的需求还不是特别强烈。②

另一方面，在19世纪初期，法哲学、法律科学还没有发达到足

---

① 张民安：《法国人格权法（上）》，清华大学出版社2016年版，第202—204页。
② V. Jeremy Antippas, Les Droits de la Personnalité, Presses Universitaires D'Aix-Marseille, p. 29; Philippe Malaurie, les Personnes, 6e édition, DEFRÉNOIS, p. 98.

以让人们对人、人自身进行充分的认知,即便在17世纪和18世纪,人们提出了自然法学的理念,但是人们还无法凭借这一法哲学在法学、民法学当中建立起主观权利的一般理论。因为在对人、人自身进行认知时,19世纪初期的民法学家还只能够对人与人之外的客观存在进行讨论,并因此建立起物权、债权、家庭权和继承权,他们还无法对人与其自身之间的关系进行讨论,并因此建立起人对其自身、自身的存在享有权利的人格权观念。①

在其《人格权》一书中,Jean-Michel Bruguière 和 Bérengère Gleize 对1804年的《法国民法典》没有规定人格权的这两种原因做出了明确说明,他们指出:"《法国民法典》之所以无视人格权的存在,其理由很容易解释。一方面,立法者从来就不会将人看作其自身,因为立法者认为,人也仅仅是作为一种社会存在而出现的(诸如人是以自己的姓名、民事身份、无行为能力等社会存在出现的)。因为这样的原因,立法者不可能认定人对其自身享有主观权利。另一方面,在制定民法典的时候,人无法面临我们今天所面临的威胁。"②

(三) 1896年的《德国民法典》没有规定人格权的原因

在1896年的《德国民法典》中,德国立法者为何没有对人格权做出规定,他们为何没有像对待物权法、债权法、家庭法和继承法那样将人格权作为独立的一编规定在《德国民法典》中?他们是因为逻辑上的原因而没有对人格权做出规定、没有将其独立设编吗?笔者认为,德国立法者完全不是因为逻辑方面的原因而没有在1896年的《德国民法典》中对人格权做出规定,更不是因为此种原因而没有在《德国民法典》中将其独立设编,他们是基于其他原因而没有对人格权做出规定、没有将其独立设编。换言之,《德国民法典》根本不是基于逻辑判断标准决定不将人格权独立设编的。

一方面,如果人格权独立设编,《德国民法典》中的总则编也能够与人格权编兼容。在1896年的《德国民法典》中,除了在第12

---

① 张民安:《法国人格权法(上)》,清华大学出版社2016年版,第81—83页。
② Jean-Michel Bruguière, Bérengère Gleize, Droits de la Personnalité, ellipses, 2015, p.6;张民安:《法国人格权法(上)》,清华大学出版社2016年版,第81页。

第十二章　人格权为何应当在我国未来民法典当中独立设编（上）

条当中对姓名权做出了规定外，德国立法者没有对人格权做出任何其他规定，因此他们更没有将人格权独立设编，已如前述。不过，如果德国立法者将人格权独立设编，其人格权编完全能够与其总则编兼容，就像其物权编、债权编、家庭法编和继承法编能够与总则编兼容一样，人格权编与总则编之间完全能够"协调好"，就像物权编、债权编、家庭法编和继承法编完全能够与总则编"协调好"一样，至少在19世纪中后期和20世纪初期主张人格权理论的民法学者看来是如此，不存在梁慧星教授和其他民法学者所谓的人格权编无法与总则编或者其他编协调好的问题。因为作为一种"智人法典"和"教授法典"①，《德国民法典》的总则编和分则编之间的逻辑关系、逻辑联系也适用于没有规定、没有独立设编的人格权。

在1896年的《德国民法典》中，总则编和分则编之间当然存在逻辑关系、逻辑联系，因为总则编所规定的内容属于法律关系的一般理论，而分则编所规定的内容则属于法律关系的具体理论，作为共同理论、共同制度，总则编中的一般理论源自分则编中的具体理论、具体制度，而分则编中的具体理论、具体制度则是总则编中的一般理论、一般制度的具体体现和适用。

虽然1896年的《德国民法典》没有对人格权做出规定，更没有将人格权独立设编，但是总则编和分则编之间的此种逻辑联系、逻辑关系完全适用于没有规定的、没有独立设编的人格权。因为《德国民法典》总则编和分则编之间的此种逻辑关系、逻辑联系源自19世纪的民法学者，是德国立法者将民法学者在19世纪所建构的法律关系的一般理论和具体理论的区分理论上升为制定法的结晶，而在构造法律关系的一般理论和具体理论的区分理论时，这些民法学者认定法律关系的一般理论也能够适用于人格权。

在19世纪初期，历史法学派和潘德克吞学派的重要人物Puchta首开先河，在其民法著作中将法律关系的一般理论视为民法总论的重要组成部分，在讨论一般法律关系的内容时，他认为权利主体除了享有物权、债权等传统民事权利外还享有人格权。因此，Puchta认为，

---

① Pascale Deumier, Introduction générale au droit, 2e édition, LGDJ, 2013, p. 151；张民安：《法国民法总论（上）》，清华大学出版社2017年版，第408—409页。

法律关系的一般理论除了能够与物权、债权等传统主观权利兼容、很好地协调外,也能够与人格权兼容、很好地协调。① 虽然他的此种理论遭到了萨维尼的反对,认为法律关系的一般理论中除了存在物权和债权等传统主观权利外并不存在所谓的人格权,② 但是他的此种理论获得了19世纪末期和20世纪初期大多数民法学者的赞同,包括德国民法学者和法国、瑞士等其他国家的民法学者。在主张法律关系的一般理论时,他们也均像 Puchta 一样认为在法律关系当中,权利主体除了享有物权和债权等主观权利之外还享有人格权。③

另一方面,德国立法者完全不是因为逻辑性的原因而没有在《德国民法典》中对人格权做出规定的。在1896年的《德国民法典》中,德国立法者之所以没有对人格权做出规定、没有将人格权独立设编,其原因根本不是民法典的总则编与人格权编无法兼容、无法很好地协调,而是因为立法者的傲慢和人格权理论的不确定性。

在德国,人格权的理论源自19世纪初期的著名民法学者 Puchta,在1832年的《德国民法制度》中,Puchta 在讨论法律关系中的民事主体享有的权利时认为,权利主体享有的权利除了包括物权和债权等传统权利外也包括人格权。④ 虽然他的此种理论遭到萨维尼的强烈反对⑤,但是到了19世纪中后期,德国众多民法学者均承认人格权的存在,认为权利主体也能够对其自身、自身的人格特征享有权利,包括 Georg Carl Neuner、Rudolph von Jhering、Karl Gareis、Josef Kohle、Otto von Gierke 等。⑥

不过,虽然德国19世纪的民法学者普遍承认人格权的存在,但是德国立法者则极端轻视人格权,因为无论是在1887年的《德国民

---

① 张民安:《法国人格权法(上)》,清华大学出版社2016年版,第131—142页;张民安:《法国民法总论(上)》,清华大学出版社2017年版,第403—404页。
② 张民安:《法国人格权法(上)》,清华大学出版社2016年版,第142—152页;张民安:《法国民法总论(上)》,清华大学出版社2017年版,第404—405页。
③ 张民安:《法国人格权法(上)》,清华大学出版社2016年版,第153—190页;张民安:《法国民法总论(上)》,清华大学出版社2017年版,第405—408页、第449—460页。
④ 张民安:《法国人格权法(上)》,清华大学出版社2016年版,第131—141页。
⑤ 张民安:《法国人格权法(上)》,清华大学出版社2016年版,第142—152页。
⑥ 张民安:《法国人格权法(上)》,清华大学出版社2016年版,第153—190页。

法典（第一草案）》中，还是在 1895 年的《德国民法典（第二草案）》中，他们均对民法学者所主张的此种权利熟视无睹，没有对人格权做出规定，更没有像对待债权、物权等其他民事权利那样将其作为独立的一编规定在民法典草案中。鉴于德国立法者在制定《德国民法典》时所存在的严重轻视人格权的情况，德国某些民法学者尤其是其中的 Otto von Gierke 在 19 世纪末期大声疾呼，强烈要求德国立法者重视人格权，在制定《德国民法典》时要将人格权规定在民法典中，包括将具体人格权和一般人格权规定在民法典中。①

不过，德国立法者对这些民法学者的大声疾呼置若罔闻，除了对债权、物权等传统民事权利做出了规定外，他们并没有在 1896 年的《德国民法典》中对人格权做出规定，已如前述。问题在于，德国立法者为何置民法学者的强烈要求于不顾，既不在其制定的《德国民法典》中对人格权做出规定，更没有将其独立设编？答案在于，他们没有对人格权做出明确规定、没有将人格权独立设编的原因完全不是梁慧星教授和邹海林教授所谓的逻辑上的考虑：民法典的总则编无法与民法典的人格权编兼容，而是德国立法者的傲慢、偏见和人格权理论的不成熟。

1896 年的《德国民法典》之所以没有对人格权做出规定、没有将其独立设编，一个主要原因是，德国立法者的傲慢和偏见。所谓德国立法者的傲慢和偏见是指，在制定《德国民法典》时，德国立法者主要受萨维尼和 Windscheid 的影响，他们基本上忽视了其他民法学者的意见，这一点尤其体现在人格权是否应当在民法典当中加以规定的问题上。在 19 世纪末期，虽然众多的民法学者主张人格权的存在，要求立法者将人格权规定在《德国民法典》中，但是鉴于他们在德国民法学界属于人微言轻之辈，因此无论他们怎样声嘶力竭，立法者均对他们的主张充耳不闻。相反，鉴于反对人格权存在的萨维尼和 Windscheid 在德国民法学界的位高权重，在制定《德国民法典》时，德国立法者完全采纳了这两位学者的意见，将人格权从民法典中排除出去。②

---

① 张民安：《法国人格权法（上）》，清华大学出版社 2016 年版，第 188—190 页。
② 张民安：《法国人格权法（上）》，清华大学出版社 2016 年版，第 249—250 页。

具体来说,《德国民法典》之所以没有对人格权做出规定、没有将人格权独立设编,最主要的、最重要原因是,他们直接受到了 Windscheid 的影响。在 1873 年的著名民法著作即《潘德克吞教程》中,Windscheid 虽然承认人格权是权利主体对其自身享有的权利,但是他认为,此种权利并不是实在法中的一种权利,因此立法者无须通过制定法对其加以规范和调整。[①] 除了在民法著作中坚持此种主张外,他也将此种主张体现在《德国民法典》中。因为作为德国 19 世纪最具有权势的民法学者,Windscheid 参与了《德国民法典(第一草案)》的起草工作,不仅成为德国第一届民法起草委员会的 11 个成员之一,而且还成为该委员会的灵魂人物,虽然他最终因为个人原因而离开了德国民法典起草委员会,但是他对德国民法典起草委员会产生了重大影响,包括从一般精神和发展趋势等方面深度影响《德国民法典》的编制体例、编章结构和具体内容。[②]

1896 年的《德国民法典》之所以没有对人格权做出规定、没有将其独立设编,另一个主要原因是,在 19 世纪中后期和 20 世纪初期,虽然大量的民法学者主张人格权的理论,但是他们所主张的此种理论没有物权、债权等传统民法理论那样成熟、稳定,因为在人格权的定义、人格权的性质、人格权的特征、人格权的类型等方面,民法学者之间并没有达成一致意见,不同的民法学者有不同的看法。[③]

五、从地位卑微的人格权到作为首要权利的人格权

(一) 人格权的产生和发展历史

在民法上,人格权在 19 世纪初期之前的任何阶段均是不存在的,即便在 19 世纪初期之前的 16 世纪至 18 世纪,经典人文主义学派和自然法学派均主张权利主体对其自身享有某些权利,但是他们所主张

---

① 张民安:《法国人格权法(上)》,清华大学出版社 2016 年版,第 97 页。
② Code civil allemand promulgué le 18 août 1896, entré en vigueur le 1er janvier 1900, Tome I, traduit et annoté par C. Bufnoir, J. Challamel, J. Drioux, F. Gény, P. Hamel, H. Lévy-Ullmann et R. Saleilles, Paris à l'Imprimerie Nationale, 1904, Introduction, p. XIV; 张民安:《法国人格权法(上)》,清华大学出版社 2016 年版,第 188—190 页。
③ 张民安:《法国人格权法(上)》,清华大学出版社 2016 年版,第 250—251 页。

第十二章 人格权为何应当在我国未来民法典当中独立设编（上）

的这些权利仅仅是人格权的萌芽。① 在民法上，人格权最早源自19世纪初期，它是由德国19世纪初期的慕尼黑大学、马尔堡大学、柏林大学罗马法教授和著名民法学家、历史法学派和潘德克吞学派的核心人物之一 Georg Friedrich Puchta（1798—1846）② 在1832年首次提出的。③

在1832年的《德国民法制度》（System des gemeinen Civilrechts）中，Puchta 明确指出，权利主体除了享有物权和债权外还享有第三种民事权利，这就是，权利主体享有的对人权，包括权利主体对别人享有的民事权利和权利主体对其自身享有的权利。④ Puchta 认为，所谓权利主体对别人享有的权利，主要是指一个家庭成员对另外一个家庭成员享有的权利，诸如夫妻之间的权利，父母子女之间的权利，以及继承人与被继承人之间的权利，等等。⑤

Puchta 认为，所谓人格权，则是指权利主体对其自身享有的权利。换言之，所谓人格权，是指权利主体对其自身的全部决定享有的完全权利，包括对其生命、身体和名誉等享有的权利，因为就像权利主体能够与其外在客体之间建立法律关系一样，权利主体也能够与其

---

① 张民安：《法国人格权法（上）》，清华大学出版社2016年版，第67—72页。

② V. G. F. Puchta, Outlines of Jurisprudence as the Science of Right, in W. Hastie, ed., Outlines of Science of Jurisprudence: An Introduction to the Systematic Study of Law, Edinburgh: T. & T. Clark, 38 George Street, 1887, Translator's Preface, pp. XXXVii-XXXViii; 张民安：《法国人格权法（上）》，清华大学出版社2016年版，第131—132页。

③ 张民安：《法国人格权法（上）》，清华大学出版社2016年版，第131—142页。

④ G. F. Puchta, System des gemeinen Civilrechts zum Gebrauch ben Pandektenvorlesungen, Muünchen: Anton Weber'schen Buchhandlung, 1832; V. Friedrich Carl von Savigny, Traité de droit romain, tome I, Paris, Firmin Didot Frères, 1840, Traduction par M. Ch. Guenou, p. 331; François Rigaux et, La Vie Privée Une Liberté Parmi Les Autres, Maison Larcier, éditeurs, 1992, p. 120; François Rigaux, La liberté de la vie privée, Revue internationale de droit comparé. Vol. 43 N°3, Juillet-septembre 1991, p. 544; François Rigaux, La protection de la vie privée et des autres biens de la personnalité, Bruxelles, Bruylant, Paris, LGDJ, 1990, pp. 611–612; 张民安：《法国人格权法（上）》，清华大学出版社2016年版，第131—132页。

⑤ V. G. F. Puchta, Outlines of Jurisprudence as the Science of Right, in W. Hastie, ed., Outlines of Science of Jurisprudence: An Introduction to the Systematic Study of Law, Edinburgh: T. & T. Clark, 38 George Street, 1887, pp. 109–130; 张民安：《法国人格权法（上）》，清华大学出版社2016年版，第137—138页。

作为内在客体的权利主体自身之间建立法律关系。①

在 Puchta 的人格权理论提出之后不久,他的此种理论随即遭到了德国 19 世纪最负盛名的柏林大学罗马法教授、历史法学派的核心人物 Friedrich Carl von Savigny(1779—1861)的围剿。② Savigny 认为,当民法学者承认权利主体对其自身享有民事权利时,他们所主张的此种权利实际上是一种与"获得权"(le droit acquis)或者"派生权"(le droit derivatif)相对立、相对应的权利即"最初权利"(le droit originel)。③

萨维尼认为,虽然人格权的理论在民法学界具有相当的影响力,但是基于四种理由,民法不会也不应当承认此种权利的存在:其一,民法学者所谓的人格权实际上将权利主体对其自身享有的权利视为一种财产所有权;其二,人格权不具有真正权利所具有的特性即处分性,因为权利主体不能够对其所谓的人格权行使处分权;其三,即便民法学者主张人格权的存在,他们所主张的此种权利一无是处,因为该种权利没有任何实际效用;其四,民法学者所谓的人格权是应当受到谴责的,因为如果承认权利主体对其自身享有权利,则意味着自然人享有自杀权、自残权。④

虽然遭到了 Savigny 的强烈反对和严厉谴责,Puchta 在 1832 年主张的人格权理论仍然一路前行,因为到了 19 世纪末期和 20 世纪初

---

① V. G. F. Puchta, Outlines of Jurisprudence as the Science of Right, in W. Hastie, ed., Outlines of Science of Jurisprudence: An Introduction to the Systematic Study of Law, Edinburgh: T. & T. Clark, 38 George Street, 1887, p. 111;张民安:《法国人格权法(上)》,清华大学出版社 2016 年版,第 137—138 页。

② Friedrich Carl von Savigny, Traité de droit romain, tome I, Paris, Firmin Didot Frères, 1840, Traduction par M. Ch. Guenou, pp. 328 - 332; François Rigaux, La protection de la vie privée et des autres biens de la personnalité, Bruxelles, Bruylant, Paris, LGDJ, 1990, pp. 611 - 612;张民安:《法国人格权法(上)》,清华大学出版社 2016 年版,第 142—152 页。

③ Friedrich Carl von Savigny, Traité de droit romain, tome I, Paris, Firmin Didot Frères, 1840, Traduction par M. Ch. Guenou, p. 329;张民安:《法国人格权法(上)》,清华大学出版社 2016 年版,第 147 页。

④ Friedrich Carl von Savigny, Traité de droit romain, tome I, Paris, Firmin Didot Frères, 1840, Traduction par M. Ch. Guenou, pp. 329 - 332;张民安:《法国人格权法(上)》,清华大学出版社 2016 年版,第 147—149 页。

期，除了被德国相当一部分的某些民法学者所赞同外①，他的此种理论也受到其他大陆法系国家不少学者尤其是民法学者的认同②。在19世纪中后期和20世纪初期，对Puchta的人格权理论表示支持的德国民法学者主要包括：Georg Carl Neuner（1815—1880）③、Rudolph von Jhering（1818—1892）④、Karl Gareis（1844—1923）⑤、Josef Kohler（1849—1919）⑥ 和 Otto von Gierke（1841—1921） 等。⑦

---

① 张民安：《法国人格权法（上）》，清华大学出版社2016年版，第95—99页。

② 张民安：《法国人格权法（上）》，清华大学出版社2016年版，第99—105页。

③ Georg Carl Neuner, Wesen und Arten der Privatrechtsverhältnisse, Kiel, Schwers'sche Buchhandlung, 1866, pp. 16 - 17; François Rigaux et, La Vie Privée Une Liberté Parmi Les Autres, Maison Larcier, éditeurs, 1992, p. 121; François Rigaux, La protection de la vie privée et des autres biens de la personnalité, Bruxelles, Bruylant, Paris, LGDJ, 1990, p. 612; Agnès Lucas-Schloetter, Droit moral et droits de la personnalité: étude de droit comparé français et allemande, tome I, Presses Universitaires D'Aix-Marseille, Paris, 2002, p. 63; 张民安：《法国人格权法（上）》，清华大学出版社2016年版，第157—160页。

④ Rudolph von Jhering, Passive Wirkungen der Rechte. Ein Beitrag zur Theorie der Rechte, 10 Jherig'Jhb, 1871, pp. 387 - 586; François Rigaux et, La Vie Privée Une Liberté Parmi Les Autres, Maison Larcier, éditeurs, 1992, pp. 121 - 122; 张民安：《法国人格权法（上）》，清华大学出版社2016年版，第160—161页。

⑤ Karl Gareis, Das juristische Wesen der Autorrechte, sowie des Firmen-und Markenschutzes: BuschaA35（1877）, pp. 185 - 210; Karl Gareis, Introduction to the science of law: systematic survey of the law and principles of legal study, translated by Albert Kocourek, The Boston Book Company, 1911, pp. 102 - 213; Agnès Lucas-Schloetter, Droit moral et droits de la personnalité: étude de droit comparé français et allemande, tome I, Presses Universitaires D'Aix-Marseille, Paris, 2002, pp. 63 - 65; 张民安：《法国人格权法（上）》，清华大学出版社2016年版，第162—175页。

⑥ Josef Kohler, Das Autorrecht, 18 Jhering's Jhb. (1880), pp. 129 - 478, p. 257; Josef Kohler, Philosophy of Law, translated by Adalbert Albrecht, The Boston Book Company, 1914, pp. 66 - 82; François Rigaux et, La Vie Privée Une Liberté Parmi Les Autres, Maison Larcier, éditeurs, 1992, pp. 122 - 123; Agnès Lucas-Schloetter, Droit moral et droits de la personnalité: étude de droit comparé français et allemande, tome I, Presses Universitaires D'Aix-Marseille, Paris, 2002, p. 96; 张民安：《法国人格权法（上）》，清华大学出版社2016年版，第175—182页。

⑦ OTTO VON GIERKE, DEUTSCHES PRIVATRECHT, Lepzig, Duncker und Humblot, 1895, pp. 702 - 708; François Rigaux et, La Vie Privée Une Liberté Parmi Les Autres, Maison Larcier, éditeurs, 1992, p. 123; Agnès Lucas-Schloetter, Droit moral et droits de la personnalité: étude de droit comparé français et allemande, tome I, Presses Universitaires D'Aix-Marseille, Paris, 2002, pp. 96 - 99.

在 19 世纪中后期和 20 世纪初期，对 Puchta 的人格权理论表示支持的其他大陆法系国家学者主要包括：Charles Bonaventure Marie Toullier（1752—1835）[1]、Alphonse Boistel（1836—1908）[2]、Émile Beaussire（1824—1889）[3]、Ernest Roguin（1851—1947）[4]、Edmond Picard（1836—1924）[5]、Léon Bérard（1876—1960）[6]，以及Étienne-Ernest-Hyppolite Perreau 等。[7] 在这些人当中，Boistel 和 Beaussire 属于法国 19 世纪的法哲学家、自然法学派的重要人物，而 Toullier、Bérard、Roguin、Picard 和 Perreau 则属于民法学家，其中的 Toullier、Bérard 和 Perreau 为法国民法学家，Roguin 为瑞士民法学家，而 Picard 则为比利时民法学家。

自人格权理论在 1832 年提出之日起一直到 19 世纪末期和 20 世纪初期，为了将人格权打造成为一种像物权和债权一样的作为一个有机整体的民事权利，上述学者尤其是法哲学家可谓孜孜以求、孜孜不倦，除了对人格权中的众多理论做出了讨论外，他们尤其是对人格权的性质和类型做出了说明。根据他们的说明，人格权在性质上是一种道德权利而不是一种像物权和债权一样的财产权。因为人格权是为了保护自然人的精神、道德、情感、灵魂或者心灵免受侵犯，而不是为

---

[1] C.-B.-M. Toullier, Le Droit civil francais suivant l'ordre du code, t. I, éd. Renouard, Paris, 1838, pp. 132 – 133, pp. 177 – 224；张民安：《法国人格权法（上）》，清华大学出版社 2016 年版，第 259—265 页。

[2] Alphonse Boistel, Cours Élémentaire De Droit Naturel, Ou De Philosophie Du Droit, Paris, Ernest Thorin, Éditeur, 1870, pp. 152 – 194；张民安：《法国人格权法（上）》，清华大学出版社 2016 年版，第 265—280 页。

[3] Émile Beaussire, Les principles du droit, Paris, éd, Félix Alcan, 1888, pp. 50 – 69, pp. 367 – 394；张民安：《法国人格权法（上）》，清华大学出版社 2016 年版，第 280—292 页。

[4] Ernest Roguin, La Règle de Droit, Lausanne, F. Rouge, 1889, pp. 252 – 257；张民安：《法国人格权法（上）》，清华大学出版社 2016 年版，第 292—301 页。

[5] Edmond Picard, Le droit pur, Paris, éd, Ernest Fiammarion, 1908, pp. 65 – 103；张民安：《法国人格权法（上）》，清华大学出版社 2016 年版，第 301—308 页。

[6] L. Bérard, Du caractère personnel de certains droits et notamment du droit d'auteur dans les régimes de communauté, thèse Paris 1902, ed. A. Rousseau, pp. 182 – 196；张民安：《法国人格权法（上）》，清华大学出版社 2016 年版，第 102—104 页。

[7] M. E. H. PERREAU, Des droits de la personnalite, RTD civ., 1909, pp. 501 – 536；张民安：《法国人格权法（上）》，清华大学出版社 2016 年版，第 309—342 页。

第十二章 人格权为何应当在我国未来民法典当中独立设编（上）

了保护他们的财产免受侵犯。

例如，早在1838年的《法国民法》中，法国19世纪初期最著名的民法学家、起步时期法条注释法学派的核心人物、被誉为"现代Pothier"、法国雷恩大学法学院民法教授的C. -B. -M. Toullier[①]就将人格权视为一种非财产权，虽然在此时他并没有明确使用"非财产权"这一术语，因为除了将人格权视为人权外，他还将人格权与包括财产所有权在内的财产权置于对立地位，认为财产权是指权利主体对其自身之外的某种外在客体享有的权利，而人格权则是指权利主体对与自己无法分离的个人自由、生命、身体、荣誉、名誉以及自由享有的权利。[②]

再如，在1870年的《自然法基础教程》中，法国19世纪的著名民法学家、自然法学派的核心人物之一、法国格勒诺布尔大学民商法教授Alphonse Boistel也明确将人格权视为一种非财产权，即便他在那时还没有明确使用"非财产权"这一术语，因为在对民事权利做出分类时，除了根据权利客体的不同将权利客体分为外在客体即人自身之外的物、财产和内在客体即权利主体自身外[③]，他还明确指出，人格权的客体是自然人的灵魂、自然人的人性、自然人的本性，因为人格权在性质上是一种人类灵魂最深处的权利、首要权利、原始权利、固有权利。[④]

除了对人格权的性质做出了说明外，他们也对人格权的类型做出了说明。根据他们的说明，人格权的类型多种多样，包括但是不限于以下权利：生命权、身体权、健康权、荣誉权、名誉权，以及各种各

[①] 张民安：《法国人格权法（上）》，清华大学出版社2016年版，第259页；张民安：《法国民法总论（上）》，清华大学出版社2017年版，第323—324页。

[②] C. -B. -M. Toullier, Le Droit civil francais suivant l'ordre du code, t. I, éd. Renouard, Paris, 1838, pp. 132 - 133；张民安：《法国人格权法（上）》，清华大学出版社2016年版，第259—260页。

[③] Alphonse Boistel, Cours Élémentaire De Droit Naturel, Ou De Philosophie Du Droit, Paris, Ernest Thorin, Éditeur, 1870, pp. 152 - 154；张民安：《法国人格权法（上）》，清华大学出版社2016年版，第266—267页。

[④] Alphonse Boistel, Cours Élémentaire De Droit Naturel, Ou De Philosophie Du Droit, Paris, Ernest Thorin, Éditeur, 1870, pp. 153 - 155；张民安：《法国人格权法（上）》，清华大学出版社2016年版，第267—269页。

样的自由权。例如，在1838年的《法国民法》中，Toullier对人格权的类型做出了分类，他认为人格权包括：生命权，身体权，荣誉权和名誉权，人身自由和行为自由，思想自由，信仰自由和祭祀自由。[①] 再如，在1870年的《自然法基础教程》中，Boistel也对人格权做出了分类，他认为，人格权包括：生命权，身体权，智识受尊重权、意志受尊重权，名誉权或者美德权，秘密权，姓名权，著作权，内心幸福权即内心安宁权，意志自由权、人身自由权、个人自由权、结社自由权以及集会自由权等。[②]

（二）人格权在20世纪初期民事权利大家庭中的卑微地位

从19世纪中后期开始一直到20世纪初期，虽然人格权已经获得了如此多的学者尤其是民法学者的支持，但是在民事权利大家庭当中，人格权仍然是一个无足轻重的"小老弟"，而像物权、债权、家庭权和继承权这样的传统民事权利仍然是位高权重的"老大哥"，人格权仍然无法挑战民事权利大家庭当中的其他民事权利，仍然屈居于其他民事权利之下，无法与其他民事权利平起平坐，更无法超过红极一时的物权或者债权。因为从19世纪初期开始一直到19世纪末期和20世纪初期时止，除了大多数民法学者均否定这些民法学者所提出的人格权理论外，法官和立法者也拒绝承认这些民法学者所提出的人格权理论。[③]

[①] C.-B.-M. Toullier, Le Droit civil francais suivant l'ordre du code, t. I, éd. Renouard, Paris, 1838, pp. 177-224；张民安：《法国人格权法（上）》，清华大学出版社2016年版，第261—265页。

[②] Alphonse Boistel, Cours Élémentaire De Droit Naturel, Ou De Philosophie Du Droit, Paris, Ernest Thorin, Éditeur, 1870, pp. 156-194；张民安：《法国人格权法（上）》，清华大学出版社2016年版，第270—279页。

[③] Frédéric Zenati-Castaing, Thierry Revet, Manuel de droit des personnes, 1e, édition, puf, 2006, p. 210；Agnès Lucas-Schloetter, Droit moral et droits de la personnalité：étude de droit comparé français et allemande, Tome I, Presses Universitaires D'Aix-Marseille, Paris, 2002, pp. 46-47；Jean-Christophe Saint-Pau et, Droits de la Personnalité, LexisNexis, 2013, p. 53；张民安：《法国人格权法（上）》，清华大学出版社2016年版，第79—81页；张民安：《法律关系的一般理论亦或是主观权利的一般理论（下）》，载《澳门法学》2018年第2期，第10—11页。

第十二章 人格权为何应当在我国未来民法典当中独立设编（上）

一方面，在19世纪中后期，甚至在19世纪末期之前，大多数民法学者、法官和立法者均不承认上述民法学者所主张的人格权。基于财产所有权一枝独秀、一支独大的优势地位，他们普遍将上述民法学者所主张的人格权视为一种财产所有权，这就是，自然人对其生命、身体、健康、自由、姓名、肖像等享有的权利在性质上是一种财产所有权，就像他们对自己的动产、不动产享有的权利是一种财产所有权一样。[①]

Agnès Lucas-Schloetter对此做出了说明，他指出："在财产所有权至高无上的时代，财产所有权的至尊无上的地位通过自己所适用的各种各样的客体得以体现。人们承认，自然人对其自身享有一种财产所有权。换言之，自然人对自己的身体、自己的姓名以及自己的创造能力享有财产所有权。虽然在这样的时代，人们并不讨论人格的保护，但是他们的不讨论并不意味着人格的保护不存在。因为在那时，今时今日通过人格权所保护的利益仍然受到保护，所不同的是，这些人格的法律保护仅仅建立在财产所有权的基础上，就像自然人姓名权的法律保护建立在财产所有权的基础上一样。"[②]

另一方面，在19世纪中后期、20世纪初期，随着第二次工业革命引起的各种各样的事故的发生，大多数民法学者均不承认上述民法学者所主张的人格权理论。基于侵权性债权的一枝独秀、一支独大的优势地位的确立和财产所有权的优势地位的丧失，大多数民法学者、法官和立法者普遍将上述民法学者所主张的人格权视为侵权责任制度的组成部分，尤其是视为一般过错侵权责任制度的组成部分，认为这些民法学者所主张的作为人格权客体的生命、身体、健康、自由、姓名、肖像等人格特征仅仅是侵权责任制度所保护的法定利益，它们构

[①] Victor Cousin, Cours d'histoire de la philosophie morale au dix-huitieme siecle, professe a la Faculte des lettres, en 1819 et 1820, Paris 1839–42, Tome I, p. 11; Charles Demolombe, Cours de Code Napoléon, Tome 9, Paris Auguste Durand Libraire, 1852, p. 7; MM. Aubry et Rau, Cours de droit civil français: d'après la méthode de Zachariae, 5e éditionTome Deuxieme, revue et mise au courant de la législation et de la jurisprudence, parMM. G. Rau Ch. Falgimaigne M. Gault, Paris, Imprimerie et Librairie générale de jurisprudence, 1897, p. 1.

[②] Agnès Lucas-Schloetter, Droit moral et droits de la personnalité: étude de droit comparé français et allemande, Tome I, Presses Universitaires D'Aix-Marseille, Paris, 2002, p. 47.

成侵权责任制度的有机组成部分，不是侵权责任制度之外独立存在的人格权。①

Agnès Lucas-Schloetter 对此做出了说明，他指出："实际上，历史分析表明，人格的保护首先是通过民事责任制度而不是通过主观权利的观念实现的。在'人格权'的观念作为法国法律科学出现时，法官完全忽视了此种观念的存在，他们仍然借助于民事责任的一般规则保护人格。无论是在责令行为人停止侵犯他人人格时还是在责令行为人赔偿损害时均是如此。"②

因为人格权在19世纪中后期和20世纪初期的地位卑微，所以无论是在当时的《法国民法典》中还是在1896年的《德国民法典》中，立法者几乎完全忽略人格权的存在，不仅没有对其做出规定，更不用说将其独立设编了，已如前述。

（三）人格权在当今主观权利大家庭中的一枝独秀、一支独大

虽然人格权在20世纪初期没有受到大多数民法学者、法官和立法者的重视，但是基于少数民法学者的不断主张，到了20世纪30年代末期，人格权的观念逐渐深入人心，并因此获得了越来越多的民法学者的赞同。不过，在20世纪50年代之前，人格权仍然是一种无足轻重的主观权利，它仍然无法与主观权利中的物权和债权等传统主观权利平起平坐，更不用说能够超越物权和债权而成为一枝独秀、一支独大的主观权利。不过，在20世纪50年代，人格权的春天开始了，因为在这一时期，人格权不仅成为像物权和债权一样的极其重要的主观权利，而且还越过了老牌的主观权利即物权和债权而成为最重要的主观权利。

---

① Charles Demolombe, Cours de Code Napoléon, Tome 9, Paris Auguste Durand Libraire, 1852, pp. 7-8; MM. Aubry et Rau, Cours de droit civil français: d'après la méthode de Zachariae, 5e éditionTome Deuxieme, revue et mise au courant de la législation et de la jurisprudence, parMM. G. Rau Ch. Falgimaigne M. Gault, Paris, Imprimerie et Librairie générale de jurisprudence, 1897, p. 1.

② Agnès Lucas-Schloetter, Droit moral et droits de la personnalité: étude de droit comparé français et allemande, Tome I, Presses Universitaires D'Aix-Marseille, Paris, 2002, p. 196.

第十二章　人格权为何应当在我国未来民法典当中独立设编（上）

在20世纪50年代，人格权为何能够成为一枝独秀、一支独大的最重要的主观权利？原因在于，第二次世界大战使人们意识到，人享有的最重要的主观权利并不是物权和债权等传统财产权，而是作为人享有的人权、自由、平等和尊严。换言之，经过第二次世界大战，人们意识到，他们的最高理想、终极愿望（la plus haute aspiration de l'homme）不再是对财产、财富的追求和拥有，而是对人的价值（la valeur de la personne humaine）、人的尊严（la dignité de la personne humaine）的尊重，是对人的言论自由、信仰自由的坚守，是对暴政、压迫和其他野蛮行为的反抗。①

在第二次世界大战期间，臭名昭著的纳粹法西斯分子对人甚至人种实施了各种各样的骇人听闻、惨绝人寰、令人发指的暴行、野蛮行径，除了大肆屠杀甚至进行种族清洗、种族灭绝外，他们还对人尤其是妇女进行集体处决；除了通过集中营、战俘营等方式奴役人、禁锢人外，他们还对人实施强制劳动；除了诱骗、强迫妇女成为慰安妇，并对妇女实施所谓裸体健康检查外，他们还大肆实施奸掳烧杀；除了使用神经毒剂和其他生化武器外，他们还通过毒气室、尸体解剖室和焚尸炉进行人体、尸体试验；等等。

虽然"二战"期间法西斯分子对人、人种实施的暴行可谓罄竹难书，但是他们实施的所有暴行可以归结为一点，这就是，完全不把人当人看，恣意践踏人的尊严，任意剥夺人的生命、自由，让人沦落到猪狗不如的地位。随着第二次世界大战的结束，人们开始意识到，富可敌国的财产、财富，并不如做人的尊严、做人的自由和做人的价值重要，因为即使他们拥有再多的财富，也可能因惨绝人寰的暴行而瞬间灰飞烟灭。

为了保护人的尊严、人的价值、人的自由和人的平等免受各种各样的暴行的侵犯，联合国在1948年通过了《世界人权宣言》（Déclaration universelle des droits de l'homme），除了再一次复兴自然法

---

① Préambule, La Déclaration universelle des droits de l'homme, http://www.un.org/fr/universal-declaration-human-rights/.

学派在 17 世纪至 19 世纪所主张的人权观念、自然法学观念外,[①] 它还将人权、基本权利、基本自由拔高到无以复加的程度,并因此让人权、基本权利、基本自由等主观权利盖过了包括财产所有权在内的财产权。[②]

一方面,《世界人权宣言》对人享有的各种各样的基本权利和基本自由做出了规定,包括生命权、隐私权、名誉权、思想自由权、信仰自由权、宗教自由权、表达自由权、结社自由权以及和平集会自由权等。[③] 例如,《世界人权宣言》第 3 条规定:所有个人均享有生命权、自由权和人身安全权。[④] 再如,《世界人权宣言》第 12 条规定:任何行为人既不得任意干预他人的私人生活、家庭生活、住所或者通信,也不得侵害他人的名誉或者荣誉。所有人均享有受法律保护的权利,以免受行为人实施的这些干预行为或者侵害行为的侵害。[⑤]

另一方面,《世界人权宣言》还明确规定,人享有的这些基本权利、基本自由在性质上不属于实在法上的权利、自由,而属于经典自然法学派所主张的自然权利、天赋权利。因为它明确规定,人享有的这些权利和自由是人所固有的、不得转让的权利和自由,是自出生时起就享有的权利和自由。《世界人权宣言》第 1 条规定:在人格尊严和权利方面,所有自然人生而自由、生而平等,他们是有理性的、有良知的,在处理与其他人之间的关系时,他们应当以博爱的精神

---

① Jacques Robert, Jean Duffar, Droits de l'homme et libertés fondamentales, 8e édition, Montchrestien, 2009, pp. 35 - 37; Henri Oberdorff, Droits de l'homme et libertés fondamentales, 4e éditions, LGDJ, 2013, pp. 49 - 53; 张民安:《法国民法总论(上)》,清华大学出版社 2017 年版,第 602—609 页。

② La Déclaration universelle des droits de l'homme, http://www.un.org/fr/universal-declaration-human-rights/; 张民安:《法国民法总论(上)》,清华大学出版社 2017 年版,第 606 页。

③ La Déclaration universelle des droits de l'homme, http://www.un.org/fr/universal-declaration-human-rights/.

④ La Déclaration universelle des droits de l'homme, http://www.un.org/fr/universal-declaration-human-rights/.

⑤ La Déclaration universelle des droits de l'homme, http://www.un.org/fr/universal-declaration-human-rights/.

第十二章 人格权为何应当在我国未来民法典当中独立设编（上）

行为。①

由于受联合国《世界人权宣言》的影响，1950 年 11 月 4 日，欧洲委员会（Conseil de l'Europe）在罗马通过了《保护人权与基本自由公约》(Convention de sauvegarde des droits de l'homme et des libertés fondamentales)，该公约最著名的名称是《欧洲人权公约》(Convention européenne des droits de l'homme)。② 就像《世界人权宣言》一样，《欧洲人权公约》也对人享有的各种各样的人权、基本权利和基本自由做出了规定，包括：生命权、自由权和安全权、私人生活受尊重权和家庭生活受尊重权、思想自由权、宗教自由权和信仰自由权、表达自由权、和平集会自由权、结社自由权等。③

虽然《世界人权宣言》和《欧洲人权公约》在性质上属于公法，虽然它们所规定的这些人权、基本权利、基本自由在性质上属于公法上的权利，但是《世界人权宣言》和《欧洲人权公约》对 20 世纪 50 年代和 60 年代的人格权产生了非常重大的影响，并因此让民法领域的人格权越过了 20 世纪 60 年代之前的债权、物权和所有其他主观权利而成为最重要的主观权利。换言之，在人格权于 20 世纪 60 年代成为最重要的主观权利中，影响最大的因素是《世界人权宣言》和《欧洲人权公约》。

在民法领域，《世界人权宣言》和《欧洲人权公约》对人格权的影响主要通过两种方式体现：其一，通过间接方式影响人格权；其二，通过直接方式影响人格权。无论是通过什么方式影响人格权，基于《世界人权宣言》和《欧洲人权公约》的影响，人格权最终在 20 世纪 50 年代末期和 20 世纪 60 年代初期成为主观权利大家庭中一枝独秀、一支独大的权利，没有任何其他主观权利能够与人格权相提并论，包括曾经的财产所有权和债权。

所谓通过间接方式影响人格权，或者是指基于《世界人权宣言》

---

① La Déclaration universelle des droits de l'homme, http://www.un.org/fr/universal-declaration-human-rights/.

② https://www.echr.coe.int/Pages/home.aspx? p = basictexts&c = fre.

③ Convention de sauvegarde des droits de l'homme et des libertés fondamentales, https://www.admin.ch/opc/fr/classified-compilation/19500267/199904010000/0.101.pdf；张民安：《法国民法总论（上）》，清华大学出版社 2017 年版，第 606—607 页。

的影响,德国立法者所制定的《德国基本法》在催生出德国人格权理论中所发挥的建设性作用,或者是指基于《世界人权宣言》和《欧洲人权公约》所掀起的自然权利热潮,法国立法者和民法学者开始高度重视人格权的地位。

在德国,由于受《世界人权宣言》的影响,为了防止希特勒的暴行在德国重演,德国立法者在 1949 年 5 月 23 日制定了德国基本法,也就是德国的新宪法。除了对其他内容做出了规定外,德国基本法第一章对人享有的各种各样的权利做出了清晰的规定,诸如信仰自由权、宗教自由权、和平集会权以及结社自由权等,其中与人格权的发展有直接关系的法律条款是第 1 条和第 2 条。除了对人享有的人格尊严受尊重权、人格充分发展权、生命权、身体权和自由权做出了规定外,这两个法律条款还对所有公权力机关、公职人员所承担的尊重这些权利和对这些权利提供保护的义务做出了规定。德国基本法将人享有的这些权利称为基本权利。①

在德国,1949 年的基本法在性质上当然属于公法而不属于民法,因此,其第一章所规定的包括人格尊严受尊重权、人格充分发展权、生命权、身体权和自由权在内的基本权利在性质上当然也属于公法上的权利,其目的在于保护自然人甚至法人享有的这些权利免遭受公权力机关、公职人员的侵犯,防止希特勒式的暴行重演。不过,为了克服《德国民法典》在人格权方面的重大法律漏洞,德国联邦最高法院在 20 世纪 50 年代将德国基本法所规定的基本权利引入到德国民法中,并因此让其第 1 条和第 2 条所规定的基本权利嬗变为民法中的人格权,至少让第 1 条和第 2 条所规定的基本权利成为德国民法中的人格权的灵感源泉。因为在从《德国民法典》第 823(1)中发现具体人格权和一般人格权时,德国联邦最高法院直接将它所发现的具体人格权和一般人格权建立在德国基本法第 1 条和第 2 条所规定的这几种基本权利之上。②

---

① Henri Oberdorff, Droits de l'homme et libertés fondamentales, 4e éditions, LGDJ, 2013, p. 42; Jean-Christophe Saint-Pau et, Droits de la Personnalité, LexisNexis, 2013, p. 422; 张民安:《法国人格权法(上)》,清华大学出版社 2016 年版,第 230—231 页。

② 张民安:《法国人格权法(上)》,清华大学出版社 2016 年版,第 230—244 页。

第十二章 人格权为何应当在我国未来民法典当中独立设编（上）

受德国联邦最高法院所确立的具体人格权和一般人格权理论的影响，德国立法者在1959年准备采取措施，对《德国民法典》所存在的没有规定人格权的重大法律漏洞进行填补，并因此在《德国民法典》中对权利主体享有的人格权做出规定，包括对权利主体享有的具体人格权和一般人格权做出规定，包括：生命权、身体权、健康权、自由权、名誉权、私人生活受尊重权、肖像权、口头表达受尊重权以及回应权等。① 虽然德国立法者的此种努力最终失败，但是他们的此种努力与德国联邦最高法院在20世纪50年代的努力结合在一起产生了一个重要的影响，这就是，让人格权在20世纪50年代和60年代的德国地位飙升，并因此成为权利主体享有的所有主观权利中的最主要的、最重要的一种主观权利。

在法国，由于受《世界人权宣言》和《欧洲人权公约》的影响，法国立法者分别在1946年的《宪法》序言和1958年的《宪法》序言中重申，除了会保障公民享有1789年的《法国人权与公民权利宣言》所规定的人权外，他们还拓展了公民享有的人权范围，使公民享有的人权范围从传统的人权领域扩展到新的领域即政治、经济和社会领域，这就是所谓的新人权。② 为了同人权的发展和保护相适应，法国立法者和民法学者开始通过自己的方式推动人格权的发展。

1953年，法国政府组织成立的《法国民法典》改革委员会（la Commission de réforme du Code civil）公布了它起草的《民法典草案》（Avant-projet de Code civil）。在该草案中，民法典改革委员会用了18个法律条款对人格权做出了具体规定，包括对人格权的一般保护做出了规定。当然，1953年的法国《民法典草案》最终夭折，因此，它在该草案中所规定的人格权也没有正式成为立法者所规定的人格权。③

为了推动人格权理论的更进一步发展，著名的Henri Capitant法国法律文化友好协会在1946年组织召开了有关人格权方面的第一次会议。在此次会议上，民法学者Amiaud提交了有关人格权方面的报

---

① 张民安：《法国人格权法（上）》，清华大学出版社2016年版，第254—255页。
② 张民安：《法国民法总论（上）》，清华大学出版社2017年版，第605页。
③ 张民安：《法国人格权法（上）》，清华大学出版社2016年版，第487—490页。

告，即《人格权》。① 在1959年，该友好协会组织召开了有关人格权方面的第二次会议。在此次会议上，法国民法学者Roger Nerson提交了有关人格权方面的报告，即《法国私法中的人格保护》。② 在这些努力之下，人格权的地位不仅得到了前所未有的提升，而且还成为权利主体享有的最主要的、最重要的主观权利。因为此种原因，法国民法学者将1959年称为"法国的人格权法年"，因为他们认为，在这一年，"人最终成为当代法律的核心"③。

所谓直接影响，是指《世界人权宣言》和《欧洲人权公约》对民法学者和法官所产生的影响，因为无论是在民法学说当中还是在案件裁判中，学者和法官并不过分区分《世界人权宣言》和《欧洲人权公约》所规定的人权、基本权利和民法所规定的人格权，他们将人权、基本权利视为人格权，反之，将人格权视为人权、基本权利，使公法上的人权、基本权利与私法当中的人格权混同。

在民法上，人格权是不是人权、基本权利？对此问题，人们做出的回答并不完全相同。在德国，无论是德国联邦宪法法院还是德国联邦最高法院均不明确区分公法领域的人权、基本权利和民法领域的人格权，因为它们均认为，1949年的德国基本法第1条和第2条所规定的一般人格权既规范和调整公家与私人之间的关系，也规范和调整私人之间的关系。④ 在法国，民法学者之间存在不同的意见。某些民法学者认为，人格权不同于人权、基本权利。例如，Henri Mazeaud和Léon Mazeaud等人，他们指出："人们经常将人权与人格权混同，这是错误的。"⑤

某些学者认为，人格权与人权、基本权利之间原本是存在差异的，应当加以区分，因为人格权属于私法性质的权利，而人权、基本

---

① A. Amaiaud, Les droits de la personnalité, Travaux Capitant, journées de droit civil franco-suisses (8 juin 1946), t. II. 1947, pp. 292 – 304.
② R. Nerson, De la protection de la personnalité en droit privé francais, Travaux Capitant, XIII, journées de Madrid (4 et juin 1959), pp. 61 et s.
③ 张民安：《法国人格权法（上）》，清华大学出版社2016年版，第487—490页。
④ Jean-Christophe Saint-Pau et, Droits de la Personnalité, LexisNexis, 2013, p. 421.
⑤ Henri et Léon Mazeaud, Jean Mazeaud, Francois Chabas, Lecons de DROIT CIVIL, Tome I/Deuxième Volume, Les Personnes, 8 e édition, Montchrestien, 1997, p. 377.

权利则属于公法性质的权利。不过,鉴于人格权与人权、基本权利之间的界限越来越不清晰、越来越模糊,人格权可以等同于人权、基本权利,反之,人权、基本权利可以等同于人格权。例如,Jean-Christophe Saint-Pau 等人,他们指出,应当强调的是,民法领域的人格权和公法领域的基本权利是两个不同领域的权利的观念不再是楚河汉界式的,人们不应当再将这两类权利截然分开。①

某些民法学者根本就不区分人格权和人权、基本权利,因为他们或者认为,人格权就是人权、基本权利,反之,他们认为,人权、基本权利就是人格权。例如,Bernard Teyssié 和 Philippe Malinvaud。Bernard Teyssié 指出,1789 年的《人权宣言》、1948 年的《世界人权宣言》和1950 年的《欧洲人权公约》所规定的人权构成"人格权的核心"②。虽然《法国民法典》长久以来没有对人格权做出规定,但是,"自1950 年开始,《欧洲人权公约》对某些人格权做出了规定,例如生命权(第2条)、私人生活和家庭生活受尊重权(第8条)等"③。

从理论上讲,人格权当然区别于人权、基本权利,因为无论是权利的性质、权利的渊源还是所保护和所防范的主体和行为人均是不同的:人格权在性质上属于民事权利,而人权、基本权利在性质上则属于公法权利、宪法权利;人格权的渊源主要是民法典、民事性质的司法判例和民法学说,而人权、人格权的渊源除了国内宪法以外主要是国际公法、人权公约和公法性质的司法判例;人格权所保护的权利主体是民事主体,所防范的行为人也是民事主体,而人权、人格权所保护的权利主体是作为公民的自然人、法人,所防范的行为人则是国家公权力机关。④

不过,基于各种各样的不同考虑,自19 世纪初期以来一直到今

---

① Jean-Christophe Saint-Pau et, Droits de la Personnalité, LexisNexis, 2013, p. 465.
② Bernard Teyssié, Droit civil, Les personnes, 12e, édition, Litec, 2010, p. 17.
③ Francois Terré, Introuduction générale au droit, 10e édition, Dalloz, 2015, p. 306.
④ Henri et Léon Mazeaud, Jean Mazeaud, Francois Chabas, Lecons de DROIT CIVIL, Tome I/Deuxième Volume, Les Personnes, 8 e édition, Montchrestien, 1997, p. 377; Jean-Christophe Saint-Pau et, Droits de la Personnalité, LexisNexis, 2013, pp. 421 – 431;张民安、丘志乔主编:《民法总论》(第五版),中山大学出版社2017 年版,第304 页。

时今日，民法学者习惯于将人权、基本权利视为人格权，反之，他们习惯于将人格权视为人权、基本权利。① 例如，早在 1833 年的《法国民法》中，法国著名民法学者 Toullier 就将人格权等同于人权。② 再如，在 1909 年的著名文章《人格权》中，Perreau 就将 1789 年的法国《人权宣言》所规定的人权视为人格权。③

在今时今日，虽然人格权与人权、基本权利之间的确存在上述不同的差异，但是伴随着"基本权利的民事权利化"（civilisation des droits fondamentaux）、"人格权的基本权利化"（fondamentalisation des droits de la personnalité）、"人格权的人权公约化"（conventionnalisation des droits de la personnalité）以及"人格权的宪法化"（Constitutionnalisation des droits de la personnalité）等现象的发生，人格权与人权、基本权利之间相互交融，彼此渗透并且最终让两种性质不同、法律渊源不同、权利主体和义务主体不同的两种主观权利逐渐统一。④

在民法上，人格权与人权、基本权利之间存在众多的共同点，这些共同点决定了它们之间的逐渐兼容、融合和统一：其一，它们的理论根据相同，因为它们的理论根据或者是自然法或者是教会法；其二，它们的目的相同，因为它们均是为了对人的人格特征、人的构成要素提供保护，防止行为人擅自侵犯人的人格特征、人的构成要素，包括对自然人和法人的人格特征、人的构成要素提供保护；其三，它们的权利范围基本上相同，因为大多数人格权均是人权、基本权利，

---

① 张民安：《法国人格权法（上）》，清华大学出版社 2016 年版，第 29—45 页。

② C.-B.-M. Toullier, Le Droit civil francais suivant l'ordre du code, t. 1, éd. Renouard, Paris, 1838, pp. 132 – 177；张民安：《法国人格权法（上）》，清华大学出版社 2016 年版，第 259—261 页。

③ M. E. H. PERREAU, Des droits de la personnalite, RTD civ., 1909, p. 501；张民安：《法国人格权法（上）》，清华大学出版社 2016 年版，第 315 页。

④ Jean-Christophe Saint-Pau et, Droits de la Personnalité, LexisNexis, 2013, pp. 432 – 439.

反之亦然，大多数人权、基本权利均是人格权。①

总之，基于《世界人权宣言》和《欧洲人权公约》的影响，到了20世纪50年代末期和20世纪60年代初期，人格权不仅在大陆法系国家的民法中占据了极端重要的地位，而且借助于人权、基本权利的复兴，人格权一跃成为主观权利大家庭当中最重要的一种主观权利，除了超越19世纪末期之前不可一世的财产所有权外也超越了20世纪60年代之前如日中天的债权。从20世纪60年代开始一直到今时今日，人格权在民事权利中的一枝独秀、一支独大的地位不仅没有丝毫的减缓，到了20世纪90年代之后反而得到了不断加强。换言之，在今时今日，人格权不仅是一种像物权和债权一样的极端重要的主观权利，而是已经超越了物权和债权等传统的主观权利而成为一枝独秀、一支独大的主观权利。

在我国，人格权的地位也经历了一个从被完全忽视到逐渐受到重视到今时今日被置于最高地位的一个历史发展过程。总的来说，在1986年之前，人格权在我国民法中的地位极其低下。一方面，立法者有时完全不承认人格权的存在，他们仅仅承认财产权的存在。例如，在1963年的《中华人民共和国民法（草案）》中，我国立法者根本就不承认人格权的存在，因为在第3条中，他们仅仅将财产所有关系和财产流转关系作为民法的调整对象。②

另一方面，虽然民法学者也承认人格权的存在，但是他们极端藐视人格权、忽视人格权，基本上不对人格权做出详尽的阐述。例如，在1958年的《中华人民共和国民法基本问题》中，虽然我国民法学者也将财产权和包括人格权在内的人身非财产权作为民法的调整对象，但是他们认为，民法主要调整财产关系，仅仅"附带地调整一

---

① Jacques Robert Jean Duffar, Droits de l'homme et libertés fondamentales, 8e édition, Montchrestien, 2009, pp. 49–55; Jean-Christophe Saint-Pau et, Droits de la Personnalité, LexisNexis, 2013, pp. 439–465; Xavier Dupré de Boulois, Les droits fondamentaux des personnes morales, LA PERSONNALITÉ JURIDIQUE, Xavier Bioy（dir.）, Presses de l'Université Toulouse 1 Capitole, LGDJ-Lextenso Editions, pp. 203–219; 张民安、丘志乔主编：《民法总论》（第五版），中山大学出版社2017年版，第304—305页。

② 何勤华、李秀清、陈颐编：《新中国民法典草案总览》（增订本，中卷），北京大学出版社2017年版，第851页。

定的人身非财产关系"①,虽然他们也承认财产权和非财产权之间的区分,但是除了对包括人格权在内的非财产权做出最简略的说明外,他们所讨论的全部内容均为财产权。②

在1986年的《民法通则》中,我国立法者开始改变此种状况,除了极大地提升人格权的地位外,他们还认定人格权是一种像物权和债权一样具有极端重要性的民事权利。一方面,在《民法通则》第五章中,除了将其他民事权利作为独立的几节加以规定外,他们也将人身权作为独立的一节加以规定。另一方面,在《民法通则》第五章第四节中,他们对权利主体享有的一些重要人格权做出了规定。

不过,在《民法通则》中,人格权并不是最重要的民事权利,其地位要低于其他民事权利,尤其是要低于财产所有权,因为在《民法通则》中,"财产所有权是民事权利中最重要的一项权利"③。表现在两个方面:一方面,在规定民法的两种调整对象时,立法者将财产关系置于人身关系之前,这就是《民法通则》第2条的规定;另一方面,在列举权利主体享有的四种民事权利时,他们将物权、债权、知识产权置于人身权之前,这就是《民法通则》的第一节至第四节,其中的第一节至第三节规定了财产权,而第四节则规定了人身权。

在2017年的《民法总则》中,我国立法者仍然高度重视人格权的存在,并且同样认定人格权是一种像传统民事权利中的物权和债权一样重要的民事权利。换言之,在《民法总则》中,我国立法者同样将人格权视为一种极其重要的民事权利。因为在《民法总则》第五章中,除了对物权、债权、家庭权、知识产权和继承权做出了明确规定外,他们也对人格权做出了规定。

不过,在《民法总则》中,最重要的民事权利并不是财产所有

---

① 中央政法干部学校民法教研室编著:《中华人民共和国民法基本问题》,法律出版社1958年版,第20页。
② 中央政法干部学校民法教研室编著:《中华人民共和国民法基本问题》,法律出版社1958年版,第57—58页。
③ 王汉斌:《关于〈中华人民共和国民法通则(草案)——1986年4月2日在第六届全国人民代表大会第四次会议上〉的说明》,http://www.npc.gov.cn/npc/lfzt/rlys/2014-10/24/content_1882694.htm。

权或者其他财产权,而是人格权。一方面,在《民法总则》中,在规定民法的两种调整对象时,立法者改变了《民法通则》第2条的做法,将人身关系置于财产关系之前,这就是《民法总则》第2条的规定。另一方面,在对民事权利做出列举时,立法者也改变了《民法通则》的做法,不再将财产权放在人格权之前,而是将人格权置于财产权之前,这就是《民法总则》第五章中的第109条至第111条的规定。

六、人格权在今时今日的极其重要性决定了我国民法典应当将其独立设编

总之,在今时今日,人格权不仅在所有国家的民法中均具有极端的重要性,而且还在权利主体享有的所有主观权利当中居于核心地位,属于权利主体享有的最重要的主观权利,这在法国和德国是如此,在乌克兰是如此,在我国亦是如此,即便迄今为止《德国民法典》仍然没有对人格权做出系统性的、体系化的规定,即便迄今为止《法国民法典》仅仅对人格权做出了挂一漏万的规定。

因为人格权已经在权利主体享有的主观权利中取得了极端重要的地位,尤其是因为人格权已经成为主观权利当中最重要的一种主观权利,所以乌克兰立法者将人格权作为独立的一编规定在他们制定的民法典中,这就是2004年的《乌克兰民法典》中的第二编,已如前述。在人格权已经具有极其重要地位的情况下,尤其是在人格权处于极其重要的情况下,我国立法者也应当像乌克兰立法者那样,将人格权作为独立的一编规定在民法典中,并因此让人格权在民法典当中处于与物权、债权等民事权利平起平坐的地位。这就是决定人格权是否独立设编的最重要的判断标准即极端重要性的标准。

具体来说,在我国,立法者之所以应当将人格权独立设编,是因为人格权是权利主体享有的"首要权利"(droit primordiaux),它们具有"卓越的价值"(valeurs éminentes)。而人格权之所以属于权利主体享有的首要权利并因此具有卓越价值,是因为人格权直接关乎人的尊严、人的价值、人的自由、人的生命等,而包括物权和债权在内的其他民事权利则很少直接关乎人的尊严、人的价值、人的自由、人

的生命。① 除了民法学者承认这一点外，立法者也明确承认这一点。

一方面，民法学者明确承认，权利主体享有的人格权在性质上属于"首要权利"。Jean Carbonnier 对人格权的此种性质做出了说明，他指出："根据民法学者的意见，所谓人格权，也被称为首要权利，是指权利主体对自己的非常准确的客体享有的特权，这些特权在性质上是主观权利并且在受到侵犯时权利主体能够提起诉讼。人格权通常包含生命权和名誉权等……除了这两种权利之外，人格权还包括三种卓越权利即肖像权、名誉权和人格尊严权，它们均具有同一性质，这就是非物质性。"② Gérard Cornu 也对人格权的此种性质做出了说明，认为人格权是"自然人享有的首要权利"③。他指出，民法对作为首要权利的人格权提供"至高无上的保护（protection primordiale），除了对自然人身体的方方面面提供最严密的保护外，民法也赋予自然人的身体以卓越价值，因为自然人身体的保护既涉及人的生命的价值也关系到人的尊严"④。

另一方面，立法者也对人格权在民事权利中的至尊无上的地位做出了说明。《法国民法典》第 16 条规定：制定法确保人的至高无上性，禁止行为人实施任何侵犯人的尊严的行为，保障自生命开始时起自然人就得到尊重；第 16 - 1 条规定：任何人均享有身体受尊重权，人的身体是不可侵犯的，人的身体、身体的组成部分和身体产物均不得成为某种财产权的客体；第 16 - 1 - 1 条规定：人的身体的尊重并不因为自然人的死亡而终止，死者的遗骸，包括死者火葬之后留下的骨灰，应当以受尊重、有尊严和体面的方式予以安葬和处置。第 16

---

① 在葡萄牙，1867 年民法典第 359 条除了对首要权利做出了明确界定外，也对首要权利的类型做出了规定。该条规定：所谓首要权利，是指自然人享有的基于其自身的人性所产生的、被民事法律看作所有其他权利渊源而得到承认和保护的权利。自然人享有的首要权利包括：自然人的存在权、自然人的自由权、自然人的结社权、自然人的获取权、自然人的捍卫权或者抗辩权。根据葡萄牙 1867 年民法典第 360 条的规定，自然人的存在权除了包括自然人自身的存在权和完整权外，还包括自然人的姓名权和名誉权。张民安：《法国人格权法（上）》，清华大学出版社 2016 年版，第 32 页。
② Jean Carbonnier, Droit civil, Volume I, Introduction Les personnes la famille, l'enfant, le couple, puf, p. 510.
③ Gérard Cornu, Droit civil, Les personnes, 13e édition, Montchrestien, 2007, p. 29.
④ Gérard Cornu, Droit civil, Les personnes, 13e édition, Montchrestien, 2007, p. 29.

第十二章 人格权为何应当在我国未来民法典当中独立设编（上）

-2条规定：一旦行为人实施或者准备实施非法侵犯他人身体、他人身体的组成部分或者身体产物的行为，法官有权采取一切适当措施，以便终止行为人正在实施或者将要实施的非法侵犯行为。[①]

在我国，立法者在制定民法典时当然需要通过独立设编的方式来强调和坚持物权和债权的极其重要性，就像他们需要通过独立设编的方式来强调和坚持家庭权和继承权的极端重要性一样，这一点毫无疑问，因为迄今为止，传统民法中的主观权利仍然占据极端重要的地位，即便它们已经不再是民事权利中的首要权利、最重要的权利。不过，仅仅通过独立设编的方式强调和坚持这些传统民事权利的重要性还是不够的，他们也应当通过独立设编的方式强调和坚持人格权的独立设编性。因为如果我国立法者不将人格权独立设编，而是像反对人格权独立设编的民法学者所主张的那样将其规定在民法典总则编的自然人一章中，则除了矮化了人格权在民法典中的地位外，他们的做法也与人格权在今时今日的民法中所起到的维护人的尊严、价值、自由和生命等卓越价值免受侵犯的作用不符。

在今时今日，虽然像第二次世界大战那样的惨绝人寰的事件已经远离我们，没有再对人的尊严、人的价值、人的自由等卓越价值构成严重威胁，但是，随着第三次工业革命和第四次工业革命的扑面而来，人的尊严、人的价值、人的自由再一次面临新的危险，人们仍然需要像20世纪50年代和60年代那样借助人格权保护人的尊严、人的价值、人的自由，防止行为人借助各种各样的新科学、新技术、新发明亵渎人的尊严、降低人的价值、限制人的自由。

一方面，在今时今日，人们仍然必须借助人格权对人的尊严、人的价值、人的自由提供保护，防止行为人借口生命科学、医疗科学和生命技术、医疗技术的发展和创新而实施侵犯人的尊严、人的价值和人的自由的各种各样的科学研究、实验、试验或者操作行为。诸如借口科学技术的发展和进步所实施的侵犯人的尊严、人的价值的人体细

[①] Article 16, Code civil, Dernière modification: 1 mars 2019, Version en vigueur au 3 mars 2019, https://www.legifrance.gouv.fr/affichCode.do;jsessionid=210A804138DE594D6062A11042D3EA71.tplgfr24s_3?idSectionTA=LEGISCTA000006136059&cidTexte=LEGITEXT000006070721&dateTexte=20190303.

胞、人体组织和人体器官的研究、实验、试验或者操作行为。①

最近闹得沸沸扬扬的"基因编辑婴儿"事件就是此种需要的最佳例证和最新范例。所谓基因编辑婴儿事件，是指中国南方科技大学生物系副教授贺建奎及其团队于2018年通过基因编辑技术，对一对双胞胎婴儿胚胎细胞的CCR5基因进行改造，从而使婴儿获得可遗传的对部分艾滋病的免疫力的争议性事件。② 在对贺建奎教授等人所实施的基因编辑婴儿实验进行强烈谴责时，虽然人们主要关注其涉及的生命伦理问题，但实际上，此种实验不仅仅涉及伦理道德问题，它涉及的最主要问题是人的尊严、人的价值问题。

另一方面，在今时今日，人们仍然必须借助人格权对人的尊严、人的价值、人的自由提供保护，防止行为人基于某种邪恶的目的在互联网和物联网上收集他人的私人信息、私人活动，或者防止行为人在没有任何正当理由的情况下，通过各种监控手段对他人在私人场所、公共场所所从事的活动实施监控。③

在民法上，无论行为人借口什么样的目的对他人在私人场所、公共场所的所作所为实施监控，他们所实施的监控行为均可能会侵犯他人的个人自治，均可能会泯灭他人的独一无二的个性。因为当人们知道自己被各种各样的设施、技术所监控时，为了避免自己的所作所为

---

① Pierre Voirin, Gilles Goubeaux, Droit civil, tome 1, Introduction au droit, personnes-famille, personnes protégées, biens-obligations, sûretés, 33e édition, LGDJ, p. 67.

② 此研究最先于2018年11月25日由贺建奎团队通过视频形式公布并接受了美联社的专访，11月26日，人民记者吕绍刚、陈育柱报道并附有正面评价，随后立即引发广泛争议，令科学界和社会震惊，因为基因编辑婴儿本身涉及仍未解决的伦理和技术问题。中国有过百名科学家联署反对。人民网随后将吕绍刚等记者的报道删除，并刊出一篇批评贺建奎的社评。戴维·巴尔的摩代表第二届人类基因组编辑国际峰会组委会发布声明，表示谴责，并呼吁为相关试验确定严格标准。中国科技部于隔日宣布暂停贺建奎的科研活动，卫健委、广东省政府、深圳市政府等已就此事件展开调查。https://zh.wikipedia.org/wiki/%E5%9F%BA%E5%9B%A0%E7%BC%96%E8%BE%91%E5%A9%B4%E5%84%BF%E4%BA%8B%E4%BB%B6。

③ 张民安主编：《隐私合理期待总论——隐私合理期待理论的产生、发展、继受、分析方法、保护模式和争议》，中山大学出版社2015年版；张民安主编：《隐私合理期待分论——网络时代、新科技时代和人际关系时代的隐私合理期待》，中山大学出版社2015年版；张民安主编：《场所隐私权研究：场所隐私权理论的产生、发展、确立和具体适用》，中山大学出版社2016年版；张民安主编：《公共场所隐私权研究：公共场所隐私权理论的产生、发展、确立、争议和具体适用》，中山大学出版社2016年版。

第十二章　人格权为何应当在我国未来民法典当中独立设编（上）

被公开之后可能遭受的嘲笑、谩骂、侮辱，为了避免自己的所作所为被公开之后可能遭受的无地自容的羞耻感，尤其是为了防止自己的所作所为被公开之后引发的精神崩溃甚至是自杀，他们不得不改变自己的行为，牺牲自己的自主性、个性，并且不得不戴上面具而按照监控者所要求的那样循规蹈矩地生活、行为。事实上，当行为人对他人实施监控时，除了让他人随时随刻地面临被嘲笑和被惩罚的恐惧外，他们的监控行为也让他人成为任人摆布的木偶，成为被人操控的行尸走肉，完全丧失了人所具有的人格尊严、人的价值和人的自由。①

此外，在我国，除了上述两种理由决定了人格权应当独立设编外，我国尤其需要借助独立设编的人格权法来保护人的尊严、人的价值、人的自由。

---

① 约翰·D. 卡斯堤略内：《人格尊严理论与〈美国联邦宪法第四修正案〉》，陈圆欣译，见张民安主编《隐私合理期待总论——隐私合理期待理论的产生、发展、继受、分析方法、保护模式和争议》，中山大学出版社 2015 年版，第 446—483 页；艾伦·F. 威斯汀：《现代民主国家的隐私》，魏凌译，见张民安主编《隐私权的性质和功能》，中山大学出版社 2018 年版，第 386—388 页。

第十三章 人格权为何应当在我国未来民法典当中独立设编（下）

一、人格权内容的丰富性、有机联系性和集中统一适用性要求人格权独立设编

（一）主观权利的有机联系和集中统一适用是立法者将人格权独立设编的重要根据

在我国，人格权之所以应当独立设编，第二个主要原因是，作为一种像物权、债权一样的主观权利，人格权的内容不仅丰富多彩，而且丰富多彩的人格权内容之间还存在有机联系并因此形成了一个有机整体。换言之，在我国，人格权法之所以应当独立设编，第二个主要原因是，就像物权法和债权法是由自己完整的理论和制度结合在一起之后所形成的一个有机整体一样，人格权法也是由自己完整的理论和制度结合在一起之后所形成的一个有机整体，将人格权独立设编，除了能够确保人格权的理论和人格权的制度作为一个有机整体存在和发挥作用外，还能够确保人格权的理论和制度得到集中统一适用。

在制定法尤其是民法典的国家，立法者之所以在自己制定的民法典当中将某些主观权利独立设编，其主要目的在于：

其一，将具有内在逻辑联系的民法理论和民法制度整合在一起，并因此让这些民法理论和民法制度之间能够形成具有统一性、连贯性或者系统性的有机整体。所谓法律制度，是指由一定数量的法律规范结合在一起所形成的有机整体，当一定数量的法律规范指向同一个目的时，以同一目的为规范和调整对象的这些法律规范的有机整体就构成法律制度。法律制度多种多样，诸如监护制度、收养制度、结婚制

第十三章 人格权为何应当在我国未来民法典当中独立设编（下）

度和离婚制度等。①

其二，便于法律的统一适用。在法国和德国，立法者之所以将债法和物权法集中规定在一起，并因此形成《法国民法典》和《德国民法典》中的债法编和物权编，其目的在于让债权法和物权法能够得到集中统一适用，避免分散规定所带来的适用不方便。在我国，立法者之所以在未来民法典中将侵权责任法作为独立的一编加以规定，其主要目的在于方便侵权责任法的集中统一适用。②

在大陆法系国家，立法者之所以普遍将物权、债权、家庭权和继承权独立设编，除了这些主观权利具有极端的重要性外，另外一个主要原因是，物权法、债权法、家庭法和继承法既有自己的一般理论、一般制度，也有自己的具体理论和具体制度，并且这些一般理论、一般制度和具体理论、具体制之间已经形成了一个有机整体，在保有差异性的同时，它们之间也形成了统一性、连贯性和系统性。因为物权、债权、家庭权和继承权作为一个有机整体被规定在民法典中，除了确保物权法、债权法、家庭法和继承法的不同理论和不同制度之间的有机联系外，立法者的做法也能够确保法官对这些理论和制度的集中统一适用。③

在我国，立法者之所以应当将人格权独立设编，除了人格权具有极端重要性外，另外一个主要原因是，在今时今日，人格权法既具有自己的一般理论、一般制度，也具有自己的具体理论、具体制度，它们之间也已经形成了具有统一性、连贯性和系统性的有机整体，除了让人格权的不同理论、不同制度之间建立起有机联系外，人格权的独立设编也方便法官对人格权法的集中统一适用。

---

① Jean Carbonnier, Droit civil, Volume I, Introduction Les personnes la famille, l'enfant, le couple, puf, p. s12；张民安：《法国民法》，清华大学出版社2015年版，第9页；张民安、丘志乔主编：《民法总论》（第五版），中山大学出版社，2017年版，第49页；张民安：《论〈担保法〉在我国未来〈民法典〉当中的独立地位》，载《学术论坛》2018年第3期，第41页。

② 张民安：《论〈担保法〉在我国未来〈民法典〉当中的独立地位》，载《学术论坛》2018年第3期，第41页。

③ 张民安：《论〈担保法〉在我国未来〈民法典〉当中的独立地位》，载《学术论坛》2018年第3期，第41页。

（二）人格权法的一般理论和一般制度

在民法上，人格权的内容之所以是丰富多彩的，第一个主要原因是，在今时今日，人格权不仅包括具体理论和具体制度，而且还在具体理论和具体制度的基础上形成了一般理论和一般制度。所谓人格权的一般理论和一般制度，是指既能够对人格权的具体理论和具体制度进行指导、说明和统领又具有自身独立存在价值、独立存在内容的人格权理论和人格权制度。

在大陆法系国家，立法者均将物权和债权作为独立的两编规定在他们制定的民法典中，已如前述。他们之所以均将物权和债权独立设编，是因为无论是物权还是债权均具有自己的一般理论和一般制度。一方面，物权具有自己的一般理论和一般制度，诸如物权的界定、物的分类、物权与债权之间的关系、物权的类型、物权的特征、物权的历史发展、物权的行使以及物权的限制等。另一方面，债权也具有自己的一般理论和一般制度，诸如债权的界定、债权的特征、债权的历史、债的渊源、债的类型、债的法律效力、债的转让以及债的消灭等。

在大陆法系国家，立法者之所以没有将人格权作为独立的一编规定在他们制定的民法典中，是因为在他们制定1804年的《法国民法典》和1896年的《德国民法典》时，人格权的一般理论或者一般制度或者还不存在或者还没有得到大多数民法学者的承认，已如前述。在2004年的《乌克兰民法典》中，乌克兰立法者之所以将人格权独立设编，是因为在今时今日，人格权已经形成了一般理论和一般制度。因为这样的原因，《乌克兰民法典》第二编第二十章对人格权的一般理论和一般制度做出了规定，这就是第269条至第280条的规定。[①]

在我国，立法者之所以应当在未来的民法典中将人格权独立设

[①] 《乌克兰民法典》第二编，自然人的人格非财产权，与民法典同行，2018-04-29，https://mp.weixin.qq.com/s? src = 11&timestamp = 1551858923&ver = 1467&signature = FxSh4tH3Sexlxo2-50LqYMhXBRiJu0dTiDP2qOuvR6ruWWEBXprWTZfNWNd2CnbUKOXMmecKcXMBMNJkXnJ2oloswIRVA0mLZDEkCEK-AlhUvdwrZZvBU97bKsTsRSk7&new = 1 。

第十三章　人格权为何应当在我国未来民法典当中独立设编（下）

编，同样是因为在今时今日，人格权像物权和债权一样已经形成了自己的一般理论和一般制度，包括：人格权的界定、人格权的历史、人格权的理论根据、人格权的主体、人格权的类型、人格权的性质、人格权的特征、人格权的行使、人格权的法律保护以及人格权的限制等。

1. 人格权的界定

在民法上，人格权的一般理论和一般制度所包含的第一个主要内容是人格权的界定。在法式民法典的国家，虽然立法者普遍对人格权做出了规定，但是他们普遍没有对人格权做出界定。法式民法典之所以没有对人格权做出界定，是因为法式民法典对人格权的规定是残缺不全的、是不完全的。不过，2004年的《乌克兰民法典》则对人格权做出了界定，这就是《乌克兰民法典》中的第269条。①

在民法上，民法学者普遍对人格权做出了界定。基于不同的考虑，民法学者在不同时期对人格权做出了不同的界定，既包括从积极方面和消极方面对人格权做出的界定，也包括从狭义方面和广义方面对人格权做出的界定。② 虽然如此，在今时今日，民法学者普遍同意这样的界定：所谓人格权，是指权利主体对其自身、自身的人格特征、自身的人格构成因素享有的权利。所谓权利主体自身，是指权利主体本人。权利主体本人也像物一样有自己的人格特征、人格构成因素，诸如权利主体的生命、身体、姓名或者名称、名誉、肖像等。他们对其自身、自身的人格特征、自身的人格构成要素享有的这些权利就是人格权。③

在对人格权做出界定时，民法学者还普遍关注人格权与人格之间的关系，关注作为主观权利的人格权与同样作为主观权利的其他民事

---

① 《乌克兰民法典》第二编，自然人的人格非财产权，与民法典同行，2018-04-29，https://mp.weixin.qq.com/s?src=11&timestamp=1551858923&ver=1467&signature=FxSh4tH3Sexlxo2-50LqYMhXBRiJu0dTiDP2qOuvR6ruWWEBXprWTZfNWNd2CnbUKOXMmecKcXMBMNJkXnJ2oloswIRVA0mLZDEkCEK-AlhUvdwrZZvBU97bKsTsRSk7&new=1。

② Jean-Michel Bruguière, Bérengère Gleize, Droits de la Personnalité, ellipses, 2015, pp. 25 - 31；张民安：《法国人格权法（上）》，清华大学出版社2016年版，第3—59页。

③ 张民安：《法国民法》，清华大学出版社2015年版，第78页；张民安：《法国人格权法（上）》，清华大学出版社2016年版，第28页；张民安、丘志乔主编：《民法总论》（第五版），中山大学出版社2017年版，第28页。

权利之间的关系：人格权与人格之间是否存在差异，是否存在共同点，如果存在，它们之间的差异、共同点是什么？人格权与其他民事权利之间是否存在差异，是否存在共同点，如果存在，它们之间的差异、共同点有哪些？①

2. 人格权的历史发展

在民法上，人格权的一般理论和一般制度所包含的第二个主要内容是人格权的历史发展。在民法上，人格权究竟是何时产生的？它是如何一步一个脚印地发展起来的？对此问题，大陆法系国家的民法学者做出的说明完全不同于我国民法学者所做出的说明，因为大陆法系国家的民法学者普遍承认，人格权源自19世纪，而我国民法学者则普遍认为，人格权至少在古罗马法时期就已经存在，已如前述。实际上，相对于物权和债权的悠久历史而言，人格权的历史是非常短暂的，因为在19世纪初期之前，人格权仅仅处于萌芽状态，仅仅到了19世纪初期之后，人格权的理论才开始登上法律科学的舞台，已如前述。②

3. 人格权的理论根据

在民法上，人格权的一般理论和一般制度所包含的第三个主要内容是人格权的理论根据。所谓人格权的理论根据（fondement），是指人享有人格权的正当理由，也就是民法赋予人以人格权的原因。在民法领域，人为何享有人格权？在人享有的众多主观权利当中，人格权为何被称为"首要权利"？对此问题，民法学者从不同的方面对其做出了讨论，包括从法哲学和宗教的角度对其做出了讨论。人们普遍认为，人之所以享有人格权，或者是因为自然法赋予人以自然权利、天赋权利，或者是因为上帝赋予人以生命、自由和平等，或者是因为人

---

① Jean-Michel Bruguière, Bérengère Gleize, Droits de la Personnalité, ellipses, 2015, pp. 25 -31；张民安：《法国人格权法（上）》，清华大学出版社2016年版，第3—59页。

② Agnès Lucas-Schloetter, Droit moral et droits de la personnalité: étude de droit comparé français et allemande, Tome I, Presses Universitaires D'Aix-Marseille, Paris, 2002, pp. 29 - 167；Jean-Michel Bruguière, Bérengère Gleize, Droits de la Personnalité, ellipses, 2015, pp. 5 - 10；张民安：《法国人格权法（上）》，清华大学出版社2016年版，第64—67页。

具有至尊无上的、不可侵犯的尊严。① 《乌克兰民法典》第 271 条对人格权的理论根据做出了规定。②

4. 人格权的主体

在民法上,人格权的一般理论和一般制度所包含的第四个主要内容是人格权的主体。所谓人格权的主体,是指在民法上能够享有人格权的人、民事主体。在大陆法系国家,人、民事主体仅包括自然人和法人两种。③ 而在我国,除了自然人和法人外,人、民事主体还包括非法人组织,这就是《民法总则》第二章至第四章的规定。

问题在于,是否所有的人、所有的民事主体均享有人格权?对于这样的问题,民法学者之间既存在某些共识也存在某些分歧。他们之间的共识是,自然人当然是人格权的主体,因为他们认为,自然人享有各种各样的人格权。他们之间的分歧是:法人组织或者非法人组织是不是人格权的主体?对此问题,民法学者之间争论异常激烈,无论是大陆法系国家还是我国的民法学者,均如此。虽然如此,在大陆法系国家和我国,立法者均明确承认法人或者非法人组织享有的人格权,并且大多数民法学者也承认这一点,已如前述。

5. 人格权的类型

在民法上,人格权的一般理论和一般制度所包含的第五个主要内容是人格权的类型。所谓人格权的类型,是指民法学者对人格权做出的分门别类的划分。在民法上,人格权究竟如何分类?对此问题,大陆法系国家的民法学者做出的回答与我国民法学者做出的回答存在重大差异。在大陆法系国家,民法学者在人格权的分类方面存在不同的意见,不同的民法学者做出的说明是不同的。例如,在其《人格权》

---

① Jean-Christophe Saint-Pau et, Droits de la Personnalité, LexisNexis, 2013, pp. 93 – 224; Guy Raymond, Droit Civil, 2e édition, Litec, 1993, pp. 81 – 84; Jean Carbonnier, Droit civil, Volume I, Introduction Les personnes la famille, l'enfant, le couple, puf, 2004, pp. 520 – 525; 张民安、丘志乔主编:《民法总论》(第五版),中山大学出版社 2017 年版,第 94—117 页。

② 《乌克兰民法典》第二编,自然人的人格非财产权,与民法典同行,2018-04-29, https://mp.weixin.qq.com/s?src=11&timestamp=1551858923&ver=1467&signature=FxSh4tH3Sexlxo2-50LqYMhXBRiJu0dTiDP2qOuvR6ruwWEBXprWTZfNWNd2CnbUKOXMmecKcXMBMNJkXnJ2oloswIRVA0mLZDEkCEK-AlhUvdwrZZvBU97bKsTsRSk7&new=1。

③ 张民安:《法国民法》,清华大学出版社 2015 年版,第 129—131 页。

中，Bernard Beignier 认为，人格权应当分为三类：其一，身体完整权①；其二，道德完整权②；其三，民事自由③。而在其《人法》中，Henri Mazeaud 和 Léon Mazeaud 等人则认为，人格权应当分为两类：其一，身体权④；其二，道德完整权⑤。

在我国，民法学者对人格权做出的分类完全一致，由于受德国民法尤其是我国台湾地区民法学者关于人格权理论的影响，他们均将人格权分为两类，即一般人格权和具体人格权。此种分类是可笑的，是我国民法学者邯郸学步的结果。事实上，我国民法中根本就不存在一般人格权，也不需要一般人格权，因为一般人格权仅仅是德国联邦最高法院为了填补《德国民法典》在人格权方面所存在的致命漏洞而不得已提出的，我国民法并不存在此种致命漏洞。⑥

在我国，人格权可以分为有形人格权和无形人格权。有形人格权是指权利主体对其生命、身体和健康享有的权利，而无形人格权则是指权利主体对其姓名（名称）、肖像、私人生活和名誉等无形人格利益享有的权利。因此，有形人格权仅包括三种即生命权、身体权和健康权，而无形人格权则包括形形色色的人格权，诸如人身自由权、人格尊严权、无罪推定受尊重权、结社权、和平集会权、姓名权或者名

---

① Bernard Beignier, Le Droits de la personnalité, Presses Universitaires de France, 1e édition, 1992, pp. 11 – 43.

② Bernard Beignier, Le Droits de la personnalité, Presses Universitaires de France, 1e édition, 1992, pp. 45 – 82.

③ Bernard Beignier, Le Droits de la personnalité, Presses Universitaires de France, 1e édition, 1992, pp. 83 – 94.

④ Henri et Léon Mazeaud, Jean Mazeaud, Francois Chabas, Lecons de DROIT CIVIL, Tome I/Deuxième Volume, Les Personnes, 8e édition, Montchrestien, 1997, pp. 378 – 386.

⑤ Henri et Léon Mazeaud, Jean Mazeaud, Francois Chabas, Lecons de DROIT CIVIL, Tome I/Deuxième Volume, Les Personnes, 8e édition, Montchrestien, 1997, pp. 386 – 400.

⑥ 张民安：《过错侵权责任制度研究》，中国政法大学出版社 2002 年版，第 429—433 页；张民安：《无形人格侵权责任制度研究》，北京大学出版社 2012 年版，第 9—19 页、第 821—837 页；张民安：《一般人格权理论在法国民法中的地位》，载《法治研究》2016 年第 1 期，第 113—130 页；张民安、丘志乔主编：《民法总论》（第五版），中山大学出版社 2017 年版，第 307—309 页。

称权、名誉权、肖像权、隐私权、声音权等。①

在大陆法系国家，无论是法式民法典还是德式民法典均没有对人格权的类型做出全面规定，不过，2004 年的《乌克兰民法典》则对人格权的类型做出了明确规定，这就是《乌克兰民法典》第 270 条的规定。②

6. 人格权的性质

在民法上，人格权的一般理论和一般制度所包含的第六个主要内容是人格权的性质。所谓人格权的性质，也被称为人格权的法律性质，是指人格权的本质、人格权在法律上的本质。在民法上，人格权在性质上究竟是不是一种真正的主观权利？如果人格权在性质上是一种真正的主观权利，它们在性质上究竟是一种财产权还是一种非财产权？它们在性质上究竟是不是一种人权、基本权利？它们在性质上究竟是一种自然权利还是一种实在法上的权利？这些内容构成人格权性质的全部内容。

（1）人格权在性质上是不是一种真正的主观权利。早在 1832 年，德国民法学者 Puchta 就已经承认人格权是一种真正的主观权利③，但是德国 19 世纪初期的萨维尼则明确否定人格权是一种真正的民事权利④。在今时今日，虽然大多数民法学者均承认人格权在性质上是一种真正的主观权利，但是少数民法学者仍然对此心怀疑虑，他们或者完全否定人格权属于一种真正的民事权利，或者仅仅承认一

---

① 张民安：《过错侵权责任制度研究》，中国政法大学出版社 2002 年版，第 429—433 页；张民安：《无形人格侵权责任制度研究》，北京大学出版社 2012 年版，第 9—19 页、第 821—837 页；张民安：《一般人格权理论在法国民法中的地位》，载《法治研究》2016 年第 1 期，第 113—130 页；张民安、丘志乔主编：《民法总论》（第五版），中山大学出版社 2017 年版，第 307—309 页。

② 《乌克兰民法典》第二编，自然人的人格非财产权，与民法典同行，2018-04-29，https://mp.weixin.qq.com/s?src=11&timestamp=1551858923&ver=1467&signature=FxSh4tH3Sexlxo2-50LqVMhXBRiJu0dTiDP2qOuvR6ruWWEBXprWTZfNWNd2CnbUKOXMmecKcXMBMNJkXnJ2oloswIRVA0mLZDEkCEK-AlhUvdwrZZvBU97bKsTsRSk7&new=1。

③ 张民安：《法国人格权法（上）》，清华大学出版社 2016 年版，第 131—142 页。

④ 张民安：《法国人格权法（上）》，清华大学出版社 2016 年版，第 142—152 页。

些人格权是真正的民事权利而否定另外一些人格权属于真正的民事权利。①

（2）人格权在性质上是不是一种财产权。传统民法理论认为，人格权在性质上属于一种非财产权并因此与财产权分庭抗礼、平行而立。② 在今时今日，人格权的非财产性是否已经发生了变化，它们是否已经从非财产权嬗变为一种财产权？如果人格权已经嬗变为一种财产权，该种财产权究竟是一种财产所有权、知识产权还是其他财产权？对于这些问题，民法学者之间争论激烈，不同的民法学者有不同的讲法：某些民法学者认为，人格权在性质上已经不再是一种非财产权，而仅仅是一种财产权；而某些民法学者则持完全相反的态度，认为人格权仅仅是一种非财产权，还有一部分民法学者认为，人格权同时具有财产权和非财产权的双重性质，已如前述。③

（3）人格权在性质上是不是一种人权、基本权利。传统民法理论明确区分人格权和人权、基本权利，因为它认为人格权在性质上属于私权，而人权、基本权利在性质上则属于公权。④ 不过，在今时今日，民法学者对此有不同的看法，某些民法学者仍然区分人格权和人权、基本权利，而某些民法学者则将人格权等同于人权、基本权利，

---

① Agnès Lucas-Schloetter, Droit moral et droits de la personnalité: étude de droit comparé français et allemande, tome I, Presses Universitaires D'Aix-Marseille, Paris, 2002, pp. 175 - 221; Frédéric Zenati-Castaing, Thierry Revet, Manuel de droit des personnes, 1e, édition, puf, 2006, pp. 221 - 222; Jean-Christophe Saint-Pau et, Droits de la Personnalité, LexisNexis, 2013, pp. 228 - 272; Jean-Michel Bruguière, Bérengère Gleize, Droits de la Personnalité, ellipses, 2015, pp. 100 - 184.

② M. E. H. PERREAU, Des droits de la personnalite, RTD civ., 1909, p. 515; Roger Nerson, Les droits extrapatrimoniaux, Paris, LGDJ, 1939, pp. 3 - 9.

③ Agnès Lucas-Schloetter, Droit moral et droits de la personnalité: étude de droit comparé français et allemande, tome I, Presses Universitaires D'Aix-Marseille, Paris, 2002, pp. 243 - 295; Frédéric Zenati-Castaing, Thierry Revet, Manuel de droit des personnes, 1e, édition, puf, 2006, pp. 222 - 223; Jean-Christophe Saint-Pau et, Droits de la Personnalité, LexisNexis, 2013, pp. 273 - 361; Jean-Michel Bruguière, Bérengère Gleize, Droits de la Personnalité, ellipses, 2015, pp. 71 - 100; 张民安：《无形人格侵权责任制度研究》，北京大学出版社2012年版，第13—35页。

④ 张民安、丘志乔主编：《民法总论》（第五版），中山大学出版社2017年版，第304—305页。

已如前述。①

（4）人格权在性质上是不是一种自然权利。在民法领域，人格权究竟是一种自然权利还是一种实在法上的权利？对此问题，民法学者之间存在极大的分歧，不同的民法学者有不同的意见。② 某些人认为，人格权在性质上属于自然权利，而另外一些人认为人格权在性质上属于实在法上的权利，还有一些学者认为人格权属于一种实在法化的自然权利，已如前述。

7. 人格权的特征

在民法上，人格权的一般理论和一般制度所包含的第七个主要内容是人格权的特征。所谓人格权的特征，是指人格权所具有的特点。在民法上，人格权的特征源自人格权的性质，主要是源自人格权的财产性和非财产性，因为人格权的性质不同，则人格权的特征也不同。

传统民法认为，鉴于人格权在性质上属于单纯的非财产权，因此，人格权具有非财产权的几个重要特征：人格权是一种不得转让的权利，这就是人格权所具有的不得转让性的特征；人格权是一种不得转移性的权利，这就是人格权所具有的不得转移性的特征，这一个特征和第一个特征结合在一起被称为人格权的不得处分性；人格权是一种不得强制执行的权利，这就是人格权所具有的不得强制执行性的特征；人格权是一种不适用时效的权利，这就是人格权所具有的不适用时效的特征。人格权所具有的这些特征与传统民法中的财产权所具有的特征形成强烈的对比，因为传统民法认为，财产权具有可处分性、

---

① Jean-Christophe Saint-Pau et, Droits de la Personnalité, LexisNexis, 2013, pp. 421 – 465; Jean-Michel Bruguière, Bérengère Gleize, Droits de la Personnalité, ellipses, 2015, pp. 63 – 71.

② Roger Nerson, Les droits extrapatrimoniaux, Paris, LGDJ, 1939, pp. 352 – 355.

可强制执行性和可适用时效性的特征。①

当今民法认为,鉴于人格权的性质正在从单纯的非财产权走向像物权和债权一样的财产权,因此,当人格权嬗变为一种财产权时,作为财产权的人格权也就丧失了传统人格权所具有的这些特征,并因此具有了像财产权一样的特征:人格权具有可处分性的特征,权利主体生前能够转让自己的人格权,死后其人格权能够作为遗产转移给继承人继承;人格权具有可强制执行的特征;人格权具有适用时效性的特征。②

8. 人格权的积极行使

在民法上,人格权的一般理论和一般制度所包含的第八个主要内容是人格权的积极行使。所谓人格权的积极行使,是指权利主体按照自己的意愿将自己享有的人格权付诸实施并因此让人格权进入流通领域。人格权的行使包括通过诉讼方式加以行使和通过非诉讼方式加以行使,其中的诉讼行使方式实际上是指人格权的法律保护。③ 因为笔者将人格权的法律保护视为独立的,所以笔者在此处所论及的人格权的积极行使仅仅是指狭义的权利行使。

传统民法认为,物权和债权等财产权能够加以积极行使,而人格权则不能够加以积极行使。不过,此种理论越来越不合时宜,因为在

---

① M. E. H. PERREAU, Des droits de la personnalite, RTD civ., 1909, pp. 517 – 531; Roger Nerson, Les droits extrapatrimoniaux, Paris, LGDJ, 1939, pp. 390 – 373; Pascal Ancel, L'indisponibilité des droits de la personnalité: une approche critique de la théorie des droits de la personnalité (1978), thèse Dijon, pp. 1 – 293; Henri et Léon Mazeaud, Jean Mazeaud, Francois Chabas, Lecons de DROIT CIVIL, Tome I/Deuxième Volume, Les Personnes, 8e édition, Montchrestien, pp. 400 – 405; Bernard Teyssié, Droit civil, Les personnes, 12e, édition, Litec, 2010, pp. 97 – 98;张民安:《法国民法》,清华大学出版社2015年版,第78—79页;张民安、丘志乔主编:《民法总论》(第五版),中山大学出版社2017年版,第305—306页。

② Agnès Lucas-Schloetter, Droit moral et droits de la personnalité: étude de droit comparé français et allemande, tome I, Presses Universitaires D'Aix-Marseille, Paris, 2002, pp. 405 – 535; Hélène Martron, Les droits de la personnalité des personnes morales de droit privé, 2011, LGDJ, pp. 145 – 151; Jean-Christophe Saint-Pau et, Droits de la Personnalité, LexisNexis, 2013, pp. 334 – 361。

③ 张民安、丘志乔主编:《民法总论》(第五版),中山大学出版社2017年版,第130—131页。

今时今日，人格权也具有财产性，权利主体也能够像行使物权和债权一样行使其人格权。在民法上，权利主体对其人格权的行使同他们对其物权和债权的行使并没有本质上的差异。换言之，权利主体行使人格权的方式同他们行使物权和债权的方式基本相同，因为他们均能够通过各种各样的法律行为行使自己享有的物权、债权和人格权，已如前述。所以，所有权人能够与别人签订契约，将其所有物交由别人使用，人格权人也能够与别人签订契约，将自己的姓名、肖像、声音等人格特征交由别人使用；同样，物权人能够放弃、转让自己享有的物权，人格权人也能够放弃、转让自己享有的人格权。①

在大陆法系国家，无论是法式民法典，还是德式民法典均没有对人格权的行使做出规定，不过，2004年的《乌克兰民法典》则对人格权的行使做出了明确规定，这就是《乌克兰民法典》第272条的规定。②

9. 人格权的法律保护

在民法上，人格权的一般理论和一般制度所包含的第九个主要内容是人格权的法律保护。所谓人格权的法律保护，是指在他人享有的某种人格权遭受侵犯或者将要遭受侵犯时，他人能够主张的法律救济措施。在民法上，人格权的法律保护在性质上也属于人格权的积极行使的内容，只不过它在性质上属于广义的权利行使范畴，因为在权利主体享有的人格权遭受侵犯时，他们能够通过自己享有的诉权行使其人格权，已如前述。

在民法上，人格权当然是受民法保护的，当行为人侵犯他人享有

---

① Agnès Lucas-Schloetter, Droit moral et droits de la personnalité: étude de droit comparé français et allemande, Tome II, Presses Universitaires D'Aix-Marseille, Paris, 2002, pp. 349 – 532; Frédéric Zenati-Castaing, Thierry Revet, Manuel de droit des personnes, 1e, édition, puf, 2006, pp. 229 – 339; Jean-Christophe Saint-Pau et, Droits de la Personnalité, LexisNexis, pp. 334 – 361; Jean-Michel Bruguière, Bérengère Gleize, Droits de la Personnalité, ellipses, 2015, pp. 187 – 292; Philippe Malinvaud, Introuduction à l'étude du droit, 15e édition, Lexis-Nexis, 2015, pp. 309 – 322.

② 《乌克兰民法典》第二编，自然人的人格非财产权，与民法典同行，2018-04-29，https://mp.weixin.qq.com/s?src=11&timestamp=1551858923&ver=1467&signature=FxSh4tH3Sexlxo2-50LqYMhXBRiJu0dTiDP2qOuvR6ruWWEBXprWTZfNWNd2CnbUKOXMmecKcXMBMNJkXnJ2oloswIRVA0mLZDEkCEK-AlhUvdwrZZvBU97bKsTsRSk7&new=1。

的人格权时，法官当然会使用民法的规定保护他人的人格权。在大陆法系国家，传统民法借助侵权责任制度尤其是过错侵权责任制度保护他人的人格权，在行为人侵犯他人的人格权时，法官会根据侵权责任法的规定责令行为人赔偿他人的损害。在今时今日，除了通过侵权责任法保护他人的人格权外，他们也通过人格权法对他人的人格权提供保护，因为在规定权利主体享有的某种人格权时，立法者专门对该种人格权的民法保护做出了规定。例如，《法国民法典》第9条和第9－1条专门对隐私权和无罪推定受尊重权的民法保护做出了规定，已如前述。2004年的《乌克兰民法典》对人格权的一般法律保护做出了规定，这就是第273条、第275条至第280条的规定。①

在我国，立法者主要是通过侵权责任法来保护人格权，他们很少像法国立法者那样通过人格权法来保护人格权，因为我国的侵权责任法不同于法国的侵权责任法：法国的侵权责任法仅仅对损害赔偿责任做出了规定，没有对损害赔偿责任之外的诸如停止侵害、排除妨害等等代物赔偿责任做出规定，而我国侵权责任法对包括金钱损害赔偿责任和代物赔偿责任在内的所有侵权责任均做出了规定，已如前述。当然，我国侵权责任法在人格权的法律保护问题上也存在一定的问题，最主要的问题是，它没有对诸如回应权、矫正权、撤回权等法律保护措施做出规定。

除了民法保护外，人格权的法律保护还包括刑法保护、行政法保护甚至宪法保护。因为在侵犯他人享有的人格权时，行为人可能不仅违反了民法的规定，而且还可能违反刑法的规定、行政法的规定甚至宪法的规定。此外，即便是人格权的民法保护也存在多种形式，诸如立法保护和私法保护、侵权责任法的保护、人格权法的保护和契约法

---

① 《乌克兰民法典》第二编，自然人的人格非财产权，与民法典同行，2018-04-29，https://mp.weixin.qq.com/s?src=11&timestamp=1551858923&ver=1467&signature=FxSh4tH3Sexlxo2-50LqYMhXBRiJu0dTiDP2qOuvR6ruWWEBXprWTZfNWNd2CnbUKOXMmecKcXMBMNJkXnJ2oloswIRVA0mLZDEkCEK-AlhUvdwrZZvBU97bKsTsRSk7&new=1。

的保护等。①

10. 人格权的限制

在民法上,人格权的一般理论和一般制度所包含的第十个主要内容是人格权的限制。所谓人格权的限制,是当行为人侵犯他人享有的人格权时,他们拒绝就自己的侵犯行为对他人承担侵权责任的正当理由。在人格权法中,并非行为人侵犯他人人格权的所有行为均会引起侵权责任的发生。如果行为人具备某种正当理由,即便他们侵犯他人人格权的行为已经引起了他人的损害的发生,他们也可以借口此种正当理由拒绝承担侵权责任,这就是人格权的限制问题。

问题在于,行为人能够主张的正当理由有哪些?对此问题,民法学者在某些方面做出的回答惊人一致,而在另外一些方面做出的回答则存在差异。例如,他们普遍认为,他人的同意和授权是行为人拒绝承担侵权责任的正当理由。② 再如,他们普遍认为,行为人享有的言论自由权、表达自由权、批评自由权以及社会公众的信息知情权是行为人拒绝承担侵权责任的正当理由。③ 不过,在公众人物的身份是否能够成为行为人承担侵权责任的抗辩事由问题上,民法学者之间存在

---

① Bernard Beignier, Le Droits de la personnalité, Presses Universitaires de France, 1e édition, 1992, pp. 95 – 120; Agnès Lucas-Schloetter, Droit moral et droits de la personnalité: étude de droit comparé français et allemande, Tome II, Presses Universitaires D'Aix-Marseille, Paris, 2002, pp. 539 – 751; Jeremy Antippas, Les Droits de la Personnalité, Presses Universitaires D'Aix-Marseille, 2011, pp. 81 – 392; Jean-Michel Bruguière, Bérengère Gleize, Droits de la Personnalité, ellipses, 2015, pp. 293 – 342; 张民安:《无形人格侵权责任制度研究》,北京大学出版社 2012 年版,第 72—119 页; 张民安:《法国人格权法(上)》,清华大学出版社 2016 年版,第 513—558 页。

② Agnès Lucas-Schloetter, Droit moral et droits de la personnalité: étude de droit comparé français et allemande, Tome II, Presses Universitaires D'Aix-Marseille, Paris, 2002, pp. 363 – 392; Jean-Christophe Saint-Pau et, Droits de la Personnalité, LexisNexis, pp. 1309 – 1326; Jean-Michel Bruguière, Bérengère Gleize, Droits de la Personnalité, ellipses, 2015, pp. 188 – 202; 张民安:《无形人格侵权责任制度研究》,北京大学出版社 2012 年版,第 367—369 页、第 585—586 页。

③ Agnès Lucas-Schloetter, Droit moral et droits de la personnalité: étude de droit comparé français et allemande, Tome II, Presses Universitaires D'Aix-Marseille, Paris, 2002, pp. 620 – 640; Jean-Michel Bruguière, Bérengère Gleize, Droits de la Personnalité, ellipses, 2015, pp. 228 – 260; 张民安:《无形人格侵权责任制度研究》,北京大学出版社 2012 年版,第 119—136 页、第 284—368 页。

争议：美国和我国学者认为，公众人物的身份能够作为行为人承担名誉侵权责任和隐私侵权责任的正当抗辩事由，而法国民法学者则持否定态度，认为公众人物的身份不是行为人拒绝承担侵权责任的正当事由。①

（三）人格权的具体理论和具体制度

在民法上，人格权的内容之所以是丰富多彩的，第二个主要原因是，在今时今日，人格权不仅具有自己的一般理论和一般制度，而且还具有自己的具体理论和具体制度。所谓人格权的具体理论和具体制度，是指仅仅适用于某一种具体人格权的理论和制度。

在大陆法系国家，立法者之所以均将物权法和债权法独立设编，是因为除了具有自己的一般理论和一般制度外，物权法和债权法也具有自己的具体理论和具体制度。一方面，物权法具有自己的具体理论和具体制度，诸如：占有理论和占有制度，财产所有权的理论和制度，用益权、使用和居住权理论和制度，地役权理论和制度，等等；另一方面，债权法也具有自己的具体理论和具体制度，诸如：契约理论和制度、侵权责任理论和制度、准契约理论和制度等。

在大陆法系国家，立法者之所以没有将人格权作为独立的一编规定在他们制定的民法典中，是因为在制定 1804 年的《法国民法典》和 1896 年的《德国民法典》时，除了人格权的一般理论或者一般制度不存在或者没有得到大多数民法学者的承认外，人格权的具体理论和具体制度或者还不存在或者没有得到大多数民法学者的认可，因为它们被包裹在对其提供保护的侵权责任制度中而没有与侵权责任制度分离。关于这一点，笔者将在下面的内容中做出详细的讨论，此处从略。

在 2004 年的《乌克兰民法典》中，乌克兰立法者之所以将人格权独立设编，是因为在今时今日，除了已经形成一般理论和一般制度外，人格权法也已经形成了自己的具体理论和具体制度。因为这样的原因，《乌克兰民法典》第二编第二十一章和第二十二章分别对人格

---

① 张民安：《无形人格侵权责任制度研究》，北京大学出版社 2012 年版，第 567—578 页。

权的两种具体理论和具体制度即涉及自然人自然存在和社会存在的人格权做出了规定,这就是第281条至第315条的规定。①

在我国,立法者之所以应当在未来的民法典当中将人格权独立设编,是因为除了具有自己的一般理论和一般制度外,人格权法也像物权法和债权法一样具有自己的具体理论和具体制度。人格权的具体理论和具体制度多种多样,包括但是不限于以下具体理论和具体制度:生命权、身体权和健康权的理论和制度,民事自由权、人格尊严权、无罪推定受尊重权的理论和制度,姓名权、名誉权、隐私权、肖像权、声音权等理论和制度,等等。

1. 有形人格权的具体理论和具体制度

在民法上,人格权法涉及的第一类具体理论和具体制度是有关生命权、身体权和健康权的理论和制度,该类具体理论和具体制度关乎权利主体享有的三种重要的人格权,即生命权、身体权和健康权,法国民法学者将其称为"身体完整权"(les droits à l'intégrité physique),法国立法者则将其称为"身体受尊重权"(droit au respect de son corps),而笔者将其称为"有形人格权",因为权利主体享有的此类人格权建立在自身的血肉之躯或者躯体的基础上,所以血肉之躯或者躯体是人们单凭肉眼能够看得见、摸得着的。所谓生命权,是指民事主体对其自身的存在、存续享有的权利。所谓身体权,是指权利主体对支撑其生命的躯体享有的权利。所谓健康权,则是指权利主体对自身的生理机能和心理机能的正常运行享有的权利。除了自然人享有这些人格权外,法人和非法人组织也享有这些人格权,至少享有生命权和身体权,已如前述。

在法国,少数民法学者明确承认这三种不同的人格权②,而大多数民法学者仅仅将这三种人格权合并在一起并因此形成一个人格权即

---

① 《乌克兰民法典》第二编,自然人的人格非财产权,与民法典同行,2018-04-29, https://mp.weixin.qq.com/s?src=11&timestamp=1551858923&ver=1467&signature=FxSh4 tH3Sexlxo2-50LqYMhXBRiJu0dTiDP2qOuvR6ruWWEBXprWTZfNWNd2CnbUKOXMmecKcXMBM NJkXnJ2oloswIRVA0mLZDEkCEK-AlhUvdwrZZvBU97bKsTsRSk7&new=1。

② M. E. H. PERREAU, Des droits de la personnalite, RTD civ., 1909, p. 505.

人格权在民法典当中的独立地位：人格权为何应当在我国民法典当中独立设编

身体完整权。① 在《法国民法典》中，法国立法者也将生命权、身体权和健康权结合在一起，并因此冠以一个统一的名称即"身体受尊重权"，这就是《法国民法典》第16条至第16-9条的规定。② 虽然民法学者和立法者所采取的态度存在差异，但是身体完整权就是身体受尊重权，均包括生命权、身体权和健康权。此外，法国民法学者还认为，身体完整权或者身体受尊重权还包括其他类型的人格权，诸如死亡权和尸体受尊重权等。

在我国，《民法通则》仅仅承认一种人格权即第98条所规定的"生命健康权"。2009年的《侵权责任法》将《民法通则》第98条所规定的一种人格权肢解为两种人格权，这就是《侵权责任法》第2(2)条所规定的"生命权和健康权"。2017年的《民法总则》最终在生命权和健康权的基础上增加了第三种人格权即身体权，这就是第110条所规定的自然人享有的"生命权、身体权和健康权"。

在民法上，生命权、身体权和健康权当然是受侵权责任法保护的，如果行为人侵犯他人享有的这些民事权利，除了有权责令行为人赔偿他人或者他人的继承人遭受的财产损害和非财产损害外，法官还能够采取一切适当措施保护他人的生命、身体或者健康遭受侵犯。这一点毫无疑问。在法国，立法者在人格权法当中对身体受尊重权的法

---

① Roger Nerson, Les droits extrapatrimoniaux, Paris, LGDJ, 1939, pp. 78 – 125; Henri et Léon Mazeaud, Jean Mazeaud, Francois Chabas, Lecons de DROIT CIVIL, Tome I/Deuxième Volume, Les Personnes, 8e édition, Montchrestien, 1997, pp. 378 – 386; Irma Arnoux, Les droits de l'être humain sur son corps, Presses Universitaires De Bordeaux, 2003, pp. 166 – 167; Bernard Teyssié, Droit civil, Les personnes, 12e, édition, Litec, 2010, pp. 29 – 44; Frédéric Zenati-Castaing, Thierry Revet, Manuel de droit des personnes, 1e, édition, puf, 2006, pp. 229 – 282; Jean-Christophe Saint-Pau et, Droits de la Personnalité, LexisNexis, 2013, pp. 1281 – 1349; Philippe Malinvaud, Introuduction à l'étude du droit, 15e édition, LexisNexis, 2015, pp. 306 – 322.

② Code civil, Dernière modification: 1 mars 2019, Version en vigueur au 8 mars 2019, https://www.legifrance.gouv.fr/affichCode.do;jsessionid=F5DFE0AA4391D17160D4D0E22099C596.tplgfr41s_1?idSectionTA=LEGISCTA000006136059&cidTexte=LEGITEXT000006070721&dateTexte=20190308.

第十三章 人格权为何应当在我国未来民法典当中独立设编（下）

律保护方式做出了规定，这就是《法国民法典》第 16-2 条。① 而我国，立法者主要在《侵权责任法》当中对这些法律保护措施做出了规定，包括第 16 条、第 21 条和第 22 条。

作为三种具体的人格权，生命权、身体权和健康权并不仅仅涉及侵权责任法的保护问题，还涉及人格权法上的大量问题，主要包括以下方面。

其一，生命权、身体权和健康权的主体。在民法上，生命权、身体权和健康权面临的第一个主要问题是，享有这些主观权利的人、主体有哪些？在民法上，自然人当然享有这些主观权利，因为《法国民法典》和我国《民法总则》均明确规定，自然人享有生命权、身体权和健康权。问题在于，法人、非法人组织是否享有这些权利？未出生的胎儿是否享有生命权？正在设立中的法人、非法人组织是否享有生命权？

笔者认为，除了法人和非法人组织享有生命权和身体权外，除了未出生的胎儿享有生命权、身体权和健康权外，正在设立中的法人、非法人组织也享有生命权。未出生的胎儿、正在设立中的法人和非法人组织之所以享有生命权，是因为他们就像已经出生的自然人、法人和非法人组织一样需要借助享有的生命权等来保护自己的利益免受侵犯。不过，他们生命权的享有应当以胎儿已经活体出生和设立中的法人、非法人组织已经有效设立作为条件，如果胎儿或者设立中的法人、非法人组织胎死腹中，则他们并不享有生命权等民事权利。②

其二，生命权、身体权和健康权的性质。在民法上，生命权、身体权和健康权面临的第二个主要问题是这些权利的性质问题，这就是，它们究竟是财产权还是非财产权？传统民法认为，它们在性质上是非财产权，就像传统民法将所有人格权均视为非财产权一样。不过，无论是在历史上还是在今时今日，人们均对此种理论存在不同看

---

① Code civil, Dernière modification：1 mars 2019, Version en vigueur au 8 mars 2019, https://www.legifrance.gouv.fr/affichCode.do;jsessionid=F5DFE0AA4391D17160D4D0E22099C596.tplgfr41s_1?idSectionTA=LEGISCTA000006136059&cidTexte=LEGITEXT000006070721&dateTexte=20190308.

② 张民安：《公司法上的利益平衡》，北京大学出版社 2003 年版，第 46—53 页。

法，因为他们认为，这些权利仅仅是一种财产所有权。① 事实上，在民法上，生命权、身体权和健康权既不是单纯的非财产权，也不是单纯的财产权，而是几种同时具有非财产性质和财产性质的权利，因为它们既具有精神的、情感的内容也具有财产内容。②

其三，身体的法律性质。在民法上，生命权、身体权和健康权面临的第三个主要问题是身体的法律性质。无论是生命权、身体权还是健康权均以自然人的肉体、身体作为存在的基础。问题在于，自然人的肉体、身体在性质上究竟是人还是物？对此问题，民法学者之间争议激烈，不同的民法学者有不同的看法。某些人认为身体在性质上是物而不是人，而某些人则认为身体在性质上不是物而是人。③

其四，权利主体对其生命、身体和健康享有的处分权。在民法上，生命权、身体权和健康权面临的第四个主要问题是，权利主体尤其是自然人对其生命、身体和健康是否享有处分权？如果享有处分权，他们的处分权有哪些具体体现？传统民法认为，生命权、身体权和健康权仅仅是一种不得侵犯的民事权利，权利主体无法像行使自己的物权和债权一样行使他们享有的有形人格权。在今时今日，此种传统观念已经被抛弃，因为权利主体尤其是自然人对其生命、身体、健康也享有处分权，他们也能够像物权人和债权人一样行使自己的有形人格权。包括：接受医疗诊疗、接受人工辅助怀孕、生育，自愿捐献器官、组织、身体产物甚至尸体，接受基因检测、基因实验，甚至实

---

① Irma Arnoux, Les droits de l'être humain sur son corps, Presses Universitaires De Bordeaux, 2003, pp. 149 – 163; Frédéric Zenati-Castaing, Thierry Revet, Manuel de droit des personnes, 1e, édition, puf, 2006, pp. 239 – 241; 张民安：《法律关系的一般理论抑或是主观权利的一般理论》，载《澳门法学》2018 年第 2 期，第 10—12 页。

② 张民安：《公开权侵权责任制度研究——无形人格权财产性理论的认可》，见张民安主编《公开权侵权责任研究：肖像、隐私及其他人格特征侵权》，中山大学出版社 2010 年版，第 9—10 页；张民安：《无形人格侵权责任研究》，北京大学出版社 2012 年版，第 19—21 页。

③ Frédéric Zenati-Castaing, Thierry Revet, Manuel de droit des personnes, 1e, édition, puf, 2006, pp. 230 – 241.

施安乐死，等等，已如前述。①

其五，权利主体行使生命权、身体权和健康权的条件、程序和限制。在民法上，生命权、身体权和健康权面临的第五个主要问题是，在今时今日，如果权利主体尤其是自然人能够行使自己的生命权、身体权和健康权，他们行使这些权利应当具备哪些条件、遵循哪些程序，以及受到哪些限制？这些问题既涉及成年人尤其是未成年人的法律保护问题，也涉及人的尊严问题，因此立法者必须通过独立设编的人格权法对其做出清晰的、详尽的规定。例如，根据民法学界的普遍说法，在行使生命权、身体权和健康权时，自然人应当具有完全的行为能力，能够独立做出同意的意思表示。

2. 民事自由权、人格尊严权和无罪推定受尊重权

在民法上，人格权法涉及的第二类具体理论和具体制度是有关民事自由权、人格尊严权和无罪推定受尊重权的理论和制度。该类具体理论和具体制度关乎权利主体享有的几种重要的人格权：民事自由权、人格尊严权和无罪推定受尊重权。

所谓民事自由权是指权利主体在民法上享有的各种各样的能够做出某种行为或者不做出某种行为的权利。民事自由权的类型多种多样，除了众所周知的人身自由权外，民事自由权还包括其他权利，如集会自由权、结社自由权、意志自由权、思想自由权、言论自由权、出版自由权、信仰自由权、法人和非法人组织的设立自由权、从商自由权等。这些权利不仅仅在性质上属于人权、基本权利的范围，②而且也属

---

① Frédéric Zenati-Castaing, Thierry Revet, Manuel de droit des personnes, 1e, édition, puf, 2006, pp. 261–282; Jean-Christophe Saint-Pau et, Droits de la Personnalité, LexisNexis, 2013, pp. 1335–1349; Philippe Malinvaud, Introduction à l'étude du droit, 15e édition, LexisNexis, 2015, pp. 316–319.

② La Déclaration universelle des droits de l'homme, http://www.un.org/fr/universal-declaration-human-rights/; Convention européenne des droits de l'homme https://www.echr.coe.int/Documents/Convention_FRA.pdf; 张民安：《法国民法总论（上）》，清华大学出版社2017年版，第606—607页。

于人格权的范畴。① 所谓人格尊严权,则是指自然人享有的身体和精神应当受到尊重的权利。所谓无罪推定受尊重权,则是指民事主体享有的在终审裁判认定为有罪之前享有的不得被视为犯罪分子的权利。

3. 无形人格权

在民法上,人格权法涉及的第三类具体理论和具体制度是有关姓名权和名称权、名誉权、隐私权、肖像权以及声音权等人格权的理论和制度,该类理论和制度涉及权利主体享有的众多人格权,包括但是不限于权利主体享有的姓名权、隐私权、名誉权、肖像权和隐私权等。法国民法学者将权利主体享有的这些人格权称为"道德完整权"(les droits à intégrité morale),笔者将权利主体享有的这些人格权称为"无形人格权",因为权利主体享有的这些人格权均是建立在权利主体自身看不见、摸不着的人格特征的基础上的。

在民法上,姓名权和名称权涉及的内容多种多样,包括姓名权和名称权的界定;姓名权的历史发展;作为姓名权和名称权客体的姓名和名称:作为自然人姓名权客体的姓名,作为法人和非法人组织名称权的名称;姓名权和名称权的性质;姓名权和名称权的特征;姓名权的内容;姓名权的行使;姓名权的法律保护;行为人拒绝承担姓名侵权责任的抗辩事由;等等。②

在民法上,名誉权涉及的内容多种多样,包括:名誉权的界定;名誉权的历史发展;名誉权与隐私权、无罪推定受尊重权等其他人格权之间的关系;名誉权的性质和特征;享有名誉权的主体;作为特殊

---

① C. -B. -M. Toullier, Le Droit civil francais suivant l'ordre du code, Tome I, éd. Renouard, Paris, 1838, pp. 181 - 224; Alphonse Boistel, Cours Élémentaire De Droit Naturel, Ou De Philosophie Du Droit, Paris, Ernest Thorin, Éditeur, 1870, pp. 163 - 170; M. E. H. PERREAU, Des droits de la personnalite, RTD civ., 1909, pp. 507 - 508; Guy Raymond, Droit Civil, 2e édition, Litec, 1993, pp. 83 - 84; Jean Carbonnier, Droit civil, Volume I, Introduction Les personnes la famille, l'enfant, le couple, puf, 2004, pp. 513 - 516; Philippe Malaurie, les Personnes, 6e édition, DEFRÉNOIS, 2012, pp. 103 - 109; 张民安:《法国民法》,清华大学出版社2015年版,第74—77页; 张民安:《我国民法学者对待〈乌克兰民法典〉第二编的错误态度(中)》, http://www. 360doc. com/content/18/1115/19/39194308_795118005. shtml。

② Roger Nerson, Les droits extrapatrimoniaux, Paris, LGDJ, 1939, pp. 30 - 46; Jean-Christophe Saint-Pau et, Droits de la Personnalité, LexisNexis, 2013, pp. 471 - 543; 张民安:《无形人格侵权责任研究》,北京大学出版社2012年版,第741—761页。

第十三章 人格权为何应当在我国未来民法典当中独立设编（下）

名誉权的回应权、撤回权、矫正权；名誉权与行为人的言论自由权和社会公众知情权之间的冲突和协调，尤其是名誉权的保护与作家、历史学家创作文学作品、历史著作之间的冲突与协调；名誉权的法律保护与法律救济措施；行为人拒绝承担名誉侵权责任的各种抗辩事由；等等。①

在民法上，隐私权涉及的内容多种多样，包括：隐私权的定义②；隐私权的历史③；隐私权的性质和功能④；隐私权的主体；隐私权的客体⑤；隐私权的各种具体类型，诸如信息性隐私权⑥、场所隐私权⑦以及自治性隐私权⑧等；隐私权的分析方法⑨；隐私权的法律保护和隐私权的法律救济措施⑩；行为人拒绝承担隐私侵权责任的各种抗辩事由，尤其是他人对行为人公开其隐私的同意，包括同意的形

---

① Roger Nerson, Les droits extrapatrimoniaux, Paris, LGDJ, 1939, pp. 176 – 199; Jean-Christophe Saint-Pau et, Droits de la Personnalité, LexisNexis, 2013, pp. 949 – 1017; 张民安主编：《名誉侵权责任》，中山大学出版社 2008 年版；张民安主编：《名誉侵权的法律救济》，中山大学出版社 2011 年版；张民安主编：《名誉侵权的抗辩事由》，中山大学出版社 2011 年版；张民安：《无形人格侵权责任研究》，北京大学出版社 2012 年版，第 139—422 页。

② 张民安主编：《隐私权的界定》，中山大学出版社 2017 年版，第 1—559 页。

③ 张民安：《隐私权的起源——对我国当前流行的有关隐私权理论产生于美国 1890 年观点的批判》，见张民安主编《隐私权的比较研究》，中山大学出版社 2013 年版，第 1—36 页；张民安：《法国的隐私权研究》，见张民安主编《隐私权的比较研究》，中山大学出版社 2013 年版，第 121—143 页。

④ 张民安：《隐私权的性质和功能》，中山大学出版社 2018 年版，第 340—471 页。

⑤ 张民安：《法国的隐私权研究》，见张民安主编《隐私权的比较研究》，中山大学出版社 2013 年版，第 164—180 页；Jean-Christophe Saint-Pau et, Droits de la Personnalité, LexisNexis, 2013, pp. 691 – 757.

⑥ 张民安：《信息性隐私权研究》，中山大学出版社 2014 年版，第 1—536 页。

⑦ 张民安：《场所隐私权》，中山大学出版社 2016 年版，第 1—548 页；张民安：《公共场所隐私权》，中山大学出版社 2016 年版，第 1—550 页。

⑧ 张民安：《自治性隐私权研究》，中山大学出版社 2014 年版，第 1—539 页。

⑨ 张民安：《隐私合理期待总论》，中山大学出版社 2015 年版，第 1—565 页；张民安：《隐私合理期待分论》，中山大学出版社 2015 年版，第 1—526 页。

⑩ 张民安：《无形人格侵权责任制度研究》，北京大学出版社 2012 年版，第 475—539 页、第 587—612 页；Jean-Christophe Saint-Pau et, Droits de la Personnalité, LexisNexis, 2013, pp. 855 – 906.

式、同意的范围、同意的期限等。①

在民法上,肖像权涉及的内容同样多种多样,包括:肖像权的界定、肖像权的历史发展、肖像权在人格权当中的地位、肖像权的主体、肖像权的性质、肖像权的内容、肖像权的法律保护和法律救济措施、行为人拒绝承担肖像侵权责任的抗辩事由。②

(四) 人格权内容的丰富性要求立法者将人格权独立设编

在民法上,鉴于人格权的内容是非常丰富多样的,因此,立法者不应当将其分散规定在民法典的各编中,而应当将其作为独立的一编规定在民法典中。在我国,除了自然人享有人格权外,法人和非法人组织也均享有人格权。不仅如此,法人和非法人组织享有的人格权几乎与自然人享有的人格权一样多,自然人享有的绝大多数人格权也均能够为法人和非法人组织享有,已如前述。在自然人、法人和非法人组织均享有种类丰富的人格权的情况下,我国立法者应当如何对待人格权?

首先,我国立法者可以采取的第一种方法是,像我国少数民法学者所建议的那样,将人格权规定在民法典总则编的自然人一章中。不过,此种做法存在明显的不合理性。如果立法者将这三种权利主体享有的人格权均规定在总则编的自然人一章中,除了让自然人一章所规定的内容过于庞大和臃肿,并因此与民法典总则编中的其他章和民法典分则编的内容不成比例外,他们的做法也存在另外两个主要问题:固化了自然人一枝独秀、一支独大的传统民法思维,矮化了法人和非法人组织在当今民法中的地位;产生了文不对题的问题,因为它将专

---

① Jean-Christophe Saint-Pau et, Droits de la Personnalité, LexisNexis, 2013, pp. 759 – 854;张民安:《无形人格侵权责任制度研究》,北京大学出版社 2012 年版,第 540—586 页。

② Frédéric Zenati-Castaing, Thierry Revet, Manuel de droit des personnes, 1e, édition, puf, 2006, pp. 283 – 298; Jean-Christophe Saint-Pau et, Droits de la Personnalité, LexisNexis, 2013, pp. 749 – 755; Théo Hassler, Le droit à l'image des personnes: Entre droit de la personnalité et propriété intellectuelle, LexisNexis, 2014, pp. 1 – 209;张民安:《无形人格侵权责任制度研究》,北京大学出版社 2012 年版,第 615—738 页。

属于法人和非法人组织享有的人格权规定在自然人中。

其次,我国立法者可以采取的第二种方法是,将自然人、法人和非法人组织各自享有的人格权分别规定在民法典总则编的自然人一章、法人一章和非法人组织一章中。在我国未来民法典的总则编中,自然人、法人和非法人组织会作为独立的三章规定在总则编中。因为这三种民事主体均享有种类繁多的人格权,所以立法者可以分别在每一章当中对他们各自享有的人格权做出规定。虽然此种做法存在规定清晰的优点,但是此种做法也存在明显的不合理性,因为此种做法会存在不必要的重复性:虽然是三种不同的权利主体,但是他们享有的人格权大同小异,已如前述。

最后,我国立法者可以采取的第三种方法是,将自然人、法人和非法人组织享有的人格权作为独立的一编规定在民法典中,这就是我国立法者现在正准备采取的方法,也是笔者赞同的一种方法。此种做法的好处是,既避免了将人格权规定在民法典总则编自然人一章中所存在的问题,也避免了将人格权分别规定在民法典总则编的自然人、法人和非法人组织三章当中所存在的问题。

此外,此种做法还有另外两个方面的好处。一方面,此种做法突出强调了人格权的重要性,确保了人格权在民法典中能够与物权、债权、家庭权和继承权一样处于独立地位、平起平坐的地位,另一方面,此种做法也能够让有形人格权、无形人格权和其他人格权之间形成一个有机整体,除了方便当事人外,也方便法官的集中统一适用,避免了人格权的分别规定所带来的分散适用,已如前述。

二、人格权法与侵权责任法之间的独立性要求我国立法者将人格权独立设编

在我国,立法者之所以应当将人格权独立设编,第三个主要原因在于,人格权独立于侵权责任制度,不能够也不应当为侵权责任法所包含。

(一)从侵权责任制度中逐渐分离出来的人格权

在我国,无论是主张人格权独立设编还是反对人格权独立设编,民法学者均论及了人格权与侵权责任制度的关系。主张人格权独立设

编的民法学者认为，人格权的独立设编有利于强化人格权的法律保护，而反对人格权独立设编的民法学者则认为，强化人格权法律保护的正确方式不是制定独立设编的人格权法，而是在侵权责任法中完善人格权的侵权责任保护。笔者在前面的内容中已经指出，这两种理论均存在问题，因为在人格权的法律保护方面，我国民法已经形成了最全面、最完善的法律保护制度，根本不需要借助于人格权的独立设编来对人格权提供保护，也不需要通过在侵权责任法中强化人格权法律保护的方式来保护人格权。

不过，在就人格权与侵权责任制度之间的关系召开论战时，无论是反对人格权独立设编的民法学者，还是主张人格权独立设编的民法学者均没有办法说清楚人格权与侵权责任制度之间的关系。事实上，无论是在讨论人格权的一般理论和一般制度时还是在讨论人格权的具体理论和具体制度时，他们均大面积、大规模地将人格权等同于侵权责任制度。

其中，最典型的当属王利明教授和杨立新教授。在我国，王利明教授和杨立新教授是为数不多的出版过人格权法著作的民法学者。不过，与其说他们的著作是关于人格权方面的著作，毋宁说他们的著作是关于侵权责任方面的。因为他们所谓的人格权法实质上是人格权遭受侵犯之后的侵权责任法，是侵犯人格权的侵权责任法。

在其《人格权法研究》，王利明教授虽然明确声称"人格权法不能为侵权行为法所替代"[1]，但是在讨论各种具体人格权时，他所讨论的大多数内容在性质上均是侵权责任制度的内容，也就是侵犯具体人格权所产生的侵权责任，包括侵权责任的构成要件、侵权责任的承担者、侵权责任的形式以及侵权责任的限制或者抗辩等。例如，在讨论生命权时，他花费大量的篇幅讨论侵犯生命权的损害赔偿请求权主体、侵犯生命权民事责任的构成要件、侵犯生命权的民事责任等。[2] 再如，在讨论名誉权时，他花费大量的篇幅讨论侵害名誉权的认定、侵害名誉权的抗辩事由以及侵害名誉权的民事责任等。[3]

---

[1] 王利明：《人格权法研究》，中国人民大学出版社2005年版，第129—134页。
[2] 王利明：《人格权法研究》，中国人民大学出版社2005年版，第303—339页。
[3] 王利明：《人格权法研究》，中国人民大学出版社2005年版，第477—535页。

第十三章 人格权为何应当在我国未来民法典当中独立设编（下）

在其《人格权法专论》中，杨立新教授虽然声称"人格权法与侵权行为法有严格的区别"①，但是，在这一部人格权法著作中，他讨论的大量内容在性质上均属于侵权责任做法的内容。例如，在讨论人格权法的历史发展时，他所介绍的人格权法的历史完全是侵权责任的历史，也就是行为人侵犯他人生命、身体、健康或者其他利益所产生的侵权责任的历史。②再如，在讨论名誉权时，他讨论的主要内容是名誉权的法律保护、新闻侵权和小说侵权等。③

因为包括王利明教授和杨立新教授在内的民法学者普遍无法区分人格权和侵权责任制度，所以虽然民法学者和立法者起草了各种各样的关于人格权编的草案，但是，包括王利明教授和杨立新教授起草的草案在内，"目前出台的人格权独立成编的全部文稿，都存在着和侵权责任法高度重合、简单重复的严重问题"。④

孙宪忠教授对此种不正常的现象做出了说明，他指出："这一两年来，我国法律界提出了几个关于人格权在民法典中独立成编的建议稿或者其他立法设想，我们仔细阅读了这些文稿，发现它们的共同特点是与《侵权责任法》或者相关法律高度重合，把别的现行有效的法律制度或者规范简单地抄写过来拼接在一起，实际上不但没有任何创新，而且造成法律渊源混乱。这一点也说明，现在要在民法典中建立独立的人格权编，就是将人格权保护的一个法律制度，划分为民法典的两个编或者两个分则，而且这两个分则内容高度重复而且是简单重复，这确实是立法资源的巨大浪费。如此而行，给人一种强烈的立法任意、立法随意化的印象。"⑤

因为我国民法学者无法明确区分人格权法与侵权责任法，所以在讨论人格权法的历史时，他们普遍将侵权责任法的发展历史等同于人格权法的发展历史，无论是反对人格权独立设编的民法学者还是主张

---

① 杨立新：《人格权法专论》，高等教育出版社2005年版，第10页。
② 杨立新：《人格权法专论》，高等教育出版社2005年版，第36—50页。
③ 杨立新：《人格权法专论》，高等教育出版社2005年版，第245—282页。
④ 孙宪忠：《关于在民法典侵权责任编中加强人格权保护条文的议案》，http://www.sohu.com/a/247162585_658337。
⑤ 孙宪忠：《关于在民法典侵权责任编中加强人格权保护条文的议案》，http://www.sohu.com/a/247162585_658337。

人格权独立设编的民法学者。例如，虽然梁慧星教授反对人格权独立设编，但是在讨论"人格权概念是怎样产生的"问题时，梁慧星教授就将侵权责任法的历史等同于人格权法的历史，他指出："《史记·高祖本纪》记载，公元前208年刘邦打进了咸阳，与民'约法三章'：'杀人者死，伤人及盗抵罪。'看，约法三章，前两章都是保护人的生命、身体，都是保护人格权。"①

再如，虽然王利明教授主张人格权的独立设编，但是在讨论"人格权制度的历史沿革"时，王利明教授完全将侵权责任法的历史等同于人格权法的历史，因为他指出，早在"人类社会向文明迈进的时候"，人格权就已经存在，除了公元前20世纪的《苏美尔法典》、公元前18世纪的《汉谟拉比法典》规定了人格权外，古罗马时期的两部制定法也规定了人格权，这就是公元前5世纪的《十二铜表法》和公元前3世纪的《阿奎利亚法》。②

王利明教授和梁慧星教授的此种看法是存在问题的，因为他们的看法将包裹在侵权责任制度中的法定利益等同于从侵权责任制度中解放出来的人格权。换言之，他们将人格权等同于人格权产生之前的侵权责任制度。在民法上，人格权不可能在古罗马时期产生，更不可能在公元前20世纪或者公元前18世纪产生，因为人格权仅仅到了19世纪初期才产生，已如前述。③ 在古罗马法中，侵权责任制度也不可能对人格权提供保护，虽然在那时罗马法的确保护某些自然人的生命、身体、健康、自由和名誉，但是侵权责任法所保护的这些利益并不是民事权利、主观权利，而是几种法定利益，它们属于侵权责任制度的组成部分，不是独立于侵权责任制度的生命权、身体权、健康

---

① 梁慧星：《民法典编纂中的重大争论——兼评全国人大常委会法工委两个民法典人格权编草案》，载《甘肃政法学院学报》2018年第3期，第8页。

② 王利明：《人格权法研究》，中国人民大学出版社2005年版，第135—137页。

③ Pascal Ancel, L'indisponibilité des droits de la personnalité: une approche critique de la théorie des droits de la personnalité » (1978), thèse Dijon, p. 3; Agnès Lucas-Schloetter, Droit moral et droits de la personnalité: étude de droit comparé français et allemande, Tome I, Presses Universitaires D'Aix-Marseille, Paris, 2002, pp. 45 – 71; Hélène Martron, Les droits de la personnalité des personnes morales de droit privé, 2011, LGDJ, pp. 15 – 16; Jeremy Antippas, Les Droits de la Personnalité, Presses Universitaires D'Aix-Marseille, 2011, pp. 29 – 31.

第十三章 人格权为何应当在我国未来民法典当中独立设编（下）

权、自由权、名誉权，这就是罗马法当中的人身侵权责任制度。①

从中世纪开始一直到 1804 年的《法国民法典》诞生之前，罗马法上的人身侵权责任制度均得到了不折不扣的坚持。因为从中世纪开始一直到 19 世纪初期之前，侵权责任制度均将生命、身体、健康、自由和名誉的法律保护视为侵权责任制度的有机组成部分，完全没有将生命、身体、健康、自由和名誉的法律保护视为侵权责任之外的独立组成部分。②

罗马法以及罗马法之后，侵权责任制度的发展最终被法国立法者规定在 1804 年的《法国民法典》中，这就是第 1382 条至第 1386 条所规定的一般过错侵权责任和过错推定侵权责任制度。根据这些侵权责任制度，如果行为人因为自己的过错行为、自己对其负责的人的过错行为或者动物、建筑物的行为引起他人人身损害的发生，他们应当对他人遭受的损害承担赔偿责任。在 19 世纪末期之前，虽然第二次工业革命的科学技术进步让单一的过错侵权责任制度嬗变为过错侵权责任制度和无过错侵权责任并存的局面，但是将生命、身体、健康、自由、名誉等法定利益视为侵权责任制度有机组成部分的做法并没有发生多大的变化，即便在 19 世纪初期至 19 世纪末期之前，相当一部分的民法学者主张人格权的独立存在，但是他们的此种主张对法官和大多数民法学者影响甚微，已如前述。

在过错侵权责任制度将自然人的生命、身体、健康、自由、名誉等法定利益包裹得严严实实的情况下，为了应对科学技术的进步所引发的挑战，从 19 世纪初期开始尤其是从 19 世纪 50 年代开始，少数果敢的法官、立法者和民法学者开始采取措施，试图将侵权责任制度所保护的法定利益从侵权责任制度中剥离出来，并因此建立独立于侵权责任制度的人格权。

在民法上，将受侵权责任制度保护的法定利益从侵权责任制度当

---

① Paul Frédéric Girard, Manuel élémentaire de droit romain, Dalloz, 2003, pp. 427 – 431; Jean-Philippe Lévy André Castaldo, Histoire du droit civil, 2e édition, Dalloz, pp. 917 – 940; 张民安：《无形人格侵权责任研究》，北京大学出版社 2012 年版，第 36—40 页。

② Jean Bart, Histoiren du droit privé de la chute de l'Empire romain au 19ème siècle, 2e édition, Montchrestien, 2009, pp. 368 – 371; Jean-Philippe Lévy André Castaldo, Histoire du droit civil, 2e édition, Dalloz, pp. 941 – 951.

中解脱出来的做法始于 19 世纪初期，它以法国大革命的成功和新闻自由的黄金时代的降临作为背景。为了保护他人的名誉、私人生活和肖像不被报刊所毁谤、所公开、所利用，学者、法官和立法者从 19 世纪初期开始协同行动，试图将被侵权责任制度所包裹的这三种法定利益从侵权责任制度中解脱出来，并建立起独立于侵权责任制度的三种人格权，即名誉权、隐私权和肖像权。

在 19 世纪初期，他们成功地将受侵权责任制度保护的名誉从侵权责任制度中解放出来，并因此建立人格权领域的第一种人格权即名誉权，因为他们在 19 世纪初期制定的刑法典和新闻自由法对他人享有的名誉权提供保护。① 一方面，1810 年的《法国刑法典》第 373 条保护他人的名誉权免受侵犯，根据该条的规定，如果行为人诬告陷害他人，他们应当遭受 1 个月至 1 年不等的刑事监禁和 100 至 3000 法郎刑事罚金的惩罚。② 如果行为人违反该条的规定，他们实施的诬告行为构成过错侵权行为，应当根据 1804 年《法国民法典》第 1382 条的规定对他人承担侵权责任。另一方面，1819 年的《新闻自由法》第 13 条和第 18 条也对他人的名誉权提供保护，根据这两个法律条款的规定，一旦行为人实施了名誉诽谤行为，他们应当遭受 5 天至 1 年的刑事监禁和 25 至 2000 法郎刑事罚金的惩罚。③ 在行为人实施了名誉诽谤行为的情况下，他们实施的名誉诽谤行为也构成过错侵权行为，也应当根据 1804 年《法国民法典》第 1382 条的规定对他人承担侵权责任。

在 19 世纪中期，他们成功地将受侵权责任制度保护的私人生活、肖像从侵权责任制度当中解放出来，并因此建立了独立于侵权责任制

---

① LOI Relative à la poursuite et au jugement des crimes et délits commis par la voie de la presse ou par tout autre moyen de publication (26 mai 1819); H. F. Rivière Faustin Hélie Paul Pont, Codes Francais et Lois Usuelles, Appendice Du. Code Pénal, Paris, A. Maresoejainté Librairie-Édfteu, 1876, p. 923.

② ARTICLE 373, CODE PÉNAL DE 1810 https://ledroitcriminel.fr/la_legislation_criminelle/anciens_textes/code_penal_1810/code_penal_1810_3.htm.

③ LOI Relative à la poursuite et au jugement des crimes et délits commis par la voie de la presse ou par tout autre moyen de publication (26 mai 1819); H. F. Rivière Faustin Hélie Paul Pont, Codes Francais et Lois Usuelles, Appendice Du. Code Pénal, Paris, A. Maresoejainté Librairie-Édfteu, 1876, p. 923.

第十三章 人格权为何应当在我国未来民法典当中独立设编（下）

度的第二种和第三种人格权即隐私权和肖像权，其中的隐私权被称为私人生活受尊重权。在1827年3月7日的法国国会会议中，法国19世纪初期的著名学者、法国自由主义者、杰出的政治家、法国国会议员、巴黎大学哲学教授Pierre Paul Royer-Collard（1763—1845）发表了著名的演说，进一步论证了他在1919年所提出的一个主张即"私人生活应当用围墙隔离"[1]。

在1858年6月16日的著名案件即l'affaire Rachel一案[2]中，法国Seine地区一审法院（tribunal civil de la Seine）首次采取措施，将Royer-Collard的上述主张付诸实施，并因此确认了独立于过错侵权责任制度的两种人格权即隐私权和肖像权。该案之所以被认为确立了肖像权，是因为行为人在该案中进入他人私人场所拍摄他人临终肖像。1868年的《新闻自由法》第11条规定，如果行为人公开他人的私人生活，他们应当遭受500法郎刑事罚金的惩罚。[3] 如果行为人违反第11条的规定，他们公开他人私人生活的行为构成过错侵权责任，应当根据1804年《法国民法典》第1382条的规定对他人承担侵权责任。

到了20世纪20年代，在这些人格权逐渐从侵权责任制度中分离出来的基础上，民法学者做出更进一步的尝试，将受侵权责任制度保护的生命、身体、健康等法定利益从侵权责任制度中解放出来，并因此建立起民法领域的生命权、身体权和健康权等。在1923年的《债法总论专论》中，除了像19世纪的法官和立法者一样将私人生活和名誉从对其提供保护的侵权责任制度当中解脱出来外，法国20世纪初期最著名的民法学者之一、巴黎大学民法教授René Demogue

---

[1] Royer-Collard, M. J. Mavidal et M. E. Laurent, Archives Parlementaires, deuxième série (1800 à 1860), Tome L, Paris, Société D'Imprimerie et Librairie Administratives et Des Chemins de Fer, 1882, p. 142.

[2] Trib. civ. Seine (1ère ch.), 16 juin 1858, Félix c. O'Connell, Dalloz, 1858. III. 62 et Ann. prop. ind. 1858, p. 250; Jean-Christophe Saint-Pau et, Droits de la Personnalité, LexisNexis, p. 677; 张民安：《法国民法》，清华大学出版社2015年版，第88页。

[3] L'article 11 de la loi du 11 mai 1868;. M. Gustave Rousset, Code général des lois sur la presse et autres moyens de publication, IMPRIMERIE ET LIBRAIRIE GÉNÉRALE DE JURISPRUDENCE, 1869, pp. 70-71.

(1872—1938)①也将自然人的生命、身体等法定利益从过错侵权责任制度解脱出来,并因此建立了独立于侵权责任制度的生命权、身体权等人格权,因为在该著作中,他一视同仁地对待所有民事权利,包括物权、债权和人格权等,认为它们均受到过错侵权责任制度的保护。②

到了20世纪50年代,民法学者几乎都承认,除了名誉权、隐私权、肖像权等属于从侵权责任制度当中分离出来的人格权外,生命权、身体权和健康权也属于从侵权责任制度当中分离出来的人格权,因为他们明确区分权利和对权利提供保护的侵权责任制度。③

(二) 大陆法系国家和我国民法对人格权与侵权责任制度之间独立性的明确承认

1. 法国民法对人格权与侵权责任制度之间独立性的承认

在今时今日,除了民法学者普遍承认人格权与侵权责任制度之间的独立外,法国立法者也承认人格权与侵权责任制度之间的独立。

在法国,民法学者普遍承认人格权与侵权责任制度之间的独立性。Jean-Michel Bruguière 和 Bérengère Gleize 对此做出了说明,他们指出:"人格权与民事责任是独立的。"④ "大量的司法判例说明,人格权相对于民事责任而言是独立的。"⑤ Jean-Christophe 也对此做出了说明,他也指出:"在今时今日,虽然人格权通过损害赔偿诉讼方式

---

① 张民安:《法国人格权法(上)》,清华大学出版社2016年版,第343—344页。
② René Demogue, Traité des obligations en general, t. 3, Paris, éd. Arthur Rousseau, 1923, p. 369.
③ Jean Brethe de La Gressaye Marcel Laborde-Lacoste, Introduction générale à l'étude du droit, Librairie du Recueil Sirey, 1947, pp. 335 - 339, pp. 514 - 526; Jean Carbonnier, Droit-Civil, 1/Introdction, les Personnes, Presses Universitaires De France, 1955, pp. 308 - 333; Ambroise Colin Henri Capitan Léon Julliot de la Morandière, Traité de droit civil, Tome I, Introduction Générale, Personnes et Famille, Biens, Paris Librairie Dalloz, 1953, pp. 30 - 44, pp. 67 - 70.
④ Jean-Michel Bruguière, Bérengère Gleize, Droits de la Personnalité, ellipses, 2015, p. 69.
⑤ Jean-Michel Bruguière, Bérengère Gleize, Droits de la Personnalité, ellipses, 2015, p. 69.

加以保护,但是,人格权仍然是独立于民事责任的传统适用。"①

在法国,立法者也明确承认人格权与侵权责任制度之间的独立性,因为在今时今日,他们在《法国民法典》中明确区分人格权和对人格权提供保护的侵权责任制度。一方面,在《法国民法典》第一卷第一编第一章即民事权利中,法国立法者对自然人享有的众多人格权做出了明确规定,包括:身体完整权、人格尊严权、私人生活受尊重权、无罪推定受尊重权以及基因检测的同意权等。这就是《法国民法典》中的第 9 条、第 9 - 1 条和第 16 条、第 16 - 1 条及其他法律条款的规定。② 另一方面,在《法国民法典》第三卷第三编第二分编中,法国立法者对侵权责任制度做出了规定,这就是《法国民法典》中的第 1240 条至第 1252 条的规定。其中的第 1240 条至第 1244 条对一般侵权责任做出了规定③,第 1245 条至 1245 - 17 条对缺陷产品引起的侵权责任做出了规定④,而第 1246 条至第 1252 条则对生态环境损害的赔偿做出了规定⑤。

2. 德国民法对人格权与侵权责任制度之间独立性的承认

在德国,至少在 1949 年之前,民法仍然不承认人格权与过错侵权责任之间的区分关系,因为在此之前,它仍然将过错侵权责任法所保护的生命、身体、健康和自由视为对其提供保护的几种法定利益,没有将其视为权利主体享有的几种具体人格权。一方面,除了在第

---

① Jean-Christophe Saint-Pau et, Droits de la Personnalité, LexisNexis, 2013, p. 271.

② 张民安:《法国民法》,清华大学出版社 2015 年版,第 82—96 页;张民安:《法国民法总论(上)》,清华大学出版社 2017 年版,第 610—613 页。

③ Code civil, Dernière modification: 1 octobre 2018, Version en vigueur au 24 février 2019 https://www. legifrance. gouv. fr/affichCode. do;jsessionid = 9566643240FC09F0E4D6391533C111FE. tplgfr35s_1? idSectionTA = LEGISCTA000032021488&cidTexte = LEGITEXT000006070721&dateTexte = 20180224.

④ Code civil, Dernière modification: 1 octobre 2018, Version en vigueur au 24 février 2019 https://www. legifrance. gouv. fr/affichCode. do;jsessionid = 9566643240FC09F0E4D6391533C111FE. tplgfr35s_1? idSectionTA = LEGISCTA000032021490 &cidTexte = LEGITEXT000006070721&dateTexte = 20180224.

⑤ Code civil, Dernière modification: 1 octobre 2018, Version en vigueur au 24 février 2019 https://www. legifrance. gouv. fr/affichCode. do;jsessionid = 9566643240FC09F0E4D6391533C111FE. tplgfr35s_1? idSectionTA = LEGISCTA000033019041&cidTexte = LEGITEXT000006070721&dateTexte = 20180224.

12 条中对自然人的姓名权做出了规定外,《德国民法典》没有对权利主体享有的其他人格权做出规定;另方面,《德国民法典》第 823（1）条仍然规定,如果行为人因为过错侵犯他人的生命、身体、健康、自由、财产所有权和其他权利,他们应当对他人承担侵权责任。

到了 1949 年,为了填补《德国民法典》在人格权保护方面所存在的重大法律漏洞,尤其是为了保护自然人的人格尊严免受希特勒式的践踏,德国民法学者和德国联邦最高法院协同努力,在德国联邦新宪法即 1949 年新宪法第 1 条和第 2 条所规定的人格尊严受尊重权、人格充分发展权以及生命权、身体权和自由权的基础上,他们开始对《德国民法典》第 823（1）条的规定做出新的解释,认为除了规定了四种具体人格权外,该条还规定了一般人格权。①

从 1949 年开始一直到 20 世纪 60 年代,鉴于 1949 年德国新宪法明确将生命权、身体权和自由权视为主观权利的现实,为了克服所存在的法律漏洞,德国民法学者放弃了萨维尼在 19 世纪初期所主张的民事权利理论并且采取了新的主观权利理论。他们认为,判断主观权利的标准并不是萨维尼在 19 世纪初期所主张的可处分性的判断标准,而是利益是否受尊重的判断标准。根据该种判断标准,任何利益,只要享有利益的人有权要求别人予以尊重,则他们享有的此种利益就是主观权利,即便权利主体无法处分该种利益。②

根据此种新的判断标准,他们对《德国民法典》第 823（1）条做出了新的解释,他们认为,我们不能够再像过去那样仅仅将该条所保护的生命、身体、健康和自由视为四种法定利益,而应当将其视为四种真正的主观权利,因为自然人有权要求别人尊重其生命、身体、健康和自由。实际上,此种解释方法同法国民法学者在 20 世纪初期的解释方法是相同的,这就是,将侵权责任法所保护的法定利益从对其提供保护的过错侵权责任制度中解脱出来,认为这四种法定利益不再属于过错侵权责任制度的组成部分,而是构成四种受过错侵权责任制度所保护的真正主观权利、民事权利,这就是生命权、身体权、健康权和自由权,就像物权、债权等传统主观权利、民事权利一样,它

---

① 张民安:《法国人格权法（上）》,清华大学出版社 2016 年版,第 230—231 页。
② 张民安:《法国人格权法（上）》,清华大学出版社 2016 年版,第 220—221 页。

们被视为四种具体的人格权。①

通过此种解释方法,虽然德国民法学者承认了人格权的存在,但是他们也仅仅从过错侵权责任制度中解放出来了四种人格权,加上《德国民法典》第12条所规定的姓名权,人格权也只有五种,仍然无法满足人格权发展和保护的需要,因为一些非常重要的人格权无法通过此种方式解放出来,包括隐私权、肖像权、声音权等。为了满足社会公众对这些没有解放出来的人格权的需要,德国民法学者和法官采取了更进一步的措施,借助1949年德国新宪法第1条和第2条的规定,他们再一次对《德国民法典》第823(1)条做出解释,认为没有被解放出来的诸如隐私权、肖像权和声音权等其他人格权包含在《德国民法典》第823(1)条中,属于第823(1)条所规定的"其他权利"的组成部分。

不过,考虑到如果将从第823(1)条所规定的过错侵权责任制度中解放出来的这几种主观权利视为像生命权、身体权、健康权和自由权一样的独立主观权利,则他们的做法会明显违反立法者在制定第823(1)条时所具有的限制过错侵权责任保护的利益范围的意图,因此,在将这几种主观权利从过错侵权责任制度中解放出来之后,他们没有将这几种主观权利视为几种各自独立的主观权利,而是将其捆绑在一起形成一个大杂烩、大拼盘式的主观权利,这就是德国民法当中最具特色的一种主观权利即"一般人格权"。②

在今时今日,德国民法的情况仍然一如既往:虽然《德国民法典》第823(1)条仍然将生命、身体、健康和自由视为过错侵权责任制度的有机组成部分,虽然该条仍然没有采取将人格权和对人格权提供保护的过错侵权责任制度加以区分的做法,但是德国民法学者和法官认为,德国民法已经将受过错侵权责任制度所保护的法定利益从对其提供保护的过错侵权责任制度当中解放出来,德国民法已经建立了人格权独立于、区分于过错侵权责任制度的理论,因为德国民法已

---

① 张民安:《法国人格权法(上)》,清华大学出版社2016年版,第220—224页。
② 张民安:《无形人格侵权责任制度研究》,北京大学出版社2012年版,第822—837页;张民安:《一般人格权理论在法国民法中的地位》,载《法治研究》2016年第1期,第113—130页;张民安:《法国人格权法(上)》,清华大学出版社2016年版,第227—244页、第496—512页。

经建立了包括具体人格权和一般人格权在内的人格权理论和人格权制度，该种人格权理论和制度不再属于第 823（1）条所规定的过错侵权责任的有机组成部分。

3. 我国民法对人格权与侵权责任制度之间独立性的明确承认

在我国，民法在人格权和侵权责任制度之间的关系问题上采取什么态度？我国民法是否采取了将人格权独立于侵权责任制度的做法？答案是，就像大陆法系国家的民法采取了将人格权与侵权责任制度区分开来的做法一样，我国民法完全承认人格权的独立性，认为人格权就像物权、债权、家庭权和继承权一样独立于对其提供保护的侵权责任制度，人格权完全不属于侵权责任制度的有机组成部分，即便人格权受到侵权责任制度的保护，就像物权、债权、家庭权和继承权在受到侵权责任制度保护的同时独立于侵权责任制度一样。

首先，我国《民法通则》明确区分人格权和对人格权提供保护的侵权责任制度。一方面，《民法通则》将人格权规定在第五章第四节中，这就是第 98 条至第 102 条的规定，其中的第 98 条规定了生命健康权，第 99 条规定了姓名权，第 100 条规定了肖像权，第 101 条规定了名誉权，第 102 条规定了荣誉权。另一方面，《民法通则》将侵犯人格权的侵权责任规定在第六章第三节中，这就是第 119 条至第 120 条的规定，其中的第 119 条对行为人侵犯他人生命健康权的行为所产生的侵权责任做出了规定，第 120 条对行为人侵犯他人的无形人格权所产生的侵权责任做出了规定。

其次，我国《侵权责任法》明确区分人格权和对人格权提供保护的侵权责任制度。一方面，《侵权责任法》第 2 条明确区分人格权和因为人格权产生的侵权责任，因为该条规定，当行为人侵犯他人的生命权、健康权、姓名权、名誉权、荣誉权、肖像权、隐私权等人身、财产权益时，他们应当对他人承担侵权责任。另一方面，《侵权责任法》第 16 条、第 21 条和第 22 条分别对行为人侵犯他人生命权、身体权、健康权、姓名权、名誉权、荣誉权、肖像权、隐私权所承担的侵权责任做出了规定。

最后，我国《民法总则》也明确区分人格权和对人格权提供保护的侵权责任制度。一方面，《民法总则》将人格权规定在第五章中，这就是第 109 条至第 111 条的规定，其中的第 109 条对人身自由权和人格尊严权做出了规定，第110条对生命权、身体权、健康权、姓名权、肖像权、名誉权、荣誉权等人格权做出了规定，第111条对信息性隐私权做出了规定。另一方面，《民法总则》将侵犯人格权在内所产生的民事责任规定在第八章中，其中的第179条对行为人侵犯包括他人人格权在内的所有民事权利产生的侵权责任做出了规定，根据这些规定，如果行为人侵犯他人的人格权，他们承担的侵权责任多种多样，诸如停止侵害、排除妨害、消除危险、返还财产、恢复原状、修理以及赔偿损失等。

（三）人格权与侵权责任制度之间独立性的判断标准

在民法上，人格权当然独立于对其提供保护的侵权责任制度，这一点毋庸置疑，因为法官和立法者均通过自己的方式明确承认此种独立性，已如前述。问题在于，如果人格权的确独立于侵权责任制度，它们之间的独立性有何具体表现？

对此问题，法国民法学者普遍做出的回答是，人格权独立于民事责任的主要表现有两个方面[①]。

其一，在传统侵权责任制度中，如果他人要求行为人对其承担侵权责任，他们应当承担举证责任，除了证明行为人有过错外，他们还应当证明行为人的过错引起了自己损害的发生，而在承认人格权独立于侵权责任制度的情况下，一旦他人享有的人格权遭受侵犯，则他人无须承担举证责任，证明行为人的过错或者证明自己遭受的损害，因为法官推定，一旦行为人侵犯他人享有的某种人格权，则法律推定行为人有过错和他人遭受了损害。

其二，在传统侵权责任制度中，在他人的人格权遭受侵犯时，如果他人要求行为人对其遭受的损害承担赔偿责任，则法官能够适用侵

[①] Agnès Lucas-Schloetter, Droit moral et droits de la personnalité: étude de droit comparé français et allemande, Tome I, Presses Universitaires D'Aix-Marseille, Paris, 2002, pp. 192 – 206; Jean-Christophe Saint-Pau et, Droits de la Personnalité, LexisNexis, 2013, pp. 268 – 272; Jean-Michel Bruguière, Bérengère Gleize, Droits de la Personnalité, ellipses, 2015, pp. 69 – 71; 张民安主编：《隐私权的比较研究——法国、德国、美国及其他国家的隐私权》，中山大学出版社2013年版，第141—143页；张民安：《法国人格权法（上）》，清华大学出版社2016年版，第534—545页。

权责任制度保护他人的人格权，因为侵权责任制度对损害赔偿责任做出了规定，但是，如果他人要求法官责令行为人停止侵害或者采取损害赔偿之外的其他措施保护自己的人格权，则法官无法适用侵权责任制度，因为侵权责任法没有对这些法律救济措施做出规定，而人格权法则对这些法律保护措施做出了规定。

因为这样的原因，在责令行为人就其侵犯他人人格权的行为对他人承担侵权责任时，法国法官逐渐放弃了《法国民法典》第1382条（新的第1240条）所规定的一般过错侵权责任制度，不再论及行为人在侵犯他人人格权时的过错和他人因为行为人的侵害行为遭受的损害。在1989年的《人法》中，G. Goubeaux 对此种分离原因做出了说明，他指出："渐渐地，在人们几乎完全没有意识到的情况下，在适用《法国民法典》第1382条所规定的过错侵权责任责令行为人就其侵犯他人人格权的行为对他人承担侵权责任时，法官逐渐将该条所规定的普通法嬗变为一种越来越特殊的法律，其导致的最终结果是，在保护他人的人格权时，法官不再适用民事责任的规定。"[1]

如果从这样的两个角度证明人格权法独立于侵权责任制度，则即便人格权法真的独立于侵权责任制度，它们之间的独立也没有太大的实质性意义，而仅仅具有形式方面的意义。因为如果立法者在侵权责任制度中对过错推定和损害推定做出规定，或者如果立法者在侵权责任制度中对损害赔偿责任之外的其他侵权责任形式做出了规定，则人格权与侵权责任制度之间的独立性就会因此消灭，至少人们不能够再主张人格权的独立性。此外，人们也不能够像法国民法学者那样基于上述两个理由说明我国民法中的人格权独立于侵权责任制度，因为除了对过错推定做出了规定外，我国《民法总则》和《侵权责任法》也对损害赔偿责任之外的侵权责任做出了规定，已如前述。

在民法上，人格权法独立于侵权责任的真正原因是，人格权法具有自身的独立内容，就像物权法和债权法因为具有自身的独立内容而独立于侵权责任制度一样。在民法上，虽然物权和债权受到侵权责任制度的保护，但是似乎没有任何人因此认定它们属于侵权责任制度的组成部分，因为他们不会认为物权和债权被严密地包裹在侵权责任制

---

[1] Gilles Goubeaux, Traité de droit civil, Les personnes, LGDJ, 1989, p. 249.

第十三章　人格权为何应当在我国未来民法典当中独立设编（下）

度中而无法独立于侵权责任制度。人们为何很少将物权和债权视为侵权责任制度的组成部分？因为除了受到侵权责任制度的保护外，物权法和债权法还具有自身的内容，尤其是权利主体能够积极有效地行使自己享有的物权和债权，已如前述。物权法和债权法自身的内容决定了它们独立于对其提供保护的侵权责任制度。

在今时今日，此种理论同样适用于人格权，因为在今时今日，除了消极地受到侵权责任制度的保护外，人格权法也具有自身的独立内容，尤其是权利主体也能够像行使物权和债权一样积极行使自己享有的人格权。例如，除了受到侵权责任制度的保护外，权利主体享有的姓名权还具有自身的独立内容：权利主体能够给自己命名，能够按照自己的意愿改变或者变更自己的姓名，能够放弃自己的姓名，能够亲自使用或者授权别人使用自己的姓名，无论是有偿使用还是无偿使用，等等。再如，除了受到侵权责任制度的保护之外，私人生活受尊重权也具有自身的独立内容：权利主体能够按照自己的意愿过着隐逸生活；他们能够按照自己的意愿将自己的私人生活在某些地方、以某种方式、对某些人公开；为了获得经济利益，他们能够将自己的私人生活披露给别人；他们能够按照自己的意愿在网上匿名或者真名实姓从事社交活动；等等。即便是权利主体享有的生命权、身体权和健康权也均具有自己的独立内容，虽然它们也受到侵权责任制度的保护，已如前述。

总之，决定人格权是否独立设编的判断标准既不是过错、损害这些侵权责任的构成要件究竟是要由权利主体在起诉时加以证明还是由法律加以推定，也不是在人格权被侵犯时法官所能够采取的法律救济措施究竟是被规定在人格权法中还是被规定在侵权责任法中，而是人格权自身所具有的独立内容。笔者已经在前面的内容中对人格权法自身所具有的独立内容做出了说明，在此处对此不再做重复说明。

在我国，虽然《民法总则》和《侵权责任法》已经在人格权和侵权责任制度之间实现了分离，但是它们所实现的此种独立并不能够否定人格权的独立设编。一方面，人格权具有自身的独立内容，这些独立内容并没有被规定在《民法总则》中，因为除了分别在109条至第110条当中对权利主体享有的几种人格权做出了列举外，《民法总则》没有对这些人格权所包含的具体内容做出任何规定。另一方面，人格权所具有的这些独立内容在性质上不适宜于规定在民法典的侵权责任编中，就像物权和债权自身的内容不适宜于规定在侵权责任编中一样，因为它们在本质上构成人格权法自身的内容，而不属于人格权法律保护的范围，已如前述。

（四）侵权责任制度在人格权产生和发展中所起到的重要作用

在今时今日，虽然人格权独立于对其提供保护的侵权责任制度，但是人格权与侵权责任制度之间存在非常密切的关系。

首先，虽然人格权独立于侵权责任制度，但是人格权仍然受到了侵权责任法的保护，在权利主体享有的人格权遭受侵犯时，他们仍然必须依赖侵权责任制度对其提供保护，因为侵权责任法对权利主体享有的包括人格权在内的所有权利均提供保护，如果没有侵权责任制度的保护，那么，人格权将不会受到包括行为人在内的社会公众的尊重，它们也将会从主观权利、民事权利降格为道德权利。因此，侵权责任制度是人格权获得尊重的源泉。

其次，权利主体已经享有的所有既存的、独立于侵权责任制度的人格权均是从侵权责任制度中诞生的。在今时今日，权利主体当然已经享有众多既存的人格权，包括生命权、身体权、健康权、自由权、姓名权、名誉权、隐私权和肖像权等。虽然这些人格权独立于侵权责任制度，但是这些既存的人格权均是从侵权责任制度中产生的，尤其是从过错侵权责任制度中产生的，如果没有侵权责任制度，这些既存的人格权不可能产生，已如前述。

最后，新的人格权还会从侵权责任制度尤其是过错侵权责任制度当中产生。在今时今日，即便权利主体还无法享有某种人格权，在权利主体对该种人格权有正当和合理需要的情况下，通过侵权责任制度尤其是其中的过错侵权责任制度，该种人格权也会逐渐破茧成蝶并因此成为人格权大家庭中的一名新成员即一种新的人格权。因为侵权责任制度尤其是其中的过错侵权责任制度是主观权利尤其是其中的人格权的冶炼厂、锻造场、孵化场，通过年深月久的冶炼、锻造、孵化，法官能够将他人的某种没有获得制定法和司法判例承认的利益冶炼、锻造、孵化成一种成熟、稳定的主观权利。这就是侵权责任制度所具有的主观权利确认功能，尤其是人格权的确认功能，因为侵权责任制度尤其是其中的过错侵权责任制度能够在主观权利的产生过程中发挥重要的作用，尤其是能够在人格权的产生中发挥重要作用。①

具体来说，在他人的某种新利益遭受侵犯时，如果他人向法院起诉，要求法官责令行为人就其侵犯该种新利益的行为对自己承担侵权责任，如果果敢的法官适用一般过错侵权责任责令行为人对他人承担侵权责任，则该种新的利益就从不受法律保护的利益上升为受法律保护的利益。在其他人的同一利益遭受侵犯的情况下，如果其他人也向法院起诉，要求法官责令行为人对其承担侵权责任，在其他法官也采取同样的措施责令行为人对其他人承担侵权责任的情况下，该种利益就逐渐获得了司法判例的承认。经过不同的法官在不同的案件中的反复确认，经过不同的法官在不同的案件中对该种利益的内涵和外延的不断阐述、说明和完善，该种利益逐渐变得成熟、稳定并因此成为一种新的主观权利、一种新的人格权。

在民法领域，大量的民法学者均承认侵权责任制度与包括人格权在内的主观权利之间所存在的此种密切关系。早在1939年的《非财产权》一书中，Roger Nerson 就对此种关系做出了明确说明，他指出：“我们认为，在罗马法中，他人的诉权是先于他们的权利而存在的，如果民法或者法官认定他人的某种确定利益是值得法律加以保护的，则他们会赋予他人以某种诉权。罗马法学家仅仅说人是享有诉权的，他们没有说人是享有权利的。也仅仅到了非常非常晚的时候，基于民法学者长久以来的转化工作，民法的解释者最终将权利和对权利运行的手段即诉权（认可权）分离。在法律文本或者司法判例没有明确规定他人享有某种权利的情况下，当法官不断地重复适用诉权、认可权而保护他人的某种利益时，他们对诉权的不断重复适用就会导致他人享有的某种确定性权利的存在：在某些情况下，法官的司法判例的确能够在权利的产生中发挥创造性的作用，此种结论既能够在行政法中适用，也能够在私法中适用，并且在私法中适用时，它尤其能

---

① Geneviève Viney, Traité De Droit Civil, Introduction à La Responsabilité, 2e édition, L. G. D. J., pp. 67 - 69；张民安：《侵权案件的分析方法：法定利益的侵犯理论（六）》，http://blog.sina.com.cn/s/blog_69032b0e0102xjv8.html。

够适用于非财产权。"①

在1995年的《责任总论》当中,Geneviève Viney 也对人格权和侵权责任制度之间的密切关系做出了说明,他指出:"在制定法没有做出特别规定的情况下,侵权责任之诉(l'action en responsabilité)实际上能够成为确认某些权利并且让这些权利获得别人尊重的一种手段。首先,十分肯定的是,在法国,人格权的理论之所以获得确认,主要得益于侵权责任原则,尤其是《法国民法典》第1382条所规定的一般过错侵权责任原则,因为无论是在过去还是在现在,《法国民法典》第1382条所规定的一般过错侵权责任原则均是人格权理论获得确认的最有效手段。"②

Geneviève Viny 还指出:"民事责任之诉,至少是建立在《法国民法典》第1382条和第1384(1)条所规定的一般原则基础上的侵权责任之诉,不仅能够让行为人尊重他人在侵犯行为发生时就已经获得承认的权利,而且还能够让他人享有的某种权利产生和获得确认,即便在行为人实施侵犯行为时,他人享有的此种权利还没有获得承认或者还没有表现出来。因此,民事责任之诉实际上是一种对既存的法律制度予以补充、完善和改革的手段。就民事责任所具有的此种功能而言,此种功能不会随着危险的直接社会化而消灭,因为即便在危险已经直接社会化的社会,民事责任所具有的此种功能仍然会有效发挥其作用。"③

在2002年的《道德权利和人格权》中,Agnès Lucas-Schloetter 也对人格权与侵权责任制度之间的密切关系做出了说明,他指出:"人格权在性质上是不是一种主观权利的问题实质上是民事责任与主观权利保护之间的关系问题。历史分析表明,人格的保护最初是通过民事责任制度实现的,人们在保护人格时并没有求助于人格权的观

---

① Roger Nerson, Les droits extrapatrimoniaux, Paris, LGDJ, 1939, p. 344.

② Geneviève Viney, Traité De Droit Civil, Introduction à La Responsabilité 2e édition, LGDJ, p. 67;张民安:《侵权案件的分析方法:法定利益的侵犯理论(六)》,http://blog.sina.com.cn/s/blog_69032b0e0102xjv8.html。

③ Geneviève Viney, Traité De Droit Civil, Introduction à La Responsabilité 2e édition, L. G. D. J. p. 69;张民安:《侵权案件的分析方法:法定利益的侵犯理论(六)》,http://blog.sina.com.cn/s/blog_69032b0e0102xjv8.html。

念。当'人格权'的观念出现在法国法律科学舞台时,法官仍然无视它们的存在,他们仍然一如既往地适用民事责任的一般规则保护他人的人格,无论是在责令行为人停止侵害时还是在责令行为人赔偿损害时均是如此。然而,经过日积月累,司法判例最终认定,当行为人侵犯他人享有的'人格权'时,他们的侵犯行为同时构成过错和损害。当行为人在没有获得他人同意的情况下使用他人姓名、再现他人的肖像或者泄露他人的私人生活时,通过反复适用民事责任,它们逐渐让他人的姓名权、肖像权和私人生活受尊重权产生。"①

在 2015 年的《人格权》中,Jean-Michel Bruguière 和 Bérengère Gleize 也对人格权与侵权责任之间的此种关系做出了说明,他们指出:"民事责任和侵权责任之间的关系是非常密切的。如果没有侵权责任制度,则人格权很有可能不会有今天。因为人们已经对此加以证实了,这就是,'民事责任被人们忽视的一个功能是,人格权不仅确保实在法已经承认的主观权利会得到行为人的尊重,而且还会让迄今为止没有得到实在法承认的主观权利产生'。"②

在侵权责任法确认了某种人格权之后,该种人格权是否会被输送到立法者的制定法中,取决于不同国家立法者的不同考量。有时立法者会将法官通过适用侵权责任法所确认的人格权规定在制定法中,而有时他们则不会采取行动将侵权责任法确认的人格权规定在自己制定的法律中。例如,虽然法国法官同样是在 19 世纪中期通过一般过错侵权责任确认了隐私权和肖像权的存在,但是法国立法者通过 1970 年的制定法将隐私权规定在《法国民法典》第 9 条中,而迄今为止,他们并没有采取措施将肖像权规定在他们制定的法律中。③

在我国,情况也不例外。最能够说明此种问题的人格权是隐私权。在《民法通则》中,我国立法者虽然对名誉权做出了规定,但是他们没有对隐私权做出规定。在他人的私人生活遭受侵犯的情况下,法官最初采取类推适用《民法通则》所规定的名誉侵权责任的

---

① Agnès Lucas-Schloetter, Droit moral et droits de la personnalité: étude de droit comparé français et allemande, Tome I, Presses Universitaires D'Aix-Marseille, Paris, 2002, p. 196.
② G. Viney obs. sous Cass. 1re civ., 5 nov. 1996, JCP 1997, I, 4025, n° 5.
③ 张民安:《法国人格权法(上)》,清华大学出版社 2016 年版,第 534—542 页。

方式对他人的私人生活提供保护，在经过相对较长的一段时期之后，法官最终将隐私权从名誉权中解放出来，并且正式承认了隐私权的存在。无论是将隐私权视为名誉权的组成部分，还是将隐私权作为独立的人格权，我国法官均是通过侵权责任法保护他人的私人生活受尊重权。

在1988年的《关于贯彻执行〈中华人民共和国民法通则〉若干问题的意见（试行）》的第140条中，最高法院对法官采取的上述第一种做法做出了说明，该条规定：以书面、口头等形式宣扬他人的隐私，或者捏造事实公然丑化他人人格，以及用侮辱、诽谤等方式损害他人名誉，造成一定影响的，应当认定为侵害公民名誉权的行为。在上述第一种做法流行了13年之后，最高法院最终放弃了此种做法并且确认了法官采取的第二种做法。

在2001年的《关于确定民事侵权精神损害赔偿责任若干问题的解释》第1条和第3条中，最高法院最终通过侵权责任法确认了隐私权的存在，其第1条规定：违反社会公共利益、社会公德侵害他人隐私或者其他人格利益，受害人以侵权为由向人民法院起诉请求赔偿精神损害的，人民法院应当依法予以受理。其第3条规定：非法披露、利用死者隐私，或者以违反社会公共利益、社会公德的其他方式侵害死者隐私，其近亲属遭受精神痛苦，向人民法院起诉请求赔偿精神损害的，人民法院应当依法予以受理。

在法官通过侵权责任法确认了隐私权的存在之后，他们的做法对我国立法者产生了影响，因为在2009年通过的《侵权责任法》第2条中，立法者不仅首次使用了"隐私权"这一术语，而且还明确规定，一旦行为人侵犯他人隐私权，他们应当对他人承担侵权责任。在2017年通过的《民法总则》第110条中，我国立法者再一次确认了隐私权是一种人格权。

在我国，除了隐私权是通过侵权责任法确认的外，人格尊严权和人身自由权也均是通过侵权责任法确认的。在1986年的《民法通则》中，我国立法者没有对人格尊严权和人身自由权做出任何规定。在他人的人格尊严和人身自由遭受侵犯的情况下，法官会适用《民法通则》所规定的一般过错侵权责任保护他人享有的这两种利益。在1988年的《关于贯彻执行〈中华人民共和国民法通则〉若干问题的意见（试行）》中，最高法院没有对法官采取的此种做法做出规定，而到了2001年，在《关于确定民事侵权精神损害赔偿责任若干问题的解释》第1条中，最高法院则对法官采取的此种做法做出了规定，该条规定："自然人因下列人格权利遭受非法侵害，向人民法院起诉请求赔偿精神损害的，人民法院应当依法予以受理：……（三）人格尊严权、人身自由权。"

同样是法官通过侵权责任法确认的人格尊严权和人身自由权，在制定2009年的《侵权责任法》时，我国立法者却没有采取立法措施，将这两种人格权规定在该法当中。这一点同他们对待隐私权的态度不同，因为在《侵权责任法》第2条中，他们对隐私权做出了规定，而没有对人格尊严权和人身自由权做出规定。不过，在2017年的《民法总则》第109条中，立法者最终采取立法措施，将法官通过侵权责任法确认的这两种人格权规定在他们制定的法律中，该条规定："自然人的人身自由、人格尊严受法律保护。"

可见，侵权责任法不仅具有权利确认功能，而且尤其具有人格权的确认功能，通过适用一般过错侵权责任，法官让立法者没有在其制定法当中规定的人格权获得了确认。因为这样的原因，认为只有通过独立设编的人格权法才能够确认人格权的观点是完全站不住脚的。

三、人格权理论的进步和发展要求我国立法者将人格权独立设编

在我国，立法者之所以应当将人格权法作为独立的一编规定我国民法典中，第四个主要原因在于，人格权的独立设编有利于人格权理论的进步和发展。因为人格权理论的进步和发展既有赖于大学教授对人格权法所进行的研究活动，也有赖于大学教授对人格权法所进行的教学活动。当人格权独立设编时，民法教授既会对人格权法进行研究，也会对人格权法进行教学活动，而当人格权不独立设编时，民法教授既不会对人格权法进行研究，也不会对人格权法进行教学，除了因此让人格权的理论和制度落后外，也会因此导致人格权的理论和制度停滞不前，包括人格权的一般理论、一般制度和人格权的具体理论、具体制度。

在任何国家，大学民法教授均承担着双重任务：对民法理论和民

法制度进行研究并因此促成民法理论和民法制度的不断进步和发展；对民法理论和民法制度进行教学活动，让民法理论和民法制度成为大学法学院的学生所掌握的内容，为他们未来从事法律理论活动和法律实务活动打下坚实的基础。事实上，无论是民法教授所从事的研究活动还是民法教授所从事教学活动均关乎国家和民族的福祉，就像一个国家的立法者所从事的民法典制定活动关乎国家和民族的福祉一样。①

因为这样的原因，一个国家的民法理论水平如何，既取决于该国大学法学院民法教授的研究水平，也取决于该国大学法学院民法教授的教学水平。在一个研究水平和教学水平均很高的国家，民法理论一定会得到不断进步和发展，反之亦然，在一个研究水平和教学水平均很落后的国家，民法理论一定不会得到不断进步和发展。②

在我国，立法者之所以应当将人格权独立设编，是因为如果他们将人格权作为独立的一编规定在未来民法典中，除了可以促进人格权的研究水平逐步提高外，他们的做法还可以促进人格权的教学水平的逐渐提高，并因此直接促进人格权法的不断发展和创新。反之，如果他们不将人格权作为独立的一编规定在民法典中，则他们的此种做法会妨害人格权的不断发展和进步，因为除了会阻碍民法学者对人格权所从事的研究活动外，他们的做法还会阻碍民法学者对人格权所从事的教学活动。这一点，我们既可以从大陆法系国家的民法学者对待人格权的态度中看得一清二楚，也可以从我国民法学者对待人格权的态度中可窥一斑。

在大陆法系国家，因为立法者将人格权之外的其他民事权利独立设编（卷），因此，除了对民法典所规定的其他民事权利进行教学外，民法学者还对其他民事权利做了深入研究，使其他民事权利理论和民事权利制度得到了不断进步和发展。在法国，因为立法者从1804年开始一直到今时今日均将物权和债权作为独立的两卷规定在民法典中，所以从1805年开始一直到今时今日，民法学者除了对其

---

① 张民安：《法国民法总论（上）》，清华大学出版社2017年版，第357—358页。
② 张民安：《论〈担保法〉在我国未来〈民法典〉当中的独立地位》，载《学术论坛》2018年第3期，第43页。

第十三章 人格权为何应当在我国未来民法典当中独立设编（下）

大学法学院的学生开设物权法、债权法的课程外，也对物权法、债权法进行深入研究，并因此让物权法、债权法的理论得到不断的发展和进步。笔者仅仅以 Demolombe 和 Francois Terré 的著作为例对此做出说明。

在 19 世纪中后期的著名民法著作《拿破仑民法典教程》中，Demolombe 总共用了多达 31 卷的篇幅对《法国民法典》所规定的内容做出了详尽的阐述①，在 31 卷的篇幅中，有三卷的内容对《法国民法典》第二卷所规定的物权做出了详尽的阐述：《拿破仑民法典教程》第 9 卷对物的分类和财产所有权做出了详尽的阐述；② 《拿破仑民法典》第 10 卷除了继续对财产所有权的内容做出详尽讨论外还对用益权、使用和居住权做出了详尽的讨论；③ 《拿破仑民法典教程》则第 11 卷对地役权做出了详尽的阐述。④ 在 2009 年的《债法》中，Francois Terré、Philippe Simler 和 Yves Lequette 用了 1487 页的宏大篇幅对债法的一般理论、一般制度和具体理论、具体制度做出了详细阐述，包括：因为契约产生的债，因为侵权和准侵权产生的债，因为准契约产生的债，以及债的渊源、债的效力、债的类型和限定，债的转让、债的消灭等。⑤

在大陆法系国家，因为立法者没有将人格权独立设编，所以无论立法者是否在他们制定的民法典中对人格权做出了规定，民法学者在对民法理论和民法制度做出阐述时均会轻视人格权的存在，他们要么根本不会论及人格权，要么仅仅对人格权做出简要的阐述，这同他们对待物权和债权的浓墨重彩的态度形成最强烈的对比。

在 19 世纪中期，即便人格权的理论已经受到越来越多的人的支持，但是法国立法者没有在《法国民法典》中对人格权做出任何规

---

① 张民安：《法国民法总论（上）》，清华大学出版社 2017 年版，第 328—329 页。
② Charles Demolombe, Cours de Code Napoléon, Tome 9, Paris Auguste Durand Libraire, 1852, pp. 1 – 676.
③ Charles Demolombe, Cours de Code Napoléon, Tome 10, Paris Auguste Durand Libraire, 1854, pp. 1 – 771.
④ Charles Demolombe, Cours de Code Napoléon, Traité des servitudes ou services fonciers, Tome 11, Paris Auguste Durand Libraire, 1855, pp. 1 – 676.
⑤ Francois Terré, Philippe Simler, Yves Lequette, Droit civil, Les obligations, 10e edition, Dalloz, pp. 1 – 1487.

定。因为这样的原因，在19世纪中期，在多达31卷的《拿破仑民法典教程》中，Demolombe没有对人格权做出任何讨论，即便是在对权利主体享有的民事权利做出简要说明时，他也仅仅将权利主体对其自身的自由、生命、身体和健康等享有的权利视为一种财产权，他指出："毫无疑问，在哲学上和在最高的境界方面，财产一词是指所有能够满足人的道德或者物质要求的东西。就是在此种意义上，人们说人的身体健康是财产，人的名誉是他们最重要的财产，等等。"①

在1970年尤其是1994年，法国立法者开始将人格权规定在《法国民法典》中，但是鉴于他们仅仅将人格权规定在民法典的第一卷人法中而没有将其作为独立的一卷加以规定，因此即便法国当今民法学者普遍对人格权做出了讨论，他们也仅仅在人法著作或者民法总论的著作中对人格权做出简要说明，除了少数民法学者外，大多数民法学者均没有像对待物权和债权等民事权利一样对待人格权。例如，鉴于《法国民法典》在第一卷第一编第一章中对自然人享有的某些人格权做出了规定的现实，在2012年的《人法》中，虽然Francois Terré和Dominique Fenouillet对人格权做出了讨论，但是他们仅仅用了80页的篇幅讨论人格权，②完全没有办法同他们用了1487页的篇幅讨论债权的做法相提并论。

在我国，情况同样如此。从2002年开始，由于民法学者普遍认定立法者不会将人格权独立设编，因此除了少数民法学者对人格权进行研究或者开设人格权的教学课程外，大多数民法学者既不从事人格权的研究活动，也不从事人格权的教学活动，就像他们在知道立法者不会将担保权独立设编之后几乎完全忽略担保法的研究或者教学活动一样。③ 在我国，在立法者没有将人格权独立设编的情况下，即便民法学者会在大学民法课堂上讲授人格权法的理论，他们也很少开设专门的人格权法课程，对人格权法进行专门的教学活动，而是在讲授民

---

① Charles Demolombe, Cours de Code Napoléon, Tome 9, Paris Auguste Durand Libraire, 1852, p. 7.

② Francois Terré, Dominique Fenouillet, Droit civil, les personnes, 8e édition, Dalloz, 2012, pp. 57–136.

③ 张民安：《论〈担保法〉在我国未来〈民法典〉当中的独立地位》，载《学术论坛》2018年第3期，第43—44页。

第十三章 人格权为何应当在我国未来民法典当中独立设编（下）

法的其他内容时附带地讲授人格权法的内容。

总的说来，在今时今日，我国民法学者讲授人格权法的方式主要包括：其一，在民法总论中讲授人格权。在我国，民法学者会在民法总论的自然人一章中讲授人格权，因为在他们的民法教科书中，他们将人格权放在民法总论的自然人一章中。① 而某些民法学者则将不同，他们虽然也在民法总论中讲授人格权，但是他们在民事权利一章中讨论包括人格权在内的所有民事权利。② 其二，在综合性的民法教科书中将人格权作为人身权编的内容加以讲授。③

我国民法学者对待人格权的这一态度与他们对待其他民事权利的态度完全不同，因为在认定立法者会将物权、债权等民事权利独立设编之后，他们不仅普遍出版有关物权方面和债权方面的民法专著，而且还会普遍出版有关物权和债权方面的民法教科书，并因此对学生开设专门的物权法和债权法的课程。因为这样的原因，人格权法的理论在我国所有民事权利理论当中或许是最不发达的，虽然我国民法中的其他民事权利理论也存在不发达的问题。例如，即便专门对人格权做研究的民法学者，他们也无法区分人格权和对人格权提供保护的侵权责任制度之间的关系，已如前述。再如，即便是专门研究人格权的民法学者，他们也不知道人格权是如何产生、发展和确立的，等等。

为了鼓励民法学者将时间和精力花在人格权的教学和科研方面并因此提升我国的人格权法理论水平，我国立法者应当像乌克兰立法者那样将人格权作为独立的一编规定在未来民法典中。因为一旦立法者采取了这样的措施，则大学法学院就会开设人格权法方面的本科和研究生课程，大学民法教授就会积极编写人格权法方面的教科书，并且也会花时间和精力研究人格权法。通过这些教学和科研活动的开展，我国人格权法的理论水平和教学水平会逐渐提高，以逐渐消除民法领域人格权的理论水平和教学水平与物权法和债权法的理论水平和教学水平参差不齐的局面。

---

① 江平主编：《民法学》，中国政法大学出版社2011年版，第70—75页；梁慧星：《民法总论》（第五版），法律出版社2017年版，第90—102页。
② 张民安、丘志乔主编：《民法总论》（第五版），中山大学出版社2017年版，第301—330页；王利明：《民法总则》，中国人民大学出版社2017年版，第252—255页。
③ 魏振瀛主编：《民法》（第四版），北京大学出版社2010年版，第621—643页。